FA-IV-23

Handbuch der Deutschen Geschichte

Begründet von Professor Dr. Otto Brandt
Fortgeführt von Professor Dr. Arnold Oskar Meyer
Neu herausgegeben von Professor Dr. Leo Just

unter Mitwirkung von

Professor Dr. Hartmut Boockmann / Professor Dr. Manfred Botzenhart / Professor Dr. Walter Bußmann / Professor Dr. Ernst Deuerlein / Professor Dr. Karl-Georg Faber / Professor Dr. Werner Frauendienst / Professor Dr. Justus Hashagen / Professor Dr. Hermann Heimpel / Professor Dr. Walther Hofer / Professor Dr. Walther Hubatsch / Professor Dr. Herbert Jankuhn / Professor Dr. Karl Jordan / Professor Dr. Reinhold Lorenz / Professor Dr. Erich Maschke / Professor Dr. Herbert Michaelis / Professor Dr. Wolfgang J. Mommsen / Professor Dr. Karl J. Narr / Professor Dr. Eberhard Naujoks / Professor Dr. Kurt von Raumer / Professor Dr. Michael Seidlmayer / Dr. Heinrich Schnee / Professor Dr. Albert Schwarz / Professor Dr. Rudolf Stadelmann / Professor Dr. Franz Steinbach / Professor Dr. Wilhelm Treue
und anderen

Band 3 / I

2. Teil

Akademische Verlagsgesellschaft Athenaion
Wiesbaden

DEUTSCHE GESCHICHTE

IM 19. JAHRHUNDERT

Restauration und Revolution

Von 1815 bis 1851

Von

Karl-Georg Faber

Akademische Verlagsgesellschaft Athenaion
Wiesbaden

CIP-Kurztitelaufnahme der Deutschen Bibliothek

Handbuch der deutschen Geschichte / begr. von Otto Brandt. Fortgef. von Arnold Oskar Meyer. Neu hrsg. von Leo Just unter Mitw. von Hartmut Boockmann ... – Wiesbaden: Akademische Verlagsgesellschaft Athenaion.
NE: Brandt, Otto [Begr.]; Just, Leo [Hrsg.]
Bd. 3/1 b.
1. → Deutsche Geschichte im 19. [neunzehnten] Jahrhundert

Deutsche Geschichte im 19. [neunzehnten] Jahrhundert.
– Wiesbaden: Akademische Verlagsgesellschaft Athenaion.
Teil 2. Restauration und Revolution: von 1815–1851 / von Karl-Georg Faber. – 1979.
  (Handbuch der deutschen Geschichte; Bd. 3/1 b)
  ISBN 3-7997-0721-2
NE: Faber, Karl-Georg [Mitarb.]

Alle Rechte vorbehalten
© 1979 by Akademische Verlagsgesellschaft Athenaion, Wiesbaden
Printed in Germany / Imprimé en Allemagne
Gesamtherstellung: Allgäuer Zeitungsverlag, Kempten
ISBN 3-7997-0721-2

INHALTSVERZEICHNIS

I. Die Epoche und ihre Darstellung 7
II. Deutschland um 1815: Strukturen, Traditionen, Kräfte 13
   1. Der äußere staatliche Rahmen: Europa und das System des Deutschen Bundes . . . 13
   2. Die innere Staatsstruktur im vorkonstitutionellen Deutschland 24
   3. Die wirtschaftliche und gesellschaftliche Lage 38
   4. Politische und gesellschaftliche Theorien und ihre Träger 54
   5. Religiosität und Kirche, Bildung und Erziehung 67

III. Die Zeit der Restauration (1816–1830) 82
   1. Die Anfänge des Deutschen Bundes und die Unterdrückung der Einheitsbewegung . . 82
   2. Staatliche Gruppenbildung im Deutschen Bund: Die deutsche Trias und die Entstehung des Zollvereins . . 92
   3. Der deutsche Frühkonstitutionalismus bis 1830 101
   4. Das Scheitern der gesamtpreußischen Verfassungspolitik 114
   5. Die halkyonischen Tage 127

IV. Der Vormärz (1830–1848) 136
   1. Mitteleuropa im Schatten der Juli-Revolution 137
   2. Nationalismus im Vormärz 155
   3. Ideologische Spannungen und politische Parteiungen 164
   4. Politische Kämpfe 1840 bis 1848 181
   5. Wirtschaft und Gesellschaft an der Schwelle zur Industriellen Revolution 192

V. Die Revolution von 1848/49 208
   1. Die Märzrevolution 208
   2. Parlamente und Parteien im Jahre 1848 222
   3. Das neue Deutschland in Europa 237
   4. Zwischen Radikalisierung und Gegenrevolution 246
   5. Reichsverfassung und deutsche Frage in der Paulskirche 256
   6. Die Reichsverfassungskampagne und das Ende der Nationalversammlung 266
   7. Die preußische Union und die Wiederherstellung des Deutschen Bundes 273
   8. Die gescheiterte Revolution 278

VI. Quellen und Literatur 285
VII. Register 309

I. DIE EPOCHE UND IHRE DARSTELLUNG

»Eine ungeheure Bewegung der Gesellschaft und des Geistes« hat *Golo Mann* das Stück deutscher Geschichte zwischen dem Befreiungskampf gegen Napoleon I. und der Jahrhundertmitte genannt. Es war aus einer Vielzahl von Ereignisabläufen und übergreifenden Prozessen zusammengesetzt, die sich überschnitten, hemmten oder gegenseitig förderten. Sie bewirkten, daß Deutschland am Ende des Zeitraumes, nach dem Scheitern der Revolution von 1848/49, trotz der äußeren Wiederherstellung des Deutschen Bundes ein anderes Gesicht besaß als an seinem Anfang. Insofern hat die Abgrenzung der Epoche durch zwei Ereignisse der politischen Geschichte, nämlich durch die staatliche Neuordnung Deutschlands auf dem Wiener Kongreß und die bürgerliche Revolution, nur eine relative Berechtigung. Immerhin war die soziale und intellektuelle Bewegung, von der das Zeitalter ausgefüllt war, nicht zuletzt gegen das politische System gerichtet, das den Namen seines Schöpfers Metternich trug, und gegen die verhärteten Strukturen des nachabsolutistischen Verwaltungsstaates, soweit er die Entfaltung der bürgerlichen Gesellschaft behinderte. Der Deutsche Bund war Bestandteil des europäischen Mächtesystems und in die Spannungen der internationalen Politik einbezogen. Auch bezeichnen drei Schlüsselwörter der Zeit – »Restauration«, »Reform«, »Revolution« – historische Sachverhalte, in denen der Staat als Träger oder Objekt politischer Handlungen eine zentrale Rolle spielte. Im staatlichen Regionalismus und in der zunehmenden Aktualität der nationalen Frage verzahnten sich gesellschaftliche, ideologische und politische Entwicklungen auf das engste. Der wachsende Widerspruch zwischen der politischen Emanzipation der bürgerlichen Gesellschaft und einer staatlichen Ordnung, die trotz partieller Modernisierung durch Verfassungen und Reformen auf die Konservierung vorbürgerlicher Herrschaftsstrukturen angelegt war, ist eine Grundtendenz der Epoche. Sie führte über zahllose politische Einzelkonflikte in eine Systemkrise, die sich in der Revolution entlud. Schließlich läßt sich der Zeitraum von 1815 bis 1851 mit Hilfe politischer Zäsuren sinnvoll in mehr oder weniger homogene Abschnitte von unterschiedlicher Zeitdauer gliedern. Die unruhigen Jahre politischen Protestes, der die deutsche Staatenwelt im Gefolge der französischen Juli-Revolution von 1830 bis 1832 erschütterte, beendeten die Zeit der Restauration, in der sich das politische und gesellschaftliche Leben in einer relativen Ruhelage befand. Sie leiteten den »Vormärz« im engeren Sinne ein, in dem die politischen Konflikte, die der wachsenden Spannung zwischen Staat und Gesellschaft entsprangen, den Rhythmus der Ereignisse spürbar beschleunigten und der autonome wirtschaftliche und soziale Wandel im Zeichen der beginnenden Indu-

Die Abgrenzung der Epoche

strialisierung eine neue Qualität erhielt. Der Zyklus der bürgerlichen Revolution, der wiederum von Frankreich angestoßen wurde, besaß seinerseits eine bewegte Eigendynamik. Sie führte von der Märzrevolution über den Versuch des Bürgertums, sein politisches Programm auf dem Wege der Reform zu verwirklichen, zum raschen Wechsel von radikalen Aktionen und Gegenrevolutionen, um in die blutige Niederlage eines zweiten Aufstandes und in die Reaktion einzumünden.

<small>Der Charakter des Zeitalters</small>

Angesichts der zeitlichen Differenzierung der politischen Ereignisabläufe stellt sich die Frage nach der Einheit der Epoche. Sie besteht, wenn man Anfang und Ende nicht als starre Fixpunkte festschreibt, in ihrem durchgängigen Charakter als eine Zeit des Übergangs, die man für Deutschland, das der entsprechenden Entwicklung in den westeuropäischen Ländern nachfolgte, als Schwelle zur Moderne bezeichnen kann. Es war der Übergang von der sich auflösenden Ständeordnung zur bürgerlichen Gesellschaft und der Beginn ihrer klassenmäßigen Differenzierung. Es war das Vorfeld der Industriellen Revolution, die, abgesehen von einigen regionalen Vorstufen, in Mitteleuropa erst um die Jahrhundertmitte einsetzte. Veränderungen im demographischen, agrarischen und gewerblichen Sektor arbeiteten dieser säkularen Revolution vor. Es waren die Jahrzehnte des Umbaus des monarchischen Verwaltungsstaates zum Verfassungsstaat, der aber in seinen Institutionen hinter den politischen Erwartungen der neuen Gesellschaft zurückblieb. Es war die Zeit eines tiefgreifenden geistigen und kulturellen Umbruchs. Die durch Idealismus und Romantik gestiftete Einheit von Philosophie, Wissenschaft und Kunst löste sich auf. An ihre Stelle trat eine Vielfalt von philosophischen Schulen, wissenschaftlichen Disziplinen und literarisch-künstlerischen Gruppierungen. Ihr gemeinsames Kennzeichen war die Hinwendung zu den Gegebenheiten der Geschichte und Natur, ein neuer Wirklichkeitssinn und zugleich ein wachsendes Ungenügen an der Gegenwart, so daß sich eine deutliche Akzentverschiebung vom kontemplativen Begreifen der Welt zu ihrer aktiven Veränderung vollzog.

Die ideologische Zerklüftung machte schnelle Fortschritte. Das zeitliche und räumliche Nebeneinander alter und neuer Formen und Inhalte des geschichtlichen Lebens und die sich daraus entwickelnden Spannungen und Friktionen lieferten die Impulse, die den Prozeß der deutschen Geschichte in der ersten Hälfte des 19. Jahrhunderts in Bewegung hielten. Für Menschen der zweiten Hälfte des 20. Jahrhunderts mit ihrer Erfahrung tiefgreifender politischer Zäsuren und rapider Veränderungen der Umwelt mögen sich Restauration und Vormärz zu ihrer Gegenwart wie die Fahrt der Postkutsche oder Eisenbahn zum Flug einer Düsenmaschine verhalten. Für die aufmerksamen Zeitgenossen war die Beschleunigung des historischen Geschehens ein neues und befremdendes Erlebnis. Johanna Schopenhauer notierte Ende der dreißiger Jahre die Sätze: »Die Zeit zeigt(e) sich nie gewaltiger und vernichtender in ihren Wirkungen. Zehn Jahre sind jetzt mehr als ehemals hundert, es ereignet sich täglich so viel Neues in der Welt, daß man Eines über dem Anderen vergessen muß, wenn man nicht mit der Feder in der Hand leben will. Der zwanzigjährige Jüngling ist jetzt reicher an Erfahrungen, hat zehnfach mehr Wichtiges und Folgenreiches erlebt als sein Großvater, der vor vierzig Jahren als ein achtzigjähriger Greis sanft im Herrn entschlief.«

<small>Historische Gesamtdarstellungen</small>

Es entspricht der zentralen Stellung, welche die Geschichte in der politischen Pädagogik des 19. Jahrhunderts einnahm, daß die historiographische Auseinandersetzung mit seiner ersten Hälfte unmittelbar nach dem Scheitern der Revolution von 1848/49 einsetzte. Sie hat denn auch eine Reihe bedeutender Gesamtdarstellungen hervorgebracht, die das Bild, welches sich der über die Historikerzunft hinausreichende Leserkreis von der Geschichte jener Zeit gemacht hat, zweifellos nachhaltig prägte. Ihre Abfolge ist ein Stück Wissenschafts- und Bildungsgeschichte. Sie bestätigt den Satz, daß jede Generation die Geschichte im Spiegel ihrer eigenen politischen, gesellschaftlichen und geistigen Erfahrungen neu schreibt. Gleichwohl sind die im folgenden genannten Werke nicht veraltet. Sie sind nicht nur Dokumente der jeweiligen Entstehungszeit und ihres Geschichtsbewußtseins, sondern historiographische Leistungen, an denen sich die moderne Wissenschaft in ihrem Bemühen um die Rekonstruktion der deutschen Geschichte jener Zeit zu orientieren hat.

Die deutsche Geschichtsschreibung des 19. Jahrhunderts begann kurz nach der Revolution von 1848/49 mit einem politischen Eklat. *Georg Gottfried Gervinus,* der bis zum Sommer 1848 als Redakteur der »Deutschen Zeitung« und Abgeordneter der Frankfurter Nationalversammlung die Politik der gemäßigten Liberalen mitgestaltet hatte, veröffentlichte Ende 1852 eine »Einleitung in die Geschichte des neunzehnten Jahrhunderts«. In ihr sagte er eine neue revolutionäre Entscheidung zwischen den von den »unteren Volksklassen« getragenen demokratischen Ideen und der Aristokratie voraus. Die Schrift brachte ihrem Verfasser einen Prozeß wegen Aufforderung zum Hochverrat und Gefährdung der öffentlichen Ordnung ein. Sie war der vorweggenommene Extrakt seiner achtbändigen, seit 1855 erscheinenden »Geschichte des neunzehnten Jahrhunderts seit den Wiener Verträgen«, deren Kernthema, bezogen auf Europa, der Kampf zwischen dem System der Restauration und der liberalen und nationalen Bewegung war. In der Herausarbeitung der gesamteuropäischen Zusammenhänge und mit dem Versuch, kulturelle und wissenschaftliche Entwicklungen mit der politischen Gesamttendenz des Zeitalters zu verknüpfen, hat Gervinus Beachtliches geleistet. Seine vom Fortschrittsglauben getragene Überzeugung von der inneren Gesetzmäßigkeit der Geschichte auf eine demokratische Gesellschafts- und Staatsordnung hin geriet schon bald in Widerspruch zur tatsächlichen Entwicklung in Deutschland, so daß er die bis zur Juli-Revolution gediehene Darstellung nach 1866 nicht mehr fortsetzte. Gervinus stand auch im Gegensatz zur Geschichtsforschung seiner Zeit, deren bedeutende Vertreter gerade in der Reichsgründung Bismarcks die Erfüllung ihrer politischen Wünsche sahen. So blieb seinem Werk der publizistische Erfolg versagt. Die »Einleitung« wurde erst vor wenigen Jahren neu »entdeckt«.

Als populärer Geschichtsschreiber Europas hat Gervinus bis zu *Benedetto Croce* keinen Nachfolger gefunden. Croces einbändige »Storia d'Europa nel secolo decimono« erschien 1932 (deutsch 1935, ²1950). Ihr Generalthema ist, wie bei Gervinus, die Geschichte der Idee der Freiheit, des liberalen Geistes, im 19. Jahrhundert.

Heinrich von Treitschke, der aus sächsischem Offiziersadel stammende Wahlpreuße und publizistische Vorkämpfer des nationalen Einheitsstaates, hat nach der Reichsgründung die große, von protestantischem und kleindeutschem Denken geprägte Darstellung der Epoche bis an die Schwelle der Revolution von 1848/49 geschrieben. Sie ist in der politischen Einseitigkeit, mit der Treitschke sowohl den konservativen Partikularismus der Mittel- und Kleinstaaten als auch die Weltfremdheit und den Kosmopolitismus aller demokratischen Strömungen geißelte oder der Lächerlichkeit preisgab, und in dem moralisierenden Pathos ihrer Sprache ein Zeitdokument ersten Ranges und in vielen Teilen überholt. Doch hat selbst ein Treitschke so kritisch gegenüberstehender Historiker wie der Österreicher *Heinrich von Srbik* die »bewundernswerte Vielseitigkeit in der Erfassung des Lebens der Nation auf dem geistig-kulturellen und religiösen Gebiet« in diesem Werk gerühmt. Tatsächlich liegt das Gewicht der Darstellung – in einem gewissen Widerspruch zu Treitschkes politischer

Forderung des nationalen Machtstaates — auf der inneren Geschichte Deutschlands von 1815 bis 1848. Trotz seiner zeitbedingten Mängel ist es immer noch unentbehrlich für jeden, der sich mit dieser Epoche beschäftigt, zumal Quellen benutzt wurden, die nicht mehr zugänglich sind. Von seinem Autor als Instrument zur nationalen Erziehung des Volkes konzipiert, wurde Treitschkes Geschichte, die bis in die Zeit der Weimarer Republik viele Auflagen erlebte, ein Hausbuch des nationalen Bürgertums. Als solches hat es zweifellos stärker gewirkt als die ihm geistig verwandten Darstellungen von *Heinrich von Sybel* (1889—1894), *Erich Brandenburg* (1916) und *Erich Marcks* (1936).

Es dauerte ein knappes halbes Jahrhundert, bis Treitschkes Geschichte in dem gleichlautenden Werk des aus dem milden katholischen Klima Südwestdeutschlands stammenden Historikers *Franz Schnabel* ein nach Umfang und Inhalt ebenbürtiges Gegenstück erhielt (1929—1937). Während Treitschke den Stoff noch als Geschichtserzählung in chronologischer Ordnung darbot und nur wegen der Mehrschichtigkeit des Geschehens gezwungen wurde, einige sachlich oder regional zusammenhängende Quer- und Längsschnitte einzufügen, ist das Werk Schnabels problemgeschichtlich orientiert. Jeweils einer der vier Bände ist den Grundlagen, dem politischen Kampf, den Erfahrungswissenschaften einschließlich der Technik und den religiösen Kräften gewidmet. In gewisser Weise setzte es *Friedrich Meineckes* »Weltbürgertum und Nationalstaat« (1908) fort, mit dem noch vor dem Ersten Weltkrieg eine spezifische Form der politischen Ideengeschichte begründet worden war. Insgesamt tritt bei Schnabel die politische Geschichte des Vormärz im engeren Sinne sowie die ökonomische und soziale Entwicklung hinter der historischen Strukturanalyse der politischen und geistig-kulturellen Kräfte der Restaurationsära zurück. Das Werk ist ein Torso. Doch ist die zeitliche Begrenzung in der Auffassung Schnabels begründet, daß an den Jahrzehnten bis 1848 alles zu erkennen sei, was zur »Biographie des europäischen und deutschen Menschen« des 19. Jahrhunderts gehöre, wohl auch in der geistigen Affinität dieses Historikers zu seinem Gegenstand. In der Konzeption deutlich von der kleindeutschen Sicht Treitschkes abgehoben, ist Schnabels Geschichte des 19. Jahrhunderts, ohne eindeutig großdeutsch orientiert zu sein, mit der Herausarbeitung der geistigen Struktur der Zeit nach wie vor die beste Gesamtdarstellung.

Aus großdeutscher Sicht hat *Heinrich von Srbik* einen Band seines Werkes »Deutsche Einheit, Idee und Wirklichkeit vom Heiligen Reich bis Königgrätz« (1935—1942) dem Zeitalter Metternichs und der bürgerlichen Revolution gewidmet.

Sieht man von Schnabel ab, so haben die genannten Autoren die deutsche Geschichte der ersten Hälfte des 19. Jahrhunderts entweder als Gegenstück zur Reichsgründungsära oder als deren Vorgeschichte geschrieben. Jedenfalls lieferte das Bismarckreich weitgehend den Bewertungsmaßstab. Es verwundert deshalb nicht, daß die Revolution von 1848/49 von ihnen nicht (Treitschke, Schnabel) oder nur als mehr oder weniger wichtige Episode (Sybel, Brandenburg, Srbik, Marcks) behandelt wurde. Erst das öffentliche Interesse der Weimarer Republik an der bürgerlichen Revolution, deren Tradition geeignet zu sein schien, zur geschichtlichen Legitimierung des neuen Staates beizutragen, brachte die erste umfassende Gesamtdarstellung auf wissenschaftlicher Grundlage hervor (1932). Ihr Verfasser, *Veit Valentin*, gehörte — mit einigen anderen liberaldemokratischen Historikern der Republik — zur Minderheit in der Zunft. Das Werk verleugnet die Sympathien des Autors für die demokratische und nationale Zielsetzung der Revolution nicht. In der Erfassung der Details des revolutionären Geschehens und der farbenreichen und anschaulichen Darbietung des Stoffes, aber auch in der Hervorhebung der übergreifenden Zusammenhänge, die bis weit in den Vormärz zurückverfolgt werden und auf diese Weise die Darstellungen Treitschkes und Schnabels glücklich ergänzen, ist Valentins Revolutionsgeschichte, trotz der Publikation wichtiger neuer Arbeiten nach dem Zweiten Weltkrieg, immer noch das Standardwerk zu diesem Thema.

Überhaupt hat die wissenschaftliche Beschäftigung mit der Epoche nach dem Zweiten Weltkrieg neue Wege eingeschlagen. Die Geschichtsschreibung bezog ihre Antriebe teils aus der größeren zeitlichen Distanz, teils aus der Veränderung des politischen und ideologischen Kontextes der Forschung. An die Stelle der nationalpolitischen und ideengeschichtlichen Gesichtspunkte und einer an den herausragenden Ereignissen und geistigen Spitzenleistungen orientierten Erzählung ist die historische Analyse der übergreifenden ökonomischen und gesellschaftlichen Strukturen und Prozesse in ihrer Verflechtung mit der politischen Geschichte getreten. Immerhin konnte eine solche struktur- oder sozialgeschichtliche Betrachtungsweise, die sich der Methoden und Fragestellungen der Sozialwissenschaften bediente, an Vorläufer anknüpfen, so außer an Schnabel etwa an einen schon 1913 erschienenen Aufsatz von *Ernst Troeltsch* »Das 19. Jahrhundert«.

Geschichtsschreibung seit dem Zweiten Weltkrieg

Für Troeltsch stellte sich der Wesenszug des Jahrhunderts »nach der wirtschaftlich-sozialen Seite als Kapitalismus, nach der politischen Seite als demokratisch gefärbter Imperialismus« dar. Damit war auch der Übergangscharakter der ersten Jahrhunderthälfte aus der Sicht einer politischen Sozialgeschichte erkannt. Von diesem Ansatz aus sind nach dem Zweiten Weltkrieg in der Bundesrepublik Deutschland eine Fülle von Monographien zu Einzelfragen publiziert worden. Sie haben zwar in der Aufdeckung der diachronen und synchronen Zusammenhänge aller Bereiche des historischen Prozesses auf regionaler Basis oder für begrenzte Zeitabschnitte Beachtliches geleistet. Die Schwierigkeit, die Ergebnisse dieser Forschungsrichtung in die Form einer für ein breiteres Publikum bestimmten Geschichtserzählung umzusetzen, ist dafür verantwortlich, daß es, abgesehen von knappen Entwürfen, eine umfassende Gesamtdarstellung der Epoche als politische Sozialgeschichte noch nicht gibt. Es ist deshalb kein Zufall, daß die »Deutsche Geschichte des 19. und 20. Jahrhunderts« von *Golo Mann* (1958), die in ihrer Verbindung der Skizzierung übergreifender Zusammenhänge mit gut ausgewählten und erzählten Geschichten an ältere Traditionen der Historiographie anknüpft, ein großes Lesepublikum gefunden hat.

Von der staatlich und parteilich organisierten Geschichtswissenschaft in der Deutschen Demokratischen Republik sind das frühe 19. Jahrhundert als Epoche des Übergangs vom Feudalismus zum bürgerlichen Kapitalismus sowie das Jahr 1848/49 als die bürgerliche, aber von den »Volksmassen« getragene Revolution, die für die Formierung der deutschen Arbeiterbewegung von entscheidender Bedeutung gewesen ist, zu zentralen Gegenständen der Forschung erhoben worden, zumal in dieser Zeit die bis heute kanonisch geltende Geschichtsauffassung von Karl Marx und Friedrich Engels entstanden ist. Zwar haben beide Männer dieser Epoche, abgesehen von eher publizistischen Aufsätzen, keine große Darstellung gewidmet, was weitgehend für die marxistische Geschichtsschreibung bis 1945 gilt. Um so bemerkenswerter ist die Produktion der im Sinne der historisch-politischen Schulung auf Breitenwirkung angelegten kommunistischen Geschichtsschreibung nach dem Zweiten Weltkrieg, aus der als Beispiel hier nur die »Illustrierte Geschichte der deutschen Revolution 1848/49« (1973) genannt sei.

Ein Handbuch, von dem der Benutzer eine möglichst dichte Information über den Gegenstand in der Form einer objektivierenden Darstellung erwartet, kann sich nicht mit den großen

Werken der Geschichtsschreibung messen, die nach ihrer Konzeption und der darauf beruhenden interpretatorischen Selektion des Stoffes das geistige Profil ihrer Verfasser hervortreten lassen. Trotzdem wird es, zumal in dem hier gebotenen Umfang, die Auseinandersetzung des Bearbeiters mit der Forschungstradition, das eigene Wissenschaftsverständnis und manche (aus seiner wissenschaftlichen Biographie zu erklärenden) Schwerpunkte und Lücken der Darstellung erkennen lassen. Dies zu beurteilen, ist der kritische Leser besser gerüstet als der Autor selbst. Da Entwurf und Ausführung immer auseinanderklaffen und Ansätze zu berechtigter Kritik bieten, sei an dieser Stelle wenigstens ein begründender Hinweis auf die Gliederung des Bandes gegeben, das heißt auf den Wechsel von strukturgeschichtlichen Querschnittkapiteln mit ereignisgeschichtlichen Längsschnitten.

Abgesehen davon, daß hier kein absoluter Gegensatz besteht, sondern diachronische Elemente in die Strukturanalysen eingelassen, synchrone Zusammenhänge auch bei der Schilderung der Ereignisgeschichte berücksichtigt sind, ist es der Versuch, die Tradition der älteren Historiographie mit dem Vorgehen der jüngsten Geschichtsforschung zu vermitteln. Wenn die entsprechenden Teile nicht stärker miteinander verzahnt sind, so ist damit nicht gesagt, daß die Forschung an der Grenze einer vertretbaren Integration der Sektoren des historischen Prozesses angekommen ist. Gleichwohl ist der Versuchung aus dem Wege gegangen worden, die deutsche Geschichte von 1815 bis 1851 gleichsam auf höherer Ebene einer übergreifenden Interpretation zu unterwerfen. Dafür gibt es zwei pragmatische und einen theoretischen Grund. Eine solche Gesamtbeurteilung hätte eine Ausweitung des räumlichen und zeitlichen Interpretationsrahmens auf die europäische Geschichte von der Mitte des 18. bis zu Beginn des 20. Jahrhunderts erfordert. Sie hätte außerdem die Explikation der theoretischen Hypothesen notwendig gemacht, die sie ermöglichten. Beides hätte den Rahmen des Handbuchs gesprengt. Der Bearbeiter hat zwar theoretische Angebote, an denen es nicht fehlt, zur Kenntnis genommen und partiell berücksichtigt. Sie sind aber nicht zum durchgängigen Interpretationsprinzip erhoben worden, zumal er − und das ist eine theoretische Prämisse − der Auffassung ist, daß die Faktizität der Geschichte interpretatorisch nicht völlig aufgelöst werden kann. So handelt es sich um ein Stück Nationalgeschichte und damit um eine Geschichtsschreibung mittlerer Reichweite. Die Rechtfertigung einer solchen Begrenzung besteht zum einen in der Erkenntnis, daß die Nationen in der modernen Geschichte Wirkungsfaktoren ersten Ranges darstellen, zum andern in dem vorwissenschaftlichen, aber als triftig akzeptierten Grund, daß die Deutschen der zweiten Hälfte des 20. Jahrhunderts mit ihrer Nationalgeschichte in einer Weise verbunden sind, die über den Wirkungszusammenhang hinaus so etwas wie das Verhältnis einer Solidarhaftung begründet.

II. DEUTSCHLAND UM 1815:
STRUKTUREN, TRADITIONEN, KRÄFTE

1. Der äußere staatliche Rahmen: Europa und das System des Deutschen Bundes

Das Jahr 1815 markiert in politischer Hinsicht eine Zäsur in der europäischen und deutschen Geschichte. Napoleon war von einer Koalition der alten Monarchien Europas mit den gegen die Fremdherrschaft revoltierenden Volksbewegungen besiegt worden. Die Führung in diesem Kampf gegen den Erben der Französischen Revolution hatte aber eindeutig bei den Fürsten, ihren Regierungen und den regulären Armeen gelegen. Es entspricht dieser Konstellation, daß die sogenannte europäische Restauration von 1814/15, deren Ergebnisse auf dem Wiener Kongreß fixiert wurden, mit den Mitteln der Diplomatie ohne Befragen der Völker durchgeführt wurde. Eine Restauration im engeren Sinne war die Wiedereinsetzung von Fürstenhäusern – in Frankreich, Spanien und Süditalien, in Piemont-Sardinien, in den um Belgien vergrößerten Niederlanden und in dem restituierten und arrondierten Kurfürstentum Hessen-Kassel. Der Papst erhielt seine römischen Herrschaftsrechte zurück. Das englische Königshaus übernahm sein Stammland Hannover, das Haus Habsburg seine nord- und mittelitalienischen Besitzungen. Restituiert wurden in Mitteleuropa der um Genf, Wallis und das preußische Neuenburg vergrößerte Bund der Schweizer Kantone und vier Freie Städte in Deutschland. Doch konnten und wollten die Fürsten und Staatsmänner des Kongresses – trotz der Berufung auf das Prinzip der dynastischen Legitimität – Europa nicht auf den Stand von 1789 zurückführen. Im Norden blieb das durch den frühen Anschluß an die Koalition legitimierte Königtum des einstigen französischen Marschalls Bernadotte in Schweden bestehen, in Personalunion verbunden mit dem von Dänemark gelösten Königreich Norwegen. Frankreich behielt auch nach den Hundert Tagen Napoleons das Elsaß und Lothringen, mußte allerdings im Zweiten Pariser Frieden Landau und das westliche Saarland mit Saarbrücken zurückgeben. Das polnische Königreich wurde nicht wiederhergestellt. Das mit dem Zarenreich durch Personalunion verbundene Kongreßpolen wurde trotz des Versprechens einer »nationellen Reorganisation« nach einer bis 1830 dauernden Übergangszeit erneut der russischen Autokratie unterworfen. Die polnische Frage blieb ein dauernder Unruhefaktor der europäischen und deutschen Politik.

So war ein aus neuen und alten Elementen zusammengesetztes Staatensystem in Europa entstanden, nicht zuletzt in der Mitte des Kontinents, wo nicht wenige der seit 1803 erfolgten

Staatliche Restauration in Europa

territorialen Veränderungen bestätigt wurden und in den neu geschaffenen Deutschen Bund eingingen. Das Eigengewicht und die relative Stabilität dieser Ordnung, die länger als ein halbes Jahrhundert über innenpolitische Regimewechsel und außenpolitische Machtverschiebungen hinweg Bestand hatte, verbieten es, in der Liquidierung des napoleonischen Systems mit seiner hegemonialen Struktur nur die Rückkehr zur vorrevolutionären Staatengesellschaft Europas oder im Deutschen Bund ein bloßes Provisorium zwischen dem 1806 untergegangenen Heiligen Römischen Reich Deutscher Nation und dem Kaiserreich von 1871 zu sehen, gewissermaßen den Platzhalter des künftigen Nationalstaates der Deutschen. Das aus dem 18. Jahrhundert übernommene Instrument des europäischen Gleichgewichts, von Metternich, dem »Comte de Balance«, und dem britischen Außenminister Castlereagh virtuos gehandhabt, diente primär der Verhinderung eines Wiederauflebens des französischen und der Eindämmung des russischen Hegemoniestrebens. Hinzu trat aber als neues Element europäischer Politik das innenpolitische Sicherheitsmotiv, der Wunsch nach Erhaltung der monarchischen Autorität und ihres ständischen Unterbaus gegenüber den durch die Revolution geweckten und durch die Auflösung der feudalen Ordnung geförderten politischen und gesellschaftlichen Kräften der bürgerlichen Emanzipation. Auf der Verbindung der kontinentalen Gleichgewichtspolitik, aus der die außereuropäischen Probleme zunächst ausgeklammert blieben, mit der defensiven Solidarität der konservativen Mächte beruhte das außenpolitische System der Restauration. Nach der Vorstellung seiner Schöpfer, besonders Metternichs, war der Deutsche Bund ein wichtiger Bestandteil des Systems, und zwar nicht als aktiver Partner der anderen Mächte, was er nach seiner Konstruktion nicht sein konnte, sondern als ein Stabilitätsfaktor, der in der Form des losen Zusammenschlusses der souveränen Einzelstaaten im deutschen Mitteleuropa das Funktionieren des Gleichgewichts und die führende Rolle Österreichs in ihm gewährleisten sollte. Diese europäische Funktion des Deutschen Bundes erklärt nicht nur das Interesse und die Beteiligung der Großmächte bei seiner Konstituierung, sondern auch seine Einbettung in den außen- und gesellschaftspolitischen Kontext der Restaurationspolitik. Sie ist als »Metternichs System« von vielen Zeitgenossen verurteilt, von Historikern – *Heinrich von Srbik* und *Henry Kissinger* – rekonstruiert und in ihrer zeitgebundenen Berechtigung anerkannt worden. So sind die europäischen Mächtebeziehungen innerhalb dieses Systems mehr als nur Randbedingungen der deutschen Geschichte nach 1815.

Das europäische Vertragssystem Völkerrechtliche Grundlage der neuen internationalen Ordnung war eine Gruppe von Verträgen, in die der Deutsche Bund indirekt durch seine beiden Vormächte Österreich und Preußen sowie passiv durch die in ihrer Tragweite umstrittene Garantie seiner Existenz durch die Oligarchie der Großmächte einbezogen war. Es waren dies die Friedensverträge von 1814 und 1815, die Schlußakten des Wiener Kongresses, der Vertrag von Chaumont und die Viererallianz, die im Jahre 1818 durch einen Fünfmächte-Bund ergänzt wurde, schließlich die Heilige Allianz. Der Zweck dieser Bündnisse ging über die zunächst im Vordergrund stehende Regelung der Territorialfragen und die Verhinderung einer erneuten französischen Aggression hinaus. Sie begründeten insgesamt ein europäisches Sicherheitssystem. Je mehr diese Funktion an Bedeutung gewann und von Metternich mit dem sozialkonservativen Prinzip der Erhaltung des Status quo im Sinne der Legitimität und monarchischen Autorität verbunden wurde (was auf eine Politik der Eindämmung jeglicher revolutionären Bewegung durch Drohung und Intervention hinauslief), um so mehr wurde die Solidarität der Großmächte brüchig. Anfang der 20er Jahre verließ Großbritannien, dessen Europapolitik durch die Bindung an die Parlamentskontrolle nicht über die Sicherung des äußeren Gleichgewichts hinausgehen konnte und durch weltpolitische Interessen überlagert wurde, den Areopag der konservativen Mächte. Mit der Unterstützung oder Tolerierung nationaler Volksbewegungen in den Randgebieten des Kontinents untergrub es die gesamteuropäische Basis des außenpolitischen Systems Metternichs, dessen realpolitischer Kern gerade die im Kampf gegen Napoleon entstandene österreichisch-britische Interessengemeinschaft gewesen war. Auf ihr ruhte – mit Ausnahme der Heiligen Allianz – das Netz der Verträge.

Noch eindeutig gegen die Gefahr einer französischen Hegemonialpolitik gerichtet, deren Fortbestehen den Mächten durch das Zwischenspiel der Hundert Tage Napoleons erneut demonstriert worden war, diente der am 20. November 1815 abgeschlossene Viererbund zwischen Großbritannien, Rußland, Österreich und Preußen, die sogenannte »Quadrupelallianz«. Sie erneuerte die gegen Frankreich gerichteten Kriegsbündnisse von Chaumont (1. März 1814) und Wien (25. März 1815) und verpflichtete die Partner zur wechselseitigen Unterstützung im Falle revolutionärer Bewegungen in Frankreich und zum Schutze der gemeinsamen Besatzungsarmee. Ein Schritt über dieses begrenzte Bündnisziel hinaus war die von Castlereagh angeregte Vereinbarung, auch nach dem Ende des Besatzungsregimes in Frankreich regelmäßige Zusammenkünfte der Monarchen selbst oder der Minister zu veranstalten, »um den großen gemeinschaftlichen Interessen zu dienen und zu prüfen, welche Maßregeln der Ruhe und dem Glück der Völker wie der Erhaltung des europäischen Friedens am heilsamsten erachtet werden können«. In dieser allgemein gehaltenen Formulierung war ein gemeinsamer Nenner für die klassische Gleichgewichtspolitik Englands und den restaurativen Grundzug der Europapolitik Metternichs gefunden. Das Spannungsverhältnis zwischen beiden Zielen wurde in den Verhandlungen erkennbar, die auf der ersten der vorgesehenen Zusammenkünfte, dem Aachener Kongreß vom Herbst 1818, über die Form der Wiederaufnahme Frankreichs in den Rat der Großmächte durch einen Aus- oder Umbau des Vertragssystems geführt wurden. Denn je mehr der defensive Zweck der Überwachung Frankreichs an Bedeutung verlor, um so stärker rückte der ideologische Aspekt einer Garantie der bestehenden sozialen Ordnung in den Vordergrund, der der zunehmend isolationistischen englischen Öffentlichkeit suspekt war.

Der Aachener Kongreß 1818

Anlaß der Zusammenkunft war der Wunsch der französischen Regierung Richelieu auf vorzeitige Beendigung des Besatzungsregimes, rechtliche Grundlage der Artikel V des Zweiten Pariser Friedens von 1815, der eine Überprüfung der Beziehungen der Bündnispartner zu Frankreich nach Ablauf von drei Jahren vorsah. Nachdem man beschlossen hatte, die verbündeten Truppen bis zum 30. November 1818 aus Frankreich zurückzuziehen, einigten sich die Vier insgeheim auf die Fortsetzung der Quadrupelallianz ohne Frankreich. Dessen Aufnahme in das »System des allgemeinen Friedens« und damit die Wiederherstellung des Fünfmächtesystems, der europäischen Pentarchie, wurde durch die in dem offiziellen Kongreßprotokoll ausgesprochene Einladung an Frankreich vollzogen, an den künftigen Beratungen über europäische Fragen teilzunehmen. Ein Besuch der Monarchen Rußlands und Preußens in Paris besiegelte die Absprache. Dagegen scheiterte der Vorschlag des Zaren Alexander, die bestehenden Verträge durch eine »Alliance solidaire« zum Schutze Europas gegen Aggressionen von außen und Umwälzungen von innen auszubauen, am Widerspruch Castlereaghs und an der Zurückhaltung Metternichs, der zwar das Ziel billigte, eine zusätzliche vertragliche Bindung aber für überflüssig hielt. Dasselbe Schicksal erlitt der preußische Vorschlag eines den territorialen Besitzstand der Mächte unter Einschluß der Niederlande und des Deutschen Bundes sichernden Garantievertrages. So bestätigten die außenpolitischen Ergebnisse des Kongresses noch einmal die – wenn auch nur begrenzte – Interessengemeinschaft Englands und Österreichs, die nicht zuletzt auf dem Mißtrauen Metternichs gegenüber der unruhigen Politik des Zaren beruhte.

Die europäische Pentarchie

Die Heilige Allianz v. 26. September 1815

Ein Argument, mit dem Metternich den Zaren zum Verzicht auf seinen Vorschlag einer »Alliance solidaire« bewegen konnte, war der Hinweis auf das Bestehen der Heiligen Allianz vom 26. September 1815, die durch ihre Existenz wie durch ihren Inhalt ein Symbol des europäischen Systems der Restauration darstellte. Ihre Genese und ihr sich allmählich verändernder Stellenwert im Bündnissystem reflektieren die Möglichkeiten und die Grenzen einer ideologischen Begründung der internationalen Beziehungen im nachrevolutionären Zeitalter. Die Initiative zur Heiligen Allianz war ebenfalls von dem Zaren Alexander ausgegangen, der sich seit dem Brand von Moskau und unter dem Eindruck des russischen Siegeszuges durch Europa als Träger einer Weltmission fühlte. Die Verbindung religiöser Ideen mit Versatzstücken des revolutionären Gedankengutes und dem Festhalten am fürstlichen Patriarchalismus sollte den Völkern die Erlösung und Europa den Frieden bringen. Der Zar erhielt dazu Anregungen von dem Münchener Sozialphilosophen Franz (von) Baader, der 1814 in Schreiben an die Monarchen Rußlands, Österreichs und Preußens den Plan eines christlich-europäischen Bundes auf der Grundlage einer Verbindung von Religion und Politik im Sinne der politischen Romantik entwickelt hatte und Kontakte nach Petersburg besaß. Hinzu trat der Einfluß der baltischen Baronin Juliane von Krüdener, die Alexander seit dem Feldzug von 1815 mit ihrem Pietismus und Mystizismus in seinen religiösen Neigungen bestärkte. Das Ergebnis solcher Anstöße, die sich mit den Traditionen des Jus publicum Europaeum und des russischen Messianismus verbanden, war der von dem Zaren vorgelegte Entwurf eines europäischen Vertrages über die Gründung eines christlich-theokratischen Allianzsystems in der Form eines aus drei Artikeln bestehenden Manifestes. Darin wurde, unter Berufung auf die Trinität und die göttliche Vorsehung, ein prinzipieller Wandel der Politik postuliert. Die Monarchen und die Völker sollten sich als Brüder und ihre Länder als Provinzen einer universalen christlichen Nation betrachten und die Vorschriften der christlichen Religion zur Richtschnur des politischen Handelns nehmen. Belächelte Metternich den Plan, dessen Begründung seinem rationalistischen Konzept einer europäischen Stabilitätspolitik widersprach, zunächst als ein »lautes Nichts«, so bemühte er sich doch – aus Rücksicht auf die Einigkeit der Alliierten – mit gewissem Erfolg um eine textliche Präzisierung im Sinne eines konservativen Programms zum Schutze des restaurierten Mächtesystems. Dadurch wurde die Interpretation des Manifests als ein zukunftsorientiertes Reformkonzept unter Mitwirkung der Völker ausgeschlossen. Der Rückbezug auf Gott als höchsten Souverän und auf die erhabenen Wahrheiten der Religion und des Erlösers, das Bekenntnis zum Schutz der Religion, des Friedens und der Gerechtigkeit, vor allem aber eine Beistandsklausel, die die Monarchen zur gegenseitigen Hilfeleistung »bei jeder Gelegenheit und an jedem Ort« verpflichtete, gaben dem Dokument den Charakter einer Interventionsdrohung. In dieser Fassung wurde die Heilige Allianz zunächst vom Zaren, dem österreichischen Kaiser Franz I. und dem preußischen König Friedrich Wilhelm III. unterzeichnet. Sie enthielt eine Beitrittseinladung an alle Mächte, »die sich feierlich zu den heiligen Grundsätzen bekennen wollen«. Fast alle Staaten Europas, darunter Frankreich, die Schweiz und die Gliedstaaten des Deutschen Bundes, traten bei, mit drei bezeichnenden Ausnahmen. Castlereaghs Vorschlag an das britische Kabinett, der Prinzregent möge dem Vertrag ohne Gegenzeichnung durch einen Minister beitreten, wurde von dem Premierminister Lord Liverpool als unvereinbar mit dem englischen Staatsrecht und der Tradition der britischen Außenpolitik abgelehnt. So blieb es bei einem rechtlich unverbindlichen Zustimmungsschreiben des Prinzregenten an den Zaren. Immerhin vollzog der Prinzregent den Beitritt als König von Hannover, da er als solcher nicht an die Zustimmung des Kabinetts gebunden war. Das Osmanische Reich blieb durch die Festlegung der Allianz auf das christliche Prinzip automatisch ausgeschlossen, während der Papst den Beitritt ablehnte, weil er in der Berufung auf eine überkonfessionelle christliche Gemeinschaft, die auf Unionspläne Baaders zurückwies, eine Beeinträchtigung seines kirchlichen Primatsanspruches sah.

Das Osmanische Reich

Solange das System der Quadrupelallianz und der Pentarchie einigermaßen funktionierte, hatte die Heilige Allianz deklaratorischen Wert. Die Beziehungen der Großmächte zueinander und die dadurch bewirkte Kontrolle der europäischen Staatenwelt wurden nach 1815 eher mit dem Instrumentarium einer informellen Diplomatie auf verschiedenen Ebenen gelenkt. Noch auf dem Wiener Kongreß war für die Zukunft eine vereinfachte, nach drei Klassen abgestufte Rangordnung der diplomatischen Vertreter vereinbart worden, wobei die Beschränkung des Austausches von Botschaftern auf die Großmächte der neuen/alten Hierarchie der Staaten entsprach. Zwar war dem Bemühen Metternichs, die Konferenz der Botschafter der Besatzungsmächte in Paris zu einer Dauerinstitution auszubauen, kein Erfolg beschieden. Als Informationsquellen und Instrumente zur Beeinflussung der Regierungen und Monarchen besaßen aber die ständigen diplomatischen Vertreter eine beachtliche Funktion im Rahmen der zweiseitigen Beziehungen. Diese wurden überwölbt von der Idee eines europäischen Rates in der Form periodischer Zusammenkünfte der Monarchen und ihrer Minister, dem Konferenzgedanken, der von Castlereagh aufgrund der Erfahrung der Kriegsdiplomatie entwickelt und von Metternich als geeignetes Forum für eine gemeinsame Europapolitik übernommen wurde. Die großen Kongresse, die von Aachen (1818) über Troppau (1820), Laibach (1821) bis Verona (1822) den Fürsten und Staatsmännern Gelegenheit zur persönlichen Klärung internationaler Probleme boten, wurden zu einem festen Bestandteil des Metternichschen Systems. Sie gerieten freilich in den Sog der Restauration, indem sie zunehmend in den Dienst der Revolutionseindämmung gestellt wurden, bis der Übergang zu einer offenen Interventionspolitik in den südeuropäischen Staaten zu einer Identifizierung der Kongreßdiplomatie mit den Prinzipien der Heiligen Allianz führte, die damit der Bildung ideologischer Blöcke Vorschub leistete. Schließlich ergänzte Metternich das diplomatische Instrumentarium, indem er sein in Wien gefestigtes Ansehen als führender Staatsmann Europas dazu nutzte, um eine Fülle zweiseitiger Kontakte – zu den Monarchen, zu den führenden Ministern und anderen einflußreichen Personen der Hocharistokratie – aufzubauen, bis hin zu seinen gesellschaftlichen oder intimen Beziehungen zu hochgestellten Damen in höfischen und diplomatischen Kreisen. Das kam der Praktizierung seines »Systems« im Deutschen Bund ebenso wie auf dem europäischen Parkett zugute. Zu den Voraussetzungen einer solchen, noch stark personengebundenen und mit diplomatischen Aushilfen arbeitenden Politik, die in den liberalen und nationalen Bestrebungen der Völker nur Störungen des Systems und Gefahren für seine Stabilität erblickte, gehörten einerseits ihre Bindung an das soziale Milieu der alten Aristokratie und das Bestehen einer europäischen Kulturtradition, zumindest in diesen Kreisen, andererseits eine gewisse Lockerung des steifen Zeremoniells und der gesellschaftlichen Formen, wodurch nicht nur Kontakte vervielfacht, sondern auch die Hinzuziehung bürgerlicher Ratgeber zu den Verhandlungen ermöglicht wurden. Unter ihnen spielte jahrelang Friedrich (von) Gentz als »Sekretär Europas« und engster Mitarbeiter Metternichs bei der Begründung und Durchsetzung seiner europäischen und deutschen Politik eine große Rolle, während die weitgehend bürgerliche Klientel des preußischen Staatskanzlers Hardenberg

Die Diplomatie Metternichs

Europäische Kongresse von 1818 bis 1822

dessen diplomatischer und politischer Glaubwürdigkeit bei seinen Standesgenossen eher Abbruch tat.

Die europäische Funktion des Deutschen Bundes

Daß der Deutsche Bund dem Vertragssystem nicht angehörte und auf den europäischen Kongressen nicht vertreten war, kam seiner von Metternich geplanten Funktion als Klammer des kontinentalen Staatensystems unter österreichischer Leitung eher zugute als daß es sie behinderte, auch wenn der Plan des österreichischen Ministers, den Bund durch eine Föderation der italienischen Staaten in Form einer *Lega italica* zu ergänzen, nicht realisiert wurde. Auf mehrfache Weise blieb die staatliche Organisation Deutschlands mit dem europäischen System verbunden; sie war freilich damit auch der Einflußnahme seitens nichtdeutscher Regierungen ausgesetzt. Gehörte die lockere, im Widerspruch zum neuen Nationalgeist stehende Konstruktion des Bundes zu den Existenzbedingungen des österreichischen Vielvölkerstaates, so betrachtete sich auch Preußen, der zweitgrößte Staat im Bunde, primär als europäische Macht. Hardenberg und Wilhelm von Humboldt lehnten noch 1817 den Eintritt der östlichen, außerhalb der Grenzen des alten Reiches liegenden preußischen Provinzen in den Bund ab, weil es nachteilig sei, »damit aus der Reihe der europäischen Mächte gleichsam herauszutreten und einen bloß deutschen Bundesstaat vorzustellen«! Mitglieder des Bundes waren das englische Königshaus durch die bis 1837 dauernde Personalunion mit Hannover, der König von Dänemark als Herzog von Holstein und der König der Niederlande als Großherzog von Luxemburg. Das Zarenhaus besaß verwandtschaftliche Beziehungen zu den in Württemberg, Baden und anderen deutschen Staaten regierenden Häusern. Die sich daraus ergebenden Möglichkeiten des Eingreifens der Großmächte in die deutschen Angelegenheiten hatten durch die Aufnahme der Bundesakte vom 8. Juni 1815 in die Schlußakte des Wiener Kongresses vom 9. Juni 1815, die von den acht Kongreßmächten – Österreich, Preußen, Rußland, Großbritannien, Frankreich, Schweden, Portugal und Spanien – unterzeichnet worden war, den Schein der verfassungsrechtlichen Legitimität für sich. Es gab Ansätze, aus diesem Akt, der eine Art kollektiver völkerrechtlicher Anerkennung des neuen Bundes durch die Signatarmächte bedeutete, eine Garantie seiner Existenz oder gar seiner Verfassung und damit ein Interventionsrecht abzuleiten. Entsprechende, zum Teil von einzelnen deutschen Staaten aus gegebenem Anlaß erbetene Versuche, ein solches Interventionsrecht zu praktizieren, blieben ohne Erfolg. Als Frankreich 1816 die Einrichtung einer diplomatischen Vertretung beim Bund in Frankfurt zum Anlaß nahm, um das Gesandtschaftsrecht als Ausfluß eines Garantierechtes zu begründen, wurde dieser Anspruch von Preußen wie vom österreichischen Präsidialgesandten entschieden zurückgewiesen. Daß England, Frankreich und Rußland diplomatische Vertreter beim Bund unterhielten, nicht zuletzt, um auf diese Weise auf die kleineren deutschen Staaten einzuwirken, beruhte auf der Anerkennung des Bundes als – wenn auch weitgehend passives – völkerrechtliches Subjekt. Der Bund hat allerdings das aktive Gesandtschaftsrecht nicht ausgeübt und keine völkerrechtlichen Verträge abgeschlossen. Auf die Dauer wichtiger für die Gestaltung der Beziehungen der außerdeutschen Mächte zu Deutschland wurde die indirekte Einwirkung über die diplomatischen Vertretungen bei den größeren und mittleren Einzelstaaten des Bundes, die ihrerseits zum Teil das Gesandtschafts- und Vertragsrecht im Rahmen der ihnen durch die Bundesakte garantierten Souveränität ausübten.

Regelung offener Territorialfragen nach 1815

Eine direkte Einflußnahme der Großmächte auf deutsche Fragen bestand in ihrer Mitwirkung bei der Klärung der in Wien offengebliebenen Territorialfragen. Das war teils die Folge des überstürzten Kongreßabschlusses und der geringen Kompromißbereitschaft der betroffenen Einzelstaaten, teils die Ausführung von Entschädigungsklauseln der Kongreßakte und die formale Anerkennung der im Zweiten Pariser Frieden an der Westgrenze des Bundes vorgenommenen Gebietsveränderungen. Eine 1816 in Frankfurt eingesetzte Territorialkommission, der Vertreter der Signatarmächte der Quadrupelallianz angehörten, bemühte sich um eine Vermittlung bei den oft zähen und schwierigen zweiseitigen Verhandlungen, deren Partner ihrerseits um die Unterstützung ihrer Ansprüche durch die Mächte warben. So kam es in den Jahren nach 1816 zu einer Reihe von Einzelverträgen, in denen man sich über strittige Gebiete einigte. Die wichtigsten bezogen sich auf die in Wien offengebliebene Aufteilung des südlichen linken Rheinufers und auf die damit zusammenhängenden Probleme. Bayern gab sich nur widerstrebend mit der Zuweisung eines vom Hauptland getrennten Gebietes, der später (seit 1837) so genannten »bayerischen Pfalz«, als Entschädigung für die Abtretung von Salzburg sowie des Inn- und Hausruckviertels an Österreich zufrieden. In einem ähnlichen Tauschvertrag mit Preußen erhielt Hessen-Darmstadt als Ersatz für rechtsrheinisch abgetretene Gebietsteile Mainz mit seinem Hinterland, woraus es die Provinz Rheinhessen bildete. In Entschädigungsverträgen, die von vielen Zeitgenossen als Seelenschacher gebrandmarkt wurden, erhielten Oldenburg, Sachsen-Koburg und die erst nach Kongreßende restituierte Landgrafschaft Hessen-Homburg territoriale Exklaven auf dem linken Rheinufer im Grenzbereich zwischen den preußischen, hessischen und bayerischen Rheinprovinzen (das Fürstentum Birkenfeld mit Idar und Oberstein, das Fürstentum Lichtenberg mit St. Wendel sowie das Amt Meisenheim). Die größten Schwierigkeiten bereitete die Beilegung des bayerisch-badischen Streites um das Schicksal der rechtsrheinischen Pfalz. Seine die Interessen der Mächte tangierende Dimension bestand in der Verquickung dynastischer Fragen mit vertraglich gesicherten Ansprüchen aus der Zeit des Befreiungskampfes. Bayern konnte sich auf die frühere Zugehörigkeit des strittigen Gebietes zur wittelsbachischen Kurpfalz und auf eine Rückgabezusage Österreichs im Vertrag von Ried (1813) stützen, an deren Einlösung ihm nach 1816, im Interesse einer Verbindung zur neuen linksrheinischen Provinz, besonders gelegen war. Für Baden hätte die Herauslösung des Gebietes um Mannheim und Heidelberg zur Teilung des Großherzogtums geführt, dessen Existenz obendrein durch das drohende Aussterben des Zähringer Hauses im Mannesstamm gefährdet war. Die Beilegung des Streites erfolgte auf dem Aachener Kongreß durch einen vom Zaren mit Unterstützung Preußens und Englands gegen Österreich durchgesetzten Spruch der Großmächte. Er demonstrierte noch einmal den Vorrang des Stabilitätsinteresses vor dem Prinzip der vollständigen Restauration im mitteleuropäischen Raum: Anerkennung des Erbfolgerechts der aus einer Ehe zur linken Hand des 1811 verstorbenen Großherzogs Karl Friedrich stammenden Nachkommen − des Hauses Hochberg − sowie weitgehende Wahrung der Integrität des badischen Staates. Der bayerische Protest blieb ebenso ergebnislos wie spätere Versuche der Wittelsbacher, den Streitfall wieder aufzurollen. Erst nach dieser Entscheidung konnte die Gesamtheit der nach dem Kongreß geregelten Gebietsfragen in dem Frankfurter Territorialrezeß vom 20. Juli 1819 zusammengefaßt werden. Es war ein völkerrechtlicher Vertrag der europäischen Großmächte, der auch Regulierungen in der Schweiz und Italien enthielt. Frankreich trat ihm im Oktober 1820 bei.

Frankfurter Territorialrezeß v. 20. Juli 1819

Die Einbettung des Deutschen Bundes in das europäische Staatensystem ist von manchen Zeitgenossen nicht nur als Ausdruck realpolitischer Interessen der Mächte erkannt, sondern darüber hinaus im Sinne eines europäischen Auftrages an den Bund interpretiert worden. Der Göttinger Historiker Arnold Ludwig Hermann Heeren rechtfertigte in einem 1817 geschriebenen Aufsatz »Der deutsche Bund in seinen Verhältnissen zu dem europäischen Staatensystem« die föderative Gliederung Deutschlands als Voraussetzung für die von ihm geforderte europäische Mittlerrolle des Bundes mit Frankfurt als Zentrum der europäischen Diplomatie. Heeren sah in dieser Aufgabe die Fortsetzung der historisch erwiesenen Friedenstradition des Alten Reiches seit dem Westfälischen Frieden. Indem er, ähnlich wie um die gleiche Zeit der einstige Lehrer Metternichs und Frankfurter Senator Niklas Vogt, die Freiheit Europas mit der Freiheit und Unabhängigkeit der deutschen Bundesstaaten gleichsetzte, hat er, auch wenn er die Bedeutung der nationalen Bewegungen unterschätzte, eine strukturelle Ähnlichkeit zwischen dem europäischen und dem deutschen Staatensystem nach 1815 richtig erkannt, nämlich den Zusammenhang zwischen dem Fehlen oder der Schwäche zentraler Institutionen im europäischen wie im deutschen Bereich und dem Festhalten an einer gesamteuropäischen oder mitteleuropäisch-deutschen politischen Verantwortung. Sie wurde von den Staatsmännern

Konservative Beurteilung des Deutschen Bundes

der Restauration durch das Vertragssystem, durch die Balancepolitik sowie durch die indirekte Stabilisierung des internationalen und föderativen Beziehungsgeflechtes mit diplomatischen Mitteln wahrgenommen. Metternichs selbstgewählte Rolle als informeller Lenker beider Systeme, eine Rolle, die zugleich der Staatsräson Österreichs entsprach, war die Klammer zwischen beiden. Damit wurde freilich der Bund, wie gleichzeitig die Heilige Allianz und die Kongreßdiplomatie, im Sinne des vorbeugenden oder reaktiven Konservatismus des österreichischen Ministers instrumentalisiert und, was nicht notwendig in seiner Konstruktion angelegt war, ideologisch im Lager der Restauration verortet. Konservative Europaideologie, wie sie mit unterschiedlichen Akzenten von Gentz, von Friedrich Schlegel in seiner Zeitschrift »Concordia« (seit 1820) und noch 1835, wenn auch unter Anerkennung der »moralischen Kraft der Nationalität«, von Leopold Ranke in seinem Aufsatz »Die großen Mächte« vorgetragen wurde, und reaktionäre Bundespolitik waren Vorbedingungen für die Entstehung eines demokratischen Europäismus seit den 30er Jahren und für die zunehmende Abwertung des Bundes als möglichen Ausgangspunkt einer nationalen und liberalen Reorganisation Deutschlands. Damit geriet auch seine europäische Funktion in Mißkredit.

<small>Der Bund als Ausdruck historischer Traditionen in Mitteleuropa</small>

Der Stellenwert, den der Deutsche Bund im europäischen Mächtesystem der Restauration besaß, darf nicht übersehen lassen, daß er aus mitteleuropäisch-deutscher Sicht die Antwort auf ein historisches Strukturproblem war. Es bestand darin, einen Ausgleich zwischen wichtigen Traditionen der deutschen Geschichte, verkörpert in der Reichsidee, den partikularen Potenzen und den Erwartungen einer nationalen Bewegung, zu finden, die sich auf eine schmale Schicht des Bildungsbürgertums und einiger Adeliger stützte und die freiheitliche Ausgestaltung von Staat und Gesellschaft in einem unabhängigen und mächtigen Deutschland erstrebte. Die Lösung entsprach dem unterschiedlichen Gewicht, das jene drei Faktoren in den seit dem Ende des Reiches in Mitteleuropa entstandenen Machtverhältnissen besaßen. Die partikularen Gewalten, repräsentiert durch die Einzelstaaten, waren, soweit sie die Säkularisation und Mediatisierung überstanden hatten, die Gewinner der napoleonischen Ära, indem sie ihren Besitzstand gewahrt oder vergrößert und die volle rechtliche Souveränität erworben hatten. Die Übereinstimmung ihrer Interessen mit der europäischen Gesamtlage erwies sich bei der Neuorganisation Deutschlands um 1815 als stärker als die vorübergehende Verbindung der Reichstradition mit dem nationalen Gedanken in dem Kreis der preußisch-deutschen Patrioten. Sie besaßen, unbeschadet gewisser Sympathien bei Mitgliedern der preußischen Führungsspitze, so gut wie keinen Rückhalt bei den eigentlichen Entscheidungsträgern. Nimmt man hinzu, daß die beiden größten Staaten Mitteleuropas, Österreich und Preußen, Mitglieder der europäischen Pentarchie waren, so sind die wichtigsten Strukturelemente der gesamtdeutschen Verfassung im System des Deutschen Bundes umschrieben: Die staatenbündische Verfassung mit schwacher Zentralmacht (wodurch die Einzelstaaten in ihrer Selbständigkeit geschont wurden) war mit einer informellen Hegemonie Österreichs und Preußens verbunden. Damit war der ältere Dualismus zwischen beiden vorübergehend entschärft und die Verklammerung des Ganzen mit dem europäischen System sichergestellt.

<small>Umfang und staatliche Gliederung des Bundes</small>

Die Festlegung des Umfanges und der innerstaatlichen Gliederung des Bundes auf dem Wiener Kongreß war, trotz Verschiebungen im einzelnen, in Anlehnung an die Grenzen des Alten Reiches und auf der Grundlage der gegebenen dynastischen und einzelstaatlichen Verhältnisse erfolgt. Abgesehen von den ehemals österreichischen Niederlanden (Belgien), die dem neuen Königreich der Niederlande eingegliedert wurden, hielt sich der Bund an die alten Reichsgrenzen. Nicht das Kriterium der Nationalität, sondern das historische Prinzip bestimmte die Abgrenzung nach außen. Daraus ergab sich die Doppelstellung Österreichs und Preußens als deutsche und europäische Mächte und die dynastisch begründete Zugehörigkeit außerdeutscher Monarchen zum Bund. Dieser war eine gemischtnationale »Gesamtmacht«. Sie umfaßte im Osten und Süden slawische und italienische Bevölkerungsgruppen – in Böhmen, Mähren, Krain und dem Land Tirol mit dem Trentino – und ließ im Westen (Elsaß), Norden (Schleswig) und Nordosten (Ostpreußen) deutschsprachige Gebiete außerhalb ihrer Grenzen.

Nach seiner inneren staatlichen Gliederung bildete der Bund den Abschluß der großen territorialen Flurbereinigung seit 1803. Sie hatte eine drastische Verringerung von 294 Reichsständen im Alten Reich auf 41 Mitgliedstaaten des Bundes bewirkt und damit auch in Mitteleuropa dem Prinzip des Flächenstaates zum Durchbruch verholfen, allerdings in regional unterschiedlichem Maße. Völlig beseitigt blieb die vorrevolutionäre Ordnung in den 1801 von Frankreich annektierten und 1815/16 neu verteilten Gebieten auf dem linken Rheinufer. Im deutschen Südwesten war die Bildung von flächenmäßig geschlossenen und lebensfähigen Mittelstaaten gegenüber der zersplitterten Territorialwelt der vorangehenden Zeit ein Fortschritt, sosehr dabei geschichtliche und kulturelle Zusammenhänge zerrissen wurden. Während im Norden Preußen durch den Erwerb mittel- und westdeutscher Gebiete nach Deutschland hineinwuchs, ohne ein in sich geschlossenes Staatsgebiet zu erhalten, zog sich im Süden der österreichische Kaiserstaat durch den Verzicht auf die einstigen Vorderösterreichischen Lande von der Rheinlinie zurück. Dagegen blieb das westliche und östliche Mitteldeutschland – von der Mainmündung über Hessen und Thüringen bis zu dem verkleinerten Königreich Sachsen – auch nach dem Wiener Kongreß eine Zone starker staatlicher Zersplitterung ohne ein politisches Zentrum von überregionaler Bedeutung und deshalb bis zur Reichsgründung von 1866 bis 1871 der Einflußnahme und dem Zugriff der südlichen und nördlichen Nachbarn ausgesetzt.

Die Verfassung des Deutschen Bundes, wie sie in der Bundesakte vom 8. Juni 1815 und der Wiener Schlußakte vom 15. Mai 1820 fixiert wurde, trug dem staatlichen Regionalismus ebenso wie dem österreichisch-preußischen Dualismus in Deutschland Rechnung, ohne diesen ganz neutralisieren zu können. Der Bund war ein Staatenbund, dessen Zuständigkeit auf bestimmte, in der Bundesakte aufgezählte Einzelzwecke beschränkt war, während seinen Gliedern die fast allumfassende Fülle der Staatlichkeit vorbehalten blieb. Immerhin war er nach Artikel 1 ein »beständiger«, das heißt unauflöslicher Verein zwischen den souveränen Fürsten und Freien Städten Deutschlands. Eine Kündigung des Vertrages, ein Austritt oder der Ausschluß eines Gliedstaates aus dem Bund waren rechtlich unstatthaft. Die doppelte Funktion des Bundes – als staatliche Zusammenfassung Mitteleuropas und zugleich als Garant eines deutschen Föderalismus – ergibt sich noch klarer aus Artikel 2 der Wiener Schlußakte: Der Bund »besteht in seinem Innern als eine Gemeinschaft selbständiger, unter sich unabhängiger Staaten, mit wechselseitigen gleichen Vertragsrechten und Vertragsobliegenheiten, in seinen äußeren Verhältnissen aber als eine in politischer Einheit verbundene Gesammt-Macht«. Das hieß, daß der Bund seine Existenz nur über die Einzelstaaten besaß, die ihrerseits Glieder einer staatlichen Verbindung waren. Als deren Hauptzweck wurde die »Erhaltung der äußeren und inneren Sicherheit Deutschlands und der Unabhängigkeit und Unverletzlichkeit der einzelnen deutschen Staaten« (Artikel 2 der Bundesakte) genannt. Gerade diese Bestimmung konnte in ihrer Vieldeutigkeit, wie sich bald zeigen sollte, sowohl zur Begründung einer Ausdehnung der Bundestätigkeit als auch zur Abwehr von Eingriffen des Bundes in die Souveränität der Gliedstaaten herangezogen werden.

Der institutionelle Rahmen, der dem Bund als Gesamtmacht durch die Bundesakte gegeben wurde, war schwach, und die Verteilung der Zuständigkeiten zwischen dem Bund und den Gliedstaaten blieb eigentümlich unbestimmt. Nach dem Buchstaben der Bundesakte war eine Entwicklung des Bundes keineswegs ausgeschlossen. Erst die politischen Entscheidungen, mit denen er zu einem Bestandteil des Metternichschen Systems wurde, machten aus ihm einen statischen Rahmen, der die politische und gesellschaftliche Entwicklung Deutschlands in den Jahrzehnten nach 1820 behinderte. Als beständiges verfassungsmäßiges Organ zur Besorgung der Bundesangelegenheiten wurde die Bundesversammlung eingerichtet, die schon

Die Bundesverfassung

Der Bundestag

bald, wohl in Anlehnung an den früheren Reichstag, »Bundestag« genannt wurde. Sie stellte nach Artikel 7 der Wiener Schlußakte »den Bund in seiner Gesamtheit vor«, war »Organ seines Willens und Handelns«. Der Handlungsfähigkeit des Bundestages waren aber Grenzen gesetzt. Er setzte sich aus den Bevollmächtigten der Gliedstaaten zusammen, die an die Instruktionen ihrer Regierungen gebunden waren. Er war also – ähnlich wie seit 1663 der »Immerwährende Reichstag« – eine ständige Gesandtenkonferenz mit Sitz in Frankfurt am Main. Den Vorsitz in der Bundesversammlung führte Österreich als Präsidialmacht. Das beinhaltete rechtlich nur die geschäftsführende Leitung durch einen *Primus inter pares,* nicht eine Vorrangstellung. Im Einzelfall konnte aber eine geschickte Handhabung der Geschäftsführung auf eine solche hinauslaufen. Die Bundesversammlung trat als »Engerer Rat« oder als »Plenum« zusammen. Es handelte sich nicht um zwei Gremien mit unterschiedlicher Besetzung, sondern um solche mit verschiedener Stimmenverteilung und Funktion. Im Engeren Rat hatten elf Staaten eine Virilstimme, während die übrigen in sechs Kuriatstimmen zusammengefaßt waren. Im Plenum stand jedem Bundesglied mindestens eine Stimme zu, die größeren Staaten hatten mehrere – bis zu vier – Stimmen. Das war, gegenüber dem Reichstag, ein erster Versuch, den größeren Bundesstaaten auch ein stärkeres Gewicht zu geben; den tatsächlichen Machtverhältnissen entsprach er aber nicht, wie sich etwa an dem Stimmenverhältnis von vier zu eins zwischen Österreich und Liechtenstein ablesen läßt. Es kennzeichnet die Rücksichtnahme auf die Empfindlichkeit der Klein- und Mittelstaaten, aber auch die Hoffnung Metternichs, einen Teil des Dritten Deutschlands mit diplomatischen Mitteln an Österreich fesseln zu können, daß die beiden Großmächte, entgegen den ersten Verfassungsplänen, auch zusammen mit den vier anderen Königreichen die übrigen Bundesglieder nicht majorisieren konnten, weder im Engeren Rat, wo die sechs größten Staaten nur 6 von 17 Stimmen, noch im Plenum, wo sie 24 von 69 Stimmen besaßen. Das wichtigere Gremium war der Engere Rat. Er setzte gegebenenfalls Kommissionen ein, bereitete Beschlüsse vor und faßte solche über Gegenstände, die nicht dem Plenum vorbehalten waren. Auch entschied er in Zweifelsfällen darüber, ob ein Gegenstand vor das Plenum gehörte. Dieses war ein reines Abstimmungsorgan, wobei in den wichtigeren Fragen Einstimmigkeit gefordert wurde: bei der Annahme oder Abänderung der Grundgesetze, bei der Bildung »organischer Bundeseinrichtungen«, bei Beschlüssen über Religionsangelegenheiten oder über Gegenstände, die die *Jura singulorum* der Mitglieder tangierten. Diese Bestimmung, die in der Wiener Schlußakte noch verschärft wurde, bedeutete für alle Bestrebungen einer Weiterentwicklung der Bundesverfassung eine kaum zu überwindende Hürde, obwohl die Bundesakte in Artikel 10 – »Abfassung der Grundgesetze des Bundes und dessen organische Einrichtung in Rücksicht auf seine auswärtigen, militärischen und inneren Verhältnisse« – sowie in einigen der »besonderen Bestimmungen« – über landständische Verfassungen (Artikel 13), rechtliche Gleichstellung der Juden (Artikel 17), Preßfreiheit, Urheber- und Verlagsrecht (Artikel 18) sowie über den Handel und den Verkehr (Artikel 19) – eine solche Ausfüllung oder Weiterentwicklung des Verfassungsrahmens ausdrücklich vorsah, wenn auch zum Teil mit äußerst vagen Formulierungen. Eine konstruktive Bundespolitik durch die Bundesversammlung, die in Frankfurt in dem Thurn-und-Taxis-Palais in der Eschenheimer Gasse, der Residenz des österreichischen Präsidialgesandten, zusammentrat, war angesichts der divergierenden Interessen der Bundesglieder in den genannten Angelegenheiten kaum möglich. Es kam hinzu, daß der Bund weder eine institutionalisierte Exekutive noch ein oberstes Gericht besaß und zur Ausführung seiner Beschlüsse auf die Bundesstaaten angewiesen war. Dieser Sachverhalt kam der faktischen

Vormachtstellung Österreichs und Preußens im Bunde zugute, solange beide gemeinsam handelten. Er verlieh ihrer diplomatischen Einflußnahme auf die Mittel- und Kleinstaaten im Vorfeld der Beratungen der Bundesversammlung besonderes Gewicht. Da dieser Einfluß seit 1819 auf eine Benutzung des Bundestages zur Unterdrückung der nationalen und liberalen Bewegung hinauslief, konnte der Bund, sosehr seine Verfassung den gegebenen politischen Verhältnissen in Mitteleuropa Rechnung trug, keine identitätsstiftende Funktion ausüben. Anders als das Alte Reich in der Person des Kaisers und in dem ihn umgebenden traditionellen Zeremoniell, besaß und entwickelte der Bund keine eigene Staatssymbolik, und auch die begrenzte Öffentlichkeit seiner Verhandlungen durch die Publikation der Protokolle des Bundestages wurde in den 20er Jahren auf Drängen Metternichs erheblich eingeschränkt.

Daß die Bundesverfassung diejenigen enttäuschte, die vom Wiener Kongreß eine stärkere nationale Zusammenfassung Deutschlands erhofft hatten, liegt auf der Hand. Der Freiherr vom Stein hat in einer Denkschrift vom 24. Juni 1815 die Bundesakte einer scharfen Kritik unterzogen. Er rügte das Fehlen eines Bundeshauptes und eines Bundesgerichts, sah die einzelstaatlichen Befugnisse als zu weitgehend und die Bundeskompetenz als zu eng an und fand auch die Rechte der einzelnen zu wenig gesichert. Enttäuschung, Spott und Resignation schlossen sich in Urteilen zusammen, in denen Deutschland nach dem Wiener Kongreß als »ein bleicher und schwächlicher Kümmerling und Kränkling und Krüppel« (Ernst Moritz Arndt), der Bund, in Anknüpfung an Pufendorfs Charakterisierung des Reiches, als »etwas Monströses und Karikaturartiges, in welchem das höchste Mißverhältnis der Teile stattfindet« (Michael Alexander Lips), und die Bundesakte ironisch als »ein Denkmal der Staatsweisheit unserer Zeit« (Heinrich Luden) bezeichnet wurden. Während ihr die einen keine lange Lebensdauer prophezeiten, sahen andere in ihr bitter das Äußerste an Einheit und Freiheit, das die Fürsten zuzugestehen bereit waren. Reflektieren solche Kommentare die Diskrepanz zwischen dem Erwartungshorizont der nationalen Patrioten und der Verfassungswirklichkeit, so gab es doch auch Publizisten und Staatsmänner, die auf eine Entwicklung der Bundesverfassung vertrauten oder sie zumindest als Ausdruck der Machtverhältnisse in Mitteleuropa anerkannten; so etwa der Leipziger Philosophieprofessor Wilhelm Traugott Krug, der die Bundesakte als einen Schritt zur Überwindung des preußisch-österreichischen Dualismus würdigte und noch 1816 die Wahl eines Königs oder Kaisers zum Bundesvorsitzenden vorschlug, und der Freiherr Hans Christoph von Gagern, der der Bundesversammlung in den ersten Jahren als Gesandter des Königs der Niederlande für das Großherzogtum Luxemburg angehörte und dort, mit einer Wendung gegen die Vormachtstellung Österreichs und Preußens, für den Ausbau der Verfassung eintrat. Die umfassendste Würdigung des Bundes aus der Zeit seiner Anfänge stammt von Wilhelm von Humboldt, der Preußens erster Vertreter beim Bundestag war. In seiner großen Denkschrift »Über die Behandlung der Angelegenheiten des Deutschen Bundes durch Preußen« vom 30. September 1816 schlug er vor, »den Bund fürs Erste nicht gerade so zu betrachten, wie er sein sollte und wie ihn sich diejenigen denken, welche von der Verbindung Deutschlands in Ein Ganzes große Erwartungen hegen, sondern [...] ihn bloß so zu nehmen, wie er wirklich dasteht«. Anerkannte Humboldt, daß man Deutschland nicht daran hindern könne, »auf irgend eine Weise Ein Staat und Eine Nation sein zu wollen«, so sah er in der Konstruktion des Bundes eine Kombination des staatenbündischen mit dem bundesstaatlichen Prinzip, die auf einem Kompromiß zwischen den österreichischen, mittelstaatlichen und preußischen Interessen beruhte. Er hoffte, daß die Mängel, vor allem das Fehlen einer Exekutive, durch das informelle Zusammengehen Öster-

Kritik an der Bundesverfassung

Beurteilung durch W. v. Humboldt

reichs und Preußens und durch eine behutsame Verbesserung und Erweiterung der Bundesakte korrigiert werden könnten.

2. Die innere Staatsstruktur im vorkonstitutionellen Deutschland

Die meisten Gliedstaaten des Deutschen Bundes wurden durch die Neuordnung von 1815 in ihrer inneren Struktur nicht unmittelbar verändert. Sieht man von den vier Freien Städten und von ständestaatlichen Relikten in den mecklenburgischen Großherzogtümern und in manchen Kleinstaaten ab, so beherrschte der monarchische Verwaltungsstaat spätabsolutistischer Prägung mit einem alt- oder neuständischen Unterbau das Feld. Als Erbe des Aufgeklärten Absolutismus sowie unter dem Einfluß der Französischen Revolution und der inneren Reformpolitik Napoleons hatte er seit der Jahrhundertwende die Modernisierung von Verwaltung und Gesellschaft mit dem Ziel der Stabilisierung oder gar Steigerung der monarchischen Herrschaft fortgesetzt oder in Angriff genommen. Der Prozeß war am Ende der napoleonischen Ära nirgends abgeschlossen und erhielt nun durch die Aufgabe der Integration neuer Landesteile frische Impulse. In den Rheinbundstaaten hatte diese Politik vor 1815 der »administrativen Integration« *(Ernst Rudolf Huber)* gedient. In Preußen zielte sie auf eine neue Verklammerung von Staat und Gesellschaft *(Reinhart Koselleck)* ab. Soweit sie zu diesem Zweck die Entpolitisierung oder zumindest Mediatisierung der privilegierten Stände förderte, arbeitete sie der Bildung der neuen bürgerlichen Gesellschaft nach westeuropäischem Zuschnitt vor, deren Eliten schon bald aus der Rolle eines bloßen Objekts staatlicher Reform herausstrebten. In manchen Staaten, besonders des Südens, mündete die Modernisierungspolitik in den Konstitutionalismus. Preußen suchte sein Heil in der Fortsetzung einer längerfristig angelegten bürokratischen Reform unter Verzicht auf eine Verfassung, Österreich in minimalen Korrekturen der überkommenen Staats- und Sozialordnung. Gewiß waren diese Varianten einzelstaatlicher Politik nach 1815 das Werk der Monarchen und ihrer leitenden Minister. Sie weisen aber zugleich auf gewichtige Strukturunterschiede zwischen den drei Länderkomplexen des Deutschen Bundes am Beginn der Restaurationsära hin.

Österreich   Das im August 1804 errichtete erbliche Kaisertum Österreich war das nach Rang, Größe und innerer Vielgestaltigkeit bedeutendste Staatswesen in Mitteleuropa. Es wurde durch die ihrer universalen Tradition entkleidete Kaiserwürde zusammengehalten und war – nach dem Scheitern der unitarischen Politik Josephs II. – eine monarchische Union von Königreichen und Ländern. Die Lösung des Strukturproblems dieses übernationalen Reiches, wie nämlich der Gesamtstaatsgedanke mit den Individualitäten der Länder versöhnt werden könne, wurde seit Anfang des 19. Jahrhunderts durch das erwachende Nationalbewußtsein der Völker im Bereich der Monarchie noch erschwert. Denn die Wohngebiete dieser Nationalitäten überschnitten sich vielfältig mit den Grenzen der historischen Königreiche und Länder. Es war deshalb nicht bloß reaktionäres Festhalten an überlebten Vorstellungen, sondern Einsicht in die Existenzbedingungen des österreichischen Kaiserstaates, wenn Metternich die jungen Nationalbewegungen in Mitteleuropa – in Deutschland, in Italien und im westslawischen Raum – entschieden bekämpfte, ohne sie auf die Dauer unterdrücken zu können. Das wichtigste Gegengewicht zum Länderföderalismus, der in den Erbländern Österreichs durch das Fortbestehen der wenig einflußreichen Landstände gestützt wurde, war, neben dem Kaiser und Metternich, die im Geiste des Josephinismus großgewordene gesamtstaatliche Bürokratie. Kaiser FRANZ I. war dies freilich weniger durch eine aktive Politik, sondern als Faktor der Kontinuität und Beharrung. Wie sein Onkel Joseph II. bekannte er sich zur unumschränkten Monarchie. Das Erlebnis der Revolution und der Niederlage von 1809 hatten ihn den Glauben an die Berechtigung neuer Ideen verlieren lassen. Seither hielt er an dem Konzept einer auf dem positiven Gesetz und der ungehemmten Entfaltung der Regierungsgewalt beruhenden Stabilität des Staates und der alten Sozialordnung fest, unter Verzicht auf die Verankerung des dynastischen Staatsgedankens in der Loyalität der in der Monarchie lebenden Völker. Seinem politischen Ruhebedürfnis nach 1815 entsprach die Neigung, das Regieren mit der Tätigkeit eines Verwaltungsbeamten zu verwechseln, der – nach einem boshaften Wort Metternichs – die Geschäfte wie ein Bohrer betreibt, der sich immer tiefer hineindreht, bis er plötzlich irgendwo herauskommt, ohne etwas anderes getan zu haben, als Akten zu durchlöchern. So verbanden sich in der Person des Kaisers dynastischer und staatlicher Erhaltungstrieb mit der Unschlüssigkeit und Scheu vor raschen Entscheidungen in einer Haltung, die für die Zeitgenossen im Guten wie im Bösen zum Symbol des Stillstandes wurde.

Kaiser Franz I.

Hierin traf sich der Kaiser mit der politischen Konzeption seines Ministers METTERNICH, auch wenn dieser seinem Herrn in der Begründung des restaurativen Systems und der Fähigkeit zur Behandlung politischer Probleme weit überlegen war. Die Rolle, die der Rheinländer Metternich in der österreichischen Innenpolitik spielen konnte, war begrenzt. Bis zum Jahre 1821 war der Minister nur für die Außenpolitik des Kaiserstaates verantwortlich. Auch nachdem er 1821 die Würde des Haus-, Hof- und Staatskanzlers und später den Vorsitz in der Ministerialkonferenz für innere Angelegenheiten erhalten hatte, war er noch weit von der Stellung eines Prinzipalministers entfernt, wie sie Hardenberg in Preußen oder Montgelas in Bayern innehatten. Hinzu kamen sein Desinteresse an den Details der Administration und die Neigung, die Prinzipien der auswärtigen Politik auf die Innenpolitik zu übertragen. Trotz dieser Einschränkungen, die durch den Gegensatz Metternichs zu vielen Familien der österreichischen Aristokratie und zu Teilen der Bürokratie verstärkt wurden, war der Einfluß, den er direkt oder über den Kaiser auf die Gestaltung der inneren Staatsstruktur ausübte, noch groß genug. Dabei erwies sich der Minister nicht als Zentralist. Wie er, im Interesse der mitteleuropäischen Position Österreichs, den deutschen Einheitsstaat ablehnte, so nannte er den Kaiserstaat 1817 »gleichsam einen Föderativstaat in politisch-administrativer Hinsicht« oder gar einen Staatenbund, dessen Einheit in der Dynastie und der Krone zu suchen sei. Dagegen erkannte er die Notwendigkeit einer funktionalen Reorganisation der Zentralverwaltung an und unternahm seit 1811 mehrfach Anläufe zu entsprechenden Reformen, die – wie es zuvor der Freiherr vom Stein in Preußen versucht hatte – die Kabinettsregierung und den Einfluß unverantwortlicher Ratgeber auf die Krone beseitigen und einen Staatsrat nach dem Vorbild des napoleonischen »Conseil législatif« schaffen sollten. Nicht allzuviel konnte hiervon, auch von der angestrebten Bildung selbständiger Ministerien, realisiert werden. Immerhin entstand 1816, mit der Ernennung des Grafen Philipp Stadion zum Finanzminister, ein selbständiges und zunächst wirksam arbeitendes Ressort. Und die 1817 errichtete Vereinigte Hofkanzlei stellte eine Art Innenministerium für die nichtdeutschen und nichtböhmischen Königreiche und Länder dar. Trotz dieser und anderer Ansätze zu einer Stärkung und Rationalisierung der Zentralregierung, die nicht von großer Durchschlagskraft waren, lehnte Metternich einen reinen Verwaltungszentralismus ebenso ab wie eine Konstitution für den Gesamtstaat mit einer Volksvertretung. Eine solche wollte er auch nicht

Metternich

Ansätze einer Reform der Zentralverwaltung

Die Landtage den Ländern zugestehen. Die nach 1817 unter seiner Förderung restituierten Landtage in Galizien (1817), Krain (1818) und Salzburg (1826) besaßen, ebensowenig wie die noch existierenden Postulatenlandtage der Erbländer, gesetzgebende Befugnisse; sie vertraten in den einzelnen Kurien die jeweiligen Standesinteressen. So war Metternichs Föderalismus in dem Sinne konzipiert, daß er ihn administrativ bejahte, aber auf dem legislativen Feld ablehnte. Um mit *Heinrich von Srbik* zu sprechen: Er verweigerte mit der einen Hand, was er mit der anderen gab.

Die Reaktion in Österreich nach 1815 Im übrigen suchte Metternich wie in Deutschland, so auch in Österreich, den »Zeitgeist«, das heißt jede Regung eines freieren politischen und geistigen Lebens, durch repressive Maßnahmen zu unterdrücken. Hier fand er sich mit den Absichten des Kaisers zusammen, aber auch mit den Traditionen der Staatsbürokratie. Denn die Institutionen des Polizei- und Zensursystems, die der Sicherung der inneren Ruhe und der Abschirmung des Kaiserstaates nach außen dienten, wurden von ihm vorgefunden und hatten ihre Wurzeln im Etatismus Josephs II. Auf ihnen ruhte nach 1815 die innere Reaktionspolitik. Die Polizei- und Zensurhofstelle, an deren Spitze seit 1815 Graf Josef Sedlnitzky stand, unterwarf praktisch alles Gedruckte – von der Grabinschrift bis zum Lexikon, von der Flugschrift bis zur rein wissenschaftlichen Literatur – der vorbeugenden Kontrolle, wobei nicht selten die Staatskanzlei eingriff und über die Praxis der Zensurstelle noch hinausging. Metternichs Zensurpolitik war Ausfluß seines »Systems« und damit vereinbar, daß er, der hochgebildete und allen geistigen Strömungen aufgeschlossene Kunstkenner, den unpolitischen Äußerungen des Kulturlebens positiv gegenüberstand und sie förderte. Dem entsprach, daß er sich zur Stützung und Propagierung seiner europäischen und deutschen Politik außerhalb des Kaiserstaates der Hilfe bürgerlicher Publizisten – eines Gentz, seines Privatsekretärs Josef Anton Pilat, Friedrich Schlegels und Adam Müllers – bediente und sich nicht scheute, in den offiziösen Zeitungen und Zeitschriften selbst, wenn auch anonym, zu schreiben. Dies alles diente auch der Konservierung der Staats- und Gesellschaftsordnung des Kaiserreiches, wo der Abschluß des Befreiungskampfes gegen Napoleon die Verhärtung der politischen Strukturen förderte.

Preußen Entsprach es der Geschichte und Staatsräson des habsburgischen Kaiserreiches, daß in seinen inneren Verhältnissen um 1815 die in die Zukunft weisenden Züge hinter den traditionalistischen Elementen zurücktraten, so kann sich eine Erklärung des modernen Staatsaufbaus Preußens in dieser Zeit nicht mit dem Hinweis auf den Reformwillen seiner leitenden Staatsmänner und einer in ihren Spitzenvertretern fortschrittlich gesinnten und staatsloyalen Bürokratie oder mit dem Bezug auf die Kriegsereignisse von 1806/07 bis 1813–1815 begnügen. Es ist vielmehr nach den strukturellen Voraussetzungen der preußischen Reformära zu fragen. Deren Rahmen war schon durch das Allgemeine Landrecht für die preußischen Staaten von 1794 abgesteckt worden. Zeitlich fällt sie vor 1815 mit der Wirksamkeit des Freiherrn vom Stein als leitenden Minister in den Jahren 1807/08 und des Fürsten-Staatskanzlers von Hardenberg seit 1810 zusammen. Die auch nach 1815 andauernde Herausforderung für die Regierung kleideten die preußischen Oberpräsidenten in einem Gutachten vom Juni 1817 in die Feststellung: »Wir haben wahrgenommen, daß unser so bunt wie neu und verschiedenartig zusammengesetzter Staat vielleicht unter allen europäischen Staaten am wenigsten auf einem instinktartigen Zusammenhang der Provinzen unter sich, auf einer naturgemäßen Abrundung des Landes, auch alter Gewohnheit erster Einrichtungen mit sicherer Schwere gegen äußere Zufälle und innere Bewegung beruht. Es kann nur der Geist sein, der ihn zusammenhält.«

Der Rekurs auf die »gouvernementale Intelligenz« (*Constantin Frantz*, 1879) als integrierenden Faktor ergab sich schon aus der Abgrenzung und territorialen Gliederung des preußischen Königreiches und aus der geringen gesamtstaatlichen oder dynastischen Tradition seiner Landesteile.

Von der stark verkleinerten Monarchie im Umfang von 1807 waren nur das Kurfürstentum Brandenburg, Hinterpommern und Ostpreußen länger als ein Jahrhundert in der Hand der Hohenzollern gewesen. Schlesien war erst durch Friedrich den Großen und Westpreußen in den polnischen Teilungen gewonnen worden. Noch mehr trifft diese Konstellation für das Königreich nach der Neuordnung von 1815 zu. Von den neuen Landesteilen waren nur einige niederrheinische und westfälische Bezirke (Kleve, die westfälische Grafschaft Mark und Ravensberg) sowie Teile der Provinz Magdeburg und Sachsen früher einmal Besitz der Hohenzollern gewesen. Hinzu kamen das einstige Schwedisch-Vorpommern und der Nordteil des Königreichs Sachsen mit anderen Regionen Nordthüringens und Mitteldeutschlands, immerhin ein Gebiet, das geographisch an den Staatskern anschloß und ihn in Mittel- und Ostdeutschland abrundete. Was die Staatsstruktur stärker belastete, waren die zu einem großen Teil polnisch besiedelten Gebiete um Posen und die überwiegend von Katholiken bewohnten Lande am Rhein und in Westfalen, die als Hinterlassenschaft der französischen Herrschaft eine von den ostelbischen Provinzen verschiedene Rechts- und Sozialstruktur besaßen. Der preußische König herrschte über etwa zwei Millionen Slawen. Zwei Fünftel seiner Untertanen gehörten der katholischen Kirche an. Zu den fünf Millionen Einwohnern, die die Monarchie um 1814 zählte, trat plötzlich eine Bevölkerung von noch einmal fünf bis sechs Millionen hinzu.

<small>Territoriale Veränderungen</small>

Bei der Aufgabe, die neuen Gebiete, deren Bewohner oft widerstrebend unter die preußische Herrschaft traten, mit den alten Provinzen zu verschmelzen, mußte dem preußischen Beamtenstand und der von ihm getragenen Staatsverwaltung die führende Rolle zufallen. Darin lagen Parallelen zu der Situation in manchen süddeutschen Staaten, die aus dem Rheinbund und der Neugliederung von 1815 vergrößert hervorgegangen waren. Was jedoch die preußische Reformpolitik von der Ebene des Zentralisierens und Unifizierens auf die Stufe potentiell schöpferischer Staatsgestaltung emporhob, das waren die Impulse, die sie aus der Herausforderung der Französischen Revolution ebenso wie aus der Niederlage von 1806/07 empfangen hatte, das war die Begründung ihrer Maßnahmen in den Prinzipien der Rechtsphilosophie Kants, das Bestreben, den Staat nicht mehr als eine »Maschine« wie im Aufgeklärten Absolutismus zu handhaben, schließlich die Rezeption des Ideals einer freien Wirtschaftsgesellschaft physiokratischer oder Smithscher Provenienz. Dazu traten unabweisbare fiskalische Bedürfnisse und die Tendenz zu bürokratischer Rationalisierung, die auf Traditionen adeliger oder stadtbürgerlicher Autonomie stießen.

<small>Die Reformbürokratie</small>

Das Jahr 1815 markiert nur eine Etappe der preußischen Reformära. Ihre wesentlichen gesetzgeberischen und administrativen Impulse stammten zu einem großen Teil aus den Jahren davor. Als Politik im Sinne eines in sich geschlossenen Konzepts endet sie erst um 1819/20. FREIHERR KARL VOM STEIN, neben Hardenberg ihr führender Kopf, war schon 1808 aus der Regierungsverantwortung ausgeschieden. Nachdem auch seine Tätigkeit als Ratgeber des Zaren Alexander und Chef der von den Alliierten eingerichteten Zentralverwaltung für die eroberten Gebiete 1814 aufgehört hatte, blieb dem bedeutendsten Mitglied des informellen Kreises der preußisch-deutschen Patrioten die Rückkehr in ein leitendes Staatsamt verwehrt. Zu Hardenberg bestanden persönliche und sachliche Differenzen, und so lehnte Stein das Angebot ab, preußischer Gesandter am Bundestag zu werden. In seinem »alten westfälischen Vaterland«, wie der Rheinländer Stein seinen früheren Wirkungskreis nannte, erwarb er das Gut Cappenberg. Von dort bekundete er bis zu seinem Tode (1831) lebhaftes Interesse an allen Fragen der preußischen, deutschen und europäischen Politik in zahllosen Briefen und

<small>Freiherr Karl vom Stein</small>

Denkschriften. Als Präsident des westfälischen Provinziallandtages stellte er sich in den Dienst seiner Wahlheimat. Dabei traten seit 1815 in seinen innenpolitischen Ansichten, in der »liberal-konservativen Grundrichtung, die ihn beherrschte« *(Gerhard Ritter)*, immer stärker die traditionalistischen Elemente hervor, ohne daß der »aristokratische Demagoge« (Metternich) zu einem Reaktionär im obrigkeitlichen Sinne wurde.

Karl August von Hardenberg

Steins Reformen setzte der FREIHERR KARL AUGUST VON HARDENBERG fort, der vom Sommer 1810 bis zu seinem Tode im Jahre 1822 als Staatskanzler die preußische Politik bestimmte. Man sieht in ihm entweder den typischen Prinzipalminister des Aufgeklärten Absolutismus, dessen Reformpolitik fiskalischen und etatistischen Zwecken diente, oder den von liberalen Ideen erfüllten Reformer, der daran scheiterte, daß er den Widerstand der Reformgegner, das heißt der altständischen Fronde und der Vertreter des Staatskonservativismus am Hof und in der Bürokratie, nicht überwinden konnte. Gewiß spielte das Erbe der Aufklärung in der Politik Hardenbergs eine größere Rolle als bei Stein. Auf ökonomischem Gebiet war er ein Anhänger des Wirtschaftsliberalismus, während seine Verwaltungsreformen auf die Schaffung einer effektiven Administration zielten. Ihn als Vertreter eines bloßen ministeriellen Absolutismus abzustempeln, verbietet seine Verfassungspolitik, deren Scheitern eines der Schlüsselereignisse der preußisch-deutschen Geschichte des 19. Jahrhunderts gewesen ist *(Friedrich Meinecke)*.

König Friedrich Wilhelm III.

Neben Hardenberg kam dem König FRIEDRICH WILHELM III. die entscheidende Rolle in der Politik des Staates zu. »Ernst und pflichtgetreu, fromm und rechtschaffen, gerecht und wahrhaft, in Art und Unart ein deutscher Mann, [...] wie geschaffen, einen wohlgeordneten Mittelstaat in Ehren durch eine ruhige Zeit hindurchzusteuern, im Grunde eine unpolitische Natur«, so hat *Heinrich von Treitschke* den König charakterisiert. Immerhin war Friedrich Wilhelm bei allem monarchischen Selbstbewußtsein bereit, von befähigteren Politikern und Beamten konstruktive Konzeptionen anzunehmen, wenn auch in den Grenzen seiner Überzeugung und Auffassungsgabe. Darin liegt seine ambivalente Bedeutung für das Reformwerk. Wie er nach der Katastrophe von 1806/07 den Neubau des Staates nicht gehindert und die Politik der Reformer sowie die Vorbereitung des Befreiungskampfes gefördert oder zumindest geduldet hatte, so vollzog er nach 1815 aus Überzeugung den Anschluß an die Politik Österreichs. Er duldete die Demagogenverfolgung und verhinderte den Abschluß des Reformwerkes, indem er die Verleihung einer Verfassung ablehnte, wie ihm überhaupt die Unterstützung der Reformer mehr Verstandes- als Herzenssache war. Er blieb, trotz des Fehlens eigener Initiativen, immer der König, der mit seinen Kabinettsordern den monarchischen Charakter Preußens wahrte, und war damit, um Hegels zweideutige Funktionsbeschreibung des Monarchen in der Rechtsphilosophie von 1820 (§ 273) zu zitieren, »die Spitze und der Anfang des Ganzen«.

Der Stand der preußischen Reform um 1815

Es ergab sich zwingend aus dem territorialen Umbau der Monarchie im Jahre 1815, daß sich die Tätigkeit der preußischen Regierung zunächst auf die Anpassung und Modernisierung der Zentral- und Regionalverwaltung konzentrierte. Das auf Stein zurückgehende Organ des Staatsministeriums mit klar abgegrenzten Ressorts blieb auch nach 1815, wenn auch beeinträchtigt durch Rückfälle in die Kabinettspolitik oder in Formen der Nebenregierung, die wichtigste Zentralbehörde, allerdings vorübergehend mit einer wesentlichen Veränderung gegenüber dem auf eine kollegialische Staatsleitung abzielenden Konzept Steins. Hardenberg hatte 1810 bei seiner Berufung zum Staatskanzler die Nachordnung der übrigen Minister (außer des Kriegsministers) und für sich die Entscheidungskompetenz in allen interministeriellen Angelegenheiten durchgesetzt. Das entsprach zweifellos seinen absolutistischen Neigungen und führte nach 1815 zu schweren Krisen innerhalb des Gesamtministeriums. Doch ist nicht zu übersehen, daß die preußische Regierung nach seinem Tode (1822), als das Staatskanzleramt wegfiel, keine einheitliche Politik verfolgte. Neben das Kanzleramt und das Ministerium trat im Jahre 1817 der Staatsrat. Ebenfalls schon unter Stein als oberste Behörde der Verwaltung mit exekutiven und legislativen Befugnissen geplant, wurde er nun als ein beratendes Organ geschaffen. Es war nach seiner Zusammensetzung aus den Prinzen des königlichen Hauses, aus den höchsten Beamten und Militärs und aus vom König berufenen Personen seines Vertrauens ein mit bürgerlichen Fachleuten durchsetztes aristokratisches Gremium, ein vorkonstitutionelles Beamten»parlament«, auf dessen Votum Friedrich Wilhelm in wichtigen Fragen Rücksicht nahm. Seine Tätigkeit hat faktisch, wohl entgegen der Konzeption Hardenbergs, dessen Verfassungspolitik entscheidend behindert.

Die Reform der Zentralregierung und -verwaltung wurde nach 1815 ergänzt durch die nur partiell an die historischen Territorien anschließende Gliederung des preußischen Staates in Provinzen mit den Oberpräsidenten an der Spitze. Deren Aufgabe lag weniger in der eigentlichen Verwaltung als in der Aufsicht über die nachgeordneten Behörden und in der Beobachtung des politischen Lebens. Die Provinzen haben bald, nicht zuletzt dank der Politik mancher hervorragender Oberpräsidenten wie Theodor von Schön in Ostpreußen, Ludwig von Vincke in Westfalen, Friedrich von Solms-Laubach am Rhein und Friedrich Theodor von Merckel in Schlesien, und dank der ihnen seit 1826 zufallenden Selbstverwaltung eine eigenständige, in der Bevölkerung verankerte Tradition entwickelt. Die eigentlichen Mittelinstanzen der preußischen Verwaltung waren die kollegial organisierten Regierungen, während auf der unteren Ebene die königlichen Landräte an der Spitze der Kreisverwaltung standen. Doch war das Amt des Landrates in den ostelbischen Provinzen − trotz der Versuche Hardenbergs zu seiner Verstaatlichung − eine Domäne des eingesessenen Adels geblieben. Die altständische Partei setzte 1816 durch, daß der König den Landrat aus drei von den Gutsbesitzern vorgeschlagenen Anwärtern ernennen mußte. Der Landrat war also hier in einer Person Organ des Staates und Repräsentant der ritterschaftlichen Autonomie. Im Westen, wo die Kreisverfassung neu eingeführt werden mußte und der Adel während der französischen Herrschaft seine rechtliche und politische Vorrangstellung ganz oder weitgehend verloren hatte, wurde der Landrat vom König ernannt und damit ganz als Staatsbeamter in die Verwaltungshierarchie einbezogen. So ergibt sich das Bild eines strukturell und funktional verklammerten Verwaltungsaufbaus, in dem sich das Kollegialsystem und das bürokratische Präfektursystem von dem kollegialischen Staatsministerium (nach 1822) über die Oberpräsidenten und die Regierungskollegien zu den Landräten jeweils ablösten.

Die Ergänzung dieses administrativen Systems durch die Beteiligung einer Staatsbürgergesellschaft am politischen Entscheidungsprozeß von der lokalen und regionalen Selbstverwaltung bis zu einer »Nationalrepräsentation«, wie sie den Reformern vorschwebte, war um 1815 nur ansatzweise realisiert, teils weil zunächst die Verwaltungsreform Priorität vor der Verfassungsplanung gehabt hatte, teils weil diese infolge des altständischen Widerstandes ins Stocken geraten war. Das einzige, im Bereich der Monarchie von 1807 verwirklichte Teilstück war die Städteordnung vom 19. November 1808, die den Städten eine begrenzte Selbstverwaltung unter Staatsaufsicht gebracht hatte. Es war offen, ob nach 1815 die Ausdehnung ihres Geltungsbereichs auf die neuen Landesteile sowie eine einheitliche Reform der ländlichen Kommunalverfassung im Sinne der Selbstverwaltung zu erreichen waren. Dieser Sektor blieb in Ostelbien eine Domäne des Adels, während in dem französischrechtlichen Westen Städte und Landgemeinden gleichgestellt waren. Daß Hardenbergs Versuch von 1811/12, die Verfassungsfrage durch die Bildung einer gesamtstaatlichen Volksvertretung unter Umgehung der älteren Landstände voranzutreiben, am Widerstand der altständischen Fronde scheiterte, weist auf ungünstige Voraussetzungen für die Reformpolitik überhaupt hin, nämlich auf das Fehlen einer ausreichenden sozialen Basis in einem politisch einflußreichen Mittelstand und auf die Stärke der im Allgemeinen Landrecht abgesicherten ständischen Sozial- und Herrschaftsordnung in den altpreußischen Provinzen. Das einzige, was Hardenberg erreichte, um die Verfassungsfrage offenzuhalten, war die königliche Verordnung vom 22. Mai 1815, in der Friedrich Wilhelm III. in rechtsverbindlicher Form das Versprechen einer schriftlichen Verfassungsurkunde und einer aus Provinzialständen hervorgehenden »Repräsentation des Volks« abgab, deren Wirksamkeit sich auf die Beratung der Krone in allen Fragen der Gesetzgebung einschließlich der Besteuerung beziehen sollte.

Noch mehr als im Bereich der Verwaltungs- und Verfassungspolitik befand sich im Jahre 1815 das Reformwerk in den gesellschafts- und wirtschaftspolitischen Bereichen im Fluß. Am weitesten fortgeschritten war die Liberalisierung der gewerblichen Wirtschaft durch die Gewerbefreiheit (1810). Dagegen hatte die damit zusammenhängende Steuergesetzgebung von 1810 bis 1812, die auf den fiskalischen Aspekt der Reform hinweist, noch nicht die grundlegende Neuordnung der Steuer- und Finanzverfassung gebracht. Auch der Umbau der Agrarverfassung, der in der älteren Historiographie summarisch als »Bauernbefreiung« bezeichnet wird, war an politischen und rechtlichen Widerständen aufgelaufen. Weitgehend abgeschlossen, wenn auch noch nicht stabilisiert, war um 1815 die unter dem Zwang der Vorbereitung und Durchführung des Befreiungskrieges zustande gekommene Heeresreform Scharnhorsts und Gneisenaus. Die Aufhebung des Adelsmonopols für die Besetzung der Offiziersstellen, die grundsätzliche

Einführung der allgemeinen Wehrpflicht mit der Privilegierung der Bildungsbürger durch das System des Einjährig-Freiwilligen-Dienstes, die Schaffung von Landwehr und Landsturm neben dem stehenden Heer sowie Änderungen im Bereich des militärischen Straf- und Disziplinarwesens förderten die Umwandlung der Armee in einen allgemeinen Staatsstand, der – wie der Beamtenstand – das altständische Gefüge aufzulösen geeignet schien. Auf dem Felde der Bildungsreform, deren treibende Kraft bis 1810 Wilhelm von Humboldt als Leiter der Kultus- und Unterrichtsverwaltung gewesen war, waren ebenfalls vor 1815 entscheidende Weichenstellungen erfolgt. Sie zielte – auf dem Wege der Gymnasial- und Universitätsreform – auf die systematische Stärkung einer außerständischen, wenn auch überwiegend bürgerlichen Intelligenzschicht und auf ihre Privilegierung in der angestrebten neuen Staatsbürgergesellschaft ab. Gneisenaus Wort – in einem Brief an Ernst Moritz Arndt aus dem Jahre 1814 – vom »dreifachen Primat der Waffen, der Constitution, der Wissenschaft« schlug genau an den zeitlichen Wende zur Restauration den Grundtenor der Reformpolitik an, nämlich den Zusammenhang von staatlicher Modernisierung, gesellschaftlicher Emanzipation und neuhumanistischer Bildungsidee.

Als Ergebnis dieses knappen Überblicks über den Stand der preußischen Reformen um 1815 ist festzuhalten, daß Preußen in seiner inneren Struktur als ein unfertiger Staat in den Deutschen Bund eintrat – unfertig in doppelter Hinsicht: Die administrative und verfassungspolitische Integration der neuen Landesteile in den Gesamtstaat war noch zu leisten, womit das schwierige Problem der Einführung der geltenden Reformgesetze und des Allgemeinen Landrechts in diese Landesteile verknüpft war. Zum andern stand die Vollendung des Reformwerkes noch aus. Preußen befand sich, so schien es, auf dem Wege vom absolutistischen Fürsten- und Obrigkeitsstaat mit einer ständischen Gesellschaftsordnung zu einem von geistigen und bürgerlichen Kräften getragenen Rechts- und Verfassungsstaat. Diese, wenn man so will, »progressive« Tendenz bestimmte den Erwartungshorizont einer sich formierenden liberalen Elite. Sie mußte mit der restaurativen Tendenz der allgemeinen politischen Entwicklung nach 1815 und den durch sie gestützten altständischen und staatskonservativen Kräften zusammenstoßen. Die sich daraus ergebenden Spannungen und Friktionen sind das Generalthema der preußischen Geschichte von 1815 bis 1848.

Die Mittel- und Kleinstaaten Neben Österreich und Preußen bestand im Deutschen Bund die Welt der Mittel- und Kleinstaaten. Zwar war keiner von ihnen allein ein politischer Faktor von ausschlaggebender Bedeutung. Doch bildeten sie in ihrer Gesamtheit für über vierzig Prozent der im Bund lebenden Menschen die politische Heimat, die Vaterländer. Sie prägten das staatliche Bewußtsein und den politischen Horizont der meisten dieser Menschen, zumal alle, ob Mittelstaaten, Kleinstaaten oder Zwerggebilde, von dem Willen beseelt waren, den formalrechtlichen Übergang von der Landeshoheit zur vollen Souveränität, den sie mit dem Ende des Alten Reiches vollzogen hatten, mit staatlichem Inhalt zu füllen. Was von den unitarischen Patrioten und später von einer am Nationalstaat orientierten Geschichtsschreibung abschätzig »Partikularismus« genannt wurde, das war Wille und Räson des Einzelstaates *(Theodor Schieder)*. Er besaß für die jeweilige Staatsbevölkerung mehr Realität als das oft im Unbestimmten bleibende Gefühl, Glied der deutschen Nation zu sein. Für nicht wenige bildete gerade die Gesamtheit dieser Staaten, die ganz innerhalb der Grenzen des Bundes lagen, im Unterschied zu den darüber hinausreichenden Großmächten Österreich und Preußen, das eigentliche Deutschland. Und es gab mancherlei Versuche, aus dieser Gemeinsamkeit politischen Nutzen zu ziehen. Sie repräsentierten mit größerem Recht als der junge preußische Staat oder das Vielvölkerreich Österreich die Tradition deutscher Staatlichkeit.

Die nach Rang und Größe hinter Preußen und Österreich mächtigsten Gliedstaaten des Bundes waren die vier Königreiche Bayern, Württemberg, Hannover und Sachsen. Sie alle verfügten in der regierenden Dynastie über ein gewichtiges Traditionselement. In Hannover, das ohnehin seit 1714 ein Nebenland der englischen Krone bildete, war allerdings die Kontinuität während der Rheinbundzeit unterbrochen. Die Königreiche gingen aus dem Rheinbund und der Neuordnung von 1815 in vergrößerter und veränderter Form hervor. Wie schon nach 1803 und 1806, so standen die Könige und ihre Minister erneut vor der Integrationsaufgabe. Wurde sie vor 1815 primär durch Verwaltungsreformen geleistet, so ging man nach 1815 in Bayern und Württemberg zur Verfassungspolitik über. Für beide, wie auch für andere Staaten des Dritten Deutschlands, waren die Jahre nach 1815 in dieser Hinsicht ein Übergang, während die Situation in Hannover und Sachsen eher durch Restauration oder Kontinuität gekennzeichnet war.

Das Königreich Bayern, das mit rund 3,5 Millionen Einwohnern um 1816 der drittgrößte Staat im Bund war, um mehr als das Doppelte größer als die drei anderen Königreiche, war in der Rheinbundzeit in seiner Staatsstruktur modernisiert worden, unter weitgehender Beibehaltung der ständischen Sozialordnung, von der sich die rechtlich egalitäre Gesellschaft im linksrheinischen Rheinkreis abhob. Durch eine Verwaltungsrevolution von oben nach französischem Vorbild hatte der Prinzipalminister MAXIMILIAN GRAF MONTGELAS die politische Eigenständigkeit der altbayerischen, oberschwäbischen und fränkischen Lande getilgt. Man hatte wenig Rücksicht auf politische, landsmannschaftliche und kulturelle Traditionen genommen. Die Zentralbehörden, die Regionalverwaltung und die Gerichtsverfassung waren vereinheitlicht worden. Gegen die von Napoleon gewünschte Übernahme der französischen Gesetzgebung sträubte sich das Souveränitätsbewußtsein des Königs. Nur in der Pfalz galt das französische Recht. Immerhin hatte Bayern 1813 in dem Strafgesetzbuch Anselm von Feuerbachs eine bedeutende Kodifikation erhalten.

Wenn auch mit der Herstellung der bürgerlichen Gleichheit vor dem Gesetz sowie mit der Beseitigung der Ämtererblichkeit und des Vorrangs des Adels bei der Stellenbesetzung Voraussetzungen für eine moderne Staatsgesellschaft geschaffen waren, so blieb doch die Ständeordnung als Ganzes, besonders die ländliche Sozialverfassung, relativ unangetastet. Die 1808 begonnene Agrarreform war bis 1815 noch nicht weit durchgedrungen. Was die bayerische Reformpolitik vor 1815 von der preußischen unterscheidet, war die Tatsache, daß sie weitgehend auf den Versuch einer Ergänzung der Reorganisation des Staates von oben durch eine politische Beteiligung der Gesellschaft verzichtet hatte. Wenn neben Übertreibungen und Fehlschlägen bei einzelnen Reformen die geringe Berücksichtigung der Volkskräfte als Grundschwäche der Politik Montgelas' hervorgehoben worden ist *(Kurt von Raumer)*, so gilt dies für die Verletzung der religiösen Gefühle der katholischen Altbayern durch die rücksichtslose Kirchenpolitik und auch dafür, daß sich die Regierung wenig um die Gewinnung des ohnehin noch schwach ausgebildeten Bildungs- und Besitzbürgertums bemühte. Die in der Konstitution von 1808 vorgesehene Nationalrepräsentation ist niemals zusammengetreten. Es ist aber nicht zu bezweifeln, daß die meisten Reformen keine Unterstützung durch intakte Landstände oder eine Volksvertretung gefunden hätten. Insofern war der bayerische Spätabsolutismus, der sich auf eine schmale Schicht aufgeklärter, zum Teil landfremder Bürokraten stützte, eine Phase im Übergang vom Ständestaat zum modernen Verfassungsstaat. Seine Grenzen wurden bald nach 1815 sichtbar. Montgelas erkannte die Notwendigkeit an, der neuen linksrheinischen Provinz vorläufig den Status eines Nebenlandes mit eigener Verfassung zu belassen, wie dies von den höchsten Beamten dieses Gebietes vorgeschlagen wurde. In der bayerischen Führungsspitze, vom Kronprinzen Ludwig über den Feldmarschall Karl Philipp von Wrede bis in die hohe Bürokratie und das teils adelige, teils bürgerliche Gremium des Staatsrates hinein, bestanden erhebliche Differenzen über die einzuschlagende Innenpolitik. Sie wurden nur notdürftig durch eine bayerische Staatsideologie und die Loyalität gegenüber dem beliebten König MAXIMILIAN I. JOSEPH überdeckt und mündeten Anfang 1817 in den Sturz Montgelas'. Damit war der Weg für eine konstruktive Verfassungspolitik frei.

Die relative Berechtigung der bürokratischen Staatsreform in Bayern wurde durch die Entwicklung in den beiden anderen Königreichen des Rheinbundes, Württemberg und Sachsen, unterstrichen, die ähnliche Probleme hatten, bei ihrer Lösung aber auf den aktiven Widerstand altständischer Kräfte stießen. Auch Württemberg hatte sein Staatsgebiet durch Säkularisation und Mediatisierung mehr als verdoppelt und arrondiert. Auch hier hatte man vor der Aufgabe gestanden, die neuen mit den alten Gebieten zu verschmelzen. Sie wurde erschwert durch die Tradition der ständischen Verfassung in Altwürttemberg. Treibende Kraft der Staatsreform war der König FRIEDRICH I. selbst. Er führte sie, ohne Rücksicht auf das »gute alte Recht« der Stände, mit Hilfe von Bürokraten durch, die – mehr als die führenden preußischen und bayerischen Beamten – Werkzeuge des Monarchen waren. Der schroff absolutistische Grundzug der königlichen Politik war dafür verantwortlich, daß sich nach der Befreiung die unterdrückten altständischen Kräfte mit dem Adel und dem Bürgertum Neuwürttembergs in gemeinsamer Opposition gegen die Regierung zusammenfanden und, als diese den Verfassungskurs einschlug, den Staat durch ihre Berufung auf das »gute alte Recht« in eine schwere Krise stürzten.

Württemberg

Das fast um die Hälfte verkleinerte Königreich Sachsen nahm nach seiner Größe immer noch die zweite Stelle unter den Mittelstaaten nach Bayern ein. Hatte auch König FRIEDRICH AUGUST zu den treuesten Anhängern Napoleons gehört, so zählte sein Land nicht zu den typischen Rheinbundstaaten. Der zäh am Alten hängende, auf die Hofetikette bedachte Monarch, der durch die katholische Konfession von seinen lutherischen Untertanen getrennt war, hemmte die innere Staatsreform. So unterschied sich die Staatsstruktur Sachsens um 1815 kaum von den Verhältnissen vor dem Ende des Reiches, als das Land von Bauernunruhen erschüttert worden war. Es bestand hier ein merkwürdiges Mißverhältnis zwischen der relativ fortgeschrittenen gewerblichen Wirtschaft und der administrativen und verfassungsmäßigen Rückständigkeit des Staates. Zwar lösten die Landverluste des Jahres 1815 einige integrationsfördernde Verwaltungsreformen aus. Doch war der konservative Kabinettsminister DETLEF VON EINSIEDEL bis zum Ende der 20er Jahre neben den Ständen der Hauptgegner einer durchgreifenden Änderung. Sachsen blieb politisch ein aristokratischer Privilegienstaat, der erst unter dem Eindruck der Julirevolution von 1830 seine Reformära erlebe.

Königreich Sachsen

Da die künstlichen Staatsschöpfungen Napoleons in Nord- und Nordwestdeutschland den Sturz des Kaisers nicht überlebten, kam es hier zu einer echten staatlichen und dynastischen Restauration. Aus ihr gingen das Königreich Hannover und das schon nach seiner Bezeichnung anachronistische Kurfürstentum Hessen hervor, ferner das Großherzogtum Oldenburg, das Herzogtum Braunschweig und die Freien Städte Hamburg, Bremen und Lübeck.

Hannover und Kurhessen

Die Restauration in Hannover war dadurch gekennzeichnet, daß der in London residierende Herrscher die Regierung einem ständisch-feudalen Adelsregiment überließ. Die Reformen der Franzosenzeit – im Königreich Westphalen – wurden weitgehend annulliert und die alten Ständeverfassungen wiederhergestellt. Hannover war ein Land des Widerstandes gegen die Fremdherrschaft gewesen, die (trotz mancher Ansätze zu einer Modernisierung) als drückend empfunden worden war. So wurde die Restauration hier zunächst als Befreiung erfahren. Das gleiche gilt zum Teil für Kurhessen und Braunschweig, wo die Rückkehr der angestammten Fürsten freudig begrüßt wurde. Das

Bild des Kurfürsten Wilhelm von Hessen, des seinerzeit berüchtigten Soldatenhändlers, hatte sich während des Exils verklärt, so daß ihm die Bürger seiner Hauptstadt Kassel bei der Rückkehr die Pferde vom Wagen spannten und ihn begeistert vor sein Schloß zogen. Schnell änderte sich das politische Klima, als der Monarch die auf eine bürgerliche Gesellschaft zielenden Staats- und Sozialreformen der französischen Zeit abschaffte, aber die Steuergesetzgebung beibehielt und das für den Staat – das heißt aus seiner Sicht: für das fürstliche Privatvermögen – ungünstige Ergebnis der westfälischen Domänenpolitik rückgängig machen wollte.

Auch die 1810 zusammen mit den Küstenlanden in das Grand Empire eingegliederten Hansestädte erlebten ihre Restauration. In Hamburg wurde an der alten Verfassung nichts geändert. Senat, bürgerliche Kollegien und Erbgesessene Bürgerschaft bestimmten in der Verbindung von republikanischem mit aristokratischem Geist das politische Leben bis in den Vormärz hinein. In Bremen, dessen Bürgermeister (ab 1821) Johann Smidt der Wortführer der Hansestädte im Bund war, trat nach 1814 an die Stelle der früheren Selbstergänzung des Senats die Beteiligung des ständisch-patrizisch zusammengesetzten Bürgerkonventes an der Wahl der Senatoren. In Lübeck galten nach 1815 als Stadtverfassung die Rezesse von 1665 und 1669 unverändert. In Frankfurt wurde dagegen im Sommer 1816, nach heftigen Auseinandersetzungen zwischen Bürgerschaft und früherer Senatspartei, eine »Constitutions-Ergänzungs-Acte« erlassen, die in einer Reihe von Bestimmungen zugunsten der neuen bürgerlichen Gesellschaft über die alte reichsstädtische Verfassung hinausging.

Die Freien Städte

Keine Restauration war nach 1815 in den beiden Großherzogtümern Mecklenburg-Schwerin und Mecklenburg-Strelitz notwendig. Trotz ihrer Zugehörigkeit zum Rheinbund hatten sie die vorrevolutionäre Staats- und Sozialverfassung konserviert. In beiden Ländern galt der Rostocker Erbvergleich von 1755, durch den die Landeshoheit der Fürsten durch eine landständische Körperschaft erheblich eingeschränkt war. Besonders in der Steuererhebung waren die Großherzöge von der Bewilligung der Stände abhängig. Daran änderte sich nach 1815 nichts. Dagegen hatten die Landesherren einiger nord- und mitteldeutscher Kleinstaaten während der Rheinbundzeit innenpolitisch das französische Vorbild durch Rechts- und Verwaltungsreformen kopiert. Dabei stand nicht selten – wie etwa in Anhalt-Köthen und in Lippe-Detmold – der kleinräumige und patriarchalische Zuschnitt dieser Zwerggebilde im Widerspruch zu der vom Vorbild Frankreich übernommenen Verwaltungsmaschinerie. Immerhin bildete auch hier die dynastische Tradition die Grundlage eines »Spezial-Patriotismus« der Bevölkerung. Aus der Reihe der Duodezfürsten Nord- und Mitteldeutschlands hob sich um 1815 nur der Großherzog Karl August von Sachsen-Weimar heraus, der nach 1806 aus Gründen der Selbsterhaltung dem Rheinbund beigetreten war. Auch in seinem, aus drei Landesteilen (Weimar, Eisenach, Jena) zusammengesetzten Staat waren einschneidende Verwaltungsreformen mit einer Entmachtung der Landstände verbunden. Doch gab erst die Erweiterung des Staatsgebietes um ein Drittel im Jahre 1815 den Anstoß zur Bildung eines Staatsministeriums. Die politische Bedeutung des Landes wurde überstrahlt durch seine Funktion als ein Zentrum des deutschen Geisteslebens, in dem weltbürgerliche, idealistische und nationale Kräfte in einem sich befruchtenden Spannungsverhältnis standen.

Nord- und mitteldeutsche Kleinstaaten

Zu den Ländern des Dritten Deutschlands, die den Typus des Rheinbundstaates in seiner Verbindung von dynastischer Kontinuität mit staatlicher Neuschöpfung in Reinkultur verkörperten, gehörten die beiden Großherzogtümer Baden und Hessen-Darmstadt sowie das Herzogtum Nassau, deren etatistische Reformpolitik vor 1815 danach konsequent in den Konstitutionalismus mündete. Vor allem in Baden mit seiner Zusammensetzung aus Gebieten verschiedenster territorialer und dynastischer Geschichte und seiner Erstreckung vom Bodensee bis zur Tauber war die Staatsintegration von größter Dringlichkeit. Sieht man von dem 1811 verstorbenen Großherzog Karl Friedrich ab, mit dessen zunächst kinderlosem Nachfolger Karl die Hauptlinie auszusterben drohte, so bestand hier in den personellen Voraussetzungen der Reform eine gewisse Kontinuität, mit dem leitenden Minister (und seit 1810 Berater) SIGISMUND KARL FREIHERR VON REITZENSTEIN, der um 1818 vorübergehend abtrat, und dem Geheimrat Friedrich Brauer, der trotz seiner Verwurzelung in der Tradition des Territorialstaates älterer Prägung zum Reorganisator der badischen Verwaltung wurde und die Rezeption des französischen Rechts in modifizierter Form durchsetzte. Zwar erfuhr das Land 1815 keine nennenswerte territoriale Einbuße, doch lastete als eine seinen Bestand gefährdende Hypothek die Erbfolgefrage auf ihm. Diese Frage bildete einen der stärksten Antriebe zur Umwandlung Badens in einen Verfassungsstaat.

Baden

Weniger einschneidend war der Bruch mit der Vergangenheit in Hessen-Darmstadt und in Nassau, allerdings mit unterschiedlichen Akzenten. Die Staatsreform in Hessen war zunächst weitgehend auf eine Reorganisation der Zentralverwaltung und auf die Beseitigung der Landstände beschränkt geblieben, während man es auf der mittleren und unteren Ebene bei den alten Verhältnissen belassen hatte. Die Umwandlung in einen modernen Staat erfolgte erst nach 1815, nicht zuletzt durch den Zwang zur Eingliederung der durch die französische Gesetzgebung geprägten neuen linksrheinischen Provinz Rheinhessen und durch die beginnende Verfassungsbewegung. Bei der Integrationspolitik im Herzogtum Nassau war es während der Rheinbundzeit nicht nur zu Reibungen zwischen den Ministern

Hessen-Darmstadt und Nassau

Hans Christoph von Gagern, der Gegner einer bürokratischen Organisation war, und Ernst Marschall von Bieberstein als opportunistischem Verwaltungspraktiker mit großen Fähigkeiten gekommen, sondern auch – im Zusammenhang mit Plänen zur Rezeption des Code Napoléon – zu ersten Verfassungsprojekten, die von Marschall als ein Mittel der Staatserhaltung, von seinen Mitarbeitern dagegen als Ausdruck des liberalen Zeitgeistes konzipiert wurden. Kein Wunder, daß es im Herzogtum nach dem Wiener Kongreß, als Marschall die landständische Verfassung von 1814 restriktiv auslegte, zu Unstimmigkeiten in der Verwaltungsspitze kam.

Insgesamt überwogen um 1815 in der Staatsordnung der aus dem Rheinbund hervorgegangenen Mittelstaaten, besonders im Süden und Südwesten, im Übergang von der napoleonischen Ära zur Restauration die Elemente einer zielbewußten Integrationspolitik gegenüber dem Moment des Neuanfangs. Ihre staatliche Konsolidierung, ihr Festhalten an der Eigenstaatlichkeit und Souveränität nach außen bei zentralistischer Regierungsweise im Innern haben dazu beigetragen, daß Deutschland 1815 nur in der Form des lockeren Staatenbundes organisiert werden konnte. Wenn der Verfassungshistoriker *Ernst Rudolf Huber* im Deutschen Bund in gewisser Hinsicht nur die Ausweitung der in der Rheinbundakte vorgesehenen, wenn auch nicht voll realisierten Verfassungsformen auf das Gebiet des Alten Reiches sieht, so ist dies eine Einsicht, die auch unter Zeitgenossen verbreitet war und nach der Befreiung von Rheinbundideologen zur Rechtfertigung von Säkularisation und Mediatisierung wie überhaupt der mittelstaatlichen Staatsreform herangezogen wurde. So konnte der bedeutende nassauische Jurist und Publizist Ludwig Harscher von Almendingen in einer viel beachteten Flugschrift von 1814 jene rheinbündischen Reformen als Voraussetzung eines künftigen einzelstaatlichen Liberalismus in einem föderativ gegliederten Deutschland ansprechen. In ihm sollten, so hoffte er, die allgemeinen Ideen des »Zeitgeistes« und das Prinzip der »Nationalität« zu einem Ausgleich kommen.

Trotz der Strukturunterschiede zwischen den großen, mittleren und kleinen Gliedstaaten des Deutschen Bundes gab es einige übergreifende Merkmale, die mit dem allgemeinen Trend zur Modernisierung des monarchischen Obrigkeitsstaates zusammenhingen und Voraussetzungen des politischen Neuanfangs nach 1815 waren. Zwei sind hervorzuheben: die Homogenität der staatlichen Führungsschichten sowie ein politischer Regionalismus innerhalb der Groß- und Mittelstaaten. Jene war eine spezifische Funktion der Staatsreform und reflektierte deren Stand; dieser war ein Dauerproblem, das als gliedernder oder als ein die Staatseinheit potentiell sprengender Faktor das Moment des Föderalismus oder des Partikularismus, wie es auf der Ebene des Bundes bestand, im Rahmen des Einzelstaates reproduzierte.

Staatliche Führungsschichten

Bestimmend für die Zusammensetzung und Hierarchie des Personenkreises, der um 1815 die wichtigen politischen Entscheidungen im Staate und für die Gesellschaft fällte, war zweierlei. Im Unterschied zu Frankreich, wo die Revolution den Adel als Herrschaftsstand entmachtet und den auf den Monarchen und den Hof ausgerichteten absolutistischen Staatsapparat beseitigt hatte, vollzog sich die Modernisierung des Staates und seiner politischen Eliten in Deutschland zunächst ohne grundlegende Änderung der Sozialstruktur. Der Adel behielt, in regional unterschiedlicher Stärke, seine Schlüsselposition nicht nur im Bereich der Grund- und Gutsherrschaft, sondern auch im politischen Entscheidungsprozeß. Zum anderen setzte sich im Vorfeld des Konstitutionalismus die im Absolutismus begonnene Verselbständigung des Staatsapparates gegenüber der alten und neuen Gesellschaft fort. Damit gewann die hohe Bürokratie, die man als dekretierende Beamtenschaft von der exekutiven Subalternbeamtenschaft unterschied, zusätzliches Gewicht. Es kam zu einer Symbiose von Adel und hoher Beamtenschaft. Soweit sich der Adel an der Ausübung der Staatsmacht beteiligte, nicht ohne auf der Erhaltung seiner gesellschaftlichen Vorrangstellung zu bestehen, wurde er doch zum Diener des Fürstenstaates. Andererseits wurde das Korps der hohen Beamten infolge seiner Durchsetzung mit Adeligen und durch eine bewußte Privilegierung gegenüber den übrigen Staatsbürgern gesellschaftlich dem Adel gleichgestellt oder angenähert. Die Kodifizierung des Beamtenrechts in vielen Rheinbundstaaten und in Preußen, hinter der sich die Auffassung von der Beamtenschaft als »allgemeinem Stand« (Hegel) verbarg, sowie die Übertragung adeliger Vorrechte auf die hohen Staatsdiener – Rangordnung, Titelführung, Hoffähigkeit, Uniformierung – auf dem Wege der Nobilitierung und durch andere Belohnungen leisteten langfristig der sozialen und mentalen Anpassung derjenigen Angehörigen des Bildungsbürgertums an den Adel Vorschub, die den Weg in die hohe Bürokratie, seltener in die Spitzengruppe der militärischen Hierarchie gefunden hatten. Es war eine kurzfristige Folge dieses Funktionswandels, die sich in verschiedenen Staaten schon bald nach 1815 – im Zeichen der Restauration – abzeichnete, daß der Beamtenstand seine Rolle als Vorreiter der liberalen Gesellschaftsreform einbüßte. Das Ergebnis war eine sich schnell verbreitende Bruchlinie zwischen der Bürokratie als Institution auf der einen und den einzelnen Beamten auf der anderen Seite, die nun zwischen der Loyalität gegenüber einem bloß verwaltenden Obrigkeitsstaat und dem Bekenntnis zur gesellschaftlichen Emanzipation zu wählen hatten.

Es entspricht der geschilderten Konstellation, daß in den zentralen Entscheidungsgremien, unter den Ministern und in der Ministerialbürokratie, in den Staatsräten, in der Generalität, der Diplomatie und der Hofgesellschaft der Adel allenthalben zahlenmäßig dominierte – sei es die schmale Gruppe der aristokratischen Herrengeschlechter, die vor allem in Österreich eine Rolle spielte, sei es die aus dem Kleinadel hervorgegangene Schicht der »Ritter« oder »Junker«, deren nachgeborene Söhne im Osten in den Verwaltungs- oder Militärdienst, weniger in die Justizverwaltung eintraten, und schließlich der schon seit dem 17. und 18. Jahrhundert durch Nobilitierung entstandene Beamten- und Offiziersadel. Waren in Österreich seit Joseph II. Bürgerliche und der junge Beamtenadel (mit einem hohen Anteil der Deutschen in der Bürokratie) im Vordringen begriffen, so blieben die meisten Spitzenpositionen den hohen Adelsfamilien vorbehalten, unter denen einige aus dem »Reich« stammten, das heißt aus dem bis 1806 durch die Reichsverfassung eng mit Österreich verbundenen deutschen Südwesten und Westen.

Adel und hohe Bürokratie

In Preußen war die Situation ähnlich. Nur etwa ein Viertel der Mitglieder des Staatsministeriums von 1807 bis 1871 war von Hause aus bürgerlich. Der bürgerliche Anteil an der höheren Beamtenschaft in den Oberpräsidien und den Bezirksregierungen lag dagegen bei etwa 75%. Auf der Ebene der Landräte kehrte sich das Verhältnis wieder zugunsten des Adels um, mit Ausnahme Westfalens und des Rheinlandes, wo der bürgerliche Anteil bei einem Drittel bzw. über 50% lag. Nobilitierung von Beamten kam im Durchschnitt vor 1815 häufiger vor als nach dem Ende der Reformära. Man kann von einer sozialen Stabilisierung des Adels sprechen, die mit einem neuerlichen Trend zur Abschließung einherging. Das gilt auch für das Offizierskorps, wo sich – nach einer Öffnung durch die Heeresreform – die führende Stellung des Adels festigte.

Deutlich stärker war der Anteil der Bürgerlichen an der staatlichen Führungsschicht in den süddeutschen Mittelstaaten. In Bayern war der später gefürstete Feldmarschall Wrede ein Bürgerssohn, der wichtigste Mitarbeiter Montgelas' und spätere Minister Georg von Zentner bäuerlicher Abkunft. Hinzu kam hier der Gegensatz zwischen den altbayerischen und den aus dem Westen oder Norden berufenen, oft protestantischen Beamten. Mit 18 von insgesamt 30 Ministern und Ministerverwesern der Jahre 1806 bis 1848 lag der Anteil des Adels an der Regierung Bayerns deutlich unter demjenigen in Preußen, und allein 60% des bayerischen Offizierkorps waren bürgerlicher Herkunft. Zu einer Auswechslung der Führungsschichten ist es am Ende der napoleonischen Ära kaum gekommen, abgesehen von dem Wegzug hoher französischer Beamter aus den Gebieten, die dem Empire direkt oder über Napoleoniden eingegliedert gewesen waren. Die »Entnapoleonisierung« – so der Ausdruck in einer Flugschrift aus dem Jahre 1814 – hielt sich auf dem linken Rheinufer schon aus Gründen der administrativen Kontinuität und der Fortgeltung des französischen Rechts in Grenzen. Der frühere Jakobiner Andreas Georg Friedrich Rebmann, der vor 1814 Richter in Mainz und Trier gewesen war, wurde der erste Präsident des rheinbayerischen Appellationsgerichtshofes, mit welchem Amt der persönliche Adel verbunden war. Hohe adelige oder bürgerliche Funktionäre aus dem Großherzogtum Berg, dem Königreich Westphalen oder dem Großherzogtum Frankfurt fanden neue Positionen in den Nachfolgestaaten oder anderswo, wie etwa der westfälische Minister Graf Malchus, der als Vertreter des bürokratischen Obrigkeitsstaates nach 1815 in den württembergischen Dienst trat.

Die Monarchen   Trotz der Tendenz zur Rationalisierung und Entpersonalisierung des Staates blieb die politische Funktionselite der vorkonstitutionellen Zeit an die Monarchen gebunden. Die Stellung der souveränen Fürsten an der Staatsspitze war bis zur Revolution von 1848, also auch unter der konstitutionellen Monarchie, so gut wie unbestritten und hat selbst das Revolutionsjahr nur mit geringen Einbußen überdauert. Ihre Stärke beruhte auf der Verbindung der in das Ancien Régime zurückreichenden dynastischen Tradition mit dem verfassungsrechtlichen Grundsatz des monarchischen Prinzips, das an die Stelle des älteren Gottesgnadentums trat. Die Notwendigkeit, die Monarchie auf ein quasi juristisches Prinzip zu gründen, reflektierte zwar allgemein die Erschütterung, die das Königtum als fraglos geltende Herrschaftsform unter dem Einfluß des aufgeklärten und revolutionären Naturrechts erfahren hatte, besonders in den Augen der kritischen Intelligenz. In Deutschland wurde dieser Vorgang aber durch das Ausbleiben der Revolution, durch die Stärke eines spezifisch christlichen, lutherischen und katholischen Obrigkeitsdenkens und nicht zuletzt durch die Anpassung mancher Fürsten an die Normen der aufstrebenden bürgerlichen Gesellschaft, besonders an das Leistungsprinzip, gebremst. So wichtig die Höfe als gesellschaftliche und kulturelle Zentren noch waren, zumal unter den Bedingungen des deutschen Föderalismus, sosehr die regierenden Familien sozial von den anderen Ständen abgeschlossen blieben, so trat doch in der Zeit des Biedermeier die fürstliche und höfische Repräsentation oft hinter der persönlichen Regierungsarbeit des Monarchen zurück. Große Residenzbauten wurden fast nicht mehr, wie noch im 18. Jahrhundert, errichtet, allenfalls intimere Landsitze oder neugotische Schlösser in romantischer Umgebung.

Manche Mitglieder der fürstlichen Häuser übten neben den Monarchen wichtige Funktionen im Staate aus. Das gilt für Kronprinzen, wie etwa den späteren König Friedrich Wilhelm IV. in Preußen und den Wittelsbacher Ludwig in Bayern, oder für andere Angehörige der durchweg miteinander versippten Familien, wie etwa den Herzog Karl von Mecklenburg-Strelitz in Preußen und den Prinzen Emil von Hessen im Großherzogtum Hessen-Darmstadt. Das Bild von der Unterdrückung des deutschen Volkes »durch einige 30 Despoten«, mit dem Freiherr vom Stein und in seinem Gefolge die preußisch-deutschen Patrioten in den Jahren des Befreiungskampfes den monarchischen Partikularismus herabgesetzt hatten, war ein Zerrbild. Es unterschlug die Legierung einer ungebrochenen dynastischen Tradition in oft noch patriarchalischer Verkleidung mit Elementen eines modernisierten Staates und mit dem weitgehend herrschenden Landespatriotismus der Untertanen. Ohne eine solche Begründung in strukturellen Gegebenheiten hätte sich die deutsche Monarchie nicht bis 1918 halten können.

Die Standesherren   In einer Hinsicht war die soziale, politische und staatsrechtliche Heraushebung der regierenden Häuser in Deutschland durchbrochen, nämlich durch die Existenz der sogenannten Standesherren. Es handelt sich um diejenigen fürstlichen und gräflichen Familien, die im Jahre 1806 ihre Stellung als reichsunmittelbare Landesherren verloren hatten. Sie wurden nach diesem Vorgang die »Mediatisierten« genannt. Diesen rund 80 Familien war schon in der Rheinbundakte, dann erneut in Artikel 14 der deutschen Bundesakte eine Reihe von Rechten garantiert worden, durch die sie sich als eine hochprivilegierte Adelsschicht zwischen die regierenden Häuser und den Kleinadel schoben. Dazu gehörten nicht nur Vorrechte sozialer oder ihren Rang betreffenden Art, wie die Ebenbürtigkeit mit den regierenden

Häusern und die Erlaubnis zur Führung der entsprechenden Titel, die Befreiung von bestimmten politischen Pflichten, privilegierter Gerichtsstand, doppelte Staatsangehörigkeit, soweit ihr Besitz in mehreren Bundesstaaten lag, und andere mehr. Von größerer Tragweite und ihre Zugehörigkeit zur politischen Führungsschicht begründend waren ihre politischen Vorrechte, und zwar weniger die erbliche Landstandschaft, meist in den Ersten Kammern der entstehenden Verfassungsstaaten. Bis 1848 war der wichtigste Überrest ihrer früheren Position, daß sie in ihren standesherrlichen Gebieten richterliche und exekutive Befugnisse in einem Umfang ausübten, der über die bloße Grund- oder Gutsherrschaft hinausging. Diese Kompetenz, die etwa auf dem Gebiet der Rechtsprechung die erste und zweite Instanz umfaßte, war de facto eine Unterlandesherrschaft und deshalb den auf ihre Souveränität bedachten Fürsten und der Staatsbürokratie ein Dorn im Auge, besonders dort, wo die Standesherrschaften, wie in Hessen-Darmstadt, Baden und Württemberg, einen beträchtlichen Teil des Staatsgebietes und der Staatsbevölkerung umfaßten, die auf diese Weise dem Zugriff der allgemeinen Verwaltung entzogen waren. Da es der Artikel 14 der Bundesakte an Klarheit fehlen ließ, kam es zu dauernden Reibungen zwischen den Standesherren und den Fürsten und ihrer Bürokratie, ganz abgesehen davon, daß sich die soziale Lage der Untertanen in den Standesherrschaften oft negativ von derjenigen der übrigen Bevölkerung unterschied. Dadurch entstand sozialer Konfliktstoff, der sich später politisch auswirkte. So waren die Standesherren zusammen mit ihrer eigenen Bürokratie die politischen Entscheidungsträger in ihren Herrschaften. Daneben gab es manche, die, ohne auf ihre Rechte zu verzichten, hohe Staatsämter übernahmen, zu denen sie kraft ihrer Herkunft einen leichteren Zugang hatten als andere. Fürst Wilhelm Ludwig von Sayn-Wittgenstein als einflußreicher Minister und Graf Ludwig von Solms-Laubach als Oberpräsident in Preußen, Fürst Ludwig von Öttingen-Wallerstein als bayerischer Minister und schließlich Fürst Karl von Leiningen als erster Ministerpräsident der Paulskirchenregierung sind nur einige Beispiele für diesen Sachverhalt. Sie zeigen zugleich, daß die Standesherren politisch-ideologisch nicht einer einzigen Richtung zugeordnet werden können *(Heinz Gollwitzer)*.

Die Standesherrschaften waren eine Variante des politischen Regionalismus nach 1815, indem sie geographisch abgegrenzte politische Traditionen unterhalb der eigentlichen Staatsebene repräsentierten. Solche Regionalismen gab es in allen Mittelstaaten ebenso wie innerhalb Preußens und Österreichs. Als sozialpsychologische Realitäten, die ihren Grund im Fortbestehen historisch-politischer Traditionen oder gar Rechte, in sozialen oder konfessionellen Unterschieden oder in der Kumulation mehrerer solcher Faktoren hatten, waren sie eine dauernde Herausforderung an die betroffenen Staaten. In den durch Mediatisierung und Säkularisation vergrößerten Rheinbundstaaten waren es in der Regel territoriale Traditionen, so etwa diejenigen des Krummstabes oder der Hohenzollern Frankens innerhalb Bayerns, der habsburgischen Herrschaft am Oberrhein und der Kurpfalz in Baden. In den polnisch besiedelten Gebieten Preußens trat zur »national«polnischen Tradition der konfessionelle Unterschied zu den protestantischen Hohenzollern hinzu, der sich als Regionalismus auch in Kernwestfalen und in Teilen der Rheinprovinz bemerkbar machte. Wurden solche, in die Zeit des alten Reiches zurückreichende Regionalismen in vorkonstitutioneller Zeit durch die unifizierende Staatsverwaltung äußerlich überdeckt, so traten sie als politische Faktoren in Erscheinung, sobald sie in restituierten Landständen oder in den neuen Landtagen die Möglichkeit der Artikulation ihrer Sonderinteressen erhielten. Ein Regionalismus anderer Art, der zudem die Grenzen mehrerer Staaten überschritt, innerhalb derer er eine politische Sonderstellung beanspruchte, war das auf Preußen, Hessen-Darmstadt und Bayern aufgeteilte

Politischer Regionalismus

linke Rheinufer, dessen auf der revolutionären Gesetzgebung beruhende Sozial- und Rechtsordnung ein nach Maßgabe des Zeitgeistes fortschrittlicher Fremdkörper innerhalb der Staats- und Gesellschaftsstruktur der jeweiligen Hauptländer darstellte. Die Auseinandersetzung mit diesem bürgerlichen rheinischen Regionalismus mit dem Ziel seiner Einfügung in den jeweiligen Staat war ein Grundthema der Staats- und Gesellschaftsgeschichte Preußens, Hessen-Darmstadts und Bayerns im Vormärz, das in seiner Parallelität eine gesamtdeutsche Dimension gewann. Im habsburgischen Kaiserstaat wurde der politische Regionalismus, der durch die staatsrechtliche Stellung der Königreiche und Länder auf eine höhere Ebene gehoben war, durch die Nationalitätenfrage potenziert. Die Chance, den politischen Regionalismus durch die Gewährung einer gewissen Autonomie anzuerkennen und zugleich im Staatsganzen aufgehen zu lassen, war in den Großstaaten Österreich und Preußen zweifellos aussichtsreicher als in den auf Einheit bedachten Mittelstaaten. Hier wie dort konnte er aber zeitweilig zu einer das Staatsgefüge bedrohenden Potenz werden.

3. Die wirtschaftliche und gesellschaftliche Lage

Das Ende der Kontinentalsperre

Das Jahr der politischen Neuordnung Europas war für die wirtschaftliche und gesellschaftliche Entwicklung in Deutschland keine Zäsur. Zwar brachte der Zusammenbruch des napoleonischen Wirtschaftssystems, genauer: das Ende der schon früher durchbrochenen Kontinentalsperre, manche wirtschaftlichen Schwierigkeiten. Diese lassen sich aber, unbeschadet des politischen Kontextes, als Teilaspekte der Schwankungen des Handels und der Veränderungen im Agrar- und Gewerbesektor sowie im sozialen Bereich interpretieren, die Begleiterscheinungen der vorindustriellen Wirtschaftsentwicklung waren. Die Industrielle Revolution, die die Wirtschafts- und Sozialstruktur Europas in dem Jahrhundert von 1750 bis 1850 grundlegend veränderte, hatte Deutschland noch nicht erreicht. Sie begann sich hier als quantitativ relevanter Vorgang erst in den 40er Jahren durchzusetzen. Das heißt aber nicht, daß die vorindustrielle Wirtschaftsstruktur Deutschlands um 1815 stabil war. Sie befand sich gerade in demjenigen Sektor, der noch der vorherrschende war, also in der Landwirtschaft, im Fluß. Der Wandel wurde hier, wie auch im Gewerbe, durch staatliche Eingriffe beschleunigt und hat auch das überkommene Sozialgefüge in Bewegung gebracht. Die Anfangsbedingungen der eigentlichen Industrialisierung, zu denen auch demographische Veränderungen gehörten, zeichneten sich ab.

Wirtschaftlicher Regionalismus

So wenig der Deutsche Bund staatsrechtlich eine Einheit war, so wenig gab es auf seinem Boden eine natürliche oder politisch geschlossene Volkswirtschaft oder eine strukturell homogene Gesellschaft. Auch hier existierte eine Vielfalt von Regionalismen, ein räumliches und zeitliches Nebeneinander von Elementen traditionellen Wirtschaftens und von Ansätzen einer freien Ökonomie, alle Übergänge von der alteuropäischen Ständegesellschaft, deren kleinste Zelle die Hausgemeinschaft der Familie war, zur Klassengesellschaft, also eine Fülle widersprüchlicher Erscheinungen, die einen Überblick über Deutschlands Wirtschaft und Gesellschaft um 1815 nur durch die Einbeziehung der historischen Dimension sinnvoll machen.

Die Agrarverfassung

Deutschland war um 1815 ein Agrarland. Etwa 80 % der Bevölkerung lebten auf dem Lande; viele Stadtbürger – in den zahllosen Kleinstädten – standen als Ackerbürger dem ländlichen Leben noch sehr nahe. Diese Konstellation hatte sich, trotz der Ansätze zu einer Industrialisierung, bis zur Jahrhundertmitte nicht grundlegend geändert. Ausnahmen bildeten einige gewerblich durchsetzte Regionen in Sachsen und im Rheinland sowie manche größeren Städte, wo der Anteil der im Handel und im Gewerbe Beschäftigten auf über 50% ansteigen konnte.

Die Feststellung, daß in Deutschland zu Beginn des Jahrhunderts die Landwirtschaft dominierte, besagt aber noch nicht viel. Denn auch in diesem Wirtschaftsbereich gab es innerhalb des Deutschen Bundes die stärksten Gegensätze, die in Unterschieden der Agrarverfassung, in solchen der natürlichen Produktionsbedingungen und der Wirtschaftsformen begründet waren. Ein nach Regionen gegliederter Überblick läßt das wechselnde Zusammenspiel der drei Faktoren erkennen. Zwar waren die älteren Formen der Agrarverfassung seit dem letzten Drittel des 18. Jahrhunderts durch die Anfänge der »Bauernbefreiung« und durch das Vordringen moderner Produktionsweisen aufgelockert worden. Insgesamt beherrschten sie aber um 1815 noch weitgehend das Bild der Landwirtschaft. Dabei stand das Gebiet der Gutsherrschaft im Osten den west- und süddeutschen Landschaften der Grundherrschaft gegenüber, die ihrerseits mancherlei Varianten der ländlichen Sozialverfassung kannten.

Das südwestdeutsche Realteilungsgebiet, das einen Ausläufer nach Mitteldeutschland hin hatte, war in seiner Agrarstruktur durch die sogenannte »versteinerte« Grundherrschaft bestimmt (versteinert deshalb, weil seit dem Spätmittelalter keine grundlegende Wandlung mehr eingetreten war). Es gab in diesem Bereich zwar eine Fülle bäuerlicher Besitzformen. Doch waren ihre Unterschiede durch die soziale Angleichung, die die Erbsitte der Realteilung innerhalb der bäuerlichen Bevölkerung bewirkt hatte, nicht mehr allzu groß. Aus der Realteilung, wenn auch nicht aus ihr allein, hatte sich bis zu Beginn des 19. Jahrhunderts eine hohe ländliche Bevölkerungsdichte, ja schon eine relative Übervölkerung ergeben, ferner die Verringerung der sozialen Abstände zwischen den ehemaligen Hufenbauern und den Kleinstellenbesitzern, die gewerbliche Anreicherung des platten Landes aus dem Zwang zum Nebenverdienst und, dadurch bedingt, eine Verflüssigung der Grenzen zwischen Stadt und Land. Zwar gab es dem Buchstaben nach kaum noch eine Leibeigenschaft. Sie war, wo sie noch bestand, auf Abgabeverpflichtungen bei besonderen Anlässen reduziert worden. Auch die aus der Grund- und Gerichtsherrschaft resultierenden Verpflichtungen hielten sich in Grenzen. Daß diese Belastungen, zu denen noch der kirchliche Zehnt trat, trotzdem als hart empfunden wurden, war mehr eine Folge der Besitzverkleinerung und -zersplitterung als der Agrarverfassung im engeren Sinne. Die agrarische Produktion reichte, entsprechend den natürlichen Bedingungen des Raumes, vom intensiven Anbau von Sonderkulturen – etwa im Oberrheingebiet von Wein, Obst, Farbpflanzen – über einen hochwertigen und intensiven Getreideanbau in den Gäulandschaften des Südwestens (wie im Hohenloher Land, hier in Verbindung mit Viehzucht) bis hin zu den extensiven Formen der Dreifelder- oder Feldgraswirtschaft oder gar der Schiffel- und Rottwirtschaft in den rauhen Mittelgebirgslandschaften der Eifel, des Hunsrücks oder des Odenwaldes. Immerhin hatte der Übergang zu einer verbesserten Dreifelderwirtschaft mit Besömmerung der Brache, zum Klee- und Kartoffelanbau, zu einer marktorientierten Viehwirtschaft mit Stallfütterung und Einführung leistungsfähiger Rassen dank der Agrarförderungspolitik aufgeklärter Landesherren im späten 18. Jahrhundert allenthalben eingesetzt.

Im Unterschied zum Südwesten zeigte das bayerisch-alpenländische Gebiet mit Anerbensitte eine stärkere Erhaltung oder gar Weiterbildung der Grundherrschaft mit meist schlechterem Besitzrecht der Bauern. Wirtschaftlich war aber die Agrarstruktur infolge der geschlossenen Hofübergabe gesünder, so daß sich ein kräftiges Mittel- und Großbauerntum gehalten hatte. Getreideanbau oder Viehwirtschaft – je nach Höhenlage und Bodenverhältnissen – herrschten vor, auch schon in der Form der Almwirtschaft. Während Mitteldeutschland, besonders Thüringen und Sachsen, in mancher Hinsicht dem Südwesten verwandt waren, aber auch schon Übergangsformen zur Gutsherrschaft kannten, deren Auswirkungen durch die zeitweilige Bauernschutzpolitik der Wettiner abgemildert worden waren, herrschte in dem Gebiet der nordwestdeutschen Grundherrschaft vom Niederrhein bis nach Hannover ein meist für die Bauern günstiges Pachtverhältnis mit grundherrschaftlichem Obereigentum vor. Zum Teil war die Herrschaft über die Person zugunsten einer Oberherrschaft über das Land aufgegeben, so etwa im Bereich des sogenannten Meierrechts in Niedersachsen. Die Landschaften am Niederrhein waren schon im ausgehenden Mittelalter von einer Zeitpachtbewegung aus den Niederlanden erfaßt worden, wodurch auch das städtische Bürgertum auf dem Lande

Die Gebiete der Grundherrschaft

Fuß gefaßt hatte. Doch ist, bei allen Unterschieden der Agrarverfassung im Nordwesten, als gemeinsames Merkmal die Erhaltung eines in der Anerbensitte stehenden Groß- und Mittelbauerntums neben nicht wenigen vom Adel bewirtschafteten Gütern festzustellen. Differenzierungen bestanden in der Produktion, vom vorherrschenden Getreidebau, der in den Börden zu Beginn des 19. Jahrhunderts außer durch die Kartoffel auch durch die Zuckerrübe ergänzt wurde, bis hin zur reinen Viehwirtschaft in den Wiesenlanden des Niederrheins und zu extensiven Wirtschaftsweisen in den Heide- und Ödlandschaften des Nordwestens.

Allen Regionen der Grundherrschaft gemeinsam war das Fehlen einer adeligen Gutsherrschaft, während es vom Adel bewirtschaftete Güter durchaus gab, besonders im Nordwesten und Norden. Die Grundherren – der Staat, die Kirche mit ihren zahlreichen Institutionen, der Adel und auch Stadtbürger – hatten ihr Land oft an die Bauern ausgegeben und lebten von den daraus fließenden Einkünften. Das Verhältnis der Bauern zum Grund- und Gerichtsherren war meist auf ein Rentenverhältnis reduziert. Es bestand nur selten ein Arbeitsverhältnis oder gar die Leibeigenschaft im wörtlichen Sinne, so daß die Freizügigkeit gegeben und der persönlichen Freiheit als subjektives Recht allenfalls soziale Grenzen gezogen waren. Schließlich galt trotz aller landschaftlichen Unterschiede durchgängig die gemeinschaftliche Bindung der Dorfgenossen in der Feldflur mit Einzelbesitz und Flurzwang wegen der Gemengelage der Grundstücke und mit Nutzungsberechtigung an der Gemeinheit, Allmende oder Mark, vor allem an der Nutzung des Waldes durch die Gemeindegenossen. Sie kam oft auch der unterbäuerlichen Schicht zugute.

Die Bauernbefreiung im Raum der Grundherrschaft, die im Norden und Nordwesten oft von der Separation, das heißt von der Zusammenlegung der Grundstücke in der Feldflur und der Aufteilung des Gemeindelandes unter die Vollbauern, begleitet wurde, war bis zu einem gewissen Grade bis 1815 von der Landesherrschaft obrigkeitlich durchgeführt oder in Angriff genommen worden.

Agrarreformen des 18. Jahrhunderts

In Schleswig-Holstein, einem Übergangsgebiet von der Grundherrschaft zur adeligen Gutsherrschaft, waren die Befreiung der Bauern und die Separation des Landes, die hier gleichbedeutend mit der sogenannten Verkoppelung war, weitgehend im 18. Jahrhundert erfolgt. Im Südwesten war in den 80er Jahren des 18. Jahrhunderts Karl Friedrich von Baden vorangegangen. Doch hatte sich die Agrarpolitik vieler Landesherren mehr auf die Verbesserung der Produktionsmethoden als auf die Beseitigung der alten Agrarverfassung konzentriert, weil diese, wie auch das badische Beispiel zeigte, dem Landesherren bzw. dem Fiskus selbst als dem wichtigsten Grund- und Gerichtsherrn Einbußen an Einnahmen gebracht hätte. Solche Ansätze waren auf dem linken Rheinufer und zum Teil in den napoleonischen Satellitenstaaten des Nordwestens – im Königreich Westphalen und dem Großherzogtum Berg – von der kurzfristig durchgeführten radikalen Bauernbefreiung überholt worden, in welcher die französische Administration die Grundsätze der Revolution, wenn auch zuweilen modifiziert durch die Rücksichtnahme auf bestehende ständische Rechte, durchgesetzt hatte. Die Leibeigenschaft, die grundherrliche Gerichtsbarkeit mit den daran hängenden Verpflichtungen, die Zehnten und feudalen Fronden, das Jagdrecht des Grundherrn, kurz alle Abgaben und Leistungen von Lehns- und Zinscharakter, die den Grund und Boden betrafen, wurden entschädigungslos aufgehoben. Die Grundrenten wurden für ablösbar erklärt, wobei der Fiskus, soweit er als Empfänger in sie eintrat, oft an ihrer Erhebung festhielt. Diese Maßnahmen bedeuteten den Übergang des bisher schon von den Bauern bewirtschafteten Landes in volles Eigentum durch Wegfall des grundherrschaftlichen Obereigentums. Der Adel verlor seine politischen Privilegien und, soweit er emigriert war, auch seine Besitzrechte. Am Niederrhein konnte er sich aufgrund einer günstigen Besitzstruktur bis zu einem gewissen Grade halten.

Mindestens ebenso einschneidend war die Verstaatlichung des umfangreichen geistlichen Grundeigentums und der aus dem Besitz der Landesherren und der nach der Besetzung emigrierten Adeligen stammenden Immobilien – von Land und Gebäuden, die zu Nationalgut erklärt wurden. Ein Teil dieser Güter, die etwa 20 bis 25 % des Landes umfaßten, war seit etwa 1800 versteigert worden. Der Rest blieb in der Hand des Fiskus oder wurde von diesem, wie übrigens auch im Königreich Westphalen, zur Dotierung des napoleonischen Neuadels benutzt. Der Großteil des versteigerten oder aus fiskalischen Gründen veräußerten Gutes gelangte in die Hand wohlhabender

Bauern oder städtischer Kapitalisten und Aufkäufergesellschaften, die es parzellierten und weiterverkauften. Es entstand eine neue Schicht von Notabeln, die ihr Land – ähnlich wie die früheren Grundherren – zur Bewirtschaftung in Zeitpacht ausgaben. Die bäuerliche Besitzstruktur hatte sich also nicht wesentlich verändert. Die Verarmung klein- und unterbäuerlicher Schichten machte infolge der ungehemmt weitergehenden Realteilung, die als normales Erbrecht anerkannt und nun auf das bisher nicht von ihr betroffene Versteigerungsgut ausgedehnt wurde, weitere Fortschritte. Immerhin bildeten kulturfähige Ödländereien und Allmenden eine Landreserve, die in den Jahrzehnten nach 1815 von der wachsenden ländlichen Bevölkerung aufgezehrt wurde.

In den rechtsrheinischen Staaten war die Bauernbefreiung während der Rheinbundzeit nur zögernd und unter Schonung der adeligen und kirchlichen Rechte in Angriff genommen worden; sie war bis 1815 nicht sehr weit gediehen. Abgesehen von Schleswig-Holstein, wo die Ritterschaft unter Führung des Grafen Christian von Rantzau-Ascheberg aus humanitären und ökonomischen Motiven an der Liberalisierung der Agrarverfassung interessiert war, beschränkten sich die Maßnahmen oft auf die Aufhebung der ohnehin nicht drückenden Leibeigenschaft. Nach Baden (1783) folgten zwischen 1808 und 1820 Bayern, Württemberg und Hessen-Darmstadt. Dagegen wurde an die grundherrschaftliche Verfassung wenig gerührt, blieb die gebundene Agrarwirtschaft im wesentlichen erhalten. So hatte man zwar in Bayern – anläßlich der Aufhebung der Leibeigenschaft im Jahre 1808 – die Möglichkeit der Ablösung der Grundlasten anerkannt, zugleich aber auch betont, daß den bäuerlichen Untertanen kein Recht zur Ablösung der geltenden Leistungen zustand. Der zeitliche Schwerpunkt der Bauernbefreiung in West- und Süddeutschland lag, sieht man vom linken Rheinufer ab, nach 1815, zumal die den Standesherren garantierten Rechte ein selbständiges Vorgehen des Staates erschwerten.

Völlig anders lagen die Verhältnisse in den Gebieten der Gutsherrschaft im ostdeutschen Kolonialland sowie in einem Teil der habsburgischen Länder, besonders in Böhmen, Mähren und Österreichisch-Schlesien. Gutsherrschaft war die Konzentration alles dessen, was in Altdeutschland durch die Begriffe »Leib-, Grund- und Gerichtsherrschaft« ausgedrückt wurde und sich hier meistens in verschiedenen Händen befand, bei dem Gutsherrn. Er stand damit zwischen der abhängigen bäuerlichen Bevölkerung und dem Landesherrn, sofern dieser nicht selbst auf den Domänen der Gutsherr war. Die rechtliche Privilegierung verband sich mit der ökonomischen Stellung der Gutsherren, deren Güter als geschlossene Besitzkomplexe in der Form von Eigenwirtschaften seit dem ausgehenden Mittelalter auf Kosten des Bauernlandes erheblich vergrößert worden waren. Deshalb wurde die bäuerliche Arbeitskraft stärker als im Westen für herrschaftliche Zwecke beansprucht. Insbesondere gaben die großen Gutsbetriebe, soweit sie, wie seit dem 18. Jahrhundert, zu einer intensiven Produktion für den Markt übergingen, zu erhöhten Frondiensten und zum Gesindezwang der Bauernkinder Anlaß. So war die Beschränkung der Freizügigkeit der Landbevölkerung, auf die die Gutsherren aus ökonomischem Interesse angewiesen zu sein glaubten, besonders stark. Ein gewisser Bauernschutz, dessen Stärke von Österreich nach Preußen hin abnahm und im mecklenburgischen Ständestaat völlig fehlte, der außerdem in Preußen durch die obrigkeitliche Stützung der Junker durchkreuzt worden war, hatte es nicht verhindern können, daß die Zahl der Bauernstellen im letzten Drittel des 18. Jahrhunderts noch einmal erheblich abgesunken war, – und dies in einer Zeit, in der die Gutswirtschaft zur kapitalistischen Wirtschaftsform überging. Diese Entwicklung war durch das Eindringen bürgerlicher Gutsbesitzer in den Stand der Gutsherren und durch die staatliche Kreditierung der Junker mit Hilfe der sogenannten »Landschaften« bedingt, in deren Genuß die Bauern nicht kamen. Sie war ferner eine Folge der günstigen Agrarkonjunktur, die sich in den Getreideanbau- und -exportgebieten des Ostens durch den Anstieg der Getreidepreise bei gleichbleibenden Produktionskosten bemerkbar machte. Um 1800 wurden jährlich etwa 300 Tausend Tonnen Getreide aus den Ostseehäfen Danzig, Elbing und Königsberg verfrachtet, während gleichzeitig viele grundherrschaftliche Regionen im Westen wegen der extensiven Betriebsweise und der Über-

Gutsherrschaftliche Gebiete

völkerung nur geringe Überschüsse herauswirtschafteten. Allerdings brachte die Kontinentalsperre und die sich daraus ergebende Drosselung des Exports gerade dem Osten und auch Schleswig-Holstein eine schwere Agrarkrise, die zur Verschuldung vieler Junker führte. Der Hafenverkehr von Königsberg war um 60%, der preußische Schiffsbestand nach 1805 um ein Drittel gesunken.

<small>Die Agrarreformen in Österreich und Preußen</small>

In der Agrarreform im Bereich der Gutsherrschaft waren im 18. Jahrhundert die Habsburger, vor allem Joseph II., vorangegangen. Seine den Maßnahmen der Französischen Revolution wenig nachstehende radikale Bauernbefreiung war jedoch 1790 unterbrochen worden. Was bestehen blieb und für die ländliche Agrarstruktur bis 1848 im Kaiserreich von Bedeutung war (besonders im Vergleich zu Preußen), das war neben der Aufhebung der Leibeigenschaft ein gewisser Bauernschutz, durch den der Bestand bäuerlichen Eigentums weitgehend erhalten werden konnte. Während die obrigkeitlich verordnete Agrarreform in fast allen deutschen Staaten um 1815 zum Stillstand gekommen war oder nur geringe Fortschritte machte, wurde sie in Preußen vom Ende des 18. Jahrhunderts bis in den Vormärz hinein in einem Sinne durchgeführt, der in der Verbindung von ökonomischer Liberalisierung und Konservierung ständischer Rechte die Möglichkeiten und Grenzen der monarchischen Reformpolitik demonstrierte. Die wichtigste politische Zäsur in diesem Prozeß war das Jahr 1816, in dem das Werk der Bauernbefreiung durch eine Interpretation des Regulierungsediktes von 1811 zugunsten der Junker modifiziert wurde. Durch das Oktoberedikt von 1807 und das Regulierungsedikt von 1811 waren die Voraussetzungen für den Übergang der Agrarverfassung aus ihren naturalwirtschaftlichen Bindungen in die auf freien Arbeitsverträgen und Geldwirtschaft gründenden neuen Betriebsformen wesentlich verbessert worden, und zwar so, daß den Gutsherren ein Vorsprung gegenüber ihren bisherigen Untertanen eingeräumt wurde. Durch die Auflösung der Bindung der Gutsherrschaft an den Adel wurde der Bildung eines adelig-bürgerlichen Standes der Rittergutsbesitzer vorgearbeitet. Die Aufhebung der Erbuntertänigkeit, in Verbindung mit der Entschädigungspflicht der Untertanen, förderte die Schaffung eines freien Arbeitsmarktes, wodurch die Junker und die Landarbeiter als Klassen auseinandertraten. Dagegen stieß das langfristig anvisierte verfassungspolitische Anliegen der Reform, nämlich die Bildung eines freien und wirtschaftlich gesunden Bauernstandes innerhalb der Staatsgesellschaft, auf den Widerstand der Junker. Dieser Widerstand war überwiegend ökonomisch (im Sinne des Wirtschaftsliberalismus) motiviert, während eine kleinere Gruppe von Adeligen, die vor allem in der Mark beheimatet waren, unter dem Einfluß der romantischen Staatslehre die Reform wegen ihrer die alte Ständeverfassung destruierenden Folgen ablehnte. Hatte der Freiherr vom Stein die Bauernbefreiung mit einer Aufrechterhaltung des Bauernschutzes verbinden wollen, so kam Hardenberg schon vor 1815 aus politischen, fiskalischen und ideologischen Erwägungen denjenigen adeligen Gutsherren entgegen, die unter dem Einfluß des Agrarliberalismus englischer Spielart eine ökonomische Stärkung ihrer Position gegenüber den Bauern anstrebten. Dieses Ziel wurde durch den schon im Allgemeinen Landrecht fixierten Grundsatz der Entschädigungspflicht gefördert. Das Ergebnis war die Deklaration vom 29. Mai 1816, durch welche die früheren Gesetze zugunsten der Gutsherren interpretiert wurden. Die gutsherrliche Gerichtsbarkeit über die ländliche Bevölkerung blieb von der Reform ausgeklammert. Die sogenannte »Regulierung«, das heißt die Befähigung der Bauern zur Ablösung, wurde eingeschränkt, bis schließlich alle Kleinbauern und selbst ein Teil der spannfähigen Bauern davon ausgeschlossen waren. In der Praxis trat, infolge des Kapitalmangels der Bauern, häufig die Landabtretung an die Gutsherren an die Stelle der Geldablösung. Der ältere Bauernschutz entfiel, mit Ausnahme der Provinz Posen, wo er im Jahre 1819 gegen den Widerstand des überwiegend polnischen Gutsadels eingeführt wurde.

<small>Die preußische Deklaration v. 29. Mai 1816</small>

<small>Auswirkungen der Agrarreform im Osten</small>

Die Folgen der preußischen Agrarreform für die politische, wirtschaftliche und soziale Struktur Ostelbiens sind viel diskutiert worden, seit *Georg Friedrich Knapp* im Jahre 1887 in seinem Werk »Die Bauernbefreiung und der Ursprung der Landarbeiter in den älteren Teilen Preußens« die Konsequenzen des Reformwerkes hervorgehoben hat: die Schwächung des Bauernstandes durch die Geld- und Landabgabe, wobei er schutzlos der ökonomischen Konkurrenz der Gutswirtschaft ausgesetzt war, die Entstehung einer von den Gutsherren abhängigen Landarbeiterklasse sowie die Erhaltung der politischen und sozialen Privilegierung des Ritterstandes, der auch die in seine Reihen eindringenden bürgerlichen Gutsbesitzer zu assimilieren vermochte. Rund ein Drittel der Güter in Preußen gingen in den Jahrzehnten nach der Reformgesetzgebung in bürgerliche Hände über, in den 20er Jahren gefördert durch eine Agrarkrise, die infolge des Preiszerfalls die exportorientierte Getreidewirtschaft des Ostens hart traf und viele adelige Gutsbesitzer in Verschuldung geraten ließ. Andererseits hat die Agrarreform, die auch in Preußen mit einer Separationsgesetzgebung verbunden war, zu einer Intensivierung der Landwirtschaft und zu einem nicht unerheblichen Landausbau geführt. Das Unland und geringe Weideflächen hatten um 1800 noch die größere Hälfte des preußischen Staatsgebietes ausgemacht. Indem die, im Verhältnis zu den abgelösten Diensten hohen Landabgaben der Bauern an die Gutsherren deren Landbesitz vergrößerten, erhöhten sie insgesamt die Markterzeugung. Sie weckten zugleich, da der landärmer gewordene und von Dienstverpflichtungen befreite Bauer Zeit gewonnen hatte, den bäuerlichen Landhunger. Da die Zahl der Bauernstellen relativ gleich blieb, gingen ihre Inhaber, deren Familien sich vergrößerten, zur Kultivierung der Ödländereien und zu verbesserten Wirtschaftsweisen über, die sie von den Gutsherren gelernt hatten. Das war eine Leistung, die um so höher zu bewerten ist, als sie von dem finanzschwächeren Bevölkerungsteil erbracht wurde. Bis 1864 wurde das Ackerland in Preußen auf diese Weise verdoppelt, im preußischen Nordosten sogar um das Zweieinhalbfache erweitert. Ein Teil der bäuerlichen Überschußbevölkerung bildete das Reservoir für die neue Landarbeiterklasse. So ist die preußische Agrarreform in ihrem ökonomischen Resultat als ein »staatlich bewirkter Landesausbau durch Verdichtung des Arbeitsbesatzes und rationelle Arbeitsmethoden« *(Gunther Ipsen)* bezeichnet worden. In sozialer Hinsicht beschleunigte sie die Abspaltung eines Landproletariats von der bäuerlichen Mittelschicht, während die ständische Privilegierung der Ritterklasse zementiert wurde.

Die gewerbliche Wirtschaft in Deutschland befand sich um 1815 noch weitgehend auf dem Stand der handwerklichen Produktion, des Manufakturwesens und des ländlichen Verlagsgewerbes. In Preußen hatte um 1800 die Zahl der im Handwerk Beschäftigten diejenige der Manufaktur- und Fabrikarbeiter noch um das Dreifache überstiegen. Es gab nur wenige Regionen oder Städte mit einer stärkeren gewerblichen Verdichtung. Nicht nur junge Produktionszweige, die unter dem Schutz der Kontinentalsperre aufgeblüht waren, sondern ein großer Teil des gesamten Gewerbes, besonders der Textilproduktion, wurde nach 1814 schutzlos der englischen Konkurrenz ausgesetzt und geriet in eine schwere Krise, zumal andere Staaten ihren Markt durch Schutzzölle gegenüber dem deutschen Export abschirmten. Die wichtigsten für den Markt produzierenden Gewerbezweige waren – neben einigen landwirtschaftlichen Gewerben – das Textilgewerbe, der Bergbau und das Hüttenwesen mit der Eisenverarbeitung. Die regionalen Schwerpunkte lagen in Westdeutschland, in Mitteldeutschland mit Sachsen, in Berlin und Schlesien, während die Gewerbe im Süden und in Nordostdeutschland gering entwickelt waren. Die bedeutendsten Handelszentren waren Hamburg, Bremen, Leipzig und Frankfurt. Die alte rheinische Metropole Köln gewann nur langsam ihre frühere Bedeutung zurück.

Das Gewerbe

Die Kontinentalsperre hatte in zweierlei Hinsicht stimulierend auf die gewerbliche Wirtschaft gewirkt: einmal durch die Förderung von Ersatzgüterproduktion wie der Gewinnung von Zucker und Rüben, besonders auf dem linken Rheinufer und in Preußen, und durch die Herstellung künstlicher Farbstoffe und von Zichorie als Kaffee-Ersatz (doch fielen die meisten dieser Betriebe nach 1815 dem Wirtschaftsliberalismus zum Opfer), zum anderen durch die ersten Ansätze einer Industrialisierung, das heißt einer Mechanisierung bestehender Gewerbe. Die sächsische Textilindustrie begann mit dem Übergang zur großbetrieblichen Produktion

Folgen der Kontinentalsperre

Das Textilgewerbe

durch die Einrichtung von Maschinenspinnereien, die das vom Markt ausgeschlossene englische Garn ersetzen sollten. Auch im Textilgewerbe Thüringens wirkte sich dieser Impuls durch den Übergang von der Haus- zur Fabrikproduktion aus. Im Jahre 1810 kam die erste Flachsspinnerei nach Deutschland. Auf dem linken Rheinufer erlebten das Leinen- und Seidengewerbe, das schon im 18. Jahrhundert von großbürgerlichen Unternehmerfamilien betrieben worden war, sowie der Erzbergbau und die Eisenverarbeitung im Schutze des französischen Zolls eine Blüte, während das alte Eisen- und Textilgewerbe im Großherzogtum Berg, im Wuppertal und im märkischen Land, das vom französischen Markt ausgeschlossen geblieben war, eine Krise durchmachte, die zur Abwanderung mancher Unternehmer auf das andere Rheinufer führte. Nach 1815 ging der linksrheinische Erzabbau in der Eifel und im Hunsrück relativ schnell unter. Das Textilgewerbe konnte sich einigermaßen halten, auch wenn es unter der englischen Konkurrenz und dem Verlust des französischen Marktes litt. Auch hier stand die Entwicklung im Zeichen des Überganges von der Handweberei und -spinnerei auf dem Lande zum maschinellen Betrieb.

Bergbau und Hüttenwesen

Ähnliche Strukturprobleme kannte nach 1815 das schlesische Gewerbe, vor allem die Textilindustrie und die Montanindustrie. Die auf adelige Gründungen zurückgehende Montanindustrie war durch die Kontinentalsperre gefördert worden. Schon 1796 hatte die erste Koksverhüttung auf der staatlichen Königshütte stattgefunden, die noch im Jahre 1818 als modernste Anlage auf dem Kontinent galt. Im Ruhrgebiet, das um 1800 im Vergleich zu den umliegenden Landschaften weitgehend gewerbefrei war, entstand der erste Kokshochofen im Jahre 1847. Das Puddelverfahren wurde in Deutschland zuerst im Jahre 1825 auf der Hütte Rasselstein bei Neuwied praktiziert. Der preußische Kohlenbergbau, der als einziger von überregionaler Bedeutung war, stand rechtlich unter dem sogenannten Direktionsprinzip. Er wurde vom Staat, das heißt von königlichen Bergbaubehörden, in eigener Regie betrieben, und auch die wenigen privaten Zechen standen unter staatlicher Kontrolle. Angesichts der Erfolge, die Preußen damit in Oberschlesien verzeichnet hatte, wurde das Direktionsprinzip nach 1815 auf die neuerworbenen Bergbaugebiete im Westen, an der Ruhr und an der Saar, übertragen, obwohl dort seit dem Ende des 18. Jahrhunderts eine freiere Gesetzgebung für den Bergbau gegolten hatte. Nach 1815 entwickelte sich der Ruhrbergbau langsam, aber stetig in Verbindung mit der beginnenden Industrialisierung des Eisengewerbes, dem wachsenden Bedarf an Hausbrand und der besseren Verkehrserschließung. Die saarländischen Kohlengruben wurden fast ganz in staatlichem Besitz konzentriert, was die Umstellung vom Stollen- zum Schachtbau erleichterte. Das Eisengewerbe blieb in privater Verfügung.

Die Verkehrsverhältnisse

Die frühindustrielle Entwicklung wurde nach 1815 weniger durch Kapitalmangel als durch das Fehlen einer ausreichenden Nachfrage an industriellen Produkten und durch die geringe Investitionsneigung der Unternehmer angesichts bestehender Risiken gehemmt. Das vorhandene Kapital floß mehr in die Modernisierung der Landwirtschaft oder in den Handel. Nicht zuletzt waren die unzureichenden Verkehrsverhältnisse ein Hindernis. Der Chausseebau im modernen Sinne lag noch in den Anfängen; er war durch Napoleon linksrheinisch aus militärischen Gründen vorangetrieben worden, wobei auf die Bedürfnisse der Wirtschaft wenig Rücksicht genommen worden war. Der Transport von Massengütern war praktisch nur auf dem Wasserwege möglich, auf dem der Verkehr noch lange durch Stapelrechte und Zölle behindert und verteuert wurde. Der Artikel 109 der Wiener Kongreßakte, der freie Schiffahrt auf den europäischen Strömen zugesagt hatte, besaß zunächst nur programmatischen Wert. Die freie Fahrt auf dem Rhein wurde nach langwierigen Verhandlungen zwischen den Anliegerstaaten durch die Rheinschiffahrtsakte vom 31. März 1831 verwirklicht, während sie auf der Elbe und der Weser trotz älterer Abkommen noch lange durch Zollkonflikte beeinträchtigt blieb.

Ein wesentliches Moment in dem Vorbereitungsprozeß der Industrialisierung war die staatliche Gewerbegesetzgebung, die auf dem linken Rheinufer und in Preußen in die Zeit vor 1815 zurückreichte, während die anderen Gliedstaaten des Bundes erst in den Jahrzehnten nach 1815 folgten. Hatten die Zünfte in England und Frankreich schon im 18. Jahrhundert ihre Bedeutung für die Wahrung ständischer Schranken des Gewerbes eingebüßt, so war in Deutschland die Zunftverfassung, zumindest in den Städten, noch weitgehend intakt, während sie auf dem platten Lande, infolge der Gewerbeförderungspolitik mancher Landesherren, durchbrochen worden war. Die französische Gewerbefreiheit war nach 1800 auf die linksrheinischen Departements übertragen und zum Teil von den Rheinbundstaaten übernommen worden. Doch erfolgte nach 1815 eine Gesetzgebung zugunsten des Handwerks. In Preußen war die Einführung der Gewerbefreiheit im Jahre 1811 ein Teil der Gesamtreform. Trotz zünftiger Restaurationsbestrebungen nach 1815 wurde hier grundsätzlich an ihr festgehalten, zuletzt in der Gewerbeordnung von 1845. In vielen anderen Staaten wurde nach 1815 die Gewerbefreiheit schrittweise eingeführt, schon 1819 in Nassau, hier in einem ausgesprochen wirtschaftsliberalen Sinne, in gemäßigter Form 1825 in Bayern, in vielen Ländern erst im Jahrzehnt vor der Märzrevolution. Zu wichtigen Interessenvertretungen von Handel und Gewerbe wurden in der ersten Hälfte des 19. Jahrhunderts die Handels- und Industriekammern. Ihre Ansätze reichten in Frankreich wie in Deutschland in die vorrevolutionäre Zeit zurück. Die für ihre künftige Struktur wichtige Ausbildung erfuhren sie während der französischen Zeit wiederum auf dem linken Rheinufer, wo 1802/03 in den größeren Städten sogenannte »Chambres de Commerce« und »Chambres consultatives de Manufactures, Fabriques, Arts et Métiers« geschaffen worden waren. Zusammen mit den von Napoleon veranlaßten Industrieausstellungen waren sie Bestandteil der französischen Wirtschaftsförderungspolitik. Preußen erlaubte 1816 ihren Fortbestand, ließ aber die Übertragung der Institution auf die anderen Provinzen zunächst nicht zu.

Gewerbegesetzgebung

Eine exakte Erfassung der demographischen Struktur Deutschlands um 1815 ist wegen des unterschiedlichen Standes der zeitgenössischen statistischen Erhebungen nicht möglich. Der Deutsche Bund zählte nach dem Abschluß der Befreiungskriege etwa 28 Millionen Einwohner, also weniger als Frankreich mit etwa 30 Millionen. Die – offenbar überzogene – Bundesmatrikel von 1818/19 ging dagegen von 30 Millionen aus; davon entfielen 31,4 % auf die dem Bunde angehörenden Länder des österreichischen Kaiserstaates, 26,2 % auf die bundeszugehörigen Provinzen Preußens und 42,4 % auf die Staaten des Dritten Deutschlands. Preußen hatte im Jahre 1816 insgesamt 10,6 Millionen Einwohner. Die durchschnittliche Bevölkerungsdichte betrug um 1800 in Deutschland 40 Menschen je qkm. Sie war regional sehr verschieden. In den ländlichen Regionen reichte sie von dem intensiv genutzten Realteilungsgebiet des Hohenloher Landes mit 64 Menschen je qkm bis hin zu den Sandschollen Hinterpommerns, wo nicht einmal 10 Menschen auf einem qkm lebten. Württemberg und Baden kamen auf eine Dichte von etwa 70 Menschen je qkm, während sie im rechtsrheinischen Bayern, also einschließlich der bevölkerten Landschaften Frankens und Oberschwabens, bei 46 Menschen je qkm lag. In den altbayerischen Kreisen blieb sie weit darunter. Relativ dicht besiedelt waren die preußische Rheinprovinz (70 Menschen je qkm, trotz rein agrarischer Gebiete im Rheinischen Schiefergebirge) und das Königreich Sachsen (78 Menschen je qkm).

Bevölkerung

Um 1800 gab es nur drei Großstädte mit mehr als 100 Tausend Einwohnern: Wien, Berlin und Hamburg. Köln zählte nur knapp 50 Tausend Seelen. Ähnliche Differenzierungen zeigte die Entwicklung der Bevölkerungszahl. Spitzenwachstum in annähernd gleichem Umfang – von 1816 bis 1822 um 10 bis 11% – wiesen wiederum Sachsen, die Rheinprovinz, aber auch die ostelbischen Provinzen Preußens, in etwas geringerem Maße Württemberg und Baden auf, während Bayern auch hier eine unterdurchschnittliche Zunahme zu verzeichnen hatte, die sich nach 1820 noch verlangsamte. Inwieweit die regionalen Unterschiede durch andere Mortalitätsraten, durch die verschiedene Handhabung gesetzlicher Einschränkungen der Heiratsmöglichkeiten und der Mobilität, durch regionale Unterschiede in den sozialen Bedingungen der Fruchtbarkeit und/oder der Empfängnisverhütung, schließlich durch den unterschiedlichen Stand der Agrar- und Sozialreform bestimmt wurden, läßt sich generell nicht beantworten. Auch Wanderungsgewinne der Gewerberegionen (Sachsen, das Rheinland) und Wanderungsverluste der gewerblich unterentwickelten Realteilungsgebiete sind in Rechnung zu stellen.

Wandel der Sozialstruktur

Im Rahmen der geschilderten ökonomischen Veränderungen und der nur umrißhaft skizzierten Bevölkerungsentwicklung vollzog sich in Deutschland der allmähliche Übergang von der alteuropäischen Gesellschaftsordnung nach Ständen, erblichen Berufs- und Lebensgemeinschaften zur vorindustriellen bürgerlichen Gesellschaft des frühen 19. Jahrhunderts. Anders als in Frankreich, wo die Revolution die Ständegesellschaft mit einem Schlage beseitigt und an ihre Stelle die Staatsbürgergesellschaft im politischen Sinne gesetzt hatte, die den Rahmen der sich formierenden Klassengesellschaft abgab, anders auch als in England, wo die ständischen Unterschiede schon lange fließend waren und die Industrielle Revolution die ältere Sozialordnung erschüttert hatte, setzten in Deutschland der Abbau der ständischen Schranken im rechtlichen Sinne und der Umbau des sozialen Volkskörpers später ein. Das war, infolge des Ausbleibens der Revolution, ein längerfristiger Prozeß mit regionalen Differenzierungen und mit einer Überlagerung alter und neuer Formen. Auch in diesem Vorgang markierte das Jahr 1815 keine Zäsur, will man seine Bedeutung für die deutsche Sozialgeschichte nicht darin sehen, daß die Restauration nicht auf die Politik beschränkt blieb, sondern auch der Konservierung älterer Stände- und Sozialstrukturen Vorschub leistete. Zwar wurden Sektoren des aufstrebenden Bürgertums durch eine mehr oder weniger liberale Wirtschafts- und Sozialpolitik gestärkt und ihr gesellschaftlicher Aufstieg im zivilen Bereich ermöglicht, was zugleich seine innere Differenzierung in ein Groß- und Kleinbürgertum förderte. Doch blieb ihm in den süddeutschen Staaten bis zum Erlaß von Konstitutionen, in Preußen, Österreich und den meisten norddeutschen Ländern bis 1830 oder 1848 die Anerkennung als politischer Stand im modernen Sinne versagt. Es entstand ein Mißverhältnis zwischen der politischen und sozialen Ordnung, das den Hintergrund vieler innenpolitischer Konflikte in den deutschen Einzelstaaten zwischen Restauration und Revolution von 1848 bildete. Hinzu trat das zwar nicht grundsätzlich neue, aber quantitativ und sozialpsychologisch auf eine andere Ebene gehobene Problem des Pauperismus, die Belastung der Gesellschaft durch eine an der Grenze des Existenzminimums oder unter ihr lebenden Bevölkerungsschicht.

Über die Position des Adels als Führungsschicht und über die Veränderungen seiner ökonomischen Lage infolge der Agrarreform, die keineswegs einlinig verliefen, wurde schon berichtet (vgl. oben S. 35f.). Nachzutragen ist zweierlei: Erstens wurde die soziale Stellung der Standesherren, ähnlich wie diejenige der ökonomisch versierten Junker im Osten, durch ihren Reichtum verstärkt, der zum größten Teil aus Ländereien bestand. Hinzu traten im

Laufe der Zeit Zechen, Gruben, Brauereien und andere gewerbliche Unternehmen, die von den Standesherren mit den Mitteln gegründet wurden, die ihnen aus der Grundentlastung zuflossen. Die politische Unabhängigkeit mancher Standesherren beruhte geradezu auf ihrer wirtschaftlich günstigen Situation, die freilich direkt oder indirekt zu Lasten ihrer Untertanen ging. Das zweite Moment, das nach 1815 der politischen und sozialen Stellung des Adels zugute kam, war die vielerorts festzustellende Adelsrestauration dort, wo dieser Stand durch revolutionäre oder reformerische Staatspolitik an Einfluß verloren hatte. In Norddeutschland, wo die altständische Verfassung, wie in Sachsen und Mecklenburg, noch bestand, oder, wie in Hannover, wiederhergestellt wurde, war die Position des Adels ohnehin kaum erschüttert. Im Süden erhielt er bald in den Ständekammern ein politisches Forum. Darüber hinaus kam es aber nach 1815 vielfach zu einer Verbindung von adeliger Reaktion, die durch die neue altständisch-konservative Ideologie Schützenhilfe erhielt, mit regionalen Sonderinteressen. Sie richtete sich gleicherweise gegen die Staatsreform spätabsolutistischer Prägung, gegen den zentralistisch rheinbündischen Geist und die Ideen der Französischen Revolution. In Franken formierte sich nach 1815 eine Opposition des ehemals reichsritterschaftlichen Adels gegen den bayerischen Zentralismus. Sie unternahm allerdings erst 1837 den Versuch der außerparlamentarischen Institutionalisierung in einem Verein. Er sollte offiziell der Förderung des Landbaus und der Ausbildung der Adelssöhne dienen, zielte aber de facto auf die Verbreitung richtiger Ansichten über den Adel und auf die Wahrung der adeligen Rechte ab. Der König lehnte den Antrag auf Genehmigung des Vereins ab. Eine ähnliche Konstellation ergab sich in den preußischen Westprovinzen, am Niederrhein und in Westfalen. Hier war die frühere Zugehörigkeit einzelner Regionen zu Preußen ein günstiger Ausgangspunkt für Restaurationsbestrebungen, die aber, solange Hardenberg am Ruder war, keine Aussicht auf Erfolg hatten. So stieß im Jahre 1818 ein Vorschlag des niederrheinisch-westfälischen Adels, der von dem Freiherrn vom Stein mitgetragen wurde, zur Restitution der alten Landstände und der feudalen Privilegien auf wenig Gegenliebe bei dem Staatskanzler. Die von dem Frankfurter Christian Friedrich Schlosser im Auftrag des Adels aufgesetzte Denkschrift, die Hardenberg bei seinem Aufenthalt im Rheinland übergeben wurde, wurde immerhin von dem preußischen Kronprinzen positiv aufgenommen. In den 30er Jahren, nachdem es schon zu einer Stärkung der Ritterschaft in den Provinzialständen gekommen war, setzte dann eine kleine rheinische Adelsgruppe unter Führung des Freiherrn Wilhelm von Mirbach und des Grafen Franz von Spee diese Bemühungen fort. Unter Berufung auf die Lehren der historischen Rechtsschule und auf Justus Möser forderte sie für sich die Wiederherstellung des (im Gegensatz zur französischen Gesetzgebung stehenden) Rechts, autonom über ihren Besitz verfügen zu können, das heißt Majorate oder Fideikommisse gründen zu dürfen. Tatsächlich genehmigte der preußische König den Antrag des Adels auf »autonome Dispositionsbefugnis« über den Nachlaß in Erbfällen und gestand ihm in Streitfällen ein besonderes Schiedsgericht zu. Die auf dieser Grundlage 1837 gebildete rheinische ritterbürtige Genossenschaft der sogenannten »Autonomen«, die anfangs 30 Familien umfaßte, verkörperte einen Einbruch in die egalitäre Gesellschaftsordnung des Rheinlandes und wurde zum Ziel heftiger Angriffe aus dem Lager des rheinischen Frühliberalismus.

Über eine reine Adelsreaktion hinaus ging der Kampf, den die schleswig-holsteinische Ritterschaft von 1815 bis 1823 gegen den dänischen König führte. Als dieser, unterstützt von dem erwachenden Nationalgefühl des dänischen Bürgertums, damit begann, den dänischen Staat einschließlich der Herzogtümer Holstein und Schleswig zu zentralisieren und dabei die ständischen Freiheiten der Ritterschaft in beiden Ländern angriff, formierte sich der Widerstand des Adels, der mit der Forderung auf Beibehaltung seiner ständischen Rechte einschließlich des Steuerbewilligungsrechtes zugleich die Sonderstellung der Herzogtümer im Gesamtstaat gegenüber der zentralistischen Bürokratie verteidigte. Schon zu Beginn des 19. Jahrhunderts hatte sich auf Schloß Emkendorf der Familie Reventlow ein adeliger Kreis zusammengefunden, in dem sich das Interesse an der Verteidigung adeliger Privilegien mit christlichen Erneuerungsbestrebungen im Sinne der Romantik und mit der Abneigung gegen die aufgeklärte Politik der dänischen Regierung verband. Das Besondere an der nach 1815 entbrennenden Auseinandersetzung war, daß die Adelsbewegung eine Verbindung mit dem Nationalbewußtsein des deutschen Bildungsbürgertums einging. Der Sekretär der Ritterschaft, der Kieler Historiker Friedrich Christoph Dahlmann, und sein Kollege Karl Theodor Welcker, die später dem bürgerlichen Liberalismus angehörten, haben nach 1815 in den »Kieler Blättern« den nationalen Aspekt der Auseinandersetzung betont. Der Kampf der Ritterschaft, die, soweit sie in Holstein saß, auf Dahlmanns Rat den Rekurs an den Bundestag ergriff, zog sich jahrelang hin. Die deutschen Regierungen scheuten sich, die Ritter zu unterstützen, weil sie entsprechende ständische Bewegungen im eigenen Land fürchteten. Es war nicht überraschend, daß der Bundestag die holsteinische Verfassungsbeschwerde Ende 1823 abwies. Der Vorgang macht deutlich, daß die Adelsrestauration, soweit sie sich gegen den souveränen Staat richtete, auf die Dauer auf verlorenem Posten stand.

Das neue Bürgertum Trotz des Fortbestehens oder gar der Stärkung von Relikten der alten Feudalordnung in Staat und Gesellschaft war in Deutschland um 1815 der neue bürgerliche Geist allenthalben im Vordringen begriffen. »Es hat sich ein Mittelstand erhoben«, so schrieb Wilhelm von Humboldt an den Freiherrn vom Stein, »der weder zu den ehemaligen Zünften noch zum Adel gehört, dem man Tüchtigkeit, Betriebsamkeit, Intelligenz und wohlwollenden Vaterlandseifer nicht absprechen kann.« Dieses neue Bürgertum, das schon im 18. Jahrhundert im gesellschaftlichen Bereich Einfluß gewonnen hatte, war weniger aus dem in Patriziat und Zünften organisierten Stand der Stadtbürger im alten Sinne entstanden, sondern in Opposition zu ihm. Es knüpfte weniger an die bürgerliche Tradition der alteuropäischen Gesellschaft an, sondern gewann Bedeutung, nachdem ihm der absolute Fürstenstaat durch die Einebnung ständischer Grenzen und durch die Entpolitisierung der korporativen Zwischengewalten den Weg zum Aufstieg geebnet hatte. Zudem hatte die sich entwickelnde Technik die Voraussetzung zur Bildung großer Vermögen außerhalb der zunftgebundenen Wirtschaft *Die Bildungsbürger* geschaffen. Es war zunächst primär die Bildung, die auf dem Umweg über Wissenschaft und Literatur, oft durch fremde Vorbilder, erworben worden war, und erst sekundär der Besitz, die die Interessen und die Lebenshaltung, die Kultur- und Staatsgesinnung der neuen bürgerlichen Schicht bestimmten. Und es waren deshalb auch zuerst die Bildungsbürger, die bürgerliche Intelligenz, die sich aus dem protestantischen Pfarrhaus, aus den Absolventen der Universitäten, den Hofmeistern und Literaten sowie aus der Reformbürokratie rekrutierten, die zum Träger einer sozialen und zunehmend politischen Emanzipationsbewegung des *Kaufleute und* Bürgertums wurden. Hinter ihnen trat bis in die 30er Jahre des 19. Jahrhunderts die Schicht *Unternehmer* der neuen Kaufleute und Unternehmer zurück. Ihnen fehlte es oft an Bildung, um mit dem gesellschaftlich führenden Teil des Adels und der staatlichen Bürokratie mithalten zu können. Die Bereitschaft zur Betätigung außerhalb ihres beruflichen Wirkungskreises, die über die Übernahme von Ämtern in der lokalen und kirchlichen Selbstverwaltung hinausging, war noch gering, sieht man von einigen bürgerlichen Gutsbesitzern ab. Die besondere Tradition eines vorrevolutionären bürgerlichen Landtages nach württembergischem Muster war selten, zumal die städtischen Kurien, wie das sächsische Beispiel zeigt, von den alten Magistraten oder von Zunftvertretern besetzt waren. Die frühe Geschichte der süddeutschen Landtage nach 1815 läßt zudem erkennen, daß das Besitzbürgertum noch nicht die materielle Basis besaß, um sich längerfristig für eine öffentliche Tätigkeit freizumachen. Nur eine kleine Oberschicht von Honoratioren, vergleichbar dem Notabelnstand in Frankreich, trat dem im Sinne des Zeitgeistes fortschrittlich eingestellten Beamtenstand in dem Streben nach Schaffung einer modernen Staatsbürgergesellschaft zur Seite. Sie setzte sich freilich, und darin bestand eine Parallele zur sozialen Entwicklung der hohen Bürokratie nach 1815, nach Lebensstil und materiellem Aufwand schnell vom Mittel- und Kleinbürgertum ab, so daß sich — trotz des vorläufigen Festhaltens dieser neuen Schicht an dem Ethos der Sparsamkeit, an der Luxuskritik und dem partiellen Konsumverzicht — ein spezifisch großbürgerlicher, mit herrschaftlichen Elementen durchsetzter Aufwand herausbildete, der sich deutlich von der durch die Verhältnisse erzwungenen Sparwirtschaft des Kleinbürgertums, noch mehr von der Notwirtschaft der Unterschichten unterschied. Konnubium zwischen dieser Notabelnschicht und der hohen Beamtenschaft, zu der ein Teil der akademischen Lehrer gehörte, war nicht selten.

Die Gruppe der mittleren Beamten und derjenige Teil der Intelligenz, der den Aufstieg in die Honoratiorenschicht nicht schaffte, blieben auf dem Niveau einer frugalen, gleichwohl bürgerlichen Lebenshaltung. Ihr Standesinteresse war darauf ausgerichtet, den Abstand zur Unterschicht zu wahren und den Weg zum Aufstieg durch Bildung und Leistung offenzuhalten. Die Einkommensunterschiede waren innerhalb des Bürgertums beträchtlich. Die höchste und geringste Besoldung in einer preußischen Kriegs- und Domänenkammer, der Vorläuferin der Regierungskollegien, verhielt sich um 1800 wie 60 zu 1. Auch im Handwerk und der frühen Manufaktur- und Fabrikarbeiterschaft gab es eine breit gefächerte Lohnskala, die noch oft nach den aus der handwerklichen Tradition stammenden Arbeitsfunktionen gestaffelt war. Sie straft die Vorstellung einer sozialen Homogenität dieser Bevölkerungsgruppe Lügen. Im übrigen ernährten sich Anfang des 19. Jahrhunderts nicht nur die Unterschichten, sondern auch der untere und mittlere Bürgerstand überwiegend von pflanzlichen Produkten; der Fleischverbrauch war mit 14 kg pro Kopf und Jahr (gegenüber etwa 60 kg heute) sehr niedrig. In den Kreisen des Handwerks, der Krämer und der unteren und mittleren Beamten, die neben ihrer Besoldung über kein zusätzliches Einkommen verfügten, ging es bescheiden zu. Der dauernde Konsum von Luxusgütern blieb auf die oberen Stände und Berufsgruppen beschränkt.

<small>Das Mittel- und Kleinbürgertum</small>

So schmal die Basis einer verfügbaren bürgerlichen Führungsschicht war, so wuchs das Bürgertum doch durch die Distanzierung von der alten Ständegesellschaft (worin es von der Reformbürokratie unterstützt wurde) und durch die wachsende Opposition zum Obrigkeitsstaat in die Mitte der gesellschaftlichen Ordnung hinein. Das zeigt sich daran, daß viele Adelige, ja auch manche Fürsten, ausgesprochen bürgerliche Lebensgewohnheiten annahmen, daß die bürgerlichen Tugenden der Sparsamkeit und der Bildungsbeflissenheit zu Tugenden des Zeitalters schlechthin wurden — sieht man von großen landschaftlichen Bereichen ab, wie etwa dem platten Land in Westfalen oder im Osten, wo der Adel und die Bauern noch die Grundsäulen der Gesellschaft waren und das Bürgertum auf die wenigen Städte beschränkt blieb. Die Rezeption bürgerlicher Lebensformen und Sachkultur durch die Landbevölkerung steckte noch in den Anfängen.

<small>Die bürgerliche Mentalität</small>

Ein wichtiger Aspekt des Prozesses der bürgerlichen Emanzipation war die rechtliche und soziale Gleichstellung der Juden. Gerade hier brachte freilich der Beginn der Restauration eine Zäsur. Die erste Phase der Judenemanzipation, die ganz im Zeichen des humanitären Kosmopolitismus der Aufklärung gestanden hatte und westlichen Vorbildern verpflichtet war, fand um 1815 ein abruptes Ende. Auf dem linken Rheinufer und im Großherzogtum Berg war, wie in Frankreich selbst, den Juden das volle Bürgerrecht verliehen worden, das freilich in den rheinischen Departements im Jahre 1808 durch eine Reihe von Handelsbeschränkungen unter dem Vorwurf des Wuchers begrenzt worden war. Die Rheinbundstaaten, die infolge von Säkularisation und Mediatisierung oft zum ersten Mal eine große Zahl von Juden zu ihren Untertanen zählten – Bayern um 1815 etwa 50 Tausend – folgten mit weniger liberal gefaßten Gesetzen nach, Baden im Jahre 1808 und Bayern 1813. Weder unter direktem französischen Einfluß noch aufgrund der territorialen Neuordnung, sondern im Gefolge der aufklärerischen Emanzipationsbestrebungen des späten 18. Jahrhunderts stand die preußische Gesetzgebung von 1812, die ein Teil der Gesamtreform war und den Juden weitgehende Rechte, wenn auch nicht die volle Gleichstellung brachte.

<small>Vorläufiges Ende der Judenemanzipation</small>

Einen spürbaren Rückschlag erfuhr die Emanzipationsbewegung schon in den Verhandlungen auf dem Wiener Kongreß. Sie waren durch die Versuche der vier Freien Städte veranlaßt, den Juden die in der französischen Zeit gewährten Rechte im Zuge der Wiederherstellung der alten Stadtverfassungen zu entziehen. Metternich, Hardenberg und Humboldt setzten sich im Interesse einer einheitlichen Gesetzgebung in den Gliedstaaten des Bundes für eine emanzipatorische Gesamtlösung auf der Basis des bestehenden Rechts ein. Sie konnten sich infolge des Widerstandes der Hansestädte und der Mittelstaaten, die in dem Vorschlag einen Eingriff in ihre Souveränität witterten, nicht durchsetzen, so daß der Artikel 16 der Bundesakte in unverbindlicher Form Beratungen der Bundesversammlung über »die bürgerliche Verbesserung der Bekenner des jüdischen Glaubens« in Aussicht nahm und den Juden bis dahin nur die ihnen von den einzelnen Bundesstaaten, nicht von deren Vorgängern (!), gewährten Rechte bestätigte.

<small>Die Judenfrage auf dem Wiener Kongreß</small>

Daß sich ausgerechnet das konservative Österreich für die Emanzipation eingesetzt hatte, trug dazu bei, daß sich nach 1815 der ältere ökonomische Antisemitismus, der sich gegen die Handelsjuden richtete – und die Händler bildeten noch die weitaus größte Berufsgruppe unter den Juden – mit der christlich-nationalen Diskriminierung der Juden verband. Die »Hep!-Hep!-Bewegung« des Jahres 1819, in deren Verlauf es in vielen westdeutschen Städten und Landschaften zu Judenverfolgungen kam, ließ – nach der Hungerkrise des Jahres 1816/17 – diesen Zusammenhang deutlich erkennen. Für die Judenemanzipation bedeutete dies eine Belastung. Sie äußerte sich darin, daß die Regierungen die vor 1815 eingeschlagene Politik nicht konsequent fortführten, sondern sich mit Regelungen ad hoc begnügten. Auch die meisten süddeutschen Landtage befürworteten eher Maßnahmen zur Erziehung der Juden als eine echte Emanzipationsgesetzgebung. In diesem Bereich der Gesellschaftspolitik stimmte also die bürgerliche Gesellschaft – vor allem in ihren bäuerlichen klein- und mittelbürgerlichen Sektoren – mit der Bürokratie bis in die 40er Jahre überein.

<small>Antisemitismus</small>

Hinter der allgemeinen Tendenz zur Verbürgerlichung der Gesellschaft trat in dem Bewußtsein der Zeitgenossen das Problem des Pauperismus, das heißt der Verelendung einer sich verbreitenden Unterschicht eigentumsloser Menschen, in den Hintergrund, obwohl es als Massenerscheinung durchaus schon vorhanden war. Die Unterschätzung des Pauperismus als soziale Frage hatte zum Teil psychologische Gründe, die in der Befangenheit vieler Bürger in den Wertvorstellungen der alten Sozialverfassung wurzelten. Den »Stand« der Armen, des

<small>Pauperismus</small>

Pauper, den »Ordo plebejus« oder »Pöbelstand«, hatte es immer schon gegeben *(Werner Conze)*. Er hatte als von Gott gewollte, gewissermaßen naturwüchsige Ergänzung der Ständeordnung gegolten und war das Objekt einer besonders von der Kirche oder von städtischen Institutionen getragenen Sozialhilfe gewesen, ohne als Subjekt in Erscheinung zu treten. Zum Pauperstand gehörten alle diejenigen, die sozial und rechtlich aus irgendeinem Grunde eigentums- und heimatlos im Wortsinn waren, die also kein eigenes Heim besaßen, sei es, weil sie in diesen Stand hineingeboren, sei es, weil sie zu ihm abgestiegen waren. Zu der erstgenannten Gruppe gehörten einmal ehemalige Leibeigene, die in den Stadtverband geflüchtet waren, unzünftige oder nicht zur Meisterschaft gekommene Handwerker, die große Gruppe des Gesindes und der Tagelöhner auf dem Lande, der Gesellen, Dienstboten und unständigen Arbeiter mit ihren zum Teil mitarbeitenden Familien. Auf sie waren die übrigen Stände durchaus angewiesen. Hinzu kam der in Notzeiten aus der Ständeordnung herausfallende Bevölkerungs»überschuß«, den das Land bei gleichbleibender Wirtschaftsstruktur nicht ernähren konnte, die Menge der Bettler oder Arbeitsscheuen und Verwahrlosten, wodurch der »Pöbel« im Zeitalter der moralisierenden Aufklärung mit einem negativen Wertakzent belegt und zum Objekt einer Politik geworden war, deren Instrumente das Arbeitshaus und eine detaillierte Gesetzgebung gegen das Bettelunwesen gewesen waren. Die Mobilität und Fluktuation in dieser komplexen Schicht waren beträchtlich.

Ob der Pauperismus als ein zunehmend beachtetes Problem auf ein einseitiges Anwachsen der Unterschichten zurückzuführen ist, ist strittig. Der Rückgang der Sterblichkeit und das natürliche Bevölkerungswachstum kamen nicht ihnen allein, sondern allen Schichten gleichmäßig, wenn nicht sogar dem Bürgertum mehr als der Unterschicht, zugute. Es war wohl das Wachstum der Gesamtbevölkerung, das die wirtschaftliche Tragfähigkeit des Landes überstieg und damit zu einer Verschiebung des Anteils der Unterschichten auf Kosten der anderen führte. Die Städte und das platte Land waren gleichermaßen von dieser Entwicklung betroffen. In Berlin konnte um 1800 nur jeder vierte oder fünfte Berufstätige den dringendsten Lebensbedarf decken. In Frankfurt machten die Einwohner mit Bürgerrecht einschließlich ihrer Kinder um 1811 nur noch ein Drittel der Gesamtbevölkerung aus, wobei die übrigen nicht ausschließlich zum Pöbel gehörten. Im gewerblich orientierten Barmen zählten 1816 schon 64 % zur sozialen Unterschicht, und für Hamburg ist ermittelt worden, daß in der ersten Hälfte des 19. Jahrhunderts in wirtschaftlich normalen Jahren etwa 20 % der Bevölkerung in ausreichenden Verhältnissen, mindestens 60 % in dürftigen und die übrigen 20 % in äußerst knappen Verhältnissen lebten. Es handelte sich bei den beiden letzten Gruppen um Menschen, die dicht über dem Existenzminimum lebten, die aber in Notzeiten – bei fehlender Erwerbsgelegenheit oder Teuerung – unter diese Grenze sanken. Hegel sprach Anfang des Jahrhunderts von dem »Herabsinken einer großen Masse unter das Maß einer gewissen Subsistenzweise«, die zum Verlust des (bürgerlichen) Ehr- und Rechtsbewußtseins führe und es unmöglich mache, durch eigene Arbeit zu bestehen. Diese Schichten wurden zu einem Reservoir der späteren Fabrikarbeiterschaft.

Die gleiche Entwicklung zeigten agrarische Gebiete. Aus Lippe-Detmold wird berichtet, daß die Zahl der landlosen Einlieger von 1789 bis 1848 um 128 %, diejenige der Groß-, Mittel- und Kleinbauern nur um 33 % zunahm. Noch stärker war die Zunahme der ländlichen Unterschichten in den Realteilungsgebieten des Südwestens, wo die Besitzverkleinerung einen Teil der bäuerlichen Bevölkerung nur ein knappes Auskommen finden ließ und der Bevölkerungsüberschuß sozial absank. Diese Gebiete erlebten schon im 18. Jahrhundert eine

Ursachen des Anwachsens der Unterschichten

größere Auswanderung, besonders nach dem Osten und Südosten Europas, aber auch schon nach Amerika, allerdings in einem im Vergleich zum 19. Jahrhundert bescheidenen Umfang. Überhaupt blieb das Problem des Pauperismus bis in die 40er Jahre hinein primär ein solches des agrarischen Sektors. Die Industrialisierung war noch nicht fortgeschritten genug, um ausreichende Arbeitsplätze bieten zu können. Sekundär trat die Krise bestimmter Handwerkszweige durch die Mechanisierung hinzu, besonders im Textilgewerbe, das ohnehin oft als ländlicher Nebenerwerb am Webstuhl betrieben wurde, so daß die Umstellung hier weniger das Handwerk, sondern eine bäuerliche Unterschicht traf. Die Umschichtung der ostelbischen Landbevölkerung durch die Agrarreform ließ den Anteil des Gesindes und der in der Landwirtschaft beschäftigten Tagelöhner ansteigen. Ein Indiz für die Verarmung, die durch die Aufteilung der Allmenden gefördert wurde, ist die Zunahme von Eigentumsdelikten, vor allem des Holzdiebstahls. Sie ist zwar statistisch einigermaßen zuverlässig erst seit den 30er Jahren erfaßt, hatte aber zweifellos schon früher eingesetzt.

Das Hungerjahr 1816/1817

Unmittelbar nach 1815 wurde die Labilität des ökonomisch-sozialen Geichgewichts in einer ersten sozialen Krise sichtbar. Das Kriegsende brachte die Rückkehr vieler Soldaten in ihre Heimat, die in den Wirtschaftsprozeß eingegliedert werden wollten, das heißt, in der Landwirtschaft ihr Unterkommen suchten. Es brachte zudem einen starken Geburtenanstieg. Gleichzeitig wurde das Gewerbe, vor allem die Textilindustrie, durch die englische Konkurrenz hart getroffen und damit weite Bevölkerungskreise auf den Agrarsektor als Ernährungsbasis verwiesen. Das äußerte sich unter anderem in einer zeitweiligen Wanderungsbewegung von den Städten auf das Land. Zu dieser angespannten Situation trat eine katastrophale Mißernte, die zu der Hungerkrise von 1816/17 führte. Sie machte das Mißverhältnis zwischen einer noch relativ rückständigen Landwirtschaft und dem wachsenden Bevölkerungsdruck bei schlechten Verkehrsverhältnissen und geringer weltwirtschaftlicher Verflechtung deutlich. Die Lebensmittelpreise stiegen vor allem in Süd- und Westdeutschland enorm an. Die staatlichen Getreidemagazine waren infolge der Truppenlieferungen der letzten Kriege leer. Der Bauer im Realteilungsgebiet des Südwestens, der schon in normalen Zeiten relativ wenig für den Markt produzierte, war nun selbst für die Deckung des Eigenbedarfs an Nahrung und Saatgut auf ihn angewiesen; er besaß aber kaum Geldreserven. Schon im März 1816, vor dem Beginn der eigentlichen Krise, mischten württembergische Bauern Kleie in ihr Brot. Die Mißernte traf also in manchen Regionen eine bereits hungernde und verarmte Bevölkerung. Zunahme der Bettelei, gelegentliche Plünderungen, Viehsterben und vorzeitiges Viehschlachten waren die Folgen. Der Tübinger Medizinprofessor Johann Autenrieth schrieb ein Buch »Grundsätzliche Anleitung zur Brotzubereitung aus Holz«. Die staatlichen Behörden beschränkten sich meist auf restriktive Maßnahmen, Ausfuhrverbote, Notstandsarbeiten und ähnliches. Die von der preußischen Regierung veranlaßten Getreidetransporte aus den Ostprovinzen in die westdeutschen Notstandsgebiete der Eifel und des Hunsrücks kamen – teils wegen mangelnder Organisation, teils wegen der unzulänglichen Verkehrsverhältnisse – zu spät. An die Stelle oder neben die staatlichen Maßnahmen traten private Hilfsaktionen, am Niederrhein die sogenannten »Kornvereine«, am Mittelrhein der »Koblenzer Hülfsverein«, der unter der Leitung von Joseph Görres Geld- und Lebensmittelsammlungen durchführte, um die größte Not zu lindern. In Trier beteiligte sich der Regierungssekretär Ludwig Gall an dieser Aktion, der wenige Jahre später als einer der ersten Rheinländer sozialistische Ideen verbreitete. Die Hilfsmaßnahmen von 1817 waren noch stark von dem Geist christlicher Caritas bestimmt. Görres appellierte in seinen Aufrufen an die Vermögenden, die Gott mit

Reichtum und Überfluß gesegnet habe. Auf sie sei nun die einst den Klöstern übertragene Aufgabe übergegangen, das gestörte Gleichgewicht wiederherzustellen. Als mit der Ernte von 1817 die größte Not gebannt war, löste sich der Hilfsverein mit der die neue bürgerliche Moral reflektierenden Begründung auf: »Der Verein aber ist nicht Sinnes gewesen, Bettler zu ziehen und die Bettelei zu hegen. Früher, da die Not kein Gebot kannte, hat er im Sinne der Geber nur nach dem Bedürfnis gefragt [...]; jetzt tritt die Einsicht allmählich wieder in ihr Recht, die den Fleißigen von dem Müßiggänger zuerst ausscheidet und diesen dann, wo er nicht leisten will, entbehren läßt.«

Die Ernährungskrise von 1816/17 löste die erste Massenauswanderung aus Deutschland nach den Befreiungskriegen aus. Ende 1816 verließen viele Familien Südwestdeutschlands ihre Heimat; sie zogen nach Rußland und nach Nordamerika. Die Auswanderung nach Rußland, zahlenmäßig die unbedeutendere, ging besonders von Württemberg aus und hatte hier außer ökonomischen auch religiöse Gründe. Schwäbischer Pietismus separatistischer und kongregationalistischer Spielart suchte mit der Auswanderung nicht nur eine neue wirtschaftliche Basis, sondern eine geistige Heimstatt. Er wurde darin von der mit dem russischen Zaren befreundeten Baronin von Krüdener bestärkt, die in schwäbischen Kreisen des Pietismus geradezu als Führerin in die neue Heimat angesehen wurde. Auch ließ es der Zar nicht an Versprechungen fehlen. Schätzungsweise sechs Tausend Württemberger zogen 1816/17 nach Transkaukasien. Unter ihnen bildeten die Separatisten eine starke Minderheit.

Massenauswanderung

Der Hauptauswanderungsweg nach dem Westen war das Rheintal. Rheinschiffer und gewiefte Agenten von Reedereien der Auswandererhäfen ermunterten die Interessenten. Die Regierungen nahmen keine einheitliche Haltung ein. Es kam zu Diskrepanzen in den Maßnahmen der Zentralbehörden und der örtlichen Stellen. Während manche Gemeinden in Württemberg und Baden die Auswanderung förderten und die Regierung um die Ausstellung von Auswandererpässen baten, um ihren Haushalt von der Armenfürsorge zu entlasten, warnten die Regierungen offiziell vor der Auswanderung, zumal sie, in Verkennung der ökonomischen Ursachen, die Verführung durch Agenten oder Demagogen als deren Grund annahmen. Württemberg setzte 1817 eine Kommission zur Ermittlung der Ursachen ein. Hierzu gab der junge Rechnungsrat Friedrich List ein Gutachten ab, in welchem er als wichtigste Gründe den Mangel an Freiheit und bürgerlichen Rechten, steuerliche Überbürdung und Bedrückung der Untertanen durch die Bürokratie nannte, während er in der wirtschaftlichen Not, dem Hunger und den religiösen Motiven nur Begleiterscheinungen sah. Eine private Initiative zur Klärung des Auswanderungsproblems ergriff der Freiherr HANS CHRISTOPH VON GAGERN. Er sah als Ursache richtig den in Notzeiten besonders spürbaren Bevölkerungsdruck und befürwortete deshalb eine gezielte Auswandererpolitik als eine nationale Aufgabe, die der Bundestag in die Hand nehmen sollte. Als Vorbilder hatte er die griechischen und römischen Koloniegründungen der Antike vor Augen, und er ließ durch Agenten in Nordamerika den Weg und die Aufnahme der Auswanderer untersuchen. Das Ergebnis wurde 1818 unter dem Titel »Der Deutsche in Amerika« publiziert. Zu Gagerns Agenten gehörte auch der Trierer Ludwig Gall, der 1820 einen eigenen Erfahrungsbericht veröffentlichte, der nur wenig Resonanz fand, weil die erste Auswanderungswelle abgeklungen war. Das gleiche Schicksal erlebte eine Vorlage Gagerns im Bundestag. Die Rückkehr vieler verarmter Auswanderer aus den Häfen, die das Geld für die Überfahrt nicht aufgebracht hatten, führte in den süddeutschen Staaten zu strengen Auswanderungsverboten oder -beschränkungen. Nach Schätzungen der Auswandererforschung haben im Jahre 1816/17 von 50 Tausend Auswan-

Die Haltung der Behörden

derungswilligen etwa 15 Tausend aus Baden und 20 Tausend aus Württemberg ihre Heimat verlassen. Zwei Drittel davon gingen nach Nordamerika. Hinzu kamen große Auswanderungsgruppen aus der Schweiz, dem französischen Elsaß, der Pfalz, dem Herzogtum Nassau und – in geringerem Umfang – aus Rheinpreußen, Hessen und Thüringen. Der Norden und Osten war weniger an der Auswanderung beteiligt. In Mecklenburg war die Ausdehnung der Gutsherrschaft eine Ursache der Emigration. In den 20er Jahren ging die Auswanderung aufgrund der schlechten Erfahrungen und einer vorübergehenden Verbesserung der wirtschaftlichen Situation zurück. In dieser Zeit waren neben Nordamerika verschiedene südamerikanische Staaten die Ziele, aber auch Kongreßpolen, wohin nach 1822 einige Tausend verarmte Weber aus Schlesien, Sachsen und Böhmen zogen.

4. Politische und gesellschaftliche Theorien und ihre Träger

Die historische und systematische Theorie von Staat und Gesellschaft, wie sie sich in Deutschland um 1815 in konservativer und liberaler Spielart und – quer dazu liegend – als nationalpolitische Ideologie darbot, war in geistes- oder dogmengeschichtlicher Hinsicht nicht sonderlich originell. Erst zusammen mit dem zeitgeschichtlichen Erlebnishintergrund ihrer Träger konstituierte sie deren politischen Erwartungshorizont und ging damit als ein Faktor in das vorindustrielle Spannungsfeld von Staat und Gesellschaft ein, der vermittelnd und auflösend zugleich wirkte. Von *Franz Schnabel* auf die begriffliche Unterscheidung von »Ordnung« und »Bewegung« gebracht, die aber nicht einfach den zeitgenössischen Gegenüberstellungen, aus liberaler Sicht: von »Fortschritt« und »Reaktion« – aus konservativer Sicht: von »Autorität« und »Umsturz« – gleichgesetzt werden kann, haben jene Wertsysteme die Themen für fast alle Konflikte geliefert, die der Inhalt der politischen Geschichte und der ideologischen Kämpfe in den Jahrzehnten von der Restauration bis zum Ende der Revolution von 1848/49 waren. Der Glaube an die Autonomie von »Politik« und »Geist« wies auf den Vernunftoptimismus der Aufklärung zurück und war durch die sogenannte »deutsche Bewegung« vertieft worden, in der sich idealistische Theoreme mit romantischen Vorstellungen verbunden hatten. Er hatte eine Bestätigung in den Erfolgen der geplanten Staatsreform im eigenen Lande, in dem faszinierenden oder abstoßenden, jedenfalls passiv konsumierten Erlebnis der Französischen Revolution und in dem von »geistigen Kräften« getragenen Freiheitskampf gegen die napoleonische Fremdherrschaft gefunden. Hegels liberale Definition der Geschichte als »Fortschritt im Bewußtsein der Freiheit« reflektierte, ebenso wie Friedrich Schlegels oder Adam Müllers konservative Gründung von Staat und Gesellschaft auf das »geistliche Prinzip«, die verbreitete Vorstellung vom Primat des »Geistes« in der Politik, die wenige Jahrzehnte später von Marx als Indiz für die ökonomische und gesellschaftliche Rückständigkeit der deutschen Verhältnisse und damit als »Ideologie« festgemacht worden ist. In der Tat besaßen die auf den ersten Blick gegensätzlichen oder zumindest unterschiedlichen Staats- und Gesellschaftslehren der Restauration Gemeinsamkeiten, die ideen- oder begriffsgeschichtlich allein, ohne die Einbeziehung der politik- und sozialgeschichtlichen Dimension, nicht hinreichend erklärt werden können. Das langfristige Problem der Staats- und Gesellschaftsreform sowie ihre strukturellen Bedingungen standen mit der theoretischen Verarbeitung in einem Wechselverhältnis.

Zwei Gemeinsamkeiten, von denen die eine mehr formaler Natur ist, während die andere eine materielle Übereinstimmung anzeigt, sind vor der Darlegung des Inhaltes und der Träger der zu besprechenden Lehren besonders zu nennen: einmal der ideologische Charakter aller politischer Theorie im nachrevolutionären Zeitalter, zum anderen, damit zusammenhängend, der auffallende Revolutionspessimismus im konservativen und liberalen Denken der Restauration und des Vormärz. Nachdem die alteuropäische Staats- und Gesellschaftsverfassung, die eine Einheit gewesen war, theoretisch von der Aufklärung, politisch von der amerikanischen und Französischen Revolution und schleichend von dem wirtschaftlichen und sozialen Übergang zum bürgerlichen »System der Bedürfnisse« (Hegel) in Frage gestellt worden war, war eine unreflektierte Begründung der erwünschten Ordnung ausgeschlossen. Sie war nur durch die geistige Auseinandersetzung mit dem dreifachen Traditionsbruch und durch die Gewinnung eines neuen Verhältnisses zur erlebten Geschichte als einem diskontinuierlichen Prozeß zu leisten. Das bedeutete in jedem Falle die Historisierung der politischen Theorie, ob sie nun durch die Konstruktion eines »organischen« Traditionszusammenhanges die verlorene Kontinuität und die politisch-soziale Einheit wiederherzustellen trachtete, wie der Konservatismus, ob sie der Zeitgeschichte eine innerweltliche Zukunft zuordnete, wie der Liberalismus, ob sie schließlich beide Vorstellungen miteinander zu verbinden suchte, wie der neue Nationalismus. Der ideologische Charakter dieser Ismen (»ideologisch« in einem weiten Sinne genommen) bestand darin, daß sie ein reflektiertes Verhältnis zur Vergangenheit und zur Zukunft besaßen, indem sie die Maßstäbe, mit denen Staat und Gesellschaft wieder zur Deckung gebracht werden sollten, entweder der einen oder der anderen Zeitdimension entnahmen. Kritik der Gegenwart fand als rückwärtsgewandte Utopie oder als zukunftsorientierte Geschichtsphilosophie oder durch beides statt.

Gemeinsamkeiten in der politischen Theorie

Auch im Nachdenken über die Revolution als Gefahr oder Möglichkeit der Politik erwies sich die Gegenüberstellung von konservativer Beharrung und liberaler Emanzipation als relativ. Das liberale Bürgertum war im Festhalten an den Ergebnissen der Französischen Revolution dort, wo sie sich einmal durchgesetzt hatten, wie etwa auf dem linken Rheinufer, konservativ im Wortsinne und kehrte zu Kants Meinung von 1784 zurück, daß die Reform oder die Evolution einer Revolution vorzuziehen seien. Umgekehrt arbeiteten die Träger des konservativen Gedankens auf die Änderung der staatlichen und gesellschaftlichen Verhältnisse hin, wenn sie ihren Idealen widersprachen. Dabei knüpften sie allerdings an Traditionen der vorrevolutionären Zeit an. Man hatte erfahren, daß die großen Ideen des 18. Jahrhunderts durch die Revolution und die Herrschaft Napoleons in ihr Gegenteil verkehrt worden waren, daß sie Frankreich in Terror und Despotie, Europa in Anarchie und Krieg, in Eroberung und Insurrektion, in Fremdherrschaft und Enteignung gestürzt hatten. So verband sich die Revolutionsfurcht mit dem Ruhebedürfnis des Bürgertums und der Kriegsmüdigkeit der Völker zu stereotypen Warnungen vor einer neuen Revolution, die immer dann laut wurden, wenn äußere oder innere Ereignisse die politische und gesellschaftliche Ordnung umzustürzen drohten. Im Jahre 1819 wurde Deutschland nach der Ermordung August von Kotzebues durch den Burschenschafter Karl Ludwig Sand von einer Flut von Zeitungskommentaren und Schriften überschwemmt, in denen die Revolutionsgefahr an die Wand gemalt wurde. Die viel gelesene »Augsburger Allgemeine Zeitung«, liberale Publizisten wie Ludwig Wieland und der Wiesbadener Redakteur Johannes Weitzel, der in seiner Jugend zu den Mainzer Klubisten gehört hatte, sahen in der Revolution mit ihren die Eigentumsverhältnisse und die politischen Begriffe (das heißt: Besitz und Bildung) zerstörenden Folgen die Antwort auf das Ausbleiben »zweckmäßiger Reformen«.

Revolutionsfurcht

Görres' Revolutionsschrift von 1819

Das bedeutendste Zeugnis für das Revolutionsverständnis nach 1815 war die im September 1819 publizierte Schrift »Teutschland und die Revolution« von Joseph Görres. Sie lieferte der preußischen Regierung den Anlaß, um gegen den unbequem gewordenen Verfasser einen Haftbefehl zu erlassen, dem er sich durch die Flucht nach Straßburg entzog. Sie war in ihrer Wendung gegen die »Organisationswut« des aufgeklärten Absolutismus, die den Staat zu einer Dampfmaschine gemacht und durch ihr schonungsloses Eingreifen in gewachsene Verhältnisse der Revolution vorgearbeitet habe, eine Etappe auf dem Weg des Koblenzers vom Jakobinismus über die nationale Hochstimmung des Befreiungskampfes in das katholisch-konservative Lager. Solche im Jahre 1819 noch unsystematisch und rhapsodisch artikulierte Revolutionsskepsis fand nach 1830, unter dem Eindruck der französischen Julirevolution, Eingang in die liberale Theorie. Der Mangel einer genuinen Widerstandstradition, die Fixierung auf das Ideal des Rechtsstaates und, je länger um so mehr, die Furcht vor den »Massen« – so etwa Dahlmann in seiner »Politik« von 1835 – wirkten im Sinne einer erhöhten Staatsloyalität, so daß man die deutschen Liberalen von 1848 »Revolutionäre wider Willen« genannt hat *(Theodor Schieder)*.

Die Träger der politischen Theorie

Den formalen und inhaltlichen Übereinstimmungen von konservativer und liberaler Theorie korrespondierte die soziokulturelle Homogenität ihrer literarischen Wortführer. Sie gehörten, ob sie nun das Interesse des Mittelstandes als Kern der Staatsbürgergesellschaft verteidigten oder für die Konservierung der Ständeordnung eintraten, der bürgerlichen Intelligenz im engeren Sinne an. Durchweg akademisch gebildet, standen sie als Professoren, Beamte oder vom Fiskus besoldete Geistliche im Staatsdienst. Das galt direkt oder auf Umwegen auch für viele Journalisten, die im Auftrag der Regierungen oder anderer Gruppierungen schrieben, wie Adam Müller und Friedrich Schlegel für Metternich, Schlosser für den niederrheinisch-westfälischen Adel, oder die, zumindest bis zur Verschärfung der Zensur, das Wohlwollen einer reformfreudigen Staatsführung oder Bürokratie genossen, so Görres mit dem »Rheinischen Merkur« bis 1816 dasjenige Hardenbergs, Weitzel in Wiesbaden bis 1819 das der nassauischen Regierung, Heinrich Luden und Lorenz Oken, beides Professoren, das des Großherzogs von Weimar. Der theoretische Diskurs im Auftrage oder unter dem Schutz der auf ihre Souveränität bedachten Einzelstaaten hielt sich noch frei von agitatorischer Polemik.

Die »Öffentliche Meinung«

Denn das Publikum, für das man schrieb, die vielberufene »Öffentlichkeit«, war sozial und nach dem intellektuellen Niveau identisch mit dem Kreis der Schreibenden. Görres sprach vom »gelehrten Stand« als »Stimmführer der öffentlichen Meinung« und vom Adel der Bildung im Gegensatz zur Masse. Ausgesprochen konservative Schriftsteller, wie der preußische Kronprinzenerzieher Friedrich (von) Ancillon, erkannten, wenn auch zuweilen widerwillig, die Macht der öffentlichen Meinung an. Auch die konservative Theorie war, im Interesse ihrer Verbreitung, auf die bürgerliche Öffentlichkeit angewiesen. So ähnelte die geistige Auseinandersetzung der politischen Richtungen in der Publizistik – in den großen Zeitungen, die den Charakter von Zeitschriften besaßen, in Fachzeitschriften und in Broschüren – einem Gelehrtenstreit. Man wollte überzeugen, und man kritisierte, so etwa von liberaler Seite an Görres, wenn man sein Thema »mit grellen Farben« auftrug. Der bald zum Schlagwort deformierte Begriff der »Öffentlichkeit« oder der »öffentlichen Meinung«, die nach westeuropäischem Verständnis die Funktion der Vermittlung zwischen der bürgerlichen Gesellschaft und dem Staat ausübte, wurde in Deutschland bezeichnenderweise von dem älteren, aus der Reichs- und Staatsrechtslehre des 18. Jahrhunderts stammenden Begriff der »Publizität« überlagert, analog der Bezeichnung des akademischen Vertreters des öffentlichen Rechts als

»Publizist«. Der gleichsam elitäre Charakter jener Korrelation von Bildung und Politik, dem noch kein öffentliches Bewußtsein der Massen entsprach, war die gemeinsame Grundlage, auf der sich die politischen Theorien der Restaurationszeit trafen, sosehr sie prinzipiell gegensätzliche Positionen repräsentierten.

Die konservative und restaurative Ideologie war eine gesamteuropäische Erscheinung. Als Reaktion auf die Aufklärung und das rationale Naturrecht reichte sie in die vorrevolutionäre Zeit zurück. Die theoretische Auseinandersetzung mit der Revolution wurde zuerst in Frankreich (oder von exilierten Franzosen) und in England geführt, und von hier aus erhielt die konservative Staats- und Gesellschaftslehre Deutschlands starke Impulse. Ihre Genese fällt auf weite Strecken mit der Rezeption des Traditionalismus eines Edmund Burke und des theologisch-metaphysischen Konservatismus eines Joseph de Maistre und eines Louis de Bonald zusammen. Hinzu traten als endogene Komponenten der neue organizistische Historismus und die Erfahrung des Konfliktes zwischen Staatsbürokratie und Ständegesellschaft in der Reformära. Aus der theoretischen Verarbeitung dieser Impulse und Erfahrungen resultierte die Differenzierung des konservativen Denkens in die »Politische Romantik«, in der es zu einer engen Verbindung von Geschichte und Theologie kam, und eine traditionalistisch-legitimistische Richtung. Nach 1815 kam ergänzend ein pragmatischer Staatskonservativismus hinzu, der durch die Politik Metternichs und die Schriften seines Sprachrohrs Gentz repräsentiert wurde. Die konservative Lehre war in Deutschland vor 1815 entstanden. Der folgende Überblick beschränkt sich auf ihre Artikulierung und Wirksamkeit in der Zeit der Restauration.

Europäischer Konservativismus

Die bedeutendsten Vertreter des romantischen Konservatismus waren Friedrich Schlegel und Adam Müller. In seinen philosophischen (1804/05) und historischen Vorlesungen (1809/10) hatte Schlegel versucht, den Staat, der für ihn nur als Monarchie denkbar war, als religiöse Institution zu begründen, deren Macht allein von Gott komme. Zugleich wandte er sich gegen den aufgeklärten Fürstenabsolutismus des 18. Jahrhunderts. Nach seinen Vorstellungen sollte die legitime Monarchie auf einer geschichtlich begründeten Ständegesellschaft ruhen, auf die Schlegel den Begriff »Nation« in seiner historischen Spielart anwandte. »Die Welt ist kein System, sondern Geschichte«, so formulierte er den Gegensatz der alten naturrechtlichen zur neuen konservativen Betrachtungsweise. Im Herbst 1815 wurde Schlegel von Metternich als Legationssekretär an die österreichische Bundestagsgesandtschaft nach Frankfurt geschickt, um die öffentliche Meinung Deutschlands im restaurativen Sinne zu beeinflussen. Als er mit zu großem Eifer für die katholische Kirche eintrat, wurde er 1818 nach Wien zurückberufen, wo er die Zeitschrift »Concordia« als Organ des christlichen Konservatismus katholischer Provenienz gründete. In dem Aufsatz »Die Signatur des Zeitalters« (1820) distanzierte sich Schlegel vom theologisch begründeten Staatsabsolutismus der französischen Ultras und stellte ihm das Ideal der christlichen Ständegesellschaft entgegen, in der die kleinste Korporation die Familie, die allgemeinste die Kirche sei, zwischen denen der Staat, alle anderen Stände und Korporationen umfassend, in der Mitte stehe.

Friedrich Schlegel

Die Bedeutung von Adam Müller als Repräsentant der politischen Romantik beruhte darauf, daß er, bei grundsätzlicher philosophischer Übereinstimmung mit Schlegel, in seiner literarischen Aktivität enger mit den Tagesereignissen und konkreten Fragen der Staats- und Gesellschaftspolitik verbunden blieb. Hatte er schon 1810 in Berlin die Interessen des märkischen Adels gegen die Staatsreformen Hardenbergs verteidigt, so trat er 1812 durch die Vermittlung von Gentz in den österreichischen Dienst, wo er bis zu seinem Tode (1829) als Diplomat

Adam Müller

und Publizist wirkte. Bei Müller verband sich die von Herder stammende Lehre vom Volksgeist mit der gegenrevolutionären Theorie eines Burke und Gentz zu einem Konservativismus, der von der metaphysischen Begründung von Staat und Gesellschaft zur Anwendung auf die Tagespolitik überging. Neben seine theoretischen Schriften – etwa die »Elemente der Staatskunst« (1809), die Abhandlung »Von der Notwendigkeit einer theologischen Grundlage der gesamten Staatswissenschaft und der Staatswirtschaft insbesondere« (1819) sowie das Buch »Die innere Staatshaushaltung systematisch dargestellt auf theologischer Grundlage« (1820) – trat seine Tätigkeit als politischer Publizist. Von Leipzig aus, wo er österreichischer Konsul war, ließ er von 1816 bis 1819 die »Deutschen Staatsanzeigen« erscheinen. Ihr Programm enthielt in einem Satz die Quintessenz seiner Staats- und Gesellschaftslehre. Er wolle, so hieß es dort, dem Publikum zeigen, »daß unser Volk die uralte deutsche Landstandschaft, nicht aber eine neumodische Kopf-, Seelen- oder Geldrepräsentation will, und daß dem Gedankenfrieden in Deutschland [...] keine Partei entgegenstehe als die Eine verwerfliche, welche die regierenden Fürstenhäuser, die bestehende Verwaltung der Länder, den ganzen Schatz ererbter Gesetze und Erfahrungen, den Besitzstand, den Ackerbau, den Gewerbefleiß, das Klima, den Boden, die Sitten jeder einzelnen Gegend, die Ordnung der Stände, ja den heiligen Begriff des Rechtes untertänig machen will der Chimäre eines souveränen Volkes«.

Müllers Konservativismus war nicht statisch. Er ging von der Lehre des Gegensatzes aus, in der Staat und Gesellschaft nicht abstrakte Begriffe darstellten, sondern durch eine lebendige Bewegung auf einer höheren Ebene vereinigt waren. Sosehr diese Auffassung Hegels Dialektik der Geschichte nahestand, so band Müller – im Unterschied zu dem Philosophen – den Bestand aller Staatsverfassung an das Interesse des Grundadels und an die Priorität der Theologie. Er definierte den Staat historisch als »eine Allianz der vorangegangenen mit den nachfolgenden Generationen« und als System von Abhängigkeiten, Pflichten und Rechten, das durch den modernen Absolutismus zerstört worden sei. Es entsprach diesem Rückgriff auf die alteuropäische Tradition, daß der Nationalökonom Müller gegen den Wirtschaftsliberalismus eines Adam Smith Front machte. Als konservativer Zeitkritiker erkannte er die Schattenseiten des freien Wettbewerbs, die Härte des Prinzips von Angebot und Nachfrage, die Arbeitsteilung sowie die Trennung von Kapital und Arbeit, denen er nicht einen totalen Staatsdirigismus entgegensetzte, den er gerade in der Form des absolutistischen Merkantilismus verdammte, sondern die organische Entwicklung der eigenen »Nationalität« auf dem Boden der Geschichte. Insofern war Müller ein Vorläufer der historischen Schule der Nationalökonomie.

Adam Müller und Friedrich Schlegel waren, wie manche Literaten aus dem romantischen und konservativen Lager, Konvertiten. Ihre Phantasie hatte sich an der Einheit von Imperium und Sacerdotium in der katholischen Welt des Mittelalters entzündet, die sie in einer zeitgerechten Einheit von Kirche, Staat und Gesellschaft zu rekonstruieren suchten. Politische Romantik und christlicher Konservativismus, wie er nach 1815 an verschiedenen Orten Süd- und Westdeutschlands aufkeimte, berührten sich eng. Wichtigster Verbindungsmann war JOSEPH GÖRRES, der einstige Jakobiner, der seit 1800 in den Einflußbereich der Romantik geraten war. Im »Rheinischen Merkur« (1814–1816) hatte er versucht, das nationale Gedankengut der preußisch-deutschen Patrioten mit dem, wie er glaubte, noch lebendigen Reichspatriotismus der katholischen Rheinländer zu verbinden. Seine Verfassungsvorstellungen, die er 1818 Hardenberg vortrug, sowie die beiden Schriften »Teutschland und die Revolution« (1819) und »Europa und die Revolution« (1821), in denen er eine christliche Reichsideologie

Joseph Görres

als Bollwerk gegen die Revolution entwickelte, rückten ihn so nah an den politischen Konservativismus heran, daß Gentz schon 1819 über den von der preußischen Regierung als Demagogen verfolgten Görres an Adam Müller schreiben konnte: »Er mag sich sträuben wie er will [...], in der Hauptsache ist er unser und kann uns nicht mehr entrinnen. Wer so über die Kirche, über das monarchische Prinzip in den Verfassungen, über das ständische Wesen usw. schreibt, kann nicht mehr zu den gemeinen Demokraten zurück.« Im Jahre 1827 aus seinem Straßburger Exil als Professor der Geschichte an die Universität München berufen, besaß Görres vielfältige Verbindungen zu Vertretern eines politisch-konservativen Katholizismus in Westdeutschland, so zur Mainzer Theologenschule, deren Zeitschrift »Der Katholik« zeitweilig von ihm redigiert worden war, und nach Köln, hier vor allem zu dem aus Westfalen stammenden Regierungsrat Werner von Haxthausen, der bald den Staatsdienst quittierte und sich in seiner 1833 publizierten Schrift »Über die Grundlagen unserer Verfassung« auf den Boden eines ständischen Konservativismus als Basis der Verbindung von Thron und Altar stellte. In München fand Görres in dem Sozialphilosophen FRANZ VON BAADER einen Gesinnungsgenossen, der in seinen Schriften ebenfalls eine dogmatisch gebundene Glaubens-, Gesellschafts- und Staatslehre entwickelte und noch vor Adam Müller »das sogenannte Freiheits- oder das passive Staatswirtschaftssystem« (1802) scharf bekämpft hatte. Baader war einer der ersten Romantiker – neben Bettina von Arnim –, der vor den sozialen Konsequenzen des neuen Industriekapitalismus warnte, und zwar in seiner 1837 erschienenen Schrift »Über das dermalige Mißverhältnis der Vermögenslosen oder Proletairs zu den Vermögen der besitzenden Klassen der Sozietät«. Von Baader ging die Anregung aus, die in München seit 1818 erscheinende Zeitschrift »Eos« in eine, wie er sich ausdrückte, »Restaurationszeitschrift« umzuwandeln, die allerdings bis zu ihrem Eingehen im Jahre 1832 nie über die Rolle eines Konventikelblattes hinauskam.

<small>Franz von Baader</small>

Eine systematische Theorie von großer Geschlossenheit und beträchtlichem Einfluß im Lager des Konservativismus, die gleichwohl dem organizistischen und historischen Denken der politischen Romantik fernstand, legte in den Jahren 1816 bis 1822 der Berner Patrizier KARL LUDWIG VON HALLER in seinem monumentalen Werk »Restauration der Staatswissenschaft« vor. Obwohl auch Haller zum Katholizismus übergetreten war und Aufklärung und Naturrecht scharf bekämpfte, beruhte seine Staats- und Gesellschaftslehre letztlich auf einem positivistischen Rationalismus, dem die romantische oder religiöse Verklärung und ihr Streben nach einer Synthese der Gegensätze in Natur und Geschichte fremd waren. Die Staatslehre Hallers war letztlich ein Naturalismus. Sie konstruierte unhistorisch das Ideal einer Ordnung, die keiner Entwicklung fähig war und in der Gott nicht sosehr als Beweger der Geschichte, sondern als statischer Bezugspunkt des Eigentums und der Macht als der beiden Grundelemente jeder Sozialverfassung fungierte. Hallers Lehre von der patrimonialen Monarchie beruhte auf dem Grundgedanken der Auflösung des Staates in private Eigentumsverhältnisse. In ihr war der Fürst, der seine Macht von der Natur und von Gott ableitete und deshalb seinen Untertanen rechtlich zu nichts und moralisch nur Gott verantwortlich war, der Eigentümer des Staates. Dieser unterschied sich von anderen Herrschaftsverhältnissen, von der Familie bis zur Adels- und Stadtherrschaft, nur durch die größere Unabhängigkeit des Herrschers als Eigentümer und durch seine größere Macht, die ein Widerstandsrecht ausschloß. So konstruierte Haller mit einem großen Aufwand an historischer und juristischer Gelehrsamkeit, aber ohne geschichtlichen Sinn ein System von gottgewollten und in diesem Sinne »natürlichen« Abhängigkeiten und Verpflichtungen. Es war nichts anderes als die Reproduk-

<small>Karl Ludwig von Haller</small>

tion des privatrechtlich verstandenen vormodernen Feudalstaates und der ihm entsprechenden Ständeordnung.

Hallers Lehre von der auf Macht und Eigentum beruhenden Autonomie aller politischen Verbände im monarchischen Ständestaat wurde für den Konservatismus in Deutschland von großer Bedeutung. Was die politische Romantik im katholischen Süden war, das wurde die »Restauration der Staatswissenschaft« für das sich nach 1815 neu formierende altständisch-konservative Lager in Preußen. Allerdings wurde sie hier mit Vorstellungen der Romantik sowie mit protestantischer Religiosität angereichert, die ihre Nahrung aus dem Erlebnis des Befreiungskampfes und der pietistischen Erweckungsbewegung Norddeutschlands bezog. Der Kreis konservativer Adeliger und Schriftsteller in Berlin, der durch Kontakte zu dem preußischen Kronprinzen politischen Einfluß gewann, war geistig wie auch zum Teil personell die Fortsetzung der »Christlich-teutschen Tischgesellschaft« Achim von Arnims, die seit 1810 die Gegnerschaft zur liberalen Staatsreform mit dem Widerstand gegen das napoleonische System in Deutschland verbunden hatte. Die bedeutendsten Mitglieder des Kreises, die bis weit über die Jahrhundertmitte die Ideologie und die Politik des preußischen Konservatismus entscheidend prägten, waren die beiden damals noch jungen Brüder Leopold und Ernst Ludwig von Gerlach, die Hallers Lehre begeistert aufnahmen. Der Kronprinzenerzieher und spätere (seit 1832) preußische Außenminister Friedrich von Ancillon stellte die Verbindung zum preußischen Staatskonservatismus her. Hinzu traten etwas später der Historiker Heinrich Leo, der 1833 eine »Naturlehre des Staates« publizierte, und der 1823 in den preußischen Militärdienst tretende Maria Joseph von Radowitz. Suchte die konservative Gruppe nach 1815 ihren Einfluß auf die preußische Politik direkt, vor allem über den Kronprinzen und den Staatsrat, geltend zu machen, so trat sie publizistisch und mit theoretischen Äußerungen, sieht man von einigen Schriften Ancillons ab, erst nach 1830 unter dem Eindruck der Juli-Revolution stärker hervor.

Neben die politische Theorie des romantischen und des ständisch-patrimonialen Konservatismus trat ein pragmatischer Staatskonservatismus, der ideologische Elemente der beiden Richtungen zu seiner Verbrämung benutzte, ohne sich mit ihnen zu identifizieren. Er fiel weitgehend mit der Restaurationspolitik Metternichs zusammen und zielte realpolitisch auf die Erhaltung der 1815 geschaffenen Staatsordnung in Europa und Deutschland und ihres ständischen Unterbaus ab. Der systematische Grundzug der staatskonservativen Politik Metternichs, der besonders von *Heinrich von Srbik* herausgearbeitet worden ist, beruhte auf dem Glauben des österreichischen Staatskanzlers an die Macht der ordnenden Vernunft, die auf der Grundlage der Prinzipien der Autorität, der Legitimität und der monarchischen Souveränität die bestehenden Staats- und Gesellschaftsstrukturen wenigstens zeitweilig stabilisieren sollte. Metternich war realistisch genug, um zu sehen, daß diese Prinzipien nur unter der *clausula rebus sic stantibus* gelten konnten. Er erkannte, daß die allgemeine Tendenz auf die Auflösung der alten Ordnung hinauslief, die allenfalls mit politischen Mitteln verzögert, aber nicht verhindert werden konnte. Er nahm für sich, in Anlehnung an die Staatsmechanik des 18. Jahrhunderts, in Anspruch, aus gegebenen Faktoren die Gesetze des Geschehens erschließen und mit dieser Kenntnis wie mit seiner Staatskunst den Verlauf der Dinge beeinflussen zu können. Aus dieser Auffassung resultierte die von der Forschung oft verkannte Dialektik zwischen dem »System« Metternichs und den Wendungen seiner Politik, zwischen der Berufung auf das Prinzip der Legitimität und der Anerkennung der seit 1803 in Deutschland erfolgten Besitzstandsveränderungen mit dem Ziel, die einstigen Rheinbundstaaten an

Österreich zu fesseln, zwischen der Betonung der unteilbaren monarchischen Souveränität und der Hinnahme der süddeutschen Verfassungen, nachdem sie einmal erlassen waren. Der von Metternich mit allen Mitteln des diplomatischen Drucks und des Polizeistaates geführte Kampf gegen die den politischen und sozialen Status quo bedrohende nationale und liberale Bewegung ließ aber de facto seinen Staatskonservativismus mit der Reaktion zusammenfallen. Sein konservativer Etatismus besaß, und darauf beruhte das Funktionieren seiner Politik, in Deutschland Anhänger unter den Vertretern des spätabsolutistischen Staatsprinzips, in den Regierungen und der hohen Bürokratie, soweit sie sich auf die Seite des monarchischen und militärisch-bürokratischen Obrigkeitsstaates geschlagen hatten, sowie bei manchen Verfechtern eines entschiedenen Staatskirchentums. Es gab sie unter den Ministern der Mittelstaaten, wie etwa der Freiherr von Marschall in Nassau oder der Freiherr du Thil (seit 1821) in Hessen-Darmstadt, vor allem aber in Preußen, wo hohe Bürokraten, wie der Innenminister von Schuckmann (seit 1814), der Freiherr von Kamptz, der Rechtsprofessor Theodor Schmalz und nicht zuletzt Fürst Wittgenstein als Polizei- und Hausminister, einem monarchischen Staatsabsolutismus huldigten. Wittgenstein war der engste Vertraute Metternichs in der preußischen Führungsspitze.

Der europäische Liberalismus, der sich seit dem Beginn des 18. Jahrhunderts von England, später von Frankreich aus über den Kontinent ausbreitete, wurde in Mitteleuropa durch spezifische Bedingungen modifiziert, so daß es gerechtfertigt ist, von einer deutschen Sonderform der liberalen Theorie und Ideologie zu sprechen. Er wurde hier als eine Bewegung, in der sich die Tendenzen zur Modernisierung von Staat und Wirtschaft und zur Politisierung der Gesellschaft trafen, seit Beginn des Jahrhunderts eine offensive politische Kraft. Ähnlich wie im deutschen Konservativismus kam es auch im Liberalismus zu einer Symbiose endogener Traditionen mit geistigen und politischen Anstößen aus Westeuropa, die ihrerseits verschiedene Sektoren der Staats- und Gesellschaftslehre abdeckten und differenzierend wirkten. Zu den innerdeutschen Traditionen, die in die Vorstellungswelt des Frühliberalismus eingingen, gehörten zwei so widersprüchliche Erfahrungen wie die Wirksamkeit des Aufgeklärten Absolutismus und des Reformstaates der Rheinbundzeit auf der einen und die Erinnerungen an die Einschränkung fürstlicher Macht durch die Landstände auf der anderen Seite. Der aufgeklärte Reformstaat, der noch 1823 von Wilhelm Traugott Krug als »liberaler Royalismus« bezeichnet wurde, hatte dem liberalen Ideal einer harmonischen Eigentümergesellschaft vorgearbeitet, indem er mit seinen Reformen die Bildung eines einheitlichen Untertanenverbandes gefördert hatte und dem Streben der bildungs- und besitzbürgerlichen Schicht nach größerer Bewegungsfreiheit innerhalb der staatsfreien Sphäre entgegengekommen war. Man kann insofern von einem bürokratischen Liberalismus als einer Übergangserscheinung zwischen dem Aufgeklärten Absolutismus und dem konstitutionellen Liberalismus der süddeutschen Staaten nach 1815 sprechen. Die durch keine Revolution gestörte Kontinuität zwischen dem Reformstaat des späten 18. und frühen 19. Jahrhunderts und dem Verfassungsstaat des Vormärz bedingte, zusammen mit der nur schwachen Ausbildung einer potenten Bourgeoisie, den reformistischen und weithin staatsloyalen Charakter des Frühliberalismus. Die liberalen Beamten fühlten sich – mangels eines ausgebildeten Tiers Etat – als »allgemeiner Stand«. Der Akzent ihrer Politik lag auf der Befreiung der Gesellschaft im transitiven Sinne, weil sie als zur Selbstbefreiung, zur Emanzipation im intransitiven Sinne, noch nicht reif erachtet wurde. Daß die Politik der Reformbürokratie als Vorstufe des allgemeinen Liberalismus interpretiert werden kann, zeigt die frühe Rezeption der Lehren von Adam Smith in Norddeutschland, besonders durch die preußischen Beamten, sowie die den deutschen Verhältnissen angepaßte Praktizierung wirtschaftsliberaler Grundsätze in der Agrar- und Gewerbepolitik des Reformstaates. Aktuelle Modernisierung der Gesellschaft im Gehäuse des monarchischen Verwaltungsstaates war die Vorstufe einer potentiellen Politisierung in Richtung auf die Staatsgesellschaft. Diese Funktion als Vorreiter des bürgerlichen Liberalismus büßte der »Geheimratsliberalismus« ein, als sich die Regierungen um 1819 unter dem Druck Metternichs und aus Furcht vor dem nationaldemokratischen Radikalismus auf die Position des der Untertanengesellschaft gegenüberstehenden Obrigkeitsstaates zurückzogen. Das führte zu einer Spaltung innerhalb der Beamtenschaft in eine dem Obrigkeitsstaat verpflichtete Bürokratie und eine Gruppe liberaler Beamter, die aus loyalen Fürstendienern zu liberalen Politikern wurden und, wie in den süddeutschen Landtagen, in Opposition zur eigenen Regierung traten.

Ständische Traditionen im Liberalismus

Leistete der Beamtenliberalismus der Rezeption des englischen Wirtschaftsliberalismus Vorschub, so verband sich die Erinnerung an die Funktion der ehemaligen Landstände, die in manchen deutschen Territorien bis zum Ende des Reiches eine, wenn auch meist reformfeindliche, Schranke des Absolutismus gewesen waren, nach 1815 mit den Verfassungskonzeptionen der Französischen Revolution. War diese doch selbst, so glaubte man, aus dem Widerstand eines, nämlich des dritten Standes gegen den König hervorgegangen. Die einseitige Aufhebung der Landstände in den meisten Rheinbundstaaten ließ ihre frühere Wirksamkeit in einem verklärten Licht erscheinen. Hinzu trat als ein besonders die Akademiker faszinierendes Erbe die Rechtsphilosophie Kants. Das aggressive Potential der gegen die feudale Ständegesellschaft und den Absolutismus gerichteten westlichen Vorbilder, nämlich der kritischen Aufklärung und der Revolutionstradition, wurde in eigentümlicher Weise abgeschwächt oder gar gebrochen. Die deutsche Aufklärung milder Observanz, Kants Versuch einer Vermittlung von aufgeklärtem Fürstenstaat, Vernunftrecht und bürgerlicher Gesellschaft, die traditionelle Verbindung von geistiger Unabhängigkeit mit Loyalität gegenüber der Obrigkeit *(Leonard Krieger)* und schließlich die Ansätze zur Historisierung der liberalen Ideologie unter dem Einfluß der »Deutschen Bewegung« mündeten in die deutsche Variante eines dem Anspruch nach kosmopolitischen Liberalismus, allerdings in regional unterschiedlicher Ausprägung. Diese Konstellation reflektiert zugleich die schmale materielle und soziale Ausgangsbasis des Frühliberalismus als einer bürgerlichen Bewegung.

Einfluß Kants

Regionale Schwerpunkte des Liberalismus

Entsprechend der unterschiedlichen Stärke und Stellung des Bildungs- und Besitzbürgertums im Staate bildeten sich nach 1815 regionale Schwerpunkte des Liberalismus aus. Ein südwestdeutscher Zweig, dem auch der frühe rheinische Liberalismus zuzurechnen ist, unterschied sich deutlich von eher punktuellen Ansätzen einer liberalen Gruppenbildung in Nord- und Nordwestdeutschland. Sieht man von den thüringischen Staaten ab, so fielen Innerdeutschland, aber auch Ostpreußen und Schlesien (wo nach 1830 ein eigenständiger Liberalismus entstand) während der Restauration aus, ganz zu schweigen von Österreich, wo das Fehlen einer freien Presse und einer Volksvertretung sowie das Metternichsche System jede oppositionelle Regung in der Öffentlichkeit ausschlossen. Der Liberalismus in Südwestdeutschland, der zweifellos der Kern des frühen Liberalismus überhaupt und nach seiner politischen Theorie im wesentlichen ein konstitutioneller Liberalismus war, verdankte seine Bedeutung der Tatsache, daß er nach 1815 in den durch Verfassungen geschaffenen Landtagen ein politisches Betätigungsfeld erhalten hatte, das sonst nirgends bestand. Sein politisches Ideal, das in Flugschriften, staatsrechtlichen Handbüchern, in den Landtagsverhandlungen und seit 1834 in dem Staatslexikon der Freiburger Professoren Karl (von) Rotteck und Karl

Südwestdeutschland

Theodor Welcker traktiert wurde, war die konstitutionelle Monarchie, in der die Einheit des Staates institutionell durch die monarchische Regierung gewährleistet und die Rechte des »Volkes« (dieses repräsentiert von dem durch Eigentum und Bildung als mündig ausgewiesenen »Mittelstand«) in Ständekammern und anderen Institutionen gesichert sein sollten. Dieses Ideal hatte man weitgehend den staatstheoretischen Schriften des französischen Publizisten BENJAMIN CONSTANT entnommen, der, wie ein Blick in die politische und theoretische Literatur des Frühliberalismus erkennen läßt, in allen Fragen des Konstitutionalismus eine Autorität war. Mit der Forderung nach Reform statt Revolution überzeugte Constant die Liberalen von der Möglichkeit, den Staat allmählich umgestalten zu können. Indem er den Staat konsequent von den Rechten des Individuums aus begründete, das Eigentum als unantastbares Bindeglied zwischen dem Staat und dem einzelnen herausstellte und die freie Verfügung über das Eigentum zur Voraussetzung der bürgerlichen Freiheit erklärte, kam er dem Wunsch nach rechtlicher Sicherung der bürgerlichen Gesellschaft im Staate entgegen. Auffallenderweise haben aber die deutschen Liberalen die parlamentarische Ausgestaltung der Verfassungstheorie Constants nicht rezipiert. Sie verharrten, möglicherweise unter dem Einfluß der ständestaatlichen Tradition, in einer dualistischen Verfassungsvorstellung, die letztlich die juristische Konstruktion eines ungesicherten Gleichgewichts zwischen Staat und Gesellschaft – bei faktischer Dominanz der monarchischen Regierung – war und der »Bewegungspartei« wenig Möglichkeit zur konstruktiven Staatspolitik ließ. Über diese Konzeption ist der südwestdeutsche Frühliberalismus im Grunde bis 1848 kaum hinausgekommen. Er sah seine Aufgabe nicht sosehr in der Okkupierung des Staates durch die bürgerliche Gesellschaft, sondern in der Verpflichtung der Regierungen auf die Normen des Vernunftrechts, in der Beseitigung obrigkeitlicher Willkür und feudalständischer Privilegien mit Hilfe der den Kammern zugestandenen Einwirkungsmöglichkeiten und nicht zuletzt in der Kontrolle aller Zweige der Staatsverwaltung. Obwohl das Staatslexikon von ROTTECK und WELCKER erst seit 1834 erschien, war sein Mitarbeiterstab weitgehend identisch mit dem den südwestdeutschen Frühliberalismus tragenden Personenkreis. Viele waren Mitglieder der Kammern, zugleich Beamte oder Publizisten. Aus Baden steuerten, neben den Herausgebern, der Heidelberger Jurist Karl Mittermaier, der rationalistische Theologe Heinrich Gottlob Paulus, der junge Mannheimer Karl Mathy, aus Württemberg Friedrich List, Robert (von) Mohl und Paul Pfizer, aus Rheinbayern der Speyerer Publizist Georg Friedrich Kolb, aus den beiden Hessen die Rechtsprofessoren Karl Jaup und Sylvester Jordan, aus Nassau Johannes Weitzel wichtige Beiträge bei. Als liberale Schriftsteller und Kammerabgeordnete taten sich in der Restaurationszeit Franz Ludwig von Hornthal und Wilhelm Joseph Behr aus Franken, beides Juristen und Beamte, sowie der Würzburger Professor Ignaz (von) Rudhart, der Mannheimer Hofgerichtsrat Johann Adam von Itzstein, Ludwig Uhland aus Württemberg, der in Frankfurt lebende Schriftsteller Friedrich Murhard sowie der Stuttgarter Verleger Johann Friedrich Cotta hervor. Letzterer verstand die »Augsburger Allgemeine Zeitung« geschickt und mit manchen Konzessionen an den Obrigkeitsstaat an der Zensur vorbeizusteuern.

In seinen politischen Grundanschauungen besaß der rheinische Frühliberalismus manche Übereinstimmung mit der südwestdeutschen Bewegung. Doch trat zunächst auf dem linken Rheinufer die Diskussion über eine verfassungsmäßige Sicherung der bürgerlichen Freiheit – sieht man von frühen Äußerungen im Nordrheinland, so etwa in den Verfassungsschriften des Düsseldorfer Johann Friedrich Benzenberg, ab – hinter die Verteidigung der aus der

Einfluß Benjamin Constants

Das Staatslexikon von Rotteck und Welcker

Der rheinische Frühliberalismus

Franzosenzeit stammenden sogenannten »Institutionen« zurück. Als solche wurden die napoleonische Rechts- und Gerichtsverfassung mit der Gleichheit der Bürger vor dem Gesetz, das öffentliche und mündliche Verfahren vor Gericht, die Geschworenengerichte in Strafsachen, ferner die Trennung der Verwaltung von der Justiz, die Steuergleichheit, die Gewerbefreiheit und die gleiche Verfassung von Stadt- und Landgemeinden, gelegentlich auch die Trennung von Staat und Kirche durch den Zivilstand genannt. Die Summe dieser Institutionen wurde von den rheinischen Liberalen einer Verfassung gleichgestellt. Die »Mainzer Zeitung« schrieb 1817: »Von einer Konstitution erwarten wir diesseitigen Bewohner [gemeint waren die Rheinhessen] keinen Zusatz zu dem, was wir besitzen.« Und als die bayerische Verfassung von 1818 in einem Zusatzartikel den Bestand der rechtlichen und institutionellen Struktur der Pfalz anerkannte, pries die »Speyerer Zeitung« diese Zusage als Magna Charta der Provinz. Im Kampf um das rheinische — das heißt französische — Recht, der besonders hartnäckig in der preußischen Rheinprovinz (gegen den Versuch der Einführung des Allgemeinen Landrechts) geführt wurde und 1819 mit der Zusage der vorläufigen Beibehaltung des Status quo endete, fanden das Streben nach gesetzlich verankerter Freiheit und Gleichheit und der dem frühen Liberalismus eigene Glaube an die politische Wirksamkeit von Rechtsinstitutionen einen beredten Ausdruck. Der Anteil von Juristen, vor allem von Richtern und Advokaten, an dem Trägerkreis des Liberalismus war im Rheinland überdurchschnittlich groß, zumal nach dem Wegfall der alten Universitäten in der Franzosenzeit Professoren fast ganz fehlten. Die neue Universität Bonn (1818) wurde erst im Vormärz ein Kristallisationspunkt akademischer liberaler Opposition. Zu den frühen rheinischen Liberalen zählten manche Personen, die in der Zeit der Revolution als Klubisten und Zisrhenanen radikale Anhänger der Ideen von 1789 gewesen waren. Die meisten vertraten nach 1815 gemäßigte liberale Ansichten. Immerhin ist für die Pfalz eine gewisse, durch den frühen Liberalismus vermittelte personelle Kontinuität zwischen dem Jakobinismus von 1792 bis 1797 und den revolutionären Protestbewegungen von 1832 und 1848 festgestellt worden *(Kurt Baumann)*. Ein Charakteristikum des frühen rheinischen Liberalismus war schließlich, daß er in den Auseinandersetzungen um die Institutionen ein merklich größeres Gewicht auf die Gleichheit als auf die Freiheit legte. Viele liberale Rheinländer sahen in der weitgehenden Herstellung der bürgerlichen Gleichheit innerhalb der staatsfreien Sphäre einen solchen Fortschritt gegenüber dem Ancien Régime, daß sie die Ausweitung der staatlichen Befugnisse auf Kosten einzelner Freiheitsrechte bewußt in Kauf nahmen. So lehnte man die Erweiterung der geringen Selbstverwaltungsrechte aus der Franzosenzeit so lange ab, wie sie nicht den Städten und den Landgemeinden in gleicher Weise geboten wurde.

Norddeutscher Liberalismus

Kennzeichnend für die Anfänge des Liberalismus in Nord- und Nordwestdeutschland war die stärkere historische Begründung seiner Forderungen, das Anknüpfen an autochthone Traditionen und die Hinwendung zum englischen Vorbild, das man hier direkt, ohne Vermittlung durch die einseitig orientierte staatsrechtliche Literatur Frankreichs, zu studieren begann. War für Rotteck die englische Verfassung nicht das Werk der »freischaffenden Vernunft«, sondern ein »Erzeugnis der Begebenheiten« und daher nur Stückwerk von relativem Wert, so schulte man sich in Norddeutschland am Studium der englischen Institutionen und ihrer Geschichte, deren »altgermanische« oder »nordische« Herkunft hervorgehoben wurde. Das Selfgovernment der englischen Grafschaften wurde etwa in einer Schrift des westfälischen Oberpräsidenten von Vincke über die innere Verwaltung Großbritanniens aus dem Jahre 1815 gelobt. Ihr Herausgeber Niebuhr sah überhaupt den Wert des englischen Vorbildes mehr in seiner freiheitlichen Verwaltung als in der Verfassung. Diese Auffassung war geeignet, eine Brücke zwischen dem preußischen Reformstaat und seinen Beamten und dem nordwestdeutschen Liberalismus zu schlagen, der – wie etwa auch der Freiherr vom Stein – die Mitwirkung des Volkes und den Aufbau einer Verfassung durch eine stufenweise Erweiterung der Selbstverwaltung von den Stadt- und Landgemeinden über Kreis- und Provinzialstände bis zu einer gesamtstaatlichen Volksvertretung realisieren wollte. Man hat diese ältere Richtung eines anglophilen Liberalismus in Norddeutschland, zu der man etwa auch den hannoverschen Kabinettsrat August Wilhelm Rehberg, bis zu einem gewissen Grade auch Johann Friedrich Benzenberg, zählen kann, zu Recht als liberal-konservativ bezeichnet. Wichtigster Repräsentant dieser Richtung wurde FRIEDRICH CHRISTOPH DAHLMANN, der die Tradition eines ständischen Liberalismus mit englischen Verfassungsvorstellungen verknüpfte. Er verstand seine politische Theorie, die er in der 1835 publizierten Schrift »Politik, auf den Grund und das Maß der gegebenen Zustände zurückgeführt« vorlegte, wie schon der Titel andeutet, als eine empirische Wissenschaft, die nicht nach der besten, sondern nach der einem Land und seiner Bevölkrung adäquaten Verfassung zu suchen hatte.

Eine Sonderstellung in der politischen und gesellschaftlichen Theorie der Restauration nahm die Rechtsphilosophie HEGELS ein, die mit der Verortung zwischen Liberalismus und Konservativismus nicht hinreichend gekennzeichnet ist. Der schwäbische Philosoph, der in der Französischen Revolution einen – wenn auch einseitigen – Durchbruch zur Freiheit sah und das Auseinandertreten von Staat und bürgerlicher Gesellschaft als abschließendes Resultat der weltgeschichtlichen Entwicklung verstand, der ferner Vernunft und Geschichte zu vermitteln und das rationale Naturrecht durch eine Aufwertung des Aristotelismus zu relativieren suchte, war im Jahre 1818 aus Heidelberg an die junge Universität Berlin berufen worden. Seine Förderung durch den Kultusminister Altenstein sowie seine meist in einem platten Sinne interpretierte Formulierung von der Vernünftigkeit des Wirklichen brachten ihm den Ruf des Philosophen der preußischen Restauration, seine Lehre von der Sittlichkeit staatlicher Macht mit mehr Recht denjenigen eines Vorläufers der nationalen Machtstaatsideologie ein. Hegel leistete allerdings dieser Einschätzung Vorschub, indem er in seiner Antrittsrede von 1818 von Preußen als dem Staate sprach, »der auf die Intelligenz gegründet ist, der Macht und Bildung verbindet«. Er meinte damit zweifellos den preußischen Reformstaat mit seiner liberalen Bürokratie, noch nicht das System der Reaktion, das sich damals erst, im Vorfeld der Karlsbader Beschlüsse, abzuzeichnen begann. Doch hat sich Hegel, als kein Zweifel an der Wendung zur Reaktion mehr bestand, der neuen Entwicklung angepaßt. Er änderte seine im Jahre 1821 publizierte Rechtsphilosophie gegenüber der liberaleren Fassung, die er im Jahre 1818 in seinen Vorlesungen vorgetragen hatte, in einigen Punkten im Sinne einer Legitimierung des monarchischen Prinzips um. Daß er in den 20er Jahren im mündlichen Vortrag wieder eine liberalere Haltung einnahm, fiel weniger ins Gewicht als das gedruckte Wort. So blieb der liberale Grundzug der politischen Philosophie Hegels, der konzeptionell zwischen dem bürokratischen und dem konstitutionellen Liberalismus angesiedelt war, durch den historisch verbrämten Etatismus und die Konzessionen an den restaurativen Zeitgeist überdeckt. In der hohen Einschätzung des Staates gegenüber der bürgerlichen Gesellschaft stimmte Hegel ohnehin mit vielen Liberalen überein. Ob die Wendung in seiner Haltung mehr ein Bruch in seinem philosophischen System darstellte oder in dessen dialektischer Struktur angelegt war, ist umstritten. Für letzteres spricht die Tatsache, daß Hegels Philosophie nach seinem Tode (1830) der Ausgangspunkt scharfer Auseinandersetzungen wurde, die das philosophisch-ideologische

Die politische Philosophie Hegels

Pendant zur Abspaltung einer radikaldemokratischen Bewegung vom bürgerlichen Liberalismus bildete.

Die Anfänge der politischen Nationalbewegung

Der Liberalismus besaß in seiner frühen, in die Jahre vor 1815 reichenden Entwicklungsphase geistig wie personell mancherlei Gemeinsamkeiten mit der politischen Nationalbewegung. Beide verdankten der Französischen Revolution und dem Freiheitskampf gegen die Fremdherrschaft wichtige Impulse. Daß sie schon bald nach 1815 auseinandertraten und bis in den Vormärz in einem eigentümlichen Spannungsverhältnis zueinander standen, hatte sowohl eine direkt politische als auch eine ideologische Voraussetzung. Jene war die harte Unterdrückung der nationalen Einheitsbewegung durch die Karlsbader Beschlüsse, durch die sie in den Untergrund gedrängt wurde, während der Liberalismus auch nach 1819, wenn auch unter Schwierigkeiten, in den Einzelstaaten aktiv bleiben konnte. Ein wichtiger Grund für das Auseinandertreten von Liberalismus und Nationalbewegung war die Neigung zur Verabsolutierung des jeweiligen Grundprinzips, hier der Nation, dort der individuellen Freiheit.

Bedeutung der Freiheitskriege

Schon in der zweiten Hälfte des 18. Jahrhunderts hatte man im deutschen Bildungsbürgertum in Reaktion auf die kulturelle Überfremdung durch Frankreich begonnen, sich auf das Nationale zu besinnen. Der Übergang vom Kosmopolitismus der Aufklärung zum nationalpolitischen Denken, vom »Weltbürgertum« zum »Nationalstaat« *(Friedrich Meinecke)*, wurde vermittelt durch das Ideal der deutschen Kulturnation, das von der frühen Romantik des Novalis und Friedrich Schlegels, von Herders Volksgeistlehre und der Entdeckung der eigenen Geschichte geprägt worden war. Das waren die geistigen Voraussetzungen für den Übergang zum politischen Nationalismus. Die aktuellen Anstöße erhielt dieser von dem Erlebnis der Revolution und der Fremdherrschaft. Die Frankreich abgewonnene Erfahrung der Politisierung eines ganzen Volkes verband sich mit dem Haß gegen den Unterdrücker Napoleon; beide wurden zusammen zur wichtigsten Quelle des neudeutschen Patriotismus, der sich vor und in den Befreiungskriegen in Fichtes »Reden an die deutsche Nation«, in den Schriften Ernst Moritz Arndts und den Predigten Friedrich Schleiermachers sowie in der Turnbewegung Friedrich Ludwig Jahns niederschlug. Dieser vom Pietismus befruchtete Nationalismus verkündete keine politische Theorie, sondern eine säkularisierte Religion der nationalen Gemeinde. Nicht der Verstand oder die Vernunft, sondern Herz und Glauben wurden von ihm angesprochen. Der antizipierte Nationalstaat wurde zu einem Wert, für den man sich aufopfern sollte. Die Betonung der irrationalen und religiösen Elemente und den Rückgriff auf die Geschichte hatte die frühe Nationalbewegung mit der politischen Romantik und dem durch sie repräsentierten Konservativismus gemeinsam. Nach dem Sturz der Fremdherrschaft knüpften die preußisch-deutschen Patrioten, die ihren Protektor in dem Freiherrn vom Stein besaßen, an die Tätigkeit früherer Widerstandsgruppen an. Arndt entwickelte schon 1814 in einer kleinen Schrift den Plan der sogenannten »Deutschen Gesellschaften« als Modell für vaterländisch-freiheitliche Vereine, die den Gemeingeist und das Nationalgefühl pflegen sowie Staat und Gesellschaft von fremdländischen Einflüssen reinigen sollten. Hier lag eine Verbindung zum Freiheitsgedanken des frühen Liberalismus vor, nicht zuletzt in dem Konzept freier bürgerlicher Assoziation für politische Zwecke. Solche Gesellschaften entstanden 1814 unter Förderung von Justus Gruner, dem interimistischen Verwaltungschef im Großherzogtum Berg, sodann am Mittelrhein, in den befreiten Städten des Rhein-Main-Gebietes, an der Nahe und am Neckar. Ihre Träger waren, neben einigen Juristen, vor allem Gymnasiallehrer und protestantische Geistliche. Als sie für eine straffe nationale Einheit Deutschlands und für die territoriale Verankerung Preußens am Rhein bis nach Mainz eintraten, gerieten sie in Gegensatz nicht nur zu den um ihre Existenz bangenden Rheinbundstaaten, die bald administrativ gegen sie vorgingen, sondern auch zu liberalen Beamten und Publizisten auf dem linken Rheinufer, die an der Erhaltung der französischen Institutionen interessiert waren. Die »Deutschen Gesellschaften« waren, zusammen mit dem in Rödelheim bei Frankfurt gegründeten »Hoffmannschen Bund« (so genannt nach ihrem Leiter, dem gräflich-solmsschen Justizrat Karl Hoffmann), eine Vorstufe der nationalradikalen Einheitsbewegung der Burschenschaft.

»Deutsche Gesellschaften« 1814

Das Rheinland als Geschichtslandschaft

Das Rheinland war in den Jahren der Befreiung ein bevorzugtes Feld nationalpolitischer Erziehung und Agitation. Die Kulturlandschaft des Stromes mit ihren Ruinen und Domen war schon vorher als ein Denkmal deutscher Geschichte, der Rhein als vaterländisches Symbol entdeckt worden. Den entscheidenden Anstoß zur politischen Rheinromantik hatte Friedrich Schlegel 1803 in einem Aufsatz »Reise nach Frankreich« gegeben, in dem die Hinwendung zur Geschichte und romantischen Schönheit des Rheintales mit der nationalen Verherrlichung des Mittelalters verbunden worden war. Dieser nationale Ton, der zuerst von Schlegel, dann, während des Befreiungskampfes, von Arndt und Görres in die Rheinbetrachtung eingeführt wurde und aus dem Strom »Teutschlands hochschlagende Pulsader« (Görres) machte, wurde zu einem Topos des neudeutschen Nationalismus, auch wenn er nach 1816 vorübergehend in den Hintergrund trat. Er hatte zunächst weniger die deutschnationale Einstellung der Rheinländer selbst, sondern das Volkstumserlebnis und das Geschichtsbild der Befreiungskämpfer und der politischen Romantik zur Voraussetzung. So rechnete Arndts naiver Vorschlag aus dem Jahre 1815, auf dem linken Rheinufer einen Ordensstaat zu gründen, in welchem Mitglieder des deutschen Adels und die Söhne der deutschen Fürsten die Grenzwacht gegenüber Frankreich übernehmen sollten, nicht mit der Adelsfeindschaft des rheinischen Bürgertums. Für dieses brachte erst die Rheinkrise von 1840 den Durchbruch zum Nationalismus.

Die politische Neuordnung von 1815 enttäuschte die in ihrer politischen Substanz wenig tragfähigen Wünsche der jungen Nationalbewegung. Der Befreiungskampf, der nach ihren Vorstellungen zugleich ein Freiheits- und Einigungskrieg gewesen war, mündete in das System der Restauration mit der Zementierung der partikularen Kräfte in Deutschland. Es war mangelnde Einsicht der Patrioten in die politischen Realitäten, die die Nationalbewegung als eine anerkannte oder zumindest tolerierte politische Kraft schnell ins Abseits geraten ließ. Entstanden als eine Reaktionsbewegung – gegen die rationalistische Aufklärung und ihre Umsetzung in den Etatismus der Rheinbundstaaten, gegen die napoleonische Fremdherrschaft – hatte sie, abgesehen von einigen ihrer hochgestellten Anhänger, keine Gelegenheit gehabt, ihre Vorstellungen in konkrete politische Konzepte umzumünzen. Zu früh waren von Metternich und Castlereagh die Weichen für eine staatenbündische Lösung der deutschen Frage gestellt worden. So blieb der deutsche Nationalstaat auch für die klarsten Köpfe dieser Bewegung ein »Gedankending«, das von den einen als Wiederherstellung des mittelalterlichen Kaiserreiches mit einigen populären Korrekturen, von den anderen als ein von Preußen allein oder zusammen mit Österreich geführter Bundesstaat anvisiert wurde. Dieser illusionäre Zug im politischen Konzept der Nationalbewegung von 1813 bis 1816 und die Tatsache, daß die deutschen Fürsten nach dem Siege über Napoleon die im Befreiungskampf mobilisierten Volkskräfte aus Angst vor politischen Konsequenzen erneut an die Kette legten und damit die Heranführung des politischen Nationalismus an konkrete Aufgaben verhinderten, hat seiner Radikalisierung in den ersten Jahren des Deutschen Bundes Vorschub geleistet.

5. Religiosität und Kirche, Bildung und Erziehung

Die Kirchen und die Schulen als traditionelle Träger von Religiosität und Bildung standen um 1815 unter einem doppelten Anpassungsdruck, der sich in Veränderungen ihres institutionellen Gefüges und in einer Vielfalt theologischer und pädagogischer Richtungen äußerte. Die aktuelle Aufgabe der Neuorganisation des Kirchenwesens, die sich nach dem Ende des Alten Reiches, nach Säkularisation und territorialer Neugliederung, für die katholische Kirche dringender als für die evangelischen Landeskirchen stellte, wurde von den Herausforderungen überlagert, die aus dem längerfristigen Übergang von der altständischen Sozialverfassung zu der noch unter Staatsaufsicht stehenden bürgerlichen Gesellschaft erwuchsen. Schon der Aufgeklärte Absolutismus hatte die Lösung der bürgerlichen Kultur aus religiösen und ständischen Bindungen gefördert und zugleich versucht, die Kirchen und das Erziehungswesen dem eudämonistisch verstandenen Staatszweck, aber auch der Modernisierung der Wirtschaftsgesellschaft dienstbar zu machen. Die Wirkung einer solchen etatistischen und utilitaristischen Kirchen- und Schulpolitik war nicht tief gegangen. Theologischer Rationalismus und pädagogischer Philantropismus hatten wohl die höheren Stände in regional unterschiedlicher Stärke erfaßt; die traditionellen Mentalitäten auf dem Lande und in den Kleinstädten waren durch sie kaum verändert worden. Im Bildungsbürgertum, das noch weitgehend aus Staatsdienern – Verwaltungsbeamten, Professoren und Geistlichen – bestand, wurde ihre Vorherrschaft spätestens seit der Jahrhundertwende durch die Ansätze einer theologisch-religiösen Erneuerung und durch das Vordringen des Neuhumanismus als universales Bildungsideal in Frage gestellt. Insoweit die Staatsreform, so besonders in Preußen unter Wilhelm von Humboldt, durch eine Bildungsreform ergänzt worden war, hatte man zum Zwecke der »Nationalerziehung« auf jenes Ideal zurückgegriffen, dessen integrierende Kraft überschätzt wurde. Da die Reform der verschiedenen Ebenen des Bildungswesens um 1815 noch nicht abgeschlossen war, geriet sie in die allgemeine politische Auseinandersetzung der Restauration hinein, in deren Verlauf sie ihren ursprünglichen staats- und gesellschaftspolitischen Auftrag einbüßte. Eine ähnliche Konstellation bestand auf kirchlich-religiösem Gebiet. Ein wichtiges Ferment des den Befreiungskampf gegen die Fremdherrschaft tragenden Landespatriotismus und Nationalgedankens war eine neue christlich-patriotische Religiosität gewesen, die sich aus Quellen des Pietismus, aber auch der gegen die Aufklärung gerichteten Neuorthodoxie und eines religiösen Idealismus speiste und nach 1815 in der bürgerlichen Nationalbewegung und in konservativen Kreisen fortwirkte. Das mußte, unter den Bedingungen der politischen Restauration, Rückwirkungen auf das Verhältnis des evangelischen Kirchenvolkes zum Staat als Inhaber der Kirchenhoheit haben. Dagegen bot sich dem Katholizismus nach dem Verlust seiner hierarchisch-weltlichen Position im Reich die Chance einer innerkirchlich-theologischen und religiösen Regeneration und der relativen Autonomie gegenüber Staat und Gesellschaft. Im institutionellen Bereich war aber auch hier nach 1815 die Klärung des Verhältnisses zum Staat das vordringliche Problem – zu einem Staat, der noch nicht bereit war, auf die traditionelle Politik des Staatskirchentums und des Territorialismus zu verzichten. Erst allmählich rückte die gesellschaftliche Dimension der innerkirchlichen Bewegung in beiden Konfessionen in den Vordergrund, was nicht ohne theologische und kirchenpolitische Richtungskämpfe abging und Parallelen zu den ideologischen Auseinandersetzungen im politischen Bereich hatte.

Kaum eine Institution war von den politischen Umwälzungen seit dem Jahrhundertbeginn stärker betroffen als die katholische Kirche in Deutschland. Ihrer weltlichen Verfassung als Reichskirche verlustig, ihres Vermögens – bis auf dasjenige der Pfarreien – weitgehend beraubt, in ihrem Einfluß auf das höhere Bildungswesen durch die Aufhebung katholischer Universitäten und anderer kirchlicher Erziehungseinrichtungen gemindert, in der personellen Struktur durch den Ausfall des Adels als traditioneller Führungsschicht, durch die Dezimierung des Ordensklerus und durch zahlreiche Vakanzen im Episkopat geschwächt, stand sie im Deutschen Bund als organisatorischer Torso den Einzelstaaten und ihrer Bürokratie gegenüber, die mehr als zuvor auf die Wahrung der Staatshoheit gegenüber den als »Vereinen«, »Gesellschaften« oder »Anstalten« aufgefaßten Kirchen bedacht waren. Trotz entsprechender Bemühungen des Kardinalstaatssekretärs Consalvi hatte sich der Wiener Kongreß der Aufgabe einer gesamtdeutschen Reorganisation der Kirche entzogen. Das kam allerdings einer der Kurie willkommenen Absage an nationalkirchliche Bestrebungen gleich, wie sie der Vertraute Karl Theodors von Dalberg, der Konstanzer Generalvikar Heinrich Freiherr von Wessenberg, noch einmal verfolgte. Die Bundesakte begnügte sich damit, den Angehörigen der christlichen Religionsparteien die Gleichheit im Genuß der bürgerlichen und politischen Rechte zu sichern. Ein Protest Consalvis und Pius' VII. gegen das Versäumnis einer Erstattung der kirchlichen Verluste blieb wirkungslos. Die Kurie wurde auf den Weg der Sonderverhandlungen mit den Einzelstaaten verwiesen, um durch Konkordate und durch mit den Regierungen ausgehandelten Zirkumskriptionsbullen die Sicherung ihres institutionellen Bestandes zu erreichen, ohne sich zu sehr der Staatskontrolle zu unterwerfen.

Zum Abschluß eines Konkordates ist es nur in Bayern im Jahre 1817 gekommen. Die Umstände seines Zustandekommens wie seine Praktizierung durch die Regierung machten sofort die Schwierigkeiten eines Ausgleichs zwischen der Tradition des Staatskirchentums und dem Autonomieanspruch der Kirche deutlich. Die Regierung Montgelas, aber auch das Nachfolgeministerium Rechberg-Lerchenfeld waren nicht bereit, als Gegenleistung für die im Interesse der Staatseinheit angestrebte Errichtung von Landesbistümern auf die »unveräußerlichen Rechte der Krone« gegenüber der Kirche, vor allem auf das *jus circa sacra* und das königliche Recht zur Nominierung der Bischöfe zu verzichten.

Das im Sommer 1817 nach langwierigen Verhandlungen abgeschlossene Konkordat enthielt zwar das königliche Nominationsrecht und die erwünschte Angleichung der Diözesangliederung an die Staatsgrenzen mit der Schaffung der beiden Erzbistümer München-Freising und Bamberg und sechs Bistümern; es gab aber zugleich, infolge der Nachgiebigkeit des staatlichen Unterhändlers Freiherrn von Häffelin gegenüber der Kurie, die Positionen des Staatskirchenrechts, wie sie zuletzt in dem Religionsedikt von 1809 fixiert worden waren, weitgehend preis. Um dieses unerwünschte Ergebnis, das zudem durch die Betonung der Prärogativen der katholischen Religion die 1809 proklamierte Toleranz und Parität aufzuheben schien, zugunsten des Staates zu korrigieren, erließ die Regierung am 26. Mai 1818 als Beilage zur Verfassung ein »Edikt über die äußeren Rechtsverhältnisse der Einwohner des Königreichs Bayern in Beziehung auf Religion und kirchliche Gesellschaften«, das außer der Bestätigung der Parität der drei christlichen Hauptkonfessionen eine einseitige Interpretation und Ergänzung des Konkordates im staatskirchlichen Sinne enthielt und zugleich, als Teil der Verfassung, den rechtlichen Vorrang vor dem als Gesetz verkündeten Konkordat beanspruchte. Hierüber wie über der Forderung des Verfassungseides der Geistlichen, wodurch sie auf das Edikt verpflichtet werden sollten – der Eid wurde oft verweigert oder nur unter Vorbehalt geleistet –, kam es zum offenen Konflikt, der nur durch einen Formelkompromiß, die Tegernseer Erklärung des Königs vom 15. September 1821, beigelegt werden konnte. Sie erkannte Konkordat und Edikt trotz ihrer Widersprüche gleicherweise als rechtsverbindlich an. Damit war der Weg zu dem von der Kurie hinausgezögerten Vollzug der Zirkumskription der bayerischen Bistümer freigegeben, und auch an der staatskirchlichen Praxis änderte sich vorerst wenig.

Zu ähnlichen Schwierigkeiten kam es im deutschen Südwesten. Hier trat zu der Diskrepanz zwischen der staatlichen und kirchlichen Gliederung der Streit der Kurie mit dem Episkopalisten Wessenberg hinzu, der nach dem Tode Dalbergs (1817) gegen den Willen Roms vom Domkapitel der länderübergreifenden Diözese Konstanz zum Bistumsverweser gewählt und in diesem Amt von der badischen Regierung anerkannt worden war. Die Regierungen der südwestdeutschen Länder suchten zunächst in den Frankfurter Konferenzen, die seit März 1818 unter dem Vorsitz des württembergischen Triaspolitikers Wangenheim stattfanden, ein gemeinsames Programm für Konkordatsverhandlungen mit der Kurie zu entwickeln. Eine entsprechende Deklaration vom 7. Oktober 1818, in der staatskirchliche und episkopalistische Grundsätze miteinander verbunden waren, wurde von Consalvi als unannehmbar zurückgewiesen. Da man von staatlicher Seite in erster Linie an der Errichtung von Landesbistümern interessiert war und die Staatsaufsicht ohnehin praktiziert wurde, verzichtete man auf das Maximalprogramm. So entstand durch die Bulle *Provida sollersque* vom 16. August 1821 die Oberrheinische Kirchenprovinz unter einem neuen Erzbischof von Freiburg für Baden. Zu

Marginalia:
- Das bayerische Konkordat von 1817
- Die Oberrheinische Kirchenprovinz

ihr gehörten die Bistümer Mainz für Hessen-Darmstadt, Fulda für Kurhessen, Rottenburg für Württemberg und Limburg für das Herzogtum Nassau und die Freie Stadt Frankfurt. Wessenberg wurde mit dem Bistum Konstanz geopfert. Erst 1827 konnte man sich auf ein neues Verfahren der Bischofsernennung einigen, das den evangelischen Landesherren zwar nicht das Nominationsrecht, aber ein Veto gegenüber mißliebigen Kandidaten einräumte. Daß die Regierungen gesonnen waren, am Staatskirchentum festzuhalten, dokumentierten sie 1830 in gleichlautenden Verordnungen, die, wie das bayerische Religionsedikt, das verfassungsmäßige Schutz- und Aufsichtsrecht des Staates über die »katholische Landeskirche« festschrieben. Zum Verdruß der Kurie erkannten die meisten Bischöfe, die zum Teil Wessenbergianer waren, die Verordnungen ohne Widerspruch an.

Preußen und die katholische Kirche

Verhältnismäßig reibungslos verliefen die Verhandlungen zwischen der Kurie und Preußen, dessen katholischer Bevölkerungsteil infolge der territorialen Veränderungen auf zwei Fünftel der Gesamtbevölkerung angewachsen war. Die bewährte Praxis konfessioneller Parität und Toleranz in Schlesien sowie das Verhandlungsgeschick des preußischen Gesandten in Rom, Barthold Georg Niebuhr, erleichterten die Einigung, die von preußischer Seite bewußt auf die äußere Restitution der Kirche im Rahmen der Monarchie sowie die Ausstattung der neuen Bistümer beschränkt wurde. Auf den Abschluß eines Konkordates legte man keinen Wert, um die königlichen Majestätsrechte nicht von auswärtiger Anerkennung abhängig zu machen. Durch die Bulle *De salute animarum* vom 23. August 1821 wurde im Westen das napoleonische Bistum Aachen aufgehoben und das Erzbistum Köln mit den drei Suffraganen Trier, Münster und Paderborn gebildet. Im Osten der Monarchie entstand das Erzbistum Gnesen-Posen mit Sitz in Posen und dem Bistum Kulm; hinzu kamen die exemten Bistümer Ermland und Breslau für die Provinzen Ostpreußen und Schlesien. Der Staat konnte sich vorläufig einen relativ starken Einfluß auf die Bischofsernennungen sichern, ohne daß eine Trübung des guten Verhältnisses zwischen den Partnern eintrat. So wurde 1824 auf Vorschlag der Regierung der im Geiste der katholischen Aufklärung großgewordene Freund des Freiherrn vom Stein, Graf Ferdinand August Spiegel, der 1815 Wessenbergs nationalkirchliche Pläne unterstützt hatte, zum ersten Kölner Erzbischof ernannt. Infolge des Verzichts auf ein Konkordat blieben das Allgemeine Landrecht von 1794 und in der Rheinprovinz die französischen Organischen Artikeln von 1802 die rechtliche Grundlage des Verhältnisses von Staat und Kirche. Eine ähnliche Regelung wie in Preußen wurde 1824 im Königreich Hannover erzielt.

Religiöse Erneuerung im Katholizismus

Konnte die institutionelle Reorganisation der katholischen Kirche in den Staaten des Deutschen Bundes die staatskirchliche Praxis allenfalls begrenzen, ohne sie zu beseitigen, so bot sie doch den Rahmen für die Erneuerung des religiösen Lebens innerhalb der Kirche. Der Katholizismus befand sich nicht nur gegenüber der staatlichen Kulturpolitik und dem säkularisierten Lebensgefühl des Bildungsbürgertums in der Defensive; er mußte sich auch mit der Tradition des theologischen Rationalismus im eigenen Klerus auseinandersetzen. Als Aspekt der gesamteuropäischen Überwindung der Aufklärung hatte die katholische Erneuerung in Deutschland schon um die Jahrhundertwende begonnen, wobei die Impulse weniger von der kirchlichen Hierarchie als von Theologen und Laienkreisen ausgingen. Ausstrahlungspunkte der Rekatholizierung waren im ersten Drittel des Jahrhunderts Wien, München, Tübingen und Mainz.

Cl. M. Hofbauer

In der österreichischen Hauptstadt war der erste deutsche Redemptorist CLEMENS MARIA HOFBAUER als Prediger und Beichtvater seit 1805 der Mittelpunkt eines Kreises, der bewußt auf die Hebung des religiösen Bewußtseins in allen Ständen hinarbeitete. Ihm schlossen sich mit Adam Müller und Friedrich Schlegel die bedeutendsten publizistischen Vertreter einer zugleich staatlich-ständischen und kirchlichen Restauration an. In Bayern war JOHANN MICHAEL SAILER der Initiator der theologischen Reaktion auf die Aufklärung im Geiste einer noch von einem engen Konfessionalismus freien Katholizität. Ähnlich wie um die gleiche Zeit Bernard Overberg im Münsterland, bemühte er sich um die Reform der katholischen Schule. Als Universitätslehrer in Landshut bis 1821 und Domherr, seit 1829 Bischof von Regensburg, wurde Sailer Erzieher einer Generation von Priestern und Laien zu einer von Innerlichkeit und Demut bestimmten Gläubigkeit. Darüber hinaus gewann er direkt und über seine Schüler, zu denen neben dem Kronprinzen Ludwig der spätere Kultusminister Eduard Schenk, ein Jurist und Konvertit, ferner der Mediziner Johann Nepomuk Ringseis und der Westfale Melchior von Diepenbrock gehörten, Einfluß auf die bayerische Kulturpolitik. Die Berufung von Josef Görres an die auf Anregung von Ringseis von Landshut nach München verlegte Landesuniversität wurde von Sailer und Diepenbrock befürwortet. Der sich um Görres gruppierende Kreis katholischer Laien ging aber in seiner konfessionellen Militanz schnell über das irenische Christentum eines Sailer hinaus. Was Sailer für die praktische Theologie und Overberg für die katholische Pädagogik, das wurde die im Jahre 1817 gegründete katholisch-theologische Fakultät der Universität Tübingen, vor allem aber der Kirchenhistoriker JOHANN ADAM MÖHLER, für die kirchliche Wissenschaft. In seinen Werken machte Möhler Anregungen der idealistischen Philosophie und der Romantik für die Regeneration der katholischen Lehre fruchtbar. In seinen Vorlesungen über »Symbolik« (1833) arbeitete er – in örtlicher Nachbarschaft zur protestantischen »Tübinger Schule« – die konfessionellen Unterschiede zum Protestantismus heraus.

_{J. M. Sailer}

_{J. A. Möhler}

Als ein eigenständiges Zentrum kirchlicher Erneuerung erwies sich das Mainzer Priesterseminar, das unter französischer Herrschaft (1804) von dem aus dem Elsaß stammenden Bischof Johann Ludwig Colmar und seinem Landsmann Franz Leopold Liebermann gegründet worden war. Unter dem Eindruck der kirchenfeindlichen Revolution und des napoleonischen Staatskirchentums sowie unter den Bedingungen einer neuen bürgerlichen Umwelt zeichneten sich die von hier ausgehenden Aktivitäten durch die Verbindung eines prononcierten kirchenpolitischen Kurialismus mit der dogmatischen Anlehnung an die Neuscholastik und der militanten Propagierung der wahren katholischen Grundsätze im Klerus und im Kirchenvolk aus. Die 1820/21 als Organ der Mainzer gegründete Zeitschrift »Der Katholik«, deren erste Schriftleiter der spätere Straßburger Bischof Andreas Raeß, ein Schüler Liebermanns, sowie der spätere Speyerer Bischof Nikolaus Weis waren, mußte 1823 wegen Zensurschwierigkeiten nach Straßburg verlegt werden, wo sich der noch im Exil lebende Görres ihrer tatkräftig annahm. Die Mainzer Theologenschule, aus der auch der spätere Kölner Erzbischof Johannes Geissel hervorging, und ihre Anhänger unter rheinischen Laien wiesen in der betont konfessionalistischen Haltung stärker als etwa Sailer und Möhler auf den künftigen »Ultramontanismus« hin. Seit den 20er Jahren bestanden enge persönliche Verbindungen zwischen Mainz, Straßburg, München und einem sich um den Kaufmann Hermann Josef Dietz und Clemens Brentano in Koblenz bildenden Kreis katholischer Laien, der von einigen norddeutschen Konvertiten verstärkt wurde und sich durch karitative Betätigung und Kirchlichkeit auszeichnete. Insgesamt vollzog sich die katholische Erneuerung in größerer Nähe zum Kirchenvolk als dies in vergleichbaren Strömungen im Protestantismus der Fall war, und zwar sowohl zur Landbevölkerung wie zum katholischen Bürgertum, aus denen sich der neue Klerus rekrutierte. In manchen ländlichen Gebieten, wie etwa in Bayern, setzte sich allerdings ein Trend zur Entkirchlichung der anwachsenden Unterschicht infolge des Wegfalls vieler Klöster als

_{Die Mainzer Theologenschule}

Arbeitgeber und der Abschwächung traditioneller, kirchlich gestützer sittlicher Vorstellungen durch. Die Trennung von Sitte, Bildung und Religion nahm aber noch nicht die Schärfe wie im Protestantismus an. Das war eine der Voraussetzungen für den Aufstieg des politischen Katholizismus zu einer Massenbewegung.

Die evangelischen Landeskirchen

Mußte die äußere Reorganisation der katholischen Kirche zwischen den Staaten und der Kurie ausgehandelt werden, so kam es im Bereich der evangelischen Kirche mehr auf die Anpassung der bestehenden Verfassung an die neue politische Ordnung als auf einen Neubau an. Wohl barg der Umstand, daß die evangelischen Fürsten die obersten Bischöfe ihrer Landeskirchen und die Kirchenbehörden Teile der staatlichen Administration waren, die Gefahr einer Instrumentalisierung der Kirche durch den Staat in sich. Er bot aber auch die Chance einer unmittelbaren Beeinflussung der staatlichen Kirchenpolitik durch Theologen und Laien. Beide Wege wurden nach 1815 eingeschlagen. Wichtig für die Zukunft des Protestantismus

Preußen

in Deutschland war die Kirchenpolitik Preußens als des mächtigsten evangelischen Staates im Bund. König Friedrich Wilhelm III. war, im Unterschied zu seinen kirchlich indifferenten Vorgängern, von der evangelischen Mission seines Hauses und von der Verpflichtung seines Amtes gegenüber der Kirche erfüllt. Aber auch die Reformer, vor allem der Freiherr vom Stein, hatten, teils aus etatistischen, teils aus gesellschaftspolitischen und religiösen Motiven, die Reorganisation der Kirche als Anstalt des Staates in ihre Überlegungen einbezogen. Doch war man nicht über die Bestellung von Geistlichen und Schul-Deputationen als staatliche Mittelinstanzen anstelle der lutherischen und reformierten Behörden hinausgekommen. Sie wurden 1815 durch staatliche Provinzial-Konsistorien ersetzt, ohne daß sie, wie es Stein gewünscht hatte, durch synodale Elemente ergänzt worden wären. Auch die 1816 eingerichteten Kreis- und Provinzialsynoden blieben auf die Geistlichkeit beschränkt und hatten nur beratende Funktion. Die bürokratisch verfaßte Leitung der geistlichen Angelegenheiten lag bei dem seit 1817 selbständigen Ministerium für Unterricht und Kultus. Die Vereinheitlichung der Kirchenverwaltung wurde 1829 durch die Einrichtung der Generalsuperintendanturen in den Provinzen abgeschlossen.

Der Unionsgedanke

Vor dem Hintergrund dieser organisatorischen Veränderungen vollzog sich seit 1817 – parallel zu ähnlichen Vorgängen in anderen protestantischen Gebieten – die Vereinigung der lutherischen und der reformierten Kirchen Preußens zu einer unierten Landeskirche. Der Gedanke der Union lag in der Luft. Ihm war im 18. Jahrhundert durch die Aufklärung, in manchen Gegenden durch den Gegensatz der evangelischen Bekenntnisse zum Katholizismus vorgearbeitet worden, so etwa in den Rheinlanden, wo es schon während der französischen Herrschaft zu lokalen und regionalen Unionsversuchen gekommen war. Weitere Impulse, die zum Teil in Auseinandersetzung mit der protestantischen Aufklärung entstanden, ergaben sich aus der theologischen Rückbesinnung auf die bekenntnismäßigen Grundlagen der Reformation und aus der Verbindung von Patriotismus und Religiosität im Befreiungskrieg. Bedeutendster Exponent dieser theologisch-religiösen Erneuerung in Preußen war FRIEDRICH SCHLEIERMACHER. Als Professor an der Berliner Universität, als Mitarbeiter Steins und Humboldts, aktives Mitglied des Kreises der preußisch-deutschen Patrioten und Prediger versuchte er, mit einer von konfessioneller Orthodoxie freien Theologie des Gefühls und des Bibelglaubens das Bildungsbürgertum zu christlicher Frömmigkeit zurückzuführen und das religiöse Bewußtsein für die Kirchenreform nutzbar zu machen. Die Kehrseite der Erneuerung und nicht ohne Gefahr für den Unionsgedanken war ein Zug zum Konfessionalismus, der sich in der lutherischen Orthodoxie, aber auch in der Erweckungsbewegung bemerkbar machte, in der sich pietistische Traditionen mit romantisch-ständischen Idealen, wie in den lutherischen Gebieten des Nordostens und Schlesiens, oder mit bürgerlicher Arbeitsethik, wie in den reformierten Gemeinden am Niederrhein, im Bergischen Land und der westfälischen Mark, verbanden.

Ausschlaggebend für das Zustandekommen der altpreußischen Union war der von konservativer Religiosität bestimmte Willen des reformierten Königs, nicht mehr länger von der lutherischen Mehrheit seiner Untertanen durch das Bekenntnis getrennt zu sein. In der Hoffnung, daß das Kirchenvolk diese Absicht teilte, richtete FRIEDRICH WILHELM III. am 27. September 1817 an die Christen der beiden evangelischen Bekenntnisse den Aufruf, das bevorstehende Reformationsjubiläum durch die Feier des gemeinsamen Abendmahls zu begehen und auf diese Weise den Anfang für ihre Vereinigung in einer einzigen »evangelisch-christlichen Kirche« zu setzen. Obwohl viele Gemeinden der Aufforderung Folge leisteten, regte sich schon bald von lutherisch-orthodoxer Seite Widerstand, der von den streng lutherischen Kirchen der außerpreußischen Staaten Norddeutschlands Unterstützung erhielt. Ihm traten auch andere Kreise, darunter Schleiermacher, bei, als der König sein Interesse an einer einheitlichen Liturgie durch die Einführung einer neuen Agende kraft seiner – umstrittenen – oberstbischöflichen Gewalt durchzusetzen suchte (1821/22). Dieses Vorgehen und die hochkirchlichen Elemente der Agende riefen vielstimmigen Protest hervor, nicht zuletzt in den reformierten Gemeinden im Westen der Monarchie, die denn auch nach der Beilegung des Streites eine eigene Provinzialagende erhielten (1834). Indem der durch den Widerstand betroffene König auch in Fragen der Kirchenordnung den Weg obrigkeitlicher Verfügungen einschlug und die Kirchenverfassung, wie erwähnt, staatlich regelte, entstand eine Art Staatskirche, von deren Verwaltung die Laien weitgehend ausgeschlossen blieben. Nur der Westen erhielt 1835 eine mit synodalen und presbyterialen Elementen durchsetzte Kirchenordnung. Auf lange Sicht wurden die Staatsloyalität und das Obrigkeitsdenken des Kirchenvolkes, zumindest in den ländlichen Gebieten des Ostens, aber auch im höheren Bürgertum, durch diese Entwicklung gefördert, zumal in der politischen Restauration dem Bund von Thron und Altar besondere Bedeutung zugemessen wurde. Im Jahre 1830 ordnete der König ausdrücklich die amtliche Bevorzugung rechtgläubiger Geistlicher an.

Die altpreußische Union von 1817

Es entsprach dem größeren Gewicht reformierter Traditionen, dem ungebrochenen Vorherrschen des theologischen Rationalismus und dem Einfluß der bürgerlich-liberalen Ideale der Selbstverwaltung, daß die zur gleichen Zeit herbeigeführten Unionen in den Ländern des Südwestens ohne allzu heftige theologische Kontroversen und auf Initiative der Gemeinden und unter Mitwirkung der Generalsynoden, wenn auch letztlich durch Erlaß der Landesherren zustande kamen. In Nassau wurde die Union schon 1817 vollzogen. In der bayerischen Pfalz ging der Generalsynode, die im August 1818 mit Erlaubnis des Königs die bekenntnismäßige Vereinigung vollzog, eine Abstimmung der protestantischen Bürger beider Konfessionen voraus. In Rheinhessen wurde die von einem Ausschuß von Geistlichen ausgearbeitete Verfassung den Gemeinden zur Abstimmung vorgelegt und 1822 von dem lutherischen Großherzog bestätigt. In Baden hatte schon 1821 eine Generalsynode die Unionsurkunde angenommen, an deren Ausarbeitung der Verfasser der »Alemannischen Gedichte«, Johann Peter Hebel, als Mitglied des Oberkirchenrates beteiligt gewesen war. Die rationalistische Theologie blieb in diesen Gebieten vorerst die herrschende Richtung, vor allem dank der Lehrtätigkeit von Heinrich Gottlob Paulus in Heidelberg. Im lutherischen Württemberg verstärkten dagegen die staatskirchlichen Maßnahmen der Regierung mit dem Ziel der Integration der neu hinzugewonnenen protestantischen Gebiete in das kirchliche System des Stammlandes die separatistischen Bestrebungen im Pietismus. Um der dadurch ausgelösten Auswandererbewegung entgegenzuwirken, gestattete die Regierung den Pietisten seit den 20er Jahren die Bildung eigener Ortsgemeinden.

Kirchliche Unionen in Südwestdeutschland

Blieb die staatskirchliche Struktur der evangelischen Landeskirchen lutherischen oder unierten Bekenntnisstandes nach 1815 weitgehend erhalten, womit sie sich zunehmend vom

Religiöse Erneuerung im Protestantismus

»Lebensgange des Volkes« *(Franz Schnabel)* entfernten, und drohte die Tendenz einer staatlich geförderten Konfessionalisierung die oppositionellen Kräfte in den Kirchen zu isolieren, so hat doch die religiöse Erneuerung im Protestantismus, ob sie nun orthodoxer, »liberaler« oder pietistischer Spielart war, mancherlei missionarische und soziale Aktivitäten am Rande oder abseits der Anstaltskirche hervorgebracht, mit denen man in die bürgerliche Gesellschaft hineinwirkte. Der Initiative württembergischer Pietisten, Christian Friedrich Spittler und Christian Gottlieb Blumhardt, verdankte die Baseler Missionsgesellschaft ihre Entstehung (1804–1815). Nach ihrem Muster wurden weitere Gesellschaften in Württemberg, Barmen und Bremen gebildet. Im Bereich der Armenpflege und Sozialfürsorge, in dem die Zivilgemeinden oft gegenüber der beginnenden Not versagten, entstanden christliche Vereine und Institutionen, in denen sich der unmittelbare Impuls zur Linderung des äußeren Elends mit dem Gedanken der »Rettung« der gefährdeten und verwahrlosten Jugend und der Praktizierung pietistischer Erziehungsideale verband. Vorbildlich wurde die 1813 in Weimar von dem Schriftsteller Johannes Falk gegründete »Gesellschaft der Freunde in der Not« mit einem Institut zur christlichen Erziehung der verwilderten Jugend. Am Niederrhein errichtete 1822 der Graf Adalbert von der Recke unter dem Eindruck der Freiheitskriege ein ähnliches »Rettungshaus«, und in Württemberg und Baden wurde seit 1816 die äußere Mission durch die Idee einer christlichen und sozialen Fürsorge für die Armenkinder im eigenen Lande ergänzt. Die von Christian Heinrich Zeller 1820 im badischen Beuggen gegründete »Freiwillige Armenschullehrer- und Armenkinderanstalt« wurde Ausgangspunkt der süddeutschen Rettungshausbewegung. Bis zur Jahrhundertmitte wurden allein in Württemberg über 20 Häuser gegründet. Es waren die Vorstufen einer evangelisch-sozialen Bewegung – auf Anregung Theodor Fliedners wurde 1827 die Rheinisch-Westfälische Gefängnisgesellschaft gegründet – und der Inneren Mission Heinrich Wicherns. Ihr Ziel war noch die Linderung lokaler Notstände und die Wiederherstellung der christlichen Familie innerhalb der berufsständischen Ordnung; ihre freien Organisationsformen waren aber schon Ausdruck der sich vom Staat und seinen Institutionen lösenden bürgerlichen Gesellschaft.

Interkonfessionelle Spannungen

Es blieb nicht aus, daß die von religiöser Neubesinnung begleitete Reorganisation der Kirchen den Gegensatz zwischen Katholizismus und Protestantismus, der im aufgeklärten 18. Jahrhundert verblaßt war, wieder aufflammen ließ. Das konnte, ohne den kirchlichen Frieden vorerst ernsthaft zu gefährden, dort geschehen, wo der betont evangelische Nationalgedanke der preußisch-deutschen Patrioten, der im preußischen Staat seinen Rückhalt suchte, auf eingewurzelte katholische Mentalitäten stieß, die einer nationalen Integration auf protestantischer Grundlage widerstrebten. Das trat zuerst in der überwiegend katholischen Rheinprovinz Preußens ein, wo seit 1816 latent vorhandene konfessionelle Vorbehalte gegenüber dem als Hort des Protestantismus geltenden preußischen Staat durch angebliche Mißgriffe der Verwaltung, etwa in der Benachteiligung von Katholiken in der Personalpolitik, und durch die Verbindung protestantischen und nationalen Bekehrungseifers reaktiviert wurden. Im jahrelangen Denkschriftenstreit um den Standort der vom König versprochenen rheinischen Universität, der 1818 gegen Köln zugunsten von Bonn entschieden wurde, spielten konfessionelle Argumente hinein: der Hinweis auf die Gefahr des »Papismus und Romanismus« seitens Ernst Moritz Arndts, die Berufung auf den katholischen Charakter der Provinz und der Anspruch auf Anerkennung der katholischen Religion durch den Staat seitens eines aktiven Kreises Kölner Katholiken. Was hier als Auseinandersetzung zwischen protestantischem Staat und katholischer Provinz erschien, wurde in den zahlreichen Predigten und

Schriften zum Reformationsjubiläum von 1817 auf die Ebene eines politischen Konfessionalismus gehoben. In ihm wurde die Reformation als Kampf gegen die Unterdrückung der Geistesfreiheit, gegen kirchliche Hierarchie und römische Herrschsucht gefeiert und mit der nationalen und bürgerlichen Freiheitsidee der Gegenwart gleichgesetzt. Der das Jahrhundert durchziehende Gegensatz zwischen politischem Protestantismus und Katholizismus kündigte sich an, wenngleich er zunächst, in der Zeit der Restauration, durch das Staatskirchentum und die Aufgabe der innerkirchlichen Stabilisierung überdeckt wurde.

Der vielschichtige Bereich des deutschen Bildungswesens bot um 1815 weder institutionell noch konzeptionell ein einheitliches Bild. Abgesehen von dem allgemeinen Zug zur Verstaatlichung von Schule und Universität und damit zur Zurückdrängung oder zumindest zur Mediatisierung der Kirche als Bildungsfaktor war die Erziehungspolitik durch eine große Variationsbreite von Staat zu Staat gekennzeichnet. Sie ergab sich aus der unterschiedlichen Stellung der Monarchen und Regierungen zur Staats- und Gesellschaftsreform überhaupt, die auch den Bildungssektor umfaßte, ferner aus der Diskrepanz zwischen dem Reformwillen der Bürokratien und der Bildungsträgheit der überwiegend ländlichen Bevölkerung, aus der schwierigen Frage der Finanzierung von Schulreformen, nicht zuletzt aber aus dem Nebeneinander widersprüchlicher pädagogischer Konzeptionen, die im Spannungsfeld von Tradition, Modernisierung und Emanzipation angesiedelt waren. Sie reichten von der noch ständegebundenen Erziehung zu traditionsgeleitetem Verhalten über die flexiblere Ausbildung von nützlichen, tugendsamen und staatsloyalen Untertanen bis zu dem neuhumanistischen Ideal der allgemeinen Erziehung zu einem der Selbstbestimmung und der Zukunftsgestaltung fähigen persönlichen »Stand« mit dem Ziel der Integration des einzelnen in die Staatsgesellschaft. Die Rezeption der neuen pädagogischen Ideen, nicht zuletzt derjenigen Pestalozzis und des Neuhumanismus, durch die Gebildeten in den Verwaltungen und im höheren Erziehungswesen, die mangels eines aktiven Bürgertums allein als Träger der Bildungsreform in Frage kamen, war schon vor 1815 erfolgt. Die Anpassung der Erziehungswirklichkeit an die Bedingungen der sich formierenden Wirtschafts- und Staatsgesellschaft steckte aber, sieht man von Teilreformen in Preußen ab, allenthalben in den Anfängen. Sie wurde schon bald, im Zeichen der Restauration, von der gegenläufigen Tendenz zur Immunisierung der bestehenden Herrschaftsordnung gegenüber den politischen Folgen des gesellschaftlichen Wandels überlagert.

Die größte Einförmigkeit, auch über die Grenzen der Staaten hinweg, herrschte zweifellos noch im Elementarschulwesen. Die traditionelle Kirchengemeindeschule, mit einem auf Zeit gedungenen Lehrer, der vom Ortsgeistlichen beaufsichtigt wurde, war zumindest auf dem Lande der herrschende Schultyp. Man lernte Buchstabieren, Lesen, Schreiben und ein wenig Rechnen; Christen- und Tugendlehre beanspruchten einen großen, wenn nicht den überwiegenden Teil des Unterrichts. Das Hineinwachsen der Kinder in die bäuerliche oder handwerkliche Lebensweise, die nur von wenigen aufgegeben wurde, und das Erlernen der dazu nötigen Fertigkeiten erfolgten noch im Umkreis des »ganzen Hauses« und damit der Familie. Lehrer und Schüler zogen oft in zeitlichem Rhythmus als sogenannte »Wanderschule« von Haus zu Haus, wo sich Unterricht und gewerbliche Verrichtungen in einem Raum abspielten. Ganzjährigen Unterricht gab es allenfalls in den städtischen Bürgerschulen. Auf dem Lande wurde meist nur im Winter regelmäßig unterrichtet, wenn die Kinder nicht in der Landwirtschaft mitarbeiteten. Die einklassige Volksschule war die Regel, ebenso die Konfessionsschule. In Nassau, in der Pfalz und in Rheinhessen kam es seit 1815 unter dem Einfluß bürgerlicher Reformbeamten zur Zusammenlegung von kleinen Konfessionsschulen zu kommunalen Simultanschulen, die nach 1830 unter den Druck einer politisch motivierten Rekonfessionalisierung gerieten. Trotz amtlicher Verfügungen des Schulzwanges, die in einigen Ländern bis in die erste Hälfte des 18. Jahrhunderts zurückgingen, hatte sich der allgemeine Besuch der Volksschule noch nicht durchgesetzt. In Preußen, dessen Schulsystem relativ fortgeschritten war, besuchten 1816 etwa 60 % der schulpflichtigen Kinder die Schule. Während die wohlhabenden Familien ihre Kinder privat unterrichten ließen, waren die Unterschichten nicht in der Lage, das von den Gemeinden geforderte Schulgeld zu bezahlen. Der direkte Übergang von der Elementarschule in eine weiterführende Schule war selten, weil er, wenn er den Wechsel des Schülers vom Lande in die Stadt voraussetzte, zu kostspielig war. Das Reservoir von kirchlichen Stipendien und anderen Stiftungen war infolge der Vermögenseinbußen der Stifter zusammengeschmolzen. Überhaupt war die Kostenfrage eines der stärksten Hemmnisse einer durchgreifenden Schulreform. Solange die Gemeinden und ihre Mitglieder die Kosten für die Errichtung und Unterhaltung der Schulgebäude und für die Besoldung der Lehrer tragen mußten – und das war in der Regel auch dort der Fall, wo das Schulwesen, wie auf dem linken Rheinufer unter französischer Herrschaft, in Bayern unter Montgelas und in Preußen seit dem 18. Jahrhundert, ganz oder zum Teil verstaatlicht worden war –, blieben die staatlichen Maßnahmen oft auf dem Papier stehen. Die Verwaltung mußte nach wie vor, mangels kompetenter Beamter, die Geistlichen mit der Schulaufsicht beauftragen. In Ostelbien schob sich der Gutsherr als Schulpatron zwischen Staat und Schulgemeinde. Es liegt auf der Hand, daß auf dem Lande das Bedürfnis nach einer allgemeinen Bildung nicht groß war. Das neue Bildungskonzept mußte gegen die Gemeinden als Schulträger durchgesetzt werden. Trotz dieser ungünstigen Konstellation waren die Fortschritte in der Ausbreitung von Elementarschulen in Preußen nach 1815 beachtlich. Zwar scheiterte der Entwurf eines Unterrichtsgesetzes vom Juli 1819, der von dem dem Reformkreis angehörenden Leiter der Unterrichtsabteilung, Johann Wilhelm Süvern, ausgearbeitet worden war, am Widerstand der konservativen Kräfte. Die Zahl der Volksschulen stieg aber in Preußen von 1816 bis 1846 um 18 %, diejenige der Lehrer um 40 % und diejenige der Schüler um 108 %, womit über 80 % der Schulpflichtigen unterrichtet wurden. Auf diese Weise erweiterte sich allmählich, trotz der Wendung zu einer konservativen, standesbezogenen Schulpolitik, die sich in Preußen seit 1822 gegen die Erzeugung von »Halbbildung« oder »Überbildung« richtete und in Bayern seit etwa 1825–1830 unter dem Namen einer »teutschen Schule« die »gemütliche religiöse Volksbildung« anstrebte, die Basis der bürgerlichen Öffentlichkeit als Voraussetzung einer Politisierung der Bevölkerung.

Lehrerbildung   In dieselbe Richtung wirkte sich die Übernahme der Lehrerbildung durch den Staat aus. In der Ständegesellschaft hatte der Volksschullehrer, zumal auf dem Lande, am unteren Ende der sozialen Skala gestanden. Unzureichend besoldet, hatte er sein Leben nur durch die Übernahme von Nebenbeschäftigungen, als Küster, Gemeindeschreiber oder durch die Ausübung eines sitzenden Handwerks fristen können. Andererseits war er Glied der bäuerlichen Gemeinschaft und damit sozial eingebunden. Seit Beginn des Jahrhunderts, in Bayern zuerst 1809, in Preußen systematisch seit den 20er Jahren, wurden staatliche Lehrerseminare gegründet, deren Absolventen seit den 30er Jahren die alten, durch Autodoxie gebildeten Schulmeister ablösten. Einheitliche Ausbildungspläne, die meistens eine Synthese berufsnaher Ausbildung mit Elementen einer allgemeinen Bildung boten (wobei im Zuge der Reaktion die letztere zugunsten der ersteren und einer religiös fundierten Obrigkeitshaltung reduziert wurde), sowie die Einführung eines geordneten Prüfungswesens trugen dazu bei, daß ein seiner bildungspolitischen Funktion bewußter Berufsstand des Volksschullehrers heranwuchs. Er fiel aus der alten Gesellschaftsordnung heraus, war aber sozial noch nicht den höheren Ständen des Bildungsbürgertums gleichgestellt. In Bayern blieben die Volksschullehrer von der Klasse der »pragmatischen Staatsdiener« ausgeschlossen, denen Unabsetzbarkeit und Pension gesichert waren. In Baden wurde noch 1831 die Aufnahme der Lehrer in die Witwenkasse der Beamten mit der Begründung abgelehnt, sie hätten noch nicht den Grad an Bildung erreicht, der es gestatte, sie mit den Staatsdienern »ohne Beschimpfung der Letzteren« auf eine Stufe zu stellen. Die Diskrepanz zwischen neuem Anspruch und tatsächlicher Anerkennung wurde noch dadurch verstärkt, daß an den Lehrerseminarien oft – auch noch nach Beginn der Reaktion – im Geiste Pestalozzis und des Neuhumanismus ausgebildet wurde, während die Schulpraxis durch die unzureichende Besoldung, die fortdauernde Aufsicht durch Geistliche und durch politische Gesinnungskontrolle gekennzeichnet war. Seit Anfang der 20er Jahre entstanden zuerst in Bayern (Nürnberg und Pfalz 1821), bald auch in anderen Staaten Lehrervereine, die zunächst von der Verwaltung gefördert wurden und der Fortbildung dienten, sich aber im Vormärz der Standespolitik zuwandten. Nicht wenige Lehrer traten in politische Opposition zu Staat und Kirche und den mit ihnen verbundenen privilegierten Bildungsschichten der höheren Beamten, der Geistlichkeit und der Gymnasiallehrer.

Das System der allgemeinen Volksschule wurde in gewerblich durchsetzten Gebieten durch eine Reihe von Sonderschulformen teils ergänzt, teils unterlaufen. Als »Industrieschulen«, »Arbeits-« oder »Ökonomieschulen«, »Fabrikschulen«, »Armenschulen«, »Sonntags-« oder »Abendschulen« dienten sie vor allem dem Ziel, die durch die Auflösung des Familienverbandes (Frauenarbeit) sich selbst überlassenen oder in den arbeitsteiligen Produktionsprozeß eingegliederten Kinder der Unterschichten zur Arbeitsamkeit zu erziehen und ihnen ein Minimum an Schulbildung zu vermitteln, ohne sie der Produktion zu entziehen. Die Tradition der Waisenhauspädagogik der Aufklärung verband sich mit karitativen und ökonomischen Motiven. Träger dieser Schulen waren teils die Kommunen, teils, wie in Sachsen, in Berlin und in den Westprovinzen Preußens, die Unternehmer oder der Staat selbst als Unternehmer im Bergbau und im Hüttenwesen, zuweilen auch kirchliche oder freie Wohltätigkeitsvereine. In Württemberg wurde 1817 im Gefolge der Agrarkrise und auf Veranlassung der Königin Katharina eine Zentralstelle der Wohltätigkeitsanstalten mit dem Ziel der Arbeitsbeschaffung, der Arbeitserziehung und des Arbeitsunterrichts gegründet. Die Zahl der Industrieschulen soll hier von 40 im Jahre 1816 auf 464 im Jahre 1840 zugenommen haben. Die Bedeutung dieser Schulen, deren Praxis, je nach dem Hauptmotiv der Gründer und nach dem Ausmaß der staatlichen Kontrolle, vom bloßen Anlernen mechanischer Handgriffe (besonders im Textilgewerbe) über die Christen- und Sittenlehre bis zu einem regulären Unterricht reichte, ging seit den 30er Jahren gleichlaufend mit der Einschränkung der Kinderarbeit durch staatliche Maßnahmen zurück.

<small>Sonderschulen</small>

Das höhere Schulwesen in Deutschland blieb in den ersten Jahrzehnten des 19. Jahrhunderts trotz des Ideals einer integrierenden »Nationalerziehung« durch institutionelle und soziale Barrieren von der Volksschule getrennt. Die damit entstehende Kluft zwischen den »Gebildeten« und dem »Volk« wurde durch die Auseinandersetzung um das »humanistische« oder das »realistische« Bildungsprinzip noch vertieft. Sie wurde zumindest auf staatlicher Ebene, mit der Bevorzugung des Gymnasiums als Schultyp, zugunsten des Neuhumanismus entschieden. Das Gymnasium als ein staatlich organisierter und kontrollierter Schultyp löste auf Initiative humanistisch gebildeter Beamter nicht nur die älteren kirchlichen oder städti-

<small>Das höhere Schulwesen</small>

<small>Das Gymnasium</small>

schen Gelehrten- und Lateinschulen ab; es drängte auch die bereits bestehenden bürgerlichen Realschulen zurück.

Preußen   Führend war wiederum Preußen. Die Süvernsche Gymnasialordnung von 1812 schuf eine zehnklassige Schule mit den Hauptfächern Latein, Griechisch, Deutsch und Mathematik. Dahinter stand die Idee einer allgemeinen Bildung, in der die Beschäftigung mit der als vorbildlich aufgefaßten Antike nicht um ihrer selbst willen, sondern mit dem Ziel der Horizonterweiterung und Selbstbestimmung sowie – in den Jahren der Freiheitskriege – als Mittel zur nationalen Identifikation gefordert wurde. Die Ausbildung für das bürgerliche Berufsleben sollte Fachschulen überlassen bleiben. Bis 1830 entstanden in Preußen 110 Vollgymnasien gegenüber nur 16 höheren Schulen des »realen« Typs. In Bayern setzte sich unter dem maßgebenden Einfluß des aus Norddeutschland stammenden Neuhumanisten Friedrich Wilhelm Thiersch gegen den Widerstand altbayerischer Kreise das Gymnasium durch, hier mit einem noch stärkeren Akzent des Unterrichts auf der Antike, aber unter Ablehnung einer zu starken Formalisierung und einer bloß elitären Bildung. Fast überall in Deutschland – mit Ausnahme Österreichs, wo das höhere Schulwesen noch in der Hand geistlicher Orden lag – wurden seit den 20er Jahren die Gymnasien nach preußischem Vorbild ausgebaut und in ihrem Lehrplan auf die Vorbereitung des Universitätsstudiums ausgerichtet. Das Abitur oder die Maturitätsprüfung wurden – in Preußen endgültig 1834 – zur einzig zulässigen Qualifikation für das Universitätsstudium und damit zur Voraussetzung für den Aufstieg in die höheren Ränge der Bildungsschicht.

Die Gymnasiallehrer   Es entsprach dieser Entwicklung, daß der Gymnasiallehrer, nicht zuletzt die aufgrund des Lehrplans führenden Philologen, die sich neben ihrer pädagogischen Tätigkeit der Wissenschaft widmeten, ein elitäres Standesbewußtsein entwickelten, das durch ihre Überführung in das Beamtenverhältnis gestärkt wurde und sie deutlich von der freiberuflichen Intelligenz, vom Volksschullehrer, aber auch vom mittleren Wirtschaftsbürgertum abhob. Allerdings schickten viele Unternehmer und Kaufleute ihre Söhne um des Sozialprestiges willen auf das Gymnasium, das sie dann, sofern man nicht die Beamtenlaufbahn anstrebte, nach dem sozial auszeichnenden »Einjährigen« wieder verließen. So entstand neben der höheren Bürokratie und der Geistlichkeit ein neuer Stand von Gebildeten, der zwar berufsspezifisch differenziert war, sich insgesamt aber gegenüber den unteren Klassen abschloß. Er stand der Staats- und Gesellschaftsordnung relativ loyal, wenn auch keineswegs unkritisch gegenüber. Auch das Gymnasium blieb nach 1819 nicht von der Reglementierung und Entpolitisierung des Bildungswesens verschont. Dieser Veränderung des Reformkonzeptes kam der Trend zur Differenzierung und Arbeitsteilung auch in den Wissenschaften entgegen. Formales Training des Intellekts durch das Einüben sprachlicher Regeln auf der einen, Verbindung eines breiten Wissensenzyklopädismus mit einem unpolitischen humanistischen Überbau auf der anderen Seite sowie die Zurückdrängung der Ansätze zu einer politischen Bildung bestimmten seither das Bild des Gymnasiums.

Das Realschulwesen   Der pädagogische Neuhumanismus konnte den Bedarf der sich entfaltenden Industrie nach berufsnah und praktisch ausgebildeten Bürgern nicht befriedigen. Die Forderung eines höheren Schultyps, der in Anknüpfung an die älteren »Realschulen« oder höheren »Bürgerschulen« diesem Bedürfnis entgegenkam, war unabweisbar und fand auch in der preußischen Bürokratie Anhänger. Der ehemalige Hauslehrer der Gebrüder Humboldt, Gottlob Johann Christian Kunth, der 1816 das Amt eines General-Handelskommissars erhielt, und der Direktor für Handel und Gewerbe im Innenministerium, Peter Christian Beuth, setzten sich im Interesse einer »Erziehung zur Industrie« für den Ausbau des Realschulwesens ein, zunächst ohne großen Erfolg. Zwar wurden seit den 20er Jahren einige Real- und Bürgerschulen zu sogenannten »Realgymnasien« umgewandelt, deren Lehrplan auf Griechisch verzichtete und die lebenden Sprachen und die Naturwissenschaften stärker berücksichtigte. Als solche bildeten sie eine Mischform des humanistischen und realen Schultyps, ohne die Hochschulreife zu vermitteln. Johannes Schulze, der Leiter des preußischen Erziehungswesens, schrieb noch in den 20er Jahren, die Bürgerschule diene zwar dem Erwerb nützlichen Wissens für die praktische Seite des Lebens, sei aber für die Vermittlung der höchsten Werte untauglich.

In Bayern scheiterte der Versuch der Einrichtung zweier getrennter Schultypen zunächst am Widerstand von Thiersch. In vielen Fällen ergriffen die wirtschaftlich aktiven Bürger in handels- und industriereichen Städten sowie die Kaufmannskorporationen und Handelskammern die Initiative zur Gründung von kommunalen Real- und Mittelschulen. Seit den 20er Jahren wurden vereinzelt in größeren Städten Gewerbeschulen oder Handwerkerschulen gegründet, wobei man sich an französische Vorbilder anlehnte. In Gotha wurde 1818 auf Veranlassung eines kaufmännischen Vereins eine Handelsschule errichtet. Treibende Kraft war der Kaufmann Ernst Wilhelm Arnoldi, einer der Vorkämpfer der deutschen Zolleinigung. In Hohenheim bei Stuttgart entstand nach 1817, zunächst als Forschungsinstitut neben der Hohen Karlsschule, dann als selbständige Einrichtung, eine landwirtschaftliche Fachschule; eine ähnliche Anstalt bestand seit 1818 in Idstein im Herzogtum Nassau. In Württemberg wurden außerdem seit 1825 in den meisten Städten »Sonntags-Gewerbeschulen« zur beruflichen Fortbildung gegründet, während das Realschulwesen erst seit den 30er Jahren ausgebaut wurde. Das im Jahre 1821 in Berlin unter Förderung von Beuth zum Zwecke der Ausbildung von Technikern geschaffene Gewerbeinstitut war eine höhere Bildungsanstalt. Als Unterbau wurden in den preußischen Provinzen Handwerks- und Gewerbeschulen eingerichtet, auf denen Schüler mit Elementarbildung auf einen handwerklich-technischen Beruf oder auf den Besuch der weiterführenden Berliner Anstalt vorbereitet wurden. Der Staat übernahm die Ausbildungskosten der Zöglinge des Gewerbeinstituts: neben Handwerkersöhnen auch Schüler aus Beamten- und Offizierskreisen. Dieser bescheidene Versuch einer staatlichen Ausbildungsförderung für das Gewerbe – von 1820 bis 1850 durchliefen etwa 100 Schüler das Gewerbe-Institut – hat die wachsende Entfremdung zwischen dem Verwaltungsstaat und dem liberalen Wirtschaftsbürgertum im Vormärz nicht verhindert.

Gewerbeschulen

Die Umwandlung der deutschen Universität aus einer korporativ organisierten und schulmäßig ausbildenden Hochschule in eine »von allem Zunftzwang befreite allgemeine wissenschaftliche Bildungsanstalt« (so der preußische Kabinettrat Beyme für Berlin) war um 1815 voll im Gange. Die Gründung der Universität Berlin, die preußischen Neu- oder Wiedergründungen in Breslau (1811) und Bonn (1818), die Restauration der verfallenen kurpfälzischen Universität Heidelberg (1806), die Tübinger Reform von 1811 sowie die Verlegung der alten bayerischen Universität Ingolstadt-Landshut nach München (1826) sind äußere Stationen auf diesem Weg, der keineswegs gleichsinnig verlief, zumal eine Reihe älterer, vor allem katholischer Universitäten den politischen Veränderungen seit dem Ende des 18. Jahrhunderts zum Opfer gefallen war. Die Reform der Universitäten durch die Kultus- und Unterrichtsbehörden und ihre wachsende finanzielle Abhängigkeit vom Fiskus haben den Einfluß des Staates auf ihre Organisation, nach 1819 im Zeichen der Demagogenverfolgung auch auf den Lehrbetrieb, noch verstärkt. Die ordentlichen Professoren, die mit der Übernahme der Besoldung durch den Fiskus und der staatlichen Berufungspraxis zu Staatsbeamten im modernen Sinne wurden, waren die alleinigen Träger der Universitätsselbstverwaltung unter staatlicher Kontrolle. Das Humboldtsche Konzept der Einheit von Forschung und Lehre, das durch das Prinzip der Trennung der Wissenschaft von ihrer Anwendung ergänzt wurde, konnte sich gegenüber der traditionellen Aufgabe der Ausbildung von Staatsbeamten – Juristen und Theologen – und von Ärzten, wozu nun diejenige der Gymnasiallehrer trat, nur unvollkommen durchsetzen. Das neuhumanistische Bildungsideal schlug sich in der Umwandlung der philosophischen Fakultät aus einer propädeutischen Einrichtung zu einer zweckfreien und gleichberechtigten Fakultät nieder. In ihr dominierten die historisch-philologischen Fächer gegenüber den Naturwissenschaften. Es blieb nicht aus, daß sich der Gegensatz von »Humanismus« und

Die Universitäten

Polytechnische Institute
»Realismus« auf der Hochschulebene wiederholte. Ausgehend von Graz und Wien, wo schon bis 1815 polytechnische Institute gegründet worden waren, und unter dem Einfluß des französischen Fachhochschulwesens entstanden als Vorstufen der technischen Hochschulen in Deutschland Polytechnika, zuerst 1825 in Karlsruhe (durch die Zusammenlegung einer bestehenden Bau- und Ingenieurschule unter Förderung des Geheimrates Nebenius), dann in Berlin mit dem Gewerbeinstitut (1821), in München (1827) und anderen Städten. Sie traten neben die älteren Bergakademien. Auch die Universitäten selbst wurden im Zuge der unvermeidlichen Spezialisierung immer mehr zu einer Klammer von Einzelwissenschaften mit eigenen Seminaren und Instituten. Sie wahrten aber durch das weitgehende Monopol der Ausbildung für den Staatsdienst ihre Vorrangstellung. Gerade in dieser Hinsicht bestand durchweg, trotz des Vordringens neuhumanistisch-historischer Bildungselemente in die Lehre, eine bemerkenswerte Kontinuität zur Universität des 18. Jahrhunderts als Beamtenschule.

Die Studenten
Als Folge der Staats- und Bildungsreform und nach den unruhigen Jahren der Freiheitskriege, an denen viele Studenten als Freiwillige teilnahmen, wuchs die Zahl der Studierenden nach 1815 rasch an. Im späteren Reichsgebiet stieg sie von etwa 7700 (1817) bis Ende der 20er Jahre auf über 15000 an, wozu noch etwa 2000 Studenten deutscher Nationalität in Österreich kamen; das waren 0,6 % der Gesamtbevölkerung. Etwa die Hälfte der Studierenden kam aus Akademikerfamilien, während sich die übrigen aus dem Adel, aus wohlhabenden Kreisen des Besitzbürgertums und aus dem Kleinbürgertum rekrutierten. Nach 1830 ging die Studentenzahl, besonders unter den Juristen und Medizinern, dagegen noch nicht unter den Philologen, gleichlaufend mit einer Stagnation oder Reduktion des Personalbestandes der höheren Bürokratie, zurück. Die soziale Kluft zwischen einer freiberuflichen Akademikerschicht, zu der auch die unbesoldeten Privatdozenten gehörten, und einer im Staatsdienst oder im Kirchendienst tätigen Bildungsaristokratie begann sich zu erweitern.

Bürgerliche Bildungsorgane
Neben den institutionellen Veränderungen des Erziehungssektors durch den Staat und wenig berührt durch die dabei ausgefochtenen pädagogischen und politischen Positionskämpfe suchte der bürgerliche Mittelstand sein wachsendes Bildungsbedürfnis auf vielerlei Weise zu befriedigen: durch den Ausbau bestehender geselliger Einrichtungen und mit den Mitteln des literarischen Marktes. Hier bestand eine ausgesprochene Kontinuität zur bürgerlichen Aufklärung des späten 18. Jahrhunderts, auch wenn die Intensität des Bildungseifers in den Jahren der politischen und kriegerischen Unruhen zeitweilig zurückgegangen war. Die Jahrzehnte vom späten 18. bis zum ersten Drittel des 19. Jahrhunderts waren durch den Übergang von der intensiven Wiederholungslektüre weniger Literatur zur extensiven Lektüre jeweils neuer Druckerzeugnisse gekennzeichnet. Das äußerte sich in der quantitativen Zunahme an literarischen Zeitschriften und Unterhaltungsblättern verschiedenen Niveaus, an der sprunghaften Vervielfachung der trivialen und gehobenen Romanliteratur, die in den Städten an die Stelle der kirchlichen Erbauungsliteratur trat. Man hat die Zunahme der Leserschicht in Deutschland von 15 % der erwachsenen Bevölkerung im Jahre 1770 auf etwa 40 % der Bewohner ab dem sechsten Lebensjahr im Jahre 1830 geschätzt. Es entsprach dieser »Leserevolution« *(Rolf Engelsing)*, daß in den seit der Jahrhundertwende entstehenden »Museums«-, »Harmonie«- und »Kasino«-Gesellschaften oft besondere Lesekabinette eingerichtet wurden, die in den Lesegesellschaften des 18. Jahrhunderts, die zum Teil weiterexistierten, ihre Vorläufer besaßen. Die Lesegesellschaften waren zum Teil Gründungen von Buchhändlern, die die neueste Literatur – Zeitungen, Zeitschriften und Bücher – an die Mitglieder der Gesellschaften ausliehen. Um 1800 soll es in der westfälischen Grafschaft Mark über 20 solcher

Gesellschaften gegeben haben, die ohnehin in allen größeren und mittleren Städten existierten und gelegentlich zu Treffpunkten politisch interessierter Bürger wurden. Dagegen setzte die Gründung öffentlicher Bibliotheken, von wenigen Ausnahmen abgesehen, erst gegen Ende der 20er Jahre ein. *Gervinus* stellte in seiner »Geschichte des 19. Jahrhunderts seit den Wiener Verträgen« (1855) für die 20er Jahre die »alle Gegenden durchdringende Verbreitung des Buchhandels« fest, was sich freilich, wie der bekannte Buchhändler Friedrich Christoph Perthes 1816 feststellte, angesichts der Dominanz der in der Landwirtschaft tätigen Bevölkerung, noch in Grenzen hielt. All dies geschah infolge der allgemeinen Ruhebedürftigkeit nach 1815 und der Zensur seit 1819 in durchaus unpolitischen Formen. Auf lange Sicht hat jedoch die Intensivierung der Lesegewohnheiten und die damit verbundene Verbreiterung des bürgerlichen Wissensstandes der Weckung des Interesses an kulturellen und politischen Fragen auf überlokaler und überregionaler Ebene Vorschub geleistet. Ein Bindeglied zwischen unpolitischer Belehrung und politischer Bildung wurden die nach westeuropäischem Vorbild konzipierten und auf die besonderen Bedürfnisse der bürgerlichen Leser eingerichteten Konversationslexika, unter denen das in mehreren Auflagen erschienene Werk des Leipziger Verlages Brockhaus am weitesten verbreitet war. In der öffentlichen Anzeige zur fünften Auflage (1820) hieß es, daß sein Inhalt »allen Ständen und Individuen, insofern sie zu den Gebildeten gehören, zugänglich« sei und man es »ebenso häufig bei unseren Landleuten, auf den Putztischen der Damen und in den Bureaus der Geschäftsmacher« finde. Kein Wunder, daß die Wortführer des südwestdeutschen Liberalismus, Rotteck und Welcker, die Publikationsform des Lexikons wählten, um ihre politischen Ideen unter das »Volk«, sprich: unter den bürgerlichen Mittelstand, zu bringen.

III. DIE ZEIT DER RESTAURATION (1816–1830)

1. Die Anfänge des Deutschen Bundes und die Unterdrückung der Einheitsbewegung

Die Anfänge des Deutschen Bundes als einer effektiven politischen Organisation standen unter keinem günstigen Stern. Schnell stellte sich heraus, daß die Staatsmänner des Wiener Kongresses nicht in der Lage gewesen waren, die sich aus der föderativen Struktur Deutschlands ergebenden verfassungspolitischen Probleme so weit abzuklären, daß der Bund den Auftrag erfüllen konnte, das staatliche Bedürfnis nach Stabilität und Sicherheit zu befriedigen und mit der Lösung gesellschaftspolitischer Fragen zu verbinden, die in der Bundesakte genannt worden waren. Dazu waren die Interessen der Beteiligten schon beim Abschluß des Bundesvertrages zu weit auseinandergegangen. Die unter Zeitdruck verabschiedete Bundesakte hatte vieles offengelassen. Die Bundesversammlung wurde in den ersten Jahren mit einer Reihe von Problemen konfrontiert, die sich aus den Bestimmungen der Bundesakte selbst, aus unterschiedlichen Auffassungen über die Funktion des Bundes und aus der Spannung zwischen der Bundesverfassung und dem Erwartungshorizont vieler Patrioten ergaben. Ob und wie der Bund mit ihnen fertig wurde, mußte Aufschluß über seine Entwicklungsfähigkeit geben.

Eröffnung der Bundesversammlung im November 1816

Nach langer Verzögerung, die durch die sich hinziehenden Verhandlungen zur Regelung der offenen Territorialfragen verursacht worden war, wurde die Bundesversammlung Anfang November 1816 mit Reden des österreichischen Präsidialgesandten Graf Buol-Schauenstein eröffnet. In ihnen wurde die Problematik einer aktiven Bundespolitik noch einmal mit pathetischen Deklamationen, mit der Beteuerung, daß durch den Bund »Deutschland als Ganzes« und die »hohen und wahren Interessen der Nation« anerkannt worden seien, überdeckt. Zwar wurde die Realisierung der besonderen Bestimmungen der Bundesakte angekündigt, zugleich aber erklärt, daß der Deutsche Bund kein Bundesstaat, sondern ein Staatenbund sei. Damit war die Grenze des Handlungsspielraumes der Bundesversammlung deutlich markiert. Die Interpretation entsprach dem Buchstaben der Bundesakte und kam den Interessen der auf ihre Souveränität bedachten Mittelstaaten entgegen. Die Staaten des Dritten Deutschland sahen in dem Bund, wie er aus den Verhandlungen von 1815 hervorgegangen war, primär einen Schutzwall gegenüber Hegemoniebestrebungen Preußens, weniger Österreichs, und waren darauf bedacht, diese defensive Funktion zu stärken. In dieser Politik konnten sie zunächst mit dem Wohlwollen Metternichs rechnen, der in ihr ein Gegengewicht zu preußischen Ambitionen im Bunde sah. Die Konstellation änderte sich, als der österreichische Staatskanzler unter dem Eindruck des nationalen Radikalismus und im Einvernehmen mit Preußen eine Politik der Stärkung des Bundes im Interesse der Reaktion einleitete, was nicht ohne fragwürdige Manipulationen der Bundesverfassung abging. Es zeigte sich, daß ein einheitliches Vorgehen der beiden Vormächte, das meist auf diplomatischem Wege außerhalb des Bundestages vorbereitet wurde, eine gemeinsame Politik des Dritten Deutschlands in Frankfurt erschwerte oder gar unmöglich machte. Die erste Phase der Bundesgeschichte endete bereits 1819/20 mit der Sanktionierung der in Karlsbad beschlossenen Reaktion durch den Bundestag und in der Wiener Schlußakte. Der Bund ging formal gestärkt aus ihr hervor, war aber de facto zu einem Instrument der repressiven Politik Österreichs und Preußens und der ihnen beflissen oder auch nur widerwillig folgenden Regierungen der Mittel- und Kleinstaaten geworden.

Die Bundesversammlung wurde zunächst mit einer Fülle von Petitionen einzelner Bittsteller sowie mit Beschwerden von Interessentengruppen verschiedenster Art überschwemmt, die von ihr die rechtliche Erledigung von Ansprüchen an einzelne Bundesglieder oder an deren Vorgänger erwarteten. Darüber hinaus befaßte sie sich mit der Vorbereitung der in der Bundesakte in Aussicht gestellten »Anordnungen über gemeinsame Bundeseinrichtungen« (Artikel 6). Beide Problemkreise hingen zusammen, da die vom Bund erwarteten Entscheidungen oft die Klärung der schwierigen Kompetenzprobleme voraussetzten. Die Bundesversammlung tagte anfangs zweimal, später einmal wöchentlich. Der Geschäftsgang wurde durch die Bindung der Bundestagsgesandten an Instruktionen erschwert, was bei dem Erfordernis der Einstimmigkeit von vielen Beschlüssen zu erheblichen Verzögerungen führte und dem Bund den Ruf einer »stillvergnügten Nichtigkeit« *(Heinrich von Treitschke)* einbrachte. Es entsprach dieser Situation, daß es zur Ausbildung einer unmittelbaren Zuständigkeit des Bundes im Bereich der ordentlichen Zivil- und Strafgerichtsbarkeit nicht kam. Die Errichtung eines oft gewünschten Obersten Bundesgerichts war schon auf dem Wiener Kongreß ausgeschlossen worden. Das einzige, was der Bundestag auf diesem Gebiet in den ersten Jahren zustande brachte, war eine Austrägalordnung, in der das Verfahren zur Beilegung von Streitigkeiten zwischen Bundesgliedern festgelegt wurde. Darin war vorgesehen, daß ein von Fall zu Fall zu bestellender oberster Gerichtshof eines Landes die letzte Entscheidung im Namen und im Auftrag der Bundesversammlung fällen sollte. Die Ordnung konnte nicht verhindern, daß in vielen Verfahren die Zuständigkeit des Austrägalgerichts mit der Begründung bestritten wurde, es handele sich bei den strittigen Fragen um Souveränitätsrechte, die ihrer Natur nach der gerichtlichen Klärung entzogen seien. Beschlüsse über die Beilegung von Verfassungsstreitigkeiten zwischen den Landesherren und den Landständen sowie zwischen den Mediatisierten und ihren Souveränen kamen erst 1834 und 1842 zustande.

Verfahrensfragen

Daß Metternich nicht gesonnen war, eine Beeinträchtigung der Souveränität der Gliedstaaten auf dem Wege der Inanspruchnahme des Bundes durch Untertanen zuzulassen, erwies sich paradigmatisch in dem Streit der westphälischen Domänenkäufer mit dem Kurfürsten von Hessen. Trotz einer schon im Ersten Pariser Frieden ausgesprochenen Eigentumsgarantie hatte der Kurfürst in einer seiner ersten Regierungsmaßnahmen sämtliche Domänenverkäufe der westphälischen Regierung für nichtig erklärt und die Depossedierung der Erwerber angeordnet. Als er eine gerichtliche Klärung der Frage durch Eingriffe in die richterliche Unabhängigkeit zu verhindern verstand, wandte sich zunächst einer der Betroffenen beschwerdeführend an den Bundestag. Dieser forderte im März 1817 den Kurfürsten auf, die Sache auf rechtliche Weise beizulegen und empfahl dem Kläger, sich im entgegenstehenden Falle wieder an den Bund zu wenden. Nicht nur der Kurfürst protestierte in Frankfurt gegen diese Einmischung in innere Landesangelegenheiten. Auch Metternich rügte seinen Gesandten, daß er das Vorgehen des Bundestages zugelassen hatte. Der Minister konnte nur durch preußische Vermittlung von einer förmlichen Mißbilligung des Bundesbeschlusses abgehalten werden. Alle weiteren Beschwerden der westphälischen Domänenkäufer gegen das zweifellos rechts-

Der Bundestag und die westphälischen Domänenkäufer

widrige Vorgehen des Kurfürsten oder, nach 1844, des Herzogs von Braunschweig, wurden stereotyp mit Inkompetenzerklärungen des Bundestages abgewiesen. Angesichts dieser Rücksichtnahme auf die einzelstaatliche Souveränität war es nicht verwunderlich, daß die Bundesversammlung in ihrem Bemühen, die exekutiven Kompetenzen des Bundes durch eine Bundeskriegsverfassung sowie durch Bestimmungen über die Bundesintervention oder -exekution auszubauen, zunächst keine Fortschritte machte, zumal in diesem Bereich zu der Empfindlichkeit der Klein- und Mittelstaaten Meinungsverschiedenheiten zwischen Österreich und Preußen traten. Erst 1820/21 kam es unter veränderten politischen Voraussetzungen zu einer Einigung in diesen Fragen.

Die deutsche Burschenschaft — Es waren die Forderungen und Aktionen der über die einzelstaatlichen Grenzen hinweggreifenden Nationalbewegung, die in der deutschen Burschenschaft ihren organisatorischen Kern besaß, die den Bund seit etwa 1817/18 in den Augen Metternichs, aber auch anderer Regierungen zu einem geeigneten Instrument einer gesamtdeutschen Reaktionspolitik werden ließen. Die seit 1814/15 an verschiedenen mittel- und süddeutschen Universitäten sich bildenden burschenschaftlichen Einheitsbünde waren Versuche der studentischen Selbsthilfe mit dem Ziel, den einzelnen Studenten aus der akademischen Isolierung herauszuführen oder ihn aus unzeitgemäßen Formen studentischen Gemeinschaftslebens zu befreien. Indem sie sich gegen die Zersplitterung und Verrohung des studentischen Lebens in den alten Landsmannschaften wandten, waren sie Ausläufer der von der bürgerlichen Aufklärung ausgehenden Bewegung zur Zivilisierung und moralischen Erziehung der Studenten wie der bürgerlichen Gesellschaft überhaupt. Insofern reichten ihre Vorstufen, vor allem in den Studentenorden, in das 18. Jahrhundert zurück. Was die Burschenschaft aber von älteren Zusammenschlüssen unterschied, war ihre Rolle als politische Studentenorganisation, die allgemeine national- und gesellschaftspolitische Ziele verfolgte. Vielen Studenten, die nach ihrer freiwilligen Teilnahme am Befreiungskrieg an die Universitäten zurückkehrten, erschien der Begriff des deutschen Vaterlandes, den sie sich unter dem Einfluß der »deutschen Bewegung«, vor allem akademischer Lehrer wie Fichte, Arndt und des Turnvaters Jahn, aus der Verbindung von Volkstumslehre, christlicher Erweckung und Freiheitsliebe gebildet hatten, durch den Kampf gegen den Nationalfeind gefestigt genug, um unmittelbar in die politische Einheit Deutschlands umgesetzt werden zu können. Als sich diese Hoffnung nicht erfüllte, fanden sie sich mit Professoren und anderen Akademikern zusammen, um dem Nationalgeist wenigstens an den Universitäten und höheren Schulen eine gemeindeutsche Heimstatt zu schaffen. Aus dieser Absicht und unter zum Teil direkter Anknüpfung an nationale Vereinigungen aus der Zeit der Befreiungskriege entstanden seit 1815 burschenschaftliche Verbindungen. Man gab sich eine eigene Verfassung und stellte sich unter den Wahlspruch »Ehre, Freiheit, Vaterland«. Auf Vorschlag Jahns wählte man die Farben des Lützower Freikorps Schwarz-Rot-Gold als Symbol. Man sah sie später irrtümlich als die alten Reichsfarben an. Sie wurden zum Symbol der liberal-demokratischen Einheitsbewegung. Über die Grenzen der Einzelstaaten hinweg traten die einzelnen Burschenschaften in Beziehung, durch Korrespondenzen, Besuche und Wechsel des Studienplatzes. Es entstand eine gesamtdeutsche Bewegung, die nach dem Willen ihrer Mitglieder das unbefriedigende föderative System des Bundes durch einen Studentenstaat überlagern sollte, der als Vorreiter eines Nationalstaates gedacht war. Hatte Arndt 1815 in seinem Aufsatz »Über den Studentenstaat« von den Professoren gefordert, daß sie über die Totenfelder der Gelehrsamkeit hinweg der Jugend »die gewaltige Wahrheit und Majestät des Lebens« vorhalten sollten, so bekannten sich die »Grundsätze und Beschlüsse« der Burschenschaft vom Oktober 1818 zum Studium derjenigen Wissenschaften, »die den Geist über Volk und Vaterland und über alle öffentlichen Verhältnisse aufklären und die Gesinnung für Volk und Vaterland zu läutern und zu kräftigen vermögen: Moral, Politik, Geschichte«.

Die erste Burschenschaft wurde im Juni 1815 in Jena von Vertretern der vier Landsmannschaften und der nichtkorporierten Studenten gegründet, nachdem schon 1814 ehemalige Angehörige des Lützower Freikorps eine »Deutsche Wehrschaft« gebildet hatten. Da die Mitglieder nur ein einziges Vaterland, das deutsche, anerkannten, sollte es künftig an jeder Universität, so hoffte man wenigstens, eine einzige Studentenverbindung, eben die Burschenschaft, geben. In Jena gingen kurzfristig alle Verbindungen in der Burschenschaft auf. Von hier aus griff die Bewegung auf andere Universitäten über. Zentren waren die mitteldeutschen Hochschulen: Jena, Halle, Leipzig, Gießen, ferner die protestantischen Universitäten in Süddeutschland: Erlangen, Heidelberg und Tübingen. Aber auch Freiburg, das unter badischer Herrschaft den exklusiv katholischen Charakter eingebüßt hatte, sowie in Norddeutschland Berlin als Zentrum der Jahnschen Turnerbewegung und Kiel, dann Breslau und Königsberg waren Stützpunkte. Die Führung lag bei solchen Universitäten, an denen die Bewegung von Professoren und Dozenten gefördert wurde, in Jena von dem Historiker Heinrich Luden und dem Philosophen Jakob Friedrich Fries, in Gießen von Karl Theodor Welcker und dem Dozenten Karl Follen, ferner von den Gebrüdern Wilhelm und Ludwig Snell (der eine Jurist, der andere Pfarrer), in Berlin von Jahn, Schleiermacher und dem Theologen de Wette, in Kiel von dem Mediziner Hegewisch.

Ausbreitung und Organisation

Das Ziel einer Organisierung möglichst aller Studenten in der Burschenschaft wurde zu keiner Zeit ihres Bestehens auch nur annähernd realisiert. Von insgesamt etwa 6000 bis 10000 Studierenden um 1815 gehörten ihr allenfalls 1000 bis 2000 an. Sieht man von Jena ab, wo die Burschenschaft infolge der Erfassung der meisten Studenten dauernd von Richtungskämpfen erschüttert wurde, waren in Halle zeitweilig ein Drittel der Studenten Burschenschafter, in Heidelberg 170 von etwa 600 Studenten, an den anderen Universitäten jeweils nur wenige, jedenfalls unter 100. Die etwa 500 Teilnehmer am Wartburgfest repräsentierten, wenn man die nicht den Burschenschaften angehörenden Sympathisanten (etwa ein Fünftel) ausklammert, den Kern der Verbindung, der sich mit ihren allgemeinen politischen Zielen identifizierte. Noch in einem anderen Sinne äußerte sich der Anspruch der Burschenschaft auf Allgemeinheit. Sie gab sich eine demokratische Verfassung. Die herkömmliche Unterscheidung zwischen Fuchs und Herr wurde aufgegeben, keine Standesgrenzen wurden akzeptiert. Man zielte im studentischen Bereich — ebenso wie die Freimaurerlogen im 18. Jahrhundert — auf das ab, was politisch-gesellschaftlich Staatsbürgertum genannt wurde. So legte etwa Heinrich von Gagern als Jenaer Burschenschafter ausdrücklich sein Adelsprädikat ab. Viele der von Hause aus schlecht gestellten Theologen fanden jetzt erst Anschluß an das Verbindungsleben, wie überhaupt die Juristen und Theologen, also künftige Beamte, die meisten Teilnehmer am Wartburgfest stellten, das allerdings auch ein religiöses Erinnerungsfest war. Nach ihrer Herkunft dominierten die Bildungsbürger, entsprechend der üblichen Selbstergänzung des Akademikerstandes. Die Studenten kamen meist aus Pfarrers- und Beamtenfamilien, darunter oft Beamtenadel. In einer Beziehung wurde allerdings das Prinzip der Allgemeinheit durchbrochen. Die betont christliche Haltung der Burschenschaften schloß die Aufnahme jüdischer Studenten aus.

Die erste politische Aktion der Burschenschaft von überregionalem Zuschnitt war das Fest der studentischen Jugend auf der Wartburg am 18. Oktober 1817. Es war von dem Großherzog Carl August von Sachsen-Weimar und seiner Regierung unter Anerkennung der »löblichen« Ziele der Studenten genehmigt worden und verband, in einer für den frühen Nationalismus charakteristischen Weise, die Erinnerung an die religiöse Befreiung des deutschen Volkes durch die Reformation Luthers mit der Feier der kriegerisch-politischen Befreiung Deutschlands von der Fremdherrschaft in der »Völkerschlacht« von Leipzig. Die Professoren Fries und Oken sprachen zu den rund 500 Teilnehmern, die aus mindestens elf Universitäten gekommen waren. Der studentische Festredner verband die Kritik am Deutschen Bund mit dem Lob des Landesherrn Carl August, weil er als einziger sein Verfassungsversprechen eingelöst habe. Größeres Aufsehen als der eigentliche Festakt erregte die von einigen radikalen Studenten veranstaltete Verbrennung »undeutscher« Schriften, darunter des Code Napoléon, Kotzebues »Deutsche Geschichte«, Hallers »Restauration der Staatswissenschaft« sowie

Das Wartburgfest am 18. Oktober 1817

Bücher der preußischen konservativen Bürokraten Ancillon, Kamptz und Schmalz, schließlich Ulanenschnürleib, Korporalstock und Zopf als Symbole des einzelstaatlichen stehenden Heeres. Die Regierungen, an ihrer Spitze Metternich und der preußische Minister Wittgenstein, später auch der durch verwandtschaftliche Beziehungen mit Weimar verbundene Zar, sahen in dem Akt, der durch das unzutreffende Gerücht der Verbrennung der Bundesakte und der Akte der Heiligen Allianz den Anschein einer revolutionären Demonstration bekommen hatte, eine Art Majestätsbeleidigung und verlangten von Carl August, den Metternich spöttisch den »Altburschen« nannte, ein Vorgehen gegen den studentischen »Geist des Jakobinismus« und gegen die beteiligten Professoren. Der Großherzog ging nur zögernd, jedenfalls bei weitem nicht mit der von ihm verlangten Schärfe, auf diese Forderung ein. Preußen verbot schon im Dezember 1817, also lange vor der Gründung der »Allgemeinen Deutschen Burschenschaft« im Oktober 1818, die Verbindung an seinen Universitäten, zunächst ohne Erfolg. Die Gründungsurkunde der Burschenschaft von 1818 betonte dagegen, daß der Zusammenschluß »auf dem Verhältnis der deutschen Jugend zur werdenden Einheit des deutschen Volkes« beruhe, womit das politische Ziel klar umschrieben war.

Radikalisierung der Burschenschaft

Der beginnende Druck der Regierungen drängte die innerhalb der burschenschaftlichen Bewegung nur eine Minderheit bildenden radikalen Kräfte nach vorne und löste die Forderung nach direkter politischer Aktion aus. Besonders in Jena und Gießen entstanden Gruppen, die bereit waren, ihre Ziele nicht nur durch die Politisierung der Wissenschaft, sondern gewaltsam handelnd zu realisieren. In Jena waren es die sogenannten »Altdeutschen«, bei denen die Lehre von der Zulässigkeit, ja der sittlichen Verpflichtung zum Tyrannenmord einige Anhänger fand, in Gießen der Bund der »Schwarzen« oder »Unbedingten«, dessen Anführer, der Dozent der Rechte KARL FOLLEN, einen von den Idealen der Französischen Revolution gespeisten unitarischen und demokratischen Nationalismus vertrat. Das Ungenügen an der politischen Gegenwart förderte den Rückgriff auf das idealisierte Kaisertum des »teutschen« Mittelalters. Sein Bild verschmolz mit der Tradition der Französischen Revolution zu einem schillernden Verfassungsprogramm, in dem historische Elemente – die Reichskreise, ein Kaisertum, das allerdings ein Volkskaisertum sein sollte, Ritterideale – neben demokratischen Formen standen. Die Deutschtümelei, wie sie sich im Tragen der altdeutschen Tracht oder in der Gleichsetzung der akademischen Freiheit mit dem Ritterideal äußerte, war die Drapierung der in die Zukunft weisenden politischen Forderungen der Burschenschafter und ein Protest gegen den Zwang des spätabsolutistischen Polizeistaates. Aus den Schriften des Philosophen FRIEDRICH FRIES, der ein Schüler der Brüdergemeinde war und einen subjektiven Idealismus lehrte, bezogen die radikalen Studenten Argumente, mit denen sie den Auftrag zur politischen Tat rechtfertigten, vor allem den Begriff der »Überzeugung«, aus dem Karl Follen und seine Anhänger die Lehre vom individuellen Terror und den Grundsatz ableiteten, daß zur Durchsetzung der aus einer frei gewonnenen Überzeugung resultierenden Forderungen alle Mittel erlaubt seien. Das ethische Christentum der Burschenschafter verlieh solchen Ideen eine religiöse Weihe. Follen, der im Jahre 1818 sein Betätigungsfeld von Gießen nach Jena verlegt hatte, steigerte diese Verbindung bis zur religiösen Begründung der Revolution als Gotteswerk gegen das Teufelswerk der bestehenden Zustände und bis zum Gedanken des Märtyrertodes. Zweifellos unter Follens intellektuellem Einfluß, aber kaum unter seiner Mitwisserschaft oder Anstiftung ermordete der Jenaer Theologiestudent KARL LUDWIG SAND am 23. März 1819 in Mannheim den Schriftsteller August von Kotzebue, der in seiner Zeitschrift »Literarisches Wochenblatt« die Ideale der Studenten verspottet hatte

Ermordung Kotzebues 23. März 1819

und durch eine Indiskretion als Agent der russischen Regierung entlarvt worden war, von der man wußte, daß sie sich auf dem Aachener Kongreß für eine Aufhebung der Universitäten als Brutstätten der Revolution eingesetzt hatte. Die Wirkung der Tat, deren Motive in Kreisen des oppositionellen Bildungsbürgertums gebilligt und auf den Druck des »bestehenden Despotismus« (Görres) zurückgeführt wurden, auf die Regierungen war um so größer, als wenige Wochen später ein dem Gießener Bund der Schwarzen nahestehender Apotheker, Karl Löning, einen Anschlag auf den nassauischen Regierungsdirektor Karl von Ibell verübte.

Der österreichische Staatskanzler Metternich war davon überzeugt, daß die revolutionären Einheits- und Freiheitsbewegungen in Europa das Werk einer Verschwörung und von geheimen Gesellschaften seien, mochten sie Illuminaten, Tugendbündler, Burschenschafter oder Carbonari heißen. Als weitere gefährliche Faktoren erkannte er die akademische Freiheit auf den Universitäten, weil sie der Entstehung und Verbreitung der verderblichen Lehren Vorschub leisteten, und die freie Presse, soweit sie die Ordnung von 1815 kritisierte und Sprachrohr der liberalen und nationalen Bewegungen war. Schon auf dem Aachener Kongreß hatte Metternich, gestützt auf eine geheime Denkschrift des russischen Staatsrates Graf Stourdza, Preußen und andere deutsche Regierungen zu einem gemeinsamen Vorgehen gegen die Universitäten zu gewinnen versucht. Er konnte sich gegen den Widerstand Hardenbergs und Humboldts noch nicht durchsetzen. Die Publikation der Denkschrift Stourdzas kurz danach hat ihrerseits die Radikalisierung der Burschenschaft gefördert. Die Attentate der beiden Einzelgänger Sand und Löning, die von der Mehrheit in der Burschenschaft kaum gebilligt wurden und deren innere Zersetzung beschleunigten, lieferten Metternich den willkommenen Anlaß, um den Plan eines gemeinsamen Vorgehens der deutschen Staaten gegen die »demagogischen Umtriebe« auf eine Weise zu realisieren, durch die nicht nur die Burschenschaft, sondern generell die Universitäten sowie die Presse, darüber hinaus auch die liberale Verfassungsbewegung in die Maßnahmen einbezogen wurden. Diese Politik führte zu einer bemerkenswerten Änderung der Verfassungsstruktur des Deutschen Bundes. Hatte Metternich aus Rücksicht auf das Souveränitätsstreben der Mittelstaaten seine Gründung in der Form des Staatenbundes toleriert, so suchte er jetzt diese Souveränität zu beschränken, um die Einheitsbewegung unschädlich zu machen. Was die Kongresse der Großmächte in der europäischen Politik, das wurde die Bundesgesetzgebung für die deutsche Politik, nämlich ein Instrument der Reaktion. Es lag freilich in der Verfassung des Bundes begründet, daß Metternich, um dieses Ziel zu erreichen, ein Verfahren wählen mußte, das verfassungsrechtlich ein »Bundes-Staatsstreich« genannt worden ist *(Ernst Rudolf Huber)*.

Erste Reaktion Metternichs

Schon seit Ende 1818 wurde am Bundestag nach einer Anfrage Hannovers und auf der Grundlage einer österreichischen Denkschrift über gemeinsame Vorschriften für die akademische Disziplin, über die Entlassung »schädlicher« Professoren ohne Gerichtsverfahren und über die Unterdrückung der Burschenschaft als einer geheimen Verbindung verhandelt. Österreich berief sich darauf, daß das Universitätswesen eine gemeinsame deutsche Angelegenheit sei und in die Kompetenz des Bundes falle, der die innere Sicherheit Deutschlands und der Gliedstaaten zu gewährleisten habe. Da die zur Beratung dieser Fragen eingesetzte Bundeskommission zu keinem befriedigenden Ergebnis kam, entschloß sich Metternich, den Weg über die Herstellung eines Einverständnisses mit Preußen und über Geheimverhandlungen mit interessierten Regierungen einzuschlagen. In Berlin begann man schon im Juli 1819 mit den sogenannten »Demagogenverfolgungen«, teils auf Veranlassung des aufgeschreckten Königs, teils weil Hardenberg durch eine solche Politik seine eigenen, inzwischen bedrohten Verfassungspläne abschirmen wollte. Unter dem Eindruck von Sands Tat wurde Jahn mit einigen studentischen Anhängern verhaftet, mußte sich Schleiermacher die Überwachung seiner Predigten gefallen lassen. Die Wohnung des den Patrioten nahestehenden Buchhändlers Georg Reimer wurde durchsucht. Ein dort gefundener kritischer Brief Arndts lieferte den Vorwand, um gegen den

Anfänge der Demagogenverfolgung

gerade zum Professor der Geschichte an der neugegründeten Universität Bonn ernannten Publizisten vorzugehen. Hatte er doch Anfang 1819 im vierten Band seiner Buchfolge »Geist der Zeit« scharfe Anklagen gegen den Polizeistaat erhoben sowie Verfassung und Pressefreiheit gefordert. Zusammen mit den nach Bonn berufenen Brüdern Friedrich Gottlieb und Karl Theodor Welcker, die in Gießen der Burschenschaft nahegestanden hatten, wurde Arndt am 7. Juli verhaftet, um ein Jahr später von seinem Lehramt suspendiert zu werden. Für die liberalen rheinischen Juristen empörend war in diesem Zusammenhang die Kabinettsordre vom 20. August 1819, die alle »Angriffe und Umtriebe« gegen den König der rein polizeilichen Untersuchung und der Aburteilung nach dem altpreußischen Recht unterwarf, wodurch die Zuständigkeit der rheinischen Schwurgerichte ausgeschlossen und das Verfahren gegen Arndt dem Oberlandesgericht Breslau übertragen wurde.

Teplitzer Punktation v. 1. August 1819

Nachdem Metternich schon im April eine Ministerkonferenz der als zuverlässig geltenden deutschen Regierungen vorgeschlagen hatte, traf er sich Ende Juli in Teplitz zunächst mit dem preußischen König, den er von dem Bestehen einer Verschwörung gegen die monarchischen Gewalten überzeugte, um anschließend mit Hardenberg, dem er mißtraute, sowie den Ministern Bernstorff und Wittgenstein Grundsätze über das gemeinsame Vorgehen am Bunde festzulegen. Die Teplitzer Punktation vom 1. August 1819, die aus der Stellung Österreichs und Preußens als europäische Mächte und aus ihrer vorrangigen Mitwirkung an der Neuordnung Deutschlands das Recht der politischen Kontrolle des Bundes ableitete, nahm

Karlsbader Konferenzen 6. bis 31. August 1819

mit ihren Vorschlägen wesentliche Ergebnisse der Karlsbader Verhandlungen vorweg, die vom 6. bis 31. August 1819 zwischen Metternich, Bernstorff und den Ministern der Königreiche Hannover, Sachsen, Bayern und Württemberg, der Großherzogtümer Baden und Mecklenburg und des Herzogtums Nassau geführt wurden. Der nicht eingeladene, aber von Carl August von Weimar nach Karlsbad entsandte Minister von Fritsch wurde nur zu einer Sitzung zugelassen. Das Ergebnis der Beratungen, die sogenannten »Karlsbader Beschlüsse«, wurden schon am 20. September 1819 auf bundesrechtlich fragwürdige Weise zum Bundesgesetz erhoben. Die Bundesversammlung wurde nämlich gezwungen, innerhalb von drei Tagen über die Vorlage zu entscheiden, obwohl nach Bundesrecht die Gesandten an die Instruktionen ihrer Regierungen gebunden waren und die Frist von drei Tagen nicht zur Einholung von Instruktionen ausreichte. Das wog um so schwerer, als die Beschlüsse nicht im Engeren Rat vorbereitet worden waren, sondern auf einer geheimen Konferenz, deren Teilnehmer nur 9 der 17 Stimmen des Rates repräsentierten. Einige Gesandte gaben deshalb ihre Zustimmung im Plenum nur unter Vorbehalt ab. Um die Regelwidrigkeit zu verschleiern, wurde ein doppeltes Protokoll angefertigt, ein offizielles, das die Einstimmigkeit des Beschlusses verzeichnete, und ein geheimes, das die Vorbehalte vermerkte.

Die Bundesgesetze v. 20. September 1819

Die Karlsbader Beschlüsse richteten sich negativ gegen die Universitäten, die Burschenschaft und die freie Presse. Sie ergänzten positiv die Bundesverfassung durch die Schaffung einer zentralen Bundesbehörde und durch vorläufige Bestimmungen über die Bundesexekution. Die Beschlüsse über die Universitäten und Schulen verpflichteten die Bundesglieder, alle Lehrer aus ihrem Amt zu entfernen, die »verderbliche, der öffentlichen Ordnung und Ruhe

Überwachung von Universitäten und Schulen

feindselige oder die Grundlage der bestehenden Staatseinrichtungen untergrabende Lehren« verbreiteten. An jeder Universität sollte ein landesherrlicher Kommissar zur Überwachung des Lehrbetriebes eingesetzt werden. Er hatte für die Aufrechterhaltung der akademischen Gesetze und Disziplinarvorschriften zu sorgen, Sittlichkeit, Ordnung und äußeren Anstand unter den Studenten zu fördern und die Lehrtätigkeit der Professoren zu beobachten. Er griff damit tief in die Autonomie der Universitäten dort, wo sie bestand, ein. Die Burschenschaft wurde verboten, weil sie, was »schlechterdings unzulässig« sei, die »fortdauernde Gemeinschaft und Korrespondenz zwischen den Universitäten« pflege. Die Regierungen wurden verpflichtet, alle Universitätslehrer und Pädagogen an anderen öffentlichen Anstalten zu entlassen, die mit ihren Lehren die Grundlagen der bestehenden Staatseinrichtungen untergrüben. Aufgrund dieser Bestimmung wurden in manchen Staaten Professoren entlassen, wie etwa Fries und Oken in Jena, der Theologe de Wette in Berlin, der in einem Brief an Sands Mutter das Attentat als »schönes Zeichen der Zeit« gewertet hatte, Arndt auf dem Wege der Suspension in Bonn. Bis auf Arndt, der erst 1840 rehabilitiert wurde, erhielten sie bald eine Professur in einem anderen Fach oder an einer anderen Universität.

Das Pressegesetz, das vorläufig an die Stelle der in Artikel 18 der Bundesakte in Aussicht gestellten gleichmäßigen Verfügungen über die Pressefreiheit trat, führte für alle Zeitungen, Zeitschriften und Bücher mit einem Umfang von weniger als 20 Druckbogen die Vorzensur, für alle übrigen Publikationen die Nachzensur ein. Den Ausdruck »Zensur« vermied der Gesetzestext mit peinlicher Sorgfalt. Statt dessen war von »vorläufiger Genehmhaltung« die Rede. Die Einzelstaaten, denen ohnehin die Durchführung der Zensur oblag, wurden verpflichtet, dem Verlangen des Bundestages nach Verbot einer Schrift nachzukommen. Es war ein in den nächsten Jahrzehnten oft praktizierter Eingriff in die einzelstaatliche Souveränität, daß sich Gliedstaaten über die in einem anderen Staat erscheinenden Zeitungen oder Bücher beim Bundestag beschweren konnten und dieser ihre Unterdrückung anordnete. Der Bundestag war berechtigt, die Gliedstaaten bei der Durchführung des Gesetzes zu kontrollieren und bei dauerndem Widerstand zur Bundesexekution zu schreiten, wozu es allerdings nie kam. Besonders die Presse wurde durch die Verbotsbestimmungen, das heißt durch die Ausdehnung des Verbots von einer Nummer auf das Erscheinen überhaupt und durch die Androhung des Berufsverbotes der Redakteure, getroffen, was sich schlagartig auf die Zahl und das Niveau der Zeitungen auswirkte. Die im Gesetz vorgesehene Pressekommission des Bundestages entwickelte allerdings keine große Initiative. Die Verbotsanträge liefen meist direkt über den Bundestag. Einige Regierungen führten das Pressegesetz nur lax aus, teils aufgrund des Widerstandes in der liberalen Bürokratie, mehr aber aus Verärgerung über die Einschränkung der Souveränität zugunsten des Bundes. Der bayerische Minister von Lerchenfeld bemerkte schon im Oktober 1819, daß Deutschland durch die Bundesbeschlüsse aus einem Staatenbund in einen Bundesstaat umgewandelt worden sei.

Einführung der Zensur

Der dritte Bundesbeschluß vom 20. September 1819 setzte eine unter der Aufsicht des Bundestages stehende Zentraluntersuchungskommission in der Bundesfestung Mainz ein. Die Formulierung ihrer Aufgabe — »die gemeinschaftliche Untersuchung und Feststellung des Tatbestandes, des Ursprungs und der mannigfachen Verzweigungen der gegen die bestehende Verfassung und innere Ruhe sowohl des ganzen Bundes als einzelner Bundesstaaten gerichteten revolutionären Umtriebe und demagogischer Verbindungen« — reflektierte die Meinung Metternichs, daß Revolutionen nicht das Werk der Völker, sondern das Ergebnis der Umtriebe geheimer Gesellschaften und von Demagogen seien. Der Plan, zur Aburteilung der ermittelten Straftaten ein Bundesgericht zu schaffen, scheiterte am Widerstand des österreichischen Kaisers Franz. Aber auch Metternich war mehr an einer polizeilichen Verfolgung der Umtriebe als an einer gerichtlichen Aburteilung interessiert, zumal vorauszusehen war, daß wirklicher Hochverrat im strafrechtlichen Sinne nur schwer nachzuweisen sein würde. So entschied man sich für eine Inquisitionsbehörde, deren Kompetenz auf die Ermittlung der Tatbestände beschränkt blieb. Immerhin sollte sie auch die »Oberleitung« der in den Einzelstaaten geführten Untersuchungen haben. Die Zentraluntersuchungskommission besaß Weisungsbefug-

Die Mainzer Zentraluntersuchungskommission

nisse gegenüber den einzelstaatlichen Ermittlungsbehörden, die zur Berichterstattung aufgefordert und mit Ermittlungen beauftragt werden konnten. Sie hatte außerdem das Recht, Haft- und Haussuchungsbefehle auszustellen, zu deren Vollstreckung die Polizei in den Gliedstaaten verpflichtet war. Damit war auf einem begrenzten Feld eine Exekutivgewalt des Bundes institutionalisiert.

Die Mainzer Kommission war aus je einem Vertreter Österreichs, Preußens, Bayerns, Hannovers, Badens, Hessen-Darmstadts und Nassaus zusammengesetzt. Sie sollte ihre Untersuchungsergebnisse dem Bundestag mitteilen. In den Augen ihrer Schöpfer eine Art Verfassungsschutz des Bundes, war sie neun Jahre tätig, vom Herbst 1819 bis zum Herbst 1828. Dabei wurde umfangreiches Material zutage gefördert, das vor allem auf den Verhören der inhaftierten Personen, meist Studenten, aber auch Professoren oder Mitglieder des Hofmannschen Bundes beruhte. Diese hatten 1817 eine Verfassungspetition an den Bundestag geplant, an deren Vorbereitung auch Görres und Gießener Burschenschafter beteiligt gewesen waren. Das rechtlich relevante Ergebnis der Untersuchungen war mager. Der Nachweis hochverräterischer Unternehmungen konnte so gut wie nirgends erbracht werden. Die Zerschlagung der Burschenschaft durch die Regierungen, die mit besonderer Härte in Preußen durchgeführt wurde und dort manche Studenten jahrelang in Gefängnis- oder Festungshaft brachte, erfolgte mehr auf Initiative der Regierungen als auf Anweisung der Mainzer Kommission. Indem in den Protokollen der Kommission Fichte, Schleiermacher und Arndt als intellektuelle Urheber der nationalrevolutionären Bewegung sowie der Freiherr vom Stein, Gneisenau und selbst Hardenberg als deren Beschützer und Förderer bezeichnet wurden, hat sie den Gegnern der Reform- und Verfassungspolitik in Preußen Argumente geliefert.

<small>Ausführung der Karlsbader Beschlüsse in den Einzelstaaten</small>

Als Bundesgesetze bedurften die Karlsbader Beschlüsse der landesgesetzlichen Verkündigung und Vollziehung. Die preußischen Ausführungsverordnungen vom Oktober und November 1819, die in den folgenden Jahren durch weitere Vorschriften zur Verfolgung und Bestrafung der Burschenschaft ergänzt wurden, gingen inhaltlich und an Schärfe über die Bundesbeschlüsse hinaus und haben dort das System der Demagogenverfolgung komplettiert. Dagegen stieß die Ausführung der Karlsbader Beschlüsse in Bayern und Württemberg auf Widerstand. In München lehnten sich die verfassungstreuen Minister Lerchenfeld und Zentner, aber auch Feldmarschall Wrede und der Kronprinz gegen die vom Außenminister Rechberg gebilligten Bundesbeschlüsse auf, weil sie mit der bayerischen Verfassung nicht zu vereinbaren seien. Man einigte sich auf einen Kompromiß, indem man sie, ohne daß man die Bezeichnung »Bundesbeschlüsse« erwähnte, unter dem Vorbehalt verkündete, daß sich die bayerische Behörden nur im Rahmen der Verfassung und der Gesetze des Königreiches nach ihnen richten sollten. Der König von Württemberg stellte sich auf den Standpunkt, daß die am 25. September 1819 in Kraft getretene Verfassung seines Landes schon vor Karlsbad verabredet worden sei und sein Minister dort den Beschlüssen ohne Instruktion zugestimmt habe. Nur lässig entsprach er den vom Bund aufgestellten Grundsätzen, ähnlich der Großherzog von Sachsen-Weimar. In den anderen Ländern wurden sie in der Regel befolgt, besonders eifrig durch den badischen Minister Berstett und den nassauischen Minister Marschall, die Metternich in der Revolutionsfurcht noch übertrafen.

<small>Erweiterung und zeitliche Verlängerung der Beschlüsse nach 1820</small>

Die Bundesbeschlüsse vom 20. September 1819 waren bei ihrem Erlaß als provisorische Maßnahmen bezeichnet worden. Das Pressegesetz war auf fünf Jahre befristet, das Universitätsgesetz besaß keine förmliche Befristung, während die provisorische Exekutionsordnung schon im August 1820 durch einen definitiven Beschluß ersetzt wurde, der dem Bund die Möglichkeit gab, die Gliedstaaten durch Exekution zur Erfüllung ihrer Bundespflichten zu zwingen. Das bevorstehende Ende der Laufzeit des Pressegesetzes wurde im Jahre 1824 zum Anlaß genommen, um die Karlsbader Beschlüsse generell auf unbestimmte Zeit zu verlängern.

Wie im Jahre 1819, so unterwarfen auch jetzt Österreich und Preußen die Bundesversammlung starkem Druck, um sie kurzfristig über die Verlängerung abstimmen zu lassen. Das Pressegesetz und das Universitätsgesetz blieben bis 1848 in Kraft. Schon vor der Verlängerung war es zu einem weiteren Ausbau des Reaktionssystems auf Bundesebene gekommen. Im Jahre 1823 sprach der Bundestag das Verbot aus, dem Bund ohne Erlaubnis der Bundesversammlung Bücher zu widmen. Bundestagsgesandten wurde untersagt, sich in den Verhandlungen auf »neue Bundeslehren und Theorien« zu berufen. Das war gegen die Triaspolitik des württembergischen Gesandten Wangenheim gerichtet. Schließlich wurden auch Eingaben an den Bundestag der Vorzensur unterworfen und die Bundestagsverhandlungen selbst durch die Einschränkung der Publikation der Protokolle der öffentlichen Diskussion entzogen.

War es durch die Karlsbader Beschlüsse gelungen, den Bund zum Instrument der Unterdrückung der nationalen Bewegung und einer freien Presse in Deutschland zu machen, so blieb dem weitergehenden, schon in Teplitz und Karlsbad unternommenen Versuch Metternichs und seines Helfers Gentz, die Staaten des Bundes auch in verfassungspolitischer Hinsicht gleichzuschalten, der durchschlagende Erfolg versagt, und dies, obwohl der zeitlich unverbindliche und materiell unbestimmte Artikel 13 der Bundesakte, wonach in allen Bundesstaaten eine landständische Verfassung stattfinden werde, einen rechtlichen Ansatz für eine solche Politik bot. Dieser Artikel, der insofern ein Fremdkörper in der staatenbündischen Verfassung Deutschlands war, als er von Bundes wegen eine Vorschrift über die künftige Verfassung der souveränen Gliedstaaten war, wurde nach 1815 von der liberalen Öffentlichkeit im Sinne eines repräsentativen Konstitutionalismus interpretiert, wie er in den süddeutschen Verfassungen verwirklicht wurde. Die Gleichsetzung der Landstände mit einer Volksvertretung im modernen Sinne widersprach dem konservativen Festhalten an dem Ideal der altständischen Ordnung und der Auffassung Metternichs von der Rolle des Monarchen im Staat. Schon vor Teplitz verfaßte Gentz zur Widerlegung der liberalen Auslegung des Artikels 13 seine Abhandlung »Über den Unterschied zwischen den landständischen und Repräsentativ-Verfassungen«, die Metternich den in Karlsbad versammelten Ministern als Grundlage für eine bundeseinheitliche Interpretation vorlegte. In dieser Schrift wurden das konstitutionelle und das landständische Prinzip in schärfsten Gegensatz zueinander gestellt. Gentz erklärte das erstere als Ausgeburt der Ideen von 1789 sowie Volksvertretung, Ministerverantwortlichkeit, Öffentlichkeit der Ständeverhandlungen und unbeschränktes Petitionsrecht als unvereinbar mit der monarchischen Regierungsform. Der Artikel 13 lasse nur Stände zu, deren Mitglieder Vertreter bestehender Körperschaften seien und nicht als eine Volksvertretung dem Monarchen gegenüberstehen könnten. Eine so weitgehende Interpretation des Artikels 13 im altständischen Sinne hätte, wenn sie Bundesrecht geworden wäre, die legale Handhabung zur Beseitigung der meisten süddeutschen Verfassungen geliefert. Sie scheiterte in Karlsbad an dem hartnäckigen Widerstand Württembergs und Bayerns, die mit ihren Verfassungen — die württembergische trat unmittelbar nach Karlsbad in Kraft — zugleich den rechtlichen Zusammenhang ihrer Staaten selbst verteidigten. Gerade diese Sachlage ließ Metternich, dem es weniger auf Reaktion um ihrer selbst willen als auf die Erhaltung der bestehenden Staatsordnung ankam, zu einem Kompromiß bereit sein und dem Drängen eines Marschall und Berstett auf eine staatsstreichartige Beseitigung der Verfassungen Widerstand leisten. So einigte man sich auf den Wiener Konferenzen, die vom November 1819 bis zum Mai 1820 mit dem Ziel der Vereinbarung eines zweiten Bundesgrundgesetzes stattfanden, auf eine Formel, der die Regierungen der Verfassungsstaaten zustimmen konnten. Sie fand sich in den Artikeln

Altständische Interpretation des Artikels 13 der Bundesakte

Wiener Konferenzen 1819/1820

Die Wiener Schluß-
akte v. 15. Mai 1820
und das »Monar-
chische Prinzip«

56 und 57 der Wiener Schlußakte vom 15. Mai 1820. Der zweite Artikel enthielt die Fixierung des »Monarchischen Prinzips«. Er besagte, daß in den monarchischen Gliedstaaten des Bundes die gesamte Staatsgewalt im Staatsoberhaupt vereinigt bleiben müsse und der Fürst durch eine landständische Verfassung nur in der Ausübung bestimmter Rechte an die Mitwirkung der Stände gebunden werden könne. Diesem Erfordernis entsprachen, wie noch zu zeigen ist (vgl. unten S. 103), formal die süddeutschen Verfassungen. Artikel 56 der Schlußakte bestimmte, daß die anerkannten landständischen Verfassungen nur auf verfassungsmäßigem Wege abgeändert werden könnten. Dadurch war der im Jahre 1820 in den Gliedstaaten des Bundes bestehende Verfassungszustand und somit auch der süddeutsche Konstitutionalismus als rechtens anerkannt, seine Änderung durch einen Staatsstreich im voraus verurteilt. Nicht immer wurde diese Garantie vom Bund ernst genommen. Immerhin zwang er im Jahre 1830 durch Androhung der Bundesexekution den Herzog von Braunschweig, eine Verordnung aus dem Jahre 1827 zurückzunehmen, mit der er die während seiner Minderjährigkeit von der Regentschaft erlassene Verfassung von 1820 für ungültig erklärt hatte.

Der Artikel 57 gab dem Bund paradoxerweise zwischen 1820 und 1840 mehrfach die Gelegenheit, in die einzelstaatliche Souveränität einzugreifen, das heißt die Einhaltung des monarchischen Prinzips zu überwachen. Ein Bundesbeschluß von 1824 machte es den Souveränen zur Pflicht, darauf zu achten, daß das monarchische Prinzip nicht durch die den Landständen bewilligten Rechte verletzt werde. Im Jahre 1830 wurde es nicht nur dem Bund, sondern jedem Mitglied erlaubt, in einem Nachbarstaat zu intervenieren, falls dort die Widersetzlichkeit der Untertanen die innere Ruhe gefährde. Im Jahre 1832 wurde schließlich eine Bundeskommission zur Überwachung der Landtage eingesetzt. Da sich die Ausweitung der Bundeskompetenz fast ausschließlich im Sinne des Metternichschen Systems vollzog, konnten die in dieser Entwicklung liegenden Ansätze zum Ausbau einer bundesstaatlichen Organisation Deutschlands im nationalpolitischen Sinne nicht wirksam werden. Vielmehr wurde der Bund durch sie in den Augen des nationalen und liberalen Bürgertums in Mißkredit gebracht. Das war eine der Voraussetzungen für die sich im Vormärz vollziehende Hinwendung der bürgerlichen Opposition zu anderen Konzepten einer Lösung der deutschen Frage.

2. Staatliche Gruppenbildung im Deutschen Bund: Die deutsche Trias und die Entstehung des Zollvereins

Es liegt in der Natur eines Staatenbundes, zumal wenn er aus so heterogenen Bestandteilen zusammengesetzt ist wie der Deutsche Bund, daß sich einige seiner Mitglieder vorübergehend oder dauernd zur Vertretung gemeinsamer Interessen gegenüber den anderen zusammenfinden und solchen Bündnissen im Bunde einen mehr oder weniger festen Rahmen zu geben versuchen. So war für Metternich das Einvernehmen Österreichs und Preußens die Voraussetzung für ein Funktionieren des Bundes im Sinne seines Systems. Es entsprach den Prinzipien Metternichscher Politik, daß er diesen Konsens nicht institutionell absicherte, sondern sich auf die Überlegenheit seiner Diplomatie verließ, um gegebenenfalls Preußen oder die Staaten des Dritten Deutschlands gegeneinander ausspielen zu können. Gerade die Zusammenarbeit der beiden Vormächte rief eine Politik hervor, die auf ein solidarisches Vorgehen der übrigen Gliedstaaten des Bundes oder eines Teiles von ihnen abzielte. Dies war das Konzept der deutschen Trias. Als Möglichkeit einer staatlichen Gruppenbildung innerhalb Deutschlands war es an das Bestehen des preußisch-österreichischen Dualismus, also an den Zeitraum von der Mitte des 18. Jahrhunderts bis zur Reichsgründung von 1866/1871, gebunden. Sein Ziel war die Gliederung Deutschlands in drei Machtbereiche, indem man die Mittel- und Kleinstaaten dem Einfluß Preußens und Österreichs zu entziehen suchte. Wie andere unterlegene Kräfte, so wurde auch die Trias nach der Reichsgründung von einer Geschichtsschreibung, für die der deutsche Nationalstaat unter preußischer Führung das Ergebnis einer folgerichtigen Entwicklung war, als illusionär abgetan. Es kam hinzu, daß die Triaskonzeption seit der Rheinbundzeit mit dem Odium einer undeutschen Politik behaftet war, die das Vaterland dem französischen Einfluß ausgesetzt habe. Ein solches Urteil übersah wesentliche Motive und strukturelle Bedingungen der Trias. So fällt von ihrem Scheitern Licht auf die Staatenwelt des Dritten Deutschlands in ihrer politischen Umwelt während der Restaurationsära.

Es gehört zu den Schwächen der Triasideologie, daß sie mit verschiedenen, teils sogar sich widersprechenden Vorstellungen über die Funktion und den Umfang einer dritten politischen Kraft im Bunde besetzt werden konnte. Da war zunächst der Gedanke einer föderativen Trias, der an Traditionen der Reichsgeschichte, etwa an die Kreisassoziationen des späten 17. Jahrhunderts, an die Idee der ständischen Libertät oder ganz allgemein an einen negativen, gegen die Hegemonie der Großstaaten gerichteten Reichspatriotismus anknüpfte. Ein solches Konzept vertrat vor und nach 1815 etwa Niklas Vogt, der einstige Lehrer Metternichs, in seinen Schriften. Diese Tradition konnte in den Landschaften der ehemals vorderen Reichskreise, in Franken, am Rhein und in Schwaben, die im 18. Jahrhundert von Friedrich Karl von Moser »vorzüglich das Reich« genannt worden waren, auf ein gewisses Echo zählen. Publizistisches Organ einer föderativen Trias, die allerdings den veränderten Verhältnissen angepaßt wurde, waren in den 20er Jahren die in Stuttgart erscheinenden »Allgemeinen politischen Annalen«, die von dem liberalen, aus Kurhessen stammenden Juristen Friedrich Murhard redigiert wurden. Die Zeitschrift stand dem Politiker nahe, mit dessen Namen die Triaspolitik im eigentlichen Sinne, von 1817 bis 1823, am engsten verbunden war, dem württembergischen Minister und Bundestagsgesandten Karl August von Wangenheim. In den »Annalen« Murhards konnte man lesen, daß sich die mittleren und kleineren Staaten zur Erhaltung ihrer relativen Selbständigkeit zu einem Bund im Deutschen Bund zusammenschließen sollten, der in seiner Macht die beiden Vormächte zwar nicht erreichen, aber im Notfalle Deutschlands Selbständigkeit verteidigen könne.

Ideologische Komponenten der Triaspolitik

Eine andere Gruppe von Motiven lief auf eine mehr oder weniger hegemoniale Lösung der Trias hinaus, auf eine Organisation des Dritten Deutschlands unter der Führung des oder der stärksten süddeutschen Staaten. Hinter dieser Konzeption verbarg sich die Auffassung von der Führungsrolle der Mittelstaaten in Deutschland. Sie war schon Ende des 18. Jahrhunderts von dem Göttinger Historiker Ludwig Thimotheus Spittler als Voraussetzung für die Ruhe und Freiheit des deutschen Staatensystems herausgestellt worden. In dieser Form hatte sie in der Rheinbundzeit zur Rechtfertigung von Säkularisation und Mediatisierung gedient. Sie war also gegen die Kleinstaaten ebenso wie gegen die Großmächte gerichtet. Zur Begründung einer hegemonialen Trias im Süden wurde sie um die Vorstellung eines fundamentalen Unterschiedes zwischen Nord- und Süddeutschland in kultureller, sozialer und politischer Hinsicht ergänzt. Das erste Programm einer hegemonialen Trias unter bayerischer Führung entwickelte 1815 der Münchener Publizist Christoph von Aretin in seiner Zeitschrift »Allemannia«, die ein offiziöses bayerisches Organ zur Bekämpfung der norddeutschen Nationalbewegung war. Aretin forderte den Abschluß eines süddeutschen Bundes, der im Norden durch die Mainlinie begrenzt werden müsse. Zu einem geopolitischen System wurde der Unterschied zwischen dem Norden und Süden Deutschlands in einer Schrift ausgebaut, die im Herbst 1820 in

Stuttgart unter dem Pseudonym Erichson erschien und den Titel »Manuskript aus Süddeutschland« trug. Hier wurde unter Berufung auf den Volkscharakter, die Kultur und sogar die militärischen Leistungen des Südens dessen Überlegenheit gegenüber dem Norden postuliert und die »reindeutschen« Stämme, die Baiern und Alemannen, aufgefordert, sich unter der Führung von Bayern und Württemberg in einem freien Bund zusammenzuschließen. Die beiden Königreiche seien nach ihrer Größe und Macht die besten Garanten für Deutschlands Sicherheit. Der Verfasser der Schrift, Friedrich Ludwig Lindner, war das Sprachrohr des württembergischen Königs Wilhelm, dessen Gedanken er in eine publizistisch wirksame Form gegossen hatte.

Eine dritte, jüngere Konzeption der Trias ist mit dem Begriff des »konstitutionellen Deutschland« zu umschreiben. In ihm erhielt die schon im 18. Jahrhundert gelegentlich geäußerte Auffassung, das eigentliche Deutschland unterscheide sich von den beiden Großmächten durch seine freiheitliche gesellschaftliche und politische Ordnung, eine formale Stütze durch die nach 1815 erlassenen Verfassungen, die den strukturellen Unterschied zu Preußen und Österreich institutionell untermauerten. Schon im Jahre 1818 stellte Friedrich List in seinen Vorlesungen über die württembergische Verfassung das auf dem demokratischen Prinzip beruhende Gemeinheitsverhältnis der Schwaben, allgemein Süddeutschlands, dem angeblich im sächsischen Stammesbereich, also im Norden, vorherrschenden aristokratischen Prinzip gegenüber. Der bayerische Bundestagsgesandte Johann Adam von Aretin, der sich für eine hegemoniale Trias einsetzte, warnte 1820 anläßlich der Wiener Konferenzen ausdrücklich vor einer Preisgabe der bayerischen Verfassung, durch die Bayern in Deutschland als »hochgefeierter Verfechter liberaler Institutionen« gelte. Zu den Vorkämpfern des konstitutionellen Deutschlands gehörten viele süddeutsche Liberale. Rotteck und Welcker traten im Jahre 1830 für die Neutralität der süddeutschen Verfassungsstaaten im Falle eines preußisch-französischen Krieges ein, und Johann Georg August Wirth, einer der Initiatoren des Hambacher Festes von 1832, forderte 1831 in seiner »Deutschen Tribüne«, daß sich die konstitutionellen Staaten Süddeutschlands zu einem Bund gegen Österreich, Preußen und Frankreich zusammenschließen sollten. Es ist fraglich, ob er mit der nationalpolitischen Begründung der Trias zu dieser Zeit die Zustimmung der südwestdeutschen Liberalen fand. Erschien doch in den Jahren 1831/32 in Straßburg eine von liberalen und radikalen Emigranten aus dem südwestdeutschen Raum redigierte Zeitung, die den Titel »Das constitutionelle Deutschland« trug.

Die verschiedenen Triaskonzeptionen stimmten negativ in dem Mißtrauen gegenüber den beiden deutschen Vormächten überein. In ihren konstruktiven Vorschlägen wichen sie voneinander ab. Dieser Widerspruch kam auch in den Versuchen zur Realisierung einer Trias während der Restaurationsära zum Vorschein. Sie wurden auf zwei Schauplätzen unternommen und waren, wenigstens ansatzweise, aufeinander abgestimmt: zum einen am Bundestag in Frankfurt mit dem Ziel, die Bundesverfassung selbst zu einem gegen die Hegemonie Österreichs und Preußens gerichteten politischen Instrument der mittleren und kleineren Staaten zu machen; zum anderen in Verhandlungen, die von 1818 bis etwa 1825 zwischen den süddeutschen Staaten über die Bildung eines Zollbundes geführt wurden, der auch politischen Zielen dienen sollte. Sie besaßen damit Analogien zur preußischen Zollpolitik im Vorfeld des Zollvereins.

Die Triaspolitik am Bundestag 1817–1823

Württemberg und Bayern waren auf dem Wiener Kongreß die schärfsten Gegner einer bundesstaatlichen, in die Souveränität der Einzelstaaten eingreifenden Organisation des Deutschen Bundes gewesen. Diese Haltung, die sich nach der Konstituierung der Bundesversammlung im Jahre 1816 zunächst in einem Desinteresse der beiden Staaten am Bund geäußert hatte, wandelte sich in bemerkenswerter Weise im Verlauf der Jahre 1817/18. Die Wendung war vor allem das Werk des bayerischen Bundestagsgesandten Aretin und des württembergischen Bundestagsgesandten Wangenheim. Während jedoch der Bayer, zunächst unterstützt von dem neuen Außenminister Rechberg, die hegemoniale Triaskonzeption unter bayerischer Führung vertrat, neigte Wangenheim der föderativen Lösung zu, nämlich einer Stärkung des Bundes durch die reindeutschen Staaten. Beide trafen sich in dem Bestreben, das Dritte Deutschland in allen bundespolitischen Fragen zu einer Opposition gegen die »präponderierenden Mächte« zusammenzuführen. Das gelang ihnen zuerst im Jahre 1818 in den Verhandlungen über eine Bundeskriegsverfassung. Als der österreichische Präsidialgesandte Anfang des Jahres einen österreichisch-preußischen Vorschlag über die Grundzüge des deutschen Militärwesens vorlegte, organisierte Wangenheim zusammen mit Aretin den Widerstand der Mittel- und Kleinstaaten gegen diesen Plan, der in ihren Augen die Macht des Bundes hinter die seiner beiden Vormächte zurücktreten ließ. Wangenheim vertrat die Ansicht, daß die Kontingente der »Mindermächtigen« nicht mit denen Preußens und Österreichs vereinigt werden, sondern ein rein deutsches Bundesheer bilden sollten, dem er sogar die Rolle einer vermittelnden Macht im Falle eines österreichisch-preußischen Konfliktes zudachte. Tatsächlich mußten die Vormächte im weiteren Verlauf der Verhandlungen Zugeständnisse an die anderen Staaten machen, die allerdings auf Kosten der militärischen Gesamtstärke des Bundes gingen. In Gesetzen über die Kriegsverfassung des Bundes von 1821/22 wurde das Bundesheer in zehn Armeekorps eingeteilt, von denen Österreich und Preußen je drei, Bayern ein Korps, die übrigen süddeutschen Staaten ein weiteres stellten, während im neunten und zehnten die mittel- und norddeutschen Kontingente zusammengefaßt waren. Die Art der Rekrutierung – durch allgemeine Wehrpflicht in Preußen, durch Konskription in vielen anderen Staaten – blieb den Einzelstaaten überlassen. Es gab auch keine einheitlichen Grundsätze über Ausbildung, Uniformierung und Bewaffnung der Kontingente. Ein Oberfeldherr sollte nur von Fall zu Fall gewählt werden.

Bundeskriegsverfassung

Eine ähnliche Politik schlug Wangenheim bei den Verhandlungen über die Bundesfestungen ein, indem er den Grundsatz der Gleichheit der Bundesglieder auch auf die Rechte in den Festungen auszudehnen suchte, obwohl schon in den Pariser Verträgen von 1815 die Privilegierung Preußens und Österreichs in den Festungen Luxemburg und Mainz festgelegt worden war. In der Festung Landau wurde das Besetzungsrecht Bayern allein zugesprochen, während man sich über die vierte Festung nicht einigen konnte. Wangenheim konnte sich hier nicht durchsetzen, weil er von Bayern im Stich gelassen wurde. Die Staaten, in deren Gebiet die Festungen lagen, und die Mächte, die die Garnison stellten, übten gemeinsam und im Namen des Bundes die Hoheitsrechte aus, während die Kosten durch Matrikularbeiträge aller Bundesglieder gedeckt wurden.

Anfang der 20er Jahre ging Wangenheim dazu über, seine föderative Triaspolitik mit dem Konzept vom konstitutionellen Deutschland zu verbinden. So setzte er 1822 einen Mehrheitsbeschluß durch, der die Auflösung der Mainzer Zentraluntersuchungskommission forderte, und kritisierte im Bundestag die Politik der Heiligen Allianz. Damit büßte er aber die Unterstützung seiner Politik durch die konservativen Minister in den Staaten des Dritten Deutschlands ein und löste die Gegenaktion Metternichs aus. Grundlage dafür war ein dem österreichischen Präsidenten der Bundesmilitärkommission, General von Langenau, zugeschriebener Geheimbericht, in dem Wangenheim beschuldigt wurde, durch die Stiftung von Bünden im Bunde und durch eine liberalisierende Politik einen Antagonismus zwischen

Scheitern der Triaspolitik am Bundestag

Preußen und Österreich zu organisieren und die nationale Einheit Deutschlands unter Zerstörung des preußisch-österreichischen Einvernehmens anzustreben. Der Bericht forderte zur Wiederherstellung des »Stabilitätssystems« die »Epuration« des Bundestages von allen illoyalen Gesandten. Diese Maßnahme wurde auf einer Konferenz der Vertreter konservativer Regierungen im Januar 1823 in Wien vorbereitet. Österreich, Preußen und Rußland zwangen im Juli 1823 den württembergischen König zur Abberufung Wangenheims, der sich aus der Politik zurückzog. Als seine Verbündeten wurden die Gesandten Kurhessens und Hessen-Darmstadts aus dem Bundestag entfernt. Der Versuch, den Deutschen Bund zum Instrument der Triaspolitik zu machen, war gescheitert.

<small>Die »Epuration« des Bundestages 1823</small>

Es war ein Ergebnis des mittelstaatlichen Widerstandes auf dem Wiener Kongreß gegen zu weitgehende Kompetenzen des Bundes, daß der Artikel 19 der Bundesakte nur Beratungen zwischen den Gliedstaaten über Handel und Verkehr in Aussicht stellte. Diese unverbindliche Absichtserklärung, die die verfassungsrechtliche Unzuständigkeit des Bundes für eine aktive Wirtschaftspolitik verschleierte, ließ einerseits den Einzelstaaten freie Hand in der Gestaltung ihrer Außenhandelsbeziehungen, kam andererseits einer Aufforderung an interessierte Kreise gleich, den Bund zu einer gesamtdeutschen Zollpolitik zu veranlassen. Daß Preußen als wirtschaftlich potenter Gliedstaat, ohne eine wirksame Initiative abzuwarten, zuerst aktiv wurde, resultierte aus der Herausforderung, die die Zerrissenheit des preußischen Staatsgebietes für die Reformbürokratie darstellte. Durch das von dem Staatsrat Karl Georg Maaßen vorbereitete preußische Zollgesetz vom 26. Mai 1818 wurde, soweit dies überhaupt möglich war, die Wirtschaftseinheit des preußischen Staates hergestellt. Das Gesetz hob alle Binnenzölle in Preußen auf und schuf ein einheitliches System von niedrigen Eingangszöllen an den äußeren Staatsgrenzen, während für die Ausfuhr im Zeichen des Wirtschaftsliberalismus die Zollfreiheit eingeführt wurde. Dagegen hielt man an relativ hohen Durchgangszöllen fest, um die benachbarten und im Gemenge mit preußischen Landesteilungen liegenden Staaten und Staatsteile — es waren nicht weniger als dreizehn — zum Anschluß an das preußische System zu zwingen. Das preußische Zollgesetz von 1818 beruhte also noch ganz auf der Handelssouveränität des Einzelstaates, indem es Preußen wirtschaftspolitisch von den umliegenden Staaten abschloß. Als drückend wurde empfunden, daß die Bestimmungen des Gesetzes exakt beachtet wurden, während die zum Teil härteren Normen der älteren Gesetze durch einen laxen Vollzug gemildert worden waren. Trotzdem erwies sich die Überwachung der preußischen Zollgrenze, die über 7000 Kilometer lang war, als schwierig, so daß sich ein beträchtlicher Schmuggel entwickelte, der von den Regierungen einiger Nachbarstaaten unterstützt wurde. Die außerpreußische Öffentlichkeit erblickte in dem Zollgesetz eine gegen das gesamtdeutsche Wirtschaftsinteresse gerichtete Maßnahme und eine Behinderung der Beratungen aller deutschen Staaten in der Bundesversammlung. Allerdings gingen deren Vorstellungen über die Realisierung einer einheitlichen Handelspolitik je nach geographischer und ökonomischer Situation zwischen der Forderung einer Schutzzollpolitik und derjenigen des Freihandels und dem fiskalischen Interesse an Zolleinnahmen auseinander. Hierin lag ein Widerspruch, aus dem für Preußen der Anreiz entstehen konnte, sein System auf eigene Faust weiter auszudehnen.

<small>Das preußische Zollgesetz v. 26. Mai 1818</small>

Die Einschätzung des preußischen Zollgesetzes durch die Öffentlichkeit und durch die Regierungen mancher Mittelstaaten gaben den Anstoß zu dem Versuch, eine wirtschaftspolitische Trias zu gründen. Im Sommer 1819 tauchte dieser Gedanke gleichzeitig in Verlautbarungen von interessierten Wirtschaftskreisen und in Überlegungen der süddeutschen

<small>Versuch einer zollpolitischen Trias</small>

Regierungen auf. FRIEDRICH LIST, der im Oktober 1817 unter Förderung Wangenheims eine Professur für Staatsverwaltungslehre an der Universität Tübingen erhalten hatte, jedoch schon bald, aufgrund seiner Angriffe gegen die Bürokratie, in Opposition zur württembergischen Innenpolitik geriet, begann im Jahre 1819 mit den Bemühungen um eine überstaatliche Interessenvertretung deutscher Kaufleute. Auf der Frankfurter Ostermesse wurde mit vorwiegend süd- und mitteldeutschen Mitgliedern der »Deutsche Handels- und Gewerbeverein« gegründet, zu dessen Konsulent List bestellt wurde. Seine Agitation richtete sich unausgesprochen gegen die preußische Zollpolitik. In einer Bittschrift an den Bundestag, die von diesem als unzulässige Aktion von Privatpersonen mit der Empfehlung zurückgewiesen wurde, sich an die Souveräne selbst zu wenden, forderte man zunächst die Aufhebung der Binnenzölle im ganzen Bundesgebiet sowie die Errichtung eines allgemeinen deutschen Zollvereins. Tatsächlich begann sich der Verein unter der Führung Lists, der zu diesem Zweck aus dem württembergischen Staatsdienst ausschied, an die Regierungen der Einzelstaaten zu wenden. List unternahm Reisen nach Weimar, Karlsruhe, Stuttgart, München, Berlin und schließlich auch nach Wien, wo der Verein schon vorher als »höchst gefährliche Konföderation« und er selbst als »Demagoge« bezeichnet worden waren. Immerhin wurde List vom Kaiser Franz und von Metternich empfangen.

Der deutsche Handels- und Gewerbeverein 1819 und Friedrich List

Die Zurückhaltung, auf die List in Berlin und Wien stieß, verwiesen den Handels- und Gewerbeverein auf die Staaten des Dritten Deutschlands, wo er zunächst lebhaftes Interesse weckte. Fast auf den Tag, an dem der Verein über die positive Aufnahme seiner dem württembergischen König vorgetragenen Bitte berichtete, wonach Württemberg die Initiative zur Zolleinigung der reindeutschen Staaten ergreifen sollte, nämlich am 3. Juli 1819, erwähnte Wangenheim in einer seiner Frankfurter Noten über die Bundesmilitärverfassung zum ersten Male den Plan einer Zoll- und Handelsvereinigung der Mindermächtigen als mögliche Ergänzung einer politischen Vereinigung der süddeutschen Staaten im Deutschen Bund gegen Österreich und Preußen. Dieses Konzept einer Koppelung der Zollfragen mit der Triaspolitik im engeren Sinne, dem sich das württembergische Finanzministerium anschloß, wurde bis zum Scheitern solcher Pläne in Württemberg von Wangenheim und dem Gesandten in München, Schmitz-Grollenburg, in Bayern von den Ministern Lerchenfeld und Armansperg und dem Bundestagsgesandten Aretin vertreten. In Baden hatte der Geheimrat Karl Friedrich Nebenius schon im April 1819 in einer gegen das einseitige preußische Vorgehen gerichteten Denkschrift eine vom Bund getragene einheitliche Zollpolitik gefordert. In einem an den bayerischen König gerichteten Memoire von Ende Oktober 1819 wies Aretin auf den engen Zusammenhang der Zoll- und Handelsfragen mit den allgemeinen Problemen der Bundespolitik hin und schlug eine Initiative Bayerns zur Bildung eines süddeutschen Handelsvereins als Mittel vor, um die hegemoniale Trias unter bayerischer Führung zu erreichen. Das erste Ergebnis dieser Bestrebungen war der Abschluß eines Zollvorvertrages zwischen Bayern, Württemberg, Baden, Hessen-Darmstadt und den thüringischen Staaten am Ende der Wiener Konferenzen im Mai 1820. Er war nicht ohne Mitwirkung Lists als Berater zustande gekommen, obwohl der Vorkämpfer einer deutschen Wirtschaftseinheit schon damals den Widerspruch zwischen der handelspolitischen Unabhängigkeit der Einzelstaaten und seinem nationalen Ziel erkannte.

Der Zollvertrag v. Mai 1820

Fast drei Jahre lang, vom September 1820 bis zum Juli 1823, dann noch einmal vom November 1824 bis August 1825, verhandelten die Bevollmächtigten der süddeutschen Staaten in Darmstadt und Stuttgart vergeblich über den

Zollverhandlungen der süddeutschen Staaten 1820 bis 1825

definitiven Abschluß einer handelspolitischen Trias. Formal scheiterten die Verhandlungen an den zollpolitischen Differenzen zwischen Baden, das sich aufgrund seiner geographischen Lage und einer relativ entwickelten gewerblichen Wirtschaft für den Freihandel aussprach, und Bayern, das für einen starken Zollschutz gegenüber dem Ausland und den nicht zum geplanten Bündnis gehörenden deutschen Staaten eintrat. Württemberg und Hessen-Darmstadt nahmen eine vermittelnde Position ein. Zum Scheitern trugen aber auch handfeste politische Motive bei. Sie veranlaßten die Gegner einer Triaspolitik in Bayern unter Führung des inzwischen auf den Kurs Metternichs eingeschwenkten Außenministers Rechberg, eine Einigung durch wirtschaftspolitisch mögliche Konzessionen zu verhindern. Rechberg trug damals die Vorbehalte Bayerns gegenüber einem bündisch und nicht hegemonial organisierten Dritten Deutschland mit Argumenten vor, die die immanenten Schwierigkeiten jeder Triaspolitik erkennen ließen. Der Eintritt in einen Handelsverein bedeute für Bayern den Abstieg von einer gerade erst errungenen Souveränität. Man werde dann nicht mehr die Allianz mit Bayern, sondern diejenige des Vereins suchen, wodurch der bayerische Staat von letztlich unzuverlässigen Partnern abhängig werde. Es sei überhaupt ein politischer Irrtum, anzunehmen, daß eine Föderation die Kräfte ihrer Mitglieder zu einem ihrer Summe gleichen Ganzen vereinige. Sie werde nur ein Aggregat sein und nie eine positive Macht darstellen. Eine solche Auffassung von der politischen Rolle Bayerns schloß eine wirtschaftspolitische Trias auf der Basis der Gleichberechtigung der Mitglieder aus. Es kam nur zu zweiseitigen Verträgen zwischen Württemberg und Bayern im Jahre 1827/28 und zwischen Hessen-Darmstadt und Preußen im Jahre 1828, womit diesem der Einbruch in den süddeutschen Raum gelang. Beide Verträge waren zwar Vorstufen des allgemeinen Zollvereines, kamen aber für eine Verwendung im Sinne der Trias nicht mehr in Frage. Diese spielte als realistische Möglichkeit staatlicher Gruppenbildung in Deutschland bis 1848 keine allzu große Rolle mehr.

Frankreich und die Triaspolitik

Die Bemühungen um eine Trias sind von der französischen Regierung und ihren Gesandten in Frankfurt und an den größeren deutschen Höfen mit Aufmerksamkeit verfolgt worden. Boten sie doch die Möglichkeit, an Traditionen der französischen Deutschlandpolitik des 18. Jahrhunderts anzuknüpfen. Schon in der Instruktion für den französischen Gesandten Reinhard in Frankfurt war als politisches Ziel die indirekte Bekämpfung eines Übergewichts Preußens und Österreichs im Bunde durch die Unterstützung einer mittelstaatlichen Partei herausgestellt worden. Die Berichte Reinhards sowie der Gesandten in München kamen immer wieder auf die im französischen Interesse liegenden handelspolitischen Verhandlungen der süddeutschen Staaten zu sprechen, ohne daß eine direkte französische Einwirkung auf ihren Verlauf anzunehmen ist. Noch im Jahre 1827 knüpfte der Geschäftsträger in München an den bevorstehenden Abschluß des bayerisch-württembergischen Vertrages die Hoffnung, daß durch ihn der seit zwölf Jahren am Bundestag herrschende Dualismus gebrochen werde, der die Frankfurter Verhandlungen im frankreichfeindlichen Sinne beeinflusse. Seine Ansicht, daß der politische Aspekt die für Frankreich nachteiligen wirtschaftlichen Folgen des Vertrages übersehen lassen solle, fand in Paris keine Gegenliebe. Im April 1829 nannte der Münchener Gesandte Graf Rumigny die Annäherung des bayerisch-württembergischen Systems an Preußen eines der wichtigsten Ereignisse in der deutschen Geschichte seit der Reformation, durch das der traditionelle Einfluß Frankreichs auf die bayerische Politik ausgeschaltet werde. Daß es Frankreich nicht gelang, die auf den Zollverein hinführenden Verträge zu verhindern, unterstrich die unzureichenden außenpolitischen Voraussetzungen einer erfolgreichen Triaspolitik.

Zollpolitische Offensive Preußens

Seit Anfang der 20er Jahre erkannte man in preußischen Beamtenkreisen die in dem Zollgesetz von 1818 und der geographischen Situation des Staates liegenden Möglichkeiten, die Nachbarländer durch handelspolitischen Druck zum Abschluß von Zoll-Sonderverträgen zu veranlassen und auf diese Weise zu einem überregionalen Zollverbund zu kommen. Besonders JOHANN ALBRECHT EICHHORN, der aus dem Reformerkreis um den Freiherrn vom Stein kam und seit 1818 Leiter der deutschen Angelegenheiten im preußischen Außenministerium war, sah als einer der ersten Bürokraten die Aufgabe Preußens darin, mit Hilfe solcher

Verträge eine selbständige nationale Einigungspolitik abseits vom Deutschen Bund, notfalls sogar gegen ihn zu führen. Er befürwortete die planmäßig betriebene handelspolitische Zusammenarbeit Preußens mit den nördlich der Mainlinie liegenden Staaten. Seit 1825 wurde er in dieser Konzeption von dem neuen Finanzminister FRIEDRICH CHRISTIAN (VON) MOTZ unterstützt, der nach 1815 als Regierungspräsident in Erfurt und Oberpräsident der Provinz Sachsen mit den Problemen der mitteldeutschen Kleinstaaterei und ihrer Bedeutung für die preußische Zollpolitik konfrontiert worden war. Schon der erste Vertrag über einen Anschluß an das preußische Zollsystem im Jahre 1819, mit dem thüringischen Kleinterritorium Schwarzburg-Sondershausen, war seinem Verhandlungsgeschick zu verdanken. Seit 1821 forderte er in zahlreichen Denkschriften die Abrundung des preußischen Staatsgebietes durch Verwaltungs-, Finanz- und Zollabkommen, zunächst ohne Erfolg. Die dem Fürsten von Schwarzburg-Sondershausen gewährten finanziellen Vorteile – in der Teilung der Zolleinnahmen –, die den anderen Staaten einen Anreiz zum Anschluß geben sollten, zahlten sich zunächst wegen der Abneigung der Öffentlichkeit gegenüber dem preußischen System nicht aus. Die ungünstige Stimmung wurde zudem durch den sich durch das dritte Jahrzehnt hindurchziehenden preußisch-anhaltinischen Zollkonflikt genährt. Die in der Bundesakte vorgesehene freie Schifffahrt auf der Elbe erlaubte über die anhaltinischen Herzogtümer Köthen und Dessau den Transport von beliebigen Warenmengen nach Preußen, unter Umgehung des Zolls. In den Jahren dieses Schmuggels wurde in Anhalt – verglichen mit Preußen – pro Kopf der Bevölkerung das Siebenfache an Waren eingeführt. Der Streit, in dem die Herzöge durch Österreich und dessen Leipziger Generalkonsul Adam Müller unterstützt wurden, konnte erst im Sommer 1828 durch den Anschluß der beiden Länder an das preußische System entschieden werden. Preußen hatte die Gebiete mit einer dichten Polizeilinie umgeben und die Elbe für den zollfreien Durchgangsverkehr gesperrt.

Schon vorher war die preußische Regierung zur zollpolitischen Offensive übergegangen, entsprechend der nachträglich im Jahre 1829 von Motz formulierten Maxime: »Wenn es staatswissenschaftliche Wahrheit ist, daß Zölle nur die Folge politischer Trennung verschiedener Staaten sind, so muß es auch Wahrheit sein, daß Einigung dieser Staaten zu einem Zoll- oder Handelsverband zugleich auch Einigung zu einem und demselben politischen System mit sich führt.« Diese gesamtdeutsche Wendung der preußischen Zollpolitik wurde auch dadurch erzwungen, daß die Herstellung einer handelspolitischen Verbindung zwischen den östlichen und westlichen Landesteilen über Hannover und Kurhessen nicht zustande kam. Beide Staaten fürchteten zu Recht als Folge ihrer Einbeziehung in das preußische System die politische Hegemonie Preußens in Norddeutschland. Zudem hatte Hannover als Nebenland Englands andere handelspolitische Interessen als Preußen. Um aus der Sackgasse herauszukommen, in die damit die bisherige Zollpolitik mit dem Versuch eines auf den Norden beschränkten Vorgehens »von Grenze zu Grenze« geraten war, setzte Motz zum »zollpolitischen Sprung« an. Er war überzeugt, den Widerstand der unmittelbar benachbarten Staaten leichter überwinden zu können, wenn man in ihrem Rücken verhandelte. So knüpfte er 1827 Verhandlungen mit Hessen-Darmstadt an, das von dem Scheitern der süddeutschen Pläne enttäuscht war und dessen Landesteile Oberhessen und Starkenburg, die voneinander getrennt waren, nördlich und südlich der Mainlinie lagen. Diese Verhandlungen führten Anfang des Jahres 1828 zum Abschluß des hessisch-preußischen Zollvertrages. Auch hier kam Preußen seinem Partner in finanzieller Hinsicht und bei der Organisation der Zollverwaltung entgegen. Die Rechtsgleichheit der Vertragschließenden wurde sorgfältig gewahrt,

Hessisch-preußischer Zollvertrag 1828

zumal man in Preußen darauf vertraute, daß ihm kraft seiner wirtschaftlichen und politischen Potenz die Überlegenheit von selbst zufallen werde. Man hoffte zudem, daß die thüringischen Staaten, Kurhessen und Nassau bald dem darmstädtischen Beispiel folgen würden.

Diese Erwartung erfüllte sich zunächst nicht. Die durch den preußischen Zollsprung über die Mainlinie im Rücken bedrohten Staaten fanden sich, von Österreich und Frankreich unterstützt, in einer Abwehrorganisation zusammen. Nach verschiedenen Vorstufen wurde im September 1828 der »Mitteldeutsche Handelsverein« gegründet, dem Sachsen und Hannover, Kurhessen, Nassau und Braunschweig sowie einige thüringische Staaten und Bremen angehörten. Die rein defensive Funktion des Bundes, der noch einmal die preußischen Landesteile zollpolitisch voneinander trennte, kam darin zum Ausdruck, daß sein Hauptinhalt in der Verabredung bestand, mit keinem Nichtmitglied einen Zollvertrag abzuschließen. Konstruktive zollpolitische Ziele fehlten. Auf die Dauer erwies sich die Behinderung des preußischen Handels durch die Erhebung hoher Durchgangszölle als unwirksam. Bald nach der Gründung des Mitteldeutschen Vereins gelang es Preußen, Sachsen-Hildburghausen und Sachsen-Coburg-Gotha für sich zu gewinnen und damit die Voraussetzung für den Bau einer zollfreien Straße von Preußen nach Süddeutschland zu schaffen. Ohnehin wurde Preußen durch die Bildung des Mitteldeutschen Vereins auf die Verständigung mit dem süddeutschen System des württembergisch-bayerischen Vertrages von 1828 verwiesen. Die Annäherung wurde durch den in Stuttgart und Augsburg, also in den beiden süddeutschen Königreichen ansässigen Verleger Johann Friedrich Cotta vorbereitet, der seit dem Herbst 1828 als Vermittler zwischen Berlin, München und Stuttgart tätig war. Offizielle Verhandlungen mündeten im Mai 1829 in den Abschluß des preußisch-süddeutschen Handelsvertrages. Er brachte den Partnern grundsätzlich die Zollfreiheit für fast alle Warengattungen und sah die schrittweise Anpassung an das preußisch-hessische System vor. Um das Ziel einer weiteren Ausdehnung des Zollsystems nicht zu gefährden, verpflichtete man sich, Handelsverträge mit anderen Ländern nur einvernehmlich abzuschließen. Das zielte auf Baden als den einzigen süddeutschen Mittelstaat, der noch außerhalb des Vertragssystems stand. Durch den Vertrag wurde der Mitteldeutsche Handelsverein isoliert und sein Zerfall beschleunigt. Kurhessen trat im August 1831 zum preußischen System über, womit die Barriere zwischen den Ost- und Westprovinzen Preußens durchbrochen, dagegen eine neue Schranke zwischen den verbleibenden nord- und mitteldeutschen Mitgliedern des Vereins errichtet war. Zwei Jahre später erfolgte die schon 1829 vorgesehene Fusion des preußisch-hessischen mit dem bayerisch-württembergischen Zollbund. Beide Systeme schlossen sich aufgrund eines Vertrages vom 22. März 1833 mit Wirkung vom 1. Januar 1834 in einem Verein zusammen, für den sich bald der Name »Deutscher Zollverein« einbürgerte, obwohl der Beitritt aller deutscher Staaten außer Österreich noch lange auf sich warten ließ. Sachsen und Thüringen schlossen sich noch 1833 an. Der Zollverein wurde von Metternich als Staat im Staate verurteilt, der die »Präponderanz Preußens« in Deutschland begründe und die »höchst gefährliche Lehre der deutschen Einheit« fördere. Während Baden, Nassau und die Freie Stadt Frankfurt in den Jahren 1835/36 beitraten, blieben die nordwestdeutschen Küstenstaaten, die sich mit Hannover unter dem Namen »Steuerverein« zusammenschlossen, teils bis in die 50er Jahre, die Hansestädte sogar bis 1888 dem Zollverein fern. Was Metternich zu Recht als Gefahr für sein politisches System in Mitteleuropa erkannt hatte, das kleidete *Heinrich von Treitschke* ein halbes Jahrhundert später am Ende seiner bekannten Schilderung der Neujahrsnacht von 1833/34 in seiner »Deutschen Geschichte im neunzehnten Jahrhundert« in den Satz:

»Aus dem dunstigen Nebel des Deutschen Bundes traten schon erkennbar die Umrisse jenes Kleindeutschlands hervor, das dereinst den Ruhm und die Macht des Heiligen Römischen Reiches überbieten sollte.«

3. Der deutsche Frühkonstitutionalismus bis 1830

Die Bundesakte von 1815 bestimmte in Artikel 13: »In allen Bundesstaaten wird eine landständische Verfassung stattfinden.« Bis zur Mitte der 20er Jahre hatten 29 der 41 Staaten des Bundes dieser Pflicht genügt, allerdings in einer Variationsbreite, die den Regionalismus in den politischen und sozialen Strukturen der deutschen Länder ebenso wie die Spannweite der Auslegung jener lakonischen Vorschrift widerspiegelte. In einigen Staaten – Mecklenburg-Schwerin und Mecklenburg-Strelitz, Hohenzollern-Hechingen, Anhalt und Reuß – bestanden die altständischen, auf älteren Vergleichen zwischen Landesherr und Landständen beruhenden Verfassungen unverändert fort. In den vier Freien Städten stellte man die altständisch-patrizischen Stadtverfassungen aus der Zeit vor dem Rheinbund und der französischen Okkupation wieder her, in Frankfurt in modifizierter Form (vgl. oben S. 33). Auch zwischen den übrigen Ländern, die eine neue, schriftlich fixierte Verfassung erhielten, gab es deutliche Unterschiede. Der Verfassung des Königreichs Hannover vom 7. Dezember 1819 war die Restitution der in einem Gesamtlandtag zusammengefaßten »Stände aller zum Kurfürstentum gehörenden Staaten« (1814) sowie die Wiederherstellung der Provinziallandtage (1818) vorausgegangen. Die im Jahre 1820 unter Zustimmung der Ritterschaft des alten Landtages zustande gekommene Verfassung des Herzogtums Braunschweig verstand sich trotz der zusätzlichen Beteiligung von Bürgern und Bauern an der Landesvertretung als »Erneuerte Landschaftsordnung«.

Eine Reihe von Kleinstaaten oder kleinen Mittelstaaten kam aufgrund ihrer territorialen Integrität, die eine administrative Vorbereitung der Landstände überflüssig machte, oder aber zur Abwehr äußerer und innerer Bestrebungen, die die Staatseinheit gefährdeten, früh in den Genuß einer geschriebenen Verfassung. Letzteres gilt für das Herzogtum Nassau mit seiner schon am 1./2. September 1814 erlassenen Verfassung, an deren Ausarbeitung auf der Grundlage älterer Konzepte aus der Rheinbundzeit neben dem Minister Marschall und dem Regierungsdirektor Ibell der Freiherr vom Stein maßgebend beteiligt war. Sie diente aktuell der Sicherung der Staatseinheit gegenüber Bemühungen der standesherrlichen Häuser Wied und Solms um Restitution ihrer Landeshoheit. Ihre etatistische Funktion kam darin zum Ausdruck, daß der Landtag, nachdem der Fortbestand des Herzogtums einmal gesichert war, zum Ärger Steins erst im Jahre 1818 einberufen wurde, nachdem die von dem Minister Marschall für notwendig gehaltene Verwaltungsreform abgeschlossen war. Im Laufe des Jahres 1816 hatten schon Schwarzburg-Rudolstadt, Schaumburg-Lippe, Waldeck und Sachsen-Weimar Verfassungen erhalten. Hinzu kamen vor 1830 noch Sachsen-Hildburghausen (1818) und Sachsen-Meiningen (1824). Auch bei ihrem Zustandekommen – etwa durch Vereinbarung mit den Ständen (Waldeck) oder durch Beteiligung ständischer Deputierter (Sachsen-Weimar) – sowie in der Zusammensetzung der Vertretungen und in der Beibehaltung von Institutionen wie dem Landtagsausschuß und dem Landtagssyndikus war die landständische Tradition zum Tragen gekommen. Aufs Ganze gesehen standen aber die frühen kleinstaatlichen Verfassungen, insofern überall die »Landstände« die Gesamtheit der Staatsbürger und nicht mehr rechtlich fixierte ständische Interessen vertraten, der »konstitutionellen Monarchie«, wie sie zwischen

Kleinstaatliche Verfassungen nach 1814

1818 und 1820 in den vier süddeutschen Mittelstaaten eingeführt wurde, näher als der altständischen Verfassung. Gleichwohl wurden allein die süddeutschen Verfassungsstaaten – Bayern, Baden, Württemberg, Hessen-Darmstadt – im politischen Sprachgebrauch der Zeit bald das »konstitutionelle Deutschland« genannt und den altständisch verfaßten Ländern des Nordens sowie den im konstitutionellen Sinne verfassungslosen Großstaaten Preußen und Österreich gegenübergestellt. Süddeutschland war bis 1830 das Experimentierfeld für eine verfassungspolitische Ordnung, die in ihren Möglichkeiten und Grenzen das Verhältnis von Staat und Gesellschaft und die politischen Verhaltensweisen und Mentalitäten in Deutschland zwischen Restauration und Revolution nachhaltig prägte. Sie wurde nach 1830 von den mittel- und norddeutschen Mittelstaaten und 1850 von Preußen übernommen und bestimmte bis zum Ende des Ersten Weltkrieges die Verfassungswirklichkeit des Bundes und Reiches sowie der deutschen Gliedstaaten.

Voraussetzungen und Motive der Verfassungsgebung

So kurzfristig und doch ohne revolutionären Bruch sich nach 1814 der Übergang vom altständischen oder spätabsolutistischen System zum Konstitutionalismus vollzog, so vielfältig waren die Bedingungen und Motive, die der Verfassungsgebung im Einzelfall zugrunde lagen. Allgemeine Voraussetzung war die Rezeption und Verarbeitung der westeuropäischen Verfassungstheorie und -praxis durch die liberale und nationale Publizistik der Jahre 1812 bis 1819. Dem damit gestifteten Erwartungshorizont einer bürgerlichen Öffentlichkeit Rechnung zu tragen, die den Befreiungskampf mitgetragen hatte und personell bis in die staatliche Führungsschicht reichte, war für diejenigen Fürsten ein Gebot der Staatsräson, die nach der erneuten territorialen Umschichtung vor der Aufgabe der Integration alter und neuer Gebiete mit unterschiedlichen Traditionsbeständen standen. Hinzu kam das Motiv, mit der freiwilligen Gewährung einer Konstitution der Beeinträchtigung der einzelstaatlichen Souveränität durch eine bundeseinheitlich verpflichtende Auslegung des Artikels 13 zuvorzukommen. Was im Rheinbund mit dem Mittel der bürokratischen Unifizierung versucht worden war, das wurde jetzt durch die »parlamentarisch-repräsentative Integration« *(Ernst Rudolf Huber)* fortgeführt und ergänzt. Der berühmte Jurist Anselm von Feuerbach schrieb 1818 nach Erlaß der bayerischen Konstitution: »Erst mit dieser Verfassung hat sich unser König Ansbach, Bayreuth, Würzburg und Bamberg usw. erobert«, und Rotteck kommentierte die badische Verfassung mit der Feststellung: »Wir waren Baden-Badener, Durlacher, Breisgauer, Pfälzer, Nellenburger. ... Fortan sind wir ein Volk, haben einen Gesamtwillen und ... ein Gesamtleben.« Daß der in den neuen Landständen repräsentierte »Gesamtwille des Volkes« allenthalben den auf Herrschaftsstabilisierung bedachten Regierungen mit weitergehenden politischen Forderungen gegenübertrat, war eine unbeabsichtigte Folge der Verfassungsgebung. In Baden diente die Verfassung, durch die die Regierung des Landes als erblich in der großherzoglichen Familie der Zähringer einschließlich der Hochberger Nebenlinie erklärt wurde, der Sicherung des Staatsbestandes gegenüber den wittelsbachischen Erbansprüchen. Ein wichtiger Teilaspekt des verfassungspolitischen Kalküls der Regierungen war die erhoffte Verbesserung des Kredits der Staaten, die zum Teil mit hohen Schulden belastet waren und vor steigenden Ausgaben standen. In Bayern, Baden und Württemberg ging die Gewährleistung der Staatsschulden auf die neu eingerichteten Stände über, was freilich, zusammen mit dem Steuerbewilligungsrecht, künftige Konflikte zwischen Regierungs- und Volksvertretung vorprogrammierte. In Württemberg und Hessen-Darmstadt war schließlich massiver Druck der Öffentlichkeit, der sich in den vorzeitig einberufenen Ständeversammlungen (Württemberg) sowie in außerparlamentarischen Petitionen und Aktionen (Hessen-Darmstadt) äußerte, ein wesentlicher Faktor im Prozeß der Verfassungsgebung.

Nicht minder komplex als die Motive waren die Traditionen und Vorbilder, die in den Text und die Institutionen der süddeutschen Verfassungen eingingen. Unmittelbar als Modell hat die französische »Charte constitutionelle« von 1814 gedient. Sie lieferte das Muster einer Konstitution, in der die Grundzüge des Verfassungsrechts in einer schriftlichen Urkunde zusammengefaßt waren. Sie enthielt das monarchische Prinzip, das die einheitliche Staatsgewalt in der Hand des Fürsten fixierte. Mit seiner Übernahme wurde die dynastische Legitimität und Kontinuität in den deutschen Verfassungsstaaten gestärkt. Durch den Katalog der Grundrechte und die Mitwirkung der Volksvertretung bei der Gesetzgebung kam die Charte dem bürgerlich-rechtsstaatlichen Verfassungsdenken des frühen Liberalismus entgegen. Dieser Kompromißcharakter der Charte wurde um so leichter rezipiert, als er älteren Traditionen deutscher Staatlichkeit, besonders dem Dualismus des früheren Ständestaates, dem Prinzip der Repräsentation des »Landes« in den Landständen und der Bindung der monarchischen Gewalt an das Gemeinwohl entsprach. Auch einzelne Freiheitsrechte, wie etwa die Sicherung von Eigentum und Person und die Gewissensfreiheit, waren zum Teil schon früher gesetzlich garantiert gewesen. Sieht man von solchen allgemeinen Analogien zwischen der altständischen Verfassung und der französischen Charte und von der Anknüpfung an institutionelle Elemente des älteren Ständewesens ab, so darf dessen direkter Einfluß auf die süddeutschen Konstitutionen nicht überschätzt werden. Ihre Initiatoren, die Monarchen und die hohe Bürokratie, hatten in der unmittelbar vorangehenden Zeit die Landstände als Hemmschuh der staatlichen Zentralisierung und Modernisierung beseitigt und waren nicht gesonnen, sie in ihre alten Rechte wiedereinzusetzen. Auch der württembergische Verfassungskampf, in dem die Vertreter der altständischen Rechte den einseitigen Verfassungsoktroi durch den König bekämpft hatten, endete, wenn auch auf dem Wege der Vereinbarung, mit dem Sieg des modernen Staatsprinzips über das »gute alte Recht«. Ein Kompromiß zwischen der ständisch-aristokratischen Sozialordnung und dem Prinzip des Staatsbürgertums war die Übernahme des Zweikammersystems nach englischem Vorbild und ständischer Elemente im Wahlrecht für die zweiten Kammern. Dagegen hat die Verfassung der Vereinigten Staaten von Nordamerika, sosehr sie den liberalen Theoretikern des Frühkonstitutionalismus als vorbildlich galt, keinen erkennbaren Einfluß auf die Verfassungsgebung ausgeübt.

Vorbilder

Die Verbindung der allgemeinen, auf den Verfassungsstaat drängenden Tendenzen mit der spezifischen Konstellation im jeweiligen Einzelstaat läßt sich an der Vorgeschichte der süddeutschen Konstitutionen verfolgen. Bayern besaß seit dem Jahre 1808 formell eine Verfassung, deren Bestimmungen über die Errichtung von Kreisversammlungen und einer aus diesen hervorgehenden »Nationalrepräsentation« allerdings niemals verwirklicht worden waren. Als später Vertreter des Aufgeklärten Absolutismus hatte sich der Minister Montgelas mit einem Scheinkonstitutionalismus begnügt, hinter dessen Fassade er die Verstaatlichung des bayerischen Territoriums auf bürokratisch-zentralistische Weise vorantrieb und das bayerische Staatskirchenrecht befestigte. Immerhin wahrte man bei der Vorbereitung einer wirklichen Konstitution die Kontinuität, indem König Maximilian I. Joseph den schon im Herbst 1814 gebildeten Verfassungsausschuß, in welchem neben dem Kronprinzen Vertreter der Aristokratie und des Bürgertums aus der hohen Bürokratie saßen, ausdrücklich mit der Revision der Verfassung von 1808 beauftragte. In den internen Beratungen, die durch äußere Umstände – die Rückkehr Napoleons, den Wiener Kongreß sowie dynastische Probleme – häufig

Bayern

unterbrochen wurden, trafen die altständischen oder etatistischen Gegner einer echten Repräsentation, die in Montgelas ihren Rückhalt besaßen, auf die Befürworter einer modernen Verfassung. Zu ihnen gehörten vor allem der Minister von Reigersberg und der Direktor im bayerischen Innenministerium Freiherr von Zentner, die in ihren liberalen Vorstellungen von dem Kronprinzen Ludwig unterstützt wurden. Die Arbeiten im Ausschuß blieben aber wegen des hinhaltenden Widerstandes von Montgelas ohne konkretes Ergebnis. Erst als es Anfang 1817 den politischen Rivalen des Ministers in der Staatsführung, dem Feldmarschall Wrede und dem Kronprinzen gelang, den Sturz Montgelas' herbeizuführen, kam die Verfassungsfrage wieder in Bewegung. Noch am Tage der Entlassung von Montgelas, dem 2. Februar 1817, wurde durch ein königliches Reskript die Verabschiedung einer Konstitution angekündigt. Es verstrich noch mehr als ein Jahr, bis innen- und außenpolitische Gründe – die Absicht der Korrektur des Konkordates von 1817 sowie die Gewinnung der öffentlichen Meinung im bayerisch-badischen Gebietsstreit – den Abschluß der Beratungen im Staatsrat und in einer besonderen Ministerialkonferenz beschleunigten. Die bayerische Verfassung, die inhaltlich weitgehend auf Vorarbeiten des Freiherrn von Zentner beruhte, wurde am 26. Mai 1818 aus königlicher Machtvollkommenheit erlassen und hat ihrerseits die Redaktion der übrigen süddeutschen Konstitutionen beeinflußt. Die staatliche Integration der neubayerischen Provinzen wurde durch sie nicht völlig erreicht. Die besondere Rechts- und Sozialstruktur der linksrheinischen Pfalz machte es notwendig, daß die Verfassung hier mit Modifikationen in Kraft trat, die den Bestand der linksrheinischen »Institutionen« vorläufig garantierten. Ein entsprechender Nachtrag zur bayerischen Verfassung vom 5. Oktober 1818 wurde in der Pfalz als Magna Charta der Provinz gefeiert. Immerhin wurde aus dem pfälzischen »Nebenstaat« *(Heiner Haan)* mit eigener Verwaltung nach dem Sturz von Montgelas und mit der Verfassung ein mit einigen Sonderrechten ausgestatteter bayerischer Verwaltungsbezirk, dessen Bevölkerung durch Abgeordnete im gesamtbayerischen Landtag vertreten war.

Eine besondere staatspolitische Funktion kam der Verfassungsgebung im Großherzogtum Baden zu, dem in seiner Zusammensetzung künstlichsten und durch das drohende Aussterben der Dynastie nach 1815 in seinem Bestand am meisten bedrohten Staat Süddeutschlands. Auch in Baden reichten erste Verfassungspläne bis in die Rheinbundzeit zurück. Um 1809 war in Regierungskreisen der Erlaß einer Konstitution mit einem Vertretungskörper zur Sicherung des Staatskredits erwogen worden. Gleichzeitig war auch hier durch eine aufgeklärte Bürokratie die administrative Integration des Staates auf dem Wege der Gesetzgebung vorangetrieben sowie seine Wirtschaftseinheit durch die Aufhebung der Binnenzölle und durch einen Steuerausgleich gefördert worden. Die bürokratische Politik des Zentralisierens stieß allerdings auf den Widerstand der Träger der Regional- und Lokalverwaltung, der Standesherren und des Adels. Zu ihnen gesellte sich nach 1814 die bürgerlich-liberale Opposition mit der Forderung einer staatlichen Ordnung, die unter Beteiligung des Volkes den historischen Traditionen der Landesteile besser entsprechen sollte. In dieser Situation und unter dem Druck der dynastischen Problematik kam es seit 1814 zu neuen Verfassungsprojekten im Schoße der Regierung. Im März 1816 wurde offiziell die Einberufung einer ständischen Volksvertretung zur Entgegennahme einer Verfassung in Aussicht gestellt. Doch führten auch hier Meinungsverschiedenheiten über die Auslegung des Artikels 13 der Bundesakte im altständischen oder konstitutionellen Sinne zu einer Vertagung der Verfassungsstiftung. Erst als 1817 der Freiherr Sigismund von Reitzenstein, der in den Jahren 1809/10 die badische Verwaltungsreform durchgeführt hatte, erneut Einfluß auf den kränkelnden Großherzog Karl gewann, fiel die Entscheidung zugunsten einer konstitutionellen Monarchie mit einer echten Repräsentation. Die von dem Finanzrat Karl Friedrich Nebenius entworfene Verfassungsurkunde, die die Einheit und Unteilbarkeit des Landes und das Thronfolgerecht der jüngeren Linie verkündete, wurde vom Großherzog am 22. August 1818 kurz vor seinem Tode unterzeichnet. Sie entsprach von allen süddeutschen Verfassungen dem konstitutionellen Modell am meisten und sicherte damit den Verhandlungen in den badischen Kammern des Vormärz eine politische Bedeutung, die das staatliche Gewicht des Großherzogtums im Deutschen Bund weit übertraf.

Die badische Verfassung v. 22. August 1818

Beruhten die bayerische und die badische Verfassung, die inhaltlich das Werk liberaler Bürokraten waren, formell auf der Entscheidung der Monarchen, ohne durch eine Verfassungsbewegung dazu gezwungen worden zu sein, so kam es im Königreich Württemberg nach 1815 zu einem echten Verfassungskampf. Der absolutistisch regierende König Friedrich I. hatte in der Rheinbundzeit die noch im Jahre 1770 durch England, Preußen und Dänemark garantierte altwürttembergische Ständeverfassung sowie ständische Mitwirkungsrechte in den neuen Landesteilen aufgehoben, um die Einheit des Staates zu erzwingen. Noch während des Wiener Kongresses verkündete er, um den deutschen Hauptmächten Preußen und Österreich seine Souveränität zu demonstrieren, daß er dem Lande »aus eigenem Antrieb« eine Verfassung geben werde. In dem zu diesem Zweck einberufenen gesamtwürttembergischen Landtag hatten unter den gewählten bürgerlichen Abgeordneten die Honoratioren aus dem kommunalen Bereich, Bürgermeister, Schreiber, Advokaten und Kaufleute, die in den früheren Landständen die führende Rolle gespielt hatten, die Mehrheit, während die Staatsbeamten als potentielle Verbündete der Krone vom Wahlrecht ausgeschlossen waren. Unterstützt von den Mediatisierten aus den neuwürttembergischen Landesteilen lehnte der Landtag den königlichen Entwurf ab. Er verlangte statt dessen die Verfassungsvereinbarung auf der Grundlage der altwürttembergischen Ständeordnung. In dem sich über Jahre hinziehenden Kampf vertraten der König – seit 1816 WILHELM I. – und die Regierung, wie von Kommentatoren wie dem Freiherrn vom Stein und Hegel anerkannt wurde, das moderne Staats- und Verfassungsprinzip, während der Landtag mit seiner Berufung auf das »gute alte Recht« die altständische Restauration ohne Abstriche anstrebte. Gegenüber Vermittlungsversuchen des Ministers von Wangenheim, der ein Verfechter des fürstlich-ständischen Ausgleichs war, hielten die Altrechtler unter Führung von Eberhard Friedrich Georgii und Ludwig Uhland halsstarrig an ihrer Konzeption, vor allem an der Forderung nach dem überlieferten Einkammersystem fest. Sie sahen in der Wiederherstellung des »alten Rechts« das Allheilmittel gegen die absolutistische Praxis und die Finanzmisere des Landes. Erst als nach 1817 die geschlossene Front der altständischen Partei unter dem Eindruck ihres Mißerfolges und dem Einfluß der Agrarkrise in verschiedene Gruppierungen zerfiel und sich nach den Neuwahlen von 1819 unter dem Druck eines linksliberalen Flügels, der »Volksfreunde«, eine kompromißbereite Mehrheit bildete, nutzte die Regierung die gemeinsame Gegnerschaft zu den »Volksfreunden«, um die Majorität mit dem Zugeständnis eines »ständischen Ausschusses« und einer »ständischen Kasse« für das Zweikammersystem zu gewinnen. Nachdem der württembergische Bevollmächtigte Graf Wintzingerode auf der Karlsbader Konferenz eine authentische Interpretation des Artikels 13 der Bundesakte im altständischen Sinne verhindert hatte, unterzeichnete König Wilhelm am 25. September 1819 die neue Verfassung, die, wie in der Präambel des Textes ausdrücklich vermerkt wurde, »eine vollkommene Vereinigung« zwischen der Krone und den Ständen, also ein echter Vertrag war.

Württemberg

Das »gute alte Recht«

Die württembergische Verfassung v. 25. September 1819

Hessen-Darmstadt

Als letzter der süddeutschen Staaten erhielt das Großherzogtum Hessen-Darmstadt im Dezember 1820 eine Konstitution. Nachdem die Wiener Schlußakte im Mai desselben Jahres die überlieferte Hoheitsgewalt des Monarchen auch im Verfassungsstaat festgelegt hatte, wurde sie formell als Edikt des Großherzogs erlassen. Tatsächlich war ihr aber eine echte Verfassungsbewegung im Lande vorausgegangen. Sie war außerdem – ähnlich wie in Württemberg – zwischen der Regierung und einer Landesvertretung ausgehandelt worden.

Hessische Verfassungsbewegung 1817/1818

In den rechtsrheinischen Landesteilen waren seit 1817 Petitionen um Verwirklichung des Artikels 13 der Bundesakte organisiert worden, die zunächst an die Bundesversammlung und dann, als sich diese für unzuständig erklärte, an die hessische Regierung gerichtet wurden. Die Initiatoren waren standesherrliche Beamte und die Akademikergruppe der Darmstädter »Schwarzen«, die weitgehend aus früheren Mitgliedern der radikalen Gießener Burschenschaft bestand. Infolge finanzieller Mißwirtschaft der Verwaltung und wirtschaftlicher Schwierigkeiten fanden sie eine beachtliche Resonanz im Lande. Die Bewegung mündete 1818 in einen von gemeindlichen Zusammenschlüssen getragenen Steuerstreik, auf den der Großherzog, ohne die Unruhe eindämmen zu können, im Februar 1819 mit dem Versprechen einer »umfassenden Konstitutionsurkunde« reagierte. Er suchte diese Zusage durch den Erlaß eines Ediktes vom 18. März 1820 einzulösen, das von dem Minister Karl Ludwig Wilhelm von Grolman ausgearbeitet worden war. Die liberale Mehrheit der aufgrund des Ediktes gewählten zweiten Kammer versagte dem Erlaß die Anerkennung als Verfassung, indem sie den geforderten Konstitutionseid verweigerte. Als auch die erste Kammer eine Ergänzung der Verfassung durch weitere Gesetze forderte, fand sich der Großherzog im Oktober 1820 bereit, das Märzedikt durch eine zwischen der Krone und den Kammern vereinbarte Konstitution zu ersetzen.

Die hessen-darmstädtische Verfassung v. 17. Dezember 1820

So beruhte die Verfassung vom 17. Dezember 1820, obwohl sie als einseitiger fürstlicher Erlaß erging, weitgehend auf den von der zweiten Kammer ausgearbeiteten Vorschlägen. An ihrem Zustandekommen war neben dem Abgeordneten Karl Christian Eigenbrodt, einem liberalen Finanzbeamten, der Freiherr Hans Christoph von Gagern beteiligt, der in Rheinhessen als Vertreter der Landgemeinden, also nicht in seiner Eigenschaft als Adeliger, gewählt worden war. Für die rheinhessischen Abgeordneten, die mehrheitlich der liberalen Gruppe angehörten, bestand ein enger Zusammenhang zwischen der Verfassungsfrage und der Erhaltung der französischen Institutionen, für die sie eine ähnliche Garantie anstrebten, wie sie die Pfalz in der bayerischen Verfassung erhalten hatte. Zwar konnten sie nicht erreichen, daß ein entsprechender Passus in den Verfassungstext eingefügt wurde. Doch versicherte der Großherzog in seiner Thronrede vom 27. Juni 1820, daß die Rechtsverfassung der einzelnen Landesteile nur einvernehmlich geändert werden solle. Dieses Versprechen wurde, wie sich später herausstellte, zu einem Hindernis für die Rechtsvereinheitlichung im Großherzogtum. Immerhin hat die durch die Verfassung ermöglichte gesamtstaatliche Repräsentation, zusammen mit der als Garantie aufgefaßten Erklärung des Großherzogs, zunächst die Eingliederung der linksrheinischen Provinz in den Staatsverband erleichtert.

Etatistischer Grundzug der süddeutschen Verfassungen

Das System des süddeutschen Konstitutionalismus, wie es durch die vier Verfassungen gestiftet wurde, besaß in seiner Begründung und Struktur einen ausgesprochen etatistischen Grundzug. Er äußerte sich nicht nur negativ in der Abwehr altständischer Restaurationsbestrebungen. Es war eine positive Staatsordnung entstanden, die die Monarchen ebenso wie die zu Staatsbürgern erklärten Untertanen an sich band. Zwar blieb die gesamte Staatsgewalt durch das in der absolutistischen Tradition stehende monarchische Prinzip bei dem Fürsten vereinigt. Aber abgesehen davon, daß der Monarch die durch eine Verfassung gewährte

Mitwirkung der Stände an der Ausübung bestimmter Rechte nicht einseitig aufheben konnte, war er als Träger der Staatsgewalt mehr ein Funktionär als der Eigentümer des Staates, wie dies noch die Patrimonialtheorie Hallers und seiner norddeutschen Schüler gefordert hatte. Nicht zufällig wurde in der süddeutschen Staatsrechtslehre, besonders des angesehenen Heidelberger Juristen Johann Ludwig Klüber, die ältere Auffassung von der Fürstensouveränität durch die Lehre von der Staatssouveränität ersetzt. Nach ihr gebührte dem Staatsoberhaupt als »Inhaber der Staatsgewalt« neben der Majestät und der Vertretung des Staates nach außen »die Staatsgewalt im Innern für den Zweck des Staates«! Was für den Fürsten das monarchische Prinzip, das war für die Staatsbürger der in alle Verfassungen nach nordamerikanischem und französischem Muster aufgenommene Katalog von Grundrechten mit der Garantie der Freiheit der Person, des Eigentums, der Meinung, des Gewissens und des Berufes und der Gleichheit vor dem Gesetz. Der damit abgesteckte Freiheitsraum des einzelnen beruhte aber nicht auf der Anerkennung originärer Rechte durch den Staat, sondern auf einer vom Souverän gewährten Ausgrenzung dieser Sphäre aus dem staatlichen Machtbereich, wie die verschieden starke Einschränkung der Freizügigkeit in den süddeutschen Verfassungen – trotz ihrer Garantie durch die Bundesakte – zeigt. Die Trennung der mit besonderen Rechten ausgestatteten Gesellschaft vom Staat wurde von diesem vollzogen. Der neue Begriff der »Staatsgesellschaft«, der die alteuropäische Vorstellung der politischen »societas civilis« verdrängte, reflektierte diesen Sachverhalt.

Grundrechte

Erst unterhalb des durch die Verfassungen gestärkten Etatismus, der die staatliche Souveränität und Einheit nicht nur nach innen, sondern auch gegenüber dem Bund behauptete, entwickelte sich in der politischen Praxis der für die konstitutionelle Monarchie charakteristische Dualismus zwischen dem Monarchen mit seiner Regierung und Verwaltung auf der einen und der parlamentarisch institutionalisierten Staatsbürgergesellschaft auf der anderen Seite. Es entsprach dem Fortbestehen ständischer Unterschiede in rechtlicher und sozialer Hinsicht, deren Abbau durch die Bestimmungen der Bundesakte zugunsten der Mediatisierten sowie durch den Eigentumsvorbehalt der Verfassungen erschwert wurde, daß eine umfassende Repräsentation des Volkes in den Landtagen weder verfassungsrechtlich angestrebt noch faktisch erreicht wurde. Das überall in Süddeutschland eingeführte Zweikammersystem war zweifellos von der Rücksichtnahme auf das aristokratische Element diktiert, obwohl beide Kammern für sich als Repräsentation des Gesamtvolkes galten. In den ersten Kammern saßen in der Regel neben den Prinzen des regierenden Hauses die Standesherren, Vertreter der Kirchen (diese nicht in Württemberg) sowie von den Monarchen erblich oder auf Lebenszeit berufene Mitglieder, die oft aus der hohen Bürokratie kamen und, wie etwa im bayerischen »Reichsrat«, ein gouvernementales Gegengewicht zur adeligen Fronde bildeten. So konnte es hier früher als in den zweiten Kammern zu einer »Partei«bildung kommen. In Baden saßen auch die gewählten Vertreter des grundherrlichen Adels in der ersten Kammer, die damit de facto die Interessen der privilegierten Stände gegenüber der Regierung und der bürgerlichen zweiten Kammer vertrat. Immerhin gehörte der ersten Kammer zeitweilig Rotteck, einer der Führer der liberalen Opposition, als Vertreter der Universität Freiburg an. Im übrigen war der Rückhalt der Regierungen an den ersten Kammern geringer als erhofft, teils weil sie wegen der Abwesenheit vieler Mitglieder oft funktionsunfähig waren, teils weil der Adel seine Interessen gegenüber der Verwaltung verfocht.

Verfassungspolitischer Dualismus

Die ersten Kammern

In Bayern, Württemberg und Hessen-Darmstadt saßen gewählte Abgeordnete des niederen Adels zusammen mit denjenigen der Städte und des Landes in den zweiten Kammern. Zu

Die zweiten Kammern

dem indirekten Zensuswahlrecht für die letzteren, das die Wahl an Grundeigentum und/oder ein bestimmtes Steueraufkommen band, kam also hier noch die Verteilung der Abgeordnetensitze auf die Stände. Sie entfiel in Baden, wo außerdem die Bindung des Wahlrechts an Grundeigentum durch die Zulassung der öffentlichen Beamten ohne solchen Besitz durchbrochen wurde. Für München ist der Anteil der aktiv Wahlberechtigten an der erwachsenen männlichen Bevölkerung im Jahre 1818 auf 6% geschätzt worden. Auf dem Lande mag er höher gelegen haben, ohne etwas an der durchgehenden Struktur einer neuständischen Honoratiorenvertretung von »Besitz und Bildung« zu ändern. Da sich die im Berufsleben stehenden Wirtschaftsbürger nur selten für eine politische Laufbahn freimachen konnten, spielten in den zweiten Kammern die beamteten Abgeordneten eine zahlenmäßig wie nach ihrer politischen Erfahrung entscheidende Rolle, sei es als unliebsame Gegenspieler der Regierungen, weshalb diese ihnen oft den Weg in das Parlament durch die Änderung der Pensionsordnung oder durch Urlaubsverweigerung zu versperren suchten, oder als ihre Hilfstruppen. Als solche leisteten sie seit der zweiten Hälfte der 20er Jahre, als man zunehmend zu dem Mittel der amtlichen Wahlbeeinflussung griff, einer Spaltung der Kammern in Parteien Vorschub und erschütterten damit die liberale Doktrin des grundsätzlichen Gegenübers von Regierung und geschlossener Volksvertretung. Sowohl in Bayern, wo die liberalen Abgeordneten aus der Pfalz mit solchen aus Franken und Schwaben zusammengingen, als auch in Hessen-Darmstadt und Württemberg machte sich der politische Regionalismus der Landesteile als gruppenbildender Faktor in den Landtagen bemerkbar.

Kompetenzen der Landtage

Die süddeutschen Verfassungen sprachen den Landtagen die Periodizität, die Mitwirkung bei der Gesetzgebung und das Steuerbewilligungsrecht zu, allerdings jeweils mit Einschränkungen, die dem politischen Spielraum der Kammern deutliche Grenzen setzten. Die Periodizität wurde durch das dem Monarchen allein zustehende Recht relativiert, die Kammern innerhalb der vorgeschriebenen Fristen einzuberufen, sie zu vertagen oder zu schließen. Die Mitwirkung bei der Gesetzgebung knüpfte an die alte ständische Freiheits- und Eigentumsklausel an und besagte in der Formulierung der bayerischen Verfassung, daß ohne Zustimmung der Kammern »kein allgemeines Gesetz, welches die Freiheit der Personen oder das Eigentum der Staatsangehörigen betrifft, erlassen, noch ein bestehendes abgeändert, authentisch erläutert oder aufgehoben werden« durfte. Da mit dieser Formel der Gesetzesbegriff des Konstitutionalismus überhaupt umschrieben war, blieb den Regierungen – in den Bereichen der Verwaltung, des Kultus, der Außenpolitik und des Heerwesens – ein großer Spielraum zur selbständigen Staatsgestaltung ohne Befragen der Volksvertretung. Ein Gesetz konnte nur mit Zustimmung der beiden Kammern verabschiedet werden. Eine Verfassungsänderung war nur auf gesetzlichem Wege unter der erschwerenden Bedingung erhöhter Mehrheiten möglich. Es entsprach dem monarchischen Prinzip und bedeutete eine Durchbrechung der Gewaltanteilung zugunsten des Fürsten, daß die Gesetzesinitiative den Regierungen vorbehalten blieb. Der Versuch der Kammern, diesen Vorbehalt durch Gesetzespetitionen zu umgehen, wurde in der Regel zurückgewiesen. Immerhin wurde dem bayerischen Landtag im Jahre 1827/28 das Recht der Gesetzespetition zugesprochen. Die Steuerbewilligung durch die Kammern fiel, da mit ihr in das Eigentum der Bürger eingegriffen wurde, unter die Mitwirkung bei der Gesetzgebungskompetenz, auch wenn sie in allen Verfassungen, zweifellos in Anknüpfung an die altständische Tradition, eigens aufgeführt wurde. Im Unterschied zu dieser Tradition durfte aber die jeweils befristete Steuerbewilligung nicht von Bedingungen abhängig gemacht werden, was aber de facto durch die mögliche Ablehnung geforderter Steuern doch geschehen konnte. Hier bestand ein von der liberalen Kammeropposition gern benutzter Hebel zur Ausweitung der Kompetenz auf die Kontrolle der Staatsausgaben, obwohl die Verfassungen – außer in Württemberg – den Kammern das förmliche Budgetrecht versagt hatten. Die Verpflichtung der Regierungen, den Landtagen zusammen mit der Steueranforderung ein Budget vorzulegen, das aber nicht zustimmungspflichtig war, führte zu dauernden Auseinandersetzungen über den Umfang der parlamentarischen Kontrollrechte.

Eine wirksame politische Waffe der oppositionellen Kammern war das Petitionsrecht. Es ermächtigte den Landtag, sich durch Mehrheitsbeschluß mit Vorschlägen, Wünschen und Beschwerden allgemeiner Art, die über die Gesetzeskompetenz hinausgingen, an den Monarchen zu wenden. Da Petitionen einen formellen Beschluß voraussetzten, wurden sie häufig dazu benutzt, um in den öffentlichen Kammerdebatten die Regierung anzugreifen, allgemeine Mißstände anzuprangern und eigenmächtiges Vorgehen einzelner Behörden oder Beamten zur Sprache zu bringen. In Bayern, Baden und Hessen besaßen die Kammern außerdem das Recht, Verfassungsbeschwerden einzelner Bürger anzunehmen und nach ihrer Prüfung als Petition an den Monarchen weiterzuleiten. In Württemberg konnten Verstöße von Regierungsmitgliedern oder Abgeordneten auf Initiative der Kammer vor einen paritätisch besetzten Staatsgerichtshof gebracht werden, auch dies eine Konzession an die altständische Tradition. Im übrigen erwies sich die in den Verfassungen fixierte juristische Ministerverantwortlichkeit so lange als politisch wenig wirksam, als den Kammern der Einfluß auf die Regierungsbildung versagt blieb.

Petitionsrecht

Mit dem Erlaß der Verfassungen, den ersten Wahlen und der Einberufung der Kammern verlagerte sich der Schwerpunkt des politischen Lebens im Deutschen Bund nach Süddeutschland. Die Berichte über die ersten, zum Teil stürmisch verlaufenden, süddeutschen Landtage machten bis zur Unterdrückung der Pressefreiheit einen großen Teil des politischen Inhaltes der liberalen Zeitungen Deutschlands aus. Besonders in Baden und Bayern, wo die Landtage im Jahre 1819 zum erstenmal tagten, fanden erbitterte Auseinandersetzungen zwischen den Regierungen und einer sich schnell herausbildenden liberalen Opposition in der zweiten Kammer statt. Während diese das Verhältnis zwischen Volksvertretung und Regierung entgegen dem monarchischen Prinzip als ein solches von Vertragspartnern auffaßte und ihre Kompetenzen exzessiv in Richtung auf eine umfassende Kontrolle der gesamten Regierungstätigkeit und auf eine Erweiterung der Legislative auszulegen versuchte, sahen die Monarchen und Regierungsvertreter die den Landtagen eingeräumten Rechte als das äußerste Zugeständnis an den Zeitgeist an, über das nicht hinausgegangen werden durfte. Die liberalen Mehrheiten der badischen und bayerischen Kammern bestürmten die Monarchen mit einer Fülle von Gesetzespetitionen, die auf den Abbau ständischer Privilegien und auf eine Revision der Rechtsverfassung hinausliefen. Man forderte, nicht zuletzt unter Berufung auf die entsprechenden Institutionen auf dem linken Rheinufer, wobei die pfälzischen und rheinhessischen Abgeordneten oft die Wortführer waren, die Trennung von Justiz und Verwaltung, Rechtsreformen wie die Einführung der Öffentlichkeit und Mündlichkeit des Gerichtsverfahrens, Schwurgerichte sowie größere Selbstverwaltungsrechte der Gemeinden. Sowohl in Baden als auch in Bayern benutzten die Kammern das Steuerbewilligungsrecht, um erhebliche Abstriche am Militärhaushalt zu machen. Das entsprach der Ablehnung der stehenden Heere und der liberalen Vorliebe für das Milizsystem nach schweizerischem Vorbild. Im bayerischen Landtag forderte der Abgeordnete von Hornthal vergeblich die in der Konstitution nicht vorgesehene Vereidigung des Heeres auf die Verfassung, als Gegengewicht zur Leistung des Fahneneids

Erste Verfassungskämpfe nach 1819

auf den Monarchen, der damit in einem Verfassungskonflikt über die Armee verfügen konnte. In Baden kürzte man auch den Hof- und Gesandtschaftsetat. Alle diese Aktionen wurden von den Regierungen als Eingriffe in die allein dem Monarchen vorbehaltenen Bereiche der Staatsgewalt angesehen.

Die Adelsfrage im badischen Landtag 1819/1820

Ein schwerer Konflikt zwischen Regierung und zweiter Kammer, in den zugleich das staatsrechtliche Problem der Stellung des Einzelstaates zum Bund hineinspielte, entzündete sich in Baden an der Adelsfrage. In Fortführung der Politik der Rheinbundära, die auf die politische Entmachtung des Adels abgezielt hatte, erließ die Regierung im April 1818 ein von dem liberalen Beamten Ludwig Georg Winter konzipiertes Edikt, durch das die Rechte der Standesherren stark beschnitten wurden. Die Mediatisierten, die darin eine Verletzung der ihnen in Artikel 14 der Bundesakte zugestandenen Rechte erblickten, beschweren sich bei der Bundesversammlung und veranlaßten eine diplomatische Intervention der Großmächte zu ihren Gunsten, so daß der Regierung, zumal der badisch-bayerische Erbfolgestreit noch nicht entschieden war, keine andere Wahl blieb, als in einem neuen Edikt das bundesrechtlich bestimmte Mindestmaß der standesherrlichen Rechte anzuerkennen. Dieses Edikt wurde am 16. April 1819, einige Tage vor dem ersten Zusammentreten des Landtages, erlassen, weil man voraussah, daß die Zustimmung der liberalen Mehrheit der zweiten Kammer zu einem adelsfreundlichen Gesetz nicht zu bekommen war. Tatsächlich forderte die Kammer unter Führung der beiden Beamtenabgeordneten Winter und Ludwig von Liebenstein die förmliche Aufhebung des Ediktes, in dessen Erlaß man formal einen Mißbrauch der vor dem Erlöschen stehenden einseitigen Gesetzgebungsmacht der Regierung, inhaltlich einen Verstoß gegen die, wie man Artikel 13 der Bundesakte interpretierte, dort zugesicherte Rechtsgleichheit der Bürger erblickte. Der Großherzog machte daraufhin von dem ihm zustehenden Vertagungsrecht Gebrauch. Immerhin zog die Regierung das Edikt zurück und suchte 1820, während eines vorübergehenden, auf Kooperation zielenden Kurswechsels, den Ausgleich mit der zweiten Kammer auf der Basis des gemeinsamen Interesses an einer Beschränkung der standesherrlichen Rechte und an der Abgrenzung von Bundes- und Landeskompetenz in der Mediatisiertenfrage. Die Doppelfunktion einzelner Abgeordneter in der Verwaltung und im Landtag förderte einen Kompromiß. Es war im übrigen nicht das letzte Mal, daß sich eine einzelstaatliche Regierung gegenüber dem Bundestag, der die Interessen der Mediatisierten vertrat, auf die Bestimmungen der Konstitution zurückzog.

Staatsstreichpläne in Bayern und Baden 1819/1820

Die ungestüme Offensive der »Konstitutionellen«, wie die liberalen Abgeordneten oft genannt wurden, und das Echo, das ihre Aktionen in der Öffentlichkeit fanden, weckten in den Jahren 1819/20 vorübergehend bei dem bayerischen König und in badischen Regierungskreisen die Absicht, die gerade erst gewährten Verfassungen durch einen Staatsstreich aufzuheben oder mit Hilfe des Bundes zu revidieren. Am weitesten gingen hierin badische Pläne, die von dem konservativen Minister Wilhelm Freiherr von Berstett, noch mehr von dem Bundestagsgesandten Friedrich Karl Freiherr von Blittersdorf betrieben wurden. Sie fanden aber nicht die Unterstützung der Großmächte. Wenige Tage, bevor die Wiener Schlußakte vom 15. Mai 1820 das System der landständischen Verfassungen durch eine Bestandsgarantie stabilisierte, schrieb Metternich, der sich schon ein Jahr vorher in ähnlicher Weise gegenüber dem bayerischen König geäußert hatte, an Berstett, daß an einer gesetzlich eingeführten Verfassung im Interesse der Erhaltung des Bestehenden festgehalten werden müsse. Der Staatskonservativismus des Metternichschen Systems kam auch dem Konstitutionalismus zugute. Damit wurden die Regierungen auf den steinigen, mit zahlreichen Konflikten gepflasterten Weg eines Arrangements mit der Volksvertretung oder auf die Politik der Beeinflussung ihrer Zusammensetzung durch Urlaubsverweigerung für liberale Beamtenabgeordnete oder durch Wahlbeeinflussung verwiesen. Beide Wege wurden eingeschlagen. In Baden wurde im Herbst 1822 der verfassungsfreundliche Regierungskurs durch eine auf Konfrontation eingestellte Politik abgelöst, die auch eine Reaktion auf die Verweigerung der Mittel für den Militäretat durch die liberale Opposition unter Führung des Abgeordneten Johann Adam von Itzstein, ebenfalls ein Staatsdiener, war. Der Großherzog schloß erneut den Landtag, und die Regierung, die sich auf ihre militärischen Pflichten gegenüber dem Bund berief, wirtschaftete ohne Zustimmung der Kammern weiter. Als es ihr nicht gelang, zur Lösung des darüber entbrannten Streites eine Bundesintervention zu veranlassen, löste sie den Landtag auf und schrieb Neuwahlen aus. Eine massive Wahlbeeinflussung und die Unterstützung durch den Klerus brachten eine gouvernementale Mehrheit. Mit ihrer Hilfe wurden im Jahre 1825 in einer legalen Verfassungsänderung die Wahlperiode und die Haushaltsperiode verlängert. Die Revision verschaffte der Regierung bis 1831 größere Unabhängigkeit gegenüber der Volksvertretung. In Bayern schlug 1825 der neue König LUDWIG I. für einige Jahre einen auf Entspannung und Zusammenarbeit gerichteten Kurs ein. An die Stelle der konservativen Minister Alois Graf Rechberg und Karl Friedrich Graf Thürheim wurden mit Ludwig Graf Armansperg und Georg Friedrich von Zentner zwei Vertreter des administrativen Liberalismus in das Kabinett berufen, die in dem Führer der liberalen Kammermehrheit, Ignaz von Rudhart, einem beurlaubten Regierungsdirektor, den zu begrenzter Zusammenarbeit bereiten Partner fanden. Noch vor dem Ende der 20er Jahre stellte sich heraus, daß die sprunghafte Politik des Königs weniger einer liberalen Grundhaltung als der Behauptung der monarchischen Prärogative entsprang. Erstes Zeichen des Wechsels war die Ernennung des konservativen und kirchenfreundlichen Bürokraten Eduard von Schenk zum Innen- und Kultusminister im Jahre 1828. Seine Kulturpolitik lieferte den Zündstoff für schwere Konflikte zwischen Regierung und Landtag nach der Juli-Revolution.

Revision der badischen Verfassung 1825

Bayern

Weniger dramatisch verliefen die ersten Landtagsverhandlungen in Württemberg und Hessen-Darmstadt. In Stuttgart erregte der erfolgreiche Versuch der Regierung, den Tübinger Staatswissenschaftler Friedrich List aus der Kammer fernzuhalten, großes Aufsehen. Zuerst wurde dem im Sommer 1819 zum ersten Male gewählten Vorkämpfer der deutschen Zolleinheit wegen der um einige Tage verfehlten Qualifikation des Wahlalters von 30 Jahren der Eintritt in das Parlament verwehrt. Ein Jahr später griff die Regierung zu dem Mittel eines die Ausübung des Mandates ausschließenden Gerichtsverfahrens, um den nochmals Gewählten aus der Kammer zu entfernen. Anlaß war ein politisches Manifest Lists, in welchem er die Forderung liberaler Reformen mit einem Angriff auf die »Schreiberkaste« verbunden hatte, aus der nicht wenige Vertreter als Abgeordnete im Landtag saßen. So hat denn auch die mehrheitlich regierungstreue Kammer nichts getan, um den Angriff auf die Immunität eines ihrer Abgeordneten und seine Verurteilung zur Festungshaft zu verhindern. List wurde 1825 unter der Bedingung freigelassen, das Land zu verlassen. Er emigrierte nach Nordamerika und kehrte 1830 nach Deutschland zurück. Zwar verabschiedete der württembergische Landtag im ersten Jahrzehnt seines Bestehens einige Reformgesetze. Im ganzen stagnierte aber bis 1830 das Verfassungsleben, weil die Opposition schwach und zersplittert war. Ludwig Uhland trat 1826 aus der Kammer aus, und die Mehrzahl der beamteten Abgeordneten war gouvernemental eingestellt. Der Stuttgarter Advokat Jakob Friedrich Weishaar und der Verleger Johann Friedrich Cotta garantierten eine gemäßigte Opposition. Im hessen-darmstädtischen

Württemberg und Hessen-Darmstadt

Landtag zeichnete sich seit der Sitzungsperiode von 1827/28 über Zulassungsfragen sowie über einen Antrag zur Verlängerung der Haushaltsperiode die Abspaltung einer liberalen Oppositionsgruppe ab, die sich aber noch nicht als Partei organisierte. Im Zusammenhang mit dieser Diskussion entwickelte der damals noch als Assessor im Staatsdienst stehende Heinrich von Gagern, der 1829 zum Abgeordneten gewählt wurde, in einer Flugschrift ein parlamentarisches Aktionsprogramm, durch das die Balance zwischen Regierung und Landtag zugunsten der Volksvertretung verschoben werden sollte. Da fast gleichzeitig mit dem Freiherrn Karl Wilhelm du Bos du Thil ein ausgesprochener Vertreter des Staatskonservativismus anstelle Grolmans zum leitenden Minister ernannt wurde, waren auch hier vor 1830 die Weichen für die parlamentarischen Kämpfe des Vormärz gestellt.

Beurteilung des Frühkonstitutionalismus

Das Urteil über den deutschen Frühkonstitutionalismus kann sich nicht mit der Diskussion der umstrittenen Frage begnügen, ob die konstitutionelle Monarchie in ihrer süddeutschen Ausprägung ein eigenständiges und lebensfähiges Verfassungssystem *(Ernst Rudolf Huber)* oder ein vorübergehender Kompromiß war, der den Übergang von der absolutistischen oder ständisch gebundenen Monarchie zur parlamentarischen Regierungsweise vermittelte *(Ernst-Wolfgang Böckenförde)*. Abgesehen davon, daß die Beantwortung dieser Frage die Verfassungsentwicklung der zweiten Jahrhunderthälfte berücksichtigen muß, kann doch kein Zweifel an dem Kompromißcharakter der süddeutschen Verfassungen bestehen, und zwar nicht nur, was die Verteilung der Gewichte zwischen Monarch, Regierung und Volksvertretung sowie die Verbindung altständischer und repräsentativer Verfassungselemente betrifft, sondern auch in der mehr oder weniger ausgewogenen Berücksichtigung der noch intakten ständischen Rechte der Aristokratie und der Interessen des erst allmählich zu politischem Bewußtsein kommenden Bildungs- und Besitzbürgertums. Das Funktionieren des Konstitutionalismus und damit das Ausmaß seiner Flexibilität hingen einmal von der Bereitschaft der Betroffenen ab, den verfassungsmäßig verordneten Kompromiß politisch zu praktizieren, zum anderen von der relativen Stabilität der ihm zugrundeliegenden politischen und gesellschaftlichen Konstellationen. Je mehr beides im Vormärz in Frage gestellt wurde, um so weniger konnte er die ihm zugedachte Aufgabe der politischen Stabilisierung erfüllen. Diese zeitlich vorgreifende Feststellung ändert nichts an der zeitgebundenen Bedeutung des frühen Konstitutionalismus. Indem die wenigen norddeutschen Verfassungen vor 1830 überwiegend altständischen Charakter besaßen und Preußen darauf verzichtete, in die Reihe der Verfassungsstaaten einzutreten, vertiefte sich in Deutschland der verfassungspolitische Unterschied zwischen dem Norden und dem Süden. Die Mainlinie trennte, so sahen es wenigstens die süddeutschen Liberalen, den absolutistisch oder ständisch regierten Norden von dem »konstitutionellen Deutschland«. Trotz der relativen administrativen und ökonomischen Modernität Preußens richtete das liberale Bürgertum seine Hoffnung zunächst auf den Süden. Man sah in den politischen Auseinandersetzungen zwischen der parlamentarisch organisierten Opposition und den Regierungen der süddeutschen Staaten die Brennpunkte des politischen Lebens und einen gewissen Ersatz für die fehlenden konstitutionellen Einrichtungen auf Bundesebene. Insofern waren die süddeutschen Verfassungen, wie *Heinrich von Treitschke* und auch *Franz Schnabel* betont haben, Stützen des staatlichen Partikularismus oder Föderalismus in Deutschland. Sie haben neben den Dynastien und der Bürokratie dazu beigetragen, die durch Kriege und territoriale Umschichtungen erschütterte einzelstaatliche Integrität nach innen und außen zu festigen. Die Beschränkung der parlamentarischen Praxis auf den Einzelstaat hat auch bei den Liberalen, noch mehr bei den konservativen Kräften, das gesamtdeutsche Interesse zurückgedrängt, zumal die Landtage der Restaurationszeit im Zeichen der Karlsbader Beschlüsse auf eine nationale Politik verzichten mußten oder gar in Opposition zum Bundestag als Werkzeug der Repression standen. Auf diese Weise wurde die nationale Komponente im frühen Liberalismus abgebremst, wenn auch nicht ausgelöscht, wie sich nach 1830 herausstellte. So vermittelte der einzelstaatliche Konstitutionalismus auch zwischen dem Beamtenliberalismus der Reformära und dem gesamtdeutschen Liberalismus des Vormärz.

Die Schwierigkeiten der konstitutionellen Praxis beruhten nicht nur darauf, daß repräsentative Verfassungselemente, die der nachrevolutionären Ordnung Frankreichs und Englands entlehnt waren, dem ungebrochenen System der absolutistischen Verwaltung und einer halbfeudalen Sozialstruktur aufgepfropft worden waren. Ebenso schwerwiegend war das Fehlen eines institutionellen Unterbaus in der Form moderner Einrichtungen der regionalen und kommunalen Selbstverwaltung. Dieser Mangel, der das Ergebnis des Abbaus älterer, zum Teil korrupter städtischer und ländlicher »Freiheiten« durch die Bürokratie des späten Absolutismus in den Rheinbundstaaten war, wurde von verfassungsfreundlichen Reformbeamten durchaus erkannt, und so kam es in den süddeutschen Staaten nach 1815 zu einer regen Gesetzgebungstätigkeit auf diesem Gebiet. Sie besaß, wie der Konstitutionalismus überhaupt, ausgesprochen etatistische Züge und war damit, trotz der zeitgemäßen Beschwörung altdeutscher Traditionen, ebenso weit von der Restauration autogener lokaler Autonomie wie von der Übertragung unbeschränkter staatsbürgerlicher Freiheit auf den kommunalen Bereich entfernt. Es war wiederum der Staat, genauer seine um Modernisierung bemühte Verwaltung, die in der Gewährung von begrenzten, aber einheitlichen Selbstverwaltungsbefugnissen unter staatlicher Aufsicht ein weiteres Mittel der politischen und sozialen Stabilisierung sah. So war die durch die süddeutschen Gemeindeordnungen konstituierte Selbstverwaltung einerseits Bestandteil des konstitutionellen Systems, andererseits Objekt obrigkeitlicher Kontrolle und Bevormundung, durch die eine wirksame Fundierung der Landesrepräsentation im lokalen Bereich abgeblockt und dieser auf die Wahrung seiner Sonderinteressen zurückverwiesen wurde. Immerhin saßen in den süddeutschen Kammern nicht wenige Bürgermeister, die zum Teil – wie etwa Wilhelm Josef Behr (Würzburg) und Franz Ludwig von Hornthal (Bamberg) in Bayern – zu den Führern der liberalen Opposition gehörten. War die nassauische Gemeindeordnung von 1816 noch weitgehend eine Kopie des bürokratischen Mairiesystems Napoleons, wie es auch in Rheinhessen und der Pfalz bestand, so ersetzte Bayern die staatliche Gemeindeverwaltung von 1808 durch das zum Teil der Steinschen Städteordnung nachgebildete Edikt vom 17. Mai 1818, das den Gemeinden zwar einen größeren Wirkungskreis der unteren Organe einräumte, die nach einem hohen Zensus gewählt wurden und Honoratiorencharakter hatten, zugleich aber eine strenge Aufsicht durch die Kreis- und Polizeibehörden beibehielt. In der Pfalz wurde die französische Kommunalordnung durch die Einführung gewählter Gemeinderäte ergänzt. Die württembergische (1818–1822) und die hessen-darmstädtische Gemeindeordnungen (1829) enthielten zwar ein demokratischeres – direktes und gleiches – Wahlrecht, und der Bürgermeister wurde aus drei von den Gemeinden vorgeschlagenen Kandidaten vom Staat ernannt. Doch war die Staatsaufsicht durch die Mittelbehörden noch ausgedehnter als in Bayern, am geringsten in Rheinhessen, weil es hier an einer den Gemeinden relativ nahen Behörde – analog dem Landrat im Rechtsrheinischen – zwischen Provinzialregierung und Gemeinden fehlte, so daß sich später der Minister du Thil über die rheinhessische »Bürgermeisterfreiheit« beklagen konnte. In dem Maße, in welchem unter dem Einfluß des demographischen Druckes und des Pauperismus das Interesse

Kommunale Selbstverwaltung in den süddeutschen Staaten

der lokalen Oberschicht wuchs, ihre Gemeinden durch die Beschränkung der Bürgeraufnahme und durch die Rückkehr zu oder, wo sie noch bestanden, durch die verschärfte Handhabung der Zunftordnungen nach außen abzuschirmen, bediente sich die Bürokratie wieder unter Berufung auf das Staatswohl des Mittels der Reglementierung oder der Durchlöcherung örtlicher Statuten auf dem Verordnungswege. Dies führte seit der Mitte der 20er Jahre in Hessen-Darmstadt, Württemberg und Bayern zu einem regelrechten Kleinkrieg zwischen Zünften, Gemeinderäten und der staatlichen Verwaltung, der vor allem auf dem Felde des gewerblichen Konzessionswesens und des Heimatrechtes ausgefochten wurde und in der Regel mit einem Sieg der Administration, das heißt mit einer erneuten Einengung des politischen Spielraums der Selbstverwaltungsorgane endete.

Ansätze landschaftlicher Selbstverwaltung

Noch in stärkerem Maße bruchstückhaft und einer echten repräsentativen Funktion ermangelnd waren die Ansätze zum Aufbau einer landschaftlichen oder provinziellen Selbstverwaltung. Das lag daran, daß sie, sofern sie geeignet war, ständische Tradition wiederzubeleben, die Politik der staatlichen Integration behinderte. Immerhin wurden in Württemberg zugleich mit der Gemeindeordnung die Amtsversammlungen in den Oberämtern wiederhergestellt, die aus den Gemeindevorstehern und weiteren Abgeordneten der Gemeinderäte bestanden. Bayern besaß in dem pfälzischen, aus dem französischen »Conseil général« hervorgegangenen »Landrat« (1816) das Muster einer Körperschaft, deren 20 Mitglieder vom König aus 40 Kandidaten ernannt wurden, die von den Bürgern in indirekter Wahl aus den Höchstbesteuerten nominiert worden waren. Zwei Jahre später wurde in Rheinhessen der ähnlich gebildete »Provinzialrat« eingeführt. Die Kompetenz beider Gremien war auf Beratung, gewisse Kontrollrechte und Haushaltsfragen (Umlage von Steuerkontingenten) beschränkt; sie konnten aber auch, so besonders in der Pfalz, zum Sprachrohr des politischen Regionalismus werden. Der seit 1819 mehrfach von der bayerischen Regierung unternommene und von der zweiten Kammer unterstützte Versuch, die Institution des Landrates im rechtsrheinischen Bayern einzuführen, scheiterte zunächst an der Obstruktion der ersten Kammer. Erst 1828 konnte das Landratsgesetz verabschiedet werden. Hessen verzichtete auf die Übertragung des Provinzialrates in die rechtsrheinischen Landesteile.

4. Das Scheitern der gesamtpreußischen Verfassungspolitik

Die preußische Monarchie befand sich nach der Absicht der Reformer und nach dem Buchstaben königlicher Gesetze spätestens seit dem Jahre 1810 auf dem Wege vom absolutistischen Verwaltungsstaat zum monarchischen Verfassungsstaat. Das Konzept der Staatsreform hatte seit der Katastrophe von 1806/07 beides umfaßt: zum einen die Reorganisation des Staates und die Modernisierung der Gesellschaft auf administrativem Wege, zum anderen die Überwindung der vom Absolutismus bewirkten Trennung von Staat und Gesellschaft durch eine Repräsentativverfassung. In diesem grundsätzlichen Ziel hatten die Träger der Reformpolitik von Anfang an übereingestimmt, sosehr der Freiherr vom Stein, Hardenberg und ihre Mitarbeiter in den Motiven und in den Vorschlägen für die Realisierung divergierten.

Ermutigt durch die Zustimmung Steins konnte der Staatskanzler in das zur Rettung des Staats erlassene Finanzedikt vom 27. Oktober 1810 die formelle Zusage des Königs einbringen, »der Nation eine zweckmäßig eingerichtete

Repräsentation sowohl in den Provinzen als für das Ganze zu geben«. Allerdings war man von einem Konsens über den genauen Inhalt der hier und in der politischen Diskussion gebrauchten Begriffe »Nation«, »Verfassung«, »Konstitution«, »Repräsentation« und »Reichsstände« noch weit entfernt. Dahinter verbarg sich das gerade für Preußen überaus schwierige Problem, wie auf legalem Wege eine gesamtstaatliche Verfassung zustande kommen sollte, durch die die Prärogative der Krone gesichert und die noch nicht abgeschlossene Staats- und Gesellschaftsreform weiter gefördert, zugleich aber die rechtlich noch bestehende Ständeordnung mit ihrer Verwurzelung im regionalen und lokalen Bereich in eine »Nationalrepräsentation« eingebracht und aufgehoben werden konnte. So war die preußische Verfassungspolitik von Anbeginn mit dem Risiko verbunden, daß sie nicht, wie Hardenberg 1811 vor den »Landesdeputierten« forderte, »Einen Nationalgeist, Ein Interesse und Einen Sinn« entstehen lasse, sondern die divergierenden Interessen der verschiedenen Stände und Provinzen auf den Plan rufen und den bestehenden Antagonismus zwischen der liberalen Reformbürokratie und den altständischen Kräften verstärken würde.

Die Anfänge preußischer Verfassungspolitik vor 1815

Mit diesem Risiko wurde Hardenberg schon 1811 konfrontiert, als er versuchte, den Übergang zu der versprochenen »Repräsentation« durch die Einberufung einer Notabelnversammlung vorzubereiten, die die Regierung bei der Überwindung der Finanzkrise unterstützen sollte. Bei der Bildung der Versammlung durch Ernennung der Deputierten waren die ständischen Unterschiede zwar berücksichtigt, die alten Provinziallandtage aber bewußt umgangen worden. Sie versagte sich denn auch dem Appell an den Gemeingeist und ließ die ständischen Interessen scharf hervortreten. Auch in der zum Teil aus Wahlen hervorgegangenen »interimistischen Nationalrepräsentation« von 1812, deren Mitglieder ausdrücklich auf das »Nationalinteresse« verpflichtet worden waren, trafen die ständisch bedingten Gegensätze heftig aufeinander, obwohl (oder gerade weil) Hardenberg ihre Zuständigkeit noch enger als diejenige der Notabelnversammlung begrenzt hatte. Auf der Session von 1812 stand das Gendarmerieedikt vom 30. Juli 1812, das die Rechte des Adels auf der Kreisebene drastisch beschnitt, im Zentrum der innerständischen Auseinandersetzung und der Kritik an der Regierung, weil diese die Repräsentanten hier ebensowenig wie bei anderen Reformgesetzen befragt hatte. Im April 1815 mündete diese Kritik in ein mehrheitlich angenommenes »Beschleunigungsgesuch«, das eine Verfassung forderte, die »die ehemaligen Formen des Herkommens« durch »eine wahre bürgerliche Freiheit« ersetzen und »die Ansprüche des Menschen und Bürgers an den Staat« sichern sollte. Hinter dieser Formulierung, die unter dem Eindruck des gemeinsamen Kampfes gegen die Fremdherrschaft entstand, verbarg sich aber, wie die Diskussion der Eingabe zeigte, ein breitgefächerter Erwartungshorizont, der alle Möglichkeiten, von einer provinziell-altständischen bis hin zu einer repräsentativen Vertretung des Volkes in seinen besitzenden Klassen, abdeckte.

Den unterschiedlichen Erwartungen kam das von Hardenberg veranlaßte Verfassungsversprechen Friedrich Wilhelms III. vom 22. Mai 1815 entgegen. Es sah die Bildung einer »Repräsentation des Volks« auf der Grundlage zeitgemäß restituierter oder neu gebildeter »Provinzialstände« vor. Die Wirksamkeit der »Landesrepräsentanten« sollte sich auf die Beratung aller Gegenstände der Gesetzgebung erstrecken, »welche die persönlichen und Eigentumsrechte der Staatsbürger, mit Einschluß der Besteuerung, betreffen«. Nicht so sehr der Inhalt dieser »Grundsätze«, der eine weite Interpretation zuließ, sondern die ausdrückliche Zusage, daß die Verfassung »vermittelst einer schriftlichen Urkunde« festgesetzt werde, hob die preußische Verfassungsfrage auf eine neue Ebene. Indem die Präambel des Ediktes als Zweck der Verfassung die festere Begründung der »bürgerlichen Freiheit« und »einer gerechten, auf Ordnung gegründeten Verwaltung« benannte, hielt sie noch einmal an der einheitlichen Zielsetzung von Verwaltungsreform und Verfassungspolitik fest. Es war die Frage, ob es unter den veränderten Bedingungen nach 1815 möglich sei, das Reformwerk durch eine repräsentative Verfassung zu krönen und damit die eingeleitete Modernisierung des Staates und der Gesellschaft durch eine rechtlich fixierte Beteiligung der »Preußischen Nation« an der Staatsgestaltung zu ergänzen, oder ob der günstigste Zeitpunkt für eine Verfassungsgebung schon verstrichen war.

Das Verfassungsversprechen v. 22. Mai 1815

Die strukturellen und aktuellen Hindernisse, die einer preußischen Gesamtverfassung entgegenstanden, wurden jedenfalls, im Unterschied zu der Konstellation in den süddeutschen

Staaten, durch die Befreiungskriege und unter den allgemeinen und spezifischen Bedingungen nach 1815 eher verstärkt als abgebaut. Der Zuwachs an mittel- und westdeutschen Provinzen, der aus der Monarchie einen inhomogenen Staat mit räumlich getrennten Landesteilen machte, verlieh noch einmal, wie nach 1807, der Verwaltungsreform mit dem Ziel der administrativen Organisation und Integration der Staatsteile zeitliche und sachliche Priorität vor der Verfassungsgebung. Dadurch verstrich wertvolle Zeit. Daß die Regierung im Juni 1815 die interimistische Nationalrepräsentation auflöste, die ohnehin nur aus Vertretern der alten Provinzen bestand, und die Einsetzung der vom König zur Ausarbeitung der schriftlichen Verfassung angekündigten Kommission bis 1817 verschob, war organisationspolitisch gerechtfertigt und verfassungspolitisch verhängnisvoll zugleich. Ein weiterer Faktor, der die schnelle Verwirklichung des Versprechens erschwerte, war die in dem Edikt vorgenommene Verknüpfung des Problems der Provinzialverfassung mit der gesamtstaatlichen Repräsentation. Setzte sie doch, bevor es zur Bildung der Reichsstände kam, die Neuordnung der bestehenden Landstände und, wo solche nicht mehr vorhanden waren, wie im Westen und zum Teil in Mitteldeutschland, ihre Neugründung als Provinzialstände voraus. Das war ein dorniges Problem, dessen Lösung viel Zeit kosten mußte.

Vielfalt der Verfassungswünsche — Der Pluralismus der Verfassungswünsche in der Bevölkerung war entsprechend der Spannweite der sozialen und rechtlichen Bedingungen der Staatsgesellschaft im Osten und Westen der Monarchie noch größer geworden. Im Westen sahen die bürgerlichen Honoratioren, Beamte der bisher französischen Verwaltung und Justiz, Intellektuelle, Kaufleute und Fabrikanten, ihre auf rechtliche Gleichheit und Sicherung des Eigentums abgestellten »Institutionen« nicht als zu beseitigende Produkte der Fremdherrschaft, sondern als Vorgriff auf eine Konstitution an. Der politisch bewußte Teil der neuen polnischen Untertanen rechnete mit der Verwirklichung der ihnen in der Wiener Schlußakte zugesicherten nationalen Autonomie unter der Herrschaft der Teilungsmächte. Schließlich waren alle ständischen Gruppen in den altpreußischen Provinzen, der Adel ebenso wie das städtische Bürgertum und die Intelligenz, in ihren Verfassungsvorstellungen durch die Teilnahme am Befreiungskampf mit seinen unterschiedlichen politischen und ideellen Begründungen noch bestärkt worden. Kein Wunder, daß auch in der liberalen Beamtenschaft die Meinungen darüber geteilt waren, ob nach der wenig ermutigenden Erfahrung mit der interimistischen Versammlung von 1812 und angesichts der diffusen, wenngleich überall mit denselben Vokabeln ausgesprochenen Forderungen die »Reichsstände« oder eine »Nationalrepräsentation« die Einheit von bürgerlicher Freiheit und gerechter Verwaltung garantieren würden oder diese Aufgabe nach wie vor der Bürokratie als dem »allgemeinen Stand« zukomme.

Zu den inneren Schwierigkeiten trat der Wandel des politischen Klimas im Deutschen Bund und in Europa, der den Handlungsspielraum Preußens als Mitglied der Heiligen Allianz und als schwächste der europäischen Großmächte zunehmend einengte. Die Gewährung einer repräsentativen Konstitution barg nach dem Abschluß der Behördenreform von 1817, der mit den Aktivitäten der radikalen Nationalbewegung zusammenfiel, das Risiko der außenpolitischen Isolierung und der Entfremdung Preußens von der zweiten deutschen Vormacht, dem österreichischen Kaiserstaat, und von Metternich in sich. Auch hier arbeitete also die Zeit gegen die vom bürgerlichen »Zeitgeist« geforderte Einlösung des Verfassungsversprechens im konstitutionellen Sinne *(Reinhart Koselleck)*. Andererseits hatte der König durch die Verordnung vom 22. Mai 1815, die zweifellos, auch wenn Friedrich Wilhelm III. dies bald nicht mehr wahrhaben wollte, »ein Akt unwiderruflicher Selbstbindung der monarchischen Vollgewalt«

(Ernst Rudolf Huber) darstellte, die Verfassungswünsche, bei all ihrer Unterschiedlichkeit, sanktioniert. Damit wurde das Warten oder das Drängen auf ihre Erfüllung zu einem Unruhefaktor in Preußen.

Die Spannung zwischen den nach 1815 gesteigerten Erwartungen und den erschwerten Bedingungen einer preußischen Verfassungspolitik wurde schließlich durch Verschiebungen der personellen Konstellation innerhalb der staatlichen Führungsspitze erhöht, von deren Entscheidungen das Ob und das Wie der Einlösung des Verfassungsversprechens letztlich abhing. Es kann trotz mancher entgegenstehender Äußerungen von Zeitgenossen und trotz der Kritik an einer liberalen Interpretation Hardenbergs *(Ernst Klein)* kein Zweifel daran bestehen, daß der Staatskanzler, der das von seinem Mitarbeiter Staegemann entworfene Edikt vom 22. Mai 1815 sorgfältig redigiert hatte, bis zu seinem Tode an dem Endziel einer Konstitution festhielt. Sie sollte zwar die besonderen Verhältnisse der Monarchie berücksichtigen, aber in ihren Grundzügen einen repräsentativen Zuschnitt nach westeuropäischem Vorbild erhalten. Der aufgeklärte Aristokrat des 18. Jahrhunderts, der Hardenberg nach Lebensauffassung und politischem Stil war, behielt sich selbst, entsprechend der Machtfülle des Kanzleramtes, die Durchführung der Verfassungspolitik im einzelnen vor, obwohl der 65jährige nach 1815 unter dem Druck diplomatischer Verpflichtungen und personeller Intrigen stand und seine Kräfte zusehends nachließen. Immerhin konnte er sich auf einen Kreis liberaler und zugleich ergebener Beamter in seiner Umgebung stützen – neben Staegemann vor allem Karl Ferdinand Friese, Karl Niklas von Rehdiger, Christian (von) Rother und Christian Friedrich Scharnweber – und auf einige Minister, wie etwa Karl Friedrich (von) Beyme, der 1817 Gesetzgebungsminister wurde, Karl Freiherr vom Stein zu Altenstein, der sich schon in der berühmten Rigaer Denkschrift von 1807 zur Idee der Nationalrepräsentation bekannt hatte und 1817 das Kultusministerium übernahm, und Kriegsminister Hermann von Boyen. Auch manche Oberpräsidenten und Regierungspräsidenten zählten, wie der konservative Ancillon schon 1815 gegenüber dem Kronprinzen äußerte, zur »Partei« der »Konstitutionalisten« und machten sich zeitweilig zum Sprecher der liberalen – und nicht der ständischen – Verfassungswünsche in ihren Provinzen, so Solms-Laubach am Rhein, Vincke in Westfalen, Merckel in Schlesien, Sack in Pommern, Schön in Ostpreußen und Zerboni di Sposetti in Posen. Allerdings verband sich ihre positive Einstellung zur Verfassung mit einer ihrer Stellung entsprechenden Kritik am Zentralismus des Staatsministeriums und auch an der schwer zu durchschauenden politischen Taktik des Kanzlers. Die sich hierin andeutende Diskrepanz zwischen der auf Gehorsam und diplomatisches Lavieren begründeten Politik des Staatskanzlers und dem Anspruch der Verfassungsfreunde unter den höchsten Beamten auf Eigenverantwortlichkeit mündete im Jahre 1819, in der entscheidenden Phase des Verfassungskampfes, in einen schweren Kompetenzkonflikt zwischen Hardenberg und Wilhelm von Humboldt und trug damit zum Scheitern der Verfassungsbestrebungen der preußischen Reformzeit bei.

Zur personellen Konstellation, mit der Hardenberg nach 1815 mehr als zuvor rechnen mußte, gehörte der wachsende Einfluß der staatskonservativen und altständischen Gegner einer Repräsentativverfassung auf den König, der ohnehin dieser Gruppe näherstand und die Verfassungspolitik seines leitenden Ministers nur lau unterstützte. Sie besaß im Staatsministerium einflußreiche Vertreter in dem Polizei- und Hausminister Fürst Wittgenstein, dem Innenminister Kaspar Friedrich von Schuckmann und dem Justizminister Friedrich Leopold (von) Kircheisen, unter der Ministerialbürokratie in den Geheimen Räten Ancillon, Kamptz und Schmalz, und fand seit 1817 ihren Kristallisationspunkt in dem preußischen Kronprinzen. Er wurde unter dem Einfluß der politischen Romantik und der Ideen Hallers zum einflußreichsten Gegenspieler Hardenbergs überhaupt in der Verfassungspolitik. Er stand zudem mit der feudalen Opposition des altpreußischen und märkischen Adels gegen die Reformpolitik in Verbindung, die nicht bereit war, das Eigenleben der Landstände und ihre politische Privilegierung einer gesamtstaatlichen Verfassung zu opfern.

<small>Verfassungsberatungen 1817/1818</small>

So war der Spielraum, der für eine aktive Verfassungspolitik im konstitutionellen Sinne bestand, durch die Strukturprobleme der preußischen Monarchie, durch wachsende personelle und sachliche Spannungen innerhalb der Regierung und Verwaltung und durch den allgemeinen Geist der Reaktion, der das Eingehen auf Volkswünsche schon als Zugeständnis an die »Revolution« ansah, zunehmend eingeengt. Die Geschichte der preußischen Verfassungsfrage von 1815 bis zum Tode Hardenbergs (1822) belegt in ihren Phasen und Wendungen diesen Sachverhalt. Nachdem im März 1817 die Behördenreform durch die Errichtung des Staatsrates als der »höchsten beratenden Behörde« der Monarchie abgeschlossen worden war, zu deren Aufgaben auch die Erörterung des Verfassungsplanes gehörte, berief Hardenberg aus seinem Kreis eine Kommission, deren Mehrheit so ausgesucht war, daß sie – von 22 Mitgliedern 13 – für eine Nationalrepräsentation optieren würde. Immerhin saßen in ihr mit den Ministern Schuckmann, Klewitz und Wittgenstein und mit Ancillon auch einflußreiche Gegner einer modernen Verfassung. Die Kommission trat nur ein einziges Mal, am 7. Juli 1817, zusammen, um die Minister Altenstein, Beyme und Klewitz auf eine Rundreise in die Provinzen mit dem Auftrag zu schicken, Material über die früher dort bestandenen Landesverfassungen sowie über die Frage zu sammeln, ob eine Vertretung der Bauern zweckmäßig und möglich sei und ob außer den Provinzialständen auch Reichsstände gewünscht würden. Die Formulierung dieses Auftrages läßt schon ein Zurückweichen des Kanzlers erkennen. Immerhin gab er den Ministern die ausdrückliche Weisung auf den Weg, daß die alten Landstände als »wahre Hemmnisse der Staatsmaschine« zu betrachten seien und eine »allen Klassen der Einwohner zugute kommende und den Bedürfnissen der Zeit angemessene Repräsentation der preußischen Nation« begründet werden solle. Die Minister sollten, aufgrund von Vorschlägen der Ober- und Regierungspräsidenten, ausgewählte Notabeln befragen und aus dem Ergebnis ein Fazit der Verfassungswünsche ziehen. Das Resultat war, wie nicht anders zu erwarten, vieldeutig und spiegelte die unterschiedliche Interessenlage der Befragten sowie die Strukturunterschiede der Provinzen wider. Hinzu kamen die Differenzen im Staatsrat selbst. So schlug etwa Klewitz die Bildung von Provinzialständen vor, zugleich aber den Verzicht auf die Einberufung von Reichsständen. Die Verfassungsberatungen gerieten im Laufe des Jahres 1818 hierüber sowie wegen der außenpolitischen Beanspruchung Hardenbergs ins Stocken.

<small>Reaktionen auf das Verfassungsversprechen in den Provinzen</small>

Schon vorher hatte das Verfassungsversprechen vom 22. Mai 1815 eine doppelte Reaktion im Lande ausgelöst, eine altständische, weitgehend vom Adel getragene Bewegung, die auf die Wiederherstellung oder Umwandlung der alten Landstände zu Provinzialständen abzielte, auf der einen und eine konstitutionelle, vom liberalen Bürgertum und einem großen Teil der Presse getragene Bewegung auf der anderen Seite, die eine Verfassungsgebung im repräsentativen Sinne verlangte. Die altständischen Bestrebungen waren eine Variante der Adelsrestauration nach 1815 (vgl. oben S. 47). Die ostpreußischen, die pommerschen und die altmärkischen Stände sowie die Adelsvertretungen in den neuen sächsischen Landesteilen, schließlich der Adel der vor dem Ende des Reiches hohenzollerschen Territorien Kleve, Mark, Ravensberg und Minden und aus Jülich, Berg und Paderborn forderten in einer Flut von Eingaben und

Denkschriften zwischen 1815 und 1818 die Erhaltung oder Restitution ihrer ständischen Rechte. Die Stände der Niederlausitz, die nur einen Bruchteil der Provinz Brandenburg bildete, verlangten, daß sie bei der Verwirklichung der Verfassungszusage »als Repräsentanten des Volkes und bisherige Teilhaber an der Verwaltung und Gesetzgebung« gehört würden. Als die preußische Stempelsteuer in der Provinz Sachsen eingeführt wurde, protestierten die ehemaligen ritterschaftlichen Stände des thüringischen Kreises gegen die ohne ihr Zutun durchgeführte Maßnahme und erinnerten an die frühere ständische Steuerverwaltung. Allerdings erhoben hier wie in Vorpommern und anderen östlichen Provinzen Bürger und Bauern Einspruch gegen das Gebaren der adeligen Stände als »Volksvertreter«. So verlangten die Görlitzer Gutsbesitzer aus dem Bürgerstand die Umgestaltung der alten Lausitzer Stände, da »der gegenwärtige Zustand nur auf den doch wohl schwachen Anker der Antiquität zu stützen« sei.

In den Westprovinzen wurde der sozial begründete Gegensatz zwischen adeligen und bürgerlichen Verfassungsvorstellungen noch schärfer artikuliert, weil hier die Ständeverfassung aufgehoben war und die rechtliche Gleichheit der Bürger geltendes (französisches) Recht war. Der bürgerliche Standpunkt war schon 1815/16 von dem »ersten rheinischen Liberalen« (so *Julius Heyderhoff*), Johann Friedrich Benzenberg, in zwei Flugschriften vorgetragen worden. Benzenberg besaß Kontakte zu Hardenberg und strebte verfassungspolitisch eine rheinisch-preußische Synthese an. Er schlug ein Wahlrecht auf der Basis des Grundbesitzes sowie ein Zweikammersystem vor. Andere Autoren, wie der Kölner Gerichtsrat Karl Adolf Zumbach und der Elberfelder Notar Friedrich Karl Schoeler, gingen noch weiter, indem sie eine einzige Kammer befürworteten und das Wahlrecht auf die Gewerbetreibenden und die Beamten ausdehnen wollten. In Westfalen wurde eine Konstitution von dem Zeitungsredakteur Arnold Mallinckrodt unter Berufung auf Benjamin Constant verlangt. Die Gegenposition des rheinisch-westfälischen Adels unter Führung des niederrheinischen Freiherrn Wilhelm von Mirbach und der Westfalen Friedrich von Hövel und Gisbert von Romberg, die sich schon 1815 in internen Kontakten nach Berlin um die Wiederherstellung ihrer Rechte bemüht hatten und darin von dem Freiherrn vom Stein unterstützt worden waren, wurde in einer von dem Frankfurter Christian Friedrich Schlosser als Auftragsarbeit verfaßten Denkschrift niedergelegt, die dem Staatskanzler im Jahre 1818 bei seinem Aufenthalt im Rheinland offiziell überreicht und auch im Druck vervielfältigt wurde. Man verlangte offen die Restitution der alten Landstände und der feudalen Privilegien mit nur wenigen Abstrichen. Die rheinische Presse lehnte die Adelsforderung weitgehend ab, und eine »Urkundliche Widerlegung« der Denkschrift aus der Feder des Düsseldorfer Physikprofessors Johann Paul Brewer vom Frühjahr 1819 gipfelte in der Feststellung: »Die Gleichheit aller vor dem Gesetz – dieses ist der Grundsatz, welcher allen Ständeversammlungen Kraft und Leben einhauchen muß.«

Überhaupt gaben die Besuche, die zuerst der Minister von Altenstein im Auftrag des Staatsrates, dann der König selbst im Herbst 1817 und schließlich der Staatskanzler im Frühjahr 1818 der Rheinprovinz abstatteten, den Anstoß für eine Adressenbewegung, in welcher neben dem Adel vor allem das städtische Bürgertum und schließlich Joseph Görres als selbsternannter »Sprecher« der Provinz ihre Verfassungsvorstellungen vortrugen. Die Gemeindevertretungen der größten rheinischen Städte, von Düsseldorf, Köln, Kleve, Koblenz bis Trier, überreichten dem König Adressen, deren Inhalt zum Teil untereinander abgestimmt war. Sie erbaten nicht nur die Beibehaltung der französischen Institutionen, sondern sprachen auch die Hoffnung auf Einlösung des Verfassungsversprechens aus, wobei die einen das größere Gewicht auf die Errichtung von Provinzialständen nach dem Vorbild des französischen Departementalrates – freilich mit erweiterten Kompetenzen –, die anderen auf die Berufung von Reichsständen legten. Höhepunkt der rheinisch-westfälischen Verfassungsbewegung war die Adresse, die Görres im Herbst 1817 im südlichen Teil der Rheinprovinz zur Sammlung von Unterschriften zirkulieren ließ und im Februar 1818 zusammen mit einer

Die rheinische Adressenbewegung 1817/1818

von ihm nach Berufsständen gebildeten Deputation Hardenberg überreichte. Görres' Verfassungsmodell lehnte sich zwar stärker als die städtischen Adressen und die bürgerliche Publizistik an die vorrevolutionäre Tradition der ständischen Freiheiten und der »uralten, wahrhaft deutschen Verfassung« an. Doch dachte auch er an eine Wahl der Ständevertreter und forderte in einer nach der Überreichung publizierten Begleitschrift zu der Adresse Preußen unter Hinweis auf das Verfassungsversprechen und unter Kritik an der beginnenden Reaktion – zwei Jahre nach dem Verbot des »Rheinischen Merkur« – auf, sich an die Spitze der konstitutionellen Staaten Deutschlands zu stellen.

Die Verfassungsgegner

Blieb der Inhalt der rheinischen Verfassungsforderungen ohne nachweisbaren Einfluß auf die weiteren Beratungen in Berlin, so machten die unterschiedlichen Reaktionen auf die Adressen aus der preußischen Führungsspitze deutlich, wie gering der Spielraum Hardenbergs zur Durchsetzung seiner Konzeption schon geworden war. Hatte der Staatskanzler die juristischen Argumente und die politischen Forderungen des Adels direkt als unzeitgemäß zurückgewiesen, so nahm der Kronprinz sie beifällig auf. Kein Wunder, daß er im Jahre 1822, nach dem Tode Hardenbergs, die Initiatoren Mirbach, Hövel und Rombach in die Kommission zur Vorbereitung der Provinzialstände berief. Genau umgekehrt war die Reaktion auf die Görres-Adresse. Während Hardenberg Görres und seine Begleiter wohlwollend empfing, zugleich aber Kritik an dem Vorschlag einer berufsständischen Gliederung der Repräsentation übte, sandte der Kronprinz die ihm übermittelte Schrift mit einem unwilligen Brief zurück. Der König begnügte sich nicht mit der Rüge, daß er sich allein den Zeitpunkt für die Einlösung des Verfassungsversprechens vorbehalte, sondern erteilte der Koblenzer Regierung einen Verweis, weil sie die Aktion der Unterschriftensammlung geduldet hatte. Das war nicht nur eine öffentliche Desavouierung des Verhaltens Hardenbergs gegenüber Görres, sondern die Betonung der königlichen Prärogative, verbunden mit der Warnung, daß die Hoffnung auf eine baldige Verfassungsgebung verfrüht sei.

Spannungen zwischen Hardenberg und W. v. Humboldt in der Verfassungsfrage

Hardenberg ließ sich nicht entmutigen, obwohl seit Anfang 1819 zu seinen Schwierigkeiten mit den konservativen Verfassungsgegnern die Auseinandersetzung mit dem Rivalen Wilhelm von Humboldt kam. Dieser übernahm das neue Ministerium für »die ständischen und übrigen Kommunalsachen«, obwohl ihm die ausdrücklich geforderte Alleinzuständigkeit für die Verfassungsfrage auf Veranlassung Hardenbergs verweigert worden war. Der Kanzler schrieb ihm gleichzeitig mit der Ernennung, daß er an einer »Konstitution« arbeite, deren Beschleunigung der König nun ernstlich wolle. Der hiermit vorgezeichnete Konflikt zwischen den beiden Staatsmännern, der letztlich auf die Alternative Kanzler- oder Ressortprinzip hinauslief, war sachlich nicht begründet, da ihre Verfassungsvorstellungen, die sie in Denkschriften vom Februar/Oktober 1819 (Humboldt) und vom Oktober 1819 (Hardenberg) niederlegten, nur wenig voneinander abwichen. Beide gingen, in Anknüpfung an die Selbstverwaltungsideen des Freiherrn vom Stein, aber auch in Rücksichtnahme auf ständische Traditionen, davon aus, daß die Repräsentation des Volkes von der Basis der Gemeinden über die Stufe der Provinzialstände auf der Grundlage des freien Eigentums gebildet, in ihrer Tätigkeit aber nicht an Instruktionen der Wähler gebunden, sondern nur der »eigenen Überzeugung« verpflichtet sein solle. Hardenbergs Entwurf sah die Mitwirkung des »Allgemeinen Landtages« bei der Gesetzgebung, Bestimmungen über Ministerverantwortlichkeit, Preßfreiheit und den Schutz der bürgerlichen Grundrechte vor.

Die Datierung von Hardenbergs »Ideen zu einer landständischen Verfassung in Preußen« (Oktober 1819) ist ein Beleg dafür, daß der Staatskanzler auch noch nach der Zusammenkunft von Teplitz im August 1819 (vgl. oben

S. 88), auf der sich der König gegenüber Metternich verpflichtet hatte, »zur Repräsentation der Nation keine allgemeine, mit der geographischen und inneren Gestaltung seines Reiches unverträgliche Volksvertretung einzuführen«, und nach den Karlsbader Beschlüssen an seinen Plänen festhielt. Daß er gleichzeitig die Unterdrückung der Presse und die Demagogenverfolgung forcierte, war wohl eine Maßnahme zur Abschirmung seiner Verfassungspolitik gegenüber äußeren und inneren Gegnern, aber auch ein Zeichen seines Bestrebens, sich seine politische Taktik gegenüber dem Staatsrat und dem König nicht durch die liberale Publizistik stören zu lassen, wie es 1818 mit der Görres-Adresse geschehen war und noch einmal 1820 mit einer von Benzenberg verfaßten anonymen Schrift »Die Verwaltung des Staatskanzlers Fürsten Hardenberg« geschah. Die spektakulärste Maßnahme war im Herbst 1819 die Polizeiaktion gegen Joseph Görres nach der Publikation seiner Schrift »Teutschland und die Revolution«, wodurch der unbequeme Mahner am Rhein ins Exil nach Straßburg gezwungen wurde.

Die Denkschriften Humboldts und Hardenbergs lagen einer im Herbst 1819 neugebildeten sechsköpfigen Kommission des Staatsrates vor, in der noch einmal die Anhänger einer »ständischen Repräsentativverfassung« das Übergewicht besaßen. Doch wurden die Arbeiten dieses Ausschusses unterbrochen, als Humboldt das Staatsministerium gegen die Vorrangstellung des Staatskanzlers zu mobilisieren suchte und zugleich — zusammen mit Beyme und Boyen — einen Protest gegen die Karlsbader Beschlüsse vorlegte. Die politisch unkluge Verbindung beider Aktionen führte den König auf die Seite Hardenbergs, der die Entlassung Humboldts und der beiden anderen Minister zum 31. Dezember 1819 durchsetzte. Da mit ihnen aber drei Anhänger der Konstitution aus dem Kabinett ausschieden, erwies sich der für die Stellung des Staatskanzlers günstige Ausgang des Konfliktes als ein Pyrrhussieg. Im Staatsministerium gewannen nun die Verfassungsgegner die Oberhand. Mit Recht ist gesagt worden (*Ernst Rudolf Huber*), daß die preußische Reformzeit, zumindest soweit in ihr Verwaltungsreform und Verfassungsgebung gleichrangige Ziele waren, mit Humboldts Entlassung zu Ende ging. Daran ändert auch nichts, daß es Hardenberg kurz darauf gelang, in das Staatsschuldengesetz vom 17. Januar 1820 die Bestimmung einzuführen, wonach neue Staatsschulden nur unter der Mitgarantie der Reichsstände aufgenommen werden durften. Diese Klausel, die nach der Absicht des Kanzlers eine neue gesetzliche Garantie für die Einlösung des Verfassungsversprechens darstellte, zahlte sich für die unmittelbare Verfassungsentwicklung nicht aus und kam erst 1847 zur Wirkung (vgl. unten S. 187). Sie war nach 1820 der Ausgangspunkt einer rigorosen und erfolgreichen fiskalischen Sparpolitik mit dem Ziel, die Einberufung der Reichsstände überflüssig zu machen. So blieb nach dem Scheitern der Verfassungspolitik, das endgültig durch Hardenbergs Tod (November 1822) besiegelt wurde, die Vertretung der gesamtstaatlichen Interessen Preußens noch einmal für ein Vierteljahrhundert in den Händen der Bürokratie, die im Zeichen der Restauration und des Erstarkens eines liberalen Wirtschaftsbürgertums und einer oppositionellen Intelligenz zunehmend aus ihrer Funktion als »allgemeiner Stand« verdrängt und zu einem Werkzeug der konservativen und adelsständischen Politik im preußischen Vormärz wurde. Der Tod Hardenbergs beendete außerdem das von Humboldt bekämpfte System der Kanzlerregierung. Das Staatsministerium erhielt eine rein kollegiale Verfassung.

Daß der Zeitpunkt für den Erlaß einer gesamtstaatlichen Repräsentativverfassung schon vor dem Tode Hardenbergs verpaßt war, wurde an der Zusammensetzung der im Jahre 1821 wiederbelebten Verfassungskommission des Staatsrates deutlich. Obwohl der Staatskanzler noch im Mai in einer Denkschrift an das Verfassungsversprechen erinnert hatte, bestand die unter dem Vorsitz des Kronprinzen stehende Kommission, zu der Hardenberg schon nicht mehr gehörte, fast ausschließlich aus konservativen Ministern und Räten. Auf ihren Antrag ent-

Marginalien: Entlassung Humboldts 31. Dezember 1819; Staatsschuldengesetz v. 17. Januar 1820; Die provinzialständische Verfassung von 1823

schied Friedrich Wilhelm III. im Juni 1821, daß die Verfassungsreform auf die Einrichtung von Provinzialständen zu beschränken sei, während die Einberufung der »allgemeinen Landstände« der Zeit und der landesväterlichen Fürsorge anheimgestellt bleiben müsse. Aus den Beratungen der Kommission, zu denen Notabeln aus den Provinzen, mehrheitlich Adelige, hinzugezogen wurden, ging im Jahre 1822 ein Entwurf hervor, den Hardenberg noch kurz vor seinem Tode durch Friese wegen seiner altständischen Tendenz scharf kritiseren ließ. Auch Humboldt hatte im November 1821 in einem Privatbrief, der später den Weg in die Presse fand, auf die Gefahr einer Zerreißung der Monarchie durch Provinzialstände hingewiesen und gefordert, daß bei der Bildung der Provinzialstände auf die künftige Gesamtstaatsverfassung Rücksicht genommen werden sollte. Die Bedenken verhallten ungehört. Der Kommissionsentwurf bildete die Grundlage für das »Allgemeine Gesetz wegen Anordnung der Provinzialstände« vom 5. Juni 1823 und für die besonderen Provinzialverfassungen, die in den Jahren 1823 und 1824 erlassen wurden. Es entstanden unverbunden nebeneinander stehende Vertretungen für die acht preußischen Provinzen, die, wie ausdrücklich betont wurde, keine »Repräsentation«, sondern »Stände« sein sollten, also Interessenvertretungen der wahlberechtigten und im Landtag vertretenen Gruppen. Doch hat man die alten Ständekurien auch dort, wo sie nach 1815 noch bestanden hatten, nicht in ihrer bisherigen Form erneuert. Vier ständische Gruppen wurden gebildet: die Standesherren, wo es sie gab, als geborene Mitglieder, gewählte Vertreter der Ritterschaft, der Städte und der übrigen ländlichen Grundbesitzer. Überhaupt war Grundbesitz Voraussetzung für die Wahl der Vertreter des dritten und vierten Standes. Damit waren viele Beamte und Gewerbetreibende, ganz zu schweigen von den landlosen unteren Schichten, automatisch ausgeschlossen. Das Gesetz hielt streng darauf, daß jeder Gewählte dem von ihm vertretenen Stand und dem Bezirk angehörte, in dem er gewählt wurde. Es gab sogar den einzelnen Ständen das Recht der *itio in partes*, wovon aber kein Gebrauch gemacht wurde. Schon weil die früheren ständischen Korporationen weitgehend vernichtet worden waren, konnte man die Abgeordneten nicht an die Instruktionen ihrer Wähler binden; sie stimmten nach ihrer Überzeugung ab. Die Provinzialstände berieten in der Regel im Plenum und faßten gültige Bestimmungen mit einfacher oder qualifizierter Mehrheit. Der wichtigste Unterschied der preußischen Provinziallandtage zu den süddeutschen Ständeversammlungen bestand in der Kompetenz. Denn die Provinzialstände hatten beratende Funktion und konnten nur in bestimmten Selbstverwaltungsangelegenheiten der Provinz, deren Umfang im Laufe des 19. Jahrhunderts erweitert wurde, Entscheidungen treffen.

Sieg der Konservativen in der Verfassungsfrage

Die provinzialständische Verfassung war ein Kompromiß, der weder die altständischen Wünsche noch die Hoffnungen des liberalen Bürgertums erfüllte. Besonders in den westlichen Provinzen nahm man sowohl an der Stärke der ritterschaftlichen Gruppe, die, obwohl sie nur etwa 4% des Grundeigentums in der Rheinprovinz besaß, ein Drittel der Abgeordneten stellte, als auch an der Ständegliederung überhaupt Anstoß, die im Gegensatz zur staatsbürgerlichen Gleichheit nach französischer Gesetzgebung stand. Die Grundlage für den Stand der Ritterschaft mußte mühselig durch die Schaffung einer neuen Matrikel der landtagsfähigen Güter, die Abgrenzung zwischen den Städten und den Landgemeinden nach dem Ermessen der Verwaltung vorgenommen werden, weil die französische Kommunalverfassung die rechtliche Unterscheidung zwischen beiden nicht kannte. So war die Errichtung der Provinzialstände insgesamt ein Sieg der altständisch-konservativen »Partei«, die davon ausging, daß Preußen kein Einheitsstaat, sondern eine aus autonomen Provinzen zusammengesetzte Monarchie sei. Daß dieser verfassungsmäßige Provinzialismus, der in der Folgezeit nicht nur zur Verteidigung adeliger Privilegien, sondern, wie im Westen, zur Erhaltung bürgerlich-liberaler Institutionen eingesetzt wurde, die Einheit des preußischen Staates nicht ernsthaft gefährdet hat, lag paradoxerweise an der von den Staatskonservativen gewollten Beschränkung der Provinzialstände auf die beratende Funktion. Auch hier blieb die Bürokratie in der Vorhand. Dagegen bewirkten die Konzessionen der Provinzialordnungen an den Konstitutionalismus, daß das liberale Bürgertum dort, wo es die Mehrheit der städtischen und ländlichen Abgeordneten stellte, wie in der Rheinprovinz, in Westfalen, zeitweilig auch in den Provinzen Sachsen und Ostpreußen, ein Forum erhalten hatte, in dem es im Vormärz die Forderung nach einer gesamtpreußischen Konstitution erheben konnte. Trotz der beschränkten Öffentlichkeit haben die politischen Debatten der Provinzialstände über die Verfassungsfrage und über andere Gegenstände der Gesetzgebung und Verwaltung letztlich zur Stärkung des konstitutionellen Gedankens in Abgrenzung zur Bürokratie beigetragen.

Auch im Bereich der Kommunalverfassung, die nach den Vorstellungen des Freiherrn vom Stein und auch Hardenbergs die Grundlage der gesamten Staatsverfassung bilden sollte, wurde nach 1820 kein entscheidender Fortschritt in Richtung auf eine Vereinheitlichung erzielt. Das ländliche Kommunalwesen in den ostelbischen Provinzen beruhte im lokalen Bereich und in den Kreisen auf weitgehenden Rechten der Junker, während für die Städte die Steinsche Städteordnung von 1808 galt. In der Rheinprovinz bestand für Stadt und Land die französische Mairieverfassung, durch die die Gemeindeverwaltung praktisch verstaatlicht worden war. Die Reformpläne Hardenbergs und seiner Mitarbeiter liefen darauf hinaus, die Mairieverfassung im Westen durch verschiedene Ordnungen für die Städte und die Landgemeinden mit größerer Autonomie zu ersetzen und im Osten die Vorherrschaft der Junker auf dem Lande zu brechen, wie man es mit dem Gendarmerieedikt von 1812 vergeblich versucht hatte. Solche Pläne scheiterten relativ früh, trotz der Einbeziehung des Kommunalwesens in die Verfassungsdenkschriften Hardenbergs und Humboldts aus dem Jahre 1819, an dem Widerstand der altständischen Opposition im Osten mit Unterstützung des Kronprinzen und an den Einwänden der Beamten in den westlichen Provinzen und Regierungsbezirken, die sich fast einhellig für die Beibehaltung der französischen Verfassung aussprachen. Ein von Karl Ferdinand Friese ausgearbeiteter Entwurf einer einheitlichen Landgemeinde- und Kreisordnung für ganz Preußen, der das Prinzip der Selbstverwaltung auf die Landgemeinden ausdehnen und die Vormacht der Gutsherren in der Kreisverwaltung ausschalten wollte, scheiterte 1820 in der Verfassungskommission des Staatsrates. Es war nach der Option für die Provinzialverfassung und gegen die Nationalrepräsentation nur konsequent, wenn man vorschlug, Kreis- und Landgemeindeordnungen für jede Provinz nach Beratung mit den Provinziallandtagen zu erlassen. Die in den Jahren 1825 erlassenen Kreisordnungen für die acht Provinzen sicherten im allgemeinen den Rittergutsbesitzern ihre führende Position in den Kreistagen und in der Kreisverwaltung, insofern sie die Kandidaten für das Amt des Landrates präsentierten. Im Westen ließ sich diese Regelung bei dem Fehlen eines auf dem Lande ansässigen adeligen Ritterstandes nur unzulänglich realisieren. Hier wurde der Landrat einseitig von der Regierung ernannt und gehörte nicht immer zum Adel.

Auf ähnliche Schwierigkeiten stieß der Versuch, die städtische Selbstverwaltung in den neuen Provinzen Posen, Sachsen, Westfalen und Rheinland nach dem Modell der Städteordnung von 1808 zu regeln. Nach langwierigen Verhandlungen wurde am 17. März 1831 die revidierte Städteordnung erlassen, die einheitliches Stadtverfassungsrecht für den preu-

Ländliche Kommunalverfassung

Die revidierte Städteordnung v. 17. März 1831

ßischen Gesamtstaat werden sollte. Sie dehnte das Bürgerrecht auf die Einwohner ohne Grundbesitz aus, band aber zugleich das Wahlrecht an einen höheren Zensus. Sie erweiterte die Kompetenz des Stadtmagistrates gegenüber der Stadtverordnetenversammlung, stärkte aber auch die Staatsaufsicht. Der Zug zur Bürokratisierung, der durch Korruptionserscheinungen in manchen Städten des Ostens herausgefordert worden war, ist unverkennbar. Die Einführung der revidierten Städteordnung stieß freilich auf Widerstände. Die Städte der vier alten Provinzen des Ostens, in denen die Ordnung von 1808 galt, hatten die Wahl zwischen dieser und der revidierten Fassung und entschieden sich bis auf wenige Ausnahmen für die erstere. In der Provinz Sachsen wurde die neue Ordnung widerstandslos eingeführt, in Posen und Westfalen nach und nach bis zum Jahre 1841. Am hartnäckigsten sträubte sich der rheinische Provinziallandtag gegen eine Städteordnung, weil man eine unterschiedliche Rechtsstellung von Stadt und Land ablehnte. Es kam hier zu grundsätzlichen, stark ideologisch gefärbten Auseinandersetzungen über diese Frage, in denen das liberale Bürgertum die Idee der staatsbürgerlichen Gleichheit auf das Problem der Kommunalverfassung übertrug. Die Mehrheit der Städtevertreter im Landtag lehnte 1831 die Übernahme der revidierten Städteordnung mit der Begründung ab, daß der Rheinländer an das Staatsbürgertum einen so hohen Begriff knüpfe, »daß ihn schon die einzelnen Unterscheidungen von Stadtbürgern, Schutzverwandten, im Gegensatz von Landbewohnern oder Bauern abschrecken und notwendig jeder Städteordnung abgeneigt machen, welche diese Distinktion und das Lokalbürgertum und besondere Stadtbürgerrechte zurückführt«. Diese Kritik konnte mit dem Hinweis auf konservative Stimmen begründet werden, die in der kommunalen oder provinziellen Selbstverwaltung einen Ersatz für eine gesamtstaatliche Repräsentativverfassung sahen. So rühmte etwa Karl Friedrich von Savigny 1832 in der von Ranke herausgegebenen »Historischpolitischen Zeitschrift« die »Selbständigkeit der Gemeinde« ausdrücklich als Stütze der bestehenden Staatsordnung gegen die Gefahr einer Revolution, weil sie den Drang nach Teilnahme am öffentlichen Leben befriedige und zugleich auf die »örtliche Verwaltung« beschränke. Kein Wunder, daß sich in der Rheinprovinz liberale Stadtbürger mit Beamten in der Verteidigung der geltenden Kommunalverfassung zusammenfanden, während sie in anderen Fragen divergierten. So lehnte die Mehrzahl der Beamten, hier noch in Wahrnehmung ihrer Funktion als »allgemeiner Stand«, in der Frage des kommunalen Wahlrechts vorerst einen Zensus ab, während ein solcher vom besitzenden Bürgertum, je später um so dringlicher, gefordert wurde, entsprechend dem schon 1823 als Separatvotum zu einem Gutachten der Aachener Regierung formulierten Grundsatz, daß »wer am meisten bezahlt, doch einigermaßen das meiste Recht haben« müsse. Das Ergebnis des sich über eineinhalb Jahrzehnte

Die rheinische Gemeindeordnung v. 23. Juli 1845

hinziehenden Kampfes um die rheinische Kommunalverfassung war der Kompromiß der Gemeindeordnung vom 23. Juli 1845. Sie ging in der Gewährung von Selbstverwaltungsrechten über die Mairieverfassung hinaus und galt theoretisch für alle Gemeinden der Provinz einheitlich. Doch ließ sie den Städten die Wahl, statt ihrer die revidierte Städteordnung anzunehmen. Von dieser Möglichkeit machten zunächst nur die drei rechtsrheinischen Städte Wetzlar, Mülheim an der Ruhr und Essen Gebrauch. Das gestufte Zensuswahlrecht der neuen Ordnung, das trotz einer gewissen Bevorzugung des Grundbesitzes den Vorstellungen des Besitzbürgertums entgegenkam, hat bei der Entstehung des preußischen Dreiklassenwahlrechts im Jahre 1849 Pate gestanden *(Heinz Boberach)*.

Das Ergebnis des Verfassungskampfes in Preußen bestätigte noch einmal die Unentbehrlichkeit der Bürokratie als einer die Staatsteile verbindenden Klammer. Sie stärkte aber auch das politische Gewicht der Provinzen und damit des innerpreußischen Regionalismus. Das trat besonders dort zutage, wo selbstbewußte Oberpräsidenten, die ihr Amt wie die früheren Provinzialminister führten, in den Provinziallandtagen kooperationsbereite Partner fanden, mit denen die Ministerialbürokratie bei der Fortsetzung ihrer Politik der Staatsintegration rechnen mußte. In der Provinz Preußen, die 1824 aus der Zusammenlegung von Ost- und Westpreußen entstand, verband sich die ständische Tradition mit einem spezifischen Landespatriotismus, der es dem liberalen Oberpräsidenten Theodor (von) Schön erlaubte, die Interessen der Provinz wirkungsvoll zu vertreten. In Westfalen kam es zu einer, wenn auch nicht immer störungsfreien Zusammenarbeit zwischen dem Oberpräsidenten Ludwig Freiherr von Vincke und dem Freiherrn vom Stein, der das Amt des Landtagsmarschalls übernahm. In der Provinz Posen erhielten zwar die Polen, die die Bevölkerungsmehrheit stellten, nicht die in der Wiener Schlußakte zugesicherten nationalen Institutionen. Indem jedoch neben dem liberalen Oberpräsidenten Zerboni de Sposetti, der in der Provinz ansässig und Katholik war, Fürst Anton Radziwill zum Statthalter ernannt wurde und nachdem der Provinziallandtag, infolge der Stärke der Ritterschaft, eine polnische Mehrheit hatte, wurde der nationale Unterschied noch nicht zu einer politischen Belastung, zumal man in der Frage der Amtssprache und des Schulwesens den polnischen Interessen entgegenkam. Ein Schulerlaß Altensteins aus dem Jahre 1822 enthielt die aus konservativ-romantischem Geist gespeiste Feststellung, daß Religion und Muttersprache »höchste Heiligtümer einer Nation« seien. Zur gleichen Zeit setzte sich aber der liberale Rationalist Schön in Westpreußen die Eindeutschung der polnischen und kaschubischen Minderheiten zum Ziel.

Ein die Staatseinheit gefährdendes Potential war die vom ostelbischen Kernland abweichende Rechts- und Sozialverfassung der westlichen Provinzen, vor allem auf dem linken Rheinufer, solange der konservativ-obrigkeitliche Regierungskurs einen Ausgleich oder gar die Übernahme westlicher Institutionen durch den Osten ausschloß. In zwei Bereichen wurde nach 1815 das Problem eines bürgerlich-liberalen Regionalismus des Westens innerhalb der Monarchie aktuell. Formale Grundlage der Auseinandersetzungen war die von Friedrich Wilhelm III. in dem Besitznahmepatent vom 5. April 1815 gegebene Zusage an die Rheinländer, daß die Steuern künftig mit ihrer Zustimmung und nach einem für die gesamte Monarchie zu entwerfenden Plan festgestellt werden sollten. Für die liberalen Rheinländer und Westfalen, die nach französischem Recht zwar hart, aber nach dem Prinzip der Gleichheit besteuert wurden, erfüllten die preußischen Steuergesetze vom 8. Februar 1819 und 30. Mai 1820 diese Voraussetzungen nicht. Die Zustimmung zu den Gesetzen war nicht eingeholt worden, und sie brachten nicht die erwartete Gleichstellung aller Provinzen, sondern, wie es schien, eine Verstärkung der schon bestehenden Unterschiede in der steuerlichen Belastung zuungunsten des Westens. Nicht nur daß die Einführung der Weinmost-, Schlacht- und Mahlsteuer für die Städte und der Klassensteuer für das platte Land als erster Schritt zur rechtlichen Trennung der Städte von den Landgemeinden gewertet wurde; man sah zudem in dem Verzicht der Regierung auf ein Umlageverfahren, das die ungleiche Steuerbelastung der West- und Ostprovinzen berücksichtigte, eine offenkundige Benachteiligung. Während der Westen nach Anlage eines einheitlichen Katasters mit einer Grundsteuer belastet war, bestanden im Osten zahlreiche Exemtionen, besonders des Adels, fort. Nur die scharfen Zensurbestimmungen verhinderten es, daß Proteste gegen die Regelung, die 1819 in den westfälischen Zeitungen »Hermann« und »Rheinisch-Westfälischer Anzeiger« und in einer wiederum von Görres veranlaßten Adresse des Koblenzer Stadtrates erhoben wurden, weitere Kreise zogen. Die öffentliche Debatte über die steuerliche Überbürdung der Westprovinzen wurde in den 30er Jahren von David Hansemann und Friedrich Harkort wiederaufgenommen.

Der Kampf um das »rheinische« Recht

Die Unterdrückung des politischen Regionalismus war in der Frage der Angleichung der Rechts- und Gerichtsverfassung aus zwei Gründen nicht möglich. Es gelang der Reformpartei um Hardenberg im Jahre 1816 gegen den Widerstand des Justizministers von Kircheisen, den König zur Einsetzung einer besonderen Kommission zu veranlassen, die nach einem Vergleich des vorrevolutionären, des geltenden französischen und des preußischen Rechts- und Gerichtswesens Vorschläge für die künftige Rechtsverfassung der Rheinprovinz ausarbeiten sollte. Endziel war wohl die Rechtsvereinheitlichung auf der Grundlage des preußischen Rechts, zumal das Allgemeine Landrecht auch in den Augen der Reformbürokratie als Vorgriff auf eine einheitliche Staatsbürgergesellschaft galt. Andererseits war das Allgemeine Landrecht inzwischen an Modernität von der die Ergebnisse der Revolution sanktionierenden Kodifikation Napoleons überholt worden. Sie hatte mit der rechtlichen Garantie des Eigentums, mit der Trennung von Justiz und Verwaltung, der Öffentlichkeit und Mündlichkeit des Verfahrens und den Geschworenengerichten politische Ideale des bürgerlichen Liberalismus realisiert. Da der König in der Kabinettsorder, durch welche die Rheinische Immediatjustizkommission unter Leitung des aus Kleve stammenden Juristen Christoph Wilhelm Heinrich Sethe eingesetzt worden war, versichert hatte, »daß das Gute überall, wo es sich findet, benutzt und das Rechte anerkannt werde«, ging nicht nur die liberale Öffentlichkeit in der Provinz, sondern auch die mehrheitlich aus rheinischen Juristen und Reformbeamten zusammengesetzte Kommission selbst von der Voraussetzung aus, daß der Bestand des »Rheinischen Rechts«, wie die französische Rechtsverfassung schon bald genannt wurde, zumindest in seinen »guten«, und als solche galten seine »fortschrittlichen« Elemente, garantiert sei. Der zweite Grund für die politische Wirkung des Kampfes um das rheinische Recht war die von der Kommission selbst veranlaßte Einbeziehung der Öffentlichkeit. Sie forderte alle Justizbeamten und interessierten Kreise auf, ihre Ansichten über die künftige rheinische Rechtsverfassung mitzuteilen und damit »zur Begründung einer wahrhaft freien und nationalen Gesetzgebung« beizutragen. Die dadurch ausgelöste Diskussion, an der sich in Petitionen, Flug- und Zeitschriften ein großer Teil des Juristenstandes aus den französisch-rechtlichen Gebieten Deutschlands – Rheinprovinz, Rheinhessen, Pfalz, Baden –, aber auch zahlreiche Bürger mit anderen Berufen beteiligten, erbrachte ein überwiegend positives Votum für die mehr oder weniger globale Beibehaltung des rheinischen Rechts. Es wurde weitgehend in die Gutachten der Immediatjustizkommission aus den Jahren 1818/19 übernommen. Die Beibehaltung wurde dort nicht nur mit rechtstechnischen, sondern auch mit politischen Argumenten begründet, mit dem Hinweis auf das »Fortschreiten der Gesetzgebung mit dem Geist der Zeit, mit der Bildung und dem Charakter des Volkes« und mit der Notwendigkeit, das Interesse an den öffentlichen Angelegenheiten in ähnlicher Weise zu fördern, wie dies durch die Städteordnung und die Einführung der allgemeinen Wehrpflicht mit der Landwehr geschehen sei. Es war einer der letzten Erfolge der Reformpartei, der nicht zuletzt dem Einfluß und Verhandlungsgeschick des in den Staatsrat berufenen rheinischen Juristen Heinrich Gottfried Wilhelm Daniels zu verdanken war, daß die Einführung des preußischen Rechts in das Rheinland durch eine Kabinettsorder vom 19. November 1818 bis auf den Abschluß der geplanten Revision des preußischen Landrechts, und das hieß: *ad calendas graecas*, verschoben wurde. Der nach 1824 unternommene Versuch der Regierung, die Einführung des preußischen Rechts vorzuziehen und nicht bis zum Abschluß der Revision zu warten, stieß wiederum auf den

Widerstand der rheinischen Öffentlichkeit, die jetzt in dem Provinziallandtag, dem im Herbst 1826 eine entsprechende Entschließung zur Beratung vorgelegt wurde, ein zusätzliches Forum besaß. Er votierte mehrheitlich gegen diese Absicht und wurde darin von Petitionen aus rheinischen Städten und Gemeinden unterstützt. So ergab sich die paradoxe Situation, daß der Kampf um die Beibehaltung eines in seiner Tendenz auf Allgemeingültigkeit angelegten Rechts von einer Provinz aus gegen den Gesamtstaat geführt wurde und vorübergehend der Festigung des politischen Regionalismus der Rheinprovinz im Sinne eines einheitlichen politischen Bewußtseins des linksrheinischen Bürgertums Vorschub leistete. Weil die Hoffnung auf eine preußische »Nationalrepräsentation« getrogen hatte und die Provinzialverfassung den bürgerlichen Erwartungen nicht entsprach, wuchs der französisch-rheinischen Rechts- und Gerichtsordnung die Funktion eines Verfassungsersatzes zu, der die Integration der Provinz in den Gesamtstaat erschwerte. Noch 1858 dankte der rheinische Provinziallandtag dem Prinzregenten und späteren König Wilhelm für die Erhaltung einer »besonderen Gesetzgebung, welche für die Provinz die Grundlage der staatlichen und bürgerlichen Ordnung geworden ist«.

5. Die halkyonischen Tage

Die Restaurationsära ist von Zeitgenossen und Historikern übereinstimmend, wenn auch mit unterschiedlicher Wertung, als Zeit des Übergangs erlebt und charakterisiert worden, deren Einheit weniger auf der Geschlossenheit der politischen und gesellschaftlichen Kultur als auch einem allgemeinen Lebensgefühl der Bildungselite beruhte. Ihre gesamteuropäischen Gemeinsamkeiten wurden, trotz der vom Befreiungskampf gegen die napoleonische Universalmonarchie ausgehenden Impulse, erst allmählich von nationalen Sonderentwicklungen im mentalen und kulturellen Bereich überlagert. *Leopold von Ranke* hat die Jahre nach 1815 rückschauend die »halkyonischen Tage« genannt, die auf Stürme folgen und Stürmen vorangehen und sich für die objektive Betrachtung der Geschichte eignen. *Heinrich von Treitschke* stellte die Gleichzeitigkeit von »politischer Ermüdung« und geistigem Reichtum jener »literarischen Epoche« fest, und jüngst hat man im »Rückzug auf das innere Reich der Kunst, der Wissenschaften und der häuslichen Sitten« die Entsprechung zur politischen Unfreiheit der Restauration sehen wollen *(Friedrich Sengle)*. Ihre geistige Signatur war gleichwohl alles andere als reaktionär. Als bürgerlich-adelige Standeskultur, die in Mitteleuropa noch nicht in Frage gestellt wurde, war sie nach den unruhigen Jahren der Revolution, der Fremdherrschaft und Kriege von einem starken Bedürfnis nach Vermittlung und Versöhnung der Gegensätze geprägt, zugleich aber von einer Mannigfaltigkeit der geistigen Produktion, in der sich die »Wende der Zeiten« *(Franz Schnabel)* ankündigte. Ein Epochenname, der beides zugleich bezeichnet, die kontemplative Grundstimmung des Zeitalters und die Buntheit seiner künstlerischen und wissenschaftlichen Kultur, steht nicht zur Verfügung. Klassizismus, Neuhumanismus, Idealismus und Romantik, Historismus, neuer Empirismus und Realismus waren Strömungen, die entweder in diesen Jahren versandeten oder von ihnen ausgingen. Der nachträglich *(Adolf Kußmaul*, 1853) geprägte Name »Biedermeier« trifft zwar den unübersehbaren Zug zum Privaten, zur prosaischen Begrenztheit und landschaftlichen Idylle, der sich in der Porträt- und Landschaftsmalerei, in der Garten- und Wohnkultur und in der

Der Geist der Restaurationsära

Aufwertung des familiären Milieus mit seinen individuellen und intimen Lebensformen äußerte. Er verrät aber nichts von der großartigen, zuweilen hybriden Universalität, mit der in jenen Jahren die Welt des Menschen und der Natur zwar nicht verändert, aber noch einmal in ihrer zeitlichen und räumlichen Dimension umfassend beschrieben und interpretiert wurde. Die unpolitische Haltung herrschte im übrigen unter den Gebildeten keineswegs in der Ausschließlichkeit, wie es die zitierten Äußerungen nahelegen. Gewiß, die aktive Beteiligung am politischen Tageskampf war die Ausnahme und zudem nach 1819 unerwünscht und gefährlich. Das schloß jedoch nicht die intellektuelle Beschäftigung mit politischen »Stoffen« aus, etwa in der neuen Geschichtswissenschaft oder der historischen Rechtsschule, deren Hinwendung zur vaterländischen Vergangenheit wie bei dem Freiherrn vom Stein oder deren Abkehr vom rationalen Naturrecht wie bei Karl Friedrich von Savigny zweifellos politische Optionen waren, in denen das Erlebnis des Freiheitskampfes nachschwang.

<small>Philhellenismus</small>   Europäisches Kulturbewußtsein und Anteilnahme am Schicksal eines alten und zugleich jungen Volkes verschränkten sich in den 20er Jahren in der Bewegung des Philhellenismus. Der Aufstand der neugriechischen Stämme gegen die türkische Herrschaft, der im März 1821 zu einer ersten Unabhängigkeitserklärung der Hellenen führte und zum Mißvergnügen Metternichs 1827–1831 mit russischer Hilfe und unter Duldung der Westmächte in die Gründung des griechischen Königreiches mündete, führte in Deutschland ebenso wie in anderen Ländern Europas fast alle Richtungen der geistigen und politischen Kultur zusammen – die noch weit verbreitete Begeisterung für das klassische Altertum, obwohl der Kampf der Griechen mehr an die Tradition des byzantinischen Reiches als an die Antike anknüpfte, die Freiheitsideologie der frühen Liberalen, die Kreuzfahrergesinnung und das Volkstumserlebnis der christlichen Patrioten. Der Philhellenismus war noch nicht wie die Polenbegeisterung ein Jahrzehnt später ein Ventil, durch das sich die Unzufriedenheit mit den Verhältnissen im eigenen Land Luft machte. Er griff über die ohnehin schwache liberale oder nationale Opposition hinaus und kam der Tendenz zur Bildung einer kulturnationalen Gemeinschaftsideologie entgegen. Der König von Württemberg sowie der preußische und bayerische Kronprinz nahmen offen für die Griechen Partei. Von München aus ließ 1821 der Neuhumanist Friedrich Thiersch einen »Vorschlag zur Errichtung einer deutschen Legion in Griechenland« erscheinen und bediente sich der »Augsburger Allgemeinen Zeitung« Cottas zu seiner Verbreitung. Gleichzeitig rief der Leipziger Philosophieprofessor Wilhelm Traugott Krug zur Bildung deutscher Hilfsvereine für Griechenland auf. Ende des Jahres gab es in vielen Städten des außerösterreichischen und außerpreußischen Deutschlands solche Vereine, die Geld und Naturalien für die Griechen sammelten. Einige hundert Freiwillige, die über Triest oder Marseille nach Griechenland gingen, um am Freiheitskampf teilzunehmen, wurden, wie Lord Byron, von der Wirklichkeit bitter enttäuscht. Der große Sachphilologe August Boeckh, der in seinem Werk »Staatshaushaltung der Athener« (1817) den Alltag im klassischen Griechenland beschrieb, hat das Land selbst nie besucht, um sich sein Idealbild vom Hellenentum nicht trüben zu lassen. In Deutschland entstand eine literarisch nicht besonders hochstehende, aber produktive Griechendichtung, unter der die Lieder des aus Dessau stammenden Wilhelm Müller, eines früheren Mitgliedes des Lützower Freikorps, besonders populär wurden. Politischer Ehrgeiz und Philhellenismus standen gemeinsam bei der Erhebung des Wittelsbachers Otto zum ersten Griechenkönig Pate. König Ludwig I., der als Kronprinz schwülstige Griechenlieder verfaßte, im Jahre 1826 eine Gruppe bayerischer Offiziere und Unteroffiziere zur Unterstützung des Freiheitskampfes nach Griechenland schickte und seine Hauptstadt Mün-

chen teils im klassizistischen, teils im byzantinischen Stil erweitern ließ, griff die Anregung Thierschs, den Prinzen Otto an die Spitze des jungen Staates zu bringen, begierig auf und konnte schließlich im Jahre 1832 Rußland und die Westmächte für den Plan gewinnen.

Die Einheit von Philosophie, Wissenschaft und Kunst, die in der sogenannten »Deutschen Bewegung« zwischen Aufklärung und Restauration einen Strom schöpferischer Leistungen hervorgebracht hatte, begann sich in den Jahren nach 1815 zu lockern. Dieser Vorgang der allmählichen Differenzierung von idealistischer Spekulation, kritischer und methodisch vorgehender Wissenssicherung und künstlerischer Produktion, dessen desintegrierende Wirkung erst in den 30er und 40er Jahren deutlicher zutage trat, stand unter dem Vorzeichen der Hinwendung zum realen Leben, vor allem zur Geschichte, mit deren Hilfe allein noch die Synthese von Vernunft und Wirklichkeit geleistet werden konnte, die das große Thema der idealistischen Philosophie war. HEGEL war der letzte idealistische Philosoph, der sich an dieser Aufgabe in großartigen Systementwürfen versuchte, in der »Enzyklopädie der philosophischen Wissenschaften im Grundrisse« (1817–1830), in den »Grundlinien der Philosophie des Rechts (1821, vgl. oben S. 65) und in seinen akademischen Vorlesungen über die Philosophie der Religionen, über die Ästhetik, die Philosophie der Geschichte und die Geschichte der Philosophie. Indem er die Welt als die notwendige Entwicklung des »absoluten« oder göttlichen Geistes erklärte und in der Weltgeschichte die »Auslegung des Geistes in der Zeit« sah, repräsentiert Hegel Ende und Anfang zweier Stufen der »Weltanschauung« – ein in dieser Zeit häufig gebrauchtes Wort. Sein Systemwille erklärt sich aus dem Bewußtsein, einer Spätkultur anzugehören, gemäß der oft zitierten Feststellung: »Erst in der Dämmerung der Geschichte beginnt die Eule der Minerva ihren Flug.« Sosehr sein Geschichtsbild das Ergebnis philosophischer Konstruktion war und deshalb schon bald das Verdikt der Spekulation seitens der mit den Quellen arbeitenden Historiker auf sich zog, so hat Hegels Bemühen, die Vernunft in der »Wirklichkeit« aufzusuchen und die Geschichte als dynamischen Prozeß zu verstehen, in welchem sich das Allgemeine mit dem Individuellen verbindet, dem Zug der Zeit zum historischen Realismus vorgearbeitet. Als akademischer Lehrer, der sich der Förderung des preußischen Kultusministers Altenstein erfreute, hinterließ Hegel »einen förmlichen Generalstab geschulter Jünger« *(Franz Schnabel)* in der Philosophie, Theologie und Jurisprudenz. Das rasche Auseinanderfallen der Epigonen in die Richtungen der »rechten« und »linken« Hegelianer reflektierte die neue Erfahrung der Differenz von Vernunft und Wirklichkeit und das Ungenügen an einer Philosophie des rückschauenden Begreifens, die, wie Marx beißend feststellte, nach dem Tode des Meisters in ihren »Verwesungsprozeß« eintrat. Die Ambivalenz der Hegelschen Philosophie zeigte sich vollends darin, daß sich die Junghegelianer von der quietistischen Auslegung der Geschichte distanzierten und eine Philosophie der Tat forderten, während der christliche Konservativismus in Hegel den gefährlichen Pantheisten witterte. Daß man in Preußen, um diesem Einfluß entgegenzuwirken, im Jahre 1840 mit dem alten FRIEDRICH WILHELM SCHELLING ausgerechnet einen Vertreter des Idealismus nach Berlin berief, der in seiner Frühzeit einer spekulativen Naturphilosophie gehuldigt hatte, nun aber in seinen Vorlesungen die Offenbarung über die Vernunft stellte, war ein weiteres Zeichen für die Erschöpfung der Philosophie als tragfähige Basis der geistigen Kultur.

An die Stelle der Philosophie, aber keineswegs unberührt von ihr, war inzwischen die Geschichte getreten. Nach einer in das 18. Jahrhundert zurückreichenden Phase der Vorbereitung entfaltete sich in Reaktion auf die Erfahrung beschleunigten gesellschaftlichen und politischen Wandels der Historismus als ein neues geschichtliches Verständnis der Welt des

Menschen. Er lebte aus der Kontrolle – keineswegs Eliminierung – geschichtsphilosophischer Reflexion durch strenge historische Forschung. Als idealistische und romantische Antwort auf den Rationalismus des 18. Jahrhunderts, die in Mitteleuropa durch die nationale Selbstbehauptung einer intellektuellen Elite gegenüber der napoleonischen Fremdherrschaft verstärkt wurde, war die zugleich wissenschaftliche und gemütvolle Besinnung auf die eigenen, die »altdeutschen« Traditionen ein Indiz dafür, daß das selbstverständliche Zutrauen und Sichverlassen auf das Überlieferte nicht mehr möglich war. Die Erfahrung des revolutionären Bruches war die Voraussetzung für die Konzeption von Geschichte als kontinuierlichen Sinnzusammenhang, den man nicht nur anschaute, sondern dessen jeweiligen Werten man sich verpflichtet fühlte. So war das Historische schlechthin nicht nur der Gegenstand der neuen Geschichtswissenschaft, sondern wurde zum leitenden Prinzip fast aller geisteswissenschaftlichen Disziplinen, von der Philologie über die Jurisprudenz bis hin zur Theologie. Hand in Hand damit vollzog sich die Etablierung der historischen Forschung an den Universitäten, in den nach dem Muster der Philologien gegründeten historischen Seminaren, in denen die Einheit von Forschung und Lehre praktiziert wurde, im außeruniversitären Bereich der Akademien oder anderer Organisationen durch die planmäßig einsetzende Edition von Geschichtsquellen zu wissenschaftlichen und zugleich patriotischen Zwecken. Die »Monumenta Germaniae Historica«, 1819 von dem Freiherrn vom Stein unter dem Motto *Sanctus amor patriae* gegründet, sind das bekannteste und dauerhafteste Unternehmen dieser Art. Die ersten Jahrzehnte des 19. Jahrhunderts sahen die Entstehung zahlreicher historischer Vereine, durch die das neue Geschichtsinteresse zu einem gesellschaftlichen Faktor von Bedeutung wurde. Als solcher wurde es nach 1815 auch von den Regierungen gefördert, teils mit dem Ziel, jungen Staatsgebilden eine geschichtliche Legitimation zu verschaffen, gelegentlich in der Erwartung, die Gebildeten von der Beschäftigung mit politischen Fragen abzulenken.

In der Tat waren die großen historiographischen Leistungen der Restaurationszeit, sosehr sie patriotischer Gesinnung entsprangen, das Ergebnis eher zurückgezogener Forschungstätigkeit. BARTHOLD GEORG NIEBUHR, der in seiner »Römischen Geschichte« (1811–1832) die Geschichtswissenschaft auf die systematische Sammlung und kritische Auswertung der authentischen Überreste und nicht mehr auf literarische Quellen zu gründen suchte, vertauschte Mitte der 20er Jahre den diplomatischen Dienst als preußischer Gesandter in Rom in »heiterer« Resignation mit der Vorlesungstätigkeit an der jungen Bonner Universität, um dort, wie er sagte, »anstatt eines ästhetischen und philosophischen Gewäsches nun wirklich echte Geschichte« darzubieten. Lag in der von ihm unbewußt vorgenommenen Projektion des Ideals altgermanischer Bauernfreiheit in die römische Republik ein gutes Stück Zeitkritik verborgen, so schien ihm in seinem letzten Lebensjahr (1830) die Juli-Revolution mit der befürchteten französischen Expansion einen europäischen Krieg, die Vernichtung Deutschlands und die Zerstörung der rheinischen Städte anzudrohen, so daß er an eilige Flucht aus Bonn dachte.

Im Jahre 1824 veröffentlichte LEOPOLD (VON) RANKE, der über die lutherische Theologie und die Altertumswissenschaft zur Geschichte kam, sein erstes Buch »Geschichten der romanischen und germanischen Völker von 1495 bis 1514«. Es trug dem Neunundzwanzigjährigen eine Professur an der Universität Berlin ein. In der Einleitung distanzierte sich Ranke von der moralisierenden und pragmatischen Geschichtsbetrachtung der Aufklärung mit der Feststellung, daß der Historiker keine Lehren für die Zukunft ziehen und keine moralischen Werturteile fällen solle: »Er will bloß zeigen, wie es eigentlich gewesen!« Auch für Ranke war der Rückgriff auf die Quellen mit Hilfe der »kritischen Methode« der Schlüssel, um die Mannigfaltigkeit historischer Formen und ihren individuellen Charakter zu erschließen und den Zusammenhang der geschichtlichen Bewegung ohne philosophische Spekulation aus den Konflikten von Ideen, Interessen und Leidenschaften zu verstehen. Allerdings verleugnete seine Vorstellung von Geschichte als dem »Real-Geistigen« und die Anerkennung von »Individualität« und »Entwicklung« als Schlüsselbegriffe historischen Denkens nicht das Erbe der idealistischen Geschichtsphilosophie, das in Ranke eine Verbindung mit geschichtstheologischen Vorstellungen einging. Sie schlugen sich etwa in seiner gegen die Fortschrittsideologie gerichteten Ansicht nieder, daß jede Epoche »unmittelbar zu Gott« sei. Rankes literarisch glänzenden Werke der Folgezeit, die »Geschichte der Päpste im 16. und 17. Jahrhundert« (1834–1836) und die »Deutsche Geschichte im Zeitalter der Reformation« (1839–1843) haben den Ruhm der neuen deutschen Geschichtswissenschaft verbreitet. Das Ideal der historischen Objektivität hat ihn nicht gehindert, als Herausgeber der »Historisch-politischen Zeitschrift« (1832–1834) seinen gemäßigten Staatskonservativismus in den Dienst der preußischen Monarchie zu stellen, ohne in militante Tagespolemik zu verfallen (vgl. unten S. 168). Es kennzeichnet im übrigen die politische Ambivalenz des Historismus, daß schon die nächste Historikergeneration nach Ranke, so noch vor 1848 der junge Kieler Professor JOHANN GUSTAV DROYSEN in seinen »Vorlesungen über das Zeitalter der Befreiungskriege« (1846), die Historie zur Begründung politischer Positionen – hier des Liberalismus und des Nationalstaatsgedankens – bemühte. So war die kontemplative Geschichtsbetrachtung Rankes, die ihm noch 1853 die spöttische Kritik seines weniger bedeutenden Kollegen Heinrich Leo einbrachte, er sei ein »Blumenmaler von Gottes Gnaden«, keineswegs die logische Konsequenz der historistischen Wissenschaftsauffassung, sondern eher eine Frucht aus der Verbindung der beschaulichen Stimmung der Restauration mit der irenischen Natur des Meisters.

_{J. G. Droysen}

Die enge Verknüpfung von patriotischem Zeitgeist und geschichtlichem Denken kennzeichnet auch die Entstehung der historischen Rechtsschule. Sie hatte zwar ihre dogmengeschichtlichen Wurzeln in dem historischen Positivismus der Göttinger Juristen des späten 18. Jahrhunderts. Ihr Schüler KARL FRIEDRICH EICHHORN war der erste, der in seiner »Deutschen Staats- und Rechtsgeschichte« (1808–1823) die Entwicklungsphasen des deutschen Rechts im Zusammenhang mit dem jeweiligen historischen Leben des deutschen Volkes darstellte. Unmittelbare politische Bedeutung gewann die neue Schule nach 1814 in dem Streit über die Schaffung eines für ganz Deutschland gültigen bürgerlichen Gesetzbuches. Für ein solches trat nach der Befreiung der Heidelberger Rechtslehrer Anton Friedrich Justus Thibaut, ein Schüler Kants und Vertreter des rationalen Naturrechts, in einer kleinen Schrift ein, in der er die heillosen Folgen der Rechtszersplitterung in Deutschland beklagte. Seiner Forderung einer nationalen Rechtskodifikation trat aus romantisch-historischer Sicht der Begründer der römischen Rechtsgeschichte, FRIEDRICH KARL VON SAVIGNY, mit der Gegenschrift »Über den Beruf unserer Zeit zur Gesetzgebung und Rechtswissenschaft« entgegen. In ihr legte der Schwager Clemens Brentanos seine Auffassung von der organischen Entwicklung des Rechts aus dem Volksgeist dar und lehnte die künstliche Produktion eines Gesetzbuches als unhistorisch ab. Savignys großes Werk »Geschichte des römischen Rechts im Mittelalter« (1815–1831), das die Kontinuität und das Nachleben des klassischen Rechts vom Ende des Weströmischen Reiches bis zur Renaissance verfolgt, war von dieser genetischen Rechtsauffassung durchdrungen. Der Germanist Eichhorn und der Romanist Savigny gründeten 1815 in Berlin die »Zeitschrift für geschichtliche Rechtswissenschaft«, in der sie programmatisch

_{Die historische Rechtsschule}

_{K. F. Eichhorn}

_{F. K. v. Savigny}

die neue »geschichtliche« von der »ungeschichtlichen« – sprich: naturrechtlichen – Schule der Rechtswissenschaft abhoben. Wie Hegel zeitweilig für die Philosophie, so wurde Savigny als Professor an der Berliner Universität zum mächtigen Schulhaupt der Rechtswissenschaft, der durch seine Beziehungen zur Regierung und zum Hof erreichte, daß das Rechtsstudium in Preußen im 19. Jahrhundert nicht auf das Preußische Landrecht, sondern auf das Pandektenrecht gegründet wurde, weil nur am Studium geschichtlicher Quellen die »Wissenschaftlichkeit« gewährleistet sei *(Franz Schnabel)*. Daß ausgerechnet Savigny von 1842 bis 1847 preußischer Minister für die Gesetzgebung wurde, entsprach der christlich-konservativen Staatsauffassung Friedrich Wilhelms IV.

Die Sprachwissenschaft

Was für das Recht zu gelten schien, nämlich seine organische Verbindung mit dem Volksleben, das wurde auch für die Sprache und Literatur postuliert. Auch hier ging die Tendenz der Wissenschaft schon seit dem 18. Jahrhundert in die Richtung einer induktiven und streng methodisch geregelten Forschung, zunächst, wie etwa in den Arbeiten von FRIEDRICH AUGUST WOLF († 1824), in der klassischen Philologie. Wolfs bedeutendster Schüler wurde der dem

A. Boeckh

Kreis der Heidelberger Romantik nahestehende AUGUST BOECKH, der die Sprachwissenschaft eng mit der Altertumswissenschaft verband und auf diese Weise, ebenfalls als Professor von Berlin, die Geschichtswissenschaft methodisch und inhaltlich befruchtete. Das von ihm begründete »Corpus inscriptionum Graecorum« (seit 1825) stand am Anfang der griechischen Epigraphik. Wurde die klassische Altertumswissenschaft trotz ihres Zuges zur Empirie noch von einem neuhumanistischen Universalismus getragen, in dem antike und christliche Traditionen zusammengeflossen waren, so kam die romantische Lehre vom Volksgeist als dem Schöpfer aller Kulturerscheinungen am stärksten in der neuen Wissenschaft der deutschen und germanischen Philologie zum Tragen. Ihre Begründung war weitgehend das Werk der Brüder

Die Brüder Grimm

JAKOB und WILHELM GRIMM. Nicht zuletzt unter dem Einfluß Savignys stellten sie sich die Aufgabe, die Sprach- und Literaturdenkmäler der germanischen und deutschen Frühzeit zu sammeln, sie mit den von Wolf übernommenen Methoden kritisch zu prüfen und ihr Werden und Wachsen durch Jahrhunderte hindurch in den Zusammenhang mit der eigenen Volksgeschichte zu verfolgen. Poesie, Rechtsdenkmäler und Weistümer, Sagen und Märchen wurden ebenso wie die germanischen und deutschen Dialekte und Sprachformen als Spiegelung des Wesens und der Geschichte des Volkes begriffen. So gingen die »Kinder- und Hausmärchen« (1812–1822), die »Deutschen Sagen« (1816–1818) und die »Deutsche Grammatik« (1819ff.) aus der Verbindung von Sammlertätigkeit, wissenschaftlicher Einzelforschung und romantischer Anhänglichkeit an das Hergebrachte hervor, das zu bewahren und zu pflegen eine nationalpolitische Aufgabe war. Die Gebrüder Grimm waren bei aller Zuwendung zum Kleinen und scheinbar Unbedeutenden nicht bloß Antiquare, wie allein schon ihre Zugehörigkeit zu den »Göttinger Sieben« von 1837 (vgl. unten S. 143) bezeugt. Ihr aus der Beschäftigung mit der Geschichte gewachsenes Rechtsbewußtsein sträubte sich gegen den Verfassungsbruch des Königs von Hannover; Revolutionäre waren sie aber nicht.

Hinwendung zum Mittelalter

Das Sammeln der Schätze der Vergangenheit und die nachfühlende Versenkung in ihre, wie man meinte, volkstümliche und gemüthafte Einfachheit lagen in der Zeit. Den Brüdern Grimm waren ACHIM VON ARNIM und CLEMENS BRENTANO mit der Volksliedsammlung »Des Knaben Wunderhorn« (1806–1808) und Joseph Görres mit den »Deutschen Volksbüchern« (1807) vorangegangen. Hierhin gehört auch die große Sammlung »altdeutscher«, das heißt spätmittelalterlicher Gemälde aus Köln und den Niederlanden, die in den Jahren nach der Säkularisation des Kirchen- und Klostergutes von dem Kölner Geschwisterpaar MELCHIOR und SULPIZ BOISSERÉE mit ihrem Freund Johann Bertram zusammengebracht und seit 1810 in Heidelberg, später in Stuttgart ausgestellt wurde. In den Jahren nach dem Ende der Fremdherrschaft von Gelehrten und Künstlern, Staatsmännern und Fürsten bewundert, wurde sie von König Ludwig I. von Bayern gekauft und 1828 in die Pinakothek nach München gegeben. Noch mehr zeigte sich der im Wortsinne restaurative und zugleich romantische Charakter dieser Sammlertätigkeit in den Bestrebungen des Sulpiz Boisserée, den ursprünglichen Bauplan des unvollendeten Kölner Domes nach aufgefundenen Plänen zu rekonstruieren und als paradigmatische Leistung der »christlich-germanischen« Baukunst der Gotik zu erweisen. Goethe hat ihnen auf seinen Rheinreisen 1814/15 Tribut gezollt und in seinem Aufsatz »Ueber Kunst und Alterthum in den Rhein und Mayn Gegenden« von 1816 auf die Pflicht der Öffentlichkeit zur Erhaltung der Kunstdenkmäler aufmerksam gemacht. Im gleichen Jahre bereiste der preußische Geheime Baurat KARL FRIEDRICH SCHINKEL die neuen Provinzen am Rhein, um sich an Ort und Stelle über den Bestand an Baudenkmälern zu orientieren. Es reflektiert das von Kosmopolitismus und Romantik, von nationalem Idealismus und beginnendem Realismus geprägte geistige Klima der Restaurationszeit, daß die Gebrüder Boisserée einerseits in einem vollendeten Kölner Dom das »Sinnbild einer neuen deutschen Entwicklung« und in dem wachsenden Interesse an der Gotik die moralisch-literarische Überwindung der Franzosen, zusätzlich zu ihrer militärischen Niederlage, sahen, daß sie andererseits in den 20er Jahren die Drucklegung ihres Domwerkes nach Paris gaben und das Werk gleichzeitig in deutscher und französischer Sprache erscheinen ließen. Die liebevolle Beschäftigung mit der Kunst eines idealisierten »Volkstums« und das Werben um die Monarchen als Kunstmäzene und um den Staat als Kulturträger lagen dicht zusammen, wie überhaupt Intoleranz und Purismus in geistig-kulturellen Fragen noch die Ausnahme waren. Der Historismus kam dieser Haltung entgegen. Sowie Schinkel als Architekt klassizistische und neugotische Bauwerke entwarf und errichtete, sowie der »alte Heide« Goethe trotz seiner Abneigung gegenüber der »neukatholischen Sentimentalität« der Nazarener von den Brüdern Boisserée für ihre Sache gewonnen werden konnte und König Ludwig I. in den Planungen für die nach 1830 errichtete Walhalla zwischen griechischen und gotischen Entwürfen hin und her schwankte, so hat Metternich überall dort, wo das politische System der Restauration nicht gefährdet war, trotz seiner geistigen Verwurzelung im 18. Jahrhundert und seiner Vorliebe für den Klassizismus echtes Interesse für die modernen Wissenschaften der Geschichte und der Natur gezeigt. Ranke, die »Monumenta Germaniae Historica« und Alexander von Humboldt, den er für einen »politisch schiefen Kopf« hielt, haben gleichermaßen Metternichs oder Österreichs Förderung erfahren.

Die gleichzeitige oder aufeinanderfolgende Beschäftigung mit Politik und Kultur war ohnehin, angesichts des noch geringen Maßes an Professionalisierung dieser Tätigkeiten und der beginnenden Aufweichung der Standesgrenzen, keine Seltenheit. Es entsprach allerdings dem restaurativen Zeitgeist, daß selbständige Köpfe häufiger aus dem Feld der Politik und dem aktiven Staatsdienst in den kulturellen Lebensbereich überwechselten als in die umgekehrte Richtung. Niebuhr bildete darin keine Ausnahme. Der Zusammenfall oder der Wechsel beider Aktivitäten, zugleich noch einmal die Universalität einer geistigen Kultur, die auf dem Nebeneinander von Gedankenfreiheit und politisch-gesellschaftlicher Gebundenheit der bildungsbürgerlichen Lebenswelt beruhte *(Hajo Holborn)*, wurde von niemandem überzeugender vorgelebt als von Wilhelm und Alexander von Humboldt. So unerwartet Anfang 1820 die Entlassung aus dem preußischen Staatsdienst WILHELM VON HUMBOLDT auch traf, eine Lähmung seiner geistigen Produktivität trat dadurch nicht ein. Der »aristokratische Ästhet« *(Siegfried August Kaehler)*, der 1809 nur widerstrebend die Berufung zum Leiter des preußischen Unterrichtswesens angenommen hatte, um zu einem engagierten Mitglied der Reformpartei zu werden, kehrte 1820 als gereifter Mann in die Welt der »Ideen« zurück, um in der ihm verbleibenden Zeit († 1835) einen bedeutenden Beitrag zum Aufbau der neuen Geisteswissenschaften zu leisten. Am 12. April 1821 trug Humboldt in der Berliner Akademie der Wissenschaften seine Abhandlung »Über die Aufgabe des Geschichtsschreibers« vor. Sie enthält in komprimierter Fassung seine »historische Ideenlehre«, die das Vermächtnis des deutschen Idealismus an die junge Geschichtswissenschaft darstellt. Humboldt forderte darin zwar die empirische »Absonderung des wirklichen Geschehenen« als notwendige Grundlage der Geschichte; sie sei aber nicht die Geschichte selbst. Die Aufgabe des Geschichtsschreibers, die insofern derjenigen des Künstlers vergleichbar sei, als sie Phantasie und »Ahndung« erfordere, sei die Ermittlung der inneren Wahrheit der Geschichte, durch die sie erst den Charakter des Notwendigen erhalte. Dieser gründe sich auf der Durchdringung des Allgemeinen – von Ideen – mit dem Besonderen in den historischen Begebenheiten. Für Humboldt war Geschichte ihrem Wesen nach der Prozeß der Entfaltung solcher Ideen, aber nicht im Sinne einer philosophisch konstruierten Teleologie der Weltschicksale, sondern durch ihre Verwirklichung in den historischen Individualitäten, wie überhaupt auf der Freiheit, Eigentümlichkeit und Wechselwirkung »nationaller Individualitäten« das weltgeschichtliche Fortschreiten der Menschheit beruhe. Markiert Wilhelm von Humboldts historische Ideenlehre genau die Stelle, wo sich Idealismus und Historismus berührten, so war der systematische Vergleich der Sprachen Europas und der Welt, der Humboldts Altersjahre ausfüllte, der Versuch ihrer Anwendung auf ein großes Erfahrungsmaterial. In seiner Akademierede zählte Humboldt die Sprachen zu denjenigen »idealischen Formen«, in denen sich zwar der Geist der Nationen spiegele, die jedoch zugleich eine frühere, unabhängige Grundlage besäßen. Aus dieser Überlegung ergab sich ihm die Aufgabe, aufbauend auf Anregungen Friedrich Schlegels und den Forschungen Franz Bopps, die Sprache als »eigentümliche Form der Erzeugung von Mitteilungen und Ideen« zu untersuchen. Dies war das Thema von Humboldts Abhandlung »Über die Verschiedenheit des menschlichen Sprachbaues und ihren Einfluß auf die geistige Entwicklung des Menschengeschlechtes«, die die Einleitung des posthum (1836) von seinem Bruder Alexander veröffentlichten Werkes über die Kawisprache bildete.

Ist die Nähe Wilhelm von Humboldts zum Idealismus trotz seiner Warnung vor der »sogenannten philosophischen Geschichte« nicht zu übersehen, so bestätigt das Lebenswerk seines Bruders Alexander Rankes Feststellung vom »täglichen Wachsen der Erfahrungswissenschaft«. Als Kantianer sah der Forscher ALEXANDER VON HUMBOLDT in der Erfahrung, genauer: in der exakten Beobachtung und Messung der physischen Phänomene und in der darauf beruhenden Beschreibung ihrer räumlichen Verbreitung und Interdependenz die Grundlage der empirischen Wissenschaften von der Natur. Er demonstrierte diese Auffassung in dem vielbändigen Bericht über seine Südamerika- und Mexiko-Expedition (1799–1804), der seit 1805 zuerst in französischer Sprache in Paris erschien. Humboldt erklärte die Aufdeckung der Kausalzusammenhänge zum höchsten Ziel der Naturforschung. Er wandte sich sowohl gegen die spekulative Naturphilosophie seiner Zeit als auch gegen die Enzyklopädie der Naturwissenschaften im Sinne des 18. Jahrhunderts. Gleichwohl stand er dem Historismus des frühen 19. Jahrhunderts in der Verbindung idealistischer und realistischer Züge näher, als es zunächst den Anschein hat. Die Beschränkung auf die Beschreibung, die er damit rechtfertigte, daß erst auf ihrer Grundlage die Frage nach der Genese und Entwicklung der Formen gestellt werden könne, wurde von ihm nicht durchgehalten. Seine durch Archivstudien an Ort und Stelle ergänzten Beobachtungen über die Sprache, Kultur und Geschichte der Ureinwohner Amerikas, seine 1833 erschienene Geschichte der physischen »Weltanschauung« und der geographischen Entdeckungen, für deren Abfassung er die Hilfe Boeckhs und Rankes in Anspruch nahm, und die Feststellung im ersten Band des »Kosmos« (1845), daß Weltbeschreibung und Weltgeschichte »auf derselben Stufe der Empirie« stehen und er mit seinem Werk beanspruche, das Einzelne nur in seinem Verhältnis zum Ganzen zu betrachten, rechtfertigen Humboldts Verortung an der »weltgeschichtlichen Wende vom Universalismus zur empirischen Forschung« *(Franz Schnabel)*. Mit Karl Ritter, der mit seinem Buch »Erdkunde im Verhältnis zur Natur und Geschichte des Menschen« (1817) Geographie und Historie in Zusammenhang gebracht hatte, verband ihn Freundschaft und Sympathie. Als erster Kanzler des Ordens *pour le mérite,* der 1842 von Friedrich Wilhelm IV. gegründet wurde, sträubte sich Humboldt wohl gegen die Zuwahl Rankes, wahrscheinlich aus politischer Abneigung. Andererseits gehörte er zu den Verteidigern des Historikers Friedrich von Raumer, der in einer öffentlichen Akademierede anläßlich des Geburtstages Friedrichs des Großen im Jahre 1847 zum Mißvergnügen des Königs die Toleranz und den religiösen Freisinn seines berühmten Vorgängers gewürdigt hatte. So vereinigte Alexander von Humboldt in seiner zweiten Lebenshälfte, vielleicht noch mehr als sein Bruder, die Widersprüche des Zeitalters – als Anhänger der Ideen der Französischen Revolution, woraus er nie einen Hehl machte, der zugleich Kammerherr am preußischen Hof und gerngesehener Gast des Königs war, als Kosmopolit, der fast jedes Jahr mit Erlaubnis seines Herrn mehrere Monate in Paris lebte, als Reisender und wissenschaftlicher Experimentator, der sich nicht scheute, politische Aufträge zu übernehmen, als ein universaler Geist, der die Tradition der deutschen Klassik mit den Ergebnissen der empirischen Forschung zu vermitteln suchte. Seine populärwissenschaftlichen Vorträge in Berlin waren im Winter 1827/28 noch ein gesellschaftliches Ereignis ersten Ranges. Das daraus hervorgehende Werk des »Kosmos«, das von 1845 an bis nach Humboldts Tod (1859) in vielen Bänden erschien, stieß dagegen bei vielen Naturwissenschaftlern, die sich inzwischen aus den Fesseln einer ganzheitlichen Weltanschauung gelöst hatten, auf Unverständnis oder Skepsis. Nichts signalisiert deutlicher den Wandel des Zeitgeistes von der Restaurationsära zum Realismus der Jahrhundertmitte.

IV. DER VORMÄRZ (1830–1848)

Probleme des »Vormärz«

Die französische Juli-Revolution war in ihren Auswirkungen ein Ereignis von gesamteuropäischer Bedeutung. Sie leitete in Deutschland eine Periode vielfältiger politischer, ideologischer und sozialer Konflikte ein, die sich deutlich von der relativen Ruhelage der Restaurationsära abhebt. Diese Zeit wird in der älteren Literatur von ihrem Ende her als deutscher Vormärz (im engeren Sinne) bezeichnet. Der revolutionäre Impuls aus dem Westen machte, vermittelt durch die belgische Revolution und den polnischen Aufstand, die prekäre Stellung des Deutschen Bundes in dem brüchig werdenden Staatensystem Europas sichtbar. Die kurz- und längerfristige Resonanz, die er in den deutschen Ländern fand, offenbarte hier die Existenz eines beachtlichen Konfliktpotentials. Seine Entladung in einer gesamtdeutschen Krise wurde zwar vorerst durch die Stärke des staatlichen Partikularismus verhindert. Doch läßt sich an der schnellen Folge der Einzelkonflikte und dem Wechsel der Konfliktzonen und -objekte in ihrer zeitlichen, räumlichen und sachlichen Verklammerung ablesen, daß das nach 1815 errichtete politische und gesellschaftliche System des Deutschen Bundes nicht nur in diesem oder jenem Einzelstaat, sondern als Ganzes zunehmend in Frage gestellt wurde. Der Funke sprang zuerst auf die konstitutionslosen Staaten Nord- und Mitteldeutschlands (außer Preußen) über, wo sich die Unzufriedenheit mit neoabsolutistischer oder bürokratischer Willkür in lokalen Unruhen und einer bürgerlichen Verfassungsbewegung Luft machte. Ein zweiter, den süddeutschen Konstitutionalismus ergänzender Schub der Verfassungsgebung war das Resultat. In geographischer und zeitlicher Überschneidung dazu, aber den Rahmen des einzelstaatlichen Konstitutionalismus sprengend, stand die zum Teil flächenhafte Bewegung des politischen und sozialen Protestes, von der in den Jahren 1831 bis 1834 die westmitteldeutsche Kontaktzone zwischen den zollpolitischen Vertragssystemen sowie der Frankreich benachbarte Südwesten erfaßt wurden. Auf die überregionale, zum Teil bewußt nationalpolitische Stoßrichtung dieser Bewegung antwortete der Bund mit neuen Maßnahmen der Repression. Auch der erste schwerwiegende Konflikt zwischen Staat und Kirche nach 1815, die »Kölner Wirren« (1837–1840), fand – ebenso wie wenige Jahre später die Bildung einer organisierten Opposition gegen die protestantische und katholische Neuorthodoxie – weit über die Grenzen des preußischen Staates hinaus Resonanz. Ein neues nationales, zum Teil nationalistisches Bewußtsein äußerte sich in dem vielstimmigen Echo, das die außenpolitische Bedrohung der Rheingrenze 1840/41 und die schleswig-holsteinische Dauerkrise im deutschen Bürgertum hervorriefen. Die Umrisse überregionaler politischer Parteien zeichneten sich, gleichlaufend mit der ideologischen Differenzierung, ab. Und wenn in den letzten Jahren vor der März-Revolution die innere Entwicklung Preußens wieder in das Zentrum des gesamtdeutschen Interesses rückte, so sprach sich darin die bürgerliche Einsicht in die Schlüsselstellung aus, die dieser Staat in jeder nationalpolitischen Alternativkonzeption zum Deutschen Bund einnahm.

Die genannten Konflikte, Bewegungen und politisch-ideologischen Gruppierungen des Vormärz waren noch überwiegend Ausdruck der Spannung zwischen Staat und Gesellschaft, zwischen den trotz partieller Modernisierung primär auf Systemerhaltung hin konstruierten politischen und administrativen Institutionen und der sich entfaltenden Welt der bürgerlichen Bedürfnisse. Sie wurden aber auch schon von einer Unterströmung innergesellschaftlicher Friktionen getragen. Diese wurden in dem Maße politisch virulent, in welchem ökonomische Versorgungs- und Anpassungskrisen im europäischen oder nationalen Rahmen desintegrierend auf das soziale Gefüge durchschlugen. So kennzeichnet die Koinzidenz der verfassungspolitischen, der nationalen und der sozialen Problematik die latente Systemkrise am Vorabend der März-Revolution in Deutschland.

1. Mitteleuropa im Schatten der Juli-Revolution

In der Pariser »Großen Woche« (27.–29. Juli 1830) wurde das reaktionäre Regime des Bourbonen Karls X. und seines Ministers Polignac durch die Erhebung der überwiegend republikanisch oder bonapartistisch eingestellten hauptstädtischen Bevölkerung gestürzt. An seine Stelle trat in dem »Bürgerkönigtum« des Herzogs Louis Philippe von Orléans die Herrschaft der Großbourgeoisie. Sie war konstitutionell durch einen immer noch recht hohen Wahlzensus und die Gesetzesinitiative der Kammern abgesichert und wurde schon bald mit den Schlagworten des »ordre légal« und des »juste milieu« umschrieben. Die Auswirkungen der Juli-Revolution auf die Struktur des europäischen Staatensystems waren beträchtlich. Sie zeigten, daß die Restaurationspolitik der Kabinette den revolutionären Prozeß, in den Europa 1789 eingetreten war, nicht zum Stillstand gebracht hatte. Im Sommer und Herbst 1830 griff er auf Belgien und die Schweiz über und erfaßte im Winter 1830/31 mit Kongreßpolen und den mittelitalienischen Staaten Gebiete, die zum direkten oder indirekten Herrschaftsbereich der konservativen Ostmächte Rußland und Österreich gehörten. In England machte der Sturz des Tory-Kabinetts Wellington im November 1830 den Weg für eine Wahlreform frei. Die von dem neuen Whig-Ministerium durchgesetzte Reformbill vom April 1832 öffnete dem mittleren Bürgertum den Zugang zum Parlament. Die auf diese Weise liberalisierten Westmächte rückten auch in ihrer Außenpolitik zusammen und besiegelten damit das Ende des auf den Prinzipien der Legitimität und der konservativen Intervention beruhenden Systems der Pentarchie. Es wurde durch das Gegenüber zweier ideologischer Machtblöcke ersetzt: auf der einen Seite die konservativen Ostmächte Rußland, Österreich und Preußen, die sich im Herbst 1833 in der Vereinbarung von Münchengrätz zwischen dem Zaren und dem österreichischen Kaiser und in einem anschließenden Dreiervertrag zur Abwehr der Revolution zusammenschlossen; auf der anderen Seite die liberalen Westmächte, die im April 1834 eine Quadrupelallianz mit Spanien und Portugal zum Schutz konstitutioneller Bestrebungen schlossen. Diese Konstellation war aber nur von kurzer Dauer und wurde bald von den machtpolitischen Interessen der Beteiligten durchkreuzt.

Die Auswirkungen der französischen Juli-Revolution in Europa

Auf die Regierungspolitik und die liberale Bewegung in den Staaten des Deutschen Bundes hat die Juli-Revolution in mehrfacher Hinsicht eingewirkt: einmal über die Revolutionen in Belgien und Polen, die den Bund und einzelne deutsche Staaten vor schwierige außenpolitische Entscheidungen stellten und der bürgerlichen Opposition Auftrieb gaben; zum anderen durch die Impulse, die von ihr auf die Verfassungsbewegung in den nord- und mitteldeutschen Staaten ausgingen; schließlich in Süd- und Südwestdeutschland als auslösender Faktor für den »Umschlag vom politischen Biedermeier des Frühkonstitutionalismus in die Epoche der existentiellen Verfassungskämpfe« *(Ernst Rudolf Huber)* und für die Bildung einer außerparlamentarischen und überregionalen Opposition. Längerfristig hat die geistige Auseinandersetzung mit dem politischen »juste milieu« in Frankreich, Belgien und England und mit den sozialen Begleiterscheinungen der Frühindustrialisierung in Westeuropa dazu beigetragen, daß sich die Spaltung der bürgerlichen Opposition in einen liberalen und radikalen Flügel vertiefte und durch die Anfänge einer sozialistischen Bewegung ergänzt wurde. Hierbei hat die politische Emigration eine wichtige Vermittlerrolle gespielt.

Die belgische Revolution von 1830

Das Vereinigte Königreich der Niederlande, das 1815 aus den protestantischen und sprachlich niederdeutschen Generalstaaten und dem überwiegend katholischen und wallonischen Belgien unter dem Oranier Wilhelm I. gebildet worden war, brach im August 1830 auseinander. Die Belgier erhoben sich gegen das harte Regiment des Königs und seiner holländischen Regierung und erklärten schon im November die Unabhängigkeit ihres Landes. Den in London versammelten Vertretern der Großmächte blieb nichts übrig, als den neuen Staat anzuerkennen. Daß sie Belgien im Januar 1831 den Status der Neutralität nach dem Vorbild der Schweiz zubilligten, entsprach vor allem den Interessen Preußens, Englands und Österreichs, denen weder an einer Intervention Rußlands noch an einer Festsetzung Frankreichs in Belgien gelegen war. Eine solche drohte noch einmal ein Jahr nach der Revolution, als die Holländer nach der Wahl des Prinzen Leopold von Sachsen-Coburg zum König der Belgier in den jungen Staat einmarschierten, ohne das Ergebnis revidieren zu können. Für den Deutschen Bund war das Schicksal des durch Personalunion mit den Niederlanden verbundenen Großherzogtums Luxemburg von Bedeutung; sein wallonischer Bevölkerungsteil hatte sich der Revolution angeschlossen. Nach langem Tauziehen einigten sich die Großmächte im Oktober 1831 gegen den Willen Wilhelms und der Bundesversammlung auf die Teilung des Landes. Der nordwestliche wallonische Teil wurde als Provinz Luxemburg Belgien einverleibt, während der Rest unter der Herrschaft Wilhelms Gliedstaat des Bundes blieb. Wilhelm und der Bund haben erst 1839 diese Regelung anerkannt. Als Ausgleich für den Verlust Westluxemburgs trat der König der Niederlande mit dem neugebildeten Herzogtum Limburg um Maastricht dem Bund bei.

Ihr Echo im Rheinland

Das innerdeutsche Echo auf die belgische Revolution, in der sich der Liberalismus und der Katholizismus im Kampf um die nationale Unabhängigkeit verbunden hatten, war uneinheitlich. Abgesehen von sporadischer Ablehnung der Erhebung aus nationalistischer oder gar pangermanischer Sicht (Ernst Moritz Arndt und Jakob Grimm), wurde dem neuen Staat mit seiner liberalen Verfassung von bürgerlicher Seite, vor allem im benachbarten Rheinland, Sympathien entgegengebracht. Sie beruhten teils auf der Übereinstimmung in verfassungspolitischen Fragen, teils aber auch auf wirtschaftspolitischen Interessen. Zu ihrem Sprecher machte sich der Aachener Kaufmann und Liberale David Hansemann, der Kontakte zu belgischen Kaufleuten und Politikern knüpfte und die preußische Regierung zur Intensivierung der Wirtschaftsbeziehungen zu Belgien durch seine Einbeziehung in den Zollverein und das entstehende Eisenbahnnetz zu veranlassen suchte. Damit sollte ein Zugang zum Meer unter Umgehung des Rheinschiffahrtsmonopols der Holländer gewonnen werden. Als die Niederländer, durch solche Aktivitäten aufgeschreckt, Preußen in einem Vertrag von 1837 verkehrspolitische Konzessionen machten, protestierten die probelgischen Wirtschaftskreise der Rheinprovinz dagegen. Erst im Jahre 1844 kam es durch Vermittlung Hansemanns und des preußischen Gesandten in Brüssel, von Arnim, zu einem Handelsvertrag, der zweiseitige Zollerleichterungen und dem Zollverein de facto einen Freihafen in Antwerpen brachte.

Schließlich übte das belgische Modell eine gewisse Anziehungskraft auf katholische Kreise im Rheinland aus. Belgien war das erste Land, wo Staat und Kirche getrennt waren unter der Devise: eine freie Kirche in einem freien Staat. Nicht zuletzt der niedere Klerus hatte sich den Ideen des liberalen Katholizismus in Frankreich geöffnet, dessen führender Kopf, der Abbé de Lamennais, die belgische Revolution als Sieg der katholischen Sache begrüßte. Unter dem Eindruck des Kölner Kirchenstreites, der in der belgischen Publizistik lebhaft kommentiert wurde, suchten manche katholischen Rheinländer Rückhalt im Nachbarland. Doch sind diese Verbindungen, die nicht von offizieller kirchlicher Seite, sondern von einzelnen Klerikern und Laien geknüpft wurden, von der politischen Polizei in der Rheinprovinz überschätzt worden. Bestrebungen, die katholischen Rheinlande von Preußen zu trennen und mit Belgien in einer politischen Union zu verbinden, wie sie nach 1838 der belgische Journalist Adolf Bartels verfolgte, fanden am Rhein kein positives Echo.

Es kennzeichnet die europäische und die gesamtdeutsche Stellung des preußischen Staates, daß er von der Revolutionswelle des Jahres 1830/31 wie im Westen, durch seine Nachbarschaft zu Belgien, so im Osten, als eine der Teilungsmächte Polens, indirekt betroffen wurde. Auslösendes Moment des Aufstandes, der im Winter 1830/31 Kongreßpolen vorübergehend von der russischen Herrschaft befreite, war die Befürchtung nationalpolnischer Militärs, daß sie vom Zaren bei einer Intervention in Frankreich und Belgien eingesetzt würden. Nachdem die russische Besatzung unter dem Großfürsten Konstantin aus dem Lande verdrängt worden war, erklärte der polnische Reichstag am 25. Januar 1831 die Dynastie der Romanows für abgesetzt. An der Spitze der Nationalregierung, in der die »Linke« durch den Historiker Joachim Lelewel vertreten war, stand Fürst Adam Czartoryski. Die bewaffnete Auseinandersetzung mit Rußland war nur eine Frage der Zeit. Die Haltung der preußischen Regierung gegenüber den Ereignissen in Kongreßpolen wurde von der nicht unbegründeten Furcht bestimmt, die Erhebung könne auf das Großherzogtum Posen übergreifen. Immerhin schlossen sich nicht wenige preußisch-polnische Adelige und eine Anzahl Posener Polen, die in der preußischen Armee dienten, den Aufständischen an. Gründe der inneren Sicherheit und die Solidarität der Heiligen Allianz in der Bekämpfung der Revolution veranlaßten die Aufstellung einer preußischen Observationsarmee unter Gneisenau an der östlichen Staatsgrenze. Auf diese Weise von äußerer Unterstützung abgeschnitten und durch innere Fraktionskämpfe und die Interesselosigkeit der Landbevölkerung geschwächt, unterlagen die Aufständischen im Herbst 1831 der russischen Armee. Kongreßpolen verlor die ihm vom Zaren Alexander verliehene relative Autonomie und wurde fortan wie eine russische Provinz regiert.

Der polnische Aufstand 1830/1831

Auch im Großherzogtum Posen endete mit dem Jahre 1830/31 die Periode einer übernationalen Ausgleichspolitik, die den Adel begünstigt sowie die katholische Kirche und die polnische Sprache zumindest toleriert hatte. Es war ihr, wie die Unterstützung des kongreßpolnischen Aufstandes demonstrierte, nicht gelungen, die polnischen Untertanen für den preußischen Staat zu gewinnen. An ihre Stelle trat, verkörpert durch den neuen Oberpräsi-

Die »Ära Flottwell« im Großherzogtum Posen

denten EDUARD HEINRICH VON FLOTTWELL (das bisher von dem Fürsten Radziwill innegehabte Amt des Statthalters wurde nicht mehr besetzt!), ein härterer Kurs, der das Ziel der allmählichen Beseitigung der den Polen »eigentümlichen Richtungen, Gewohnheiten und Neigungen« verfolgte und auf eine Germanisierung der Provinz hinauslief. Man suchte den Einfluß des Adels und der katholischen Geistlichkeit zugunsten des Bauern- und Bürgerstandes zurückzudrängen. Im Jahre 1832 wurde das Deutsche zur einzigen Amtssprache im Behördenverkehr erklärt. Die Kreistage verloren 1833 das Recht, Kandidaten für das Amt des Landrates zu präsentieren, so daß überwiegend preußische Junker oder Beamte ernannt wurden. Gleichzeitig begann die Säkularisierung katholischer Klöster sowie die zwangsweise Versteigerung des Grundbesitzes von Adeligen, die nach dem Aufstand emigriert waren. Er ging durchweg an deutsche Interessenten, zum Teil ebenfalls Adelige, über. Dadurch nahm der deutsche Anteil an der Bevölkerung und am Grundeigentum zu. Die »Ära Flottwell« dauerte bis zum Jahre 1841.

Liberale Polenbegeisterung nach 1830

Anders als der in seiner territorialen Integrität bedrohte preußische Staat reagierte das liberale Bürgertum Deutschlands auf die Ereignisse in Polen. In zeittypischer Verbindung nationaler und liberaler Motive sah es in der Erhebung des Nachbarvolkes den Kampf um einen nationalen Verfassungsstaat. In einer ersten Welle der Solidarität wurden 1831 zur Unterstützung des polnischen Freiheitskampfes allenthalben in Deutschland größere Geldsummen und erhebliches Lazarettmaterial gesammelt. Deutsche Ärzte begaben sich als Helfer auf den Kriegsschauplatz. Nach dem unglücklichen Ausgang der Erhebung wurden die »edlen« Polen in einer Fülle von Liedern und Flugschriften als Märtyrer der Sache der Freiheit gefeiert. Die bekanntesten Gedichte stammen von Platen, Grillparzer und Lenau. Als im Jahre 1832 Tausende polnischer Flüchtlinge und Emigranten durch das Bundesgebiet nach West- und Südeuropa zogen, entstanden, ausgehend von dem zentral gelegenen Leipzig, zahlreiche Unterstützungsvereine, die durch die wandernden Polen wie durch Korrespondenz Kontakte untereinander knüpften und so Ansatzpunkte einer überregionalen Oppositionsbewegung waren. Die preußische Regierung hat deshalb schon früh die Gründung solcher Komitees verboten und (vergeblich) darauf hinzuwirken gesucht, daß sie auch im übrigen Deutschland aufgelöst wurden. Überall im Bund und in Europa, wo sich die politische Opposition regte, spielten seither die auf Banketten gefeierten und in Demonstrationen als Redner auftretenden Polen eine wichtige Rolle. Als lebende Symbole des gemeinsamen Kampfes gegen die innere und äußere Reaktion waren sie ein die nationalen Gruppierungen des jungen Radikalismus verbindendes Ferment.

Sozialer Protest und Verfassungsbewegung in nord- und mitteldeutschen Staaten

Die Polenfreundschaft des deutschen Bürgertums war aber nur ein, zeitlich ohnehin verspätetes, Element in der gegen das System der Restauration und gegen einzelstaatliche Reaktion gerichteten oppositionellen Bewegung, von der im Gefolge der Juli-Revolution weite Bereiche der deutschen Staatenwelt ergriffen wurden. Direkte revolutionäre Brisanz gewann sie zunächst in einigen Ländern Nord- und Mitteldeutschlands, wo das Fehlen einer Konstitution infolge der Willkür oder Untätigkeit der Fürsten und der Regierungen besonders spürbar war. Gemeinsam war der Entwicklung hier, daß sich die Unzufriedenheit unter dem Eindruck der Vorgänge in Paris und Brüssel seit Ende August 1830 in einer Serie örtlicher Konflikte gewaltsamer Natur entluden, die nach dem jeweiligen Anlaß und der Beteiligung – überwiegend Kleinbürgertum, Handwerker, Arbeiter, städtische und ländliche Unterschichten – Züge eines sozialen Protestes trugen. Sie wurden, nicht zuletzt durch die Vermittlung bürgerlicher Kreise, die sich in Bürgerwehren organisierten, und von kompromißbereiten Bürokraten in die Bahn des politischen Konstitutionalismus gelenkt und mündeten in den Erlaß von Verfassungen, der von administrativen Reformen begleitet wurde. Nach diesem Muster spielten sich die Vorgänge in Braunschweig, Hannover, dem Königreich Sachsen und Kurhessen ab. In Braunschweig hatte im Jahre 1827 der Herzog KARL II. in verfassungswidriger Weise die Landschaftsverordnung von 1820 aufgehoben und war damit zur absolutistisch-bürokratischen Regierungsweise zurückgekehrt. Die protestierenden Landstände wurden am Bundestag zwar von Hannover und Preußen unterstützt; eine für sie günstige Entscheidung wurde aber infolge des Widerstandes Metternichs lange hinausgezögert. Am 6./7. September 1830 vertrieb das Volk der Stadt Braunschweig, stillschweigend unterstützt von dem gehobenen Bürgertum, einem Teil des Offizierkorps und der Beamtenschaft den gerade aus Paris und Brüssel zurückgekehrten Herzog aus dem Land und steckte das Schloß in Brand. Die Landstände veranlaßten den jüngeren Bruder des Herzogs, Wilhelm, zur Übernahme der Regierung. Nachdem Karl vergeblich die Rückkehr versucht hatte, nahm Wilhelm Ende 1830 die Würde des regierenden Herzogs mit Zustimmung des Bundestages an, der damit den Bruch des Legitimitätsprinzips sanktionierte. Wichtigstes Ergebnis der braunschweigischen Revolution, die zeitweilig auch auf das platte Land übergriff und im Sommer 1831 von sozialen Unruhen gefolgt wurde, war die zwischen dem neuen Herzog und den Landständen vereinbarte Neue Landschaftsverordnung vom 12. Oktober 1832, die nicht mehr, wie die von 1820, eine Fortbildung des altständischen Systems war, sondern eine Repräsentativverfassung im Sinne des süddeutschen Konstitutionalismus. Die Abgeordneten der nach einem Zensus gewählten Kammer waren dem Volksganzen verantwortlich.

Braunschweig

In ähnlichen Bahnen vollzog sich der Übergang zum Verfassungsstaat in den Königreichen Sachsen und Hannover. In beiden Fällen gingen örtliche Unruhen dem Wechsel voraus. Sie trugen zwar zur Beschleunigung der politischen Entwicklung bei, gewannen aber in ihrer zum Teil sozialrevolutionären Dimension dank der vermittelnden Politik des Bürgertums keinen Einfluß auf den Inhalt der Verfassungsgebung. Die sächsischen Unruhen begannen Anfang September 1830 unter partieller Duldung durch das Bürgertum als gegen Polizeiwillkür gerichtete Handwerkeraufstände in Leipzig und Dresden und weiteten sich auf die Städte und Weberdörfer der Lausitz, des Erzgebirges und des Vogtlandes aus. Mit Hilfe der sich bildenden Bürgergarde gelang es der reformbereiten Richtung unter der hohen Beamtenschaft, die radikale, gegen Magistrate, adelige Privilegien und soziale Mißstände gerichtete Bewegung abzufangen und den Sturz des verhaßten Ministers von Einsiedel herbeizuführen. Der seit 1827 regierende 70jährige König Anton übertrug seinem Neffen FRIEDRICH AUGUST (seit 1837 König) die Regentschaft. An die Spitze der neuen Regierung trat der mit den Liberalen sympathisierende Freiherr von Lindenau. Auf diese Weise konnten erneute Unruhen, die im Frühjahr und Herbst 1831 durch die Umwandlung der Kommunalgarden in Organisationen des Besitzbürgertums und durch die Wiedereinsetzung der alten Polizei ausgelöst wurden, lokalisiert werden. Unterstützt von dem zum Oberbefehlshaber der Bürgergarden ernannten Prinzen Johann, leitete das neue Ministerium eine Verfassungs- und Reformpolitik ein, die Parallelen zu den Maßnahmen der preußischen Reformzeit besaß, inhaltlich aber, entsprechend der zeitlichen Verschiebung, darüber hinausging.

Königreich Sachsen

Die nach langen Beratungen von der Regierung gemeinsam mit den Ständen ausgearbeitete Verfassung des Königreichs Sachsen vom 4. September 1831 war ein Kompromiß zwischen einem ständischen und einem repräsentativen System. Die Ständeversammlung bestand aus zwei Kammern. Zur ersten Kammer gehörten die Prinzen des könig-

Die sächsische Verfassung v. 4. September 1831

lichen Hauses, die Standesherren, Vertreter der Geistlichkeit, zehn vom König ernannte und zwölf auf Lebenszeit gewählte Rittergutsbesitzer. Das Bürgertum war hier nur durch Magistratspersonen von Leipzig, Dresden und in einer Kurie zusammengefaßten sechs weiteren Städten vertreten. Die zweite Kammer bestand aus teils direkt, teils indirekt nach einem hohen Zensus gewählten Vertretern der Ritterschaft, der Bauern, der Städte und, was für Deutschland eine Neuerung war, des Handels- und Fabrikwesens. Die Kammern besaßen gemeinsam das Budget- und Gesetzeszustimmungsrecht. Die Grundrechte und die juristische Ministerverantwortlichkeit wurden im üblichen Maße gesichert, ebenso die Prärogative des Königs durch ein relativ weit gefaßtes Notverordnungs- und Ausnahmerecht.

Die sächsische Staatsreform nach 1830

Eine Quelle der Unzufriedenheit wurde partiell durch die sächsische Städteordnung vom 2. Februar 1832 beseitigt, die sich an das preußische Vorbild und an badische und bayerische Gesetze anlehnte. Die Herrschaft des Patriziats in den Magistraten wurde gebrochen, den gewählten Stadtverordneten relativ weitgehende Selbstverwaltungsrechte eingeräumt, einschließlich des Rechts der Wahl des Bürgermeisters. Die Juden blieben noch vom Wahlrecht ausgeschlossen. Auch auf dem Lande erfolgte 1839 eine die Unterschiede zwischen den älteren Staatsteilen vereinheitlichende Neuordnung, die bescheidene Selbstverwaltung gewährte. Eine vergleichsweise fortschrittliche Maßnahme war das Gesetz über Ablösungen und Gemeinheitsteilungen vom 17. März 1832. Es beseitigte die Grundlasten der meist schon persönlich freien Bauern gegen eine einmalige Geldentschädigung der Berechtigten und sah zur Finanzierung der Ablösung die Gründung einer staatlich unterstützten und kontrollierten Landrentenbank vor. Das 1834 gegründete Institut streckte das Kapital zu günstigen Bedingungen vor und wurde damit eine Einrichtung des Bauernschutzes. Als solche wurde sie 1833 von Kurhessen und nach der Revolution von 1848 von Bayern und Preußen übernommen. Hinzu traten Reformen auf dem Gebiet der Verwaltung, so die fällige Einrichtung von Fachministerien und eines Staatsrates, die Anlage eines Steuerkatasters, die 1843 zur Aufhebung der Steuerfreiheit des Adels führte, Reformen im Bildungsbereich und im Heerwesen, die hier mit der Beseitigung adeliger Privilegien gekoppelt waren. Insgesamt war das sächsische Reformwerk, gemessen an den Verhältnissen in manchen anderen nord- und mitteldeutschen Staaten, ein deutlicher Fortschritt. Es glich das Königreich in seiner politischen und administrativen Struktur der relativ entwickelten Wirtschafts- und Sozialverfassung an, ohne freilich, wie sich 1848 herausstellte, die Radikalisierung des Bürgertums und die Verschärfung der sozialen Gegensätze aufhalten zu können.

Hannover

In Hannover richtete sich die Bewegung nicht sosehr gegen den außerhalb des Landes in London residierenden König Wilhelm IV., der unmittelbar vor der Juli-Revolution in England und Hannover zur Regierung gekommen war und von der Bevölkerung zunächst als ein Bürgerkönig eingeschätzt wurde, sondern vor allem gegen das altständische System und den für die Verwaltung in Hannover verantwortlichen Grafen Münster. Treibende Kraft der Opposition war die bürgerliche Intelligenz, vertreten durch eine Gruppe von Advokaten und einige Privatdozenten der Landesuniversität Göttingen. Sie forderten die Aufhebung des Feudalsystems und organisierten im Winter 1830/31 an verschiedenen Orten die Bildung einer Kommunalgarde. Höhepunkt der Bewegung war im Januar 1831 die Beseitigung der Kommunal- und Polizeibehörden Göttingens durch eine bewaffnete Menge von Bürgern, Dozenten und Studenten. Zwar konnte der Aufstand mit Hilfe des Militärs unterdrückt werden; die Anführer entzogen sich der Verhaftung durch die Flucht. Doch schlug London im Februar 1831 mit der Entlassung des Grafen Münster und mit einer Steuerreduktion durch den zum Vizekönig ernannten Herzog von Cambridge den Weg des Kompromisses ein. In der im März einberufenen Ständeversammlung hatte das oppositionelle Bürgertum eine stärkere Position als bisher, da einige Städte die alten Vertreter durch liberale Abgeordnete ersetzt hatten. Der Vizekönig ließ unter Mitwirkung des seit 1829 in Göttingen lehrenden Historikers und Staatsrechtlers Dahlmann einen Verfassungsentwurf ausarbeiten. Er wurde in zähen Verhandlungen mit den Ständen noch verändert, bis er im September 1833 als neue Verfassung des Königreiches in Kraft trat. Trotz der von dem Osnabrücker Abgeordneten Carl Bertram Stüve durchgesetzten Verbesserungen im bürgerlich-liberalen Sinne hatte die Verfassung einen altständisch-korporativen Einschlag, besonders in der Zusammensetzung

Die hannoversche Verfassung v. 26. September 1833

der beiden Kammern. Immerhin gelang es auch in Hannover, wie in Sachsen, dem Adel eine relativ bauernfreundliche Ablösung abzutrotzen. Die Ablösungsordnung von 1831, die weitgehend das Werk Stüves war, löste zusammen mit dem Ausführungsgesetz von 1833 das Problem auf eine Weise, die die Eigenart der bäuerlichen Agrarverfassung Niedersachsens berücksichtigte, in dem das Anerbenrecht respektiert wurde.

Hatte Dahlmann 1831 den Aufruhr der radikalen Dozenten und Studenten in Göttingen scharf verurteilt, so wurde seine Loyalität als Staatsdiener wenige Jahre später durch einen eklatanten Verfassungsbruch seines Landesherrn erschüttert. Im Jahre 1837 wurde die Personalunion zwischen England und Hannover als Folge des unterschiedlichen dynastischen Erbrechts gelöst. Während in London die Nichte König Wilhelms IV., Viktoria, die Nachfolge antrat, begann sein Bruder ERNST AUGUST als neuer König von Hannover die Regierung mit der Aufhebung des Staatsgrundgesetzes von 1833. Er verfolgte damit das Ziel, die zum Staatseigentum erklärten Domänen wieder in den Besitz des Fürstenhauses zu bringen. Gegen diesen Willkürakt protestierten sieben angesehene Göttinger Professoren – Friedrich Christoph Dahlmann, die Brüder Jacob und Wilhelm Grimm, der Physiker Wilhelm Weber, der Orientalist Ewald, der Staatsrechtler Wilhelm Albrecht und der Historiker Georg Gottfried Gervinus – in einer öffentlichen Erklärung, nach der sie sich durch ihren Diensteid an die Verfassung von 1833 gebunden betrachteten und entsprechend handeln wollten. Die Regierung antwortete mit der Amtsenthebung der Professoren und verwies Dahlmann, Gervinus und Jacob Grimm des Landes. Der Rechtsbruch des Königs und der Protest der »Göttinger Sieben«, die bald Professuren an anderen deutschen Universitäten erhielten, riefen in Deutschland ein vielstimmiges Echo hervor, wie zuvor nur der polnische Aufstand von 1831. In vielen Städten bildeten sich freie Komitees zur ideellen und finanziellen Unterstützung der Professoren. Der Protest der Sieben hatte nicht nur deklamatorischen Wert, sondern bestätigte in der Verbindung von Verfassungstreue und Zivilcourage das auf dem Ideal des Rechtsstaates beruhende Politikverständnis der liberalen Bildungsbürger.

Die Aufhebung der Verfassung und der Protest der »Göttinger Sieben« 1837

Stärker als in Hannover wurde in Kurhessen die bürgerliche Opposition nach 1830 von einer sozialen Protestwelle unterbürgerlicher Schichten getragen. Die Teuerungskrise nach den Mißernten von 1830 bis 1832 verschärfte hier die durch landesspezifische Mißstände erzeugte Unzufriedenheit. Die wachsende Steuerlast, auf dem Lande verbunden mit einer Vielzahl grund- und standesherrlicher Abgaben und Dienste, die Vielregiererei der zum Teil korrupten Kommunal- und unteren Staatsbehörden, besonders der Polizei, die wirtschaftliche Stagnation, die nach dem Beitritt des Landes zum Mitteldeutschen Handelsverein im Jahre 1828 vor allem den Handel und das Gewerbe in der Provinz Hanau lahmlegte, schließlich die Verbindung des Kurfürsten Wilhelm II. mit der zur Gräfin Reichenbach erhobenen Tochter eines Berliner Kaufmanns lieferten den Zündstoff zu den oft tumultuarischen Unruhen, die seit September 1830 in den größeren Städten Kassel, Marburg und Hanau ausbrachen und bald auf das Land übergriffen, wo sie sich besonders gegen die standesherrlichen Behörden richteten. In den Provinzen Fulda und Hanau beseitigte die aufgebrachte Menge gewaltsam die Zolleinrichtungen gegenüber Hessen-Darmstadt. Sie nahm damit de facto die Vereinigung mit dem preußisch-hessischen Zollverband vorweg, die offiziell erst Anfang 1832, aufgrund eines preußisch-kurhessischen Vertrages vom August 1831, vollzogen wurde. Nur mit Mühe konnte der Bund im Spätherbst 1830 von einer militärischen Intervention zur Wiederherstellung der Ordnung abgehalten werden. Daß sich die Protestbewegung trotz der Vielfalt ihrer Ursachen primär gegen den Staat und seine Behörden richtete, kam auch in Kurhessen der

Kurhessen

Politik der bürgerlichen Opposition zugute. Am 15. September 1830 forderte eine Kasseler Bürgerschaftsdeputation, die von einer Volksversammlung vor dem Schloß unterstützt wurde, vom Kurfürsten die Einberufung von Landständen, um den drohenden »Krieg der Armen gegen die Vermögenden« abzuwenden. Der Monarch gab nach. In dem konstituierenden Landtag übernahm der Marburger Staatsrechtler Sylvester Jordan die Führung der liberalen Mehrheit der Bauern- und Bürgervertreter. Gegenüber der verunsicherten Regierung setzte er in den Verfassungsberatungen seine am südwestdeutschen Konstitutionalismus orientierten Vorstellungen weitgehend durch.

<small>Die kurhessische Verfassung v. 5. Januar 1831</small>

Die kurhessische Verfassung vom 5. Januar 1831, die der Kurfürst widerstrebend akzeptierte, verwirklichte unter den deutschen Verfassungen des Vormärz die liberale Konzeption der konstitutionellen Monarchie am reinsten. Die Ständeversammlung bestand aus einer Kammer, deren Mitglieder das Staatsvolk als Ganzes vertraten. Ein indirektes Wahlrecht für die Abgeordneten der Städte und Landbezirke – neben Vertretern der Mediatisierten, des Adels und der Universität Marburg – sicherte eine bürgerlich-mittelständische Mehrheit. Der Landtag besaß die Gesetzesinitiative, das Steuerbewilligungs- und Budgetrecht sowie das Recht der Ministeranklage. Der Kurfürst wurde in seinen Regierungshandlungen an die Zustimmung des Ministeriums gebunden. Aus der altständischen Tradition stammte das Institut des ständischen Ausschusses und die Möglichkeit eines Minderheitsvotums der Abgeordneten eines Standes oder eines Landesteils. Die Grundrechte wurden extensiv festgeschrieben, die Bürgergarde als verfassungsmäßige Institution anerkannt. Mit der Bestimmung, daß alle Staatsdiener, einschließlich der Berufsoffiziere und Unteroffiziere, den Eid auf die Verfassung ablegen mußten, wurde eine liberale Grundforderung erfüllt, die verhindern sollte, daß der Monarch in einem Verfassungskonflikt auf das Militär zurückgriff. Die Trennung von Justiz und Verwaltung wurde festgelegt und ein Ablösungsgesetz in Aussicht gestellt. Andererseits behielt der Kurfürst die Exekutive einschließlich des Notverordnungsrechts und des Rechts zur Einberufung und zur Auflösung des Landtages. In der konsequenten Konstruktion eines Dualismus zwischen monarchischer Regierung und Volksvertretung lag der Ansatz künftiger Konflikte. Metternich sah denn auch in der Verfassung, die dem Bundestag zur Bestätigung vorgelegt wurde, eine Verletzung des monarchischen Prinzips. Immerhin galt sie gemäß der Wiener Schlußakte als in anerkannter Wirksamkeit stehend, nachdem in der Bundesversammlung keine Stellungnahme zustande gekommen war.

<small>Reaktion in Kurhessen nach 1832</small>

Mit dem Erlaß der Verfassung trat keine Beruhigung der politischen Verhältnisse Kurhessens ein. Der Kurfürst suchte sich der Zusammenarbeit mit dem konstitutionellen Ministerium durch die Verlegung seiner Residenz von Kassel in die Nähe von Hanau zu entziehen. Er wurde deshalb im Herbst 1831 vom Landtag, hinter dem noch einmal eine breite bürgerliche Bewegung stand, zur vorläufigen, de facto dauernden Übertragung der Regierungsgewalt auf den Kurprinzen Friedrich Wilhelm gezwungen. Aber auch der Regent war nicht zur Kooperation mit dem Landtag auf dem Boden der Verfassung bereit. Im Mai 1832, als das Land von der südwestdeutschen Protestbewegung erfaßt wurde, berief er den Juristen LUDWIG HASSENPFLUG, einen orthodoxen Protestanten und Anhänger der Lehren Hallers, zum Innen- und Justizminister. Hassenpflug, ein fähiger Verwaltungsmann, suchte das monarchische Prinzip und die bürokratische Autorität mit allen Mitteln zu wahren. Nach Verabschiedung von Gesetzen, mit denen die Ablösung, die Bildung der Bürgergarden und die Rekrutierung geregelt und damit Konfliktstoffe beseitigt wurden, ging er im Sommer 1832, gestützt auf die neuen Bundesgesetze, zur Offensive über. Die mehrmalige überraschende Auflösung des Landtages, wodurch die Bildung des Ständischen Ausschusses als Kontrollorgan verhindert wurde, sowie die Urlaubsverweigerung für Beamtenabgeordnete, von der besonders Jordan als Deputierter der Universität Marburg betroffen war, auf der einen, die deswegen im Landtag eingeleiteten Verfahren gegen Hassenpflug vor dem Kasseler Staatsgerichtshof, die mit dem Freispruch des Ministers endeten, auf der anderen Seite, legten praktisch bis zum Rücktritt des Ministers im Jahre 1837 das konstitutionelle Leben Kurhessens lahm. Währenddessen wurde die Ruhe im Lande durch die Verbindung von effektiver Verwaltung mit polizeistaatlicher Repression aufrechterhalten.

Die von der Juli-Revolution ausgehenden Impulse zu einer Aktivierung des politischen Lebens hatten in den nord- und mitteldeutschen Klein- und Mittelstaaten den Übergang zu modernen konstitutionellen Formen zum Ergebnis. In Süddeutschland brachten sie zunächst eine Intensivierung der Auseinandersetzungen zwischen den Regierungen und der liberalen Opposition in den Ständekammern als den verfassungsmäßigen Organen der politischen Konfliktregelung. Erst als sich beide Seiten in der Auslegung des Verfassungsrechts immer weiter voneinander entfernten, die Opposition durch eine offensive Handhabung der ständischen Kompetenzen, die Regierungen durch eine restriktive Haltung gegenüber den Kammern, sprengte die politische Bewegung, die sich der Unterstützung durch eine breite Öffentlichkeit sicher war, den vom Frühkonstitutionalismus geschaffenen Rahmen. So wurde die südwestdeutsche Volksbewegung der Jahre 1831 bis 1834 durch das Nebeneinander von parlamentarischen Kämpfen und neuen Formen des politischen Protestes bestimmt, der zeitweilig die Grenzen der Einzelstaaten überflutete und damit die Reaktion des Bundes hervorrief. In der Radikalisierung der politischen Opposition, die sich auf eine militante Publizistik stützte, kündigte sich ihre Spaltung in einen gemäßigt liberalen und einen radikal-demokratischen Flügel an. Nicht zufällig konzentrierte sich die Protestbewegung vor allem auf den Südwesten im engeren Sinne, die bayerische Pfalz, Baden, Rheinhessen und benachbarte Gebiete, deren Bevölkerung es weitgehend an einer dynastisch oder territorial begründeten Staatsloyalität mangelte. Ideelle und institutionelle Affinitäten zur revolutionären Tradition Frankreichs gewannen hier in dem Maße politische Brisanz, in welchem sich die soziale Lage der überwiegend bäuerlich-kleinbürgerlichen Bevölkerung durch die Folgen der zollpolitischen Zersplitterung und der Mißernten seit 1830 verschlechterte. In dieser Hinsicht bestand kein Unterschied zu den protestauslösenden Faktoren in Mittel- und Norddeutschland.

Politischer und sozialer Protest nach 1830 in Süddeutschland

Das Verfassungsleben in den süddeutschen Staaten war nach 1830 allenthalben durch eine Verhärtung der Fronten zwischen liberaler Opposition und Regierung gekennzeichnet. Am wenigsten wirkte sich das zunächst im Königreich Württemberg aus, wo der Landtag im Frühjahr 1830 auseinandergegangen war und nach der Verfassung erst wieder nach drei Jahren einberufen werden mußte. Unter dem Eindruck der Pariser Ereignisse forderte die liberale Öffentlichkeit Neuwahlen und – vergeblich – die vorzeitige Einberufung der Stände an Stelle des wenig effektiven ständischen Ausschusses. Zum erstenmal seit dem Erlaß der Verfassung kam es im Vorfeld der Dezemberwahlen von 1831, die mit einem Erfolg der entschiedenen Opposition endeten, zu einem organisierten Wahlkampf, mit der Bildung von Wahlvereinen, denen Wahlmänner, örtliche Honoratioren, aber auch einfache Bürger angehörten. Sie arbeiteten Kandidatenvorschläge aus und wurden von der liberalen Presse, vor allem von der kurzlebigen Zeitung »Hochwächter«, unterstützt. Die Wahlentscheidung wurde in vielen Bezirken als überlokales Votum für die von dem Kandidaten vertretene politische Richtung verstanden. Die Regierung beantwortete die sich darin aussprechende Politisierung der Bevölkerung mit dem Verbot politischer Vereine und in den nächsten Wahlen mit massiver Wahlbeeinflussung, wodurch sie selbst zur »Partei« wurde. Zunächst überbrückte sie aber die kritische Phase der politischen Unruhe, indem sie den Landtag erst Anfang 1833 einberief. Als die Opposition unter der Führung des neugewählten Abgeordneten Paul Pfizer die Bundesbeschlüsse vom Juni 1832 als unvereinbar mit der Landesverfassung erklärte, löste

Verhärtung der verfassungspolitischen Fronten

Württemberg

der König die Kammer auf. Auch die nächsten Landtage, in denen Pfizer und Ludwig Uhland erst Mandate erhielten, nachdem sie die drohende Urlaubsverweigerung durch den Austritt aus dem Staatsdienst umgangen hatten, standen im Zeichen der Konfrontation von Regierung und liberaler Mehrheit, ohne daß diese nennenswerte Erfolge erzielen konnte. Zu einer außerparlamentarischen Protestbewegung ist es in Württemberg nicht gekommen.

Nassau Härtere parlamentarische Auseinandersetzungen erlebten nach 1830 das Herzogtum Nassau und das Großherzogtum Hessen-Darmstadt. In Nassau war das Verfassungsleben von Anfang an durch den Streit über die Domänen belastet, die von den Ständen für den Staat, vom Ministerium als herzogliches Hausgut beansprucht wurden. Als die zweite Kammer auf dem Landtag von 1831 das Mittel der Budgetablehnung benutzte, um die Sache endlich zu ihren Gunsten zu entscheiden, und gleichzeitig die Ausdehnung des Wahlrechts sowie die rechtliche Formalisierung der in der Verfassung vorgesehenen Ministeranklage forderte, griff auch hier die Regierung zum Mittel der Vertagung. Der Konflikt spitzte sich zu, nachdem der Minister Marschall im Frühjahr 1832 die erste Kammer (»Herrenbank«) durch einen Pairsschub zu einem willfährigen Instrument seiner Politik gemacht hatte und zugleich den Führer der liberalen Opposition, den Geheimen Rat Georg Herber, durch ein Kriminalverfahren auszuschalten suchte. Demonstrativ verließen die liberalen Deputierten die Kammer. Die Verabschiedung des Budgets durch die fünf restlichen Abgeordneten im Mai 1832 drohte das Land, in dem seit 1830 die Zahl der Störungen der öffentlichen Ordnung und der versuchten Steuerverweigerung zugenommen hatte, in die von der Pfalz und Rheinhessen ausgehende Protestbewegung hineinzuziehen. Der Konflikt drängte den Minister Marschall und den Herzog noch enger als bisher an die Seite Metternichs, der sich seit 1816 häufig auf seinem Schloß Johannisberg im Rheingau aufhielt.

Hessen-Darmstadt Auch in Hessen-Darmstadt entzündete sich die Auseinandersetzung zwischen dem konservativen Ministerium du Thil und den Ständen an Finanzproblemen. In den Wochen, in denen das Fieber der Juli-Revolution auf Deutschland übergriff, wurde der Landtag mit der Forderung der Regierung konfrontiert, zusätzlich zu der üblichen Zivilliste eine erhebliche Privatschuld des neuen Großherzogs Ludwigs II. und eine weitere Summe zum Ausbau des Darmstädter Schlosses auf den Staatshaushalt zu übernehmen. Die Ablehnung durch die zweite Kammer, die in dem Darmstädter Kaufmann Ernst Emil Hoffmann einen Wortführer von großem demagogischem Geschick besaß, ging unmittelbar dem Ausbruch von erheblichen Tumulten in der Provinz Oberhessen voraus. Sie richteten sich wie im benachbarten Kurhessen sowohl gegen die Zolleinrichtungen als auch gegen die Belastung durch Staats- und Gemeindesteuern und darüber hinaus gegen die Standesherrschaften. Der unorganisierte Aufruhr wurde relativ schnell – teils von der Polizei, teils von Militäreinheiten unter Führung des Prinzen Emil – unterdrückt, wobei es vereinzelt zu blutigen Zusammenstößen kam. Die Regierung zog ihre Finanzforderung wenigstens partiell zurück, womit sich die Kammer zufriedengab. Die Landtage von 1833 und 1834 sahen wiederum erbitterte Konflikte zwischen der Regierung und der zweiten Kammer. Sie standen im Zeichen einer längerfristig angelegten Verfassungspolitik des jungen Heinrich von Gagern, der aus dem Staatsdienst in das Parlament übergewechselt war, um hier das Programm des konstitutionellen Liberalismus – strenge Gewaltenteilung, Sicherung der Unabhängigkeit des Richteramtes, Liberalisierung des Wahlrechts, Pressefreiheit, Gesetzesinitiative, Rechtsvereinheitlichung – auf gesetzlichem Wege gegenüber dem reaktionären »System« du Thils durchzusetzen. Als der Minister im Sommer 1836 die Kammer auflöste und damit die von Gagern angestrebte »Entwicklung der Verfassung« abblockte, verzichtete dieser auf die Wiederwahl. Die negative parlamentarische Erfahrung im Einzelstaat hat zweifellos Gagerns Wendung zu einem nationalen Liberalismus gefördert.

Anders als in Nassau und in Hessen-Darmstadt begann das vierte Jahrzehnt im Großherzogtum Baden verheißungsvoll im Sinne einer Zusammenarbeit von Regierung und Parlament auf dem Boden der Verfassung. Im Frühjahr 1830 konnte Großherzog Leopold als erstes Mitglied der Hochbergischen Linie die Regierung ohne nennenswerte außenpolitische Schwierigkeiten übernehmen. Er entließ 1831 das konservative Ministerium Berstett und berief in das neue Kabinett, das von dem ehemaligen Rheinbundminister von Reitzenstein geführt wurde, als Innenminister Ludwig Winter, der in den Landtagen der 20er Jahre zur liberalen Kammeropposition gehört hatte. Auf seine Veranlassung fanden die Landtagswahlen ohne Beeinflussung durch die Regierung statt, so daß die im März 1831 einberufene zweite Kammer eine starke liberale Mehrheit aufwies. Darunter befanden sich, als Koryphäen des süddeutschen Liberalismus, Rotteck und Welcker sowie Johann Adam von Itzstein, ein fähiger Jurist, auf dessen Antrag die Regierung im Juni 1831 die reaktionären Verfassungsänderungen des Jahres 1825 rückgängig machte. Der Landtag verabschiedete ein Kommunalgesetz, das die Selbstverwaltung erweiterte und, zum erstenmal in Deutschland, ein Dreiklassenwahlrecht enthielt, ferner ein die Bauernbefreiung vorantreibendes Gesetz über die Zehntablösung. Der größte unmittelbare Erfolg des badischen Landtages von 1831, der freilich in seinen Auswirkungen die Grenze des einzelstaatlichen Konstitutionalismus im restaurativen System des Bundes markierte, war die Verabschiedung des Preßgesetzes vom 28. Dezember 1831, das im Widerspruch zum geltenden Bundesrecht die Zensur für die öffentliche Erörterung innenpolitischer Fragen aufhob, diejenige für die bundespolitische Publizistik milderte. Initiator des Gesetzes war Karl Theodor Welcker. Er hatte schon im Herbst 1830 in einer an den Bundestag gerichteten Petition die Pressefreiheit für ganz Deutschland gefordert und schlug nun in einem entsprechenden Antrag, der vom Landtag an die Regierung gerichtet wurde, den Weg über den Einzelstaat ein. Durch die Drohung unter Druck gesetzt, daß das Budget abgelehnt werden würde, legte die Regierung das Gesetz vor, das im März 1832 in Kraft trat und den Weg für die Entstehung einer lebhaften liberalen und radikalen Publizistik in Baden freimachte. Rotteck und Welcker gaben in Freiburg den »Freisinnigen« heraus, gegen den in Mannheim der »Wächter am Rhein« eine radikale Sprache führte. Am 1. Mai 1832 wurde die neue badische Pressefreiheit auf einem Festbankett in Weinheim unter dem Präsidium von Itzstein gefeiert. Liberale Gäste aus der Pfalz, Hessen-Darmstadt, Kurhessen und Frankfurt gaben der Veranstaltung, die noch den begrenzten Rahmen eines Honoratiorentreffens hatte, einen überregionalen Anstrich. Dem gleichen Ziel, nämlich die Liberalisierung der Bundesverfassung durch Initiativen der einzelstaatlichen Parlamente voranzutreiben, diente ein anderer Antrag Welckers, der die badische Regierung aufforderte, in Frankfurt auf die »organische Entwicklung des Deutschen Bundes« und die Bildung eines deutschen Parlamentes hinzuwirken. Fast gleichzeitig, vielleicht nach Verabredung, forderte Sylvester Jordan im kurhessischen Landtag die Veröffentlichung der Bundestagsprotokolle und eine engere Verbindung der Verfassungsstaaten am Bundestag im Sinne einer konstitutionellen Trias. Beide Aktionen, die keinen unmittelbaren Erfolg hatten, waren Anzeichen der wachsenden Bedeutung der nach 1819 in den Hintergrund gedrängten nationalen Motive im Liberalismus des Vormärz. Die Forderung nach einem Nationalparlament wurde publizistisch auch von Paul Pfizer in dem »Briefwechsel zweier Deutschen« (1831) und von dem Darmstädter Wilhelm Schulz in einer Schrift »Deutschlands Einheit durch Nationalrepräsentation« (1832) erhoben.

Bayern

In Bayern geriet das Verfassungsleben unter der stimulierenden Wirkung der Juli-Revolution in eine Krise, die, von der oppositionellen Publizistik geschürt, in eine außerparlamentarische Protestbewegung mündete. Sie fand im Hambacher Fest am 27./28. Mai 1832 ihren Höhepunkt. Der seit 1825 regierende König Ludwig I. hatte schon mit der Berufung des katholischkonservativen EDUARD VON SCHENK zum Innen- und Kultusminister (1828) eine politische Kurskorrektur eingeleitet. Unter dem Eindruck der Revolution in Paris und von Studentenunruhen in München geriet er in das Fahrwasser der Reaktion und beschwor damit eine Verhärtung der bis dahin staatsloyalen liberalen Opposition herauf. Sie entlud sich im Landtag von 1831 in einer Serie schwerer Konflikte zwischen Regierung und Opposition. Es gelang ihr, den König zur Zurücknahme einer Preßverordnung vom Januar 1831, die eine Verschärfung der Zensur gebracht hatte, und zur Entlassung des unbeliebten Ministers Schenk zu zwingen. Weitere Auseinandersetzungen entzündeten sich an der Verweigerung des Urlaubs für liberale Beamtenabgeordnete und an der Praktizierung des Budgetrechtes durch die Kammer. Es wurde zur Kürzung der königlichen Zivilliste und des Heeresetats und zu dem Versuch benutzt, die Geltung des monarchischen Prinzips durch die Forderung des Eides der Offiziere auf die Verfassung einzuschränken. Folgenreich für die weitere Entwicklung wurde es, daß sich im Laufe der Session eine radikale Gruppe unter Führung des pfälzischen Advokaten FRIEDRICH SCHÜLER von den auf dem Boden der Konstitution stehenden Liberalen abspaltete. Als Berichterstatter des Budgetausschusses verband Schüler die Ablehnung der hohen Ausgaben des Königs für die Kunstpflege mit einer Kritik an der überdurchschnittlichen Steuerbelastung seiner Heimat und an der für die wirtschaftliche und soziale Notlage der Pfalz verantwortlichen Zollpolitik der Regierung. Als er auf einem ihm zu Ehren gegebenen Bürgerfest in Zweibrücken Anfang 1832 die Verfassung und die begrenzten Kompetenzen der Kammer als unzureichend für die Wahrung der Volksinteressen bezeichnete, wies er der sich formierenden demokratischen Bewegung den Weg in die außerparlamentarische Opposition. An dieser Stelle traf sich der demokratische Regionalismus der rheinischen Provinz Bayerns mit der Kritik der radikalen Publizistik an König und Regierung. Ihre Wortführer waren JOHANN AUGUST GEORG WIRTH in München mit seiner »Deutschen Tribüne« und PHILIPP JAKOB SIEBENPFEIFFER in der Westpfalz, der – unter dem Eindruck einer harten Zensur gegenüber seiner Zeitschrift »Rheinbaiern« seit 1831 – aus einem konstitutionellen Liberalen zu einem Anhänger des Radikalismus wurde. Seine Zeitung »Bote aus dem Westen« trug mit ihrer Kritik am liberalen Juste-Milieu zur Spaltung der Opposition bei. Anfang 1832 siedelte Wirth mit seiner Zeitung in die Pfalz über, um unter dem Schutz des französischen Rechts und einer liberalen Justiz den publizistischen Kampf gegen die Regierungen und Fürsten Deutschlands im republikanischen und zugleich national-unitarischen Sinne zu führen. Wirth, Siebenpfeiffer und die radikale Gruppe der Zweibrücker Advokaten Schüler, Joseph Savoye und Ferdinand Geib gründeten Anfang Februar 1832 den »Vaterlandsverein zur Unterstützung der freien Presse«, der sich schnell in Zweigvereinen über die Grenzen der Pfalz und Bayerns hinaus nach Süd- und Mitteldeutschland ausbreitete. Der Verein forderte allgemeine Pressefreiheit als Voraussetzung für die Herstellung der deutschen Nationaleinheit unter einer demokratisch-republikanischen Verfassung. Als erste überstaatliche Organisation einer oppositionellen Richtung seit dem Verbot der Burschenschaft (1819) wurde er, zusammen mit den Zeitschriften Wirths und Siebenpfeiffers, im März 1832

Der Landtag von 1831

Der pfälzische Radikalismus

Der Preß- und Vaterlandsverein 1832

vom Bundestag verboten. Die beiden Initiatoren, denen sich viele publizistische Helfer aus anderen Regionen Deutschlands zugesellten, überschütteten in den folgenden Monaten die Pfalz und den Südwesten mit einer Fülle von Flugschriften und Flugblättern.

Vor dem Hintergrund dieser Agitation und der durch Zollgrenzen und Teuerung verursachten sozialen Notlage der pfälzischen Bauern und Kleinbürger fand am 27. Mai 1832 auf der Ruine des Hambacher Schlosses am Haardtrand bei Neustadt das »Nationalfest der Deutschen« statt. Es war von Siebenpfeiffer, der dazu eingeladen hatte, bezeichnenderweise als Gegenveranstaltung zu einer geplanten Feier zum Gedenken an den Erlaß der bayerischen Verfassung konzipiert und wurde mit etwa zwanzig- bis dreißigtausend Teilnehmern »die erste politische Volksversammlung der neueren deutschen Geschichte« *(Theodor Heuss)*. Abgeordnete aus der Pfalz und anderen südwestdeutschen Staaten, Tausende von Pfälzer Bauern, die ihre Unzufriedenheit durch eine schwarze Fahne mit der Aufschrift »Weinbauern müssen trauern« dokumentierten, etwa dreihundert Studenten aus Heidelberg und Besuchergruppen aus den benachbarten Regionen, besonders aus den größeren Städten Frankfurt, Mainz, Worms und Mannheim, verhältnismäßig wenige aus der preußischen Rheinprovinz, schließlich eine Delegation aus dem französischen Elsaß waren die Adressaten von mehr als zwanzig Ansprachen, in denen die gemeinsame Grundtendenz wie die unterschiedlichen Ziele der Redner zutage traten. Die Forderung nach Einheit und Freiheit Deutschlands und eine heftige Fürsten- und Aristokratenfeindschaft durchzogen alle Reden. Siebenpfeiffer entwarf das Bild eines deutschen Einheitsstaates ohne Schlagbäume und »Konstitutiönchen«, die man dem Volke zum Spielen gegeben habe, und schloß mit einem Hoch auf Deutschland und die Franzosen, »die unsere Nationalität und Selbständigkeit achten«. Noch stärker war der nationalpolitische Akzent in den Reden Wirths und des Burschenschafters Karl Brüggemann, während andere Sprecher ausgesprochen sozialrevolutionäre Töne anschlugen.

Das Hambacher Fest rief in der deutschen Öffentlichkeit ein großes Echo hervor. Es fand Nachahmung in Volksversammlungen in Baden (Badenweiler), Frankfurt, Kurhessen (Wilhelmsbad) und Franken (Gaibach), Zustimmung unter der überall in Süddeutschland entstehenden demokratischen Opposition, Kritik nicht nur bei den Regierungen, sondern auch unter den Konstitutionellen bis hin zu dem Lehrer Siebenpfeiffers, Rotteck, der mit Recht als Folge des Hambacher Radikalismus eine neue Welle der Reaktion befürchtete. Zu einer Miniaturrevolution — Errichtung eines Freiheitsbaumes, gewaltsame Widersetzlichkeit gegen die Behörden — kam es unmittelbar nach dem Fest in dem sächsisch-coburgischen Fürstentum Lichtenberg-St. Wendel, wo der protestantische Pfarrer Carl Juch die in wirtschaftlichen Schwierigkeiten lebende Bevölkerung durch Predigen und Flugschriften politisiert hatte. Die Unterdrückung des Aufruhrs durch preußische Truppen war der erste Schritt zum Übergang des Fürstentums an Preußen (1834).

Während der bayerische König den Feldmarschall Fürst Wrede mit Sondervollmachten zur Wiederherstellung der Ordnung in die Pfalz entsandte, über die zeitweilig der Belagerungszustand verhängt wurde, antwortete der Bundestag auf Hambach und die südwestdeutsche Protestbewegung mit den »Maßregeln zur Aufrechterhaltung der gesetzlichen Ruhe und Ordnung« vom 28. Juni und 5. Juli 1832. Sie wurden — wie einst die Karlsbader Beschlüsse — durch geheime Verhandlungen zwischen Österreich und Preußen vorbereitet und gaben sich als authentische Interpretation der Bundesakte und der Wiener Schlußakte. Die Beschlüsse vom 28. Juni liefen vor allem auf eine Beschränkung landständischer Rechte — des Petitions- und Budgetrechts, der Rede- und Berichtsfreiheit — hinaus und sahen die Bildung einer neuen Überwachungskommission vor. Das Gesetz vom 5. Juli verschärfte noch einmal die Zensur und enthielt ein Verbot der Vereins- und Versammlungsfreiheit. Am gleichen Tage erklärte der Bundestag auch das badische Pressegesetz vom Dezember 1831 für bundeswidrig. Widerwillig mußte der Großherzog den damit ausgesprochenen Grundsatz »Bundesrecht bricht Landesrecht« anerkennen. Um einer Auseinandersetzung darüber mit dem Landtag aus dem Wege zu gehen, hob er das Gesetz auf dem Verordnungswege auf. Ein heftiger Protest von Studenten und Professoren der Freiburger Universität, der sich auch gegen das Verbot des »Freisinnigen« richtete, wurde von der Regierung mit der vorübergehenden Schließung der Hochschule und der Zwangspensionierung Rottecks und Welckers beantwortet.

Die Bundesbeschlüsse vom Sommer 1832, gegen die England und Frankreich unter Berufung auf die umstrittene Garantie der Bundesverfassung auf diplomatischem Wege Bedenken erhoben, haben, obwohl sie von einer Serie einzelstaatlicher Verbote gefolgt wurden, die allgemeine Unruhe nur langsam dämpfen können. Kam es in der Pfalz im Frühjahr 1833, zum Jahrestag des Hambacher Festes, erneut zu örtlichen Unruhen, gegen die die Polizei und das Militär mit Härte einschritten, so lieferte wenige Monate später der öffentliche Prozeß gegen die Anführer der Hambacher Bewegung vor einem Schwurgericht ein Forum, auf dem die Hauptangeklagten Siebenpfeiffer und Wirth in großen Reden, die danach als Flugschriften zu Tausenden verbreitet wurden, noch einmal ihr politisches Programm verkündeten. Der Freispruch durch die Landauer Geschworenen, zu dem das anschließende Verfahren vor einem Zuchtpolizeigericht im düsteren Kontrast erschien, wurde von der Opposition stürmisch gefeiert und trug dazu bei, daß die in Frankreich entwickelte Lehre, wonach das Geschworenengericht – gewissermaßen als Organ der Volkssouveränität – über dem positiven Recht stehe, von der deutschen Rechtswissenschaft rezipiert wurde.

Die Landauer Assisen 1833

Ein Nachspiel des Hambacher Radikalismus war der Frankfurter Wachensturm vom 3. April 1833. Der in einem Kreis Heidelberger Burschenschafter entstandene Plan, sich durch einen Handstreich der Wachlokale der Frankfurter Stadtpolizei und des Bundestagssitzes in der Eschenheimer Gasse zu bemächtigen und die deutsche Republik auszurufen, war über polnische Emigranten auch den radikalen Gruppen in anderen Städten Deutschlands und in Frankreich bekannt. Das schlecht vorbereitete Unternehmen, an dem direkt nur etwa 50 Personen, überwiegend Studenten, beteiligt waren, scheiterte nicht nur an seinem vorzeitigen Verrat, sondern auch an der mangelnden Unterstützung durch die Frankfurter Bevölkerung, so daß eine städtische Militäreinheit genügte, um den Aufruhr niederzuschlagen. Trotzdem mußte es der Frankfurter Senat hinnehmen, daß die Stadt vorübergehend (bis 1842) mit Einheiten der Bundesfestung Mainz belegt wurde.

Der Frankfurter Wachensturm v. 3. April 1833

Die Eskalation von Aktion und Reaktion äußerte sich nach dem Scheitern des Frankfurter Anschlages in neuen Maßnahmen des Bundes zur Bekämpfung der revolutionären Gefahr. Am 30. Juni 1833 wurde in Frankfurt eine Zentralbehörde für politische Untersuchungen errichtet, die während ihres Bestehens bis 1842 Ermittlungen gegen mehr als 2000 Verdächtige anstellte und diese in dem sogenannten »Schwarzen Buch« verzeichnete, das eine wichtige Quelle zur Personengeschichte des frühen Radikalismus in Deutschland ist. Darüber hinaus wurde die radikale Protestbewegung wiederum, wie 1819 die Aktionen der ersten Burschenschaft, von Metternich zum Anlaß genommen, um den Konstitutionalismus durch Vereinbarungen zwischen den Regierungen weiter zu entschärfen. Dabei stieß er jedoch auf Widerstand. Auf den im Einvernehmen mit dem preußischen Außenminister Ancillon einberufenen Wiener Konferenzen der Bevollmächtigten der 17 Stimmen des Engeren Rates, die im Januar

Weitere Reaktionsmaßnahmen des Bundes 1833/1834

1834 begannen, erhoben die Vertreter der meisten konstitutionellen Staaten unter Berufung auf ihre Souveränität und aus Rücksicht auf die zu erwartende ständische Opposition Bedenken gegen allzu offenkundige Eingriffe in das Landesrecht. Deshalb wurde der Inhalt des Wiener Schlußprotokolls vom 12. Juni 1834, das noch einmal eine Verschärfung der Zensur und der Überwachung der Universitäten sowie eine Beschränkung ständischer Rechte und der einzelstaatlichen Gerichtsbarkeit vorsah, zum größeren Teil streng geheimgehalten. Als er 1843 durch eine Indiskretion bekannt wurde, unterzog ihn Karl Theodor Welcker in einer viel beachteten Publikation vom verfassungsrechtlichen Standpunkt aus einer scharfen Kritik.

Die Verbindung von örtlichen oder landschaftlichen Sozialkonflikten mit dem politischen Radikalismus, die die Protestbewegung der frühen 30er Jahre kennzeichnet, verdichtete sich nach dem Scheitern des Frankfurter Wachensturms noch einmal in der oberhessisch-kurhessischen Störungszone zwischen Darmstadt, Frankfurt und Marburg zu einer revolutionären Untergrundbewegung, die zum erstenmal bewußt die »niederen Volksklassen« zu Adressaten ihrer Agitation machte. Die Wortführer waren der Butzbacher Rektor und Pfarrer FRIEDRICH LUDWIG WEIDIG, der seit seiner Studienzeit in Gießen mehrfach wegen »demagogischer« Umtriebe mit den Staatsbehörden in Konflikt geraten war, und der aus Darmstadt stammende Medizinstudent GEORG BÜCHNER. Er war im Oktober 1833 aus Straßburg nach Gießen zurückgekehrt und hatte dort eine »Gesellschaft der Menschenrechte« gegründet. Vom großbürgerlichen Juste-Milieu der Juli-Monarchie ebenso wie vom Konstitutionalismus seiner hessischen Heimat abgestoßen, schrieb er im Mai 1834 unter Verwertung von statistischem Material, das ihm Weidig geliefert hatte, seine berühmt gewordene Flugschrift »Der hessische Landbote«, die im Sommer und Winter 1834/35 in zwei Ausgaben verteilt wurde. In ihr übte er schneidende Kritik an der Ausbeutung des Volkes durch die Fürsten, die Regierungen und die Landstände und rief – unter dem Motto »Friede den Hütten! Kriege den Palästen!« – zum Sturz der Tyrannen und der ihre Herrschaft schützenden Verfassungen und zur Errichtung des deutschen Freistaates auf. Der Verschwörerkreis, der sich im Juli 1834 auf die gemeinsame Herausgabe und Verteilung von Flugschriften einigte, dagegen nicht auf eine straffere Organisation der Untergrundarbeit, wie es Büchner vorgeschlagen hatte, umfaßte Dozenten, Studenten und Handwerker aus Marburg, Gießen und der Frankfurter Gegend. Seine Aufdeckung im April 1835 hatte teils die Verhaftung, teils die Flucht der führenden Mitglieder zur Folge. Nach jahrelanger grausamer Untersuchungshaft nahm sich Weidig 1837 das Leben, nur wenige Tage nach dem Tod Georg Büchners, der im Züricher Exil einem Nervenfieber erlag.

Georg Büchner und der hessische Radikalismus 1834/1835

Überhaupt gehören die Anfänge einer nennenswerten politischen Emigration und ihrer Organisation in politischen Vereinigungen in Frankreich und der Schweiz, später auch in England, zu den Fernwirkungen der Juli-Revolution. Auch in diesem Vorgang ist die soziale Komponente unübersehbar. Denn neben den Intellektuellen unter den politischen Flüchtlingen, den Studenten und Dozenten, Journalisten, Literaten und Advokaten, bildeten vor allem Kaufmannsgehilfen und wandernde Handwerksgesellen das soziale Substrat für eine Vereinsbildung, die personell und organisatorisch zur Vorgeschichte der demokratischen und sozialistischen Parteien gehört. Ende Februar 1832 wurde in Paris durch die Umwandlung eines bestehenden deutschen Gesangvereins von Kaufleuten und Intellektuellen eine Filiale des Preß- und Vaterlandsvereins gegründet, der bald den Namen »Deutscher Volksverein« annahm und sich eine feste Organisation mit einem führenden Komitee und selbständigen Sektionen gab. In ihm fiel nach einer Übergangszeit dem aus Göttingen geflohenen Juristen

Die Anfänge der politischen Emigration nach 1832

Theodor Schuster die führende Rolle zu. Ludwig Börne betätigte sich aktiv als Redner, während sich Heine mit der zeitweiligen Mitgliedschaft begnügte. Ende 1833 bestand nicht nur der Kreis der Mitglieder, sondern auch die Führungsgruppe größtenteils aus Handwerkern. Als die französische Regierung im März 1834 das Vereinsrecht verschärfte, wurde der Volksverein in den geheimen »Bund der Geächteten« umgewandelt. Er folgte in seiner hierarchisch-absolutistischen Organisation dem internationalen Geheimbund der »Karbonaria«, zu dessen französischem Zweig Kontakte bestanden. Neben Schuster, der der Programmatiker war, organisierten der Kölner Jurastudent Jakob Venedey und der Aachener Buchhändler Gerhard Pappers, die 1833 vor der politischen Polizei nach Frankreich geflohen waren, eine lebhafte Agitation in Zeitschriften, Broschüren und Flugblättern. Sie wurden über Handwerker und geheime Emissäre auch nach Deutschland verbreitet, wo von Frankfurt aus Sektionen des Bundes in Hessen und Thüringen gegründet wurden. Die Forderung einer »Volksrevolution« wurde mit sozialpolitischen Vorschlägen verbunden.

Am Anfang einer politischen Organisation der deutschen Emigranten in der Schweiz standen Handwerkervereine, die seit dem Frühjahr 1834 unter dem Einfluß flüchtiger Burschenschafter aus dem deutschen Südwesten politisiert wurden. Wichtigste Gruppierung wurde das »Junge Deutschland«. Die Vereinigung war zunächst die nationale Sektion des von Giuseppe Mazzini gegründeten Geheimbundes des »Jungen Europa«, der die Bildung eines europäischen Völkerbundes selbständiger demokratisch-republikanischer Staaten zum Ziel hatte. Nicht frei von Fraktionskämpfen und Rivalitäten unter den zahlreichen örtlichen Vereinen, die etwa 500 Mitglieder zählten, durchlief das »Junge Deutschland« mehrere Krisen, bis 1836 viele seiner Anhänger vor dem zunehmenden Druck der Schweizer Behörden nach Frankreich und England auswichen. Sie trugen dort zur Spaltung des »Bundes der Geächteten« bei, in dem es wegen seiner autokratischen Verfassung zu Spannungen gekommen war. Im neuen »Bund der Gerechten«, der erst seit 1838 größeres organisatorisches Gewicht bekam, gewann bald ein zunächst noch religiös fundierter Sozialismus das Übergewicht über die radikaldemokratische Richtung. Der frühere Gießener Burschenschafter Karl Schapper und der Schneidergeselle Wilhelm Weitling wurden die unbestrittenen Führer dieser ersten genuin sozialistischen Organisation der deutschen Arbeiterbewegung, als deren drittes Zentrum neben der Schweiz und Paris seit 1837 immer mehr London in den Vordergrund rückte. Neben dem »Bund der Gerechten« gab es verschiedene Nachfolgevereinigungen des »Jungen Deutschlands« und des »Bundes der Geächteten«, deren Gewicht in der politischen Emigration nicht mehr allzu groß war. Blieb der harte Kern der verschiedenen Emigrantenorganisationen auf einige hundert Personen beschränkt, so hat die Überwachung ihrer nach Deutschland hineinreichenden Aktivitäten ebenso wie das Aufspüren ihrer revolutionären Publizistik die Regierungen und die Polizei der deutschen Staaten dauernd beschäftigt.

Anders als die Mittel- und Kleinstaaten des Bundes wurden seine beiden Vormächte in ihrer politischen Stabilität nicht ernsthaft von der von Frankreich ausgehenden revolutionären Welle erschüttert. Die Umsetzung örtlicher Unruhen mit sozialem Hintergrund, an denen es nicht fehlte, in eine überregionale bürgerliche Verfassungspolitik oder gar in eine radikaldemokratische Bewegung blieb in Preußen aus. In den westlichen Provinzen entlud sich die Verschlechterung der sozialen Lage der Arbeiter und Handwerker als Folge der beginnenden Industrialisierung in einer Reihe von Tumulten. Unter ihnen konnte der Aachener Aufruhr vom Ende August 1830, der in Maschinenstürmerei, Befreiung von Gefangenen und Zerstörung einer Fabrikantenwohnung mündete, nur gewaltsam von einer rasch gebildeten Bürgerwehr unterdrückt werden, nachdem die Behörden und das Militär versagt hatten. In Berlin wurde in der zweiten Septemberhälfte die Garnison gegen unorganisierte Handwerkerdemonstrationen eingesetzt. Wenn der König und die Regierung um die Jahreswende 1830/31 von verschiedener Seite – von David Hansemann, dem rheinischen Fürsten Joseph von Salm-Dyck und den westfälischen Provinzialständen – ohne Erfolg an die verheißene »repräsentative Reichsverfassung« erinnert wurden, so stand dahinter noch keine wirksame politische Kraft.

Ähnlich war die Situation in den deutschen Ländern des österreichischen Kaiserstaates. In Wien und Prag kam es im Herbst 1830 als Antwort auf die Anhebung der Lebensmittelsteuern zu Zusammenstößen zwischen der ärmeren Bevölkerung und dem Militär, und der polnische Aufstand rief im Jahre 1831 Sympathien nicht nur in Galizien und Ungarn, sondern auch in Kreisen der deutschen Intelligenz, der Bürokratie und des Adels hervor. Die offizielle Politik der Monarchie verhielt sich in dem Konflikt, soweit er die zwischenstaatlichen Beziehungen tangierte, relativ passiv, während man im Innern bemüht war, die Unruhe durch eine möglichst schnelle und unbürokratische Weiterleitung der polnischen Flüchtlinge klein zu halten. Die von Stagnation bestimmte österreichische Innenpolitik veränderte sich nach dem Thronwechsel von 1835, als der geistesschwache FERDINAND I. seinem Vater Franz I. in der Regierung folgte, zunächst nicht. In der die Geschäfte führenden Staatskonferenz wurde jede Aktivität durch den Gegensatz zwischen dem Fürsten Metternich als Staatskanzler und dem Grafen Franz Anton Kolowrat als Hofkanzler erstickt. Der Thronwechsel in Österreich 1835

Auch die preußische Politik stand während des letzten Regierungsjahrzehnts Friedrich Wilhelms III., sieht man vom Abschluß des Zollvereins ab, außen- wie innenpolitisch im Zeichen der Stagnation. Der König war nicht geneigt, das Verfassungsversprechen von 1815 einzulösen und suchte sogar in einem Testamentsentwurf von 1838 den Kronprinzen, der ohnehin der altständisch-konservativen Staatsauffassung nahestand, für den Fall einer Änderung der provinzialständischen Verfassung an die Zustimmung sämtlicher Agnaten des königlichen Hauses zu binden. Die Vereinheitlichung der Rechtsverfassung, für die 1832 ein besonderes Gesetzgebungsministerium unter der Leitung des kompetenten, aber reaktionären Karl Heinrich von Kamptz geschaffen wurde, kam nicht über interne Vorarbeiten hinaus. Während Altenstein als Kultusminister das wissenschaftliche Leben an den Universitäten relativ frei von staatlicher Bevormundung halten konnte, orientierte sich die innere Verwaltung nach dem berüchtigten Wort des Innenministers (seit 1834) Gustav Adolf von Rochow an »dem Maßstab der beschränkten Einsicht des Untertanen gegenüber der obrigkeitlichen Autorität«. Als David Hansemann 1834 ein Buch veröffentlichte, in dem er, wie fünf Jahre später noch einmal der Westfale Friedrich Hartkort, die steuerliche Überbürdung der beiden Westprovinzen nachzuweisen suchte, hielt die Regierung eine öffentliche Widerlegung für überflüssig. Die preußische Innenpolitik 1830 bis 1840

Konnte sich der preußische Staat trotz seiner geographisch exponierten Lage weitgehend vor den Ausstrahlungen der Juli-Revolution schützen, so geriet er nach der Mitte der 30er Jahre überraschend in einen schweren Konflikt mit der katholischen Kirche. Der Verlauf und die längerfristigen Folgen der sogenannten »Kölner Wirren« machten trotz ihrer ganz anders gelagerten politischen Thematik, ebenso wie die südwestdeutsche Protestbewegung nach 1830, das Anwachsen eines neuen gesellschaftlichen Konfliktpotentials deutlich. Ausgangspunkt des Streites, dessen Schärfe vor dem Hintergrund der konfessionellen Erneuerung im Katholizismus zu sehen ist, war die Mischehenfrage. Im Jahre 1834 war es dem preußischen Gesandten an der Kurie, dem Freiherrn Josias von Bunsen, nach langen Verhandlungen gelungen, den Kölner Erzbischof Graf Spiegel für eine geheime Vereinbarung zu gewin- Der Kölner Kirchenstreit 1837 bis 1840 nen, die im Widerspruch zu den päpstlichen Vorschriften die im Allgemeinen Landrecht für die preußischen Staaten festgelegte Praxis sanktionierte, wonach bei Mischehen im Streitfall die Söhne nach der Konfession des Vaters, die Töchter nach der der Mutter zu erziehen seien. Spiegel gestand zu, daß sich die katholische Kirche vor der Einsegnung der Ehe auf die Feststellung der religiösen Gesinnung des katholischen Teiles beschränken und nicht, wie es ein Breve von 1830 ausdrücklich forderte, das förmliche Versprechen der katholischen Kindererziehung verlangen würde. Zum Nachfolger Spiegels wurde Ende 1835 mit Zustimmung der Regierung KLEMENS AUGUST VON DROSTE-VISCHERING gewählt. Seine Weigerung, sich an das Geheimabkommen zu halten, und sein überaus schroffes Vorgehen gegen den Bonner Theologen Georg Hermes, der das katholische Dogma auf rationalistische Weise mit der Philosophie Kants verband und viele Anhänger unter seinen Bonner Kollegen und im rheinischen Klerus besaß, führte zum offenen Bruch mit der Regierung, die darin ihr staatskirchliches Aufsichtsrecht über die Bonner Universität und über die Priesterausbildung bedroht sah. Nach dem Scheitern mehrerer Ausgleichsversuche von der Regierung zur Niederlegung seines Amtes aufgefordert, wurde Droste, der dies unter Berufung auf seine Pflicht gegenüber der Kirche ablehnte, am 20. November 1837 verhaftet und auf die Festung Minden gebracht. Das »Kölner Ereignis«, das von Papst Gregor XVI. in einer Allokution vom 10. Dezember als Verletzung der Freiheit der Kirche und der bischöflichen Würde scharf verurteilt wurde, rief im katholischen Deutschland, aber auch im benachbarten Belgien und Frankreich ein vielstimmiges Echo hervor, in der Rheinprovinz zunächst weniger im Klerus, in dem Droste wegen seiner autoritären Amtsführung wenig Freunde hatte, als in adeligen und bürgerlichen Laienkreisen, stärker in der westfälischen Heimat des Erzbischofs. In Münster kam es im Dezember 1837 zu tätlichen Auseinandersetzungen zwischen katholischen Studenten und Schülern und Militär. Vor allem stellte sich die katholische Intelligenz, soweit sie von der kirchlichen Erneuerung erfaßt worden war, auf die Seite Drostes. Anfang 1838 publizierte Joseph Görres von München aus seine Flugschrift »Athanasius«, in der er wortgewaltig die Kirchenpolitik Preußens angriff. Innerhalb von zwei Monaten waren 10 000 Exemplare der Schrift verkauft, die einen großen Flugschriftenstreit entfachte. Die von Görres 1838 gegründeten »Historisch-politischen Blätter für das katholische Deutschland« wurden in den folgenden Jahren zum Hauptorgan eines integralen Katholizismus, der bei aller Betonung der Freiheit der Kirche vom Staat an ihrer hierarchischen Verfassung und dem päpstlichen Primat festhielt. Die Auseinandersetzung mit dem preußischen Staat, wie sie hier unter Hervorhebung des revolutionären Charakters des Protestantismus geführt wurde, trug dazu bei, daß sich im deutschen Katholizismus des Vormärz zunächst weniger, wie die preußische Regierung fürchtete, ein liberaler oder gar demokratischer Kurs nach französischem oder belgischem Muster, sondern eine eher konservative Staats- und Gesellschaftslehre durchsetzte.

Der Kölner Kirchenstreit griff, nachdem er auf die Ebene einer grundsätzlichen Auseinandersetzung zwischen Staat und Kirche gehoben worden war, schnell auf die östlichen Diözesen Preußens über. Als der Erzbischof von Posen-Gnesen, Martin von Dunin, die bisherige Mischehenpraxis ausdrücklich verurteilte, strengte die Regierung im Frühjahr 1838 ein gerichtliches Verfahren gegen ihn an, das 1839 mit seiner Verurteilung und Abführung auf die Festung Kolberg endete. Darüber hinaus drohte die Konfrontation die Solidarität der deutschen Regierungen gegenüber der Revolutionsgefahr zu beeinträchtigen. Die bayerische Regierung gab im Herbst 1838 unter dem streng katholischen Minister Karl von Abel ihren staatskirchlichen Standpunkt zugunsten einer gezielten Bevorzugung der katholischen Kirche auf. Diese Politik fand einen Höhepunkt in der Anordnung des Königs, daß alle Soldaten der bayerischen Armee, also auch die Protestanten, in katholischen Militärgottesdiensten während der Wandlung und in Prozessionen vor dem Allerheiligsten niederknien sollten. Trotz Proteste der Protestanten wurde der Erlaß erst in den 40er Jahren zurückgenommen. In Österreich erhielt, zum Leidwesen Metternichs, der katholische Widerstand gegen die staatsrechtliche Praxis der josephinischen Bürokratie durch die Vorgänge in Preußen und Bayern Auftrieb.

Die Beilegung des preußischen Kirchenkonfliktes wurde erst nach der Thronbesteigung Friedrich Wilhelms IV. (1840) möglich. Der König war, gemäß seiner christlich-konservativen Staatsauffassung, gewillt, das Verhältnis von Staat und Kirche abweichend vom überlieferten Staatskirchentum auf der Grundlage freier Übereinstimmung zu ordnen und in ein Bündnis von Thron und Altar umzuwandeln. Das Ergebnis des Ausgleichs war, gemessen an der Ausgangslage der Regierung im Jahre 1837, in der Sache ein weitgehender Sieg der Kirche. Droste kehrte zwar nicht in sein Amt zurück. An seine Stelle wurde der bisherige Bischof von Speyer, JOHANNES GEISSEL, ein Theologe aus der Mainzer Schule, zum Koadjutor (seit 1845 Erzbischof) ernannt. Dunin wurde begnadigt. Wichtiger waren die Zugeständnisse der Regierung in der Mischehenfrage, in der Gewährung des freien Verkehrs der Bischöfe mit Rom, in dem Verzicht auf das Plazet für alle Akte rein kirchlicher Art und in dem umstrittenen Verfahren der Bischofswahl und -ernennung.
Die Beilegung des Kirchenstreits nach 1840

Die Impulse, die vom Kirchenstreit auf die innere Struktur der Kirche und das konfessionelle Bewußtsein des Kirchenvolkes ausgingen, waren mindestens so wichtig wie die äußere Beilegung des Konfliktes. Klerus und Volk waren in der Auseinandersetzung mit dem Staat enger zusammengerückt. Die Aktivitäten katholischer Bruderschaften und anderer kirchlicher Vereinigungen erhielten ebenso wie das Prozessions- und Wallfahrtswesen neuen Auftrieb. Die erhöhte kirchliche Publizistik während des Streites gab den Anstoß für einen Ausbau des kirchlichen Zeitschriften- und Zeitungswesens, das seinerseits die Frontbildung des neuen »Ultramontanismus« in allen kirchenpolitischen Fragen förderte und damit die Entstehung eines politischen Katholizismus vorarbeitete. Sichtbarster Ausdruck der wiedererstarkten und im Volke verankerten katholischen Kirche wurde im Jahre 1844 die Wallfahrt zum Heiligen Rock von Trier. Aufgrund einer glänzenden Organisation durch die Kirchenführung, die die Veranstaltung als ein politische Grenzen und soziale Klassen durchbrechendes Vereinigungsfest feierte, und unter ausdrücklicher Billigung durch die preußischen Behörden, deren Zustimmung durch den kirchlichen Hinweis auf die antirevolutionäre und staatserhaltende Wirkung der Wallfahrt erkauft wurde, besuchten in nur 50 Tagen rund eine halbe Million Pilger, überwiegend aus dem agrarischen Hinterland Triers, aber auch zahlreiche Bischöfe und Angehörige des katholischen Adels die Moselstadt. Von Görres als »Pilgerfahrt der rheinischen Völker« gefeiert, gab die Trierer Wallfahrt aber auch den Anstoß zu der religiösen und politischen Sezessionsbewegung des Deutschkatholizismus (siehe unten S. 178).

Marginalien: Ultramontanismus; Die Trierer Wallfahrt 1844

2. Nationalismus im Vormärz

Das in den Freiheitskriegen in einem schmalen Sektor der politischen und geistigen Elite des Adels und des Bürgertums aktiv gewordene nationale Bewußtsein war nach 1815 an dem

Widerstand der restaurativen und partikularen Gewalten aufgelaufen und durch die Karlsbader Beschlüsse von 1819 in den Untergrund oder den scheinbar unpolitischen Raum der wissenschaftlichen Reflexion und der literarischen Artikulation abgedrängt worden. Der deutschen Nation, wie immer sie verstanden wurde, war keine Beteiligung an den Institutionen und der politischen Willensbildung des Deutschen Bundes gewährt worden. Dieser bot als Hort der Reaktion und als Instrument der österreichisch-preußischen Hegemonialpolitik gegenüber den Mittel- und Kleinstaaten vorerst keinen Ansatzpunkt für eine gesamtnationale Integration der Gesellschaft. So konzentrierten sich die politischen Energien der Führungsschichten in der Ära der Restauration auf die Stabilisierung und Modernisierung der Einzelstaaten, sei es in Regierung und Verwaltung, sei es in den Ständeversammlungen als den einzigen Organen einer staatlichen Partizipation bürgerlicher Schichten unterhalb des Adels und der Bürokratie. Das politische Bewußtsein wurde deshalb weitgehend von dem Horizont des Einzelstaates geprägt, als partikularer Patriotismus in der Form »stammes«mäßiger, dynastischer oder staatlicher Loyalität, während die deutsche Nationalidee, zumal es an einer äußeren Herausforderung fehlte, als Faktor der politischen und gesellschaftlichen Integration ausfiel, ohne ihre verbindende, zum Teil sogar stimulierende Wirkung im kulturellen Bereich zu verlieren.

Kulturnationale Bestrebungen vor 1840

Es kennzeichnet das veränderte Klima des Vormärz gegenüber der Restauration, daß die Ideologie des Nationalismus, die in der Verknüpfung geschichtlicher Traditionen mit emanzipatorischen Impulsen quer zum Konservativismus und Liberalismus lag, nach 1830 wieder als politische Kraft in Erscheinung trat, jetzt aber mit einer erheblich breiteren gesellschaftlichen Basis als um 1815. Die Rahmenbedingungen für die Reaktivierung des Nationalbewußtseins und damit für die Lockerung der Bindungen an das »Spezial-Vaterland« hatten sich in der Zwischenzeit spürbar verbessert. Im kulturellen Bereich wurde der Nationbildung durch die quantitative und qualitative Expansion im elementaren und sekundären Schulsektor und durch die stetige Zunahme der Buch- und Zeitschriftenproduktion als des wichtigsten geistigen Kommunikationsmittels vorgearbeitet. Der personelle und wissenschaftliche Austausch zwischen den Universitäten war durch die Karlsbader Beschlüsse nicht wesentlich beeinträchtigt worden; die Mobilität von Professoren und Studenten blieb groß. Die seit den 20er Jahren gegründeten wissenschaftlichen, landwirtschaftlichen und gewerblichen Vereine, die zum Teil an ältere Vorbilder anknüpften, bildeten, obwohl sie zunächst meist lokal oder regional begrenzt blieben und insoweit auch von den einzelstaatlichen Behörden unterstützt wurden, ein Forum für den Austausch von Ideen, Kenntnissen und Erfahrungen. Zusammen mit Lesegesellschaften und vielfältigen privaten Korrespondenzen trugen sie zur Bildung eines Raumes der bürgerlichen Geselligkeit bei, der potentiell die Grenzen des Einzelstaates überschritt. In diesen Zusammenhang gehört die Gründung von bürgerlichen Liedertafeln nach Berliner Muster (1808 Karl Friedrich Zelter) in Norddeutschland und von mehr volkstümlichen Liederkränzen nach Schweizer Vorbild im Süden, in denen, gelegentlich schon auf gemeinsamen Sängerfesten, das vaterländische Liedgut gepflegt wurde. Überregionale Vereinigungen waren aber vor 1830 noch selten. Immerhin versammelten sich seit 1822 auf Anregung Lorenz Okens jährlich die deutschen Naturforscher und Ärzte, und zwar nicht nur mit dem wissenschaftlichen Ziel, die beteiligten Fächer miteinander in Beziehung zu setzen, sondern man tagte auch in verschiedenen Städten Deutschlands, um den geistigen Zusammenhang der Nation zu fördern. Schwer abschätzbar, aber gewiß nicht ohne integrierende Wirkung waren die vielfältigen Kontakte, die auf den regelmäßigen Messen in Frankfurt und Leipzig sowie in den immer häufiger von Angehörigen des gehobenen Bürgertums besuchten Badeorten geknüpft wurden. Unterhalb der Ebene diplomatischer und politischer Beziehungen zwischen den Residenzen und Hauptstädten, die ihrerseits Zentren des kulturellen Lebens mit starker Fluktuation seiner Träger waren, verdichtete sich im deutschen Sprachraum das Geflecht eines spezifisch bürgerlichen Kulturzusammenhanges. Er war zwar aufgrund der rigorosen Polizeipraxis gegen jegliche politische Aktivität und infolge der Tendenz zur Ausgliederung von Kultur und Wirtschaft als autonome Bereiche des gesellschaftlichen Lebens weitgehend unpolitisch; er konnte aber in dem Maße, in welchem der »Mittelstand« als Träger oder Adressat nationalpolitischer Forderungen auftrat, identitätsstiftend wirken.

Eine weitere Voraussetzung für die Repolitisierung des Nationalgefühls im Vormärz war, neben den geschilderten kulturnationalen Bestrebungen, die trotz der oft betonten Hinwendung zum einfachen »Volk« noch weitgehend eine Sache der Gebildeten blieben, der kumulative Effekt der negativen Erfahrungen im politischen und wirtschaftlich-sozialen Bereich. Diese Erfahrungen signalisierten die Erschöpfung des einzelstaatlichen Modernisierungspotentials im System des Deutschen Bundes. Das politische Leben stagnierte unter dem Druck der repressiven Bundesgesetze nicht nur in den verfassungslosen Staaten, sondern auch im konstitutionellen Deutschland. Die soziale Belastung des Kleinbürgertums, vieler Bauern und der Unterschichten machte während der sich wiederholenden Versorgungs- und Teuerungskrisen (1817/18, 1830ff.) nicht vor den Grenzen des Einzelstaates halt. Die im Vorfeld des Zollvereins einseitig errichteten Zollschranken haben sogar zur Verschärfung sozialer Not beigetragen. Die in der Bundesakte vorgesehene Bildung »organischer« Einrichtungen im gesamtdeutschen Rahmen war weder vom Bundestag noch durch die Initiative einzelner oder mehrerer Mitgliedsstaaten gefördert worden. All dies trug dazu bei, daß die politischen Konflikte, von denen die deutsche Staatenwelt im Jahrzehnt nach 1830 erschüttert wurde, trotz ihrer oft lokalen oder regionalen Anlässe eine nationale oder zumindest die Grenzen des Einzelstaates überspringende Komponente enthielten. Die aktiven bürgerlichen Sympathien für den Freiheitskampf der Griechen und Polen, die gesamtdeutsche Wendung der politischen Forderungen des Preß- und Vaterlandsvereins und der Hambacher, der revolutionäre »Germanismus« der Burschenschaften auf ihren Zusammenkünften in Frankfurt (1831) und Stuttgart (1832), der in den Frankfurter Wachensturm mündete, die nationale Solidarisierung der Liberalen mit den Göttinger Sieben und des katholischen Deutschlands mit der bedrängten Kirche in Preußen, die die Schranken der sozialen und landsmannschaftlichen Herkunft negierenden Aktivitäten der politischen Emigration, das waren Zeichen der fortschreitenden Politisierung der bürgerlichen Gesellschaft im nationalen Rahmen. Im Einzelfall noch selektiv, bezogen auf das jeweilige politische Ziel und die beteiligten Gruppen, insgesamt noch nicht nationalistisch im aggressiven Sinne, eher dazu neigend, nach Vorbildern außerhalb der Grenzen Deutschlands Ausschau zu halten, verstärkten sie die Disposition für einen politischen Nationalismus, der sich bei gegebenem Anlaß nach außen wenden konnte.

Hierzu bot das deutsch-französische Verhältnis einen naheliegenden Ansatzpunkt. Äußerungen des nationalen Gegensatzes waren auf beiden Seiten in den 30er Jahren noch selten. Der Meinung Arndts (1831), hinter der französischen Intervention in Belgien stecke das alte Ziel der Rheingrenze, und den Warnungen Wirths und Brüggemanns an die französische Adresse auf dem Hambacher Fest entsprach in Frankreich das Bemühen des jungen Germanisten Edgar Quinet – in Aufsätzen in der »Revue des deux Mondes« –, die auf Madame de Staël zurückgehende Vorstellung von einem unpolitischen Deutschland der Dichter und

Repolitisierung des Nationalgefühls seit 1830

Das deutsch-französische Verhältnis

Denker mit dem Hinweis auf die drohende Verbindung der politischen Energie Preußens mit dem deutschen Einheitsstreben zu korrigieren. Solche Äußerungen waren noch vereinzelt und blieben nicht unwidersprochen. Karl Theodor Welcker beantwortete Arndts Forderung, daß sich Deutschland gegen die französische Gefahr um Preußen scharen müsse, mit der Kritik an der Nichteinlösung des preußischen Verfassungsversprechens, und Rotteck prägte in ähnlichem Zusammenhang die vielzitierte Formel: »Lieber Freiheit ohne Einheit, als Einheit ohne Freiheit.« In Frankreich wurde der latente nationale Antagonismus, der seine politische Nahrung vor allem aus der Erinnerung an die als Demütigung empfundenen Verträge von 1815 zog, vorerst noch durch die von romantischen und kosmopolitischen Ideen gespeisten Überzeugung der kulturellen Einheit Europas überlagert, in der die deutsche und französische Nation aufeinander angewiesen seien. Die politische Folgerung hieraus war die Auffassung, daß die Rheinlande als Zentralraum Europas Gemeingut beider Völker seien. Vertreter dieser Europa-Ideologie waren etwa Eugène Lerminier mit seinem Buch »Au delà du Rhin« (1835), Alphonse de Lamartine und Victor Hugo. Erst die sich an der orientalischen Frage entzündende außenpolitische Krise des Jahres 1840 brachte den »Durchbruch des modernen Nationalismus« *(Rudolf Buchner)* als einer gesellschaftlichen Kraft in Deutschland und Frankreich.

Die orientalische Frage

Die Orientkrise hatte ihren Ursprung in der Schwäche des Osmanischen Reiches und dem wiederholten Versuch seines mächtigen Vasallen, des Vizekönigs Mehmed Ali von Ägypten, auf Kosten der Türkei ein großes arabisches Erbreich im Vorderen Orient zu errichten. In einem ersten Krieg war es Mehmed Ali 1832 gelungen, Syrien zu erobern. Die Pforte war nun durch das Eingreifen Rußlands, das sich im Vertrag von Hunkjar Skelessi (1833) als Gegenleistung die Sperrung der Dardanellen und einen dauernden Einfluß auf die türkische Politik sicherte, vor einer definitiven Niederlage bewahrt worden. Als 1839 der Konflikt zwischen dem Sultan und seinem Tributär aufs neue entbrannte, sahen sich die europäischen Großmächte in ihren Interessen tangiert. Für Frankreich ergab sich die Unterstützung Mehmed Alis aus der Tradition der napoleonischen Ägypten-Politik und als Ergänzung der eigenen Festsetzung in Algerien. Eine direkte oder indirekte Beherrschung der südlichen Küstenländer des Mittelmeeres schien nicht ausgeschlossen. Für den ehrgeizigen Adolphe Thiers, der im März 1840 die Leitung des französischen Kabinetts übernahm, und für einen großen Teil der französischen Öffentlichkeit war der Ausgang des Konfliktes eine Prestigefrage, die mit der politischen Stellung Frankreichs in Europa verknüpft wurde. Rußland, England und Österreich fanden sich, als sich die militärische Niederlage des Sultans abzeichnete, auf der Seite der Pforte, wenn auch aus unterschiedlichen Motiven; der Zar, um das traditionelle russische Ziel der Kontrolle des Bosporus zu erreichen, Metternich im Interesse der Legitimität und des europäischen Gleichgewichts, Lord Palmerston schließlich zur Sicherung der imperialen Verbindungen Englands nach Indien vor der Bedrohung durch eine Macht, die unter französischem Protektorat stand. So bildete sich kurzfristig, aber in ihrer Auswirkung bedrohlich für den europäischen Frieden, eine Mächtekonstellation – England, Rußland, Österreich und in dessen Schlepptau Preußen gegen Frankreich –, die eine Rückkehr zur großen Koalition von 1813 bedeutete und damit die nach 1830 entstandene ideologische Blockbildung auf Kosten Frankreichs durchbrach. Seit dem Herbst 1839 traten die unterschiedlichen Auffassungen Englands und Frankreichs über die Beilegung des türkisch-ägyptischen Konfliktes immer deutlicher hervor. Zugleich bahnte sich eine Verständigung zwischen London und Petersburg über die umstrittene Meerengenfrage an. Während die französische Regierung in

Überschätzung der militärischen Stärke Mehmed Alis und des britisch-russischen Gegensatzes ihr politisches Ziel durch eine Verzögerungstaktik zu erreichen suchte, gelang es Palmerston in den in London geführten Verhandlungen, die übrigen Mächte auf seine Seite zu ziehen und die Juli-Monarchie außenpolitisch zu isolieren. Das Ergebnis war ein ohne französische Beteiligung geschlossener Vertrag vom 15. Juli 1840 zwischen England, Österreich, Rußland, Preußen und der Pforte. Man verpflichtete sich auf die Erhaltung des Osmanischen Reiches, gestand aber Mehmed Ali (unter der Bedingung der Räumung Syriens) die erbliche Herrschaft über Ägypten zu. Dieses Programm wurde im Herbst und Winter 1840/41 mit Hilfe englischer, russischer und österreichischer Kräfte durchgesetzt, so daß der Konflikt im Vorderen Orient mit der Wiederherstellung des alten Gleichgewichts der Kräfte zu Ende ging.

Diplomatische Niederlage Frankreichs 1840

Die Ausschaltung Frankreichs aus dem Konzert der europäischen Mächte, wie sie im Londoner Vertrag plötzlich zutage trat, war für die französische Öffentlichkeit ein schwerer Schock. Das Gefühl der außenpolitischen Demütigung, die mit der Niederlage von 1815 gleichgesetzt wurde, schlug in eine nationale Stimmungskrise um, in der sich vehemente Kritik am Immobilismus der Juli-Monarchie mit dem Ruf nach notfalls kriegerischer Wiederherstellung der verletzten Nationalehre verband. Dabei rückte an die Stelle der imperialen Ziele im östlichen Mittelmeer immer mehr die schon früher erhobene Forderung nach der Revision der Verträge von 1815, konkret nach Rückgewinnung der »natürlichen Grenze« Frankreichs am Rhein als Voraussetzung für die Wiederherstellung des gestörten Mächtegleichgewichts, in das Zentrum einer publizistischen Kampagne, an der sich fast die gesamte bürgerliche Presse des Landes beteiligte. In ihr haben besonders die Vertreter der radikalen Partei, in vorderster Front Edgar Quinet mit seiner Schrift »1815 et 1840« (zuerst erschienen im September 1840), den Zusammenhang zwischen außenpolitischer Schwäche und innerer Stagnation betont, die nur durch eine offensive Nationalpolitik in Wiederaufnahme der revolutionären Mission Frankreichs überwunden werden könne. Der Minister Thiers, der früher selbst zu den Kritikern des Juste-Milieu gehört hatte, konnte sich dem Druck der öffentlichen Meinung nicht entziehen und beantwortete den Londoner Vertrag mit einer Serie von Rüstungsmaßnahmen, deren regionaler Schwerpunkt im Osten des Landes lag. Er erhoffte sich von ihnen nicht nur die Ablenkung der Öffentlichkeit von den inneren Schwierigkeiten der Regierung, sondern auch, in Verbindung mit drohenden Erklärungen an die Adresse Österreichs und Preußens, eine Revision des Londoner Vertrages, ohne es zu einem Krieg kommen zu lassen. Als sich diese Hoffnung nach der militärischen Niederlage Mehmed Alis zerschlug, wurde Thiers Ende Oktober 1840 von dem König Louis Philippe, der von Anfang an in dem Kurs des Ministers eine Gefahr für den Bestand der Monarchie gesehen hatte, zum Rücktritt gezwungen. Sein Nachfolger wurde der französische Botschafter in London, der Historiker Guillaume Guizot, der Thiers wiederholt vor den Risiken seiner Politik gewarnt hatte und nun, als einer der Repräsentanten des Juste-Milieu, die Versöhnung Frankreichs mit Europa betrieb, worin er sich mit der traditionellen Europapolitik Metternichs traf. Damit war die unmittelbare Kriegsgefahr gebannt. Denn für den österreichischen Staatskanzler hatte die Wahrung des Friedens ohnehin Priorität vor einer Demütigung der Juli-Monarchie, in deren Erhaltung er eine Garantie für die Stabilität der europäischen Ordnung sah. Er widersetzte sich deshalb auf dem Höhepunkt der Krise dem Drängen Preußens und einiger Mittelstaaten auf Reform der Bundeskriegsverfassung und auf deutsche Gegenrüstungen. Immerhin einigten sich die beiden deutschen Vormächte im November 1840 unter Berufung auf die allgemeine »Nationalgesinnung« auf einen gemeinsamen Operationsplan

Die Rheinkrise von 1840

für den Kriegsfall, und noch 1841/42 beschloß der Bundestag die Errichtung der Bundesfestungen Rastatt und Ulm. Weitergehende Reformpläne für eine politische Stärkung des Bundes, wie sie der neue preußische König Friedrich Wilhelm IV. und sein Vertrauter, Joseph Maria von Radowitz, damals preußisches Mitglied in der ständigen Militärkommission des Bundes, verfolgten, blieben auf dem Papier.

Die Nationalbewegung von 1840/1841

Erschütterte die Orientkrise das Gefüge der europäischen Mächtebeziehungen nur vorübergehend und peripher, so reagierte die deutsche Öffentlichkeit auf die französische Forderung der Rheingrenze mit einer spontanen Gegenbewegung, die das politische Bewußtsein der Nation spürbar veränderte. Im Freiheitskampf gegen Napoleon war die romantische Betrachtung des Rheins als vaterländisches Symbol noch weitgehend die Sache gebildeter Patrioten gewesen und nicht selten aus dem Inneren Deutschlands in die Rheinlande hineinprojiziert worden. Diese wurden ihrerseits im Jahre 1840 zum Ausgangsgebiet einer schlagartig ganz Deutschland erfassenden nationalen Stimmungskampagne, die über den Kreis des politisch bewußten Bürgertums auf alle Schichten der Bevölkerung übergriff und damit die integrierende Kraft des Nationalgedankens bewies. Die erste Jahreshälfte stand noch im Zeichen einer eher akademischen Zurückweisung der Lehre von den natürlichen Grenzen Frankreichs und der Forderung nach Revision der Verträge von 1815 in der Publizistik. Den Anlaß dazu hatten Reden Lamartines und des Republikaners Mauguin in der Orientdebatte der französischen Deputiertenkammer am 11. Januar 1840 geliefert. In die seit dem Londoner Vertrag ansteigende patriotische Erregung fiel im September 1840 das »Rheinlied« des bis dahin unbekannten Gerichtsschreibers NIKOLAUS BECKER aus Geilenkirchen bei Aachen als zündender Funke. Mit dem einprägsamen Refrain »Sie sollen ihn nicht haben, / den freien deutschen Rhein« erlangte das Lied Beckers, der dem Kreis der Bonner Spätromantik um Karl Simrock nahestand, in kurzer Zeit gewaltige Popularität. Die Angaben über die Zahl der Vertonungen schwanken zwischen siebzig und zweihundert. Der preußische und der bayerische König übermittelten dem Autor Ehrengeschenke, worauf ihm die Städte Mainz und Karlsruhe einen »bürgerlichen Becher« stifteten. Eine Flut von Nachahmungen und Parodien sowie eine breit gefächerte patriotische Rheinlyrik ergoß sich über die deutsche Öffentlichkeit. Max Schneckenburgers »Wacht am Rhein« und August Heinrich Hoffmann von Fallerslebens »Lied der Deutschen«, die erst viel später populär wurden, sind damals entstanden, und eines der Kriegsgedichte, die Arndt 1840/41 verfaßte, enthält in dem Ruf »Zum Rhein! Übern Rhein! All-Deutschland in Frankreich hinein!« eine Wortverbindung, die um die Jahrhundertwende das Fahnenwort des extremen Nationalismus in Deutschland wurde.

Die politische Bedeutung der volkstümlichen Rheinlied-Bewegung mit ihrem antifranzösischen Grundton und dem emotionalen Pathos der nationalen Solidarität lag zum einen in ihrer offiziellen Billigung durch deutsche Fürsten und Regierungen; sie brachte zum anderen der bürgerlichen Opposition gemäßigter und radikaler Spielart die latente Spannung zum Bewußtsein, in der nationale Gedanke zu liberalen und demokratischen Forderungen stand. Sie trug damit zur Auflösung der an der revolutionären Tradition orientierten übernationalen Interessengemeinschaft der frühliberalen Bewegung bei. Unter den politischen Flüchtlingen vollzog Wirth in der von ihm redigierten »Deutschen Volkshalle« am entschiedensten die Trennung vom Nationalismus der französischen Linken. Andere Emigranten wie der Burschenschafter August Ludwig von Rochau und Jakob Venedey folgten ihm darin in einem zum Teil schmerzhaften Ablösungsprozeß nach. In Deutschland selbst reichten die Vorbehalte gegenüber dem »Rheinliedsenthusiasmus« von der deutlich geäußerten Skepsis über ihren unpolitischen Charakter bei gemäßigten Liberalen wie Heinrich von Gagern und Carl Bertram Stüve über die politisch-poetische Rheinlied-Kritik der Georg Herwegh, Karl Gutzkow und Robert Prutz, in der die Verwirklichung der inneren Freiheit als Voraussetzung einer erfolgreichen Verteidigung des Rheinlandes gegenüber französischen Ansprüchen gefordert wurde, bis zu den publizistischen Versuchen der Junghegelianer Arnold Ruge und Friedrich Engels, das neue Nationalgefühl, unter Zurückweisung seiner deutschtümelnden Einseitigkeit, zum Vehikel eines entschiedenen Liberalismus zu machen.

Ein später Nachhall der im Jahre 1840 in den Rheinlanden geweckten nationalen Begeisterung waren die Feierlichkeiten anläßlich der Grundsteinlegung zur Vollendung des Kölner Doms im September 1842. Das romantische Interesse am Mittelalter, Kölner Stadt- und Reichspatriotismus und der Wunsch nach sichtbarer Darstellung des nationalen Einheitswillens hatten sich seit der Jahrhundertwende wiederholt in der Forderung nach Fertigstellung des Doms zusammengefunden. Sie erhielt, ähnlich wie die Bemühung um die Errichtung eines Hermannsdenkmals im Teutoburger Wald, neuen Auftrieb durch die nationale Bewegung des Jahres 1840. Der 1841 zur ideellen und finanziellen Förderung des Vorhabens gegründete Zentral-Dombauverein breitete sich schnell über Deutschland aus. Sein Sekretär, der katholische Jurist AUGUST REICHENSPERGER, der die treibende Kraft des Unternehmens war und 1840 den Dom als »Nationaldenkmal« im vollsten Sinne des Wortes »gefeiert« hatte, gehörte zu den rheinischen Informanten des anonymen Verfassers (Gustave de Failly) eines im Februar 1842 in Paris erscheinenden Buches »De la Prusse et de sa domination sous les rapports politiques et religieux, spécialement dans les nouvelles provinces«, dessen Verbreitung in Preußen sofort verboten wurde. Es verband scharfe Kritik des preußischen Absolutismus und seiner Kirchenpolitik seit dem Kölner Ereignis mit der pointierten Feststellung des deutschen Patriotismus der katholischen Rheinländer und der Zurückweisung der französischen Rheinforderung. Das Dombaufest im Herbst desselben Jahres wurde, im Zeichen des neuen Kurses Friedrich Wilhelms IV., zur Demonstration der unter nationalen Vorzeichen stehenden Versöhnung von Staat und Kirche. In seiner Festansprache pries der König, der das Protektorat über den Dombauverein übernommen hatte, die Vollendung des Domes als das »Werk des Brudersinnes aller Deutschen, aller Bekenntnisse« und den Bau als Wahrzeichen deutscher Einigkeit zwischen Fürsten, Völkern und Konfessionen. Es hat zwar nicht an Kritik an der im Dombaufest zutage tretenden Verquickung nationalpolitischer und religiöser Motive gefehlt. Sie richtete sich aber nicht gegen das Nationalgefühl an sich, sondern entsprang von katholischer Seite der Befürchtung, daß über dem politischen Zweck das kirchliche Interesse an dem Gotteshaus vergessen werde, während der König von liberaler Seite (Robert Prutz) aufgefordert wurde, zum »Bauherrn der Freiheit« zu werden, statt sich dem »bröckelnden Gestein der Vorzeit« zuzuwenden.

Noch in einem anderen deutschen Grenzland, in den durch Personalunion mit Dänemark verbundenen Herzogtümern Schleswig und Holstein, trug im Vormärz die Verschärfung eines regionalen Konfliktes durch das nationale Motiv zu einer Stärkung des gesamtdeutschen Bewußtseins bei. Der Kampf, den die schleswig-holsteinische Ritterschaft nach 1815 vergeblich um die Garantie ihrer »Landesrechte« durch den Bund geführt hatte, war noch vorwiegend von altständischen Interessen getragen worden. Immerhin war schon damals, dank der Unterstützung durch die Kieler Professoren Dahlmann und Karl Theodor Welcker, die Brücke zum nationalpolitisch motivierten Verfassungsgedanken geschlagen worden (vgl. oben S. 48).

Das Kölner Dombaufest 1842

Die schleswig-holsteinische Frage

Besonders der Kieler Staatsrechtler Nicolaus Falck hatte in verschiedenen Publikationen die Sonderstellung und alten Freiheiten der Herzogtümer mit liberalen und historischen Argumenten gegenüber dem dänischen Zentralismus verteidigt. Die Juli-Revolution vermittelte der schleswig-holsteinischen Bewegung neue Impulse. Zu ihrem Sprecher machte sich der Landvogt von Sylt, UWE JENS LORNSEN, der während seines Studiums in Jena und Kiel der Burschenschaft angehört hatte. In einer Ende 1830 veröffentlichten Flugschrift »Über das Verfassungswerk in Schleswigholstein«, die in 10000 Exemplaren verbreitet wurde, forderte er für die Herzogtümer eine gemeinsame Repräsentativverfassung im Sinne des Konstitutionalismus unter strikter Beschränkung ihrer Verbindung zu Dänemark auf die bloße Personalunion. Seine Hoffnung, für dieses Ziel einen Petitionssturm entfesseln zu können, erfüllte sich nicht. Es gelang der dänischen Regierung noch einmal, die schleswig-holsteinische Opposition zu spalten. Die Ritterschaft, der der nationale Liberalismus Lornsens zu weit ging, wurde durch die Einführung von getrennten Provinzialständen für die Herzogtümer nach preußischem Vorbild beruhigt. Lornsen ging nach Verbüßung einer Festungshaft ins Exil.

Die »Schleswig-Holsteinische Landespartei«

Im Scheitern Lornsens hatte sich gezeigt, daß eine wirksame Verteidigung der schleswig-holsteinischen Landesrechte nur möglich war, wenn die daran Interessierten ihre politischen Meinungsverschiedenheiten zurückstellten. Seit der Mitte der 30er Jahre entstand auf den ersten Versammlungen der Provinzialstände, besonders in Schleswig, die sogenannte »Schleswig-Holsteinische Landespartei« unter der Führung von NICOLAUS FALCK. Sie war noch keine Partei im organisatorischen Sinne, sondern die lockere Vereinigung der an der Wahrung der Landesrechte interessierten Abgeordneten. Etwa zur gleichen Zeit bildete sich aber im nördlichen Schleswig, gestützt auf den nationalen Liberalismus der Dänen im Hauptland, eine dänische Volksbewegung. Damit wurde der nationale Antagonismus in das Herzogtum selbst getragen. Die Bewegung forderte in ihrem gemäßigten Flügel, der von dem Kieler Rechtshistoriker Christian Paulsen angeführt wurde, die Einführung eines administrativen und kulturellen Minderheitenschutzes im Herzogtum, in ihrem radikalen »eiderdänischen« Flügel, der in dem Linguisten Christian Flor und dem Juristen Orla Lehmann zwei fähige Agitatoren besaß, die Trennung Schleswigs von Holstein und seine völlige Integration in den dänischen Gesamtstaat.

Die Erbfolgefrage in Schleswig und Holstein

Eine zusätzliche Dimension und weitere Verschärfung erhielt die schleswig-holsteinische Frage durch die nach dem dänischen Thronwechsel von 1839 akut werdende Erbfolgefrage. Der neue König CHRISTIAN VIII. war kinderlos, ebenso sein Bruder und Erbe Friedrich. Während in Dänemark für den Fall des Erlöschens der direkten männlichen Linie die weibliche Erbfolge galt, waren in Holstein alle männlichen Blutsverwandten der männlichen Linie des Herrscherhauses erbberechtigt. Für Schleswig war das Erbrecht umstritten. Hier und in Holstein erhob der Herzog CHRISTIAN AUGUST VON AUGUSTENBURG, der einer der konservativen Abgeordneten der Schleswiger Stände war, für sich und sein Haus Anspruch auf die Erbfolge beim Aussterben des regierenden oldenburgischen Hauses in Dänemark. Um wenigstens Schleswig für den Gesamtstaat zu retten, ging Christian VIII. unter dem Druck der Eiderdänen zur Offensive über. Anlaß dazu bot die Sprachenfrage. In einem Edikt vom

Das Sprachenedikt v. 14. Mai 1840

14. Mai 1840 führte die Kopenhagener Regierung, noch durchaus maßvoll, für Nordschleswig das Dänische als Amtssprache überall dort ein, wo es in Kirche und Schule gebraucht wurde. Gleichzeitig verlangte die dänische Minderheit im Schleswiger Landtag die Anerkennung des Dänischen als gleichberechtigte Verhandlungssprache. Unter dem Eindruck dieser Bestrebungen und weitergehender Pläne der Regierung zur Modernisierung der dänischen Gesamt-

staatsverfassung unter Einbeziehung Schleswigs wandelte sich der ältere Landespatriotismus der Schleswig-Holsteiner in eine echte Nationalbewegung. Sie fand in dem Augustenburger, der sich dem Liberalismus näherte, eine Integrationsfigur, die geeignet war, die politischen Interessengegensätze auszugleichen. Wichtigstes Ziel wurde immer mehr die Erhaltung der deutschen Struktur der Herzogtümer als Ganzes als Voraussetzung ihres nationalen Überlebens im dänischen Staatsverband. Hinter dieser Forderung mußte, jedenfalls aus der Sicht der Deutschen in Schleswig, das Recht des einzelnen auf den öffentlichen Gebrauch der eigenen Sprache, also in Nordschleswig des Dänischen, zurücktreten. Die Nationalisierung der alten Landesrechte verband sich mit dem Anspruch, daß Schleswig aufgrund seiner älteren Geschichte ein deutsches Land sei. Diese nach ihrem Selbstverständnis weniger demokratisch als geschichtlich legitimierte Nationalbewegung der Schleswig-Holsteiner, die in den Advokaten Wilhelm Hartwig Beseler aus Schleswig und Karl Samwer aus Bordesholm geschickte Verteidiger ihrer Ansprüche besaß, erhielt, ebenso wie die Ritterschaft nach 1815 durch Dahlmann, jetzt in dem seit 1840 in Kiel lehrenden Historiker Johann Gustav Droysen einen wirksamen wissenschaftlichen Propagator ihrer Forderungen. In seiner 1843 zur Tausendjahrfeier des Vertrages von Verdun gehaltenen Festrede und in Vorlesungen über neueste Geschichte feierte Droysen Schleswig-Holstein als einen Teil Deutschlands und das Recht seiner Bevölkerung auf Freiheit als das wahre historische Recht. Das zuerst im Juli 1844 auf einem Sängerfest in Schleswig gesungene Lied »Schleswig-Holstein meerumschlungen« wurde zum Kampflied und das 1816 zuerst von Dahlmann aus dem Ripener Freiheitsbrief von 1460 herausgeholte Schlagwort »Up ewig ungedeelt« zur Losung der deutsch-patriotischen Bewegung, die seit dem Herbst 1844, unter dem Eindruck des sich zuspitzenden Konfliktes, auf Gesamtdeutschland übergriff. Die Forderung der dänischen Stände nach Sicherung des Gesamtstaates aufgrund des in der *Lex Regia* festgelegten weiblichen Erbrechtes im Oktober 1844, eine von zahlreichen Petitionen unterstützte Vorstellung der holsteinischen Stände vom Dezember 1844, in der die Selbständigkeit und Verbundenheit der Herzogtümer und die Geltung der männlichen Erbfolge postuliert wurden, der sogenannte »Offene Brief« Christians VIII. vom 8. Juli 1846, der in verklausulierter Form am Gesamtstaatsprogramm der Eiderdänen festhielt und damit eine Trennung der Herzogtümer nicht ausschloß, eine neue Protestadresse der holsteinischen Stände, Massendemonstrationen in Kiel und Neumünster, eine Verfassungsbeschwerde beim Bundestag, der im September 1846 den Rechtsstandpunkt der Holsteiner, wenn auch in zurückhaltender Sprache, bestätigte, schließlich die Forderung der Schleswiger Stände nach einer gemeinsamen Verfassung für die Herzogtümer und nach Aufnahme Schleswigs in den Deutschen Bund im Herbst 1846, das waren die Stationen eines immer heftiger werdenden Konfliktes, der in seiner nationalen Dimension großen Widerhall in der deutschen Öffentlichkeit fand. Wie 1840/42 in der Zurückweisung der französischen Rheinforderung, so fanden sich jetzt Fürsten, einzelne Landtage, Universitäten, freie Bürgerversammlungen und Politiker aller Richtungen in ganz Deutschland in der Verteidigung des nationalen Rechts der Herzogtümer zusammen. Auf dem Würzburger Sängerfest von 1845 wurden die eigens dazu geladenen Schleswig-Holsteiner stürmisch gefeiert. Auf dem ersten deutschen Germanistentag, der im Jahre 1846 Vertreter der deutschen Philologie, der deutschrechtlichen Jurisprudenz und der Geschichtswissenschaft vereinigte, erklärten sich die Gelehrten, unter ihnen Dahlmann, Gervinus und die Gebrüder Grimm, mit den Herzogtümern solidarisch. Ungeachtet solcher Proteste, die, in der Form der Anerkennung des Rechtsstandpunktes der schleswig-holsteinischen Stände und des Augustenburgers, von nicht wenigen

Die schleswig-
holsteinische Frage
als nationaler
Konflikt deutschen Fürsten und selbst von Metternich als begründet anerkannt wurden, leitete der neue dänische König FRIEDRICH VII. nach dem Tod seines Bruders im Dezember 1847 die Vorbereitung einer gesamtdänischen Verfassung in die Wege. So mündete der Konflikt als ungelöstes Problem in die europäische Revolutionsbewegung des Jahres 1848 ein.

3. Ideologische Spannungen und politische Parteiungen

Die Serie politischen und sozialen Protests, die die Jahre nach 1830, und der Durchbruch eines militanten Nationalgefühls, der die Dekade vor 1848 erfüllte, wurden von der Entstehung eines pluralistischen Systems politischer Parteien begleitet, das seit etwa 1835 an die Stelle des älteren Gegensatzes von Konservativismus und Frühliberalismus trat und über die Zäsur der bürgerlichen Revolution hinaus die politische Geschichte Deutschlands bis 1918 maßgebend bestimmte. Auch in diesem Vorgang der Formierung eines »fünfgliedrigen deutschen Parteiwesens« *(Ernst Rudolf Huber)* im Vormärz, bestehend aus dem Konservativismus, dem Liberalismus, dem demokratischen Radikalismus, dem politischen Katholizismus und dem Sozialismus, trafen äußere Anstöße wie die Juli-Revolution von 1830 und der preußische Thronwechsel von 1840 mit der zunehmenden Diskrepanz zwischen der wirtschaftlichen Entwicklung und gesellschaftlichen Differenzierung auf der einen und der Stagnation des politischen Systems auf der anderen Seite zusammen. Zu dieser Konstellation trat als auffallendes Merkmal der deutschen Entwicklung die starke Orientierung der neuen Gruppierungen an Theorie und Ideologie. Es waren Weltanschauungsparteien, deren Eigenart die politische Doktrin und noch nicht die schichtenspezifische Zusammensetzung ihrer Anhängerschaft oder eine feste Organisation war. Sie wurde in philosophischer und gesinnungsmäßiger Auseinandersetzung mit den traditionellen Wertesystemen in Religion, Staat und Gesellschaft und in Rezeption westlicher, vor allem französischer und englischer Theorien gewonnen. Dieser Zug zum Doktrinären, der den Bemühungen um parteipolitische Abgrenzung und selbst den Begründungen der politischen Praxis oft den Charakter eines Streites um letzte Überzeugungen, von Glaubenskämpfen verlieh, wies auf ältere Strukturen der deutschen Geschichte zurück, auf die dauernde, auch durch Aufklärung und Säkularisation nicht neutralisierte Bedeutung des Konfessionellen in der Politik und auf den traditionellen Pluralismus und Regionalismus des deutschen Bildungswesens, die der Entstehung philosophischer und theologischer Schulen Vorschub leisteten. Dem großen Ansehen des Gelehrten und Schriftstellers in der noch schwach ausgebildeten bürgerlichen Gesellschaft standen die geringen Möglichkeiten einer Bewährung politischer Programme in der Praxis gegenüber. Für handelnde Parteien war weder im dualistisch angelegten Konstitutionalismus noch im bürokratischen Verwaltungsstaat Platz, nachdem der Bundestag am 5. Juli 1832 die Unterdrückung aller »Vereine, welche politische Zwecke haben oder unter anderem Namen zu politischen Zwecken benutzt werden«, beschlossen hatte.

Anerkennung der Notwendigkeit politischer Parteien

Trotz solcher äußeren und inneren Hemmnisse setzte sich im Vormärz immer mehr die Auffassung durch, daß Parteien ein notwendiges Element des politischen Lebens im Verfassungsstaat seien. Für diesen Meinungswandel gibt es eindrucksvolle Zeugnisse. Der Freiherr vom Stein kritisierte kurz vor seinem Tode (1830) die ständische Zusammensetzung der preußischen Provinziallandtage mit den Worten, daß »Spaltung in politische Parteien, in Liberale, Konstitutionelle, Monarchisten und in ihre Unterabteilungen und Schattierungen ...

weniger nachteilig als Trennung in Stände [ist], wo Adelsstolz, Bürgerneid und Bauernplumpheit gegeneinander auftreten«. Heinrich von Gagern schrieb 1837, daß überall, wo das Volk Anteil an der Regierung hat, Parteien und Parteikampf sein werden, weshalb »die Parteiherrschaft ... im Zustand der Freiheit etwas Wesentliches, Unvermeidliches« ist. Georg Herwegh forderte 1842 vom Schriftsteller die politische Parteinahme, Arnold Ruge den Übergang von der philosophischen Kritik zur politischen Praxis. Die 40er Jahre sahen die ersten Schriften zur Theorie des Parteiwesens und des Parlamentarismus, so von dem Königsberger Hegelianer Karl Rosenkranz, von den Schwaben Friedrich Rohmer und Robert von Mohl bis zu den Autoren der einschlägigen Artikel im Staatslexikon von Rotteck und Welcker.

Der Bindung des frühen Parteiwesens an Weltanschauung und Prinzipien, von der auch die Ansätze einer politischen Parteitheorie nicht frei sind, entsprach die Bedeutung, die literarische, philosophische und theologische Auseinandersetzungen für die Differenzierung politischer Richtungen gewannen. Das Unbehagen an dem Metternichschen System bezog den kulturellen Bereich in die kritische Reflexion ein. Sie durchbrach die Abschirmung, hinter der die Literatur und Philosophie der Klassik, der Romantik und des Idealismus unter den Bedingungen der Restauration eine späte Blüte erlebt hatten. Die Dichtung wurde politisch, zunächst im Roman, seit den 40er Jahren verstärkt in der Lyrik. Alle Aspekte der politischen und gesellschaftlichen Emanzipation wurden dem Bildungsbürger im Theater, in fiktiven oder realistischen Reiseschilderungen, in kritischen Essays und im Feuilleton der großen Zeitungen nahegebracht. Politische, theologische und philosophische Schulen und Gruppen schufen sich eigene publizistische Organe, in denen die Zeitfragen in wissenschaftlichem oder populärem Gewande polemisch traktiert wurden. Dabei standen sie in einem dauernden Kleinkrieg mit der Zensur auf Bundesebene und in den Einzelstaaten. Die Zensurpraxis schwankte und war keineswegs lückenlos. Der Bundestag beantwortete die nach 1830 sprunghaft ansteigende Welle einer oppositionellen Publizistik mit den Beschlüssen von 1832 und 1834. Eine Serie der Unterdrückung von Zeitungen und Zeitschriften und von Verboten einzelner Werke war die Folge. Zu den Ansätzen einer politischen Kurskorrektur, mit denen Friedrich Wilhelm IV. seine Regierungszeit begann, gehörte die preußische Zensurinstruktion vom 24. Dezember 1841, durch die der Publizistik größerer Spielraum gewährt wurde. Als jedoch oppositionelle Zeitschriften und Zeitungen davon Gebrauch machten und die Verwaltungspraxis und Kulturpolitik der Regierung scharf attackierten, kehrte man rasch wieder zur repressiven Handhabung der Zensur zurück. Viele Zeit- und Flugschriften wurden verboten. Im Jahre 1844 fielen allein 55 Titel dem Urteil des Oberzensurgerichts in Berlin zum Opfer. In den letzten Jahren des Vormärz konzentrierte sich die Aufmerksamkeit des Bundestages auf die Eindämmung der politischen, und zwar zunehmend radikaldemokratischen und sozialistischen Exilliteratur. Zürich und Winterthur, Bern und Herisau und das Hinterland von Konstanz waren in der Schweiz die Sitze von Emigrantenverlagen, deren Produktion nach und nach mit einem generellen Debitverbot belegt wurde. In dem von Julius Fröbel geleiteten Literarischen Comptoir in Zürich und Winterthur erschienen von 1840 bis zu seiner Unterdrückung im Jahre 1845 über einhundert Titel. Im August 1846 verbot der Bundestag die Verbreitung aller sozialistischen und kommunistischen Schriften. Bemerkenswert für das geistige und politische Klima des Vormärz war aber nicht sosehr die harte Praxis der Zensur, die oft die berufliche und wirtschaftliche Existenz der Autoren, Verleger, Drucker und Buchhändler vernichtete, sondern ihre relative Wirkungslosigkeit. Die allgemeine Zunahme der literarischen Produktion, deren Verbreitung durch die Entwicklung des Nachrichten- und Verkehrswesens gefördert wurde, spricht eine deutliche Sprache. Der Preßzwang konnte weder die Politisierung des öffentlichen Lebens noch den damit verbundenen Prozeß der ideologischen und parteipolitischen Differenzierung aufhalten. Er hat allenfalls, zusammen mit der Behinderung des Verfassungslebens, dazu beigetragen, daß sich diese Entwicklung zunächst mehr im diffusen literarischen Raum, wenn nicht im Exil oder im Untergrund, abspielte und eine offene politische Parteibildung, auch in den Kammern, erst in den letzten Jahren vor der Märzrevolution einsetzte.

<small>Das »Junge Deutschland« in der Literatur</small>

Die ersten und nach ihrem Rang bedeutendsten Schriftsteller, die sich um 1830 bewußt von der, wie sie es sahen, ästhetischen Selbstgenügsamkeit der mit Goethes Tod endenden Literaturperiode abwandten, waren HEINRICH HEINE und LUDWIG BÖRNE. Beide kamen aus jüdischem Milieu, der Düsseldorfer Heine aus einer Kaufmannsfamilie, Börne noch aus dem Frankfurter Getto; das Problem der Emanzipation war ihnen vertraut. Als sie nach der Juli-Revolution in die französische Hauptstadt übersiedelten, hatten sie sich bereits einen Namen gemacht, Heine nach einem Rechts- und Philosophiestudium in Bonn, Berlin und Göttingen als sensibler Poet, Börne als Journalist, der nach 1819 den Druck der Zensur zu spüren bekommen hatte. Von Paris aus unterzogen beide, die in wechselnd enger Verbindung zu den verschiedenen Exilgruppen standen, die politischen und sozialen Verhältnisse Deutschlands ätzender Kritik, wobei sich Börne zur demokratischen Republik bekannte, während Heine, ohne sich definitiv einer politischen Richtung anzuschließen, die soziale Revolution prophezeite. Seine »Reisebilder« (1826–1831), die theoretischen und literarischen Abhandlungen »Zur Geschichte der Religion und Philosophie in Deutschland« (1834) und »Die romantische Schule« (1835) und seine Versdichtungen »Atta Troll« (1841) und »Deutschland, ein Wintermärchen« (1844) sind in ihrer Mischung von Sentiment und kritischem Esprit, von scharfzüngigem Witz und lächelnder Traurigkeit Zeugnisse für die durch die Verhältnisse erzwungene Haßliebe ihres Verfassers zu seiner Heimat. Er verband die Warnung vor der zerstörenden Kraft des neuen Nationalismus mit der Vision einer »Universalherrschaft Deutschlands«. Heine verachtete das Regime der Großbourgeoisie in der Juli-Monarchie, von der er gleichwohl eine Pension bezog; er war ein Freund von Marx, und doch graute ihm vor der plebejischen Zukunft.

Im Jahre 1834 veröffentlichte der Hamburger Schriftsteller LUDOLF WIENBARG seine Vorlesung »Ästhetische Feldzüge«, die er, unter Berufung auf das Vorbild Heine, dem »jungen Deutschland, nicht dem alten« widmete. Aus dieser Formulierung wurde der Name einer literarischen Schule, in deren Schriften die bewußte Wendung zur Religions- und Gesellschaftskritik vollzogen wurde. Zu den Hauptvertretern dieser Oppositionsliteratur gehörten außer Wienbarg KARL GUTZKOW, der als Romancier und Publizist in Hamburg und Berlin lebte, der Schlesier HEINRICH LAUBE, Verfasser viel gelesener Reisenovellen und eines vierbändigen Romans »Das junge Europa«, und der Potsdamer THEODOR MUNDT, der in seinem Roman »Madonna, Unterhaltung mit einer Heiligen« die freie Liebe feierte. Zu dem Kreis der ihnen nach Tendenz und Lebensstil nahestehenden Autoren zählten auch Frauen wie Fanny Lewald und Luise Otto, die die Befreiung der Frau aus den Fesseln der bürgerlichen Moral und ihre Gleichberechtigung in der Erziehung und Politik forderten. Überhaupt verband sich in dieser jungen Schriftstellergeneration die Absage an die Tradition – Laube: »Die neueste Literatur leugnet die Geschichte und verlangt tabula rasa« – mit einem Zug zur großstädtischen Lebensweise, die mit Kritik an der kleinbürgerlichen Philisterei einherging. Die gewollt respektlose Polemik gegen Kirche und Polizeistaat als Hüter überholter gesellschaftlicher

Konventionen und Verfolger freier politischer Betätigung verschmolz mit dem Glauben an die emanzipatorische Funktion der Literatur, ein extremer Individualismus und Subjektivismus mit der Anerkennung der materiellen Bedürfnisse der Menschen. Ohne über einen aufklärerischen Liberalismus hinauszukommen oder gar parteibildend zu wirken, vertraten die Autoren des »Jungen Deutschland«, wenn auch unsystematisch, schon viele Positionen, die wenig später zur theoretischen Abgrenzung des philosophischen Radikalismus vom älteren Liberalismus verwendet wurden.

Das Eindringen des oppositionellen Zeitgeistes in die schöne Literatur rief den Bundestag auf den Plan. Den Anlaß dazu lieferte die Kritik, die der Stuttgarter Redakteur des Cottaschen Literaturblattes und einstige Burschenschafter WOLFGANG MENZEL im Herbst 1835 an der »offenkundigen Gotteslästerung und Immoralität« von Gutzkows Roman »Wally, die Zweiflerin« geübt hatte. Am 10. Dezember 1835 untersagte die Bundesversammlung die Verbreitung der Schriften »aus der unter der Bezeichnung ›das Junge Deutschland‹ oder ›Die junge Literatur‹ bekannten literarischen Schule« und machte den Regierungen die zensur- und strafrechtliche Verfolgung ihrer Vertreter zur Pflicht. Heine, Gutzkow, Wienbarg, Laube und Mundt wurden eigens genannt. Die ungewollte Namensgleichheit mit der deutschen Sektion des politischen Geheimbundes »Das Junge Europa« war den Initiatoren des Verbotes zweifellos willkommen. Immerhin bewirkte es das Auseinanderfallen der ohnehin nur lockeren Gruppe und ihren partiellen Rückzug in die unpolitische Literatur. Die Unterdrückung der zeitkritischen Dichtung gelang aber nicht. Vielmehr entstand der liberalen und radikalen Opposition in den 40er Jahren in einer engagierten politischen Lyrik ein vielstimmiger Verbündeter von ungleich größerer Breitenwirkung, als sie die oft reichlich theoretische und diffuse Prosa des »Jungen Deutschland« je hatte erreichen können. Knüpfte der nationale Rheinliedenthusiasmus an die patriotische Dichtung der Freiheitskriege an, so besaßen die radikalen »Tendenzpoeten« der 40er Jahre Vorläufer in der weitgehend verschütteten Tradition der Jakobinerdichtung sowie in den Griechen- und Polenliedern. Auch hier bildete Heine ein wichtiges Zwischenglied. Der Niedersachse AUGUST HEINRICH HOFFMANN VON FALLERSLEBEN mit seinen »Unpolitischen Liedern« (1840/41), die ihm die Entlassung aus dem preußischen Universitätsdienst einbrachten, der Detmolder FERDINAND FREILIGRATH mit den Gedichtsammlungen »Mein Glaubensbekenntnis« (1844) und »Ça ira« (1846) und der Schwabe GEORG HERWEGH mit den »Gedichten eines Lebendigen« (1841) waren die populärsten aus einer großen Schar politischer Dichter, die oft – in unsicherer beruflicher Existenz und unter dem Druck der Zensur – ein unstetes Wanderleben durch Deutschland oder im Exil führten. In ihrer Abkehr vom einzelstaatlichen Liberalismus, in der Wendung zur nationalen Demokratie und dem Zug zur Sozialkritik bis hin zur sozialrevolutionären Radikalität in den Gedichten Freiligraths und seines jungen Landsmannes GEORG WEERTH verband sich das Lebensschicksal dieser literarischen Intelligenz aufs engste mit der wachsenden politischen und sozialen Spannung auf nationaler Ebene im Vorfeld der Revolution.

Eine lokale, aber zeittypische Variante der vormärzlichen Verbindung von oppositionellem Intellekt mit bürgerlicher Geselligkeit war seit der zweiten Hälfte der 30er Jahre der aus älteren kirchlichen und volkstümlichen Bräuchen entstandene politische Karneval am Rhein, besonders in der unter scharfer Kontrolle stehenden Bundesfestung Mainz, der Stadt Johannes Gutenbergs, dessen von Thorwaldsen entworfenes Denkmal 1837 in einem »Fest der brüderlichen deutschen Gemeinschaft der Gedanken und Gefühle« eingeweiht worden war. Unter der Leitung eines an die jakobinische Klubtradition anknüpfenden »Komitees« übte

Verbot des »Jungen Deutschland« 10. Dezember 1835

Politische Lyrik

Politischer Karneval in Mainz und Köln

sich in den Reden und Liedern und den jährlichen Fastnachtszeitungen des Mainzer Karnevalsvereins der »frondierende Geist« *(Ludwig Bamberger)* in der Kunst der offenen und verdeckten politischen Satire, in der närrischen Kritik am Obrigkeitsstaat. Nicht zufällig zählte der Präsident des Vereins, Franz Zitz, ebenso wie sein Kölner Kollege Franz Raveaux 1848 zu den Mitgliedern der demokratischen Linken in der Frankfurter Nationalversammlung.

Regionalismus in der schönen Literatur

Abseits der politischen Dichtung bestand aber auch im Vormärz ein bedeutender Regionalismus in der schönen Literatur fort, der etwa in der Schwäbischen Dichterschule mit Ludwig Uhland und Eduard Mörike, in Westfalen mit Annette von Droste-Hülshoff und Levin Schücking und selbst in Österreich, dem von Börne als »China Europas« verspotteten Kernland des Metternichschen Systems, mit den Dichtungen eines Franz Grillparzer, Eduard Bauernfeld, Adalbert Stifter und der (auch politischen) Lyrik eines Anastasius Grün (Anton Graf Auersperg) eine künstlerische Blüte erlebte. Für den jungen Georg Gottfried Gervinus, der 1837 in seiner »Historik« dem Geschichtsschreiber die Aufgabe zugewiesen hatte, »ein Parteimann des Schicksals, ein natürlicher Vorfechter des Fortschritts und der Freiheit« zu sein, war diese Literatur freilich bloßes Epigonentum. Im letzten Band seiner von 1835 bis 1842 erscheinenden »Geschichte der poetischen National-Literatur der Deutschen« proklamierte er das Ende des Wettkampfes der Kunst. Jetzt komme es darauf an, sich im politischen Handeln den Ideen der Zeit anzuschließen.

Die politischen Parteien

In dem so veränderten politischen und geistigen Klima entstanden zwischen 1830 und 1848 die politischen Parteien. Der Vorgang knüpfte bei dem Konservativismus und Liberalismus an ältere ideologische Positionen an, die präzisiert oder modifiziert wurden. Im politischen Katholizismus, im Radikalismus und Sozialismus führte er über den Gegensatz von Bewahrung und Fortschritt hinaus und war damit, wenn auch noch in überwiegend doktrinärer Weise, eine Antwort auf Veränderungen in den konfessionellen, politischen und ökonomischen Strukturen.

Konservativismus

Für die Konservativen war die Juli-Revolution eine neue Herausforderung, die das Mißtrauen gegenüber den politischen Theorien des Westens bestätigte. Sie hatte weniger eine Veränderung der Doktrin als eine erhöhte Aktivität zum Zwecke ihrer Propagierung zur Folge. Im Herbst 1831 wurde in der preußischen Hauptstadt als Organ des christlichen Hochkonservatismus das »Berliner Politische Wochenblatt« gegründet. Es stellte sich die Aufgabe, »der Revolution in jeder Gestalt entgegenzutreten ... und die schlechten politischen Lehren durch die guten zu bekämpfen«. Geistiger Vater der Zeitschrift war JOSEPH MARIA VON RADOWITZ. Er gewann als Redakteur den zum Katholizismus übergetretenen Strafrechtler KARL ERNST JARCKE, der seit 1825 an der Berliner Universität lehrte, und sicherte sich in den Gebrüdern Gerlach und in Carl von Voß die Unterstützung altpreußischer Adelskreise. Man war sich in der Überzeugung der notwendigen Verbindung des christlichen Glaubens mit der Tradition und der Autorität im Kampf gegen den falschen Liberalismus und den bürokratischen Absolutismus einig. Diese doppelte Zielrichtung war dafür verantwortlich, daß die Regierung, aber nicht der Kronprinz, dem Blatt reserviert gegenüberstand. Es fand dafür außerhalb Preußens einen relativ großen Leserkreis (bis zu 900 Abonnenten). Es verlor aber rasch an Bedeutung, nachdem das Bündnis zwischen dem katholischen und dem altpreußisch-protestantischen Konservatismus im Kölner Kirchenstreit zerbrochen war. Jarcke, der schon 1832 als Nachfolger von Gentz in den Dienst Metternichs getreten war, kündigte nach 1837, ebenso wie die meisten anderen katholischen Autoren, die Mitarbeit auf. Ende 1841 stellte das Wochenblatt sein Erscheinen ein. Stärker in der preußischen Staatstradition stand Rankes

Zeitschriften

»Historisch-Politische Zeitschrift«. Im Jahre 1832 auf Anregung des Außenministers Graf Bernstorff gegründet, setzte sie sich vom doktrinären Hochkonservativismus durch eine stärker historisch fundierte Position ab. Bei aller Anerkennung der sich wandelnden politischen und sozialen Realitäten hielten aber der Herausgeber und seine Mitarbeiter, darunter Savigny und Johann Albrecht Eichhorn, an einer staatskonservativen Linie fest, die in den außenpolitischen Kommentaren Rankes auf die Sicherung des europäischen Mächtesystems, innenpolitisch auf die Ablehnung der »Theorie« des Liberalismus und der Französischen Revolution hinauslief. Der Einfluß der in ihrer Aufmachung akademischen Zeitschrift, die sich besonders der Unterstützung Ancillons, des höchst konservativen Nachfolgers Bernstorffs als Außenminister, erfreute, ging kaum über den Hof, die Regierung und konservative Gelehrtenkreise hinaus.

Den bedeutendsten Beitrag zu einer konservativen Lehre der Politik lieferte in den 40er Jahren der Staatswissenschaftler FRIEDRICH JULIUS STAHL. Der einstige Burschenschafter und Schüler Schellings wurde, nachdem er sich durch eine gegen Hegel gerichtete Rechtsphilosophie »auf der Grundlage christlicher Anschauung« (1830—1837) dem preußischen Kronprinzen empfohlen hatte, 1840 von Erlangen nach Berlin berufen und hier in kurzer Zeit zum offiziösen Theoretiker des preußischen Staates nach den Vorstellungen des neuen Königs. In seinem Buch »Das monarchische Prinzip« (1845) suchte Stahl einen spezifisch deutschen Verfassungstyp gegenüber dem westlichen Konstitutionalismus zu begründen. Er erkannte die Notwendigkeit der »Teilnahme der Nation an der Gestaltung und Verbürgung des öffentlichen Rechtszustandes« an, hielt aber an dem entscheidenden Übergewicht des auf die Wahrung des Rechts verpflichteten Monarchen im Staate fest. Indem Stahl den öffentlich-rechtlichen Charakter des so umschriebenen konservativen Verfassungsstaates anerkannte und die Volksvertretung mit dem Budgetrecht und dem Recht der Ministerklage ausstatten wollte, damit sie »Wächter und Garant« der Verfassung sein könne, distanzierte er sich sowohl von der privatrechtlichen Lehre Hallers als auch von der Staatsvergötzung durch Hegel. Dem entsprach auch seine Abwendung vom herrschenden Staatskirchentum zugunsten eines Bündnisses von Thron und Altar in einem christlichen Staat. In ihm sollten den christlichen Kirchen Freiheit in allen dogmatischen und kultischen Fragen, dagegen den Nichtchristen allenfalls Toleranz, aber nicht eine paritätische Stellung gewährt werden. Begünstigte diese Auffassung, die Stahl schon 1840 in einer Schrift »Die Kirchenverfassung nach Lehre und Recht der Protestanten« vorgetragen hatte, das Nachgeben Friedrich Wilhelms IV. im Streit mit der katholischen Kirche, so schuf seine Verfassungslehre die theoretische Grundlage für die aktive Beteiligung einer konservativen Partei am parlamentarischen Leben. In eine ähnliche Richtung, nämlich auf die Bildung einer Partei, die ein Gegengewicht gegen den Katholizismus und die verschiedenen Spielarten des Liberalismus bilden sollte, zielten in den 40er Jahren die publizistischen Aktivitäten des Marburgers, seit 1843 Berliner Professor für Sprachen und Literatur, VICTOR AIMÉE HUBER. In der mit Regierungsunterstützung herausgegebenen Zeitschrift »Janus« (1845 bis 1848), die aber nicht recht florierte, verband Huber den Kampf gegen den junghegelschen Radikalismus mit der Entwicklung eines konservativen Programms zur Lösung der sozialen Frage unter starker Betonung des korporativ-genossenschaftlichen Gedankens. Er blieb aber damit noch ein Einzelgänger. Zur Bildung einer konservativen Fraktion in den Kammern ist es vor der Revolution ansatzweise nur im preußischen Vereinigten Landtag von 1847 gekommen. Ihr gehörten der junge Otto von Bismarck, der pommersche Junker Adolf von Thadden-Trieglaff, dessen Gut das Zentrum der pommerschen Erweckungsbewegung war, und der

Belgarder Landrat Hans von Kleist-Retzow an. Darüber hinaus gab es in den Provinziallandtagen und in den Kammern der anderen deutschen Staaten manche Vertreter eines staatlichen oder ständisch-landschaftlichen Konservativismus, ohne daß es zu einem überregionalen oder gar nationalen Zusammenschluß der Konservativen kam. Ihr politischer Einfluß beruhte noch weitgehend auf der rechtlichen und sozialen Privilegierung des Adels oder auf der Nähe zum Regierungsapparat.

Anfänge des politischen Katholizismus Die Politisierung des deutschen Katholizismus im Sinne einer konfessionell gebundenen Parteibildung mit dem Ziel, der katholischen Kirche und ihren Gläubigen bestimmte religiöse und politische Rechte zu sichern, stand im Vormärz zunächst noch im Zeichen des außer- und innerkirchlichen Gegensatzes von konservativ und liberal, so daß für diese Zeit noch nicht von einer einzigen katholischen Partei gesprochen werden kann. Zwar gehörten die innere Glaubenserneuerung und die wachsende Opposition zum (protestantischen) Staatskirchentum zu den gemeinsamen Voraussetzungen eines politischen Katholizismus. Doch gingen die Vorstellungen, mit welchen politischen Mitteln die religiöse Selbstbehauptung zu verwirklichen sei, weit auseinander, und zwar nicht zufällig entlang der ideologischen Grenzlinie zwischen konservativ und liberal. So entstand einerseits, als Abspaltung vom älteren, noch überkonfessionellen Konservativismus, eine katholisch-konservative Richtung, die personell und nach ihren Aktivitäten einer politischen Partei recht nahe kam, andererseits, unter dem Einfluß westlicher Ideen, eine eher liberale Gruppe von Katholiken ohne besonderen Zusammenhalt. Schließlich gab es vereinzelte Ansätze eines katholisch-sozialen Programms, dem aber noch der politische und personelle Unterbau fehlte. Die Mitte der 40er Jahre entstehende deutschkatholische Bewegung führte aus dem Raum der Kirche hinaus und war eine ideologische Spielart des vormärzlichen Radikalismus.

Konservative Katholiken Der konservative Katholizismus knüpfte an den romantischen Konservativismus der Restauration und an die von Theologen und Laien getragenen Bestrebungen der katholischen Erneuerung in Süd- und Westdeutschland an. Der Anstoß zur bewußten Distanzierung vom Protestantismus als Verkörperung des verderblichen liberalen und etatistischen Zeitgeistes und damit zur Politisierung war das »Kölner Ereignis« von 1837 und die Parteinahme des philosophischen Liberalismus für den preußischen Staat in dem daraus entstehenden Konflikt. Geistiges Zentrum des konservativen Katholizismus war der Münchener Kreis um JOSEPH GÖRRES und die von ihm 1838 gegründete Zeitschrift »Historisch-politische Blätter für das katholische Deutschland«, in deren Herausgabe Görres sich mit Jarcke und dem aus Königsberg stammenden Konvertiten George Phillips teilte. Innerkirchlich auf einen überlieferungsgebundenen, dogmenstrengen und absolut romtreuen Katholizismus eingeschworen, der ihnen den Namen »Ultramontanismus« eintrug, vertraten die konservativen Katholiken die Freiheit der Kirche als öffentlich-rechtliche Anstalt im Staate und von staatlichen Eingriffen; sie forderten zugleich den Schutz der kirchlichen Institutionen und des kirchlichen Einflusses in Familie und Schule durch den Staat. Staatspolitisch traten sie, im Anschluß an die organische Staatslehre der politischen Romantik, für die ständische Monarchie ein, nationalpolitisch für die Wiederherstellung des Alten Reiches unter Führung der katholischen Habsburger. Die militante antipreußische Stellungnahme im Kölner Kirchenstreit, die der Zeitschrift 1839 das Verbot für Preußen einbrachte, und die regelmäßige Berichterstattung über alle kirchenpolitischen und ideologischen Streitfragen in Deutschland in kirchlich-konservativem Sinne, wobei man mit gleicher Schärfe den liberal-demokratischen »Jakobinismus von unten« wie den absolutistisch-polizeistaatlichen »Jakobinismus von oben« bekämpfte, machten aus den

»Historisch-politischen Blättern« ein echtes Parteiblatt. War es in München vor allem ein Kreis von Professoren, neben Görres und Phillips etwa der Kirchenrechtler Ignaz Döllinger, der Staatsrechtler Ernst Freiherr Moy de Sons und der Philosoph Ernst von Lasaulx, die teils durch ihre Schriften, teils als Landtagsabgeordnete die Interessen der katholischen Kirche vertraten, so stützte sich der konservative Katholizismus in den preußischen Provinziallandtagen des Rheinlandes, Westfalens und Schlesiens sowie in den Ersten Kammern in Stuttgart und Karlsruhe vielfach auf den katholischen Adel. In der Rheinprovinz bestand während und nach den Kölner Wirren manche Verbindung zwischen dem Klerus und der Gruppe katholischer Adeliger im Provinziallandtag unter der Führung des Freiherrn Max von Loë. Ihr publizistischer Wortführer war der aus Ostpreußen stammende Konvertit Carl Gustav Rintel, der bis 1844 Redakteur der »Luxemburger Zeitung« war. Auch in Württemberg kam es Anfang der 40er Jahre im Kampf gegen die Staatskirchenpolitik der Regierung zu einer Art Koalition zwischen dem katholischen standesherrlichen Adel unter der Führung des Erbgrafen Konstantin Waldburg Zeil und dem Klerus. Die Möglichkeit einer Mobilisierung des überwiegend ländlichen Kirchenvolkes zeichnete sich hier ebenso ab wie in der großen Beteiligung an der Trierer Wallfahrt von 1844. Seit dem Ende der 30er Jahre gab es neben den wenigen überregionalen Zeitschriften ein gut ausgebautes Netz katholischer Kirchenblätter mit vorwiegend konservativ-apologetischer Tendenz, über das breitere Volksschichten als das Bildungsbürgertum politisch für die Sache des Katholizismus gewonnen werden konnten.

Der katholische Adel

Auf einer schmaleren weltanschaulichen und personellen Grundlage standen die Ansätze zu einem »Bund von Katholizismus und politischem Liberalismus« *(Franz Schnabel)*, nicht zuletzt wegen des verschärften Gegensatzes zwischen dem erneuerten Kirchenglauben und dem theologischen Rationalismus. Es waren denn auch primär politische Impulse, die von entsprechenden Bestrebungen in Westeuropa vor allem auf das Rheinland ausstrahlten und hier die den liberalen Ideen aufgeschlossene katholische Mittelschicht beeindruckten. Die Freiheitskämpfe der katholischen Polen gegen Rußland, der katholischen Iren unter O'Connell gegen England und der katholischen Belgier gegen Holland bildeten den politischen Hintergrund, auf dem der »Catholicisme libéral« des französischen Abbé Lamennais und des Grafen Charles de Montalembert am Rhein ein positives Echo fand, am eindrucksvollsten in der Jugendentwicklung und den frühen Schriften der Brüder AUGUST und PETER REICHENSPERGER, die später zu den Gründern der Zentrumspartei gehörten. Beide waren als Juristen Verteidiger der französischen Institutionen; beide wurden durch das »Kölner Ereignis« von 1837, der künstlerisch begabte August Reichensperger zudem unter dem Einfluß der Rheinromantik, zum strengen Kirchenglauben zurückgeführt, den sie mit liberalen Verfassungsvorstellungen zu verbinden wußten. Sie blieben aber nicht auf der Position des katholischen Liberalen stehen, sondern suchten aus christlich-katholischer Sicht den politischen Gegensatz von liberal und konservativ zu überwinden. Peter Reichensperger verteidigte 1847 die freie Agrarverfassung seiner rheinischen Heimat gegen Angriffe von altpreußischer und konservativer Seite; er forderte zugleich eine »korporativ-repräsentative« Verfassung, die unter Übernahme berufsständischer und regionaler Selbstverwaltungsformen die Nachteile des altständischen Systems und diejenigen des westlichen Konstitutionalismus vermeiden sollte. Schließlich verlangte er zur Bekämpfung des Pauperismus die Einführung von Schutzzöllen sowie Gesetze zur Begrenzung der Arbeitszeit und der Kinderarbeit, Ehebeschränkungen und die Wiederbelebung des korporativen Geistes im Handwerk. Mit diesen Vorschlägen

Liberale Katholiken im Rheinland

gehörte Reichensperger zu denjenigen Katholiken, die sich vor 1848 mit den sozialen Begleiterscheinungen des liberalistischen »Industriesystems« auseinandersetzten. Zu ihnen gehörte neben Franz von Baader vor allem der Freiburger Kirchenrechtler FRANZ JOSEPH BUSS. Buß hatte 1837 in der zweiten badischen Kammer eine Arbeiterschutzgesetzgebung gefordert und vor 1848 ein katholisches Sozialprogramm entwickelt, das die Pflege der Arbeiterbildung, Förderung des Eigentumserwerbs durch die Arbeiter, Beschränkung der Nachtarbeit, darüber hinaus die kirchliche Bekämpfung des unbegrenzten Individualismus und der wachsenden Irreligiosität enthielt. Buß hat zuerst in Deutschland auf das Vereinswesen als Instrument katholischer Bildungs- und Sozialpolitik verwiesen. Im Jahre 1844 wurde in Bonn der Karl-Borromäus-Verein zur Pflege des katholischen Buch- und Büchereiwesens, ein Jahr darauf in München nach französischem Vorbild der erste Vinzenzverein mit karitativer und seelsorgerischer Zielsetzung und wenig später am Niederrhein der erste katholische Gesellenverein durch ADOLF KOLPING gegründet. Damit waren noch vor der Revolution die Fundamente für eine eng mit dem Pfarrklerus verbundene katholische Laienbewegung gelegt, die nach der Liberalisierung des Vereinsrechts auch politisch mobilisiert werden konnte.

Bis um 1830 war der Liberalismus, ohne Partei im engeren Sinne zu sein, die einzige oppositionelle Kraft von Bedeutung. Sie hatte die politische Emanzipation der bürgerlichen Gesellschaft im Verfassungsstaat gegenüber der Reaktion und dem etatistischen oder altständischen Konservativismus auf ihre Fahnen geschrieben. Der nationale Radikalismus der Burschenschaft war nach 1819 in den Untergrund gedrängt worden. In den einzelstaatlichen Verfassungskämpfen und der außerparlamentarischen Protestbewegung der frühen 30er Jahre änderte sich diese Konstellation. Mit der Abspaltung des demokratischen Radikalismus auf seinem »linken« Flügel und, darauf folgend, der Entstehung einer sozialistischen Bewegung wurde der Liberalismus in die Mitte des politischen Kräftefeldes gerückt und damit sein Anspruch in Frage gestellt, das »Volk« in seiner Gesamtheit, als Staatsbürgergesellschaft, zu repräsentieren. Die unterschiedliche Reaktion auf diese Herausforderung förderte innerhalb des liberalen Lagers die Bildung von mindestens zwei Gruppierungen, deren gesellschaftspolitische Konzeptionen deutlich voneinander abwichen. In ihnen kündigte sich die spätere Spaltung in den Linksliberalismus und einen großbürgerlichen Nationalliberalismus an.

Die primär verfassungspolitisch-parlamentarisch orientierte Richtung, die weitgehend mit dem konstitutionellen Frühliberalismus süddeutscher Provenienz zusammenfiel, aber auch Anhänger in Mittel- und Norddeutschland gewann, hielt an der Fiktion der Einheit von »Volk« und »Bürgertum« fest. Sie suchte durch eine offensive Opposition, die auf den Ausbau oder die Ergänzung des Konstitutionalismus im parlamentarischen Sinne hinauslief, die Regierungen zur Revision des reaktionären Kurses mit seiner politischen Unterdrückung zu zwingen und damit den Weg für eine politisch und sozial integrierte Gesamtgesellschat freizumachen. Die Grenzen dieser »linksliberalen« Gruppierung zum demokratischen Radikalismus waren fließend. Noch rekrutierten sich ihre Anhänger in den Landtagen aus den Gruppen der Beamten, Advokaten und Professoren, im lokalen Bereich aus dem kleinbürgerlichen Mittelstand; noch herrschte das Gefühl der politischen Solidarität im Kampf gegen die Reaktion vor. Die ideologische Kraft der Fortschrittsidee, das rhetorisch wirksame Eintreten für die Prinzipien des Rechtsstaates, der unablässige Kampf gegen den Preßzwang und die, infolge der strikten Trennung von Legislative und Exekutive, nicht sonderlich erfolgreichen, aber nach außen wirkungsvollen Aktivitäten der liberalen Abgeordneten in den Kammern waren die Ursachen ihrer unvermindert großen Popularität. Man trat für die Ausdehnung des parlamentarischen und kommunalen Wahlrechts ein und befürwortete, im Unterschied zum ökonomischen Liberalismus, durchaus Initiativen des Staates zur Bekämpfung des ländlichen oder kleinbürgerlich-handwerklichen Pauperismus. Die politische Praxis wurde vor 1848 von solchen Überlegungen nicht berührt. Zu den liberalen Politikern Süddeutschlands, die den konstitutionellen Dualismus zumindest in der Theorie zugunsten eines parlamentarischen Systems nach englischem Muster zu überwinden suchten, gehörten der Staatsrechtler HEINRICH ALBERT ZACHARIÄ und sein Kollege ROBERT VON MOHL, der seit 1846 Mitglied der württembergischen Kammer war und 1847 von Tübingen an die Universität Heidelberg berufen wurde. Unbestrittene Führer des durch seine ideologische und personelle Kontinuität zum Frühliberalismus gekennzeichneten »altliberalen« Flügels waren nach wie vor die oppositionellen Koryphäen der süddeutschen, vor allem badischen und württembergischen Landtage, ein Itzstein, Welcker und Mittermaier in Karlsruhe – Rotteck war 1840 gestorben –, FRIEDRICH RÖMER in Stuttgart. Zu den mittel- und norddeutschen Liberalen, die im außerparlamentarischen Raum wirkten, gehörten etwa der Leipziger Staatswissenschaftler KARL BIEDERMANN, der schon Mitte der 40er Jahre für ein gesamtdeutsches Parlament und einen Bundesstaat unter preußischer Führung eintrat, in Preußen der Breslauer Stadtgerichtsrat HEINRICH SIMON, der als Antwort auf die Bedrohung der Unabhängigkeit des Richteramtes 1845 den Staatsdienst quittierte, und der Königsberger Arzt JOHANN JACOBY, dessen publizistisches Eintreten für eine preußische Verfassung zu viel beachteten politischen und gerichtlichen Auseinandersetzungen mit dem König und den Behörden führte, in Hamburg der Advokat GABRIEL RIESSER, der, nach dem Scheitern einer akademischen Laufbahn an seiner jüdischen Konfession, publizistisch für die Emanzipation seiner Glaubensgenossen eintrat. Fast alle diese Liberalen gehörten 1848 den parteipolitischen Gruppierungen des »linken Zentrums« an.

In den 40er Jahren begann sich ein spezifisch großbürgerlicher Liberalismus zu formieren. Er hatte seinen regionalen Schwerpunkt in der preußischen Rheinprovinz, war aber in den politischen Aktivitäten alles andere als provinziell. Er zielte verfassungspolitisch auf eine gesamtpreußische Konstitution und wirtschaftspolitisch auf die Freisetzung der ökonomischen Energien im nationalen Rahmen. Auch suchte er den Anschluß an die süddeutschen Liberalen. Anders als diese verstand er sich aber mehr und mehr als Interessenvertretung der wirtschaftlich und sozial erstarkenden Schicht des Besitzbürgertums innerhalb der Klassengesellschaft. Man erblickte im neuen Mittelstand, wie David Hansemann schon 1830 selbstbewußt formuliert hatte, die »Schwerkraft des Staates«. Pauperismus und Proletarisierung wurden als vorübergehende Begleiterscheinungen des wirtschaftlichen Fortschritts gesehen. Im Interesse dieser gleichsam naturwüchsigen Entwicklung, die, abgesehen von zollpolitischen Maßnahmen zur Förderung der Industrie, möglichst frei von staatlichen Eingriffen bleiben sollte, war man politisch zu Kompromissen bereit, sofern durch sie Freiheit und Eigentum garantiert und dem Bürgertum eine angemessene Beteiligung am politischen Leben zugestanden würde. Symptomatisch hierfür war die Zustimmung der liberalen Abgeordneten im Düsseldorfer Provinziallandtag zu dem Klassenwahlrecht der rheinischen Gemeindeordnung von 1845, das für Jahrzehnte die Vorherrschaft des Besitzbürgertums in der kommunalen Selbstverwaltung sicherte. Bemerkenswert für diesen pragmatischen Liberalismus, der auch kein grundlegendes theoretisches Programm hervorgebracht hat, ist die von seinen führenden Vertretern praktizierte Verbindung von Wirtschaft und Politik, wie sie bis dahin in Deutschland unbekannt gewesen war. Man bildete fast so etwas wie eine politische Fraktion im rheinischen

Großbürgerlicher Liberalismus in Westdeutschland

Provinziallandtag. Der Krefelder Kaufmann und Bankier HERMANN VON BECKERATH gehörte ihm seit Anfang der 40er Jahre an, hinzu kamen 1843 der Kölner Bankier LUDOLF CAMPHAUSEN, der maßgebend an der Entwicklung des rheinischen Eisenbahnnetzes und der Dampfschiffahrt beteiligt war und 1839 Präsident der Kölner Handelskammer wurde, im Jahre 1845 der Aachener Selfmademan DAVID HANSEMANN, Textilkaufmann, Mitglied des Handelsgerichts und der Handelskammer, der seit 1830 in Wort und Schrift für die Umwandlung Preußens in eine konstitutionelle Monarchie nach französischem Muster eintrat, ein Jahr später schließlich der Fabrikantensohn GUSTAV MEVISSEN, philosophisch und politisch gebildeter Mitbegründer der »Rheinischen Zeitung« (1842) und seit 1844 Präsident der Rheinischen Eisenbahngesellschaft. Rheinischer Bürgerstolz und preußisches Staatsbewußtsein, ökonomischer und politischer Liberalismus gingen in dieser neuen, wenn auch schmalen Führungsschicht Hand in Hand. Man hatte Beziehungen zu liberalen Beamten in der preußischen Bürokratie, knüpfte solche zur liberalen, zum Teil vom Adel getragenen Opposition in den Provinzialständen der übrigen preußischen Provinzen, besaß aber auch Kontakte zum gehobenen Bildungsbürgertum, etwa an der Universität Bonn, wo seit 1842 Dahlmann lehrte und der junge HEINRICH VON SYBEL, der selbst aus einer rheinischen, mit der Elberfelder Textilbourgeoisie verwandten Beamtenfamilie stammte, seine Dozentenzeit verlebte. 1847 veröffentlichte er, schon von Marburg aus, seine erste politische Schrift »Die politischen Parteien der Rheinprovinz«, eine Auseinandersetzung mit der rheinischen Adelsfraktion und den Ultramontanen. Auch in Süddeutschland gab es eine Reihe liberaler Politiker und Professoren, die nach Herkunft oder Einstellung zwischen der »altliberalen« und der großbürgerlichen Richtung standen. Zu ihnen gehörten in Baden etwa KARL MATHY, der Verleger FRIEDRICH BASSERMANN und die Heidelberger Historiker GERVINUS und LUDWIG HÄUSSER, vor allem aber HEINRICH VON GAGERN, der im Jahre 1846 in den hessen-darmstädtischen Landtag zurückkehrte und sofort zu einer Schlüsselfigur nicht nur im hessischen, sondern im gesamtdeutschen Liberalismus wurde.

Der Liberalismus als nationale Bewegung vor 1848

Trotz der richtungsmäßigen Aufgliederung, die mit der Relativierung des älteren Regionalismus einherging, wurde die Einheit des Liberalismus als bürgerliche Opposition vor 1848 nicht ernsthaft in Frage gestellt. Sie wurde sogar auf gesamtdeutscher Ebene durch die Übereinstimmung in den meisten verfassungspolitischen Fragen und durch das gemeinsame Ziel eines freiheitlichen Nationalstaates weiter gefestigt. Liberale Politiker aus den süddeutschen Staaten trafen sich seit Beginn der 40er Jahre wiederholt mit rheinischen und mitteldeutschen Gesinnungsfreunden auf dem Gut des badischen Abgeordneten Itzstein in Hallgarten im Rheingau, um gemeinsame Fragen zu erörtern. Dem Kreis gehörten gelegentlich radikale Politiker wie Friedrich Hecker und Robert Blum an. Andere wurden, wenn sie durch die deutschen Lande reisten, in Banketten und Demonstrationen gefeiert, so etwa Welcker 1841 in Berlin, Hansemann 1847 in verschiedenen Städten Süddeutschlands. Als im Mai 1845 die badischen Abgeordneten Itzstein und Hecker von den preußischen Behörden aus Berlin ausgewiesen wurden, protestierte die liberale Presse Deutschlands gegen diesen Akt polizeilicher Willkür. Im Mai 1847 wurde in Heidelberg von Gervinus nach Absprache mit führenden Liberalen die »Deutsche Zeitung« gegründet. Sie konnte in ihrer nationalen und konstitutionellen Färbung und aufgrund der Mitarbeit von Bassermann, Mathy, Häusser, Gagern sowie der norddeutschen Professoren Georg Beseler, Georg Waitz und Johann Gustav Droysen beanspruchen, das quasi offizielle Organ des bürgerlichen Liberalismus in Deutschland zu sein. Das Blatt forderte den liberalen Rechtsstaat und zugleich den deutschen Nationalstaat.

Die »Deutsche Zeitung« 1847

Schließlich versuchten im Oktober 1847 auf einer Besprechung in Heppenheim an der Bergstraße führende Vertreter des Liberalismus, unter anderem Bassermann, Mathy, Welcker, Itzstein, Römer, Gagern, Hansemann und der nassauische Oppositionsführer August Hergenhahn, sich auf ein gemeinsames Programm zu einigen. Blieb auch das Heppenheimer Protokoll in vielen Punkten vage, so verständigte man sich doch auf die Forderung nach Herstellung eines deutschen Bundesstaates mit eigener Regierung und Volksvertretung, eventuell durch die Erweiterung und parlamentarische Ergänzung des Deutschen Zollvereins, wobei schon die Möglichkeit einer kleindeutschen Lösung ohne Österreich diskutiert wurde, ferner auf eine Reihe liberaler und rechtsstaatlicher Prinzipien, die später in die Märzforderungen eingingen, sowie auf Maßnahmen »gegen Verarmung und Not«. So hatte der Liberalismus am Vorabend der Revolution personell und programmatisch eine gesamtdeutsche Basis gefunden.

Die Heppenheimer Versammlung am 10. Oktober 1847

Die Abspaltung eines demokratischen Radikalismus vom Liberalismus spielte sich im Vormärz auf zwei Ebenen, einer politischen und einer theoretischen, ab. Gemeinsam war dem liberalen und demokratischen Politikverständnis die rationale Begründung des Staates von den Individuen her durch die Annahme eines Gesellschaftsvertrages. Während jedoch der Liberalismus den Mißbrauch der Macht des Souveräns durch verfassungsmäßige Sicherungen, durch Freiheitsrechte, Gewaltenteilung, rechtsstaatliche Vorkehrungen, zu verhindern und seine politischen Ziele auf dem Wege der Reformen und der Vereinbarung mit den bestehenden Gewalten zu erreichen suchte, hob die demokratische Theorie die mögliche Differenz zwischen dem Inhaber der Staatsgewalt und den seiner Macht Unterworfenen dadurch auf, daß sie beide, den Souverän und das Volk, einander gleichsetzte. Das war das Konzept der Volkssouveränität, das notfalls auf revolutionärem Wege durchzusetzen war. Dieser Unterschied war dem deutschen Frühliberalismus als einer auf die politische Emanzipation des Bürgers und gegen das System der Restauration gerichteten Bewegung noch wenig bewußt gewesen. Der im Konstitutionalismus, ganz zu schweigen von den Staaten ohne Verfassung, angelegte Dualismus von Volk und Regierung, dem die Unschärfe oder Doppeldeutigkeit zentraler politischer Begriffe wie »Volk«, »Bürger«, »Mittelstand«, »Freiheit«, »Selbständigkeit«, »Recht« entsprach, hatte dazu beigetragen, daß in der frühliberalen Bewegung, die noch keine politische Partei war, liberale und demokratische Positionen nebeneinander vertreten worden waren. Erst die Erfahrung der Grenzen des Konstitutionalismus in der Praxis und die von der französischen Juli-Revolution ausgehenden Impulse gaben den Anstoß zur Trennung von Liberalismus und demokratischem Radikalismus als Parteien mit differierender politischer Theorie. Das schloß nicht aus, daß beide weiterhin manche, auf die deutsche Situation zugeschnittenen Einzelpostulate gemeinsam hatten, zumindest der »linke« Liberalismus und die Demokratie, so etwa die späteren »Märzforderungen« und das Ziel der nationalen Einigung. Gleichwohl wurde die Existenz des Radikalismus als eigenständiger politischer Kraft »links« vom Liberalismus schon vor 1848 unübersehbar.

Demokratischer Radikalismus

Der bürgerliche Radikalismus trat nach 1830 in zwei Varianten in Erscheinung, die sich deutlicher, als dies bei den Richtungen des Liberalismus der Fall war, auf Südwest- und Norddeutschland konzentrierten und bis 1848 relativ unverbunden nebeneinander bestanden. Der südwestdeutsche Radikalismus erlebte seinen ersten Höhepunkt in der Protestbewegung von 1830 bis 1834 und besaß im Kleinbürgertum und der Landbevölkerung dieses Raumes eine unorganisierte, aber leicht zu mobilisierende Massenbasis. Seine außerparlamentarischen Aktionen wurden von führenden Liberalen wie Rotteck und Gagern ausdrücklich mißbilligt.

Der südwestdeutsche Radikalismus vor 1848

Durch die Bundesbeschlüsse von 1832—1834 in den Untergrund gedrängt, wanderten seine Anführer, die Initiatoren des Hambacher Festes, des Frankfurter Wachensturms und der hessischen Unruhen der frühen 30er Jahre entweder ins Gefängnis oder gingen in die Emigration. Von hier aus suchten sie durch Flug- und Zeitschriften und über geheime Emissäre die Unzufriedenheit mit dem bestehenden System zu schüren und die mentalen Voraussetzungen für eine revolutionäre Erhebung zu schaffen. Dagegen blieb ihr Einfluß auf die durch die Verfassungen geregelten politischen Entscheidungen gering. Das einzige Land, in dem radikale Abgeordnete Zutritt zu den Kammern erhielten und hier zur Fraktionsbildung innerhalb der Opposition beitrugen, war Baden. Die anerkannten Führer der badischen Radikalen waren GUSTAV VON STRUVE, der als Advokat und Redakteur verschiedener Blätter in Mannheim heftige Kämpfe mit der Zensur ausfocht, und FRIEDRICH HECKER, ebenfalls ein Advokat, der dem Landtag seit 1842 angehörte. Zwischen ihnen und manchen Vertretern des »linken« Liberalismus bestanden bis zur Revolution enge Kontakte. Beziehungen bestanden auch nach Sachsen, wo seit Anfang der 40er Jahre der junge ROBERT BLUM zum Mittelpunkt einer entschieden oppositionellen Agitation wurde und nach den blutigen Leipziger Unruhen vom August 1845, bei denen er noch mäßigend eingegriffen hatte, von den Liberalen abrückte. Blum stand auch mit einzelnen liberal-demokratischen Politikern Preußens wie Johann Jacoby, Heinrich Simon und den schlesischen Grafen Eduard und Oskar von Reichenbach in Verbindung. Der Reise Heckers nach Berlin im Mai 1845 war eine Zusammenkunft demokratischer und linksliberaler Gesinnungsfreunde in Leipzig vorausgegangen. Bedeutende theoretische Werke hat der südwestdeutsche, »populistische«, Radikalismus nicht hervorgebracht. Die voluminösen historisch-philosophischen Bücher, die der Hambacher Johann Georg August Wirth im Schweizer Exil verfaßte, fielen aufgrund ihrer spekulativen und zunehmend antifranzösischen Tendenz ins Leere. Struves 1847/48 erschienenen »Grundzüge der Staatswissenschaften« waren ein Konglomerat von Zitaten aus Klassikern der politischen Philosophie von Plato bis Rousseau. Das zweibändige »System der sozialen Politik« (1847) von JULIUS FRÖBEL gehörte, obwohl sein Verfasser von 1833 bis 1836 in der Schweiz lebte und dort der wichtigste Verleger der radikalen Exilliteratur war, nach Anspruch und Niveau eher zum philosophischen Radikalismus in Norddeutschland. Auf einer Volksversammlung am 12. September 1847 in Offenburg verkündeten die badischen Demokraten, die sich zur Abgrenzung von den halbherzigen Liberalen die »Ganzen« nannten, ein politisches Aktionsprogramm. Es vermied aus taktischen Gründen die Forderung nach Errichtung einer Republik und deckte sich in dem Ruf nach Aufhebung der Ausnahmegesetze des Bundes, nach Preß-, Gewissens- und Vereinsfreiheit mit den Wünschen der Liberalen. Die demokratische Tendenz und ein sozialpolitischer Einschlag zeigten sich in den Forderungen des gleichen Wahlrechts, einer »volkstümlichen Wehrverfassung«, einer progressiven Einkommensteuer und der Gleichheit des Zugangs zur Bildung durch kostenlosen Unterricht. Die Formel Heckers vom notwendigen »Ausgleich des Mißverhältnisses zwischen Kapital und Arbeit« richtete sich gegen die Bourgeoisie. Nicht nur in solchen Grundsätzen, sondern auch in dem atmosphärischen Unterschied der stürmischen Volksversammlung in Offenburg zu der eher akademischen Notabelnbesprechung in Heppenheim fand die beginnende Kluft zwischen der demokratischen und liberalen Bewegung ihren sinnfälligen Ausdruck.

Der intellektuelle Radikalismus in Norddeutschland, der seinen harten Kern in der Gruppe der Linkshegelianer hatte und abschätzig auf den naiven populistischen Radikalismus des Südens herabblickte, gewann seine politische Position aus der auf dem Prinzip der »Negation«

aufbauenden Kritik der Hegelschen Religions- und Rechtsphilosophie und suchte den »Terrorismus der Vernunft« (Arnold Ruge) zum alleinigen Maßstab für die Beurteilung der Staats- und Gesellschaftsordnung zu machen. Das Auseinanderfallen der Schule in die Hegelsche Rechte und die Hegelsche Linke, in Alt- und Junghegelianer, hatte schon vor dem Tode des Meisters begonnen, als der junge LUDWIG FEUERBACH ein Philosophieren forderte, durch das die »Idee«, die für Hegel schon die Einheit von Vernunft und Realität darstellte, erst verwirklicht werden müsse. Damit war Hegels Philosophie der Versöhnung von Glaube und Wissen und der Vermittlung von Vernunft und Wirklichkeit in der Politik massiv in Frage gestellt. Die Gegenwart war nicht mehr die Erfüllung des Denkens, sondern, in Parallelität zu der sich nach 1830 verstärkenden Auffassung von der Permanenz der Revolution, ein Zeitalter der Auflösung, des Übergangs, das, wie Heine 1835 feststellte, das Ende der christlichen Ära bedeutete und eine Philosophie der Tat verlangte. Ihre Waffe war die Kritik, die sich in den 30er Jahren in rascher theoretischer Radikalisierung als Religions- und philosophische Zeitkritik äußerte. Ihr Ziel war nicht mehr die Synthese der Gegensätze, sondern die Vernichtung des Alten durch die revolutionäre Vernunft. Die Auseinandersetzung mit der christlichen Religion begann mit der Kritik an der Glaubwürdigkeit der Evangelien in dem »Leben Jesu« von DAVID FRIEDRICH STRAUSS (1835), das eine gewaltige theologische Diskussion entfachte und seinem Verfasser eine Laufbahn an der Universität oder in der Kirche abschnitt. Sie führte zur Entlarvung Gottes und der Religion als Ausdruck der Selbstentfremdung des Menschen in Feuerbachs »Wesen des Christentums« (1841) und mündete in den Schriften BRUNO BAUERS Anfang der 40er Jahre in die Philosophie des menschlichen Selbstbewußtseins, das durch absolute Kritik an allem Bestehenden den Boden zur Befreiung des Menschen schaffen sollte. Teils parallel zur Religionskritik, teils an ihre Ergebnisse anknüpfend erfuhr die philosophische Zeitkritik ihre politische Zuspitzung in dem Kreis um ARNOLD RUGE und den von ihm und Theodor Echtermeyer 1838 gegründeten »Hallischen Jahrbüchern für deutsche Wissenschaft und Kunst«, die von 1841 an, nach dem Verbot in Preußen, bis zu ihrer Unterdrückung durch den Bundestag im Jahre 1843 als »Deutsche Jahrbücher« in Leipzig weitererschienen. Sah der einstige Burschenschafter Ruge, der nach sechsjähriger Festungshaft als Philosophiedozent in Halle lehrte und mit einer Professur in Preußen rechnete, in diesem Staat zunächst noch die Verkörperung des »protestantischen«, das hieß für ihn: des fortschrittlichen Prinzips, so forderte er bald, nicht zuletzt unter dem Eindruck der konservativ-orthodoxen Wendung der preußischen Kulturpolitik nach Altensteins Tod (1840), den Übergang zum demokratisch-revolutionären Radikalismus, den er mit einer als »Selbstkritik« publizierten Absage an den Liberalismus (1843) vollzog. Nach dem Verbot der Zeitschrift emigrierte er nach Paris, wo er zusammen mit Marx die kurzlebigen »Deutsch-französischen Jahrbücher« herausgab.

Der bedeutendste Versuch vor 1848, die radikale philosophische Zeitkritik in praktische Politik umzusetzen, war die von 1842 bis Anfang 1843 in Köln erscheinende »Rheinische Zeitung für Handel und Gewerbe«. Sie stand unter dem doppelten Vorzeichen der vorübergehenden Lockerung der preußischen Zensur und einer begrenzten Zusammenarbeit zwischen bürgerlichem und intellektuellem Liberalismus. Gegründet als Aktiengesellschaft von einer Gruppe rheinischer Juristen und Kaufleute, darunter Ludolf Camphausen und Gustav Mevissen, und von der Regierung zunächst als Gegengewicht zur liberalen »Kölnischen Zeitung« und zu katholischen Blättern toleriert, entwickelte sich die Zeitung seit der Übernahme der Redaktion durch den jungen KARL MARX im Oktober 1842 zum wichtigsten Oppositionsblatt

Die »Rheinische Zeitung für Handel und Gewerbe« 1842/1843

der preußischen Monarchie, nicht zuletzt durch die Mitarbeit der dem akademischen Proletariat angehörenden Studienfreunde von Marx aus dem junghegelianischen Kreis der Berliner »Freien« und anderer Intellektueller. Marx' eigene Artikel, in denen mit großer Schärfe die preußische Zensurpolitik und Verwaltungspraxis angeprangert und die sich abzeichnende Koalition zwischen dem besitzenden Bürgertum und dem preußischen Staat kritisiert wurde, waren die ersten Etappen seiner Distanzierung vom bürgerlichen Liberalismus und vom intellektuellen Radikalismus zugleich. Das Blatt, das seine Auflage in wenigen Monaten auf bemerkenswerte 3400 Abonnenten steigerte, wurde am 31. März 1843 verboten.

<small>Religiöser Radikalismus</small>

Eine potentielle Massenbasis des politischen Radikalismus, in der sich die Möglichkeit der Verbindung seiner populistischen mit der philosophischen Richtung abzeichnete, schien in den 40er Jahren in den Protestbewegungen der evangelischen »Lichtfreunde« und des Deutschkatholizismus zu entstehen. Sie waren zunächst eine Reaktion des in die Defensive geratenen theologischen Rationalismus auf die neue Orthodoxie. Die seit 1841 in der preußischen

<small>Die »Lichtfreunde«</small>

Provinz Sachsen entstehenden freien Gemeinden der »Lichtfreunde« unter den Pfarrern LEBERECHT UHLICH und GUSTAV ADOLF WISLICENUS antworteten auf die konservative Kirchenpolitik des Kultusministers Eichhorn und die Polemik der »Evangelischen Kirchenzei-

<small>Deutschkatholizismus</small>

tung« des Berliner Theologen Ernst Wilhelm Hengstenberg. Die deutschkatholische Bewegung des Breslauer Kaplans JOHANNES RONGE entstand als Protest gegen die sich in der Trierer Wallfahrt von 1844 äußernde Verbindung von »Aberglauben« und Ultramontanismus. Bemerkenswert an beiden Bewegungen, von denen die »Lichtfreunde« gegen ihren Willen aus der Staatskirche herausgedrängt wurden (1845) und sich in »Freien Gemeinden« organisierten, während sich der Deutschkatholizismus bald selbst als nationale Gegenkirche zu Rom verstand – sowie ein Zeichen für die zunehmende Verbindung geistiger, politischer und sozialer Unzufriedenheit im Vormärz –, war ihre schlagartige Verbreitung über weite Bereiche Mittel-, Nord- und Westdeutschlands, vor allem im ländlichen und städtischen Kleinbürgertum Schlesiens, Sachsens, des Südwestens und vereinzelt auch am Rhein. Namhafte Vertreter der demokratischen und liberalen Opposition sowie ein Teil der liberalen Presse sympathisierten aus ideologischen, antikirchlichen wie politisch-taktischen Motiven offen mit beiden Sekten, die sich vereinzelt auch zu Aktionsgemeinschaften zusammenschlossen. Auf einem ersten, von Robert Blum organisierten deutschkatholischen »Konzil« in Leipzig zu Ostern 1845 waren bereits 15 Gemeinden vertreten, und auf dem Höhepunkt der Bewegung im Jahre 1847 dürften sich etwa 60 Tausend Menschen in über 250 Gemeinden zu der neuen Sekte bekannt haben, für die Ronge und sein Mitstreiter, der 1845 exkommunizierte Schneidemühler Kaplan Johannes Czerski, in mehreren Rundreisen durch ganz Deutschland auf Massenveranstaltungen warben. Welche politische Gefahr für die Staatsautorität in der religiösen Opposition lag, hatte sich schon im August 1845 in Leipzig schlaglichtartig gezeigt. Eine Menschenmenge nahm den Besuch des als ultramontan geltenden Prinzen Johann von Sachsen zum Anlaß, um lautstark ihren Unwillen über Bekanntmachungen der Regierung gegen die Lichtfreunde und die katholische Sektenbildung kundzutun, worauf sie von einer Militärabteilung gewaltsam (acht Tote) auseinandergetrieben wurde. Nur mit Mühe und erst nach Tagen konnte verhindert werden, daß die sich anschließenden Protestaktionen, an denen sich neben Bürgern und Handwerkern vor allem Studenten beteiligten, in eine offene Empörung umschlugen.

Das Bewußtsein, in einer Zeit sozialer Krisen zu leben, die Ausdruck des beschleunigten wirtschaftlichen und gesellschaftlichen Wandels waren, war vereinzelt seit den 20er Jahren, allgemein im letzten Jahrzehnt vor der Märzrevolution verbreitet. Es schlug sich in einer Fülle von Schriften über den Pauperismus und in mancherlei Versuchen seitens des Staates, der Kirchen und des Bürgertums nieder, die soziale Frage auf unpolitischem Wege, administrativ, karitativ oder durch erzieherische Maßnahmen zu lösen. Dagegen gab es im Deutschland des Vormärz noch keine aktionsfähige sozialistische Partei im ideologischen und organisatorischen Sinne, die das Ziel verfolgte, das existierende politisch-soziale System, nämlich die vor- und ansatzweise frühindustrielle bürgerliche Gesellschaft innerhalb einer vorrevolutionären staatlichen Ordnung mit politischen Mitteln entscheidend zu verändern. Hierfür war nicht nur das Fehlen eines Klassenbewußtseins der verarmten Unterschichten und des entstehenden Proletariats verantwortlich, sondern auch deren Ausschluß von jeder Form der politischen Partizipation, auch in den Verfassungsstaaten und auf der Ebene der kommunalen Selbstverwaltung, schließlich das allgemeine System der polizeilichen Repression, das eine überörtliche politische Zusammenarbeit der unterbürgerlichen Schichten erschwerte. Angesichts dieser Konstellation war es fast zwangsläufig, daß sich die vormärzlichen Anfänge einer deutschen Arbeiterbewegung im sozialistischen Sinne, das heißt die organisatorische Verbindung einer spezifisch sozialistischen Ideologie und ihrer intellektuellen Trägerschicht mit einer, wenn auch zunächst schmalen sozialen Basis, weitgehend auf außerdeutschem Boden, in den Aufnahmeländern der politischen Emigration, abspielten (vgl. oben S. 151f.). Herausgelöst aus dem sozialen Kontext der Heimat und in der durch das Exil erzwungenen Atmosphäre der Konspiration, der Intrigen und ideologischer Richtungskämpfe, wiederholte sich hier der Vorgang der theoretischen und politischen Abspaltung und Verselbständigung, durch den sich zuvor der bürgerliche Radikalismus vom Liberalismus getrennt hatte. Gewiß war man nicht völlig von der sozialen Basis abgeschnitten, für deren gesellschaftliche und politische Emanzipation man kämpfte. Wandernde Handwerksgesellen, gelegentliche Reisen in die Heimat und mancherlei Kontakte zu dort lebenden Gesinnungsfreunden lieferten, neben den zensierten offiziellen Quellen, genügend Informationen über das von örtlichen und lokalen Unruhen bestimmte soziale Klima in Deutschland. Trotzdem war die revolutionäre Theorie des deutschen Sozialismus, wie sie noch vor 1848 entstand, in erster Linie die Frucht der ideologischen, von religiösen und philosophischen Prämissen ausgehenden Auseinandersetzung mit den Lehren der französischen Frühsozialisten und der Verarbeitung der ökonomischen und sozialen Verhältnisse in der industriellen Klassengesellschaft Englands. Die führenden Köpfe waren fast alle durch die Schule der Philosophie Hegels gegangen, bevor sie mit der sozialistischen und kommunistischen Literatur Frankreichs und mit der sozialen Realität in den englischen, belgischen und französischen Industriezentren konfrontiert wurden. Die bedeutendste Ausnahme war der Magdeburger Schneidergeselle WILHELM WEITLING, der bis Anfang der 40er Jahre die beherrschende Figur in den Handwerkervereinen der Emigration war. Seine erste Schrift »Die Menschheit wie sie ist und wie sie sein sollte« (1838/39), ein von religiösem Sendungsbewußtsein erfüllter Plan der Gütergemeinschaft, war als Programmschrift des Pariser »Bundes der Gerechten« gedacht, der seit 1837 zur wichtigsten Organisation innerhalb der radikalen Arbeiterbewegung mit Sektionen in London und der Schweiz wurde. Weitlings Hauptwerk, die »Garantien der Harmonie und Freiheit« (1842), hielt am Kommunismus fest, war aber durch die Abkehr von der religiösen Begründung der Gütergemeinschaft zugunsten einer rationalistischen Argumentation gekennzeichnet.

Zu dieser Zeit begann jedoch Weitlings Einfluß schon zurückzugehen. Er wurde von einer Gruppe intellektueller Sozialisten verdrängt, die sich weitgehend aus dem radikalen Mitarbeiterstab der »Rheinischen Zeitung« rekrutierte. Der erste theoretische Sozialist aus diesem

Kreis war der Bonner »Kommunistenrabbi« MOSES HESS mit seinen frühen Schriften (1837 bis 1841). Er distanzierte sich vom spekulativen Radikalismus der Junghegelianer und forderte die Aufhebung der auf dem Prinzip des Eigentums beruhenden Polarisierung von Reichen und Armen durch eine soziale Revolution. Zusammen mit KARL GRÜN, der sozialistische Ideen über die Weseler Zeitung »Der Sprecher oder: Rheinisch-Westfälischer Anzeiger« (seit April 1843) und 1844/45 als Leitartikler der »Trierischen Zeitung« verbreitete, galt Moses Heß als Vertreter des »wahren« oder »philosophischen« Sozialismus, von dem sich schon bald, trotz fortdauernder Kontakte mit Heß, KARL MARX und FRIEDRICH ENGELS, abzusetzen begannen. Marx beschäftigte sich seit 1843 in Paris, wo er nach dem Verbot der »Rheinischen Zeitung« zusammen mit Ruge die »Deutsch-französischen Jahrbücher« herausgab, theoretisch mit Hegel, mit den französischen Sozialisten und der klassischen Nationalökonomie. In der Einleitung zur Kritik der Hegelschen Rechtsphilosophie forderte er pointiert die Ergänzung der »Waffe der Kritik« durch die »Kritik der Waffen«. Der Barmer Fabrikantensohn Friedrich Engels hatte schon als kaufmännischer Lehrling in Bremen und während seiner Militärzeit in Berlin, die er zu philosophischen Studien nutzte, literarische und sozialkritische Aufsätze geschrieben, darunter in den »Briefen aus dem Wuppertal« (1839) eine bissige Schilderung des von pietistischer Bevormundung geprägten geistigen Lebens und der sozialen Mißstände seiner bergischen Heimat. Während seines Aufenthaltes in Manchester (1842–1844) verband er das Studium der sozialen Verhältnisse vor Ort mit der Kritik der liberalen Wirtschaftslehre. Das literarische Ergebnis waren die in den »Deutsch-französischen Jahrbüchern« veröffentlichten »Umrisse zu einer Kritik der Nationalökonomie« und sein erstes Buch »Die Lage der arbeitenden Klasse in England« (1845). Die Verbindung zu Marx, die seit der Mitarbeit an der »Rheinischen Zeitung« bestand, entwickelte sich seit 1844 zu einer engen Freundschaft. Während ihres gemeinsamen Lebens in Brüssel von 1845 bis 1848 kamen beide in den (1931 zuerst veröffentlichten) Niederschriften »Die Heilige Familie« und »Die Deutsche Ideologie« zur theoretischen Klärung der eigenen Position in Auseinandersetzung mit der philosophischen, ökonomischen und sozialistischen Literatur Deutschlands und Westeuropas. 1846 gründeten sie ein kommunistisches Korrespondenzbüro; bald darauf traten sie dem »Bund der Gerechten« bei, der sich 1847 in »Bund der Kommunisten« umbenannte. In seinem Auftrag arbeitete Marx um die Jahreswende 1847/48 zusammen mit Engels ein politisches Programm aus. Es wurde im Februar 1848 in London, dem Sitz des Bundes, als »Kommunistisches Manifest« veröffentlicht. Hier wurde auf der Basis der später von Engels »materialistisch« genannten Lehre vom Klassenkampfcharakter aller bisherigen Geschichte die Beseitigung der Selbstentfremdung des Menschen innerhalb der bürgerlichen Gesellschaft durch die kommunistische Revolution prognostiziert und zugleich als politisches Ziel anvisiert. Unter dem Kampfruf »Proletarier aller Länder, vereinigt euch!« forderte Marx die deutschen Kommunisten auf, die bevorstehende bürgerliche Revolution in Deutschland als das unmittelbare Vorspiel einer proletarischen Revolution zu unterstützen.

Parallel zur theoretischen Ausformulierung der kommunistischen Lehre, die nicht ohne ideologische und persönliche Friktionen vonstatten ging, entstand in den letzten Jahren vor 1848 in Nordwestdeutschland ein relativ dichtes Netz von Stützpunkten der sozialistischen und kommunistischen Agitation. Moses Heß veranstaltete im Februar 1845 zusammen mit Engels in Elberfeld Vortragsveranstaltungen über den Kommunismus; sie gaben gemeinsam den »Gesellschaftsspiegel« heraus. Von Köln aus redigierte der Literat Hermann Püttmann die den »Verzweifelten« gewidmeten »Jahrbücher zur gesellschaftlichen Reform«, an deren zwei Bänden (1845/46 in Darmstadt und Belle Vue bei Konstanz) bürgerliche und sozialistische Radikale mitarbeiteten. Enge Beziehungen bestanden auch zwischen Brüssel und einem Kreis radikaler Intellektueller im westfälischen Rheda und Wiedenbrück um den Arzt OTTO LÜNING, der 1844 zuerst das »Weser-Dampfboot« und nach dessen Verbot das »Westphälische Dampfboot« in Bielefeld herausgab. Wichtigstes Zentrum der jungen sozialistischen und kommunistischen Bewegung war aber der Kölner Kreis von aktiven Kommunisten, in dem zunächst der Arzt Karl d'Ester eine führende Rolle spielte. Er erhielt im letzten Jahr vor der Revolution, nachdem er 1846 mit den Kölner Demokraten bei den Gemeinderatswahlen zusammengearbeitet hatte, Zulauf aus radikalen Offizierskreisen. Im Herbst 1847 wurde, offenbar unter Leitung eines anderen Arztes, Andreas Gottschalk, eine Kölner Sektion des »Bundes der Kommunisten« gegründet. Doch kam es vor der Revolution noch nicht zu einer überregionalen Organisation einer sozialistischen oder kommunistischen Partei innerhalb des Deutschen Bundes.

Ein für die Bewußtseinsbildung der deutschen Sozialisten wichtiges Werk, dessen Verfasser L. v. Stein
aber kein Kommunist war, war das 1842 erschienene Buch »Der Socialismus und Communismus des heutigen Frankreichs, ein Beitrag zur Zeitgeschichte«. Es beruhte auf Beobachtungen, die der junge Schleswig-Holsteiner LORENZ (VON) STEIN während eines Frankreichaufenthaltes im Jahre 1841/42 in unmittelbarem Kontakt mit den sozialistischen und kommunistischen Zirkeln und mit der deutschen Emigration in Paris gesammelt hatte, über die er Agentenberichte an die preußische Regierung lieferte. In dem Buch, das Stein nach der Revolution zu einer dreibändigen »Geschichte der sozialen Bewegung in Frankreich von 1789 bis auf unsere Tage« (1852) erweiterte, erhielt der deutsche Leser zum ersten Male eine detaillierte Analyse der Verwerfungen im politischen und gesellschaftlichen System der Juli-Monarchie und ihrer ideologischen Widerspiegelung im frühsozialistischen Schrifttum. Färbte Steins Auffassung von der Autonomie der Staatsgewalt als Bedingung einer evolutionären Lösung der sozialen Frage möglicherweise auf den frühen Marx der »Rheinischen Zeitung« ab, so trennten sich ihre Wege bald. Der Hegelianer Stein hielt an der notwendigen Trennung von Gesellschaft und Staat fest, während dieser in der Kapitalismuskritik von Marx zu einem Instrument der herrschenden Klasse innerhalb der antagonistischen bürgerlichen Gesellschaft erklärt wurde.

4. Politische Kämpfe 1840 bis 1848

Das Jahrzehnt vor der Revolution von 1848/49 brachte in den Staaten des Deutschen Bundes eine stetige Zunahme sozialer Spannungen und Konflikte und die Verschärfung der politischen Auseinandersetzungen. Beide Prozesse liefen nicht unabhängig voneinander ab. Die sich beschleunigende wirtschaftliche und demographische Entwicklung veränderte den Rahmen des politischen Kräftespiels. Die staatliche Zersplitterung, die Beamtenherrschaft und der frühe Konstitutionalismus hemmten die Entfaltung der neuen ökonomischen Kräfte. Der Zollverein war dafür kein effektiver Ausgleich. Insofern bestand keine durchgehende Parallelität zwischen der gesellschaftlichen und politischen Bewegung. Die Kluft zwischen den sozialen und politischen Ansprüchen eines wachsenden Teiles der Gebildeten und des Wirtschaftsbürgertums einerseits und dem politischen System andererseits, das auf Erhaltung der Herrschaftsstrukturen ausgerichtet war, vertiefte sich. Die Bürokratie als Institution, die bis in die 30er Jahre hinein in regional unterschiedlichem Ausmaß Träger der den Absolutismus hinter sich lassenden Modernisierung gewesen war, geriet dort, wo sie als Regierung der Gegenspieler der Ständeversammlungen war, aber auch gegenüber einer kritischer werdenden »Öffentlichkeit« zunehmend in die Defensive, trotz der Sympathien mancher Beamten für die Ziele der bürgerlichen Bewegung. Es kam hinzu, daß der Staat den sich verschärfenden sozialen Problemen nicht mehr konstruktiv zu begegnen wußte, sondern häufig mit gewaltsamer Repression antwortete. Dem Beharren auf dem monarchischen Prinzip und auf den Prärogativen der Verwaltung gegenüber den in ihrem Handlungsspielraum begrenzten Ständekammern und Provinziallandtagen sowie der Zensur gegenüber der politischen Publizistik auf der staatlichen und überregionalen gesellschaftlichen Ebene entsprachen im regionalen und örtlichen Bereich polizeiliche Maßnahmen und ein in seiner Effektivität nicht allzu wirksames System der Überwachung aller politischen Aktivitäten, bis hin zum Einsatz von Militär zur Unterstützung der in der Regel zu schwachen Gendarmeriekräfte bei der Unterdrückung spontaner sozialer und politischer Unruhen. Verdrossenheit gegenüber den staatlichen Institutionen – nur vereinzelt gegenüber Monarchen – und wachsende Gleichgültigkeit gegenüber dem zur Untätigkeit verurteilten Bundestag waren Zeichen der sich verschärfenden Systemkrise. Sie war nicht zuletzt dadurch gekennzeichnet, daß der Heftigkeit der Auseinandersetzungen, die das politische Leben in den deutschen Einzelstaaten unter unterschiedlichen Konstellationen bestimmten, kein greifbares Ergebnis im Sinne einer wesentlichen Veränderung des Systems entsprach.

Der Thronwechsel in Preußen 1840

Die außenpolitische Krise des Jahres 1840, die durch die Bedrohung der deutschen Rheinlande dem bürgerlichen Nationalbewußtsein neue Impulse verlieh, fiel mit dem Thronwechsel in Preußen zusammen. An ihn knüpften sich die Hoffnungen vieler Zeitgenossen auf einen innenpolitischen Kurswechsel, der die potentielle Führungsrolle des zweitgrößten Staates im Deutschen Bund bestätigen sollte. Solche Erwartungen schienen, soweit sie sich auf die Person des neuen Monarchen richteten, nicht ganz grundlos zu sein. Im Unterschied zu seinem nüchternen Vater, dessen letztes Regierungsjahrzehnt durch das Festhalten am System des bürokratischen Obrigkeitsstaates bestimmt war, präsentierte sich der fünfundvierzigjährige FRIEDRICH WILHELM IV. als phantasievoller und politischen Idealen aufgeschlossener Fürst. Er verband einige Sympathie für den nationalen Gedanken mit anfänglicher Reserve gegenüber einer in seinen Augen zu starken staatlichen Bürokratie. Mit glänzender Rednergabe ausgestattet, täuschte er sich und seine Mitwelt zeitweilig über die Probleme der Tagespolitik hinweg und kaschierte sein Unverständnis für die bürgerlichen Tendenzen des Zeitalters. Tatsächlich war sein Weltbild von den religiös legierten Vorstellungen der politischen Romantik geprägt. Der Glaube an ein persönliches Gottesgnadentum, der die »überempfindliche Dynasteneitelkeit« des Königs *(Veit Valentin)* unterstützte, ging mit dem Festhalten an eine ebenfalls gottgewollte ständische Gliederung des »Volkes« Hand in Hand, dem er sich auf patriarchalische Weise verbunden fühlte. Den Liberalismus mit der Forderung nach verfassungsmäßiger Festlegung des Verhältnisses von Fürst und Bürger lehnte Friedrich Wilhelm ab. Doch wurde diese Haltung zunächst und auch in späteren Jahren durch die Sprunghaftigkeit der politischen Entscheidungen, durch brillante, aber oft unpräzise Formulierungen in seinen Reden sowie durch die Liebenswürdigkeit seines Wesens überdeckt. Das Ergebnis war eine Politik, die in ihren überraschenden Zügen von Metternich und dem Zaren Nikolaus als den engsten Verbündeten Preußens mit Sorge beobachtet, dagegen bald von der bürgerlichen Öffentlichkeit in ihrer mangelnden Konsequenz durchschaut wurde. Ein so hellsichtiger

Beobachter wie Varnhagen von Ense notierte am 1. Mai 1842 in sein Tagebuch: »Mittelalter, Liberalismus, Kirchlichkeit, Aufsichtsstrenge und Preßfreiheit, Adelsvorliebe und Bürgerlichkeit, alles läuft nebeneinander her, und Maß und Ziel fehlen in allem!«

Der König begann seine Regierung mit einer Reihe von Gesten und Maßnahmen, mit denen Konfliktstoff aus dem Wege geräumt wurde, der sich unter seinem Vater angesammelt hatte. In einer Amnestie wurden politische Häftlinge begnadigt. Ernst Moritz Arndt erhielt sein Lehramt an der Universität Bonn zurück, Friedrich Ludwig Jahn wurde rehabilitiert. Mit der Berufung von Jakob und Wilhelm Grimm an die Berliner Akademie der Wissenschaften und von Dahlmann nach Bonn wurde, so sah es die Öffentlichkeit, der Protest der Göttinger Sieben nachträglich sanktioniert. Die − allerdings nur vorübergehende (vgl. oben S. 165) − Milderung der Zensur und die Beilegung des Konflikts mit der katholischen Kirche, die in der Provinz Posen von einem Kurswechsel in der Polenpolitik − Abberufung des Oberpräsidenten Flottwell und Entgegenkommen in der Sprachenfrage − begleitet wurde, gaben der Vorstellung Nahrung, der König werde einen Kurs einschlagen, durch den die Wünsche des Volkes berücksichtigt und die unerledigt gebliebene Verfassungsfrage gelöst werden könnten. Zu solchen Hoffnungen trugen auch die personellen Veränderungen im Kabinett während der ersten Regierungsjahre des Königs bei. Sie deuteten auf eine Wiederaufnahme der Politik der Reformzeit hin. So wurde das Kriegsministerium wieder Hermann von Boyen übertragen, der dieses Amt von 1814 bis 1819 innegehabt hatte. An die Stelle des Innenministers Gustav Adolf von Rochow, der durch sein Wort von der »beschränkten Einsicht der Untertanen gegenüber der obrigkeitlichen Autorität« (1837) traurige Berühmtheit erlangt hatte, trat mit ERNST VON BODELSCHWINGH ein Bürokrat von gemäßigter Liberalität, an diejenige des hochkonservativen Gesetzgebungsministers KARL ALBERT VON KAMPTZ, der sich besonders bei den liberalen Juristen der französisch-rechtlichen Rheinprovinz unbeliebt gemacht hatte, Karl Friedrich von Savigny. Er war allerdings mit seiner Auffassung von der organischen Entwicklung des Rechts aus dem »Volksgeist« wenig geeignet für die Leitung seines Ressorts. Positiven Eindruck hinterließ zunächst die Besetzung des Kultusministeriums mit JOHANN ALBRECHT FRIEDRICH EICHHORN. Er hatte als Mitarbeiter des Freiherrn vom Stein und Mitschöpfer des Zollvereins einen guten Namen. Doch zeigte sich gerade unter ihm die Kehrseite des Übergangs von einer formalen Administration zu einer auf ideologischer Kontrolle beruhenden Kulturpolitik. Die landeskirchlich-christliche Einstellung in orthodoxer oder pietistischer Variante und die patriotisch-royalistische Gesinnung wurden zum Maßstab der Personalpolitik in Kirche, Schule und Universität und vergifteten die Atmosphäre nicht nur zwischen dem Ministerium und weiten Kreisen der akademischen Welt, sondern auch zwischen Eichhorn und denjenigen Beamten seines Ressorts, die unter Altenstein die Bildungskonzeption der Reformzeit über die Zäsur von 1819 hinweggerettet hatten. Hatte es Altenstein verstanden, den Bereich der Wissenschaft relativ frei von staatlichem Gewissenszwang zu halten, so gab sich die Regierung jetzt, nach einem Wort des neuen Ministers aus dem Jahre 1842, »ganz parteiisch«. Durch eine gezielte Berufungspolitik wurde der Einfluß der nach Eichhorns Verständnis unchristlichen Hegelianer und Rationalisten in Philosophie, Theologie und Jurisprudenz systematisch zurückgedrängt. Es kam zu Maßregelungen und Entlassungen radikaler Privatdozenten und Professoren − Bruno Bauer in Bonn, Karl Ludwig Nauwerck in Berlin und Hoffmann von Fallersleben in Breslau. Die Berufungen des alten Schelling auf den Lehrstuhl Hegels und von Friedrich Julius Stahl in die juristische Fakultät Berlins signalisierten das neue christliche Staatsverständnis. Ihm entsprachen auf der schulischen Ebene Eingriffe in die Lehrerausbildung bis hin zur Schließung des Breslauer Lehrerseminars wegen Widersetzlichkeit der Studierenden (1846) und zur Kaltstellung des angesehenen Berliner Seminardirektors Adolf Diesterweg (1847). Auch anderwärts zeigte es sich, daß die personellen Veränderungen an der preußischen Staatsspitze zu Beginn der Regierung Friedrich Wilhelms IV. keineswegs die Abkehr von konservativer Politik bedeuteten, eher der Versuch ihrer ideologischen Verbrämung. Nicht nur, daß einige konservative Minister wie die Hausminister Wittgenstein und Anton zu Stolberg-Wernigerode im Amt blieben. Auch der Bruder des kinderlosen Königs und Thronfolger Prinz Wilhelm war ein unbedingter Anhänger der monarchischen Autorität, und der Einfluß der Freunde Friedrich Wilhelms aus seiner Kronprinzenzeit, der Brüder Ernst Ludwig und Leopold von Gerlach und des Freiherrn Ernst von Senfft-Pilsach, zu denen Radowitz und Stahl traten, bestärkte ihn in der christlich-konservativen Haltung. Von einer »Kamarilla« im Sinne einer unverantwortlichen Nebenregierung, wozu sich dieser Kreis im Revolutionsjahr verdichtete, kann zu dieser Zeit noch nicht gesprochen werden.

Die preußische Verfassungsfrage

Die Kernfrage der preußischen Politik des Vormärz, an deren Behandlung sich das Urteil der Öffentlichkeit über den Kurs des neuen Königs zuallererst orientieren sollte, war das ungelöste Verfassungsproblem. Das Versprechen einer »Repräsentation des Volkes« von 1815 und das Staatsschuldengesetz von 1820 mit dem Hinweis auf eine »reichsständische Vertretung« als Garant neuer Staatsschulden sowie die testamentarische Empfehlung Friedrich Wilhelms III., das Problem durch die Bildung eines Ausschusses aus Mitgliedern der Provinzialstände und des Staatsrates, und dies auch nur unter Zustimmung der Agnaten des königlichen Hauses, zu erledigen, waren die Vorgaben, an die sich Friedrich Wilhelm IV. gebunden fühlte. Außerdem kamen in den 40er Jahren auf den preußischen Staat kostspielige Aufgaben zu, die auch bei Fortführung der rigorosen Sparpolitik – vor allem im Personalbereich – ohne Inanspruchnahme des Kreditmarktes nicht zu finanzieren waren und damit die Berufung einer gesamtstaatlichen Ständevertretung erforderten.

Liberale Verfassungsbewegung in Ostpreußen

Es kennzeichnet die schleichende Aushöhlung der altständischen Gesellschaftsordnung, daß sich unmittelbar nach dem Thronwechsel ausgerechnet die Provinzialstände, die 1823, nicht zuletzt auf Veranlassung des damaligen Kronprinzen, als Surrogat einer gesamtstaatlichen Repräsentation eingerichtet worden waren, zum Sprecher der Verfassungswünsche machten. Die Initiative ging von Ostpreußen aus. In Königsberg war eine gemäßigt oppositionelle Presse entstanden, und ein Teil des Adels vertrat liberale Ideen, darin von dem Oberpräsidenten THEODOR VON SCHÖN unterstützt. Auf dem Huldigungslandtag wurde dem König Anfang September 1840 eine Denkschrift der Stände übergeben, in der er an das Versprechen von 1815 im Sinne der »Vollendung der verfassungsmäßigen Vertretung des Landes« erinnert wurde. Entzog sich Friedrich Wilhelm zunächst einer eindeutigen Stellungnahme mit dem Hinweis auf das »edle Werk« der Provinzial- und Kreisstände, so wies er die Verfassungsforderung in der offiziellen Antwort vom 4. Oktober mit der später sinngemäß wiederholten Formulierung ab, daß er die »auf Pergamente geschriebenen Staatsgrundgesetze« ablehne. Vergebens suchte ihn Schön, der einen regen Briefwechsel mit ihm führte, von der Notwendigkeit der »Generalstände« zu überzeugen. Der Oberpräsident legte seine Verfassungsvorstellungen in einer in wenigen Exemplaren gedruckten Schrift »Woher und Wohin« nieder. Ihr ohne sein Wissen erfolgter Nachdruck von radikaler Seite im Jahre 1842 bot der Berliner Bürokratie, nicht zuletzt dem als Präsidenten des Staatsrates nach wie vor einflußreichen Rochow, den lang ersehnten Anlaß, die Abberufung des unbequemen Oberpräsidenten zu erreichen. Schon vorher war aber Friedrich Wilhelm IV. in seiner ablehnenden Haltung gegenüber einer Konstitution durch die im Februar 1841 erschienene Flugschrift »Vier Fragen, beantwortet von einem Ostpreußen« bestärkt worden, die der Königsberger Arzt JOHANN JACOBY geschrieben hatte. Jacoby bekannte sich darin zum Prinzip der nicht an Stände gebundenen, sondern aus einer Volkswahl hervorgegangenen Repräsentation und leitete aus dem Versprechen von 1815 den Rechtsanspruch des Volkes auf eine geschriebene Verfassung ab. Die Schrift, die über die Grenzen des Landes in liberalen Kreisen Beachtung fand, wurde auf preußischen Antrag hin vom Bundestag verboten. Von der Anklage wegen versuchten Hochverrats und Majestätsbeleidigung wurde Jacoby in zwei Instanzen freigesprochen.

Im Herbst 1842 unternahm Friedrich Wilhelm IV. einen ersten Versuch, die Verfassungsfrage nach seinen Vorstellungen zu lösen. Er berief 96 Vertreter der Ritterschaft, der Städte und der Landgemeinden nach Berlin. Sie waren zu diesem Zweck von den Provinziallandtagen aus ihrer Mitte gewählt worden und sollten als »Vereinigte Ausschüsse« über Gegenstände beraten, die ihnen von der Regierung vorgelegt wurden. Trotz dieses eng gezogenen Rahmens führte die von der Regierung gewünschte Erörterung des Ausbaus eines preußischen Eisenbahnnetzes und seiner Finanzierung schnell zu einer verfassungspolitischen Grundsatzdebatte. Vertreter aller Provinzen sprachen sich für ein den Gesamtstaat erschließendes Netz und darüber hinaus für die staatliche Finanzierung aus. Zugleich stellten sie fest, daß die Übernahme der erforderlichen Staatsverbindlichkeiten nur durch »Reichsstände« erfolgen könne, als die man sich keineswegs verstand. Mit diesem doppelten Bekenntnis zur Staatseinheit und zur Repräsentativverfassung, dem die integrierende Wirkung der preußischen Administration seit 1815 und das bürgerliche Interesse an der Einheit des Verkehrs und der Wirtschaft zugrunde lag, ging man über das ständische Verfassungskonzept des Königs hinaus. Friedrich Wilhelm verabschiedete denn auch die Vereinigten Ausschüsse mit der Ermahnung, daß sie keine »Repräsentanten des Windes, der Meinung und der Tageslehren«, sondern Vertreter ihrer jeweiligen ständischen Rechte seien. Als er kurz darauf den Plan faßte, den Übergang zum Konstitutionalismus dadurch zu vermeiden, daß je nach Bedarf alle Mitglieder der Provinzialstände als Vereinigter Landtag zusammentreten sollten, um notwendige Staatsverbindlichkeiten im Sinne des Gesetzes von 1820 zu bewilligen, befürchtete die Mehrheit des Kabinetts mit Recht, ein solcher Landtag werde sich nicht mit der geringen Kompetenz zufriedengeben. Genau dies trat fünf Jahre später ein.

Die »Vereinigten Ausschüsse« von 1842

Zunächst verlagerte sich die durch das Experiment der Vereinigten Ausschüsse erst richtig in Gang gekommene Verfassungsdebatte wieder in die Provinzen, wo sich die Landtage – neben der Presse – regelmäßig, wenn auch nicht immer im gleichen Sinne, mit dem Verfassungsproblem beschäftigten. Ohnehin wurden sie, entgegen der ihnen zugedachten Aufgabe einer provinzialständischen Beratung, immer mehr zu dem Forum, auf dem die Forderungen der Zeit, oft über die Schranken der durch Geburt und Besitz unterschiedenen »Stände« hinweg, artikuliert wurden, nicht zuletzt unter Benutzung des Petitionsrechts. Fast alle Landtage forderten 1841 und 1843 die Pressefreiheit. Die schlesischen Städte verlangten die Erhöhung der Zahl der städtischen Abgeordneten und eine Erweiterung des Wahlrechts. Die polnischen Abgeordneten des Posener Landtags petitionierten für einen besseren Schutz ihrer Nationalität. Im rheinischen Landtag kam es im Jahre 1843 zu einer heftigen Auseinandersetzung über den von der Regierung vorgelegten Entwurf eines einheitlichen Strafgesetzbuches für ganz Preußen. Er war in mancher Hinsicht ein Fortschritt gegenüber dem »Code pénal« mit seinem harten Strafensystem. Er rief aber das Mißfallen der bürgerlichen Abgeord-

Die Provinzialstände als Träger der Verfassungsbewegung

neten hervor, weil er, unter Rücksichtnahme auf ständische Traditionen, für gewisse Delikte Körperstrafen und unterschiedliche Strafarten nach dem Stand des Delinquenten vorsah, unter anderem den Verlust des Adels, außerdem die Beschneidung der Kompetenzen der Geschworenengerichte. In solchen Bestimmungen sah die Opposition eine Durchbrechung des Grundsatzes der staatsbürgerlichen Gleichheit und die Diskriminierung des Bürgerstandes. Der Entwurf wurde in den nächsten Jahren im Sinne der rheinischen Forderungen, die zugleich der Absicherung der bürgerlichen Eigentumsordnung dienten, überarbeitet, so daß die abschließende Kodifizierung von 1851 inhaltlich ein Sieg der westlichen Rechtsvorstellungen über die preußische Tradition war.

Höhepunkt des politischen Lebens in den preußischen Provinzen des Vormärz waren die Verfassungsdebatten, die im Jahre 1845 in fast allen Provinziallandtagen – ausgenommen Brandenburg und Pommern – geführt wurden. In Westfalen rückte der junge Freiherr GEORG VON VINCKE, der Sohn des Oberpräsidenten, mit einer großen Rede, in der er unter Berufung auf den Freiherrn vom Stein und auf das englische Vorbild die Gewährung von Reichsständen beantragte, in die vorderste Reihe der liberalen Opposition. Grundlage der Debatte im rheinischen Landtag war ein Antrag von Ludolf Camphausen, in dem der König um Vollziehung des Verfassungsversprechens von 1815 gebeten wurde. Der Antrag und das die Namen der Redner enthaltende Protokoll der Debatte wurden gegen den Willen der Regierung als Flugschrift verbreitet. Der Elbinger Stadtrat überreichte dem Königsberger Landtag eine Petition, in der eine alle Klassen umfassende Landespräsentation gefordert wurde; er wurde darin durch eine neue Flugschrift Jacobys unterstützt. Insgesamt votierte 1845 die große Mehrheit aller provinzialständischen Abgeordneten Preußens für konstitutionelle Reichsstände. Dem entsprach die Zunahme der Kontakte zwischen den bürgerlichen und adeligen Oppositionellen der preußischen Ost- und Westprovinzen.

Die Vorgeschichte des »Vereinigten Landtages« von 1847

Inzwischen hatte Friedrich Wilhelm IV. einen neuen Verfassungsplan entwickelt. Er sah einen dreistufigen Aufbau der preußischen Ständevertretung vor: über den Provinzialständen ein »Vereinigter Ausschuß«, dem allerdings nun Periodizität und die »Mitwirkung« bei der Beratung allgemeiner Gesetze zugestanden werden sollte, schließlich ein aus den Mitgliedern sämtlicher Provinziallandtage zusammengesetzter »Vereinigter Landtag«, der im Sinne des Staatsschuldengesetzes von 1820 die Kompetenz zur Beschlußfassung über neue Steuern und Anleihen besitzen, aber nur für diesen Fall vom König einberufen werden und nach wie vor getrennt nach Ständen beraten sollte. Dieser Plan blieb zwar hinter dem konstitutionellen System der deutschen Verfassungsstaaten zurück. Doch wurde er von Metternich, dem Zaren und Prinz Wilhelm zu Recht als eine Konzession abgelehnt, die mit Sicherheit über die Absicht des Königs, das Verfassungswerk abzuschließen, hinausführen werde. Trotz solcher Bedenken erließ Friedrich Wilhelm IV. am 3. Februar 1847 das Patent über die neuen ständischen Einrichtungen und entfachte damit sofort eine lebhafte öffentliche Diskussion über die Frage, ob der Vereinigte Landtag mit seiner begrenzten Kompetenz eine echte Nationalrepräsentation sei. Obwohl die Mehrheit der Liberalen die Auffassung des Breslauer Stadtgerichtsrates HEINRICH SIMON – in seiner Schrift »Annehmen oder Ablehnen?« – teilte, daß es sich bei dem Februarpatent nicht um eine echte Verfassung handele, setzte sich die Auffassung durch, daß man der Berufung in den Vereinigten Landtag folgen solle, um an Ort und Stelle den Ausbau im konstitutionellen Sinne zu erreichen. In der Publizistik sowie in öffentlichen und geschlossenen Zusammenkünften von Bürgern, Stadträten und wirtschaftlichen Vertretungskörperschaften wurde die Forderung nach Revision des Februarpatents im

Sinne der Anerkennung des Vereinigten Landtages als einziger zentralständischen Einrichtung und der Kompetenzerweiterung in der Finanzgesetzgebung und -kontrolle artikuliert.

Anfang April 1847 trat der Vereinigte Landtag zusammen. Er bestand aus der Dreiständekurie mit Vertretern der Ritter, Städte und Landgemeinden und der Herrenkurie (Fürsten, Grafen und königliche Prinzen). Unter den 612 Abgeordneten dominierte – entsprechend dem provinzialständischen Wahlrecht – der feudale, städtische und großbäuerliche Grundbesitz, während das Bildungsbürgertum und die Beamten nur schwach, das Kleinbürgertum und die ländlichen Mittel- und Unterschichten nicht vertreten waren. Doch verstand man sich durchaus als Vertretung des ganzen Volkes. Was noch wichtiger war: Schnell verwischten sich in den Auseinandersetzungen über die Kompetenzen des Landtages die ständischen und provinziellen Trennlinien zugunsten von Gruppierungen, in denen zwar die politischen Traditionen der Provinzen zum Tragen kamen, aber doch hinter den politischen Gegensätzen zurücktraten. So arbeiteten die Rheinländer und Ostpreußen, Großbürger und Adelige, als die Vertreter ihres je eigenen Liberalismus zusammen. Die Konservativen, deren personeller Schwerpunkt in den Provinzen Brandenburg und Pommern lag, rekrutierten sich überwiegend aus Junkern (darunter der junge Otto von Bismarck), Angehörigen des Hochadels und der Gruppe der Beamten.

Der Verfassungsstreit im Vereinigten Landtag

Der Verfassungsstreit wurde im Anschluß an die Thronrede des Königs eröffnet. Friedrich Wilhelm IV. wiederholte seine bekannte These, wonach die Abgeordneten nicht »Meinungen zu repräsentieren«, sondern ihre besonderen ständischen Rechte wahrzunehmen hätten. In einer mehrtägigen Adreßdebatte, die von internen Beratungen über eine mehrheitsfähige Formulierung einer Verfassungsadresse an den König begleitet wurde, kamen alle liberalen Bedenken gegenüber diesem Verfassungsersatz zur Sprache; es wurde vor allem das Fehlen der Periodizität und ausreichender Kompetenzen gerügt. Zwar wurden diese Bedenken in der Adresse gegen die Stimmen einer Gruppe entschiedener Liberaler aus dem Rheinland, aus Westfalen und Schlesien nur zurückhaltend artikuliert. Der Konflikt war aber nur bis zu dem Augenblick vertagt, zu dem die Regierung dem Landtag Gesetzesvorlagen zuleitete, die neue finanzielle Verpflichtungen des Staates im Sinne des Staatsschuldengesetzes begründeten. Es handelte sich um ein Gesetz über die Gründung von Landrentenbanken zur Finanzierung der Ablösung grundherrlicher Lasten, das eine staatliche Garantie vorsah, und um eine Vorlage über den Bau einer Eisenbahn von Berlin nach Königsberg, der mit Hilfe einer staatlichen Anleihe finanziert werden sollte. Die Mehrheit der Dreiständekurie, eine Koalition der Bourgeoisie mit liberalen Adeligen, lehnte jede Geldbewilligung ab, solange die Regierung die Periodizität des Landtages und den Wegfall des Ständischen Ausschusses verweigerte, der nur als Beratungsorgan zusammentreten sollte. Das Selbstbewußtsein des neuen Besitzbürgertums äußerte sich in der Erklärung David Hansemanns, daß in Geldfragen die Gemütlichkeit aufhöre. Friedrich Wilhelm IV. antwortete auf die Verfassungsforderung mit der Einstellung der Bauarbeiten an der Ostbahn und mit der Schließung des Vereinigten Landtages schon Ende Juni 1847. Er bestand aber darauf, daß die Abgeordneten noch den Vereinigten Ausschuß wählten. Eine Minderheit der Opposition unter der Führung Vinckes lehnte die Wahl als Anerkennung des Februarpatentes ab. Die Mehrheit, angeführt von den pragmatischen rheinischen Liberalen, führte jedoch die Wahl durch. Der Ausschuß trat im Januar 1848 zum erstenmal in Berlin zusammen.

Thronrede und Adreßdebatte

Staatlicher Finanzbedarf und liberale Verfassungsforderung

Scheiterte die Überleitung Preußens zum Verfassungsstaat im Vormärz an der Verhärtung der Bürokratie und dem Widerstand des Königs, so demonstrierten die parlamentarischen

Kämpfe in den süddeutschen Staaten die Grenzen des Konstitutionalismus unter den Bedingungen des Metternichschen Systems. Der wirtschaftliche und soziale Aufstieg des Bürgertums führte allenthalben zur Verschärfung des verfassungsmäßig angelegten Gegensatzes zwischen Parlament, bürokratischem Regime und den Monarchen. Sie mündete in eine chronische Stagnation des Verfassungslebens – so in den nord- und mitteldeutschen Mittelstaaten Hannover, Kurhessen und Sachsen – oder in Konflikte, deren Lösung im Rahmen der Verfassungen immer schwieriger wurde. In Bayern wurde diese Situation durch den autokratischen Kurs des selbstbewußten Monarchen verschärft. König Ludwig I. regierte seit 1832 mit dem gemäßigt konservativen Minister Fürst LUDWIG VON ÖTTINGEN-WALLERSTEIN. Der Minister bemühte sich zunächst mit gewissem Erfolg um einen Ausgleich zwischen der katholisch-konservativen Atmosphäre des Hofes und dem Liberalismus der Kammer, nachdem der politische Radikalismus aus dem öffentlichen Leben ausgeschaltet war. Als der Landtag 1837 mit Billigung Wallersteins Kritik an der königlichen Finanzpolitik der »Erübrigungen« übte, das heißt an der Praxis, Einsparungen im laufenden Etat beliebig für andere Zwecke, besonders für die Kunstpflege, zu verwenden, sah Ludwig darin einen Angriff auf das monarchische Prinzip und entließ den Minister, der in der Folgezeit einer der Führer der Opposition im Reichsrat wurde. Unter seinem Nachfolger KARL VON ABEL verfolgte die Regierung mit Unterstützung des Königs einen konsequent antiliberalen Kurs. Er wurde durch die Verbindung von restriktiver Verfassungsinterpretation im ständischen Sinne mit der Stärkung des katholisch-konservativen Elementes im Staate bestimmt. Abel machte nach den Landtagswahlen von 1840 und 1843 exzessiv von dem Mittel der Urlaubsverweigerung gegenüber liberalen Beamten und Advokaten, besonders aus der Pfalz, Gebrauch. Die Rolle der Opposition ging zeitweilig auf den Reichsrat und auf liberale Gruppen in der Bürokratie über, die besonders mit der gegen den Protestantismus gerichteten Kirchenpolitik des Ministers unzufrieden waren. Doch blieb die Position Abels ungefährdet, solange der König ihn stützte. Das änderte sich dramatisch 1846, als Ludwig durch seine Verbindung mit der Tänzerin Lola Montez in Gegensatz zu dem streng katholischen Minister und der katholisch-konservativen Gruppierung geriet, auf die sich Abel vorwiegend stützte. In dem Konflikt zwischen der ehrgeizigen Lola Montez und der hauptstädtischen Öffentlichkeit, der Hofgesellschaft, Universität, Stadtgemeinde und Kirche stellte sich Ludwig ritterlich-starrköpfig auf die Seite der Montez, indem er das Ministerium Abel, das die Entfernung der Tänzerin verlangte, kurzerhand entließ und die protestierenden Professoren des katholischen Görreskreises, bis auf Görres selbst, in den Ruhestand versetzte. Das neue Ministerium mit dem pfälzischen Protestanten GEORG LUDWIG MAURER als führendem Kopf, das sofort Reformen im Justiz-, Presse- und Bildungsbereich in Angriff nahm und mit dem liberalen Landtag zusammenzuarbeiten suchte, konnte sich aber, wiederum wegen des distanzierten Verhältnisses seiner Mitglieder zu der Montez, nicht in der Gunst des Königs halten. Ludwig berief Ende 1847 erneut Öttingen-Wallerstein, dem es aber nicht gelang, die Empörung der Öffentlichkeit über das Verhältnis des Königs zu der inzwischen nobilitierten Montez zu dämpfen. Das Begräbnis des Anfang Januar 1848 verstorbenen Joseph Görres wurde zur Demonstration der Studentenschaft und der katholisch-konservativen Opposition gegen das Regime des isolierten Königs. Die Schließung der Universität (9. Februar), ein Protest der Bürgerschaft gegen diese Maßnahme und zunehmender Druck der Minister, der Reichsräte und wiederum der Bürgerschaft auf den König waren die Etappen eines eskalierenden Konfliktes, der in die Zurücknahme der Universitätsschließung und die widerwillig verfügte Entfernung der Montez aus der Stadt am 11. Februar 1848 mündete. So befand sich das Königreich Bayern noch vor Beginn der Märzrevolution in einer offenen Staatskrise.

Im Großherzogtum Baden mit seiner dem konstitutionellen System am meisten entsprechenden Verfassung blieben die regierungstreue Bürokratie und die Kammern die wichtigsten Kontrahenten in den politischen Kämpfen des Vormärz, während die Dynastie im Hintergrund stand. Hier kam es seit dem Beginn der 40er Jahre zum Konflikt zwischen der zweiten Kammer und dem leitenden Minister FRIEDRICH KARL FREIHERR VON BLITTERSDORF, der seit seiner Ernennung (1835) den Einfluß der liberalen Mitglieder des Kabinetts Winter und Nebenius zurückgedrängt hatte. Er suchte die liberale Opposition im Lande mit Hilfe der Zensur und polizeilicher Maßnahmen und in der Kammer mit dem Mittel der Urlaubsverweigerung gegenüber Beamtenabgeordneten auszuschalten. Der Landtag von 1841 erklärte diese Maßnahme für verfassungswidrig und sah auch in seiner Auflösung durch den Großherzog Leopold ohne Gegenzeichnung durch das Ministerium einen Verstoß gegen die Konstitution. Trotz des Versuchs der massiven Wahlbeeinflussung ging die liberale Opposition aus den Wahlen von 1843 als Sieger mit absoluter Mehrheit hervor und sprach dem Ministerium, als es sich weigerte, an den Kammerverhandlungen teilzunehmen, auf Antrag des Abgeordneten Itzstein die Mißbilligung aus. Obwohl die Verfassung noch kein Mißtrauensvotum im parlamentarischen Sinne kannte, beschleunigte dieser Vorgang die Ablösung von Blittersdorf. Er wurde im November 1843 auf den Posten des badischen Bundestagsgesandten abgeschoben. Unter seinen Nachfolgern, zunächst dem Finanzminister Christian Friedrich von Boeckh, seit 1846, nach einem erneuten Wahlsieg der Liberalen, dem Innenminister Johann Baptist Bekk, einem Beamten aus der liberalen Schule Winters, bestand das Nebeneinander eines erträglichen Verhältnisses zur Kammermehrheit (ohne die Radikalen) und bürokratischer Reglementierung. Sie richtete sich zeitweilig gegen den Deutschkatholizismus, zuletzt aber auch gegen den erstarkenden politischen Katholizismus, der das System des badischen Staatskirchentums bekämpfte. Auf jeder Session forderte die oppositionelle Mehrheit das vom Bundestag 1831 verbotene Pressegesetz zurück. Immerhin sah der im Dezember 1847 eröffnete Landtag eine Annäherung des bürgerlichen Liberalismus an das Ministerium, nicht zuletzt unter dem Eindruck sozialer Spannungen in dem von der Frühindustrialisierung erfaßten Lande.

Auch in Württemberg und Hessen-Darmstadt stand die Politik des Vormärz im Zeichen des Gegenübers einer autokratischen Regierungs- und Verwaltungspraxis und des erstarkenden Kammerliberalismus, in Stuttgart unter dem Ministerium des Freiherrn Paul Friedrich von Maucler, in Darmstadt unter der Regierung des Großherzogs Ludwig II. und seines Ministers du Thil. In Württemberg war der Landtag in den 30er Jahren mit Hilfe der Wahlbeeinflussung zu einem regierungstreuen Beamtenparlament geworden; die führenden Köpfe des Liberalismus, Uhland, Pfizer, Schott und Römer, verzichteten 1838 auf eine Wiederwahl. Erst als sie 1844 wieder erfolgreich kandidierten, wurde der bürgerliche Liberalismus zu einer selbstbewußten Kraft. Er verband Kooperationsbereitschaft in Einzelfragen, etwa beim beginnenden Eisenbahnbau, mit regelmäßiger Budgetverweigerung als prinzipieller Ablehnung des bürokratischen Systems und mit der Forderung nach Pressefreiheit. In der zwiespältigen Reaktion der liberalen Presse und der Kammeropposition auf die Hungerkrawalle im Mai 1847 und ihrer Unterdrückung mit Hilfe des Militärs zeichnete sich, ähnlich wie in Baden, zum erstenmal die die Einheit des Liberalismus bedrohende Spannung zwischen politischem Verfassungsprogramm und sozialer Frage ab. Auch in Hessen-Darmstadt sahen die 40er Jahre die Ablösung eines regierungshörigen Landtages durch eine liberale Opposition. Diese Wendung fiel weitgehend mit der Rückkehr Heinrich von Gagerns in den Landtag zusammen (1846), nachdem er sich als Gutsbesitzer und Präsident des Landwirtschaftlichen Vereins in Rheinhessen eine politische Klientel geschaffen hatte. Gagern wurde zum Wortführer des sich in Petitionen, in Bürgerversammlungen und der Presse artikulierenden Widerstandes gegen die Beseitigung der französischen Rechtsverfassung in der linksrheinischen Provinz zugunsten einer gesamthessischen Kodifikation, die in seinen Augen nur ein Hindernis für ein fortschrittliches Gesetzgebungswerk auf nationaler Ebene dargestellt hätte. Im Landtag von 1847 verband Gagern diese Haltung mit heftigen Angriffen auf das du Thilsche »System« mit seinen Wahlbeschränkungen und der Praxis der Urlaubsverweigerung, während er gleichzeitig an der Vorbereitung der Heidelberger »Deutschen Zeitung« mitwirkte. Parlamentarische Opposition im Einzelstaat und nationaler Liberalismus gingen Hand in Hand.

Der Schweizer Sonderbundskrieg von 1847/1848

Zu den politischen Ereignissen, die der bürgerlichen Opposition im konstitutionellen Deutschland des Vormärz Auftrieb gaben, gehörte der Schweizer Sonderbundskrieg von 1847/48. In dem lockeren Staatenbund der Eidgenossenschaft, dessen Neutralität unter der Garantie der Großmächte stand, hatte sich seit dem Ende der 30er Jahre ein Gegensatz zwischen den liberal und demokratisch regierten Kantonen, die eine Reform des Bundesvertrages von 1815 im bundesstaatlichen Sinne anstrebten, und den konservativen, überwiegend von einer katholischen Bevölkerung bewohnten Kantonen herausgebildet, die in solchen Bestrebungen eine Gefahr für ihre innere Selbständigkeit, besonders auf dem Gebiet der Kulturpolitik, erblickten. Über dem seit 1844 entbrennenden Konflikt wegen der Zulassung der Jesuiten zum Schulwesen im Kanton Luzern schlossen sich im Herbst 1845 die Kantone Luzern, Uri, Schwyz, Unterwalden, Zug, Freiburg und Wallis in einer sogenannten Schutzvereinigung zusammen, die gegen die drohende Umgestaltung der Bundesverfassung und die Umwandlung der Tagsatzung, der Vereinigung der Gesandten der Kantonalregierungen unter wechselndem Vorsitz, in eine Bundesregierung auf Kosten der Kantonssouveränität gerichtet war. Im November 1847 beschloß die liberaldemokratische Tagsatzungsmehrheit nach längerem Tauziehen die Auflösung des »Sonderbundes« durch eidgenössische Truppen. In einem raschen Feldzug wurde der Sonderbund geschlagen. Er hatte vergeblich auf eine Intervention Metternichs zu seinen Gunsten gehofft. Tatsächlich war es der hinhaltenden Diplomatie Frankreichs und des englischen Außenministers Palmerston zu verdanken, daß Österreich auf ein Eingreifen verzichtete. Ende Januar 1848 hatten sich die abgefallenen Kantone unterworfen und ihre Gesandten in die Tagsatzung zurückgeschickt, so daß mit der Arbeit an der Verfassungsrevision begonnen werden konnte. Der rasche Sieg der liberaldemokratischen Kantone, die zugleich Stützpunkte der politischen Emigration aus dem Deutschen Bund waren, wurde von den Kräften der bürgerlichen Bewegung in Europa als Niederlage des Metternichschen Systems gefeiert. So hieß es in einer der Sympathieadressen, die um die Jahreswende aus Südwestdeutschland an die Tagsatzung geschickt wurden: »Der Bund der Eidgenossen hat gesiegt, und Deutschland jauchzt. Es ist ein Sieg der Menschheit im allgemeinen. Dem Licht und Recht wird er Bahn brechen, auch unter den Bewohnern anderer Länder!«

Österreich im Vormärz

Komplizierter als in Preußen und den süddeutschen Verfassungsstaaten verliefen die politischen Fronten in dem österreichischen Kaiserstaat. Trotz der Bemühungen Metternichs, ihn als ruhenden Pol der europäischen Staatenordnung zu erhalten, war auch hier der Vormärz eine Zeit sich verschärfender Spannungen. Es entstand in einigen Landtagen und im außerparlamentarischen Raum eine von Adeligen und vom städtischen Bürgertum getragene liberale Opposition. Es machten sich in den außerdeutschen Ländern der Monarchie nationale Kräfte bemerkbar, die sich gegen die »patriarchalische Zentralvormundschaft« *(Veit Valentin)* wandten. Die das Metternichsche System zersetzende Wirkung dieser Faktoren wurde durch die Rivalitäten in der österreichischen Staatskonferenz seit dem Tode Franz I. unter der schwachen Regierung Kaiser Ferdinands I. gefördert. Eine Gruppe der Erzherzöge trat in Opposition zum Staatskanzler, der außerdem in dem Minister Anton Graf Kolowrat einen ehrgeizigen Rivalen besaß, der aus taktischen Gründen zu Konzessionen an die bürgerliche

Bewegung bereit war. Seit den 30er Jahren verwandelten sich die verschiedenen Ständever-   Ansätze liberaler
sammlungen der Erbländer aus willfährigen »Postulatenlandtagen« in zunehmend kritischer   Opposition
werdende Partner der Regierung, wobei sie teils – so vor allem in Böhmen – an ältere
ständische Rechte anknüpften, teils Forderungen des konstitutionellen Liberalismus aufgrif-
fen. Besonders in den nieder- und oberösterreichischen Landtagen bildete sich, mangels einer
nennenswerten bürgerlichen Vertretung, eine liberale Adelspartei, deren Wortführer der
Wiener Landtagsmarschall Graf Albert Montecuccoli, der Freiherr Anton von Doblhoff und
Anton Ritter von Schmerling waren. Die bürgerliche Intelligenz der Hauptstadt – Rechts-
anwälte, Schriftsteller, Professoren, Beamte, Kaufleute – fand sich gleichzeitig in dem 1842
gegründeten »Juridisch-Politischen Leseverein« zusammen. Treue zur Dynastie und Bekenntnis der Staatseinheit verbanden sich mit der Forderung liberaler Gesetze zur Verhütung einer
Revolution. Man verlangte Reformen des Schulwesens und der Selbstverwaltung, Öffentlichkeit der Ständeversammlungen und ein Pressegesetz. Die Vollendung der Bauernbefreiung
sowie eine stärkere Mitwirkung in der Finanzpolitik gehörten zu den Forderungen der Stände.
Ende 1847/Anfang 1848 fand sich die ständische Opposition mit dem außerständischen Liberalismus in dem Ruf nach einer gesamtstaatlichen Verfassung im konstitutionellen Sinne zusammen.

    Bedrohlicher für den Bestand des habsburgischen Vielvölkerstaates als der Liberalismus in den deutschen Erblän-   Die Nationalitäten-
dern waren auf die Dauer die Nationalbewegungen in den nichtdeutschen Ländern der Monarchie, die sich im Vor-   bewegungen
märz spürbar politisierten und den Rahmen ständischer Opposition sprengten. Metternich schlug ihnen gegenüber
einen differenzierten Kurs ein. Im lombardo-venetischen Königreich wurde der Kampf gegen das Risorgimento
repressiv, mit Hilfe der Polizei und des Heeres unter dem Militärbefehlshaber Graf Joseph Radetzky (seit 1830)
geführt, bis hin zur Verhängung des Belagerungszustandes im November 1847. In Ungarn kam man den Wünschen
auf größere Autonomie im Sinne einer Bevorzugung der Magyaren gegenüber den nationalen Minderheiten der
Kroaten, Slowenen und Deutschen entgegen, ohne die Entstehung einer nationalliberalen und -demokratischen
Opposition in der Ständetafel des Reichstages unter Franz von Déak und Ludwig Kossuth verhindern zu können.

    In dem zum Deutschen Bund gehörenden Königreich Böhmen hatte die Hofburg mit einer   Böhmen und die
doppelten Opposition zu kämpfen: auf der einen Seite der noch weitgehend vom Adel be-   tschechische
herrschte böhmische Landtag, der sich um die Wahrung der verfassungsmäßigen Privilegien   Bewegung
des Landes und der Stände bemühte und öffentliche Sympathien mit seinem Eintreten für
praktische wirtschaftliche Interessen gewann; auf der anderen Seite die nationaltschechische
Bewegung, die außerhalb der Stände in Kreisen des gebildeten und gewerbetreibenden Bürgertums entstand und von einigen böhmischen Adeligen, wie etwa den Grafen Joseph Matthias
und Leo Thun, unterstützt wurde. Die zunächst kulturell orientierte Bewegung besaß in dem
1818 gegründeten böhmischen Nationalmuseum in Prag und dem böhmischen Gewerbeverein
(seit 1833) gesellschaftliche Zentren. FRANTIŠEK PALACKY, Leiter des Nationalmuseums und
seit 1839 Historiograph der böhmischen Stände, publizierte seit 1836, zuerst noch in deutscher
Sprache, seine »Geschichte Böhmens«, die den Einfluß der Ideen Herders und von Palackys
einstigem Jenaer Lehrer Heinrich Luden erkennen ließ. In dieser Zeit begann die Politisierung
der tschechischen Nationalbewegung. Sie fiel mit ihrer Annäherung an den böhmischen
Landespatriotismus der Stände zusammen. Sprachrohr der sich formierenden tschechischen
National»partei«, die die Forderung nach »Emanzipation vom Deutschen« mit der Berufung
auf das »Böhmische Staatsrecht« begründete, ohne allerdings die Sprengung des habsbur-

gischen Staatsverbandes zu wollen, wurde seit 1846 die »Prager Zeitung« unter ihrem Redakteur Karl Havliček.

Die nationalpolnische Bewegung und die Einverleibung Krakaus in Österreich 1846

Zu einem direkten Aufstand mit internationalen Auswirkungen verdichtete sich die nationale Bewegung 1846 im Norden des österreichischen Kaiserstaates, das heißt in dem ihm durch die polnischen Teilungen zugefallenen Königreich Galizien und der 1815 errichteten Republik Krakau. Die entsprechende Aktion in Preußisch-Polen wurde vorzeitig verraten, und ihren Rädelsführern, mit Ludwik Mieroslawski an der Spitze, im Herbst 1847 in Berlin der Prozeß gemacht. Die Stadt Krakau war nicht nur eine Zentrale des Schmuggels zwischen den drei Teilstücken Polens, sondern seit den 30er Jahren ein Mittelpunkt der (von den Emigranten in Westeuropa gesteuerten) nationalpolnischen Bewegung, die auf Galizien überzugreifen drohte. Dort stützte die österreichische Verwaltung nach dem Prinzip des *divide et impera* die ruthenischen [= ukrainischen] Bauern, etwa 45% der Bevölkerung, gegenüber der polnischen Mehrheit. So kam es im Februar 1846, ausgehend von Krakau, zu dem Versuch einer nationalpolnischen Erhebung, die aber auf dem Lande von einem blutigen Aufstand der ruthenischen Bauern gegen die Schlachta (den polnischen Adel) beantwortet wurde. Metternich nutzte die Gelegenheit, um, wie schon länger beabsichtigt, die Stadt Krakau militärisch zu besetzen und sie, gegen den Widerspruch der Westmächte, ihrer Selbständigkeit zu berauben. Der neue Statthalter des Königreiches Galizien, Graf Franz Stadion, leitete mit Zustimmung des Staatskanzlers eine die Bauernbefreiung vorbereitende Reformpolitik ein, die zwar wiederum die Ruthenen gegenüber den Polen begünstigte, aber vor 1848 nicht über halbe Maßnahmen hinauskam.

5. Wirtschaft und Gesellschaft an der Schwelle zur Industriellen Revolution

Die Auseinandersetzungen des Vormärz, in denen um die konservative Bewahrung oder liberale Veränderung des politischen Systems gestritten wurde, spielten sich vor dem Hintergrund einer teils schleichenden, teils krisenhaften Verschlechterung in den Lebensbedingungen der Bevölkerung ab. Sie war das Ergebnis längerfristiger demographischer und ökonomischer Prozesse, die die Periode des Übergangs von der Stände- zur Industriegesellschaft begleiteten. Die traditionelle Sozialordnung löste sich auf, bevor die durch staatliche Reformen und technische Innovationen freigesetzten wirtschaftlichen Kräfte eine neue gesellschaftliche Integration ermöglichten. Wachsende Übervölkerung und beschränktere Ernährungsmöglichkeiten, die durch die Erhöhung der agrarischen Produktion nicht ausgeglichen werden konnten, der Zerfall des Heimgewerbes unter dem Druck der auswärtigen industriellen Konkurrenz und die Krise des Handwerks, die Verminderung der Arbeitseinkommen und die Auflösung des Familienverbandes als Arbeits- und Produktionsgemeinschaft, diese Vorgänge summierten sich zu einem allgemeinen Verelendungsprozeß. Er äußerte sich seit den 30er Jahren in einer stetigen Zunahme der Auswanderung, in den 40er Jahren in sozialen Konflikten, wachsender Eigentumskriminalität, Epidemien und Hungersnöten und schlug auf das generative Verhalten der Bevölkerung durch. Er wurde in dem Maße zu einer Gefahr für die staatliche und bürgerliche Ordnung, in welchem er zum Gegenstand der publizistischen Zeitanalyse und -kritik wurde und das Bewußtsein einer sozialen Krise auch in den betroffenen Unterschichten weckte. Seit den frühen 40er Jahren wurde er von der Umwälzung des Verkehrswesens durch Eisenbahnen und Dampfschiffahrt und von den Anfängen der Industrialisierung überlagert, für die die Unterschichten die »Reservearmee« (Marx) bereitstellten. Eine durchgreifende Entspannung trat erst in den 50er Jahren ein. Die soziale Frage wurde ein Faktor, der die Revolution von 1848/49 zwar nicht auslöste, aber in ihrem Verlauf mitbestimmte.

Die Bevölkerungsentwicklung im Vormärz

Das starke Bevölkerungswachstum, mit dem die Zunahme der wirtschaftlichen Produktion nicht Schritt hielt, setzte sich im gesamten Bundesgebiet weiter fort, wenn auch seit den 30er

Jahren in etwas abgeschwächter Form. Zu kurzfristigen Einbrüchen kam es infolge einer Grippe- und Choleraepidemie in den Jahren 1831/32 und noch einmal als Begleiterscheinung der Hungerkrise von 1846/47. Am Vorabend der Revolution lebten in den Staaten des Deutschen Bundes etwa 46 Millionen Menschen. Deutschland hatte damit sowohl Frankreich als auch Großbritannien mit Irland überholt. Innerhalb des Bundes gab es allerdings in der Bevölkerungsbewegung bemerkenswerte Unterschiede, die den wirtschaftsstrukturellen Regionalismus Deutschlands widerspiegelten. Ein Gebiet höchster Zunahme – durch Geburtenüberschuß und Wanderungsgewinn – waren die preußischen Ostprovinzen, wo die durch die Stein-Hardenbergschen Reformen bewirkten Änderungen in der Agrarverfassung die Aufnahmefähigkeit des Raumes erhöhten. Die Vergrößerung des Arbeitskräftebedarfs der Gutswirtschaften sowie der Landausbau im bäuerlichen Sektor als Ausgleich für die Landabgaben an die Junker machten aus diesen Provinzen bis zur Jahrhundertmitte Gebiete mit hoher Geburtlichkeit und Zuwanderung. Daneben wies das Königreich Sachsen als eine Region frühen industriellen Ausbaus hohe Zuwachsraten auf; etwas geringer, aber immer noch relativ hoch, waren sie im Rheinland und der preußischen Provinz Sachsen. Unter dem Durchschnitt, wenn auch im Hinblick auf die Ernährungsmöglichkeiten bedrohlich genug, blieb das Bevölkerungswachstum in den agrarischen Regionen des Südens und Südwestens und in Westfalen. Im Münsterland, in Bayern und in den österreichischen Alpenländern wirkte die durch das Erbrecht bedingte groß- und mittelbäuerliche Agrarordnung noch ausgleichend. Dagegen waren die Realteilungsgebiete des Südwestens und Hessens nicht mehr in der Lage, den natürlichen Bevölkerungszuwachs wirtschaftlich zu bewältigen. Die meisten Staaten (nicht Preußen) suchten den Wachstumsprozeß durch ehe- und niederlassungshemmende Gesetze einzudämmen, was sich am überdurchschnittlichen Anteil unehelich Geborener – bis zu 25% in den süddeutschen Staaten gegen nur 7 bis 8% in Preußen – ablesen läßt. Doch konnte auf diese Weise die überdimensionale Ausweitung des »Pöbels«, das heißt des Unterbaus der sich auflösenden Ständegesellschaft, nicht aufgehalten werden. Die Folge war ein zunehmendes Mißverhältnis zwischen Arbeitsplatzangebot und Arbeitskräftepotential, selbst dort, wo, wie in Westfalen und in Württemberg, Wanderungsverluste zur Entlastung des Arbeitsmarktes beitrugen. Schätzungen für das Jahr 1849 sprechen von etwa 80 bis 90 Arbeitsplätzen je 100 Arbeitskräften, wobei das Arbeitskräftepotential bei 45% der Gesamtbevölkerung lag. Allerdings äußerte sich der Bevölkerungsüberschuß nicht sosehr in einer strukturellen Arbeitslosigkeit, sondern in der Abwertung der einzelnen Arbeitsstelle, in Unterbeschäftigung durch die Aufteilung der Arbeit auf mehr Personen und in der Verminderung der Arbeitseinkommen aller. Die »Kernfamilien« mit Mann und Frau und unmündigen oder unverheirateten Kindern, auf denen nach wie vor die Sozialverfassung beruhte, wurden zunehmend belastet, vor allem in den Unterschichten, in denen die Ausweichmöglichkeit in der Form neuer Familiengründungen weitgehend fehlte. In gewerblich durchsetzten Gebieten nahm die Frauen- und Kinderarbeit deutlich zu. Außerdem stieg die Bereitschaft, oder besser: der Zwang zur Mobilität. Wachsende Zahlen von Bettlern, der Zustrom von Arbeitskräften zum Eisenbahnbau seit Ende der 30er Jahre oder in die Zonen gewerblicher Verdichtung und in die Großstädte leiteten den Verstädterungsprozeß der Industrialisierung ein, der aber vor der Jahrhundertmitte noch keine soziale Entlastung, eher eine Verlagerung der sozialen Belastung vom Land in die Stadt bedeutete. So nahm die Einwohnerzahl von Berlin und München von 1800 bis 1850 um das Eineinhalbfache bzw. Zweieinhalbfache zu; in Köln und Breslau verdoppelte sie sich fast. Die weitgehend gewerbelosen Ostprovinzen Preußens

Der Arbeitsmarkt

Anwachsen der Unterschicht

(ohne Schlesien) erlebten dagegen bis 1848 einen Rückgang der Einwohnerzahl der Mittel- und Kleinstädte. Insgesamt verschoben sich als Folge des unterschiedlichen Wachstums die Bevölkerungsanteile der deutschen Staaten gegeneinander. Vor allem nahm das Gewicht Preußens als das Land, das neben dem Königreich Sachsen den größten Zuwachs zu verzeichnen hatte, im Bund erheblich zu.

Auswanderung als Massenerscheinung

Der Bevölkerungsdruck und die Verelendung der Unterschichten auf dem Lande ließen seit der Mitte der 30er Jahre die Auswanderung wieder, zum ersten Male seit der auf die Hungerkrise von 1817 antwortenden Emigration, zu einer Massenerscheinung werden. Sie dauerte, wenn auch mit gewissen Schwankungen, bis zur Mitte der 50er Jahre an und ging nun primär, wenn auch nicht ausschließlich, nach Nordamerika. Australien und Lateinamerika waren weitere Ziele der Emigration. Die geschätzten Auswandererzahlen lassen vor 1848 eine gewisse Koppelung mit den witterungsbedingten Schwankungen der Ernährungslage erkennen. Anfang der 40er Jahre ging die Auswanderung noch einmal infolge relativ guter Ernten vorübergehend zurück, um mit dem Beginn der Ernährungskrise von 1846, in einigen Ländern schon ein Jahr vorher, sprunghaft anzusteigen. Die Gesamtzahl der Auswanderer erhöhte sich von etwa 20 Tausend jährlich in dem Jahrzehnt von 1836 bis 1845 auf über 100 Tausend pro Jahr von 1846 bis 1855. Die Hauptursprungsländer der Auswanderung waren nach wie vor die kleinbäuerlichen Regionen des Südwestens sowie Franken, die beiden Hessen und Nassau. Aber auch Westfalen, Oldenburg und Hannover stellten größere Auswandererzahlen. Bis zu Beginn der 40er Jahre besaßen die meisten Auswanderer – verarmte Bauern, oft Winzer und Handwerker – noch einiges Vermögen, während die Ärmsten zu Hause blieben. Der Anteil politischer Emigranten nach 1830 war insgesamt gering; nicht wenige kehrten 1848 nach Deutschland zurück. Der Notstand der 40er Jahre brachte eine Ausweitung der Auswanderung auf die vermögenslosen Schichten. Dazu trug die Verbilligung der Reisekosten bei. Die Hansestädte Hamburg und Bremen übernahmen immer mehr die Aufgabe des Transports in einer lukrativen Kombination von Auswanderung und Import. In dem Maße, in welchem die Unterschichten die Haushalte der Gemeinden belasteten, wurde die Auswanderung von diesen, gelegentlich auch von staatlichen Behörden direkt oder indirekt gefördert. In Hessen-Darmstadt kam es 1846 mit staatlicher Duldung zur Auswanderung ganzer Gemeinden, vor allem aus den standesherrlichen Gebieten. Aufsehen erregte der Versuch der Stadt Großzimmern, ihre gesamte Unterschicht, etwa 600 Menschen, unter Bezahlung der Reisekosten, aber mit unzureichender finanzieller Ausstattung, in die Vereinigten Staaten abzuschieben. Eine Gruppe kam sofort nach der Ankunft in New York ins Armenhaus, eine andere erlitt Schiffbruch und wurde nach England zurückgebracht. Ein ähnliches Schicksal erlitten Auswanderer, die sich den seit Anfang der 40er Jahre in verschiedenen Ländern Westdeutschlands entstehenden Auswanderervereinen anvertrauten. Besonders bekannt wurde der in den Jahren 1842–1844 gegründete »Verein deutscher Fürsten und Edelleute zum Schutze deutscher Einwanderer in Texas«. Seine Initiatoren, Fürsten, Standesherren und Adelige aus dem hessen-nassauischen Raum, erwarben, in Verbindung spekulativer mit humanitären Motiven, unter fragwürdigen Rechtstiteln unbesiedeltes Land in dem damals noch selbständigen Texas und gründeten dort die Orte Neu-Braunfels und Friedrichsburg. Von den angeworbenen Siedlern fanden im Jahre 1845 über eintausend auf dem Wege von der Küste ins Landesinnere oder in den beiden Orten infolge ungünstiger Witterung und Krankheiten den Tod. Das Scheitern des Projekts bot in Deutschland Anlaß zu politischen Angriffen auf seine Förderer.

Auswanderervereine

Die soziale Dimension der Bevölkerungsentwicklung Deutschlands im Vormärz resultierte aus ihrer engen Verflechtung mit strukturellen Veränderungen in der vor- oder frühindustriellen Wirtschaft. Das gilt nicht zuletzt für den Agrarsektor, der nach seinem Anteil an der Produktion und an den Beschäftigtenzahlen bis in die 50er Jahre der wichtigste Wirtschaftszweig blieb. Schätzungsweise 45 bis 50 % der Inlandsproduktion und 55 % der Beschäftigten waren um 1849 der Landwirtschaft zugeordnet, die in den alten Gewerberegionen mit dem Handwerk und dem niedergehenden Heimgewerbe und Verlagswesen verbunden war. Drei Vorgänge bestimmten den Wandel der Landwirtschaft in dieser Zeit: die sogenannte »Bauernbefreiung«, die Rationalisierung und Verbesserung der agrarischen Produktion und die Einfügung der Landwirtschaft und der in ihr arbeitenden Bevölkerung in den Gesamtzusammenhang der bürgerlich-kapitalistischen Gesellschafts- und Wirtschaftsordnung.

Abgesehen von der persönlichen Befreiung der bis dahin von einem Guts- oder Grundherren rechtlich abhängigen Bevölkerung, die schon zu Beginn des Vormärz so gut wie überall abgeschlossen war, schlugen in der materiellen Auflösung der alten Agrarverfassung durch Regulierung, Ablösung und Separation die regionalen Unterschiede zwischen den Gebieten der ostdeutschen Gutsherrschaft und der westdeutschen Grundherrschaft überall durch. Von wenigen Ausnahmen wie den württembergischen Ablösungsgesetzen von 1836 abgesehen, stagnierte die Agrarreform in den Ländern mit Grundherrschaft bis zur Revolution von 1848. Das hatte verschiedene Gründe. Die Regierungen waren als oft größter Grundherr auf Einnahmen aus Zehnten und Grundrechten angewiesen. Die Standesherren, der grundherrliche Adel und die Kirche als die daneben wichtigsten Berechtigten widersetzten sich einer entschädigungslosen Aufhebung der meist schon in Geldzahlungen umgewandelten Abgaben und Dienste und beriefen sich auf den verfassungsmäßig oder – wie bei den Standesherren – bundesrechtlich garantierten Schutz des Eigentums. Die Ablösung durch das Mittel der Landabgabe schied im Bereich der Rentengrundherrschaft aus. Sieht man von den Standesherrschaften ab, die denn auch 1848 Zentren der agrarrevolutionären Bewegung wurden, so war die tatsächliche Situation der bäuerlichen Bevölkerung im Westen und Süden weniger durch das Fortbestehen von grundherrlichen Verpflichtungen als durch die Diskrepanz zwischen dem nur begrenzt verfügbaren Land und der wachsenden Bevölkerungszahl geprägt, und zwar in den Realteilungsgebieten empfindlicher als in den Regionen mit geschlossener Hofübergabe. Auch in Österreich, wo die Grundentlastung seit den Maßnahmen Kaiser Josephs II. keine Fortschritte gemacht hatte, gab erst die Revolution von 1848 den Anstoß zum Abschluß der Bauernbefreiung.

Dagegen schlugen die Auswirkungen des entsprechenden preußischen und sächsischen Gesetzgebungswerkes, das hier schon am Ende der Reformzeit (vgl. oben S. 42 f.) bzw. nach der Juli-Revolution (vgl. oben S. 142) abgeschlossen worden war, noch vor der März-Revolution auf die ländliche Besitz- und Sozialstruktur durch. In Preußen war der Endzustand der Bodenverteilung, der aus der Verbindung von bäuerlicher Landabgabe an die Gutsherren, von Landkauf und Einziehung erledigter Höfe durch die Junker mit bäuerlichem Landgewinn durch Kultivierung und aus der Separation resultierte, am Vorabend der Revolution weitgehend erreicht. Die Belastung der »befreiten« Bauern mit Ablösungsgeldern dauerte dagegen bis weit in die zweite Jahrhunderthälfte fort. Hauptgewinner der Landreform waren die Gutsherren. Die rund 12 Tausend Rittergüter wurden, nicht zuletzt durch staatliche Kredithilfe, konsolidiert. Das Gutsland vergrößerte sich um rund eine Million Hektar. Auf der Basis des freien Güter- und Arbeitsmarktes vollzog sich die allmähliche Umwandlung des

Ritterstandes in eine gutsherrlich abgesicherte Unternehmerschicht, in die sich seit den 20er Jahren finanzkräftige Bürger einkauften. Sie stärkten langfristig die Klasse der Junker. Demgegenüber befanden sich die Bauern, auch wenn sich ihre Zahl und die von ihnen bewirtschaftete Fläche nicht wesentlich verringerten, in schwieriger Lage. Sie blieben bei der kostspieligen Umstellung auf eine Privatwirtschaft vom Staate ungeschützt, ohne Kredithilfe, und waren infolge der Landumschichtung auf die schlechteren Böden abgedrängt. Das bewirkte zwar eine Intensivierung des Anbaus, ohne daß damit aber die Ertragslage wesentlich verbessert werden konnte. Unterhalb der selbständigen Bauern wuchs die breite Masse der ländlichen Unterschicht, die schon um 1800 die Mehrheit der Landbevölkerung gestellt hatte, rapide an, und zwar nicht sosehr die Gruppe des innerständischen Gesindes auf den Gütern und Höfen und die Zahl der Halbspänner (Kleinbauern) und Kossäten (Häusler), sondern vor allem die breite Schicht der Landlosen, zu der ein Teil der Kleinstelleninhaber stieß, deren Einkommensniveau nach den Gemeinheitsteilungen in schlechten Jahren unter das Existenzminimum fiel. Sie bildeten das Reservoir für die neue Schicht der Landarbeiter, auf die die Gutswirtschaften, die ihrerseits steuerlich privilegiert waren, nach dem Wegfall der bäuerlichen Dienste angewiesen waren. In seinen westlichen Provinzen hat Preußen nach 1815 — im Unterschied zu einer revisionistischen Agrarpolitik in Hannover, Hessen-Kassel und Braunschweig — die Ergebnisse der französischen Gesetzgebung respektiert und die Beendigung des Ablösungsgeschäftes durch entsprechende Provinzialgesetze gefördert. Anders als die preußische Agrarreform mit ihrer die soziale (und politische) Stellung des Ritterstandes begünstigenden Tendenz ließ die Bauernbefreiung in Sachsen als einzige Ablösungsform die Geldzahlung zu. Eine Entschädigung der Berechtigten durch bäuerliches Land wurde ausgeschlossen. Der Ablösungsvorgang wurde durch die 1834 gegründete Landrentenbank gefördert, die den Bauern schnell aus der Abhängigkeit von den Berechtigten löste. Sie ermöglichte die Durchführung der Grundentlastung innerhalb von nur 25 Jahren und die Erhaltung des bäuerlichen Besitzes, der mit einem Anteil von über 70% die Struktur der sächsischen Landwirtschaft bestimmte.

Rationalisierung der agrarischen Produktion

In den Jahrzehnten der Restauration und des Vormärz setzte sich das Bestreben immer mehr durch, die Landwirtschaft auf wissenschaftlich haltbare Grundlagen zu stellen und durch die systematische Verbreitung dieser Kenntnisse die agrarische Erzeugung zu verbessern und zu erhöhen. Das Erbe der agrarfreundlichen Aufklärung, das Vorbild Englands und Belgiens sowie die Erfahrung rasch aufeinander folgender Hungersnöte bewirkten, daß sich private Initiativen mit staatlicher Unterstützung in der Förderung der Landwirtschaft zusammenfanden. Die führenden Köpfe der außerhalb der Universitäten in landwirtschaftlichen Versuchsanstalten begründeten Agrarwissenschaft waren ALBRECHT THAER (1752–1828), JOHANN NEPOMUK SCHWERZ (1759–1844) und Thaers Schüler JOHANN HEINRICH VON THÜNEN (1783–1850). Thaer war 1804 aus Celle, wo er ein großes Versuchsgut angelegt hatte, nach Preußen berufen worden. Hier wurde ihm in Möglin in der Mittelmark eine landwirtschaftliche Lehranstalt eingerichtet und 1810 eine Professur an der neuen Universität zugewiesen. Von 1809 bis 1812 erschien sein Hauptwerk »Grundsätze der rationellen Landwirtschaft«, das in zahlreichen Auflagen der norddeutschen Landwirtschaft des 19. Jahrhunderts als Leitfaden diente. Er definierte die Landwirtschaft nüchtern als ein Gewerbe zur Produktion von agrarischen Gütern und zur Gewinnmaximierung und gab darüber hinaus eine Betriebsanweisung für den Landwirt als Unternehmer, die auf die Eingliederung der gutsherrlichen und großbäuerlichen Betriebe in die kapitalistische Wirtschaft zielte. Propagierung von Fruchtwechselwirtschaft und Stallfütterung, Einsatz neuer Maschinen und Techniken sowie die Anwendung naturwissenschaftlicher Methoden auf den Landbau sind die wichtigsten Elemente von Thaers landwirtschaftlicher Betriebslehre. Sein Schüler Thünen ergänzte Thaers Lehren in seinem Werk »Der isolierte Staat in Beziehung auf Landwirtschaft und Nationalökonomie« (1821) durch eine kombinierte Intensitäts-, Rentabilitäts- und Standortlehre, bezogen auf die jeweilige Marktlage. Von einem stärker pragmatisch-empirischen Standpunkt aus wurde Johann Nepomuk Schwerz, der Direktor der landwirtschaftlichen Versuchs- und Unterrichtsanstalt in Hohenheim bei Stuttgart, zum Lehrmeister des südwestdeutschen Bauern. Mit Beschreibungen der landwirtschaftlichen Anbausysteme im rheinischen Raum von Belgien bis zum Elsaß und seiner »Anleitung zum praktischen Ackerbau« (1823–1828) bemühte er sich um eine Verbesserung der Agrarverhältnisse, die das Bestehende und die Unterschiede der natürlichen Ausstattung achtete. Mit dem Buch »Die Chemie in ihrer Anwendung auf Agrikultur und Physiologie«, das von 1840 bis 1846 sechs Auflagen erlebte, begründete der Gießener Professor Justus (von) Liebig die Agrikulturchemie, die in der zweiten Hälfte des 19. Jahrhunderts die landwirtschaftliche Düngung revolutionierte und damit zur Verbreiterung der Ernährungsbasis beitrug.

Die Umsetzung der neuen Erkenntnisse der Agrarwissenschaft in die Praxis erfolgte nicht sosehr durch die Lektüre der Werke ihrer Hauptvertreter, sondern über die – meist bürgerlichen oder adeligen – Absolventen der verschiedenen Versuchs- und Lehranstalten und über das landwirtschaftliche Vereinswesen, das nach 1815, in Anknüpfung an die agrarischen Gesellschaften des 18. Jahrhunderts, aufblühte. Die seit 1810 in fast allen deutschen Staaten gegründeten Vereine, die sich regional zu Zentralvereinen zusammenschlossen, veranstalteten Ausstellungen und Feste, nahmen Prämierungen vor, gaben Zeitschriften und Bauernkalender heraus, deren Wirkung allerdings an dem noch geringen Bildungsgrad der bäuerlichen Bevölkerung ihre Grenzen fand. Zusammengefaßt wurden diese Bestrebungen in den Wanderversammlungen deutscher Landwirte, die seit 1837 jährlich in wechselnden Orten des Bundesgebietes stattfanden. Auch die Anfänge des landwirtschaftlichen Genossenschaftswesens reichten noch in die Krisenjahre unmittelbar vor der Revolution von 1848 zurück. Der Westerwälder Kommunalbeamte Friedrich Wilhelm Raiffeisen gründete im Jahre 1846 in seinem Amtsbezirk zur Linderung der drückenden Not der klein- und unterbäuerlichen Bevölkerung seinen ersten »Hilfsverein« zur billigen Beschaffung von Lebensmitteln.

Das landwirtschaftliche Vereinswesen

Unter diesen Vorzeichen beschleunigte sich die seit dem Ende des 18. Jahrhunderts abzeichnende Umstellung der Landwirtschaft auf neue Produktionsarten und -methoden. Die Kultivierung von Flächen, die bisher als Ödland oder gemeinsames Weideland extensiv genutzt worden waren, die Umstellung auf die Fruchtwechselwirtschaft mit Besömmerung der Brache als Folge der Umstellung der Viehwirtschaft auf die Stallfütterung und der Anbau neuer Blattfrüchte brachte eine Ausdehnung des Ackerlandes zwischen 1800 und 1850 um rund 40%. Die Folge war eine Erhöhung der Getreideerträge, die allerdings erst nach der Einführung mineralischer Düngemittel stabilisiert werden konnten. Wichtiger wurde die Ausweitung des Anbaus der Kartoffel, vor allem in den Mittelgebirgsregionen und den kleinbäuerlichen Realteilungsgebieten, während sie sich in Ostdeutschland nur zögernd durchsetzte. Die Kartoffel und das Kohlgemüse drängten den Anteil des Getreides an der menschlichen Ernährung zurück. Auch die tierische Produktion nahm trotz der Gemeinheitsteilungen durch die Steigerung des Ertrages pro Tier insgesamt zu, hielt aber nicht mit dem Bevölkerungswachstum Schritt, so daß ihr quantitativer Anteil an der Ernährung zunächst noch

Umstellung auf neue Produktionsarten

abnahm. Langfristig von großer Bedeutung für die Landwirtschaft wurde der Zuckerrübenanbau, der nach dem Rückschlag in dem Jahrzehnt nach dem Ende der Kontinentalsperre seit den 30er Jahren einen neuen Aufschwung erlebte, verbunden mit der Entstehung einer Zuckerfabrikation. Die Gesamtzahl der Zuckerfabriken Deutschlands stieg von 1837 bis zur Jahrhundertmitte von 122 auf 184. Sie konzentrierten sich in den Bördelandschaften am Nordrand der Mittelgebirge von der Niederrheinischen Bucht bis zur Magdeburger Börde und förderten hier den Übergang der Landwirtschaft zu einem im großen Maßstab für den Markt produzierenden Gewerbe. Dagegen bewirkte der Deutsche Zollverein, wie überhaupt der Abbau der Zollgrenzen, eine Konzentration des Wein- und Hopfenanbaus auf die klimatisch bevorzugten Gebiete. Das geschah unter erheblichen wirtschaftlichen und sozialen Anpassungsschwierigkeiten, so etwa seit Ende der 20er Jahre, nach dem Abschluß des preußisch-rheinischen Zollvertrages, für die Moselwinzer, deren andauernder Notstand Karl Marx zu seinen ersten sozialkritischen Artikeln in der »Rheinischen Zeitung« (1842/43) veranlaßte.

Insgesamt führten die Verbesserungen der Bodennutzungssysteme, des Pflanzenbaus und auch der Tierzucht zu einer Erhöhung der agrarischen Produktion, die sich in der Zeit von 1800 bis 1850 fast verdoppelte. Das schloß aber Ernährungskrisen in schlechten Erntejahren noch nicht aus. Da seit den 30er Jahren die Agrarpreise bei fallenden oder stagnierenden Lohnkosten stiegen, verbesserte sich auch die landwirtschaftliche Ertragslage. Doch kam diese Entwicklung im wesentlichen nur den größeren Betrieben zugute, die zu Lohnarbeit übergegangen waren und sich besser den kurzfristigen Schwankungen des Marktes anpassen konnten. Die mittel- und kleinbäuerlichen Betriebe waren dagegen gezwungen, auch diejenigen Familienmitglieder zu versorgen, die außerhalb der Landwirtschaft kein ausreichendes Einkommen finden konnten; hinzu kamen die aus der Regulierung herrührenden Ablösungsverpflichtungen. Die Lage begann sich erst in den 50er Jahren zu verbessern.

Industrialisierung im Vormärz

Seit den 30er Jahren verdichteten sich in Deutschland die ansatzweise schon früher erkennbaren technischen, ökonomischen und sozialen Veränderungen im gewerblichen Bereich zu dem übergreifenden Prozeß der Industrialisierung. In der Produktionstechnik setzte der Übergang von der handarbeitorientierten zur maschinenorientierten Erzeugung ein. Auf der Ebene der Betriebsorganisation wurden die Betriebsformen des Handwerks, des Verlags- und Manufaktursystems von dem Fabrikwesen mit wachsenden Betriebsgrößen, verstärkter Arbeitsteilung und Zentralisierung der Produktion überlagert oder verdrängt. Führende Sektoren der Industrialisierung mit überdurchschnittlichem Wachstum der Produktion und deutlicher Zunahme der Kapitalinvestitionen waren das Textilgewerbe, der Bergbau und das Hüttenwesen, der Verkehrssektor mit dem Eisenbahnbau und den Anfängen der Dampfschiffahrt und, von den übrigen profitierend, der Maschinenbau. Eine Pionierrolle übernahmen solche Regionen, die entweder durch einen dichten Besatz mit vorindustriellem Gewerbe oder als Rohstoffstandorte ausgezeichnet waren: Sachsen, Teile der preußischen Provinzen Rheinland, Westfalen und Schlesien, die Großstädte sowie kleinere Regionen Badens und Württembergs, in Österreich Böhmen, Niederösterreich mit Wien sowie Steiermark und Kärnten als die alten Zentren des Eisengewerbes.

Ursachen des späten Beginns der »Industriellen Revolution« in Deutschland

Der relativ späte Beginn der Industrialisierung in Deutschland, mehrere Jahrzehnte nach dem Einsetzen der »Industriellen Revolution« in England und Belgien, beruhte zum Teil auf der territorialen Zersplitterung des Bundesgebietes und auf dem Überhang altständischer Sozialstrukturen, die die Ausbildung der bürgerlichen Gesellschaft gehemmt hatten. Außerdem hatten die Agrarkrise und die starke britische Konkurrenz nach 1815 die Absatzmöglichkeiten für die gewerbliche Produktion gemindert. Der wachsende Bevölkerungsdruck, die Veränderung der Agrarstrukturen infolge staatlicher Eingriffe, die Reform der Gewerbe-, Handels- und Steuergesetze sowie staatliche Maßnahmen der Gewerbeförderung drängten aber längerfristig auf den Umbau der gewerblichen Wirtschaft im industriellen Sinne. Der Zollverein von 1834 wirkte, trotz des unterschiedlichen Gewichts der bei seinem Zustandekommen beteiligten wirtschaftspolitischen und fiskalischen Interessen, in dieselbe Richtung. Trotzdem hielt sich das Tempo der Industrialisierung bis zum Ende der 40er Jahre in bescheidenen Grenzen. Eine spürbare Beschleunigung erfuhr sie erst nach 1850. Bis dahin wurde die vorindustrielle gewerbliche Produktion nur geringfügig von der neuen Industrie bedrängt. Der Anteil der Beschäftigten im gewerblichen Sektor an den in der Volkswirtschaft Tätigen stieg von 1835 bis 1850 nur von etwa 23% auf 26%, und innerhalb des Gewerbes ging im gleichen Zeitraum der Anteil der im Handwerk Beschäftigten nur von 75% auf etwa 68% zurück. So war das, was an sozialem Sprengstoff in die Revolution von 1848/49 hineinwirkte, noch in stärkerem Maße Ergebnis der vorindustriellen Situation als eine Begleiterscheinung der Frühindustrialisierung.

Am frühesten wurde das Textilgewerbe als das mit Abstand größte vorindustrielle Gewerbe Deutschlands und innerhalb desselben die Baumwollproduktion von der Konzentration und Mechanisierung der Erzeugung erfaßt.

Das Textilgewerbe

> Im Baumwollgewerbe hatte schon die Kontinentalsperre einen Aufschwung gebracht, und der Rückschlag nach ihrer Aufhebung war nur kurz und wurde von einem beträchtlichen Wachstum der Produktion in den 20er und 30er Jahren abgelöst. In der Mechanisierung zeigte sich eine Phasenverschiebung zwischen der Garnherstellung durch mit Wasser oder Dampfkraft betriebene Spinnmaschinen anstelle der Spinnräder und der Gewebeproduktion durch mechanische anstelle der Handwebstühle. Ende der 30er Jahre hatte im Baumwollgewerbe die Handspinnerei praktisch aufgehört. Es entspricht dieser Entwicklung, daß die Baumwollspinnerei zu den ersten Gewerbezweigen mit ausgesprochenen Fabrikgründungen gehörte. Im Jahre 1825 gründete Karl August Milde eine größere mechanische Spinnerei in Breslau; 1837–1840 eröffnete die Mechanische Baumwollspinnerei und -weberei in Augsburg ihren Betrieb mit 12000 Spindeln und 300 Webstühlen. Regionale Schwerpunkte waren Sachsen, Preußen und Baden, innerhalb Österreichs vor allem Böhmen und Niederösterreich. Die Mechanisierung schlug sich in der Steigerung der Produktivität nieder. Sie stieg von 5,1 kg im Jahre 1815 auf 17,1 kg im Jahre 1849. Die Auswirkung auf die Betriebsstruktur in den 30er Jahren zeigt die Tatsache, daß in Preußen im Jahre 1837 auf rund 3300 Spinnereien 356000 Spindeln, schon zwei Jahre später auf 1780 Spinnereien 452000 Spindeln entfielen. Langsamer vollzog sich die Mechanisierung in der Baumwollweberei. Bis Anfang der 40er Jahre war hier weitgehend noch der Handwebstuhl in Gebrauch. Gleichwohl nahm die Zahl der Webstühle, noch stärker die Produktion zu, so daß die Baumwollverarbeitung um 1850 der führende Sektor des Textilgewerbes war.
>
> Auch im Wollgewerbe setzte sich die Mechanisierung, wenn auch insgesamt etwas später als bei der Baumwolle, zuerst in der Spinnerei und danach in der Weberei durch. Noch 1846 wurden etwa 60% der in Deutschland verarbeiteten Wolle von der Hand gesponnen, dagegen nur etwa 6% der Wollgewebe auf mechanischen Webstühlen hergestellt. Rund zwei Drittel wurden noch im Heimgewerbe produziert. Diese Entwicklung ging weitgehend auf Kosten des älteren Leinengewerbes, wo sich der Übergang zur maschinellen Produktion noch langsamer vollzog, so daß sein Anteil an den großen Produktionsrichtungen des Textilgewerbes von 1800 bis 1846/47 von rund 55% auf etwa ein Drittel (in der Weberei) zurückging. Außer technischen Problemen war hierfür die Verschiebung der Nachfrage zugunsten der billigeren Baumwollprodukte verantwortlich sowie, seit den 40er Jahren, die verstärkte Konkurrenz der bereits maschinell hergestellten englischen Produkte.

Insgesamt war der Industrialisierungsvorgang im Textilgewerbe ein langwieriger Prozeß, der bis zur Jahrhundertmitte noch nicht allzuweit vorangekommen war, aber zusammen mit der auswärtigen Konkurrenz und infolge der andauernden Bedeutung des Heimgewerbes für die agrarischen Unterschichten soziale Krisen nicht ausschloß. Überproduktion mit starkem

Preiszerfall auf der einen, ein Überangebot an Arbeitskräften und die dadurch hervorgerufene Senkung der Reallöhne auf der anderen Seite waren die Bedingungen für eine regional unterschiedliche Verschlechterung der Lage der Spinner und Weber, die zeitweise katastrophale Ausmaße annahm. Der Anteil der im Textil- und Ledergewerbe Beschäftigten an allen im Gewerbebereich Tätigen sank in der ersten Jahrhunderthälfte von 52,5% auf 48,7%; er war damit gesamtwirtschaftlich immer noch überragend.

Bergbau, Hüttenwesen und Metallverarbeitung

Die Entwicklungen im Erz- und Kohlenbergbau, im Hüttenwesen und in der Metallverarbeitung standen in der Phase der Frühindustrialisierung in einem engen Zusammenhang. Die Einführung neuer Produktionstechniken und die verstärkte Nachfrage nach Eisen im Maschinen- und Eisenbahnbau trafen hier zusammen. Diese Nachfrage war seit den 40er Jahren so groß, daß die heimische Eisenproduktion nicht zur Deckung ausreichte, so daß das Material oder auch Maschinen, wie etwa Lokomotiven, zeitweilig eingeführt werden mußten. Im Ruhrbergbau nahm seit den 40er Jahren der Einsatz von Dampfmaschinen stark zu. Er machte den Übergang zum Tiefbau möglich, womit auch die Ausweitung des Kohleabbaugebietes nach Norden begann. Die Zahl der Maschinen im preußischen Bergbau verdoppelte sich von 1840 bis 1849 auf insgesamt 332. Im Hüttenwesen verlief die Entwicklung ähnlich. Die wichtigsten Fortschritte im Eisenhüttenbetrieb, der Kokshochofen und das Puddelverfahren (bei dem aus Roheisen Schweißstahl gewonnen wird), waren zwar schon um die Jahrhundertwende in Deutschland bekannt, breiteten sich aber nur zögernd aus. Im Jahre 1837 wurden in Preußen noch über 90% (in Österreich 1840 noch 96%), 1850 noch 75% der Hochofenproduktion mit Holzkohle und 1842 erst 39% des Stabeisens im Puddelverfahren erzeugt. Der Durchbruch erfolgte auch hier in den 40er Jahren, im Zusammenhang mit der raschen Ausdehnung der Walzwerke, die besonders Eisenbahnschienen lieferten. Neben den preußischen Provinzen Rheinland, Westfalen, Schlesien und Sachsen waren das Königreich Sachsen sowie Hannover und Nassau Zentren des Bergbaus und des Hüttenwesens. In der Verbindung von Hüttenbetrieb und Maschinenbau waren einzelne Unternehmer besonders erfolgreich. Viele verschafften sich das technische und kommerzielle Wissen auf Bildungs- und Geschäftsreisen in das westliche Ausland, besonders nach England, oder warben nichtdeutsche Spezialisten an. So hat FRIEDRICH HARKORT anregend gewirkt, auch wenn er selbst mit seinen gewerblichen Unternehmen Schiffbruch erlitt. Von Hause aus mit dem älteren Kleineisengewerbe in der westfälischen Grafschaft Mark vertraut, gründete er 1819 in der alten Burg bei Wetter an der Ruhr eine mechanische Werkstatt, in der er mit Hilfe englischer Ingenieure und Mechaniker die Produktion von Einzelteilen und Maschinen aufnahm. Im Jahre 1820 konnte er die ersten Dampfmaschinen liefern. 1826 gliederte sich Harkort ein Puddel- und Walzwerk an, um das nötige Roheisen produzieren zu können. Das Unternehmen, in dem nach einem Jahrzehnt etwa einhundert Arbeiter beschäftigt wurden, war ein frühes Zentrum des Dampfkesselbaus in Deutschland. Die von Harkort praktizierte Verbindung von Eisenhüttenbetrieb und Maschinenbau fand viele Nachahmer. Der Übergang zum Puddelverfahren führte zur Konzentration der Eisenverhüttung am Standort der Steinkohle oder an verkehrsgünstigen Plätzen, während die älteren Reviere in den Mittelgebirgen zu veröden begannen. Im Saarland verlagerte sich die Eisenproduktion aus dem Hochwald zu den Steinkohlelagern an der Saar. Eberhard Hoesch aus dem alten Gewerbegebiet der Nordeifel, der noch 1824 mit Hilfe englischer Arbeiter ein Puddel- und Walzwerk in Düren errichtet hatte, ging zwanzig Jahre später mit einem Teil seiner Produktion in das Kohlegebiet von Eschweiler bei Aachen. Friedrich Krupp verband seit etwa 1830 mit seinem Hammer- und

Harkort als Unternehmer

Gußstahlwerk die Fertigfabrikation, beschäftigte aber 1833 noch weniger als 40 Personen. Erst danach begann der Aufschwung. Seit 1840 zeichneten sich auch die Anfänge einer vertikalen oder horizontalen Unternehmenskombination ab. Matthias Stinnes, aus einer Kohlenhändlerfamilie in Mülheim an der Ruhr stammend, war 1845 an 36 Zechengesellschaften beteiligt.

Die Entwicklung im Maschinenbau stand in enger Verbindung mit der Mechanisierung des Textilgewerbes, dem Bau von Dampfmaschinen und der Nachfrage nach Material und Maschinen für den Eisenbahnbau. Sie knüpfte geographisch teils an alte Gewerberegionen – im Rheinland, in Sachsen, Württemberg und Schlesien –, teils an andere gewerbliche Produktionen – in Brandenburg und Berlin, Hannover und Braunschweig – an. In den 30er Jahren mußte noch die Mehrzahl der Maschinen aus Frankreich, England und Belgien eingeführt werden. Dasselbe gilt für die ersten Lokomotiven. So stammten 1842 von 245 Lokomotiven nur 38, also nicht einmal ein Sechstel, aus der deutschen Produktion. Der Aufschwung der Maschinenindustrie begann als ins Gewicht fallende Größe erst in den 40er Jahren. Im Jahre 1837 gründete August Borsig seine Maschinenfabrik in Berlin; die erste Lokomotive verließ 1841 das Werk. Neben den Borsigwerken spielten im Lokomotivbau sächsische, rheinisch-westfälische und süddeutsche Fabriken eine Rolle. In Würzburg gründete der Erfinder Friedrich König 1817 ein Druckmaschinenwerk, dessen »Schnellpressen« zum Aufschwung des Zeitungswesens beitrugen. Die ersten Druckmaschinen gingen nach Berlin und nach Augsburg zu Cotta, dem Verlag der angesehenen »Allgemeinen Zeitung«. Trotzdem darf man sich den Umfang des Maschinenbaus vor 1850 nicht allzu groß vorstellen. In den Jahren 1846/47 gab es im Zollverein in 423 »Anstalten« 12 518 Arbeiter. Die durchschnittliche Betriebsgröße lag bei 29,6 Beschäftigten. Immerhin spricht die Steigerung des Roheisenverbrauchs von rund 121 000 Tonnen im Jahre 1833 um das Dreieinhalbfache bis 1847 für eine rasche Erweiterung der Produktion von überwiegend aus Eisen gefertigten Maschinen und Apparaturen.

Maschinenbau

Die Lage des Handwerks wurde im Vormärz noch relativ wenig von der beginnenden Industrialisierung berührt, dafür um so stärker vom wachsenden Bevölkerungsdruck im Zeichen sinkender Nachfrage und von der internen Konkurrenz nach Einführung der Gewerbefreiheit. Rein statistisch trat das Handwerk in den 30er Jahren in eine Zeit der Expansion. Die Zahl der Meister stieg relativ stark, diejenige der Gesellen und Lehrlinge überproportional an. Dahinter verbargen sich aber unterschiedliche Entwicklungen. Einerseits nahm die Zahl der größeren Betriebe, vor allem im Bau- und metallverarbeitenden Handwerk zu, besonders in den Städten; sie näherten sich damit dem Fabrikbetrieb an. Auf der anderen Seite aber nahm auch die Zahl der Alleinmeister zu, die ohne Hilfskräfte arbeiteten. Das bedeutete ein Anwachsen von Kümmerbetrieben, die am Rande des Existenzminimums lebten. In Petitionen und Verhandlungen der einzelstaatlichen Landtage über die Gewerbegesetzgebung wurden immer wieder Klagen wegen Überbesetzung des Handwerks und die Forderung nach Rückkehr zur Zunftverfassung erhoben. Sie wurden von Kommunalbehörden unterstützt, denen die verarmten Handwerker zur Last fielen. In Berlin wurden nahezu alle Alleinmeister, das waren fast 70% aller Handwerksmeister, nicht zur Gewerbesteuer veranlagt. Mit anderen Worten: Die Mehrzahl der im Handwerk Beschäftigten, ein großer Teil der Meister ebenso wie die Gesellen und Lehrlinge, gehörten zu den sozialen Unterschichten, deren Existenz dauernd gefährdet war. Immerhin zeigten sich um die Mitte der 40er Jahre, allerdings noch einmal unterbrochen durch die Jahre der Revolution, erste Ansätze zu einer Umstrukturierung des Gesamthandwerks unter Ausnutzung der neuen Methoden des Kapital- und Ar-

Die Lage des Handwerks im Vormärz

beitseinsatzes. Sie verhinderten, daß das Handwerk zum Opfer des Industrialisierungsprozesses wurde, wirkten sich aber entlastend erst in den 50er Jahren aus.

Eisenbahnbau

Ein Vorgang, der die frühe Industrialisierung stimulierend – und von ihr stimuliert – begleitete, war die Veränderung des Transportwesens durch den Eisenbahnbau, der in Deutschland in den 40er Jahren einen größeren Aufschwung nahm als in irgendeinem anderen Lande des europäischen Kontinents. Zwar lieferte auch hier England das Vorbild; doch war der zeitliche Abstand geringer als bei der Industrialisierung. Schon 1815 trat Joseph Baader in München für den Bau »eiserner Kunststraßen« ein, wobei er noch an tierische Zugkraft oder an einen Betrieb durch feststehende Dampfmaschinen dachte. In Österreich wurde in den Jahren 1827 bis 1832 von Linz an der Donau eine Pferdebahn über den Böhmerwald nach Budweis gebaut, womit das System der Donau mit dem der Moldau verbunden wurde. Vereinzelt wurden in Kohlen- und Erzgruben Schienenwege angelegt. In Deutschland eröffnete Friedrich Harkort mit seinem Vorschlag, eine Bahn zwischen Elberfeld und dem Ruhrgebiet zu bauen, um Eisen und Kohle zusammenzubringen, im Jahre 1825 die Diskussion über Eisenbahnfragen. Im Jahre 1833 entwickelte er den Plan einer Rhein-Weser-Bahn von Minden nach Köln, die in ihrer Verlängerung Antwerpen mit Berlin verbinden sollte. Er traf sich darin mit früheren Plänen des Kölner Kaufmanns Ludolf Camphausen. Ebenfalls 1833 veröffentlichte der ein Jahr zuvor aus dem amerikanischen Exil nach Deutschland zurückgekehrte FRIEDRICH LIST seine Schrift »Über ein sächsisches Eisenbahnsystem als Grundlage eines allgemeinen deutschen Eisenbahnwesens und besonders über die Anlegung einer Eisenbahn von Leipzig nach Dresden«. Lists Plan, der zum erstenmal die Gründung einer Aktiengesellschaft zur Finanzierung einer deutschen Eisenbahn vorsah, stieß in Leipzig und bei der sächsischen Regierung auf Interesse und wurde bis 1839 in die Tat umgesetzt. Schon vorher (1835) war zwischen Fürth und Nürnberg die erste von einer Lokomotive gezogene Eisenbahn eröffnet worden. Während List im Zusammenhang mit der Propagierung einer nationalen Handelspolitik – 1841 erschien sein Buch »Das nationale System der politischen Ökonomie«, das in wenigen Jahren drei Auflagen erlebte – die planmäßige Anlage eines nationalen Eisenbahnnetzes forderte, begannen sich in der zweiten Hälfte der 30er Jahre in den verschiedensten Regionen Deutschlands die Kapitalbesitzer für die neue Anlagemöglichkeit zu interessieren. Das Bürgertum wurde vom »Eisenbahnfieber« erfaßt. Es entstanden zahlreiche Aktiengesellschaften, noch weitgehend ohne Zusammenhang, zum Teil sogar in gegenseitiger Konkurrenz. 1837 wurde die »Rheinische Eisenbahngesellschaft« mit einem Aktienkapital von 3 Millionen Talern gegründet. An ihr waren mit David Hansemann und Gustav Mevissen führende Vertreter der liberalen Großbourgeoisie des Rheinlandes beteiligt. Die Bahn von Köln über Aachen nach Antwerpen wurde 1843 fertiggestellt. Schon vorher war der Bau der Bahnen von Berlin nach Potsdam, Anhalt und Stettin begonnen worden, nach denen die großen Bahnhöfe der preußischen Hauptstadt genannt wurden. Im Rheinland und Westfalen folgten in den 40er Jahren die Bergisch-Märkische Bahn von Düsseldorf über Elberfeld nach Dortmund und die Köln–Mindener Linie, die 1847 den Anschluß an eine über Hannover und Magdeburg nach Berlin führende Strecke herstellte. In Österreich baute das Haus Rothschild unter Förderung der Regierung schon Ende der 30er Jahre eine Bahn von Wien nach Galizien, die »Nordbahn«, die das mährische Kohlen- und Eisengebiet der Industrialisierung erschloß.

F. List

Das »Eisenbahnfieber«

Die Rolle des Staates im Eisenbahnbau

Fast alle genannten Bahnen wurden von Privatgesellschaften gebaut. Der Staat, insbesondere Preußen, stand dem Eisenbahnbau zunächst zurückhaltend gegenüber, zumal die Arbeiten meist kostspieliger waren als projektiert und die Rentabilität, solange der Schwerpunkt auf dem Personenverkehr lag, hinter den Erwartungen zurückblieb. Man beschränkte die staatliche Teilnahme zunächst auf die Erteilung – oder auch Verweigerung – der Konzessionen, auf den Erlaß der notwendigen Enteignungsgesetze, erst allmählich auf die Gewährung von Zinsgarantien. Während einige der Klein- und Mittelstaaten nach dem Vorbild Belgiens und wegen des Mangels an privatem Kapital schon relativ früh, seit den 30er Jahren, zum Staatsbahnbau übergingen (so Baden und Braunschweig 1837 und 1838, Württemberg und Bayern 1843), schlug Preußen erst Mitte der 40er Jahre, mit dem Projekt der Ostbahn von Berlin nach Königsberg, die vor allem militärischen Zwecken dienen sollte, eine aktive Eisenbahnpolitik ein. Als aber der Vereinigte Landtag im Jahre 1847 die von der Regierung zum Weiterbau der Bahn geforderten Staatsanleihen nicht bewilligte, um den König zum Erlaß einer gesamtstaatlichen Verfassung zu zwingen (vgl. oben S. 187), ließ Friedrich Wilhelm IV. den Bau, bei dem etwa 8000 Arbeiter beschäftigt waren, einstellen. Bis 1848 war in Deutschland ein Bahnnetz von 4300 km entstanden, womit man hinter England und den Vereinigten Staaten an dritter Stelle unter den Eisenbahnländern der Welt stand. Es existierte ein zusammenhängendes Netz über ganz Norddeutschland hinweg, das im Westen Anschluß an Belgien, im Osten über Schlesien Anschluß an die österreichischen Bahnen besaß. Die Verbindung zum süddeutschen Netz war noch nicht hergestellt.

Wurde der Bau der Eisenbahnen von vielen bürgerlichen Zeitgenossen in Gedichten und Lexikon-Artikeln in Parallele zum gewünschten wirtschaftlichen und politischen Fortschritt gesetzt, so brachte die mit ihm verbundene Ansammlung großer Arbeitermassen, wie sie sonst nirgends während der frühen Industrialisierung zusammentrafen, ein neues Element der gesellschaftlichen Unruhe und der Auflösung traditioneller Bindungen in die Regionen, durch welche die Strecken gelegt wurden. Einerseits bot der Bahnbau für Tausende arbeitsloser oder freigesetzter Angehöriger der ländlichen Unterschichten den bitter benötigten Lebensunterhalt; andererseits fanden sie sich unter harten Arbeitsbedingungen und ständiger Verminderung des Reallohnes in einer Situation, die sie auf der Grenze zwischen dem vorindustriellen Pauper und dem frühen Industrieproletariat ansiedelte. So wurde der frühe Eisenbahnbau, der die Gestaltung der Arbeitsverhältnisse weitgehend den privaten Gesellschaften und ihren Bediensteten überließ, von zahlreichen spontanen und örtlichen Unruhen begleitet, in denen es um Lohnfragen, um Proteste gegen Entlassungen und schlechte Arbeitsbedingungen ging. Nicht selten mußte der Staat mit Polizei oder gelegentlich auch mit Militär eingreifen. Wenn auch die räumliche und zeitliche Begrenzung der Bauten eine überregionale Solidarisierung der Eisenbahnarbeiter verhinderte, so trug ihre Existenz zu den sozialen Spannungen sowie zur Verunsicherung der Bürokratie und des Bürgertums im Vorfeld der Revolution bei.

Die soziale Lage der Eisenbahnarbeiter

Wie das Aufkommen der Eisenbahn den nach 1815 von den Staaten geförderten Chausseebau relativ zurückdrängte und damit auch das ältere Fracht- und Personenfuhrwesen beeinträchtigte, so veränderte die gleichzeitige Entwicklung der Dampfschiffahrt die Struktur des Transportwesens auf den Wasserwegen. Letzteres war bis dahin durch eine Schiffahrt mit verhältnismäßig kleinen Fahrzeugen, die von Schiffergilden betrieben wurde, sowie durch das Schleppen der Schiffe stromaufwärts mit Pferde- oder Menschenkraft gekennzeichnet. Die ersten verkehrstüchtigen Dampfschiffe in Deutschland wurden 1816 für einen Bremer Reeder gebaut. In demselben Jahr erschien das erste – englische – Dampfschiff auf dem Niederrhein, und es dauerte nicht lange, bis die Niederländer eine regelmäßige Linie mit Dampfschiffen

Anfänge der Dampfschiffahrt

von Rotterdam nach Köln einrichteten. Dank der Initiative der Kölner Kaufmannschaft entstand 1826 auf Aktien eine »Preußisch-Rheinische Dampfschiffahrtsgesellschaft«, die einen regelmäßigen Verkehr zwischen Köln und Mainz einrichtete. Seit 1829 arbeitete eine Schiffsbauwerft in Ruhrort. Die erste Dampfschiffahrtsgesellschaft auf der Donau wurde 1829 in Wien gegründet. Am Oberrhein wurden mit der von dem badischen Baudirektor Johann Gottfried Tulla durchgeführten Korrektur des verwilderten Stromes (seit 1815) die Voraussetzungen für die Ausweitung der Rheinschiffahrt nach Süden geschaffen. Oder und Weser wurden erst Anfang der 40er Jahre für die Dampfschiffahrt gewonnen. Mit dem Aufkommen der Schleppschiffahrt – der Trennung von Maschinenschiffen und Lastkähnen – seit dem Ende der 20er Jahre begann die Verlagerung vom Personenverkehr hin zur Güterschiffahrt, die seit den 40er Jahren zu einer Konkurrenz für die Eisenbahnen wurde. Auf dem Rhein verdoppelte sich das Transportvolumen zwischen 1836 und 1846. Im gleichen Jahrzehnt begann auch die Einführung der Maschinentechnik in der Hochseeschiffahrt. Sie war begleitet von einer Vergrößerung der Schiffe, die seit den 40er Jahren zunehmend auf deutschen Werften gebaut wurden, von einer Spezialisierung zwischen Handel und Schiffahrt, dem Ausbau des Reedereigewerbes – teils schon auf Aktien – und der Einrichtung eines regelmäßigen Linienverkehrs. Dabei spielte der anhaltende Auswandererstrom eine stimulierende Rolle. Bremen und Hamburg profitierten – unter Wahrung einer gewissen Arbeitsteilung im Handel – am stärksten von dieser Entwicklung.

Verschärfung des Massenelends

Stand der Vormärz ökonomisch im Zeichen des Umbaus der Agrarwirtschaft zu einem kapitalistischen Gewerbe und der Anfänge der Industrialisierung, so wurden die Lebensverhältnisse der Bevölkerung weiterhin durch eine Verschärfung des Massenelends unter den Bedingungen des Übergangs von der sich auflösenden Ständeordnung zur noch unentwickelten Industriegesellschaft bestimmt. Dies gilt – wenn auch in regional und schichtenspezifisch unterschiedlichem Maße – für die ländliche Unterschicht einschließlich der Kleinbauern und Häusler und für ihre im Heimgewerbe beschäftigten Familienangehörigen, für die Masse der aus dieser Schicht hervorgehenden Wander- und Gelegenheitsarbeiter beim Eisenbahn-, Chaussee- und Festungsbau und für das entstehende städtische Proletariat, das sich aus verarmten Handwerksmeistern, Fabrikarbeitern, Handwerksgesellen, gelernten und ungelernten Lohnarbeitern rekrutierte. Die Verschlechterung der Lage in diesen Schichten und die damit einhergehende Auflösung des Familienverbandes läßt sich an der Zunahme der Frauen- und Kinderarbeit, an der Entwicklung des Lohnniveaus, an der steigenden Eigentumskriminalität, an ersten sozialen Unruhen, wenn auch noch örtlicher oder regionaler Natur, und schließlich an dem wachsenden Interesse für die »soziale Frage« auch in bürgerlichen Kreisen und in der Bürokratie ablesen. Frauen- und Kinderarbeit war – abgesehen von dem traditionellen Einsatz von Mädchen und Frauen in der Gutswirtschaft und in bürgerlichen Haushalten als Gesinde und Dienstpersonal – besonders im Textilgewerbe verbreitet und trug in dem Maße, in dem die Spinnerei und Weberei aus dem zerfallenden Heimgewerbe in Manufakturen und Fabriken verlagert wurde, zur Auflösung der Familienhaushalte bei. In vielen Betrieben wurden mehr weibliche als männliche Arbeitskräfte beschäftigt. In Sachsen waren 1846 36%, in Baden 1840 30% der industriellen Arbeitskräfte weiblich. Die Kinder aus Familien der Unterschichten und des Proletariats mußten von früh an durch Betteln oder in Manufakturen und Fabriken zum Verdienst der Eltern beitragen. Im Chemnitzer Textilgewerbe waren im Vormärz bis zu 30% der Arbeitskräfte Kinder. Am Niederrhein und im Textilgewerbe des Bergischen Landes wurden sie überwiegend in der Baumwollspinnerei und -weberei beschäf-

Frauen- und Kinderarbeit

tigt. Die Arbeitszeit betrug bis zu 13 Stunden bei Tagarbeit und 11 Stunden bei Nachtarbeit, beim Fehlen der Nachtschicht bis zu 16 Stunden. Die Gesundheitsschäden waren bei miserabler Ernährung und verbreitetem Alkoholismus katastrophal. Sie gaben denn auch die ersten Anstöße zur gesetzlichen Einschränkung der Kinderarbeit, wobei man auf englische Erfahrungen zurückgriff. In Preußen bemerkte man schon Ende der 20er Jahre in Militärkreisen kritisch den Zusammenhang zwischen dem schlechten Gesundheitszustand von Rekruten aus Gewerberegionen mit der Kinderarbeit. Kultusminister Altenstein kritisierte die Ausbeutung der Kinder durch Nachtarbeit, die sich auch in ihrer Rückwirkung auf das Schulwesen bemerkbar machte. Doch ging die Initiative zu dem ersten Gesetz über die Beschäftigung jugendlicher Arbeiter von einem Mitglied des Rheinischen Provinziallandtages von 1837, dem Barmer Fabrikanten Johann Schuchardt, aus. Das Regulativ von 1839 setzte ein Mindestalter von 9 Jahren und eine Höchstarbeitszeit von 10 Stunden täglich fest und verbot die Nachtarbeit. Die geringe Effektivität des Gesetzes, die auf mangelnden Kontrollen beruhte, wurde in der Folgezeit immer wieder von den Regierungspräsidenten hervorgehoben. Andere deutsche Staaten gingen erst in den 40er Jahren zum Kinderschutz über, Bayern 1840 und Österreich 1842.

Die Nominallöhne, die bis etwa Ende der 30er Jahre eine leicht steigende Tendenz gezeigt hatten, stagnierten in den 40er Jahren. Infolge der gleichzeitig steigenden Kosten für die Lebenshaltung, besonders im Nahrungsmittelsektor, sackten die Reallöhne deutlich ab. Der Nahrungskostenanteil am Familienbudget schwankte zwischen 50 und 80 %. Der großen Spannweite der Lohnhöhen innerhalb der »handarbeitenden Klassen« – von den ungelernten Arbeitern über die Handspinner und Leinenweber, die verschiedenen Sparten des Handwerks bis zu den besser bezahlten Arbeitern im Bergbau und in der Maschinenindustrie – entsprach eine gleitende Skala der Lebenshaltung von registrierter Armut bis zu bescheidener Auskömmlichkeit. Beachtlich waren auch die Abstufungen im Lohnniveau für männliche und weibliche Arbeitskräfte und für Kinder. Der Arbeitslohn von Frauen lag etwa bei 50 %, derjenige von Kindern bis zu einem Drittel des Lohnes für erwachsene Männer. Erst 1845 wurde in Preußen das Trucksystem verboten, das heißt, die teilweise Entlohnung der Arbeiter mit den von ihnen produzierten Waren, wodurch sie, um sich Geld zu verschaffen, einen Teil des Absatzes selbst übernehmen mußten. Die Arbeitsbedingungen in den Manufakturen und Fabriken, besonders in den Textilspinnereien, waren schlecht und ungesund. Es fehlte an Bestimmungen über den Arbeitsschutz. Der aus dem wachsenden Mißverhältnis von Arbeitskraft und Arbeitsangebot infolge der Überbevölkerung resultierende Verelendungsprozeß zeigte sich besonders drastisch in den größeren Städten. In Hamburg stieg der Anteil der von kommunaler Unterstützung lebenden Armen bis zu 12 %; in Köln erreichte er über 20 % der Gesamteinwohnerzahl. Hier, aber ebenso auf dem Lande, wo der Unterschicht durch die Gemeinheitsteilungen ein wesentliches Stück der Existenzgrundlage genommen worden war, äußerte sich die Not in der starken Zunahme der Eigentumskriminalität, und zwar in deutlicher Relation zu den Schwankungen der Ernährungslage. Die größten Steigerungsraten bei kleinem Diebstahl einschließlich des Holzdiebstahls lagen in Preußen, wahrscheinlich auch in den meisten anderen Ländern, in den Jahren 1845 bis 1847, als die Agrarpreise infolge der Kartoffelkrankheit und der Mißernten von 1845 und 1846 bei gleichzeitigem Sinken der Löhne in die Höhe schnellten. Von 1844 bis 1847 stiegen die Lebensmittelpreise in Deutschland um 50 %, in Preußen die Preise für Roggen und Kartoffeln um das Doppelte. Die Hungerkrise, die sich in Epidemien und einem Rückgang der Geburtlichkeit äußerte, erfaßte vor allem die

Die Löhne

Eigentumskriminalität

Die Ernährungskrise von 1846/1847

Mittelgebirgslandschaften, aber auch die Städte. Berlin, Stuttgart, Ulm und die Wiener Vorstädte erlebten im Frühjahr 1847 Hungeraufstände, die oft durch Militär unterdrückt wurden. Der Höhepunkt der Krise, die große Teile Europas erfaßt hatte, war im Herbst 1847 überschritten. Die Preise fielen, die Beschäftigungslage besserte sich.

Bezogen auf die deutliche Zunahme des Massenelends waren organisierte Protestaktionen größeren Ausmaßes mit politischem Hintergrund, wie sie die frühen 30er Jahre in Südwest- und Mitteldeutschland erlebt hatten, in den 40er Jahren verhältnismäßig selten. Den größten Eindruck auf die Zeitgenossen machte der Aufstand der schlesischen Weber gegen ihre Fabrik- und Handelsherren im Juni 1844. Die ländlichen Garnspinner, Kattun- und Leinenweber der schlesischen Gebirgslandschaften standen trotz der Bauernbefreiung noch in herrschaftlicher Abhängigkeit. Für viele Häusler verschlangen der Grundzins und die Naturalabgaben, die Steuern und der Schuldendienst einen großen Teil des Barverdienstes, so daß sie auf den Nebenverdienst im Heimgewerbe angewiesen waren. Als die Verleger, gezwungen durch die veraltete Produktionstechnik und die Absatzkrise, die zuerst die Leinenproduktion, bald auch die Baumwollweberei, weitgehend zum Erliegen brachte, die Preise für die von den Hauswebern produzierten Waren rigoros senkten, kam es im Juni 1844 in den Dörfern der Bezirke Peterswaldau und Langenbielau am Fuß des Eulengebirges zu einem ungeordneten Aufstand, in dessen Verlauf mehrere Tausend Menschen die Lagerhäuser, Fabriken, Weinkeller und Villen der Verleger und Fabrikanten zerstörten und plünderten. Die alarmierten Behörden veranlaßten die Unterdrückung des Aufstandes durch Militär, wobei 11 Menschen getötet und über 100 Weber verhaftet und gerichtlich verfolgt wurden. Unter den publizistischen und wissenschaftlichen Analysen der Lage der »Eigentumslosen« und des entstehenden Proletariats, wie sie seit den 20er Jahren in wachsender Zahl erschienen und das Bewußtsein der Bürokratie und des Bürgertums für die alte und neue soziale Frage schärften, ragt die im Jahre 1845 in Püttmanns »Deutschem Bürgerbuch« veröffentlichte Abhandlung »Das Elend und der Aufruhr in Schlesien« von dem Breslauer Lehramtskandidaten WILHELM WOLFF durch die sozialkritische Interpretation der zuverlässig geschilderten Vorgänge in Schlesien hervor. Wolff schrieb dort, daß nicht mehr christliche Caritas, sondern nur ein grundsätzlicher Wandel der Sozialordnung Abhilfe schaffen könne. Zur gleichen Zeit, in der sich die schlesischen Weber erhoben, kam es auf der anderen Seite des Gebirges in Böhmen zu Arbeiterunruhen und Maschinenstürmereien.

Was im Vormärz, trotz der weitgespannten Pauperismusliteratur und der sozialistischen Publizistik, von staatlicher und bürgerlicher Seite, aber auch durch Selbsthilfe von Arbeitern, an konkreten Maßnahmen zur Lösung der sozialen Frage eingeleitet wurde, blieb noch recht bescheiden. In Berlin wurde im Jahre 1844 im Anschluß an die Gewerbeausstellung der deutschen Bundes- und Zollvereinstaaten ein Aufruf zur Bildung eines »Vereins für das Wohl der Hand- und Fabrikarbeiter« veröffentlicht. Er ging auf eine Anregung von rheinischen Unternehmern und einer Anzahl höherer Beamten zurück. Das Programm des daraus entstehenden »Vereins für das Wohl der arbeitenden Klassen«, das vom König in einer Kabinettsordre vom 25. Oktober 1844 gebilligt wurde, zielte über die Förderung von Spar- und Prämienkassen für Arbeiter, wie sie schon 1834 David Hansemann in Aachen in einem »Verein zur Beförderung der Arbeitsamkeit« verfolgt hatte, auf die wirtschaftliche, geistige und sittliche »Hebung« der Arbeiter. Es entstanden in einer Anzahl von Städten und Bezirken der preußischen Monarchie Zweigvereine, deren Wirksamkeit sich jedoch, teils durch die unterschiedlichen Ziele ihrer jeweiligen Mitglieder, wie in Köln, teils infolge der Ängstlichkeit der Behörden, in engen Grenzen hielt. Das gleiche gilt für die wenigen Arbeiterbildungsvereine, deren Anfänge in die Zeit vor der Revolution zurückreichten. Sie profitierten zwar von der hohen Einschätzung, die die Bildung in der bürgerlichen Gesellschaft genoß. Doch blieben ihre Mitglieder, deren Bestand im übrigen stark fluktuierte, weitgehend unter sich. Nur rund 20 Arbeiterbildungs- und Gewerbevereine konnten bisher in Orten des Deutschen Bundes vor 1848 nachgewiesen werden. Sie bestanden vor allem in Nord- und Mitteldeutschland. Der Süden fiel, abgesehen von Mannheim, München und Wien, weitgehend aus. Nicht wenige Arbeiter und Handwerker schlossen sich dagegen kleinbürgerlichen Turnvereinen an, die allerdings über ihren unmittelbaren Zweck hinaus eher politische – und zwar radikal-demokratische – als soziale Ziele verfolgten. Die eigentlichen Unterschichten wurden durch solche Vereine ohnehin nicht erfaßt. Eine gewerkschaftliche Organisation war vor 1848 sowohl durch die bundesrechtliche Beschränkung des Vereinswesens als auch, in Preußen aufgrund der Gewerbeordnung von 1845, durch das Koalitions- und Streikverbot ausgeschlossen.

Erste Arbeiterbildungsvereine

V. DIE REVOLUTION VON 1848/49

1. Die Märzrevolution

Gesamtcharakter der Märzrevolution

In den letzten Februartagen des Jahres 1848 griff der revolutionäre Brand von Paris unmittelbar auf die Staatenwelt des Deutschen Bundes über. Er führte hier allenthalben innerhalb von wenigen Tagen oder Wochen zu einem Systemwechsel. Das liberale Bürgertum übernahm die Regierungsgewalt. War die »Märzrevolution« einerseits eine Antwort auf die dramatischen Ereignisse in Frankreich, das als Musterland der Revolution bewundert oder gefürchtet war, so entsprang sie andererseits einer tiefen politischen und sozialen Unzufriedenheit und Spannung im eigenen Land. Sie übersprang rasch die Grenzen der Einzelstaaten. Eine auffallende Parallelität des Verlaufs und die weitgehende Übereinstimmung des Ergebnisses waren die Folge. Gleichwohl haben auch auf diesen revolutionären Prozeß die Strukturunterschiede zwischen den Hauptmächten Österreich und Preußen und den Mittel- und Kleinstaaten des »reinen« Deutschlands differenzierend eingewirkt. Während die Ereignisse, die in Wien schon am 13. März zum Sturz Metternichs führten, eine Eigengesetzlichkeit entwickelten, die den besonderen Bedingungen des Vielvölkerstaates entsprach, benötigte die revolutionäre Bewegung in Preußen erheblich mehr Zeit, um sich gegen den Widerstand des Königs und des Militärs durchzusetzen. Rascher und einheitlicher, trotz der Spontaneität fast wie nach einem Muster, verlief die Märzrevolution in der Mehrzahl der Staaten des Dritten Deutschlands. Überwiegend konstitutionell verfaßt, war in ihnen die Kluft zwischen Verfassungsnorm und Verfassungswirklichkeit unter dem Druck des Metternichschen Systems besonders spürbar. Die Widerstandskraft der Monarchen und Regierungen war aber nicht sonderlich stark, nachdem sie den Rückhalt an Wien oder den Bundestag verloren hatten. Am frühesten wurde der Frankreich benachbarte Südwesten von der Revolutionsbewegung ergriffen, die sich von dort nach Mittel- und Norddeutschland ausbreitete. Abgesehen von Mecklenburg, wo der Durchbruch erst am 23. März, unter dem Eindruck der Berliner Vorgänge, gelang, und von dem kleinen Herzogtum Anhalt-Dessau, wo erst Anfang April ein neues Ministerium gebildet wurde, war der Systemwechsel generell Mitte März abgeschlossen.

Ihr bürgerlicher Grundzug

Die Bewegung begann Ende Februar mit einer Serie von Volksversammlungen in Baden, Hessen-Darmstadt und Württemberg, auf denen die Wortführer des Liberalismus und Radikalismus noch gemeinsam eine durchgreifende Kursänderung forderten. Auf einer Versammlung in Mannheim wurde am 27. Februar eine Adresse beschlossen, die in vier Punkten das Programm der bürgerlichen Revolution enthielt, das in den nächsten Wochen als »März- forderungen« seinen Weg durch ganz Deutschland nahm: Volksbewaffnung, Preßfreiheit, Schwurgerichte und ein deutsches Parlament. Erschreckt durch die das gesamte Volk unterhalb des Adels und der hohen Bürokratie ergreifenden Bewegung und gewarnt durch den raschen Sturz der Julimonarchie unterwarfen sich die Fürsten und Regierungen schnell und wider- standslos den Märzforderungen, zumindest hinsichtlich der Aufhebung der Zensur und des Versammlungsverbotes und im Eingehen auf die nationale Zielsetzung. Die Beamtenkabinette wurden entlassen und neue Ministerien unter führender Beteiligung liberaler Abgeordneter gebildet. Der Übergang zur parlamentarischen Regierungsweise war angebahnt. Die Fürsten erkannten die Landtage als Partner bei der Ausübung der Staatsgewalt an und gaben damit das monarchische Prinzip preis. In Staaten mit einer Konstitution stellten sie die Verfas- sungsrevision in einem liberal-demokratischen Sinne in Aussicht, während die neuen »März- ministerien« die Ausarbeitung von Reformgesetzen zur Verwirklichung ihres Programms in die Wege leiteten. Kennzeichnend für den bürgerlichen Grundzug der Märzrevolution, soweit sie sich politisch durchsetzte, war der Umstand, daß jenes Programm einen ausgesprochen reformistischen Charakter besaß. Es zielte nicht, wie die Februarrevolution in Frankreich, auf die Beseitigung der Staatsform, der Verfassung oder der monarchischen Staatsspitze. Das Ziel war die Verfassungsrevision, eine Änderung der Regierungsweise, die Verwirklichung der Ideale der bürgerlichen Gesellschaft mit Rechtsgleichheit, Meinungsfreiheit und einem Anteil an der politischen Macht. Dazu gehörte, daß die Märzbewegung vor den Thronen halt- machte. Selbst in Bayern, wo der durch die Lola-Montez-Affäre kompromittierte König Ludwig I., der zu keiner Konzession an die Bewegung bereit war, am 20. März zugunsten seines Sohnes Maximilian II. abdankte, fand nur ein Personenwechsel statt. Die Monarchie als Institution blieb bestehen. Nur in den Herzogtümern Schleswig und Holstein mündete der schwelende Konflikt zwischen dem dänischen König und der von den Ständen unter- stützten deutsch-patriotischen Partei am 24. März in die Proklamation des Widerstandsrechtes, mit der die königliche Ankündigung der gewaltsamen Annexion Schleswigs in den dänischen Gesamtstaat beantwortet wurde. Eine provisorische Landesregierung, der der Führer der nationalgesinnten bürgerlichen Bewegung, Wilhelm Hartwig Beseler, der Sohn des Thron- folgers, Prinz Friedrich von Augustenburg, und der Führer der Ritterschaft, Graf Friedrich Reventlow-Preetz, angehörten, vermied zwar die offene Absetzung des dänischen Königs als Landesherrn, wandte sich aber an den Bundestag mit dem Antrag auf Aufnahme des Herzog- tums Schleswig in den Bund. Die faktische Trennung von dem Herrscher hatte national- politische, nicht demokratisch-revolutionäre Motive.

Der rasche Sieg der Märzbewegung war allerdings nur möglich, weil sie von zahllosen spontanen Volkserhebungen in Stadt und Land unterstützt wurde, die in ihren Zielen oft über das liberale Programm hinausgingen. Nicht die Märzforderungen an sich, sondern die Art und Weise, wie sie durchgesetzt wurden, bestimmten den revolutionären Charakter der Bewegung, in der sich politische und sozialrevolutionäre Motive vielfältig überschnitten. Nach den ersten Volksversammlungen in den Städten Mannheim, Mainz, Stuttgart und Hei- delberg, die Ende Februar die Revolution einleiteten, zeigte sich der überregionale Charakter der Volksbewegung zuerst am 1. März in der badischen Hauptstadt Karlsruhe. Um der Übergabe der Adresse an die Kammer Nachdruck zu verleihen, war aus allen Landesteilen eine große Menge städtischer Deputierter, unzufriedener Bauern, Handwerksgesellen, be-

Marginalien: »Märzforderungen« / Volkserhebungen und sozialrevolutio- näre Forderungen

schäftigungsloser Arbeiter und Studenten zusammengeströmt. Zum ersten Mal in Deutschland erwies sich die Eisenbahn als probates Mittel zur raschen Zusammenführung einer revolutionären Masse; ähnlich in Wiesbaden, wohin in den ersten Märztagen mit der Eisenbahn und mit anderen Verkehrsmitteln Tausende von Landleuten kamen. Sie verlangten zunächst die Umwandlung der herzoglichen Domänen in Staatseigentum, um schließlich die hilflose Regierung und den Herzog, die sich nicht mehr auf die Bürgerwehr und das Militär verlassen konnten, zur pauschalen Bewilligung aller Forderungen zu zwingen. Überall in den Mittel- und Kleinstaaten kam es im März zu spontanen Demonstrationen und gewaltsamen Aufständen, die sich, obwohl ohne Plan und Zusammenhang ablaufend, zu einem revolutionären Prozeß zusammenschlossen. Im Schwarzwald und im Odenwald, im bayerischen Franken und in Württemberg, im Nassauischen, in Kurhessen und in Thüringen, überall dort, wo sich die Masse der Bauern noch in rechtlicher und ökonomischer Abhängigkeit von den Standesherren, vom grundherrlichen Adel oder von den Fürsten selbst befand, erhob sich die Landbevölkerung, um in einer an die Vorgänge des Bauernkrieges von 1525 gemahnenden Art ihren Forderungen auf Aufhebung der Feudalrechte durch Plünderungen, Zerstörungen und vereinzelt auch durch Brandstiftungen Nachdruck zu verleihen und die Beamten zu schnellen Konzessionen zu zwingen. Antisemitische Ausschreitungen verwiesen auf die wirtschaftliche Notlage als treibende Kraft der Aufstandsbewegung. In Mannheim und Mainz, im kurhessischen Hanau, im thüringischen Schmalkalden und in Leipzig, zum Teil auch in den preußischen Westprovinzen Rheinland und Westfalen erhoben sich Arbeiter gegen Unternehmer; es kam unter Beteiligung von Handwerksgesellen und des »Pöbels« zu Maschinenstürmereien; Schiffer und Fuhrunternehmer zerstörten Dampfschiffe und Eisenbahnanlagen. In Marburg, Göttingen und München unterstützten studentische Demonstrationen die Märzbewegung. In der bayerischen Hauptstadt gab König Ludwig I. erst nach, nachdem die Bürgerschaft einen Sturm auf das Zeughaus inszeniert und die Volksbewaffnung eingeleitet hatte; sie versuchte damit, radikaleren Kräften den Wind aus den Segeln zu nehmen. In Frankfurt besetzte eine aufgebrachte Menge den Römer, als der Senat nicht schnell genug nachgab. Und auch in Bremen erhielt der liberale Bürgerverein in den Verhandlungen mit dem Senat Rückendeckung durch die städtische Bevölkerung. Nur im Königreich Sachsen folgte die spontane Erhebung der verarmten Landbevölkerung, die sich überwiegend gegen lokale Mißstände richtete, zeitlich dem Sieg der Märzrevolution nach. Er war hier durch eine Adressenbewegung Leipzigs und anderer westsächsischer Städte erzwungen worden, die gemeinsam von den Liberalen und Radikalen unter der Führung von Karl Biedermann und Robert Blum organisiert worden war.

Da den Aufständen und gewaltsamen Aktionen in den Klein- und Mittelstaaten kein vorbedachter Plan zugrundelag, erloschen sie fast überall mit der Bewilligung einzelner Forderungen. Ihre darüber hinausreichende Funktion im Gesamtverlauf der Revolution bestand darin, daß sie die Monarchen und Regierungen zu einem schnelleren Nachgeben im Sinne des politischen Kurswechsels zwangen, als dies ohne ihren Druck zu erwarten gewesen war.

Der badische Radikalismus

Nur in Baden gelang es den Radikalen um Friedrich Hecker und Gustav Struve vorübergehend, die sozialrevolutionäre Unruhe im Lande ihren politischen Zielen, der Bildung einer republikanischen Partei, dienstbar zu machen. Auf einer großen Volksversammlung in Offenburg, zu der noch die Führer des badischen Liberalismus mit eingeladen hatten, wurde am 19. März ein Programm verkündet, in dem politische mit sozialen Forderungen verbunden wurden: Revision der Zusammensetzung der Ersten Kammer und Reinigung der Zweiten

Kammer von reaktionären Elementen, Abschaffung des stehenden Heeres und der fürstlichen Apanagen, Ersetzung der bisherigen Steuern durch eine progressive Einkommens- und Vermögenssteuer sowie Trennung von Staat und Kirche. Die Abschaffung der Monarchie wurde noch nicht offen gefordert. Man beschloß eine Kluborganisation auf Gemeindebasis mit einem Zentralausschuß unter Führung Heckers an der Spitze und wandte sich an »alle Provinzen Deutschlands« mit der Aufforderung, ähnliche Vereine zu gründen. Der Anfang zu einer radikalen Partei war gemacht.

Die eigentlichen Gewinner der Märzrevolution waren aber die Liberalen. Ihnen wurde fast überall von den Fürsten die Regierungsgewalt übertragen, nicht zuletzt in der Hoffnung, damit der drohenden Radikalisierung der Revolution zu entgehen. Diese Erwartung war, wie sich bald zeigte, keineswegs unrealistisch. Die Rückkehr zur Gesetzlichkeit, die Wahrung der Rechtskontinuität sowie die Verfügung über den Regierungs- und Verwaltungsapparat und über die Kanäle des diplomatischen Dienstes, das waren neben dem Rückhalt, den man in den Kammern besaß, die Positionen, von denen aus die Märzministerien die Verwirklichung ihres liberalen Programms in den Einzelstaaten und auf Bundesebene in Angriff nahmen. Fast überall waren es die im Vormärz als Führer der Opposition gefeierten Politiker, die nun an den Schaltstellen der legalen Macht saßen. In Hessen-Darmstadt wurde schon am 5. März HEINRICH VON GAGERN anstelle des verhaßten Freiherrn du Thil zum leitenden Minister ernannt. Er verband die Gewährung der wichtigsten bürgerlichen Freiheiten mit der öffentlichen Ablehnung der vor allem von dem Mainzer radikalen Politiker Franz Zitz geschürten Exzesse der Odenwaldbauern. Wichtigste personelle Konsequenz der Umbildung des badischen Kabinetts am 9. März war die Ernennung von KARL THEODOR WELCKER zum Bundestagsgesandten in Frankfurt. In Württemberg, wo die Märzrevolution an eine schon seit dem Januar schwelende außerparlamentarische Bewegung anknüpfte, bildeten die bisherigen Führer der liberalen Abgeordneten, FRIEDRICH RÖMER, PAUL PFIZER und GUSTAV DUVERNAY, das Märzministerium. An dessen Spitze wurde in Nassau des anerkannte Haupt der Liberalen, der Advokat AUGUST HERGENHAHN, in Kurhessen der Hanauer Oberbürgermeister BERNHARD EBERHARD, in Sachsen-Weimar der Advokat WILHELM WYDENBRUGK und im Königreich Sachsen der Leipziger Rechtsprofessor LUDWIG VON DER PFORDTEN berufen. Im Königreich Hannover wurde der Altliberale CARL BERTRAM STÜVE Innenminister. In Bayern, wo Ludwig I. erst nach dem Zusammentritt der Kammern und durch neuerliche Unruhen zur Abdankung gezwungen werden konnte, bestand dagegen das Märzministerium mit dem noch von Ludwig zum Innenminister berufenen liberalen Freiherrn Gottlieb von Thon-Dittmer überwiegend aus hohen Beamten und Diplomaten. Das wurde jedoch von der Anerkennung der Märzforderungen durch den neuen König MAXIMILIAN II. ausgeglichen. Im Großherzogtum Oldenburg, das noch keine Verfassung besaß, versprach der Monarch die Einberufung einer konstituierenden Versammlung; es wurde ebenfalls ein liberales Ministerium gebildet. In den Freien und Hansestädten Frankfurt, Lübeck, Hamburg und Bremen wurde noch im März nach zum Teil stürmischen Unruhen die Revision der Verfassungen in die Wege geleitet, und in den mecklenburgischen Herzogtümern stimmten die Monarchen erst Ende März der in Petitionen der Städte, der Universität Rostock und einzelner Landgemeinden vorgetragenen Forderungen nach Ersetzung der altständisch-feudalen Landesordnung durch eine Repräsentativverfassung zu. So gut wie überall war der Regierungswechsel mit der ausdrücklichen oder stillschweigenden Anerkennung der politischen Märzforderungen verbunden, von der Preß- und Versammlungsfreiheit über die Amnestie politischer und wirt-

Die Liberalen als Gewinner der Märzrevolution

Die Märzministerien

schaftlicher Vergehen – von Forst- und Jagdfreveln – bis zur Bildung von Bürgerwehren und der Gewährung unbeschränkter Religionsfreiheit. Weitere Reformen wurden in Angriff genommen oder zugesagt, von der Erweiterung des Wahlrechts für die politischen Körperschaften über die Aufhebung der Grundlasten und des privilegierten Gerichtsstandes bis zur Liberalisierung der Gemeindeverfassungen und der Justiz. Insoweit war das Resultat der Märzrevolution im Dritten Deutschland trotz der Erhaltung der monarchischen Ordnung sowie einer weitgehenden Respektierung der legalen Prozeduren durch die führenden Männer ein großer Schritt über das politische System des Vormärz hinaus.

Die Revolution im österreichischen Kaiserstaat

Es kennzeichnet die Labilität des Metternichschen Systems, daß sich die Revolution im österreichischen Kaiserstaat, der doch als der vom Zeitgeist unbeeinflußte Hort der bestehenden Ordnung galt, ohne großen Widerstand verhältnismäßig schnell durchsetzte. Die ersten Nachrichten über die französische Februarrevolution lösten Anfang März in den Hauptstädten der habsburgischen Königreiche und Länder lebhafte Aktivitäten unter den verschiedenen Gruppen der bürgerlichen und nationalen Bewegung aus. Die Entscheidung mußte aber in Wien fallen, der Residenz des Kaisers und Zentrale des absolutistisch regierten Polizei- und Beamtenstaates. Hier reichte das Spektrum der Opposition von dem liberalen Flügel der niederösterreichischen Stände über das hauptstädtische Besitz- und Bildungsbürgertum bis zur radikalen Intelligenz an der Universität. Von dort aus gab es auch Kontakte zu dem seit der Wirtschaftskrise radikalisierten Proletariat der Vorstädte. Den äußeren Anstoß zur Wiener Märzrevolution, die vorübergehend diese Gruppen zu gemeinsamer Aktion vereinte, gab eine Rede, die der radikale Abgeordnete LUDWIG KOSSUTH am 3. März im ungarischen Reichstag hielt, der wenige Stunden von Wien entfernt in der alten Königsstadt Preßburg tagte.

Kossuths Rede v. 3. März 1848

Kossuth griff das Metternich-Regime scharf an und forderte eine umfassende Staatsreform durch die Gewährung einer Konstitution und für Ungarn die Bildung eines verantwortlichen Ministeriums, die Aufhebung der Adelsrechte und größere Autonomie. Die nationalpolitische Dimension der Revolutionsbewegung wurde sichtbar. Gleichwohl rief Kossuths Vorstoß nicht nur in Ungarn, sondern auch in Wien und an anderen Orten der Monarchie einen Sturm der Begeisterung hervor. Seit dem 7. März wurden in bürgerlichen Vereinen und Klubs der Hauptstadt Unterschriften für eine von EDUARD VON BAUERNFELD und ALEXANDER BACH redigierte Petition gesammelt. Sie enthielt neben dem üblichen Märzprogramm einschließlich der Forderung einer gesamtösterreichischen Konstitution das Bekenntnis zur Übereinstimmung des deutschen mit dem österreichischen Interesse. Über den ständischen Ausschuß gelangte sie an die niederösterreichischen Landstände. Gleichzeitig beschloß eine große studentische Versammlung in der Aula der Universität eine inhaltlich weitgehend identische, aber schärfer formulierte Adresse an den Kaiser, die in einer Audienz am Abend des 12. März nur hinhaltend beantwortet wurde. Die Spannung war auf das höchste gestiegen, als am Vormittag des 13. März die Stände zur Beratung der bürgerlichen Petition zusammentraten. Auf Anordnung der Regierung war an wichtigen Punkten der Stadt Militär zusammengezogen worden. Vor dem Ständehaus versammelte sich eine große Menge aus Bürgern, Studenten, Handwerkern und Arbeitern, um den politischen Forderungen des Volkes Nachdruck zu verleihen. Wortführer waren die beiden Ärzte ADOLF FISCHHOF und JOSEF GOLDMARK. Während sich eine Deputation der Demonstranten in das Ständehaus begab, um auf die Abgeordneten einzuwirken, nahm die Erregung unter der wartenden Menge zu. Kossuths Preßburger Rede wurde verlesen, der Ruf nach dem Rücktritt Metternichs laut. Gerüchte über die angeblich laue Haltung der Stände und erste Zusammenstöße mit dem

Der 13. März in Wien

Militär gaben das Signal zum Aufstand. Noch während der Landtagspräsident Montecuccoli erklärte, die Petitionen dem Kaiser vorlegen zu wollen, stürmte die Menge das Landhaus. Das Militär eröffnete das Feuer auf die Demonstranten. Daraufhin stellten sich auch führende Vertreter des Bürgertums, unter ihnen Alexander Bach, auf die Seite der Aufständischen. Barrikaden wurden errichtet, Läden geplündert, Fabriken in den Vorstädten besetzt oder angezündet, die Festungswerke angegriffen, das Leihhaus sowie Maut- und Akzisehäuser zerstört. Es gab die ersten Toten.

Unter dem Eindruck dieser Ereignisse und von verschiedenen Deputationen zum Nachgeben aufgefordert, beriet unterdessen in der Hofburg die um Mitglieder der erzherzoglichen Familie verstärkte Staatskonferenz die Krise. Schnell stellte sich heraus, daß die Mehrheit, darunter die älteren Erzherzöge Johann und Ludwig, die Erzherzogin Sophie, die schon an ihren Sohn Franz Joseph als Nachfolger Kaiser Ferdinands dachte, und Graf Kolowrat nicht bereit waren, dem Vorschlag METTERNICHS auf gewaltsame Unterdrückung der Revolution zu folgen. Der Staatskanzler wurde zum Rücktritt gezwungen. Diese Entscheidung wurde, zusammen mit der Zustimmung zur Bewaffnung der Bürgerwehr und der Studentenschaft, noch am Abend des 13. März bekanntgegeben. In den nächsten Tagen mußte die Staatskonferenz Schritt um Schritt vor den Forderungen der vereinigten bürgerlichen und studentischen Kräfte zurückweichen. Als sie versuchte, die endgültige Entscheidung für eine gesamtstaatliche Verfassung durch eine hinhaltende Proklamation zu umgehen, wurde sie am 15. März durch neue Demonstrationen gezwungen, ein vorbehaltloses Verfassungsversprechen zu geben. Die Bewilligung der Nationalgarde und die Aufhebung der Zensur waren weitere Zugeständnisse. Während Kossuth als Mitglied einer ungarischen Deputation stürmisch umjubelt wurde, floh Metternich unter falschem Namen über Böhmen und Mähren nach England. Damit hatte die bürgerliche Revolution ihr Ziel erreicht. Mitglieder der Stände und ein am 15. März unter der Leitung Bachs gebildeter Bürgerausschuß traten zu einer Art Verfassungskommission zusammen, deren vorbereitende Beratungen sich in den Vorstellungen des gemäßigten Liberalismus bewegten. Gleichzeitig begannen die damit nicht zufriedenen radikalen Kräfte mit dem Aufbau einer Parteiorganisation, die ihr Zentrum in dem »Demokratischen Klub« erhielt, in dem der aus Prag stammende Sprachlehrer KARL TAUSENAU bald eine führende Rolle spielte. In den Arbeitervereinen der Vorstädte und der bewaffneten »Akademischen Legion« besaß der Radikalismus eine Massenbasis. Die Enttäuschung wurde durch die Zusammensetzung des am 21. März umgebildeten Ministeriums verstärkt. Unter der provisorischen Leitung des Grafen Kolowrat bestand es ausschließlich aus Angehörigen der alten Führungsschicht. Allein der neue Innenminister FRANZ FREIHERR VON PILLERSDORF war liberalen Gedanken aufgeschlossen. Die Weichen für neue Auseinandersetzungen waren gestellt.

Stand die Revolution in Wien und auch die weniger stürmische Märzbewegung in den deutschen Erbländern der Monarchie im Zeichen einer naiven Gleichsetzung von großdeutschem National- und großösterreichischem Staatsbewußtsein, so brachen in den Außenländern des Kaiserstaates sehr schnell die latenten Gegensätze zwischen den liberal-demokratischen, den nationalen und den sozialen Zielen der Revolution hervor – abgesehen von Ungarn vor allem in Böhmen und den italienischen Besitzungen der Habsburger. In den Anfängen der Prager Märzbewegung traten zwar die Gegensätze zwischen Tschechen und Deutschen zunächst noch hinter der freiheitlichen Zielsetzung der Revolution zurück. Doch schon auf der Volksversammlung, die auf Veranlassung des radikalen Bürgerklubs »Repeal« am 11. März im Prager Wenzelsbad zusammentrat, wurden zwei Petitionsentwürfe vor-

Rücktritt Metternichs 13. März

Die Prager Märzrevolution

gelegt, in denen die Gewichte zwischen nationaltschechischen Forderungen, demokratischen und sozialen Postulaten unterschiedlich verteilt waren. Zur Abfassung eines endgültigen Textes wurde ein Bürgerkomitee eingesetzt, das durch Mitglieder der böhmischen Stände erweitert wurde und sich nach dem Bekanntwerden von Metternichs Sturz in Permanenz erklärte. Hier setzte sich das tschechische Besitzbürgertum mit seinen Forderungen durch. Neben liberalen Institutionen und der bäuerlichen Grundentlastung wurden die völlige Gleichstellung der Tschechen und Deutschen in Schule und Amt und die Bildung einer gemeinsamen Ständeversammlung auf konstitutioneller Grundlage für Böhmen, Mähren und Schlesien gefordert. Immerhin war dies eine Basis, auf der sich Tschechen und Deutschliberale noch treffen konnten. Die Auseinanderentwicklung begann, nachdem Kaiser Ferdinand am 17. März die Forderung des Preßburger Reichstages auf eine konstitutionelle Regierung in Ungarn bewilligt hatte, während die Prager Deputation wenige Tage später in Wien dahingehend beschieden wurde, daß der gemeinsame Landtag nur über die ständischen Einzellandtage der drei Länder gebildet werden könne. Die Gleichstellung der Nationalitäten wurde als schon vollzogen erklärt. Auf einer zweiten Versammlung im Wenzelsbad wurde daraufhin am 29. März eine neue Petition verabschiedet, in der die staatsrechtliche Forderung nach der Vereinigung von Böhmen, Mähren und Schlesien durch das weitergehende Postulat nach einer gemeinsamen Repräsentation und nach eigenen Zentralbehörden unter einem verantwortlichen Ministerium verschärft wurde. Die kaiserliche Antwort vom 8. April gestand nunmehr ausdrücklich die Gleichstellung der beiden Sprachen in Schule und Amt sowie die Errichtung von Zentralbehörden für Böhmen – nicht für die Nebenländer – zu; sie bewegte sich im übrigen im Rahmen der inzwischen (am 28. März) für die Gesamtmonarchie bewilligten konstitutionellen Forderungen einschließlich der Ankündigung der bäuerlichen Grundentlastung und der Aufhebung der Patrimonialgerichte. Eine deutliche Verhärtung der nationalen Fronten war die Folge. Auf tschechischer Seite verschmolz der auf hundert Mitglieder verstärkte Wenzelsbad-Ausschuß, das Zentrum der bürgerlichen Nationalbewegung, mit einer schon am 1. April einberufenen ständischen »Gubernialkommission« zu einem Nationalausschuß, der die Vorbereitung der versprochenen Landtagswahlen in Angriff nahm. Der neue Gubernialpräsident Graf LEO THUN bemühte sich mit Erfolg um eine auf Kosten der Deutschböhmen gehenden Koalition ständischer und nationaltschechischer Kräfte. Gleichzeitig begann sich die deutschböhmische Gegenbewegung unter ihrem Führer LUDWIG VON LÖHNER zu organisieren. Eine Adresse zur Wahrung der deutschböhmischen Belange wurde Pillersdorf schon am 9. April überreicht. Es war der erste Schritt auf dem Wege zur Gründung des »Vereins der Deutschen in Böhmen, Mähren und Schlesien« Anfang Mai 1848.

Tschechisch-deutsche Spannungen in Böhmen

Galizien und Oberitalien

Blieb das Königreich Galizien im März und in der ersten Aprilhälfte dank der geschickten Politik des Gouverneurs Graf Franz Stadion von gewaltsamen Unruhen weitgehend frei, wozu die Erinnerung an den Fehlschlag von 1846 beigetragen haben mag, so gab in den oberitalienischen Landesteilen der Monarchie erst die Nachricht vom Sturz Metternichs das Signal für die Erhebung gegen die österreichische Herrschaft in der Lombardei und in Venedig. In einem fünftägigen Kampf (Le cinque giornate, 18.–23. März) wurden die österreichischen Truppen aus Mailand verjagt. Eine provisorische Regierung erklärte die Trennung der Lombardei von Österreich und den Anschluß an das Königreich Sardinien. In Venedig proklamierten die Aufständischen nach einer Massenerhebung die Republik.

So geriet die Habsburger Monarchie in den Wochen nach dem Sieg der Märzrevolution in eine schwere, ihren Bestand bedrohende Krise. Indem die Regierung alle Kräfte darauf verwandte, die Gefahr eines Auseinanderbrechens des Kaiserstaates zu bannen, mußte sie vorübergehend auf ihre traditionelle Rolle als aktive Vormacht des Deutschen Bundes verzichten. Es kam darauf an, ob es der bürgerlichen Bewegung in Deutschland gelingen würde, das Vakuum zur Durchsetzung ihres Programms auf nationaler Ebene zu nutzen.

Stand in Österreich von Anfang an die Hauptstadt Wien im Mittelpunkt des Geschehens, so wurden in Preußen zuerst die Flügelprovinzen von der Revolution ergriffen. Die Nachrichten über die Ereignisse in Frankreich riefen bei der bürgerlichen Opposition im Westen der Monarchie zunächst wenig Begeisterung, dagegen – wie schon 1830 und 1840 – eine Kriegspsychose hervor, die Angst vor einer Intervention der französischen Republik und den Wunsch nach Zusammenstehen von König und Volk. Es waren keine Einzelfälle, wenn der Krefelder Kaufmann Hermann von Beckerath schon am 27. Februar die Notwendigkeit betonte, »gegenüber einer französischen Republik das Vaterland mit allen moralischen und materiellen Verteidigungsmitteln auszurüsten«, und wenn der Westfale Friedrich Harkort auf die Frage nach einer möglichen Revolution in seiner Heimat mit dem Bekenntnis antwortete: »Wir wollen friedliche volkstümliche Reform und liberale Verfassung, aber unter keinen Umständen eine Revolution.« Man wurde in diesen Kreisen erst aktiv, als man befürchten mußte, daß die Volksbewegung von Südwestdeutschland auf das Rheinland übergreifen und hier in eine soziale Revolution umschlagen werde. Tatsächlich wurden erste Vorbereitungen eines liberalen Aktionsprogramms am 3. März von einer großen Volksversammlung (etwa 5000) vor dem Kölner Rathaus überrascht, die von Mitgliedern der Kommunistengemeinde unter Führung des Armenarztes ANDREAS GOTTSCHALK organisiert worden war. Man beschloß folgende »Forderungen des Volkes«: Gesetzgebung und Verwaltung durch das Volk, allgemeines Wahlrecht, Preßfreiheit, Aufhebung der stehenden Heere und Volksbewaffnung, freies Vereinigungsrecht, Schutz der Arbeit und Sicherung der Lebensbedürfnisse, Erziehung aller Kinder auf Kosten des Staates. Gottschalk versuchte vergeblich als »Bevollmächtigter der arbeitenden Klasse«, den Stadtrat zur Übernahme dieser Petition zu zwingen. Die Demonstration wurde von herbeigerufenem Militär zerstreut, ihre Anführer vorübergehend verhaftet. Während der Stadtrat, in dem das Geld- und Titelpatriziat die Mehrheit hatte, eine gemäßigte Adresse – Einberufung des Vereinigten Landtages auf der Basis eines erweiterten Wahlrechts, Pressefreiheit, Bundesreform – verabschiedete, die an den in Berlin weilenden Führer der Kölner Liberalen, Ludolf Camphausen, geschickt wurde, verlangte eine dritte, an den König gerichtete Petition linksliberaler Kreise eine Repräsentativverfassung mit Verantwortlichkeit der Minister und allgemeinem Wahlrecht, unbedingte Freiheiten und ein deutsches Parlament. Damit waren die Fronten innerhalb der bisherigen Opposition auf einen Schlag abgesteckt. Während jedoch die rund 60 Petitionen, die zwischen dem 2. und 19. März aus der Rheinprovinz nach Berlin geschickt wurden, und zwar fast ausschließlich aus den Städten, inhaltlich an die liberalen Kölner Adressen anschlossen, blieb das sozialpolitische Revolutionsprogramm Gottschalks zunächst die Ausnahme. Die Petitionsbewegung griff auf die übrigen Provinzen über, zuerst nach Schlesien mit Breslau (6. März), relativ spät (10./12. März) nach Westfalen. In Ost- und Westpreußen verband sich der Wunsch nach Verfassung mit der Abwehrbereitschaft gegenüber einer eventuellen Intervention Rußlands. Noch am 11. März begnügte sich die liberale Abgeordnetengruppe des Rheinischen Provinziallandtages mit der Anerkennung eines durch die Erweiterung des Wahlrechts und die Umwandlung des Herrenhauses reformierten Vereinigten Landtages als Gesamtstaatsvertretung, die an der Gesetzgebung mitwirken und den Staatshaushalt verabschieden sollte. Mit einem solchen Programm qualifizierte sich der rheinische Liberalismus für die Aufgabe, die preußische

Monarchie unter Wahrung der Rechtskontinuität aus der Staatskrise herauszuführen. Das wurde aber erst möglich, nachdem der König in der Berliner Märzrevolution, die als blutiger Kampf mit dem preußischen Militär ausgefochten wurde, zur Kapitulation vor dem Volk gezwungen worden war.

Die Berliner Märzrevolution

Erst am 6. März verlagerte sich das Geschehen in die preußische Hauptstadt. An diesem Tag verabschiedete Friedrich Wilhelm IV. die seit Januar tagenden Vereinigten Ausschüsse mit dem mageren Versprechen der Periodizität des Vereinigten Landtages. Gleichzeitig begann eine Serie zunächst kleiner, dann schnell immer größer werdender Volksversammlungen auf dem Vergnügungsplatz »in den Zelten« im Tiergarten. Man bekannte sich zunächst noch zu den Märzforderungen und verlangte die Einberufung des Vereinigten Landtages sowie ein deutsches Parlament. Mit einer Adressenflut, die seit dem 7. März von einer Gruppe radikaler Literaten der »Berliner Zeitungshalle« gesteuert wurde, versuchte man vergeblich, den von Honoratioren beherrschten Magistrat für eine Petition an den König im liberal-demokratischen Sinne zu gewinnen. Die kritische Phase der Revolution begann aber erst am 13. März. Die Besetzung strategisch wichtiger Punkte Berlins durch das Militär und die fortdauernde Anwesenheit des als Exponenten der Reaktion geltenden Prinzen WILHELM, obwohl er schon am 9. März an den Rhein gehen sollte, auf der einen und die wachsende Unruhe der hauptstädtischen Unterschichten auf der anderen Seite – Anfang März hatte Borsig vierhundert Arbeiter entlassen – ließen die Spannung auf das höchste steigen. Auf einer neuen Versammlung im Tiergarten wurden sozialrevolutionäre Forderungen erhoben, weil die bestehenden Gesetze die Arbeiter nicht mehr vor den »Kapitalisten und Wucherern« schützten: Hilfe des Staates gegen die Arbeitslosigkeit, Bildung eines »Ministeriums der Arbeiter« aus gewählten Vertretern der Arbeitgeber und Arbeitnehmer. Abends kam es unter den Linden zu ersten Zusammenstößen zwischen Militär und Zivil. Am nächsten Tag, an dem der König erste zaghafte Konzessionen gegenüber einer Magistratsdeputation machte, verschärfte sich die Situation durch neue, von den verunsicherten Soldaten verursachte Zwischenfälle. Sie forderten die ersten Todesopfer. Deputationen der Bürger und Studenten verlangten zur Entspannung der Situation die Zurücknahme der Truppen aus der Stadt und die Organisation einer bewaffneten Bürgergarde. Erst unter dem Eindruck dieser Vorfälle und der Nachricht vom Sturz Metternichs begann Friedrich Wilhelm IV., durch divergierende Ratschläge seiner Umgebung und durch seine labile Natur hin- und hergerissen, an substantielle Konzessionen zu denken. Nach dem freundlichen Empfang einer rheinischen und einer weiteren Berliner Deputation wurden am Mittag des 18. März zwei Patente veröffentlicht. Das erste brachte die Aufhebung der Zensur. In der zweiten wurde der Vereinigte Landtag auf den 2. April berufen, außerdem die Notwendigkeit der Reorganisation des Deutschen Bundes und einer »konstitutionellen Verfassung« für alle deutschen Länder – damit auch für Preußen – anerkannt.

Der 18. März in Berlin

Mit diesem Entgegenkommen, das wesentliche Punkte des liberalen Programms zu verwirklichen schien, war jedoch der Konflikt noch nicht gelöst. Der Dank, der am Nachmittag des 18. März von einer großen Menschenmenge auf dem Berliner Schloßplatz dem König für seine Zugeständnisse entgegengebracht wurde, verband sich mit dem Ruf nach Abzug des Militärs aus der Stadt als Zeichen des neuen Vertrauens. Das war freilich eine Forderung, die die Grundlage des preußischen Militärstaates, nämlich die königliche Verfügungsgewalt über die Armee, in Frage stellte. So war der durch zwei Schüsse ausgelöste Zusammenstoß zwischen den Truppen des Generals von Prittwitz, die den Schloßplatz von Demonstranten zu räumen suchten, und der Menge mehr als ein bloßes Mißverständnis. Er gab das Signal für einen erbitterten und blutigen Straßen- und Barrikadenkampf, der sich rasch über die Innenstadt Berlins ausbreitete. Auf der Seite der Revolution beteiligten sich an ihm alle Schichten der hauptstädtischen Bevölkerung, Besitzbürger, Akademiker, Studenten, Handwerker und Arbeiter, Frauen und Kinder, gegen die das Militär rücksichtslos, zum Teil unter Einsatz von Artillerie, vorging, ohne bis zum späten Abend eindeutig das Übergewicht über die Aufständischen gewinnen zu können. Der Kampf kostete über 230 Tote, mehr als in irgendeinem anderen Zentrum der deutschen Märzrevolution. Noch in der Nacht zum 19. März machte der durch das Blutvergießen erschütterte König in seinem berühmten Aufruf »An meine lieben Berliner« das Angebot, die Truppen auf wenige Gebäude der Stadt zurückzuziehen, sobald die Barrikaden weggeräumt seien. Am nächsten Morgen gab er, trotz des Widerspruchs der Militärpartei unter dem Prinzen Wilhelm, der bald darauf die Stadt verlassen mußte, auch diese Position preis, indem er ohne jede Bedingung den Rückzug des Militärs anordnete. Der Sieg der Revolution war vollständig. Äußeres Zeichen der königlichen Niederlage war die Teilnahme Friedrich Wilhelms an der am 19. März auf dem Schloßplatz inszenierten Leichenschau der Märzgefallenen und die Übernahme der Schloßwache durch die Bürgerwehr.

Sieg der Revolution und Niederlage des Königs

Die letzte Dekade des März sah den angesichts der vorangegangenen Ereignisse wenig glaubwürdigen Versuch des Königs, durch ein Bekenntnis zum nationalen Programm der Revolution die preußische Monarchie zu retten. Noch am 19. März berief er ein aus liberalen Adeligen bestehendes Übergangskabinett unter der Leitung des GRAFEN ADOLF HEINRICH ARNIM-BOITZENBURG. Das wichtigste Mitglied war der bisherige Gesandte in Paris, GRAF HEINRICH ARNIM-SUCKOW, der den König in seiner deutschen Politik bestärkte. Nachdem am 20. März eine Amnestie für politische Gefangene zur Freilassung der polnischen Teilnehmer an dem Aufstand von 1846 geführt hatte, die in einem Triumphzug durch die Stadt geleitet wurden, unternahm der König einen Tag später in Begleitung der Prinzen und der neuen Minister, geschmückt mit schwarz-rot-goldenen Armbinden, einen feierlichen Umritt durch Berlin. In einer Rede auf dem Schloßplatz und der gleichzeitig veröffentlichten Proklamation »An mein Volk« bekannte sich Friedrich Wilhelm zur deutschen Einheit und Freiheit und zu einer gesamtdeutschen Verfassung. Sie enthielt die Sätze: »Ich habe heute die alten deutschen Farben angenommen und Mich und Mein Volk unter das ehrwürdige Banner des deutschen Reiches gestellt. Preußen geht fortan in Deutschland auf.« Daß mit dieser Formulierung nicht ein deutscher Einheitsstaat gemeint war, zeigte nicht nur des Königs Festhalten an der »Einheit in Verschiedenheit«, sondern auch die ausdrückliche Wiederholung des Verfassungsversprechens für Preußen am 22. März. Es wurde mit der Anerkennung der persönlichen Freiheitsrechte, der Verantwortlichkeit der Minister, dem Versprechen der Einführung von Schwurgerichten für politische und Preßvergehen verbunden. Die Aufhebung des eximierten Gerichtsstandes und der Patrimonialgerichtsbarkeit sowie die Vereidigung des Heeres auf eine neue Verfassung wurden angekündigt. Während die Berliner am 22. März die Opfer der Revolution feierlich beerdigten und aus der Provinz neue Forderungen nach einer einheitlichen Volksvertretung in Berlin eintrafen, regte sich der erste Widerstand gegen die Revolution. Otto von Bismarck, der am 23. März vergeblich die Prinzessin von Preußen für eine gegenrevolutionäre Aktion im Namen ihres Gatten zu gewinnen suchte, hat darüber berichtet, wie am 25. März des Königs Appell an die Offiziere der Potsdamer Garderegimenter, als treue Staatsbürger den Zeitgeist anzuerkennen, auf deutliche Ablehnung stieß. Gleich-

Proklamation »An mein Volk« v. 21. März

Ministerium Camp-hausen (29. März)

wohl berief der König noch vor dem Zusammentritt des Zweiten Vereinigten Landtages (2. April) am 29. März den Kölner LUDOLF CAMPHAUSEN an die Spitze eines neuen Ministeriums und DAVID HANSEMANN zum Finanzminister. Er betraute damit zwei hervorragende Vertreter des großbürgerlich-westlichen Liberalismus mit der Staatsführung, nicht zuletzt um das Vertrauen in die Kreditfähigkeit des preußischen Staates und seiner führenden Banken, die seit Anfang März erschüttert worden war, wiederherzustellen. Damit endete auch in Preußen die Märzrevolution mit einem vorläufigen Sieg des liberalen Bürgertums.

Die Bundesreform als nationales Ziel der Revolution

Die Märzrevolution war nicht nur die Summe der in den Einzelstaaten mehr oder weniger gewaltsam herbeigeführten Systemwechsel. Ihre Einheit als gesamtdeutsches Ereignis bestand vielmehr in dem nationalpolitischen Ziel, das als Forderung eines deutschen Parlaments in kaum einer der zahllosen Märzadressen fehlte und sofort eine Serie von Initiativen hervorbrachte, mit denen das Problem der Bundesreform auf den verschiedenen Ebenen des politischen Prozesses angegangen wurde. Ansätze dazu reichten in die letzten Monate und Wochen vor der Revolution zurück. Am 12. Februar hatte Friedrich Bassermann aufgrund einer Absprache der südwestdeutschen Liberalen in der zweiten badischen Kammer den Antrag gestellt, die Regierung möge auf die Bildung von Ständekammern am Bundestag zur Vertretung der deutschen Nation und zur Erzielung einer gemeinsamen Gesetzgebung und einheitlicher Nationaleinrichtungen hinwirken. Der Antrag wurde am 28. Februar im hessen-darmstädtischen Landtag von Heinrich von Gagern, nun schon unter dem Eindruck der Pariser Ereignisse, in konkreterer Fassung wiederholt. In Preußen hatte der General von Radowitz schon im Herbst 1847 den König für den Plan einer Bundesreform von oben gewonnen. Radowitz reiste Anfang März zum zweiten Mal nach Wien, um die Zustimmung der österreichischen Regierung für eine Ministerkonferenz zu erreichen. Der Konferenzplan, der am 10. März zu einer Einladung an die deutschen Regierungen nach Dresden für den 25. März führte, wurde jedoch mit der Revolution in Wien und Berlin hinfällig.

Erste Reaktionen des Bundestages

Die Initiative zur Bundesreform ging damit wieder auf den Westen über. Der Bundestag, die Märzministerien und die bürgerliche Bewegung liberaler und demokratischer Spielart traten in einen Wettlauf um die Durchsetzung ihrer nationalpolitischen Ziele ein. Das Ergebnis war, daß sich, abgesehen von der Einigung über die Einberufung eines Nationalparlaments, keine Seite durchsetzen konnte, so daß die Entscheidung über die Gestaltung eines deutschen Nationalstaates dem kommenden Ringen zwischen Parlament und Einzelstaaten zugeschoben wurde. Die ersten Verlautbarungen des Bundestages hatten noch den Charakter hilfloser Reaktionen auf das ohne sein Zutun ablaufende Geschehen, von dem Appell an die Regierungen und das deutsche Volk zur Eintracht und gesetzlichen Ordnung (1. März) über die Zustimmung zur Abschaffung der Zensur (3. März) und die Erklärung, daß eine Revision der Bundesverfassung »auf wahrhaft zeitgemäßer und nationaler Grundlage notwendig« sei (8. März), bis zur Anerkennung der bisher verpönten Farben Schwarz-Rot-Gold als Bundesfarben (9. März). Von größerer Tragweite für die weitere Entwicklung war der Beschluß vom 10. März, daß die Regierungen Männer des öffentlichen Vertrauens, die nach Lage der Dinge nur Vertreter der bürgerlichen Bewegung sein konnten, zur Vorbereitung der Bundesreform nach Frankfurt schicken sollten. Tatsächlich gehörten dem auf diese Weise gebildeten Siebzehnerausschuß, der schon Ende März, vor seiner endgültigen Konstituierung am 3. April, informelle Beratungen aufnahm, mehrheitlich Mitglieder des gemäßigten Liberalismus an. Der Bundestag war damit zu einem Organ der Märzministerien geworden.

Es ist fraglich, ob der Bundestag ohne die Anstöße, die unmittelbar von der Märzbewegung zur Realisierung der Nationaleinheit ausgingen, so rasch auf die Bahn der Konzessionen eingeschwenkt wäre. Die erste Aktion in diese Richtung war die Heidelberger Versammlung vom 5. März. Aus eigener Initiative und ohne staatliche Legitimation berieten 51 Vertreter des Liberalismus und der Demokratie, die fast ausschließlich aus dem Süden und Westen Deutschlands an den Neckar gekommen waren, über geeignete Maßnahmen zur Verwirklichung der nationalen Einheit im freiheitlichen Sinne. Sofort trat der Gegensatz zwischen den beiden Hauptrichtungen der bürgerlichen Bewegung hervor, der sich schon 1847 in den Programmen von Offenburg und Heppenheim abgezeichnet hatte und fortan eine einheitliche Politik der bürgerlichen Revolution erschwerte. Während Hecker und Struve die deutsche Republik mit dem nationalen Parlament als höchstem Staatsorgan und damit die Anerkennung der Volkssouveränität forderten, sprach sich Heinrich von Gagern, zweifellos im Sinne der Mehrheit, für die Wiedererrichtung des deutschen Kaisertums und die vorläufige Übertragung der Zentralgewalt an den König von Preußen aus. Die Frage nach dem Charakter und der Kompetenz der zu bildenden Nationalvertretung blieb offen. Angesichts dieser Differenz über das Verfassungsproblem einigte man sich nur auf eine Aufforderung an die Regierungen, Wahlen zu einer deutschen Nationalvertretung auszuschreiben und auf die Einberufung einer zweiten Versammlung aus Vertretern aller deutschen Stämme nach Frankfurt, die möglichst im Zusammenwirken mit den Regierungen die Wahlen vorbereiten sollte. Zur Berufung dieses »Vorparlaments« wurde ein Siebenerausschuß gebildet, der mehrheitlich von Vertretern des gemäßigten Liberalismus besetzt war, auch wenn sein Vorsitzender Itzstein eine Mittlerstellung zwischen Liberalen und Radikalen einnahm. Er ließ am 12. März die Einladung zum Vorparlament an alle Mitglieder landständischer und gesetzgebender Körperschaften und darüber hinaus an eine Anzahl bekannter Persönlichkeiten ergehen. Die Beschlüsse der Heidelberger Versammlung, die in Gervinus' »Deutscher Zeitung«, dem Organ des Liberalismus, publiziert wurden, signalisierten eine erste Niederlage der Radikalen. Immerhin lag in der Berufung des Vorparlaments eine versteckte Drohung an die Regierungen, bei einer Verweigerung ihrer Mitwirkung zur revolutionären Aktion zurückzukehren.

<small>Die Heidelberger Versammlung v. 5. März 1848</small>

Die Sorge vor einer Radikalisierung der Revolution war denn auch ein wichtiges Motiv für den unmittelbar nach Heidelberg eingeleiteten Versuch der südwestdeutschen Märzministerien, die deutsche Frage im konstitutionellen Sinne auf diplomatischem Wege zu lösen. Er überschnitt sich zeitlich mit dem preußisch-österreichischen Plan der Dresdner Konferenz und der Initiative des Bundestages zur Berufung des Siebzehnerausschusses. Nach seinem Eintritt in die hessische Regierung schickte Heinrich von Gagern im Einvernehmen mit Nassau und Baden seinen Bruder Max und den hessischen Grafen Philipp Lehrbach in diplomatischer Mission nach Süddeutschland. Sie sollten die Regierungen für eine Verständigung über die Grundlagen einer neuen Bundesverfassung — vorläufige Übertragung der Exekutive an Preußen und Einsetzung einer Nationalvertretung neben den bestehenden Bundesorganen — mit moralischer und publizistischer Unterstützung durch die »Nationalpartei« gewinnen. Während Württemberg auf den Vorschlag einging, versagte sich Bayern, das heißt der noch regierende König Ludwig I., am 16. März. Damit war die Mission praktisch gescheitert. Heinrich von Gagern suchte noch in persönlichen Kontakten Preußen dafür zu gewinnen, statt der Dresdner Konferenz, deren Beschickung ohnehin von den meisten Mittel- und Kleinstaaten abgelehnt wurde, die Durchführung der Bundesreform mit Hilfe der Bundesversammlung mitzutragen, wie dies in jenen Wochen auch dem preußischen Bundestagsgesandten Graf August Dönhoff vorschwebte. Zweierlei wurde an diesen Verhandlungen

<small>Die Mission M. v. Gagerns</small>

sichtbar. Die in den Einzelstaaten zur Macht gekommenen Liberalen des Südwestens gaben einer Lösung der deutschen Frage auf legalem Wege, über die Regierungen und die Bundesorgane, den Vorzug vor einer revolutionären Konstituierung des Nationalstaates. Sie setzten dabei vor allem auf Preußen. Das Verhalten Friedrich Wilhelms IV. in der Berliner Märzrevolution, das den liberalen Vertrauensvorschuß in die Fähigkeit Preußens zu einer nationalen Politik verspielte, und die Absage Bayerns verschütteten aber in dieser Phase der Revolution, als die österreichische Regierung noch weitgehend gelähmt war, den Weg zu einer liberalen Neuordnung Deutschlands unter preußischer Führung. Das Gesetz des Handelns fiel wieder an die in ihrer Entscheidung freien Repräsentanten der Märzbewegung zurück.

Das Vorparlament (31. März bis 3. April)

Das Vorparlament trat am 31. März im Frankfurter Römer zusammen und beriet bis zum 3. April in der Paulskirche. 574 Abgeordnete waren aus allen deutschen Ländern nach Frankfurt gekommen. Allerdings lag das regionale Übergewicht, als Folge der kurzen Einladungsfrist und der Zulassungskriterien, eindeutig bei den konstitutionellen Staaten des Südwestens und Südens. Aus Österreich kamen nur zwei Vertreter, und auch Preußen war mit 141 Abgeordneten, davon zwei Drittel aus dem Rheinland, im Verhältnis zu seiner Bevölkerungszahl unterrepräsentiert. Das kleine Hessen-Darmstadt hatte mit 84 Teilnehmern, Baden mit 72 Vertretern mehr Abgeordnete als jeweils die Königreiche Bayern, Württemberg und Sachsen, ganz zu schweigen von den nord- und mitteldeutschen Staaten. Es war deshalb keine Überraschung, daß die Beratungen des Vorparlaments, wie zuvor die Heidelberger Versammlung, in den entscheidenden Fragen von dem Gegensatz der radikalen und gemäßigt liberalen Positionen geprägt waren. Verhältnismäßig leicht einigte man sich auf das allgemeine Wahlrecht zur Nationalversammlung, unter Ausklammerung der strittigen Alternative der von der Linken gewünschten direkten oder der indirekten Wahl. Über Wahlrechtsbeschränkungen wurde nicht gesprochen, und das Kriterium der Selbständigkeit, das in der Zusammenstellung der Beschlüsse des Vorparlaments erschien, wurde in seiner Problematik noch nicht erkannt. Gemeinsamkeit bestand auch bei der Entscheidung, das Wahlgebiet über die Grenzen des Deutschen Bundes hinaus auf Schleswig sowie Ost- und Westpreußen auszudehnen, während die Einbeziehung der preußischen Provinz Posen offengelassen wurde. Auf Antrag Struves wurde die Teilung Polens zum »schreienden Unrecht« erklärt und daraus die Pflicht des deutschen Volkes zu seiner Wiederherstellung abgeleitet. Noch erkannte man nicht, daß die von Welcker in diesem Zusammenhang angerufenen »Prinzipien der Nationalität und Freiheit« in einen Gegensatz zueinander geraten konnten. Die Durchführung der Wahlen zur Nationalversammlung wurde aus Zeitgründen in die Hand des Bundestages und der Regierung gelegt.

Die radikalen und liberalen Verfassungsprogramme

Diese Regelung ging an dem ursprünglichen Plan der Radikalen vorbei, schon im Vorparlament die Entscheidung für eine deutsche Republik zu erzwingen und den Bundestag durch eine Permanenzerklärung des Vorparlamentes und die Einsetzung eines Vollziehungsausschusses der Kontrolle des Volkes zu unterwerfen. Während die liberale Mehrheit auf der Grundlage eines von der Heidelberger Siebenerkommission erarbeiteten Programms wiederum durch Heinrich von Gagern die Bildung eines verantwortlichen Bundesministeriums, die Einsetzung eines Bundesoberhauptes, die Umwandlung des Bundestages in ein direkt gewähltes Volkshaus und einen Senat aus Vertretern der Einzelstaaten sowie die Bundeskompetenz für die Außenpolitik, das Heerwesen, den Handel und Verkehr und das Recht vorschlug, enthielt der von Struve für die Radikalen vorgelegte Gegenantrag neben den bekannten demokratischen und sozialen Postulaten die Forderungen der Aufhebung der erblichen Monarchie, der Ersetzung der Einzelstaaten durch Reichskreise und einer föderativen

Bundesverfassung nach nordamerikanischem Muster auf der Basis der Parlamentssouveränität. Dieser Antrag wurde ebenso wie derjenige auf Permanenzerklärung von der Mehrheit abgelehnt. Damit waren, ganz im Sinne der liberalen Rechtsauffassung, der Bund und die Regierungen als Grundlage anerkannt, von der aus die Bundesreform in Angriff zu nehmen war. Der Linken gelang es allerdings im Gegenzug, die von Gagern erhoffte Entscheidung über Monarchie oder Republik offenzuhalten und zur Disposition der Nationalversammlung zu stellen. Das Scheitern ihres weitergehenden Versuches, den Bundestag vorläufig lahmzulegen, führte dagegen zu einer ersten, wenn auch nur vorübergehenden Spaltung des Radikalismus. Der von dem Mainzer Franz Zitz gestellte Antrag, der Bundestag müsse sich, bevor er weiter tätig werde, von den Ausnahmegesetzen lossagen und die an ihrem Zustandekommen beteiligten Gesandten aus seiner Mitte entfernen, wurde durch die Ersetzung des Wortes »bevor« durch »indem« entschärft. Daraufhin verließ Hecker mit etwa 40 Abgeordneten die Versammlung in der Hoffnung, das Vorparlament sprengen zu können. Die gemäßigte Linke unter Robert Blum folgte ihm aber nicht. Obwohl die Auszügler in das Parlament zurückkehrten, blieb die äußerste Linke in dem Fünfzigerausschuß, der den Bundestag bis zum Zusammentritt der Nationalversammlung beraten und notfalls das Vorparlament wieder einberufen sollte, ohne einen Vertreter. In der Wahl setzte sich das Mehrheitsprinzip eindeutig gegenüber dem Wunsch nach Berücksichtigung aller Gruppierungen durch. Während die liberalen Märzministerien in der deutschen Frage nunmehr ihre Hoffnung auf die vorbereitende Arbeit des von ihnen beschickten Siebzehnerausschusses setzten, um die Nationalversammlung mit einem zustimmungsfähigen Verfassungsentwurf konfrontieren zu können, mußte die Linke alles daransetzen, in den Wahlen eine starke Position zu erzielen, um in dem Parlament ihre Vorstellungen verwirklichen zu können.

Die äußerste Linke gab sich mit der Niederlage nicht zufrieden und leitete unmittelbar nach dem Ende des Vorparlaments den Versuch ein, Deutschland von ihrer stärksten regionalen Position, von Baden, aus zu revolutionieren und die Republik mit Gewalt zu erzwingen. Gestützt auf seine große Popularität, auf die Ansätze einer radikalen Parteiorganisation und in Kenntnis der fortdauernden Unzufriedenheit der Landbevölkerung im badischen Oberland nahm Hecker die Verhaftung des radikalen Redakteurs Joseph Fickler in Mannheim zum Anlaß, um am 12. April von Konstanz aus zur Erhebung für eine deutsche Republik aufzurufen. Während die Behörden mehr oder weniger untätig zuschauten, gelang es ihm, etwa 6000 Mann in drei Kolonnen zu sammeln, um nach Freiburg zu marschieren. Er erhielt unerbetene Unterstützung von zwei Freikorps, die sich in der Schweiz und im Elsaß aus deutschen und polnischen Emigranten gebildet hatten und unter der Führung von Johann Philipp Becker und Georg Herwegh nach Baden eindrangen. Der erhoffte Übertritt regulärer Truppen blieb aber aus. Mangelnde Ausrüstung und Disziplin, Planlosigkeit und Gegensätze unter den Führern verurteilten den badischen Aufstand zu einem schnellen Scheitern. Truppen des 7. und 8. Bundeskorps, die nach Erwirken der Bundesintervention durch den Großherzog von Baden unter dem Befehl des Generals Friedrich von Gagern nach Süden vorrückten, überwältigten nach einem vergeblichen Vermittlungsversuch am 20. April auf der Scheidegg bei Kandern im Schwarzwald den größeren Teil der Aufständischen. Gagern fiel zwar bei Beginn des Gefechts. Die Kraft des Putschversuchs war aber gebrochen. Struve und Hecker retteten sich in das Ausland; viele ihrer Anhänger wurden verhaftet und in mehr als 3000 Prozessen abgeurteilt. Der erste Versuch, mit einer gewaltsamen Aktion über das Ergebnis der Märzrevolution hinauszugehen, war mißlungen. Der vom Vorparlament vorgezeichnete Weg zur Wahl des Nationalparlaments war frei.

<small>Das Ergebnis der Märzrevolution</small>

In wenigen Wochen hatte die Märzrevolution in den deutschen Ländern und auf Bundesebene die Fundamente für einen staatlichen Neubau nach den Vorstellungen des liberalen Bürgertums geschaffen. In den Kämpfen und Verhandlungen, die zu diesem Ergebnis geführt hatten, waren aber schon, wenn auch noch vom Optimismus der ersten Erfolge überdeckt, viele derjenigen strukturellen und aktuellen Probleme sichtbar geworden, die die Vollendung des Werkes erschweren mußten. Die soziale Unterströmung, die zum schnellen Erfolg der Märzrevolution beigetragen hatte, drängte potentiell, wie der badische Aufstand zeigte, über das liberale Reformprogramm hinaus. Ihre Richtung war zumindest programmatisch festgelegt und begann die bürgerlichen Sieger der Märzrevolution zu beunruhigen. Die Spaltung des politischen Bürgertums in den Liberalismus und den Radikalismus hatte sich in dem Streit über die Verfassungsfrage – hier Volkssouveränität, dort konstitutionelle Monarchie – weiter vertieft und schwächte die bürgerliche Aktionseinheit. Der Sieg der Revolution in den Einzelstaaten, der keineswegs zu einer völligen Entmachtung der Anhänger des alten Regimes geführt hatte, stärkte die Position der Länder in den zu erwartenden Auseinandersetzungen über den Modus und das Ausmaß der nationalen Einigung. Die Stellung Preußens als einer deutschen Macht, auf die viele Liberale ihre Hoffnung gesetzt hatten, war durch den Verlauf der Berliner Märzrevolution und die schwankende Haltung des Königs vorübergehend beeinträchtigt, während Österreich in der ersten Aprilhälfte noch zu sehr mit sich beschäftigt war, um auf die Entwicklung im Bund aktiv einwirken zu können. Die offenen Fragen der Grenzen des künftigen Nationalstaates im Norden und Osten sowie die beginnenden Auseinandersetzungen zwischen Tschechen und Deutschen in Böhmen, ferner zwischen Polen und Deutschen in Posen wiesen auf das dornige Problem des Verhältnisses von Nationalität und Freiheit bei der Lösung der deutschen Frage voraus. Die Haltung der europäischen Mächte zur deutschen Revolution in ihren innen- und außenpolitischen Aspekten war noch nicht ernsthaft getestet worden. Die Kräfte der Gegenrevolution hatten sich noch nicht gesammelt. So war zwar der weitere Verlauf des politischen Prozesses ungewiß. Die Kräfte, die aktiv in ihn eingreifen sollten, sowie die Faktoren, die ihn eher passiv bedingten, lagen aber schon offen zutage oder begannen, aus der Flutwelle der Märzrevolution aufzutauchen.

2. Parlamente und Parteien im Jahre 1848

Nirgends fand der Sieg des Bürgertums über das Metternichsche System im Jahre 1848 sinnfälligeren Ausdruck als in der raschen Konstituierung einer politischen Öffentlichkeit. Durch sie wurden die bis dahin sorgsam bewachten Mauern zwischen Staat und bürgerlicher Gesellschaft eingerissen. Institutionell waren die neuen, durch Volkswahl gebildeten Parlamente, aber auch die nach geltendem Recht weiter tagenden Ständekammern ihre wichtigsten Instrumente. Es gelang ihnen vorübergehend, das Prinzip der Bindung der Regierungen an die Parlamentsmehrheiten durchzusetzen. Die Wahlen und die Fraktionsbildung erlaubten die wirksame Artikulation der politischen und gesellschaftlichen Interessen im parlamentarischen Bereich. Das war möglich, nachdem mit der Aufhebung der Zensur und der Freigabe des Vereins- und Versammlungsrechts die Voraussetzungen für die Entstehung öffentlicher Diskussions- und Aktionsräume auf fast allen Ebenen der Gesellschaft gegeben waren. Die

Plötzlichkeit, mit der dieser Prozeß der ungehemmten Entfaltung und Differenzierung einer staatsfreien Sphäre der Öffentlichkeit schon in den ersten Märztagen einsetzte, und die Intensität, mit der er über ein Jahr lang das politische Leben in Deutschland beherrschte, weisen auf die Ansätze öffentlicher Diskussion und auf die wachsenden gesellschaftlichen Spannungen im Vormärz zurück. Sie dokumentieren zugleich das Potential an politischer Energie, das sich unter der Decke der Repression angesammelt hatte. Ein dichtes und sozial weit gefächertes Netz von politischen Klubs und Vereinen, die sich rasch zu regionalen oder nationalen Parteiorganisationen und Verbänden zusammenschlossen, überzog bald das Land. Organisierte Massenpetitionen, Versammlungen und Kongresse, aber auch direkte Aktionen in der Form von Demonstrationen und gewaltsamem Druck auf Behörden und Parlamente waren die Mittel, mit denen die Anhänger und auch die Gegner der Revolution ihre Ziele verfolgten. Dies alles wurde von einer Flut tagespublizistischer Aktivitäten getragen, von Flugblättern über Broschüren, Tageszeitungen und Zeitschriften bis hin zu den gedruckten Parlamentsprotokollen. Die Vielfalt der Konflikte und die zahllosen Überschneidungen der nebeneinander, miteinander und gegeneinander agierenden Interessen haben dazu beigetragen, daß die Kräfte des alten Systems, nachdem sie sich vom ersten Schock erholt hatten, von den ihnen zur Verfügung stehenden Institutionen der Verwaltung und des Militärs aus, aber auch durch den Aufbau eigener politischer Organisationen, den Kampf gegen die Revolution letztlich erfolgreich führen konnten. Der neue Freiraum politischer Öffentlichkeit kam im Verlauf des Revolutionsjahres allen Parteien und Interessen zugute.

Nach dem Ende des Vorparlaments verlagerte sich der Schwerpunkt des politischen Lebens wieder in die Einzelstaaten. Für einige Wochen standen die Wahlen zum deutschen Nationalparlament – in Preußen gleichzeitig diejenigen zu einer eigenen »Nationalversammlung« – im Zentrum des Interesses. Die Wahlrechtsempfehlungen des Vorparlaments, die durch einen Bundesbeschluß vom 7. April 1848 verbindlich wurden, hatten nur einen Rahmen vorgegeben; seine Ausfüllung wurde den Regierungen der Einzelstaaten überlassen. Immerhin wurde durch sie die Absicht der preußischen Regierung vereitelt, die Abgeordneten für Frankfurt durch den Vereinigten Landtag wählen zu lassen. Der Spielraum, der den Regierungen bei der Regelung der Durchführung der allgemeinen und gleichen Wahl geblieben war, führte zu regionalen Unterschieden des Wahlrechts und des Wahlverfahrens. Ihre Auswirkungen auf das Wahlergebnis sollten jedoch nicht überschätzt werden. Da die Bildung von Wahlkreisen von je 50000 Seelen aufgrund der veralteten Bundesmatrikel erfolgte, in der die Bevölkerungsveränderungen der jüngsten Zeit nicht berücksichtigt waren, kam es zu zahlenmäßiger Über- oder Unterrepräsentation einzelner Regionen. Schwerwiegender war die unterschiedliche Auslegung der vom Vorparlament nicht näher definierten Bedingung der »Selbständigkeit« durch die Regierungen. Als Kriterien der Abgrenzung dienten in wechselnder Kombination positiv die Volljährigkeit und Unbescholtenheit, der Besitz eines eigenen Hausstandes, des Staats- oder Gemeindebürgerrechts, die Dauer der Ansässigkeit, negativ der Empfang von Armenunterstützung und das Bestehen eines unterschiedlich umschriebenen privaten Dienstverhältnisses. Preußen, Hessen-Darmstadt, Nassau, Braunschweig und Schleswig-Holstein stellten relativ geringe Anforderungen an den Nachweis der Selbständigkeit. Am anderen Ende der Skala – in Württemberg, Hannover, Baden, Sachsen und Österreich – waren zum Teil die Dienstboten und Tagelöhner und auch die Handwerksgesellen ausgeschlossen. Bayern machte die Entrichtung einer direkten Staatssteuer zur Voraussetzung. Gleichwohl kann man davon ausgehen, daß durch diese Unterschiede in der Umschreibung der Selb-

Die Wahlen zur Frankfurter Nationalversammlung

Regionale Unterschiede des Wahlrechts

ständigkeit nirgends mehr als 25% der volljährigen Männer vom Wahlrecht ausgeschlossen wurden; es ließ in der Regel zwischen 80 und 90% zur Wahl zu. Eine einschränkende Wirkung auf das aktive und passive Wahlrecht übte allerdings das überwiegend indirekte und häufig öffentliche Wahlverfahren aus. Direkt wurden die Abgeordneten, entsprechend der Empfehlung des Vorparlaments, nur in Kurhessen, Württemberg, Schleswig-Holstein und den Stadtstaaten gewählt. Überall sonst bestimmten die Urwähler die Wahlmännergremien, die meist aus Honoratioren, Angehörigen der Oberschicht und des Mittelstandes zusammengesetzt waren. Ein eindeutiger Zusammenhang zwischen den regionalen Unterschieden des Wahlrechts und den Wahlergebnissen nach der späteren Fraktionszugehörigkeit der Abgeordneten ist aber nicht erkennbar. So setzten sich etwa die Demokraten in Baden, der Pfalz, Rheinhessen und Sachsen trotz des unterschiedlichen Wahlrechts durch. Auch die Schwankungen der Wahlbeteiligung, die im übrigen nur lückenhaft erschlossen ist und – von dem Sonderfall Österreich abgesehen – Werte zwischen 40 und 75% erreichte, werden in den Wahlergebnissen nicht greifbar. Neben dem begrenzten Angebot an Kandidaten, die durch ihre Stellung im alten System nicht diskriminiert und außerdem in der Lage waren, Zeit und Vermögen für ein Mandat zu opfern, waren die bestehenden Strukturen sozialer, konfessioneller und mentaler Art dafür verantwortlich, daß aus den Wahlen ein Parlament hervorging, das trotz der relativen Allgemeinheit des aktiven Wahlrechts im ganzen »eine Repräsentation der gehobenen bürgerlichen und agrarischen Schichten« *(Ernst Rudolf Huber)* darstellte.

Die Wahlen wurden im allgemeinen von Mitte April bis Mitte Mai, wegen der Notwendigkeit mehrerer Wahlgänge vereinzelt bis in den Juni 1848 hinein durchgeführt. Der ihnen vorausgehende Wahlkampf beschleunigte die schon im März begonnene Differenzierung nach politischen Richtungen und zeitigte erste organisatorische Konsequenzen. Örtliche Komitees, Bürgerausschüsse, politische Vereine oder formlose Versammlungen von Honoratioren bemühten sich um die Aufstellung von Kandidaten für die Urwahlen, erließen Wahlaufrufe und -programme, organisierten Versammlungen, in denen sich die Kandidaten vorstellten, und suchten über die politische Publizistik Einfluß auf die Wähler zu nehmen. Sie hatten ihren Sitz überwiegend in den Städten und wirkten nur selten in das Umland hinein. Das Ausmaß dieses Prozesses der parteipolitischen Differenzierung während der Wahlen ist erst für wenige Regionen zuverlässig erschlossen. Lokale Gegensätze überschnitten sich häufig mit den aus dem Vormärz oder dem Vorparlament bekannten Fronten zwischen den das Prinzip der Volkssouveränität betonenden Demokraten und den konstitutionellen Liberalen. Hinzu trat, so etwa im Rheinland, in Westfalen, in Teilen Nassaus, in Bayern und anderen Gebieten, als neue Kraft der politische Katholizismus. Gestützt auf die Organisation der Kirche, gewann er vor allem auf die Landbevölkerung über den niederen Klerus und durch Hirtenbriefe Einfluß. Er tat auf diese Weise den Liberalen – als der traditionellen Opposition – Abbruch. Das gilt besonders für die Urwahlen, in denen oft Geistliche zu Wahlmännern erkoren wurden, während im zweiten Wahlgang doch wieder, wenn auch gelegentlich durch Auflagen eingeschränkt, die bekannten liberalen Honoratioren nach Frankfurt oder Berlin geschickt wurden. Die seit Ende März entstehenden »Piusvereine für religiöse Freiheit« haben den Wahlausgang noch kaum beeinflußt. Am eifrigsten in der Bildung überörtlicher Organisationen waren die Demokraten, die sich damit aus der Verbindung mit dem älteren Liberalismus lösten: angefangen von den »Vaterländischen Vereinen« in Baden (ab 19. März), über die von Mainz ausgehenden Versuche zur Bildung »Patriotischer Komitees« (Ende März), die vor allem das indirekte Wahlverfahren bekämpften, und den Wahlaufruf eines »Demokratischen Zentralkomitees« in Frankfurt vom 4. April, das Struves Programm der äußersten Linken übernahm, bis zu den »Vaterländischen Vereinen« in Württemberg (seit 26. März), die, ebenso wie die »Pfälzischen Volksvereine« vom 9. April, zunächst noch von Liberalen und Demokraten gemeinsam getragen wurden, den von Robert Blum geleiteten »Vaterlandsvereinen« in Sachsen (seit 28. März) und dem »Demokratischen Verein« in Schlesien (24. März), der zum Kern der stärksten Massenorganisation der Linken in Preußen wurde. Der Liberalismus folgte mit überörtlichen Vereinsgründungen nur zögernd nach, so etwa in Sachsen mit den von Karl Biedermann gegründeten »Deutschen Vereinen« (6. April). Eine organisierte Arbeiterbewegung trat in den Wahlen nicht in Erscheinung. Der Konservativismus stützte sich im Osten weitgehend auf den Apparat der Gutsherrschaft und auf die Regionalverwaltung in den landrätlichen Kreisen. Im übrigen hielt sich die parteipolitische Konfrontation in Grenzen. Oft gelangten unterlegene Kandidaten als Stellvertreter in die Parlamente, zumal ihr persönliches Ansehen, das Vertrauen in ihre politische Integrität, ihr lokaler oder überregionaler Bekanntheitsgrad von größerer Bedeutung waren als das politische Programm. Notabilitäten der politischen Bewegung des Vormärz und Gelehrte von Rang wurden in mehreren Wahlkreisen zugleich gewählt. Doch überwog der Anteil der dort oder zumindest in der Provinz oder dem betreffenden Einzelstaat beheimateten Abgeordneten.

Das Ergebnis der Wahlen zur Frankfurter Nationalversammlung war ein Spiegelbild des sozialen, konfessionellen und politischen Regionalismus Deutschlands. In Preußen, das etwa ein Drittel der Abgeordneten stellte, wählte die Landbevölkerung der Ostprovinzen überwiegend konservativ, mit der Ausnahme Schlesiens und der Provinz Sachsen, wo sich auch die Bauern für demokratische oder liberale Kandidaten entschieden, ähnlich wie in den großen Städten Königsberg, Breslau, Stettin und Berlin. In Westfalen und der Rheinprovinz kam der kirchliche Einfluß nur zum Teil dezidiert katholischen Kandidaten zugute; hier wurden auch die Koryphäen des bürgerlichen Liberalismus und Anhänger der radikalen Richtung gewählt. In Hannover und Schleswig-Holstein, in Kurhessen, Nassau und dem rechtsrheinischen Hessen-Darmstadt, in den meisten thüringischen Staaten sowie in Franken und Württemberg setzten sich in der Mehrzahl Anhänger des linken oder rechten Liberalismus durch, während die Demokraten in Rheinhessen und der bayerischen Pfalz, in Sachsen und Baden (hier trotz des Scheiterns des Aprilaufstandes) die Gewinner waren. In Altbayern wurden mehrheitlich Vertreter eines oft klerikal gefärbten Landespatriotismus gewählt.

Das Wahlergebnis

In den deutschen Erbländern des österreichischen Kaiserstaates fiel die Wahl überwiegend auf Anhänger einer engeren Verbindung der Monarchie mit Deutschland. Während konservativ-katholische Abgeordnete an der altösterreichisch-dynastischen Tradition festhielten, neigten die Liberalen einer bundesstaatlichen Lösung der deutschen Frage zu; die wenigen Radikalen bekannten sich zu einem großdeutschen Unitarismus. Von größter Tragweite für das künftige Verhältnis des österreichischen Vielvölkerstaates zu Deutschland wurde das Wahlverhalten der nichtdeutschen Bevölkerung in den zum Deutschen Bund gehörenden Ländern der Monarchie. Während die Wähler der Welschtiroler Bezirke Trient und Rovereto fünf Italiener nach Frankfurt entsandten, um dort die Interessen ihrer Nationalität gegenüber der Mehrheit der Tiroler Abgeordneten zu vertreten, verweigerten die meisten Tschechen in Böhmen und Mähren die Teilnahme an der Wahl. Schon dem Vorparlament hatte kein Abgeordneter aus den beiden Ländern angehört. Daraufhin forderte der Fünfzigerausschuß den anerkannten Führer der Tschechen, FRANTIŠEK PALACKY, auf, an seinen Sitzungen teilzunehmen. In seinem berühmten Antwortbrief vom 11. April bekannte sich Palacky wohl zur

Die Wahl in Österreich

Wahlenthaltung der Tschechen

Notwendigkeit des österreichischen »Völkervereins«; er wandte sich aber entschieden gegen die Einbeziehung eines »Böhmens slawischen Stammes« in einen von Frankfurt aus regierten deutschen Nationalstaat. Diesem Votum folgend, lehnte der Prager Nationalausschuß die Beteiligung der Tschechen an der von der österreichischen Regierung angeordneten Wahl ab. Die Folge war, daß aus Böhmen und Mähren statt 68 nur 20 Abgeordnete in Frankfurt erschienen. Sie waren überwiegend in den deutschbesiedelten Randgebieten gewählt worden.

Die Zusammensetzung der Nationalversammlung

Sieht man von der Wahlabstinenz der Tschechen ab, in der sich die nationale Problematik der deutschen Revolution ankündigte, so hat der Regionalismus nicht in dem Sinne ausschließend gewirkt, daß er eine relativ einheitliche Zusammensetzung des Frankfurter Parlaments und die Bildung übergreifender Fraktionen verhindert hätte. Wie keine andere Institution des Jahres 1848 verkörperte die Nationalversammlung in ihren Abgeordneten (mit den Stellvertretern rund 830 Personen) den Anspruch des Besitz- und Bildungsbürgertums, die tragende Schicht der revolutionären Bewegung und Vollstreckerin ihres zugleich freiheitlichen und nationalen Programms zu sein. Der Adel stellte nur etwa ein Zehntel (85) aller Abgeordneten, der Gutsbesitz, der infolge der ständischen Zusammensetzung die vormärzlichen Kammern, noch mehr die preußischen Provinzialstände beherrscht hatte, nicht einmal 6% (46). Die Abgeordneten beider Kategorien verteilten sich, wenn auch nicht gleichmäßig, auf alle Fraktionen. Da nur vier Handwerker und ein Kleinbauer im Parlament saßen, wurde dieses fast ganz von Angehörigen des Mittelstandes beherrscht. Rund 600 Abgeordnete, also fast drei Viertel, hatten ein Universitätsstudium absolviert. Davon gehörten etwa 280 akademischen und freien Berufen an, darunter 49 Professoren, 39 Geistliche, über 100 Advokaten und etwa 60 Schriftsteller und Journalisten. Der Spott über das »Professorenparlament« war nicht berechtigt. Von der Ausbildung und vom Beruf her dominierten die beamteten Juristen, die – zusammen mit den Rechtsprofessoren – in den wichtigen Verfassungsberatungen eine führende Rolle spielten, und zwar, entsprechend ihrer überwiegenden Herkunft aus der historischen Rechtsschule, im Sinne eines eher konservativen Liberalismus. Vertreter des rationalen Naturrechts waren selten. Aus dem Bereich der gewerblichen Wirtschaft kamen nur etwa 60 Abgeordnete. Das schloß jedoch die aktive Vertretung der ökonomischen Interessen nicht aus. Es entspricht dieser Zusammensetzung der Frankfurter Nationalversammlung, daß für die große Mehrheit die Revolution im Grunde abgeschlossen war.

H. v. Gagern Parlamentspräsident

Am 18. Mai 1848 traten die bis dahin in Frankfurt eingetroffenen 330 der nominell 649 Abgeordneten zur feierlichen Eröffnung in der Paulskirche zusammen. Einen Tag später wurde HEINRICH VON GAGERN zum Präsidenten des Parlaments gewählt. In seiner ersten Rede betonte er unter Berufung auf die »Souveränität der Nation« die Vollmacht der Versammlung zur Verfassungsgebung, zugleich aber ihre Aufgabe, die Mitwirkung der Regierungen bei diesem Werk zu erreichen. Nachdem es am 21. Mai in der Bundesfestung Mainz zu blutigen Auseinandersetzungen zwischen der preußischen Garnison und der Bürgergarde gekommen war (mit etwa 10 Toten), ging das Parlament über den Bericht einer Kommission, die den Vorfall untersucht hatte, zur Tagesordnung über. Man lehnte es ab, sich zu einem Konvent zu entwickeln. Am 27. Mai sprach sich die Mehrheit dafür aus, daß die Verfassungsarbeiten in den Einzelstaaten zwar nicht bis zum Ende der Beratungen der Nationalversammlung zu ruhen brauchten, die Bestimmungen der Landesverfassungen aber nur »nach Maßgabe« der Reichsverfassung gültig sein sollten.

Die Fraktionen der Nationalversammlung

Die Bildung von Fraktionen mit ausformulierten Programmen und regelrechter Mitgliedschaft, die in den vormärzlichen Ständekammern nur ansatzweise erfolgt war, war in den ersten Wochen parlamentarischer Praxis ein für die Straffung des Geschäftsganges und die Klärung der Stärkeverhältnisse der politischen Gruppierungen wichtiger Vorgang. Er kam Ende Juni zu einem ersten Abschluß, der aber Abspaltungen von bestehenden Zusammenschlüssen und Neubildungen im weiteren Verlauf nicht ausschloß. Schon im Vorparlament war es bei den Wahlen des Fünfzigerausschusses zu Vorabsprachen und zur Bildung der drei Gruppen der liberalen Mehrheit, der gemäßigten und der äußersten Linken gekommen. Die Parteibildung der Nationalversammlung knüpfte daran an; sie mündete aber schnell in ein breites Spektrum von Fraktionen, die durchweg nach ihren Versammlungslokalen, seltener mit Parteinamen benannt wurden. Die stärkste Fraktion mit etwa 120 Abgeordneten war auf dem rechten Zentrum das Casino. Im wesentlichen ein Zusammenschluß südwestdeutscher Liberaler gemäßigter Spielart mit Vertretern des rheinischen Großbürgertums und einer Gruppe norddeutscher Professoren, hat sie die Arbeit des Parlaments, noch mehr die Entscheidungen in dem wichtigen Verfassungsausschuß, maßgebend mitgestaltet. Ohne ein förmliches Programm zu besitzen, vertrat sie einen pragmatischen Parlamentarismus auf dem Boden der konstitutionellen Monarchie. Sie strebte eine bundesstaatliche Einigung Deutschlands mit einer starken Zentralgewalt an. Im Dezember 1848 wurde sie nach dem Ausscheiden der »großdeutschen« Mitglieder, die im Pariser Hof zusammentraten, zum Kern der erbkaiserlichen Partei. Eine Abspaltung des Casinos stellte seit September 1848 die Fraktion Landsberg dar, die die Macht des Parlaments und der Zentralgewalt in der künftigen Verfassung verstärkt durchsetzen sollte. Das linke Zentrum organisierte sich zunächst im Württemberger Hof. Er rekrutierte sich überwiegend aus dem demokratischen Liberalismus des dritten Deutschlands. Im Laufe des Jahres 1848 splitterte das linke Zentrum in mehrere Sondergruppen auf, neben dem Württemberger Hof in die Fraktion Westendhall, auch »Linke im Frack« genannt, weil einige Abgeordnete der Linken dazustießen, und den Augsburger Hof. Diese drei Fraktionen zählten zusammen etwa 100 Abgeordnete. Sie drängten besonders auf die Berücksichtigung der freiheitlich-demokratischen Elemente in der Verfassung und befürworteten ein weitgehend allgemeines Wahlrecht. Rechts von den beiden Flügeln des Zentrums organisierten sich im Café Milani die konservativen Abgeordneten – vornehmlich aus Preußen, Österreich und Bayern – in einer kleinen Fraktion, die für die Berücksichtigung der bestehenden Staatsverhältnisse und für eine relativ schwache Position der Nationalversammlung und der Zentralgewalt in einer föderalistischen Verfassung eintrat. In eine protestantische und katholische Gruppe gegliedert, war die Fraktion trotz eines zahlenmäßigen Übergewichts preußischer Abgeordneter mehrheitlich großdeutsch gesinnt. Dasselbe gilt zunächst auch für die demokratische Linke, die im übrigen ebensowenig wie das Zentrum eine homogene Einheit war. Ihr äußerster Flügel war der Donnersberg mit etwa 40 Abgeordneten, die mehrheitlich aus Baden, dem linksrheinischen Süden und Sachsen kamen. Strikte Durchführung der Volkssouveränität in einer deutschen Republik bei Tolerierung der Einzelstaaten, Ablehnung des Vereinbarungsprinzips, demokratische Rechtsgleichheit, besonders in der Gestaltung des Wahlrechts, das waren Ziele, die der Donnersberg notfalls auch durch eine neue Revolution durchzusetzen bereit war. Auch der nach dem Deutschen Hof benannte gemäßigte Flügel der Linken (etwa 60 bis 100 Abgeordnete) forderte das Einkammersystem, das allgemeine Wahlrecht, die parlamentarische Regierungsform und die Durchführung der vom Parlament zu beschließenden Grundrechte. Doch waren seine Mitglieder zu Kompromissen mit dem Zentrum in einzelnen Fragen geneigt. Abgesehen davon, daß rund 150 Abgeordnete keine dauernde Fraktionsbindung eingingen und die streng kirchlich eingestellten Katholiken wäh-

»Katholischer Klub«

rend der Beratungen derjenigen Grundrechte, die das Verhältnis von Staat und Kirche betrafen, vorübergehend in einem »Katholischen Klub« zusammentraten, wurde das an der Verfassungsfrage orientierte Fraktionswesen der Nationalversammlung gegen Ende des Jahres 1848 von der teils taktisch motivierten, teils grundsätzlichen Option für die großdeutsche oder kleindeutsche Lösung überlagert. Im Februar 1849 sammelten sich die Anhänger des preußischen Erbkaisertums im Weidenbusch, ihre großdeutschen Gegner in der Mainlust. Die ursprüngliche Parteizugehörigkeit wurde aber dadurch nicht eigentlich in Frage gestellt. Beide Gruppierungen gingen auf Absprachen zwischen Mitgliedern verschiedener Fraktionen zurück; es waren Koalitionen mit begrenzter Zielsetzung.

Die Einsetzung der provisorischen Zentralgewalt 28. Juni 1848

Die erste große Aufgabe, die sich die Nationalversammlung selbst stellte, war die Einsetzung einer provisorischen Zentralgewalt. Sie sollte statt des diskriminierten Bundestages bis zum Inkrafttreten einer Reichsverfassung die Exekutive des deutschen Gesamtstaates bilden. Der Bundestag selbst hatte noch am 3. Mai 1848 die Einrichtung eines unverantwortlichen Direktoriums aus je einem Beauftragten Österreichs, Preußens und des Dritten Deutschlands vorgesehen. Der Beschluß blieb unausgeführt, so daß die Nationalversammlung die Frage in ihre Kompetenz zog und damit einen Schritt über die Aufgabe der Verfassungsgebung hinausging. In einer Grundsatzdebatte vom 19. bis 25. Juni forderte die Linke zunächst die Einsetzung eines Vollziehungsausschusses zur Ausführung der Beschlüsse der Nationalversammlung, der die Exekutivgewalt in ganz Deutschland ausüben sollte. Die Rechte hielt noch an einem Dreierdirektorium fest. Ein Antrag, dem preußischen König die vorläufige Zentralgewalt zu übertragen, wurde mit »schallendem Gelächter« abgewiesen. Schließlich setzte sich bei einer Mehrheit aus Abgeordneten des Zentrums und der gemäßigten Linken die Auffassung durch, daß die Zentralgewalt zwar durch die Nationalversammlung einzusetzen sei, aber eine relativ selbständige Stellung erhalten sollte. Den Durchbruch erzielte wiederum Heinrich von Gagern mit dem viel zitierten Satz seines Antrages vom 24. Juni: »Ich tue einen kühnen Griff, und ich sage Ihnen: wir müssen die provisorische Zentralgewalt selbst schaffen.« Damit

Gagerns »kühner Griff«

gewann Gagern große Teile der auf die Parlamentssouveränität bedachten Linken. Mit dem Vorschlag, die Zentralgewalt durch freie Wahl eines unverantwortlichen Reichsverwesers dem österreichischen Erzherzog JOHANN zu übertragen, »nicht weil, sondern obgleich er ein Fürst« sei, hielt sich Gagern den Weg für eine monarchische Spitze des deutschen Reiches offen. Der Antrag bedeutete aber auch eine ungewollte Vorentscheidung, zumindest die Begünstigung einer großdeutschen Lösung, wenngleich diese Frage zu diesem Zeitpunkt noch wenig diskutiert wurde. Das gegen die Stimmen der äußersten Linken angenommene Gesetz über die Einrichtung der provisorischen Zentralgewalt vom 28. Juni übertrug dem Reichsverweser die Wahrnehmung der Angelegenheiten der »allgemeinen Sicherheit und Wohlfahrt des deutschen Bundesstaates«, die Oberleitung der bewaffneten Macht und die völkerrechtliche Vertretung Deutschlands. Die Regierungsgeschäfte waren einem Reichsministerium zu übertragen, dessen Mitglieder vom Reichsverweser berufen werden, aber der Nationalversammlung verantwortlich sein sollten. In der Frage der Ausgestaltung der Verantwortlichkeit im parlamentarischen oder bloß strafrechtlichen Sinne legte man sich nicht fest, weil die Rechtsliberalen nicht zu einer vorbehaltlosen Anerkennung der parlamentarischen Regierungsweise bereit waren. In der Verfassungswirklichkeit setzte sich diese aber durch. Die Reichsministerien Leiningen, Schmerling und Gagern traten zurück, sobald sie die Unterstützung der Parlamentsmehrheit verloren hatten.

Die Einsetzung der Zentralgewalt durch das Gesetz vom 28. Juni war das Ergebnis eines parlamentarischen Kompromisses zwischen den Fraktionen des Zentrums und der gemäßigten Linken. Einen Tag später wurde Erzherzog Johann mit großer Mehrheit zum Reichsverweser gewählt. Er berief am 15. Juli den Fürsten KARL VON LEININGEN zum Ministerpräsidenten des ersten Reichskabinetts, einen Halbbruder der britischen Königin Victoria, der als liberalkonservativer Standesherr für einen deutschen Bundesstaat mit starker Zentralgewalt eintrat und mit diesem Programm die Unterstützung des Zentrums erhielt. Die meisten Mitglieder des Kabinetts waren denn auch Abgeordnete der Fraktionen des Zentrums. Schon am 12. Juli hatte der Bundestag das »Ende seiner bisherigen(!) Tätigkeit« erklärt und seine Kompetenzen auf den Reichsverweser übertragen. Die Einzelstaaten waren fortan durch »Bevollmächtigte der Landesregierungen« bei der Zentralgewalt vertreten. Die damit vollzogene institutionelle Abkoppelung der neuen Exekutive von den Einzelstaaten und ihre Verankerung in der Nationalversammlung ließ in der Regierungspraxis sehr schnell, noch bevor die Beratungen über die Reichsverfassung begannen, das Grundproblem der deutschen Frage, nämlich das Verhältnis von Zentralgewalt und Einzelstaaten, offenbar werden. Dem Reichsverweser und dem Reichsministerium fehlten, wenn man von der moralischen Autorität der Nationalversammlung absieht, die Machtmittel und der verwaltungsmäßige Unterbau, um ihren Erlassen und den Beschlüssen des Parlaments auch gegenüber den Einzelstaaten oder an ihnen vorbei Geltung zu verschaffen. Man war auf den guten Willen der Monarchen und Regierungen angewiesen, die zwar durchweg die provisorische Zentralgewalt, wenn auch zum Teil in verklausulierter Form, anerkannten, im übrigen aber die Anordnungen und Wünsche des Reichsministeriums je nach Eigengewicht und Interessenlage unterschiedlich beantworteten. Das zeigte sich zuerst in der Frage der Durchsetzung der dem Reichsverweser zugesprochenen Kommandogewalt über die bewaffnete Macht in Deutschland, womit ein Nerv der monarchischen Rechte berührt war. Als der Reichskriegsminister Eduard von Peucker, selbst ein preußischer General, durch einen Erlaß am 16. Juli verfügte, daß alle Truppen in feierlicher Form dem Reichsverweser als »Oberkriegsherrn« huldigen und die deutschen Farben anlegen sollten, folgten nur die Klein- und Mittelstaaten dieser Anordnung, während sich ihr alle Königreiche, besonders Preußen und Österreich, teils stillschweigend, teils unter Protest entzogen. Nicht erfolgreicher waren die Bemühungen, die Zentralgewalt und das Parlament finanziell auf eigene Füße zu stellen. Die im September zum ersten Male beschlossenen Matrikularumlagen, mit denen die bis dahin zur Finanzierung der Reichsausgaben aufgenommenen Kredite abgedeckt werden sollten, gingen nur schleppend, keineswegs vollständig und oft erst nach langwierigen Verhandlungen des Reichsfinanzministers mit den Einzelstaaten ein. So waren die Rahmenbedingungen für eine effektive Regierungstätigkeit der provisorischen Zentralgewalt alles andere als günstig.

In Preußen waren gleichzeitig mit den Wahlen nach Frankfurt die 402 Abgeordneten für die eigene »Nationalversammlung« gewählt worden. Obwohl das Wahlrecht nur geringfügig von demjenigen für die gesamtdeutsche Volksvertretung abwich, bestand ein deutlicher Unterschied in der Zusammensetzung der beiden Parlamente. Das beruhte teils auf der besonderen Struktur des preußischen Staates, teils auf dem Umstand, daß die Paulskirche eine größere Anziehungskraft auf die führenden Köpfe der bisherigen Opposition ausübte, so daß in Berlin andere Gruppen zum Zuge kamen. Nur 20% der Abgeordneten hatten dem Vereinigten Landtag angehört. Abgesehen von einer ansehnlichen Vertretung des Adels war das soziale Spektrum spürbar zum unteren Mittelstand und dem Kleinbürgertum hin verschoben, mit hohen Anteilen der Bauern (46), des Handwerks (46) und der mittleren Staats- und Kom-

Erzherzog Johann Reichsverweser und das Kabinett Leiningen

Erste Spannungen mit den Einzelstaaten

Die preußische Nationalversammlung

munalbeamten (34), die eher oppositionell als gouvernemental eingestellt waren. Die Geistlichkeit (51), mit dem Kölner Erzbischof Geissel als hervorragendem Mitglied, war nach den Justizbeamten (87) die stärkste Berufsgruppe, während die Professoren und die freien Berufe nur spärlich vertreten waren. Politisch war die preußische Nationalversammlung ein gutes Stück radikaler und doktrinärer als die Paulskirche. Die Rechte entsprach mit der Forderung der konstitutionellen Monarchie und dem Festhalten am Vereinbarungsprinzip etwa dem Frankfurter Casino. Die beiden Fraktionen des Zentrums waren zahlenmäßig nicht besonders stark (zusammen etwa 80 bis 100). Sie verstanden sich als Vorkämpfer des parlamentarischen Prinzips und des deutschen Berufes Preußens und waren nicht unbedingte Stützen der Regierung. Die Linke, die von anfänglich etwa 40 auf über 120 Mitglieder anwuchs, umfaßte unter ihrem Führer BENEDIKT FRANZ WALDECK ein breites Spektrum von gemäßigten Demokraten bis zu radikalen Republikanern. Sie stand auf dem Boden der vom Parlament auszuübenden Volkssouveränität und vertrat bewußt die sozialen und politischen Interessen des Kleinbürgertums und der Unterschichten.

Erste Regierungskrise in Preußen Die Berliner Nationalversammlung, die am 22. Mai zusammentrat, war die Rechtsnachfolgerin des Vereinigten Landtages. Er hatte ihr im Wahlgesetz vom 8. April in Übereinstimmung mit dem König und der Regierung Camphausen/Hansemann die Aufgabe der »Vereinbarung« einer Verfassung zugesprochen. Gerade weil die Regierung auf dem Boden des Parlamentarismus stand, führte die Spannung zwischen der postulierten Rechtskontinuität und dem revolutionären Prinzip rasch zu einer Krise. Die Rückkehr des Prinzen von Preußen aus dem Londoner Exil und sein Auftreten im Parlament am 8. Juni erregten zuerst das Mißfallen der Linken. In ihrem Namen beantragte der Abgeordnete Julius Berends am gleichen Tag, die Nationalversammlung solle offiziell die »Anerkennung der Revolution« aussprechen. Er stellte sich damit bewußt gegen die Auffassung Camphausens, daß durch die Märzereignisse die Rechtskontinuität nicht unterbrochen sei. Konnte der Rücktritt des Kabi-

Das Ministerium Auerswald/Hansemann netts noch einmal durch einen Formelkompromiß verhindert werden, so geriet es über der Frage eines bewaffneten Schutzes des Parlamentes, der nach den erneuten Unruhen in der Hauptstadt – Zeughaussturm vom 14. Juni – vorgeschlagen wurde, in die Minderheit. Camphausen trat nach einem vergeblichen Versuch der Regierungsbildung zurück. Das neue Ministerium RUDOLF VON AUERSWALD, mit DAVID HANSEMANN als führendem Kopf, gewann mit einer höchst zweideutigen Formel für die Anerkennung der Revolution die Mehrheit der Nationalversammlung.

Die Landtage der Mittel- und Kleinstaaten Die Überleitung von der ständischen Vertretung zu einer modernen Repräsentation ist in den anderen Einzelstaaten nur zögernd und unter betonter Wahrung der Rechtsformen in Angriff genommen worden. Nur in den Herzogtümern Oldenburg, Nassau, Anhalt-Köthen und Anhalt-Dessau sowie in Bremen und Lübeck wurden noch in den Monaten April und Mai neue Parlamente gewählt. Überall sonst berieten im Sommer und Herbst 1848 die alten Landtage in einem durch das vorherrschende Zweikammersystem zeitraubenden Verfahren neue Wahlgesetze, deren Bestimmungen, bei genereller Annäherung an das allgemeine Wahlrecht, eine große Variationsbreite im einzelnen aufwiesen. Zwar haben die Märzministerien die parlamentarische Regierungsweise allgemein anerkannt und sie zum Teil, wie in Hannover und Bayern, gesetzlich verankern lassen. Die künftige Einhaltung dieser Spielregeln hing jedoch von den Verfassungsberatungen in Frankfurt und Berlin, letztlich vom Ausgang der Revolution selbst ab.

Österreich In Wien scheiterte Ende April/Anfang Mai der Versuch der Regierung Ficquelmont, die Einberufung eines konstituierenden Parlaments durch den Oktroi einer Verfassung für den

Gesamtstaat mit Ausnahme Ungarns und Lombardo-Venetiens zu umgehen. Damit wurde der zum 10. April nach Wien berufene ständische Zentralausschuß funktionslos. Der am 25. April vom Kaiser vollzogene Erlaß der von dem Innenminister Pillersdorf nach dem Vorbild der belgischen Konstitution von 1830 entworfenen Verfassung löste vor allem im Wiener Radikalismus heftige Proteste aus. Gestützt auf die Akademische Legion und Teile der Nationalgarde wurde der Kampf gegen die Verfassung aufgenommen. Man forderte das Einkammersystem, das demokratische Wahlrecht und eine Konstituante. Am 16. Mai mußte die Regierung unter dem Druck der Straße die Einberufung eines ohne Zensus gewählten Reichstages zur »Feststellung« der Verfassung zugestehen. Einen Tag später floh der Kaiser mit dem Hof aus Wien, um von Innsbruck aus die Gegenrevolution vorzubereiten. Das hilflose Kabinett mußte nach erneuten Unruhen am 26. Mai erneut nachgeben und die Installierung eines hundertköpfigen Sicherheitsausschusses unter der Leitung von ADOLF FISCHHOF als einer Art revolutionärer Nebenregierung tolerieren. Er zwang Anfang Juli den als Vermittler tätigen Erzherzog Johann, ein neues Ministerium unter dem Freiherrn JOHANN PHILIPP VON WESSENBERG mit dem den Demokraten nahestehenden ALEXANDER BACH als Justizminister zu berufen.

Die Pillersdorfsche Verfassung v. 25. April 1848

Flucht des Hofes nach Innsbruck

Am 22. Juli 1848 wurde in der Wiener Hofreitschule der österreichische Reichstag eröffnet. Das aus 383 Abgeordneten bestehende Parlament war in seiner Zusammensetzung durch den hohen Anteil nichtdeutscher, überwiegend slawischer Abgeordneter (190) sowie durch die starke Vertretung der Landwirtschaft (119) mit etwa gleichen Anteilen der Grundherren und der Bauern einschließlich der Pächter bestimmt. Die Agrarfrage als der voraussichtlich neben der Verfassungsfeststellung wichtigste Beratungsgegenstand kündigte sich an. Die Überschneidung nationaler und verfassungspolitischer Forderungen mit den Problemen der Grundentlastung erschwerte die Fraktionsbildung, zumal viele Abgeordnete die deutsche Sprache nicht verstanden, einige sogar Analphabeten waren. Während die Tschechen, mit dem Freiherrn von Rieger und Palacky an der Spitze, zusammen mit den von Geistlichen geführten ruthenischen Bauern die Rechte bildeten, saßen im Zentrum die konservativen Abgeordneten aus den deutschen Erbländern, an die sich die Gruppe der deutschen Liberalen anschloß. Die demokratische Linke, die überwiegend aus Deutschen bestand, war mit rund 80 Abgeordneten relativ schwach. Das Ministerium Wessenberg–Bach bekannte sich schon auf der zweiten Sitzung zur parlamentarischen Regierungsweise.

Der österreichische Reichstag

Die Wahlen und die Verhandlungen der aus der Revolution hervorgegangenen Parlamente fanden, wie schon die Ereignisse in Berlin und Wien zeigten, nicht in einem Vakuum statt, sondern standen dauernd unter dem Druck außerparlamentarischer Parteien, Gruppen und Aktionen. Diese organisierten Aktivitäten besaßen zwei Schwerpunkte. Einerseits waren sie politisch oder sozial in den Randzonen der in den Parlamenten repräsentierten bürgerlichen Gesellschaft, im Kleinbürgertum und den städtischen Unterschichten, angesiedelt. Sie hatten weniger die Unterstützung der Parlamente gegenüber den Regierungen als ihre revolutionäre Entmachtung, allenfalls die begrenzte Kooperation mit den Fraktionen der extremen Linken zum Ziel. Andererseits schufen sich im Laufe des Revolutionsjahres scharf umgrenzte konfessionelle, soziale, berufsständische und wirtschaftliche Interessen eigene Organisationen, über die man den Entscheidungsprozeß in den Volksvertretungen zu beeinflussen suchte. Es gab zwar manche Überschneidungen in der Trägerschaft und in einzelnen Zielen. Während aber die einen in der Fortsetzung der revolutionären Aktion außerhalb der Parlamente das Heilmittel gegen eine politische Stabilisierung auf der Grundlage eines bürgerlich-liberalen

Außerparlamentarische Gruppierungen in Deutschland

Kompromisses sahen, strebten die anderen die Sicherung ihrer spezifischen Interessen innerhalb des zu schaffenden Verfassungsstaates an.

Demokratenkongresse und -klubs

Das Scheitern des badischen Aprilaufstandes und die Enttäuschung über das relativ schwache Abschneiden der Linken in den Wahlen nach Frankfurt gaben den Anstoß zu dem Ausbau der im März und April entstandenen Klubdemokratie zu einer überregionalen Parteiorganisation. An Pfingsten 1848 (13. Juni) trafen sich in Frankfurt über 200 radikale Politiker aller Schattierungen, von Anhängern der demokratischen Republik bis zu Mitgliedern des Kommunistenbundes, zu einem ersten Demokratenkongreß. Unter dem Vorsitz von JULIUS FRÖBEL beschloß man zur Stärkung und Einigung der »Demokratisch-republikanischen Partei« in Deutschland die Bildung eines fünfköpfigen Zentralausschusses mit dem Sitz in Berlin, wo das demokratische Vereinswesen besonders ausgeprägt war. Ohne starke Kompetenzen mußte sich der Zentralausschuß auf den Versuch beschränken, eine nationale Parteiorganisation aufzubauen sowie die Verbindung zwischen den Vereinen in den Regionen und Städten aufrechtzuerhalten. Hier lag denn auch der Schwerpunkt der demokratischen Parteipolitik, vor allem in Rheinhessen unter dem unermüdlichen Einsatz von Ludwig Bamberger, in Sachsen und den mitteldeutschen Kleinstaaten, in der preußischen Rheinprovinz und in Schlesien, wo neben den »Hauptvereinen« zahlreiche bäuerliche »Rustikalvereine« gegründet wurden, die auf dem Höhepunkt der Bewegung 200 Tausend Mitglieder umfaßt haben sollen. In Baden, Württemberg und Bayern wurden die demokratischen Vereine verboten. Vom 26. bis 31. Oktober 1848 fand in Berlin der zweite Demokratenkongreß statt. Seine Tätigkeit erschöpfte sich weitgehend im Organisatorischen und in einer erbitterten Programmdiskussion zwischen den Demokraten und Sozialisten. Man erklärte zwar das Mandat der Frankfurter Nationalversammlung für erloschen, zerstritt sich aber über der Frage einer geeigneten Unterstützung der Wiener Oktoberrevolution. Auch das gleichzeitig in Berlin tagende sogenannte »Gegenparlament« »entschiedener« Abgeordneter einiger Volksvertretungen erwies sich als ein Schlag ins Wasser. Es kam weder die von Arnold Ruge propagierte Zusammenarbeit mit dem Demokratenkongreß noch ein Beschluß über die zweifellos von vielen gewünschte Sezession der Linken aus den Parlamenten zustande. Im November 1848 ging dann von Abgeordneten der Frankfurter Nationalversammlung der Anstoß zur Gründung des »Zentralmärzvereins« aus, der die Fraktionen der Linken in der Paulskirche und die radikalen Vereinigungen im Lande zum gemeinsamen gesetzlichen Kampf für die Aufrechterhaltung der Märzerrungenschaften und die Verwirklichung der Demokratie gegenüber der drohenden Reaktion zusammenzuschließen suchte und bis zum Beginn der Reichsverfassungskampagne über 900 Ortsvereine mit etwa 500 Tausend Mitgliedern umfaßte. Zwar gelang es dem Verein nicht, die äußerste Linke und die Konstitutionellen für sich zu gewinnen. Doch erwies er sich in der Sammlung von Adressen an die Nationalversammlung, vor allem aber in dem Kampf um die Reichsverfassung als eine schlagkräftige Massenorganisation mit Schwerpunkten in der Pfalz, Nassau, Bayern, Württemberg und Schlesien. Im Unterschied zu den Demokratenkongressen arbeitete der Zentralmärzverein nicht gegen die Volksvertretungen, sondern als politischer Unterbau der parlamentarischen Linken bis hin zum Stuttgarter Rumpfparlament.

»Zentralmärzverein«

Die Arbeiterbewegung

Während Versuche zu einer nationalen Parteibildung des konstitutionellen Liberalismus außerhalb der Parlamente nicht über Ansätze hinauskamen, nahm die Arbeiterbewegung nach der Aufhebung des allgemeinen Assoziationsverbotes einen beträchtlichen Aufschwung. Aber auch hier gelang nicht die Zusammenfassung zu einer schlagkräftigen politischen Partei. Sie scheiterte letztlich an dem Fehlen eines Konsensus über die politischen und sozialen Ziele. Die Interessen der Handwerksgesellen, des Proletariats in der entstehenden Industrie sowie der arbeits- und besitzlosen Unterschichten in den Städten ließen sich von einer schmalen intellektuellen Elite nicht auf einen Nenner bringen. Zwar stellte die arbeitende Bevölkerung auf den Höhepunkten der revolutionären Auseinandersetzungen die Hauptmasse der Kampftruppen. Ihr politischer Einfluß blieb aber, sieht man von der abschreckenden Wirkung auf das Bürgertum ab, weit dahinter zurück. Gleichwohl entstanden im Jahre 1848 überregionale Organisationen der Arbeiter, die in ihrer Zielsetzung und politischen Aktivität eng mit den Namen von Karl Marx und Friedrich Engels auf der einen und des Schriftsetzers Stephan Born auf der anderen Seite verknüpft sind. Nach der Gewährung der Vereinsfreiheit schossen allenthalben in Deutschland Arbeitervereine aus dem Boden, die teils aus den Gemeinden des Kommunistenbundes oder aus Arbeiterbildungsvereinen, teils als spontane Gründungen entstanden, die sich politisch dem bürgerlichen Radikalismus anschlossen, primär aber an der sozialen Frage interessiert waren. Die Forderungen nach progressiver Besteuerung, Organisation der Arbeit oder Bildung von Arbeiterministerien gehörten zur Begleitmusik der Märzrevolution. Die Versuche einzelner Regierungen, die Bewegung durch die Gründung eines Ministeriums für Handel, Industrie und öffentliche Arbeiten (Preußen) oder durch die Bildung von Arbeiterkommissionen (Sachsen) aufzufangen, hatten nur vorübergehenden Erfolg, nicht zuletzt infolge der Verschlechterung der Wirtschaftslage im Frühsommer 1848.

MARX und ENGELS, die vom Ausbruch der Revolution überrascht wurden, formulierten Ende März in Paris ein aus 17 Forderungen bestehendes Aktionsprogramm, das in Abschwächung des »Kommunistischen Manifests« die Herstellung einer unteilbaren deutschen Republik auf demokratischer Grundlage und darüber hinaus nur solche soziale Forderungen enthielt, die von den bürgerlichen Radikalen geteilt wurden. Diese Strategie einer Unterstützung der politischen Demokratie durch die Arbeiter unter Zurückstellung der sozialen Reform oder Revolution stieß bei den Arbeitervereinen zunächst eher auf Zurückhaltung oder Unverständnis, wie nicht nur Marx bei seiner Übersiedlung nach Köln im April 1848, sondern auch seine in andere deutsche Städte geschickten Gesinnungsfreunde, unter ihnen Stephan Born in Berlin, feststellen mußten. Der überaus erfolgreiche Kölner Arbeiterverein unter der Leitung des Armenarztes Gottschalk, der mit der Betonung der genuinen Interessen der arbeitenden Klassen zum Vorbild anderer Vereine in der preußischen Rheinprovinz und in Westfalen wurde, konnte erst nach der Verhaftung Gottschalks Anfang Juli allmählich auf die Linie von Marx gebracht werden. Zwar hat Marx mit der seit dem 1. Juni erscheinenden »Neuen Rheinischen Zeitung« das vielleicht wirkungsvollste Organ der revolutionären Demokratie während des Jahres 1848/49 geschaffen; auch haben nicht wenige seiner Anhänger im Sinne seiner politischen Taktik Einfluß auf die Demokratenkongresse genommen und dabei im Grunde zur Schwächung des republikanischen Radikalismus beigetragen. Die Lösung der Allianz mit der bürgerlichen Demokratie und die Reorganisation des Kommunistenbundes um die Wende von 1848/49 kamen jedoch für eine effektive Zusammenarbeit mit der eigentlichen Arbeiterbewegung des Revolutionsjahres zu spät.

Der ökonomische Druck, der auf einem großen Teil der Arbeiter und Handwerker lastete und sie in die Richtung einer organisierten Selbsthilfe drängte, äußerte sich im April 1848 in einer Welle örtlicher Lohnstreiks, die besonders in Berlin unter den Textil-, Metall- und Bauhandwerkern und den Buchdruckern einen bedrohlichen Umfang annahmen. Sie dehnten sich von dort auf andere Städte – Hamburg, Leipzig, Dresden und Breslau – aus und hatten erste Organisationsversuche zur Folge. Am 6./19. April konstituierte sich in Berlin das »Zentralkomitee für Arbeiter« unter dem Präsidium von STEPHAN BORN. Ziel der Organisation, der sich rasch Gewerk- und Arbeitervereine aus Nord- und Mitteldeutschland anschlossen — im Süden kam es zu eigenständigen Zusammenschlüssen —, war die Verbesserung der konkreten Situation der Arbeiter. Für Borns Programm der Sozialreform im gewerkschaftlichen Sinne unter Betonung der internationalen Solidarität der Arbeiter hatten Gedanken von Marx und der französischen Frühsozialisten Pate gestanden. Doch führte die Beschränkung auf die Sozialpolitik zur Entfremdung zwischen Marx und Born. Zugleich grenzte sich das Zentralkomitee im Laufe des Sommers von Versuchen einer Organisation des Handwerks ab, die eine Wiederherstellung der Zunftverfassung im sozialkonservativen Sinne und die Aufhebung der Gewerbefreiheit zum Ziel hatten. Dies gilt etwa von dem am 15. Juli in Frankfurt zusammentretenden Handwerker- und Gewerbekongreß, der sich schnell in mehrere sich befehdende Gruppen aufspaltete, unter der die »Linke« unter Führung des Marburger Professors Karl Georg Winkelblech vergeblich einen Ausgleich zwischen Meistern und Gesellen versuchte. Angesichts der sich überschneidenden Interessen in den zahlreichen lokalen und regionalen Vereinigungen von Arbeitern und Handwerkern einzelner Berufsgruppen berief das Zentralkomitee für Ende August 1848 einen Kongreß der Arbeiter nach Berlin. Drei Arbeiterkomitees und 31 Arbeitervereine beschickten das Treffen. Unter der Leitung Borns wurde die Gründung eines Gesamtverbandes mit dem Namen »Arbeiterverbrüderung« beschlossen, dessen Zentralkomitee nach Leipzig übersiedelte, um von dort aus die »gesetzliche Revolution«, das hieß die soziale Reform in einem demokratisch organisierten Staat, publizistisch zu vertreten. In einem Manifest an die Paulskirche wurde die Anerkennung der Arbeiterverbrüderung als gesetzliche Körperschaft in der Reichsverfassung verlangt. Bis zum Frühjahr 1849 erreichte es die »Arbeiterverbrüderung«, einen Teil der inzwischen entstandenen Arbeitervereine zum Beitritt zu veranlassen. Auf einem Treffen der südwestdeutschen Arbeitervereine am 28./29. Januar 1849 in Heidelberg gelang die Vereinigung mit dem von Winkelblech geführten Frankfurter »Arbeiterkongreß« unter Wahrung des sozialreformerischen Programms von Born. Neben der »Arbeiterverbrüderung« entstanden im Laufe des Revolutionsjahres verschiedene gewerkschaftliche Organisationen. Die bedeutendste war der unter dem Namen von Johannes Gutenberg im Juni in Mainz gegründete Verband der Buchdrucker. Nicht der Klassenkampf, sondern die soziale Verbesserung und Absicherung und die politische Gleichberechtigung in einer demokratisch organisierten Gesellschaft waren die Ziele der politisch engagierten Arbeiterschaft des Jahres 1848/49. Sie hat dies auch durch die starke Beteiligung an dem Kampf um die Reichsverfassung unterstrichen.

Zu einer mehr als vorübergehenden Organisation der Rechten im außerparlamentarischen Raum kam es nur in Preußen. Hier begann man nach einer relativ kurzen Phase der Bestürzung und Ratlosigkeit, den Widerstand gegen die Revolution systematisch aufzubauen. Ausgangspunkt war der hochkonservative Kreis um die Brüder Leopold und Ludwig von Gerlach, die im Herbst 1848 vorübergehend, als »Kamarilla«, starken Einfluß auf die Entscheidungen Friedrich Wilhelms IV. gewannen. Von ihnen ging im April 1848 die Initiative zur Gründung der »Neuen Preußischen Zeitung« aus, die, weil sie das Eiserne Kreuz auf der Titelseite trug, unter dem Namen »Kreuz-Zeitung« zum Organ des altpreußischen Konservativismus wurde. Hinzu kam bald nach dem Zusammentritt der preußischen Nationalversammlung als eher ökonomisch orientierte Interessenvertretung des ostelbischen Adels der »Verein zum Schutze des Eigentums und zur Förderung des Wohlstandes aller Klassen«. Er bestand überwiegend aus Gutsbesitzern und trat im August in Berlin unter dem Vorsitz des Landrates HANS VON KLEIST-RETZOW zu seiner Generalversammlung zusammen, dem sogenannten »Junkerparlament«, auf dem man sich in »Verein zur Wahrung der Interessen des Grundbesitzes« umbenannte. Schon vorher (Juni 1848) war der »Preußenverein für das konstitutionelle Königtum« gegründet worden, der in den kommenden Monaten auf dem Lande durch die Bildung zahlreicher Ortsvereine – auch »Vaterlandsvereine«, »Pastoralvereine« oder »Vereine für König und Vaterland« genannt – einen organisatorischen Unterbau erhielt. Mit dieser Organisation, über die man eine Adressenbewegung an die Berliner Nationalversammlung entfachte und das Ministerium unter Druck setzte, paßte sich der altpreußische Konservativismus den politischen Methoden seiner liberalen und demokratischen Gegner an. Das zahlte sich in den Wahlen zur preußischen Kammer Anfang 1849 aus.

Noch besser hat es der Katholizismus verstanden, sich durch den Aufbau eines straff organisierten, aber regional weit gestreuten Vereinswesens ein Werkzeug zur Verfolgung seiner Interessen zu schaffen. Man knüpfte dabei an die unpolitischen Vereine und die kirchliche Presse des Vormärz an. Ausgangspunkt der katholischen Parteibildung wurde der am 23. März 1848 in Mainz von katholischen Geistlichen unter der Führung des Domherrn FRANZ LENNIG gegründete »Piusverein für religiöse Freiheit«. Dem Mainzer Beispiel folgend, entstand in fast allen katholischen Regionen Deutschlands mit den Schwerpunkten im Rheinland und Westfalen, in Baden, Württemberg, Bayern und Schlesien ein Netz von Piusvereinen, die in der Regel unter der Leitung des Ortsgeistlichen standen und über Zentralvereine in den größeren Städten miteinander verbunden waren. Geschickt verknüpfte man die allgemeinen Märzforderungen mit dem eigenen Ziel der Unabhängigkeit der Kirche vom Staat unter Aufrechterhaltung des kirchlichen Einflusses auf das Unterrichtswesen. Seiner Durchsetzung diente während der Beratung der Grundrechte in der Frankfurter Nationalversammlung eine organisierte Petitionsbewegung. In über 1000 Adressen mit zahllosen Unterschriften – in der preußischen Rheinprovinz allein über 200 Tausend – forderte man die Verankerung der kirchlichen und religiösen Freiheiten in der Reichsverfassung. Höhepunkt der katholischen Bewegung war der als Generalversammlung der Piusvereine vom 3.–6. Oktober in Mainz stattfindende erste deutsche Katholikentag. Unter dem Präsidium von FRANZ JOSEPH BUSS und in Anwesenheit katholischer Abgeordneter aus der Paulskirche und den Landesparlamenten sprachen IGNAZ DÖLLINGER über die politischen Forderungen des Katholizismus und der spätere Bischof WILHELM EMMANUEL VON KETTELER über die soziale Aufgabe der Kirche. Wenige Wochen später kamen die deutschen Bischöfe unter dem Vorsitz Geissels in Würzburg zu einer Konferenz zusammen, auf der man sich kritisch mit Plänen zur Errichtung einer deutschen Nationalkirche auseinandersetzte. Gegenüber solchen Aktivitäten hielten sich die Bemühungen um eine Zusammenarbeit der Evangelischen Landeskirchen auf gesamtdeutscher Ebene in Grenzen. Die aufgrund einer Initiative des Kurators der Bonner Universität, Moritz August von Bethmann-Hollweg, auf den 21. September nach Wittenberg einberufene Kirchenversammlung blieb ohne greifbares Ergebnis. Nur JOHANN HINRICH WICHERN erreichte mit einer programmatischen Rede die Gründung des »Zentralausschusses für die Innere Mission« als Dachorganisation der karitativen und pädagogischen Einrichtungen der protestantischen Kirchen.

Die Politisierung durch die Revolution sparte auch nicht die Bereiche der Schule und der Universität aus. Während eine deutsche Lehrerversammlung in Eisenach Ende September 1848 die Reform der Gymnasien im Sinne einer Ersetzung des lateinischen Schuldrills zugunsten

Der politische Katholizismus

Die »Piusvereine für religiöse Freiheit«

Katholikentag in Mainz v. 3. bis 6. Oktober 1848

Evangelische Kirchenversammlung in Wittenberg am 21. September 1848

Aktivitäten der Lehrer und Universitätsprofessoren

des Deutschen, des Griechischen und der modernen Sprachen auf ihre Fahnen schrieb, verlangten die Volksschullehrer auf örtlichen und regionalen Konferenzen und in Petitionen an die Parlamente die Verbesserung ihres rechtlichen Status und ihrer Besoldung und eine von der geistlichen Aufsicht unabhängigen Volkserziehung. In vielen Städten forderten auch Frauen in eigenen Klubs, literarischen Zirkeln, politischen Salons und Zeitungen, aber auch durch aktive Unterstützung der revolutionären Kämpfe ihren Anteil an der bürgerlichen Emanzipation. Die lange unterdrückte Diskussion über die Reform der Universitäten und des Status der an ihnen Lehrenden schlug sich in lebhafter publizistischer Aktivität, in gemeinsamen oder getrennten Konferenzen der verschiedenen Gruppen der Hochschullehrer sowie in Verhandlungen der Universitätsgremien mit den zuständigen Ministerien nieder. Dabei überschnitten sich Bestrebungen, die durch die Staatsaufsicht eingeschränkten korporativen Rechte der Universität zu stärken (wobei die Interessen der Ordinarien oft im Gegensatz zu denjenigen der Privatdozenten standen), mit der Forderung nach Garantie der durch die Bundesbeschlüsse unterdrückten Lehr- und Lernfreiheit und mit dem Verlangen nach innerer Reform der Universitätsverfassungen und des Lehrbetriebes. Diese Fragen wurden vom 21. bis 24. September 1848 auf einem Kongreß von über 120 Hochschullehrern in Jena diskutiert und in einen Katalog von Vorschlägen zur Hochschulreform gebracht, der an die Frankfurter Nationalversammlung geschickt wurde. Er wurde dort wegen der Zuständigkeit der Einzelstaaten für das Unterrichtswesen nicht beachtet. Ähnlich erging es einer Zusammenkunft linksgerichteter Privatdozenten, meist Junghegelianern, in Frankfurt (27./28. August) mit ihrer Forderung der Neugründung einer »freien akademischen Universität«.

Die Studenten im Revolutionsjahr

Zu den aktivsten Trägergruppen der Revolution hatten im Frühjahr 1848 in allen Haupt- und Universitätsstädten des Deutschen Bundes die Studenten gehört. Trotz der bestehenden Verbote war seit dem Ende der 30er Jahre in zahlreichen Gruppen – sogenannten »Allgemeinheiten« – an den Universitäten die sogenannte »Progreßbewegung« entstanden. Sie knüpfte an das nationalrevolutionäre Programm der ersten Burschenschaft an und stand politisch dem demokratischen Radikalismus nahe. Im Revolutionsjahr ergriffen vielerorts Mitglieder des »Progresses« die Initiative, um ihr Ideal von Einheit und Freiheit in eine »nationale Reorganisation der Universitäten« umzusetzen. Unter dem Traditionsnamen »Wartburgfest der deutschen Studenten« traten an Pfingsten 1848 rund 1200 Delegierte von fast allen deutschen Universitäten in Eisenach zu einem nationalen Studentenparlament zusammen. Nach heftigen Diskussionen wurde eine Eingabe an die Frankfurter Zentralgewalt verabschiedet, in der sich der Progreß mit seinen Forderungen weitgehend durchgesetzt hatte: Erklärung der Universitäten zu Nationalanstalten, die bei Garantie der Selbstverwaltung unter der Leitung eines deutschen Unterrichtsministeriums stehen sollten, unbedingte Lehr- und Lernfreiheit sowie Aufhebung des akademischen Gerichtsstandes. Eine »Allgemeine deutsche Studentenschaft« wurde gegründet. Sie konnte jedoch im Schatten der beginnenden Reaktion nichts mehr bewirken; das gilt auch für einen zweiten studentischen Kongreß in Eisenach vom 25. September bis 4. Oktober 1848. Der nationale Impuls der studentischen Bewegung verpuffte an der Realität der einzelstaatlichen Organisation des Universitätswesens. Diese Realität respektierte auch die Frankfurter Nationalversammlung, die die Freiheit von Wissenschaft und Lehre in den Grundrechten verankerte.

Das zweite Wartburgfest Pfingsten 1848

Wirtschaftspolitische Interessenverbände

Eine Hoffnung, die das deutsche Bürgertum an die Revolution knüpfte, war die Vollendung der wirtschaftlichen Einheit der Nation. In der Frage ihrer Ausgestaltung standen sich aber schon im Vormärz die Freihändler und die Anhänger eines vorübergehenden oder dauernden

Schutzzolls gegenüber. Es war ein bisher zu wenig beachteter Vorgang des Revolutionsjahres, daß die beiden handelspolitischen Lager des Wirtschaftsbürgertums über den Aufbau nationaler Interessenverbände eine beachtliche, in mehreren Wellen die Frankfurter Nationalversammlung erreichende Petitionsbewegung entfesselten, um die Entscheidungen im Volkswirtschaftlichen Ausschuß, später im Plenum in ihrem Sinne zu beeinflussen. Auf der einen Seite stand der vor allem von Kaufleuten der Hansestädte und der großagrarischen Küstenländer des Nordens getragene »Deutsche Verein für Handelsfreiheit«, auf der anderen Seite der nach regionalen Vorläufern am 1. September 1848 gegründete »Allgemeine deutsche Verein zum Schutze der vaterländischen Arbeit«. Als Vertretung der Interessen vor allem der Montan- und Textilindustrie im Rheinland, in Baden, Württemberg und Sachsen gelang es diesem Verband unter der geschickten Geschäftsführung von FERDINAND STEINBEIS wie keiner anderen außerparlamentarischen Organisation, die Unterstützung weiter Kreise der Bevölkerung zu gewinnen. Über 3700 Petitionen, die zu einem großen Teil vom Verband und seinen Trägervereinen vorformuliert worden waren, mit etwa 370 000 Unterschriften, denen nur rund 20 000 Unterzeichner von freihändlerischen Eingaben gegenüberstanden, wurden aus dem Lager des Schutzzolls nach Frankfurt geschickt. Das Schlagwort vom »Schutz der Arbeit« entfaltete eine beachtliche Kraft der Integration und gab den Anstoß zu einer Sammlungsbewegung, die über die Grenzen des industriellen Bürgertums hinaus die gewerblichen und bäuerlichen Mittelschichten, das Handwerk, die Wein- und Tabakbauern und auch konstitutionelle und demokratische Klubs sowie viele Arbeitervereine mobilisierte. Die Verbindung von Regionalismus mit plebiszitären Elementen hatte nur in der Petitionsbewegung des politischen Katholizismus ein vergleichbares Gegenstück. Um dies zu erreichen, scheute der »Verein zum Schutze der vaterländischen Arbeit« nicht vor Konzessionen an »ultrademokratische Ideen« zurück (wie ihm von freihändlerischer Seite vorgeworfen wurde), wie etwa der Unterstützung des allgemeinen Wahlrechts und sozialpolitischer Reformen. Daß er seine handelspolitischen Vorstellungen in der Nationalversammlung nur begrenzt durchsetzen konnte, lag an dem Übergewicht des gemäßigten Liberalismus in den Verfassungsberatungen, der entsprechend seiner Herkunft aus der Bürokratie und der Wissenschaft der Freihandelslehre aufgeschlossen war. Abgesehen von dieser, der Realisierung ihres Programms ungünstigen Konstellation zeigte aber die Schutzzollbewegung, daß eine wichtige Gruppe des deutschen Wirtschaftsbürgertums im Revolutionsjahr bereit war, ihre spezifischen Interessen in Einklang mit dem Ziel eines demokratischen Verfassungsstaates zu bringen.

_{Freihändler}

_{Organisierte Massenpetitionen für den Schutzzoll}

3. Das neue Deutschland in Europa

Der Deutsche Bund war im Jahre 1815 unter die Garantie der Großmächte gestellt worden. Seine Existenz als lockere Föderation und seine außenpolitische Passivität waren friedensichernde Faktoren im europäischen Kräftefeld gewesen. Diese Funktion Mitteleuropas wurde durch die deutsche Revolution auf doppelte Weise in Frage gestellt. Zum einen barg die Errichtung eines auch wirtschaftlich geeinten Nationalstaates mit einer außenpolitisch handlungsfähigen Zentralgewalt, die von fast allen Parteien in Deutschland gewollt wurde, die Gefahr in sich, daß sich das bis dahin eher auf den Westen und Osten verteilte äußere Machtpotential zur Mitte des Kontinents hin verlagerte. Eine solche Entwicklung konnte den außerdeutschen Mächten nicht gleichgültig sein. Zum anderen warf die angestrebte Umwand-

_{Die außenpolitischen Probleme der deutschen Revolution}

lung Deutschlands aus einem Staatenbund, der auf dynastischen und föderativen Traditionen beruhte, in einen Bundesstaat auf der Grundlage des Prinzips der Nationalität die schwierigen Fragen der Abgrenzung nach außen und der Stellung der nichtdeutschen Nationalitäten im neuen deutschen Reich oder zu ihm auf. Nicht nur vitale Interessen Preußens und Österreichs als übernationale Staatsgebilde, die über die Grenzen des Bundes hinausreichten, wurden davon berührt, sondern auch solche der Anrainerstaaten, deren Monarchen, wie etwa die Könige von Dänemark und der Niederlande, mit einem Teil ihrer Besitzungen Mitglieder des Bundes waren. Die Verknüpfung der Grenz- und Nationalitätenfragen mit der machtpolitischen Seite der Nationalstaatsbildung machte aus der deutschen Revolution, über die internationalen Zusammenhänge der ideologischen Parteiungen hinaus, ein Problem der europäischen Politik. Ob die Revolution ihre nationalen Ziele erreichte, hing somit nicht allein von den innerdeutschen Kräfteverhältnissen ab, sondern ebensosehr von der Haltung, mit der die europäischen Mächte die Außenpolitik der neuen Gewalten in Deutschland – und das waren zunächst die Nationalversammlung, die provisorische Reichsgewalt und die preußische Regierung – beantworteten.

Die Haltung der Großmächte

Die allgemeine politische Konstellation in Europa erschien unmittelbar nach den Revolutionen des Frühjahrs 1848 den liberalen und demokratischen Trägern der deutschen Einheitsbewegung in einem verheißungsvollen Licht. Nach dem vorübergehenden Ausfall Österreichs durch den Sturz Metternichs blieb allein Rußland als ernst zu nehmender Gegner des Völkerfrühlings übrig.

Rußland

Die Stärke der russischen Politik lag in der Übereinstimmung ihrer Staatsräson mit der gegenrevolutionären Ideologie des Zaren NIKOLAUS I. Ein Sieg des nationalen Prinzips in Deutschland und Europa gefährdete seinen polnischen Besitz und die russische Position in der Ostsee; sie stellte den politisch-dynastischen Einfluß auf Preußen und auf die mit dem Zarenhaus verwandten deutschen Fürsten in Frage. Den dänischen König im Konflikt um Schleswig-Holstein zu unterstützen, alle Pläne eines Bündnisses Friedrich Wilhelms IV. mit der deutschen Nationalbewegung zu verhindern und die altkonservativen und militärischen Gegner der Revolution in Preußen zu fördern, das waren die Leitlinien der russischen Deutschlandpolitik im Revolutionsjahr. Der russische Gesandte in Berlin, Baron PETER VON MEYENDORFF, nahm dabei eine Schlüsselposition ein. Im Kalkül der demokratischen Linken Deutschlands bildete die gegenrevolutionäre Politik des Zarenreiches einen Aktivposten. Er war geeignet, die Solidarität der freiheitlichen Kräfte zu stärken. In diesem Sinne bestimmte er vorübergehend die Außenpolitik des preußischen Märzministeriums, wurde er darüber hinaus oft in den Debatten der Paulskirche und in der außerparlamentarischen Agitation zum Zwecke der ideologischen Frontbildung gegen das Zarenreich bemüht.

Großbritannien

Die britische Regierung befand sich mit ihrer vorsichtigen Haltung gegenüber der deutschen Revolution in der Mitte eines breiten Meinungsspektrums der englischen Öffentlichkeit. Die konservative Opposition lehnte die Bildung des deutschen Nationalstaates offen ab. Ihr Abgeordneter Benjamin Disraeli sagte schon im April 1848 im Unterhaus, man müsse den Anfängen der nationalen Befreiungspolitik der Deutschen – »that dreamy and dangerous nonsense called German nationality« – im Interesse des europäischen Friedens widerstehen. Auf dem entgegengesetzten Flügel stand der Hof, neben der Königin Victoria vor allem der Prinzgemahl ALBERT aus dem Hause Sachsen-Coburg. Er befürwortete die bundesstaatliche Einigung Deutschlands im liberalen Sinne unter preußischer Führung und hat wiederholt über die Verbindung zum Fürsten Leiningen in Frankfurt sowie in Berlin in diesem Sinne

Einfluß zu nehmen gesucht. So weit ging der Außenminister Lord PALMESTON nicht. In der britischen Europapolitik, die bei Sympathien für die liberalen Bewegungen auf die Wahrung des Gleichgewichts und des Friedens als Voraussetzungen für die Sicherung der außereuropäischen Interessen Londons und für den Absatz der britischen Industrieerzeugnisse abstellte, nahm die komplizierte deutsche Frage keine zentrale Stelle ein. Man war in London zunächst mehr an der Entwicklung in Frankreich und Italien interessiert. Wohlwollende Skepsis, eine gewisse Bereitschaft zur Zusammenarbeit mit Frankfurt, sofern man dort praktische Ergebnisse erzielte, aber auch Mißtrauen gegenüber der Nationalitätenpolitik der Paulskirche, besonders in Schleswig und Holstein, und ein leichtes Unbehagen vor den möglichen zoll- und wirtschaftspolitischen Auswirkungen einer deutschen Einigung bestimmten den vorsichtigen Kurs des Außenministers. Immerhin hat er die Unterstützung der Verfassungspläne Gagerns durch den britischen Geschäftsträger in Frankfurt, Lord COWLEY, und die Beteiligung des Prinzgemahls Albert an Bemühungen, eine Verfassungsvereinbarung zwischen der Nationalversammlung und den deutschen Fürsten zustande zu bringen, nicht desavouiert. Jedenfalls war die britische Politik im Jahre 1848 nicht deutschfeindlich, wenn auch das eigene Interesse eine offene Parteinahme ausschloß.

Wichtiger für das Schicksal der deutschen Revolution war die Frage, wie sich das neue Frankreich zum werdenden Nationalstaat im Nachbarland stellte. Die Erinnerung an die expansive Außenpolitik der ersten französischen Republik und an die Rheinkrise von 1840 trug dazu bei, daß man im deutschen Westen auf die Nachricht von der Februarrevolution nicht nur mit Zustimmung, sondern auch mit Sorge vor einem französischen Einfall reagierte, bis hin zu dem durch einen blinden Alarm ausgelösten »Franzosenschreck«, der nach dem 23. März die Bevölkerung Badens für einige Tage erfaßte. Die Furcht war unbegründet, nachdem ALPHONSE DE LAMARTINE die Leitung der französischen Außenpolitik übernommen hatte. Der Verfasser der »Marseillaise de la Paix« von 1841 richtete schon Anfang März ein Rundschreiben an die europäischen Mächte, in dem er durch das doppelte Bekenntnis zur Freiheit und zum Frieden den Verzicht auf eine revolutionäre Außenpolitik Frankreichs aussprach. Es signalisierte die Spannung zwischen Prinzipien- und Interessenpolitik, wenn Lamartine die Revision der Verträge von 1815 forderte, zugleich die bestehenden Grenzen in Europa akzeptierte, und wenn er den »rechtmäßigen« Bestrebungen in anderen Ländern, besonders den »unterdrückten Nationalitäten«, den Schutz Frankreichs gegenüber reaktionärer Intervention zusagte und zugleich das Nebeneinander von Monarchien und Republiken als Tatsachen der europäischen Ordnung anerkannte. Es war auch ein Bruch mit der traditionellen Unterstützung der deutschen Mittelstaaten in ihrer Opposition zu Preußen und Österreich, daß sich die französische Nationalversammlung am 24. Mai zu einem »brüderlichen Pakt« mit Deutschland bekannte und daß Lamartine mit dem 1832 aus der Pfalz geflohenen Hambacher JOSEPH SAVOYE einen Freund der nationaldemokratischen Bewegung als französischen Vertreter nach Frankfurt entsandte. Ließ aber schon die halbherzige Unterstützung der Polen eine prinzipiell fragwürdige Rücksichtnahme auf Rußland erkennen, so bahnte sich nach der Niederschlagung des Pariser Juliaufstandes unter dem neuen Außenminister JULES BASTIDE eine Abkühlung der französischen Haltung gegenüber Frankfurt an, nicht zuletzt unter dem Eindruck der nationalen Forderungen im Konflikt um Schleswig-Holstein. Vollends nach der Wahl LOUIS BONAPARTES zum Präsidenten kehrte Frankreich um die Wende von 1848/49 in die traditionellen Bahnen seiner Deutschlandpolitik zurück.

Es entspricht der geschilderten Konstellation, daß die Bemühungen der Frankfurter Zentralgewalt um völkerrechtliche Anerkennung keinen eindeutigen Erfolg zu verzeichnen hatten. Erst am 19. August, also nach dem Kurswechsel der französischen Politik, beschloß das Reichsministerium, Gesandtschaften bei den Regierungen der größeren europäischen Staaten zu errichten. Es überraschte niemanden, daß die russische Regierung dem vorgesehenen Gesandten das Agrément verweigerte. Dagegen rechnete man mit der Anerkennung durch die Westmächte, wobei die Linke mehr auf Frankreich setzte, während das liberale Zentrum die außenpolitische Anlehnung an England befürwortete. Das Ergebnis war enttäuschend. Der nach Paris entsandte Historiker und Abgeordnete des Casinos, FRIEDRICH VON RAUMER, erreichte nur die Zulassung als offiziöser Vertreter Frankfurts und kehrte nach der Wahl Bonapartes unverrichteterdinge nach Deutschland zurück. Ähnlich erging es dem Freiherrn VIKTOR VON ANDRIAN-WERBURG in London. Er übertrug Anfang 1849 die Wahrnehmung der Interessen der Reichsgewalt an den preußischen Gesandten von Bunsen. Trotz der Entsendung offiziöser Vertreter nach Frankfurt — Savoye wurde im August durch einen Berufsdiplomaten ersetzt — behielten die Gesandtschaften Frankreichs und Englands in den größeren Einzelstaaten Deutschlands, besonders in Berlin, Vorrang im diplomatischen Verkehr, zumal man dort nicht bereit war, zugunsten der Zentralgewalt auf das Gesandtschaftsrecht zu verzichten. Sieht man von der Anerkennung der Reichsgewalt durch einige zweitrangige europäische Staaten ab, so blieb als einziger größerer Erfolg die Aufnahme diplomatischer Beziehungen zu den Vereinigten Staaten von Nordamerika. Die Initiative ging von Washington aus. Unter dem Eindruck der optimistischen Berichte des Gesandten in Berlin, ANDREW J. DONELSON, eines engagierten Anhängers des Liberalismus, und der durch Emigranten (Hecker!) entfachten Revolutionsbegeisterung in der amerikanischen Öffentlichkeit ernannte die Regierung Anfang August, zwei Monate bevor die Zentralgewalt den früheren preußischen Gesandten in den USA, FRIEDRICH LUDWIG VON RÖNNE, als ihren Vertreter nach Washington schickte, Donelson zu ihrem Bevollmächtigten Minister bei der deutschen Bundesregierung in Frankfurt. Im Zentrum der infolge der großen Entfernung nicht sehr intensiven Beziehungen, die mit dem Beginn der Präsidentschaft von Zachary Taylor im März 1849 eine Abkühlung erfuhren, standen die Bemühungen der Zentralgewalt um amerikanische Entwicklungshilfe bei dem Aufbau einer eigenen Flotte sowie das Interesse Washingtons an der Intensivierung der Handelsbeziehungen. Das Fehlen echter Interessenkonflikte war die Voraussetzung für das zeitweilige Funktionieren einer Kooperation auf ideologischem Hintergrund *(Günter Moltmann)*.

Die Paulskirche und die Zentralgewalt sahen sich vor die fast unlösbare Aufgabe gestellt, die teils ideologisch, teils realistisch begründeten nationalen Ziele der bürgerlichen Bewegung, der sie ihre Existenz verdankten, auf ein Maß zurückzuschrauben, daß sie nicht in einen zu großen Gegensatz zu den Interessen auch derjenigen europäischen Mächte gerieten, die mit der deutschen Revolution sympathisierten. Zum Prüfstein für die Lösung dieser Aufgabe wurden die Konflikte, die sich aus den Versuchen ergaben, die Grenzen des zu schaffenden Nationalstaates mit dem Prinzip der Nationalität und dem eigenen Sicherheits- und Machtstreben in Übereinstimmung zu bringen. Hier stieß man allenthalben mit den Gegebenheiten der bestehenden Staatsordnung und mit ähnlichen Ansprüchen benachbarter Nationen zusammen. Seine Umsetzung in praktische Politik mußte bald den naiven Glauben erschüttern, daß die Ausübung des Selbstbestimmungsrechts freier Völker automatisch zu einem konfliktlosen Zusammenleben führen werde. In zwei Regionen weiteten sich die nationalpolitischen Auseinandersetzungen rasch zu internationalen Konflikten aus, die auf den Verlauf der deutschen

Revolution spürbar, wenn auch nicht allein entscheidend, zurückschlugen, in Preußisch-Polen und in Schleswig und Holstein. Diese europäische Dimension hatten beide Fragen längst bekommen, bevor sich die Frankfurter Nationalversammlung und die Zentralgewalt mit ihnen befaßten.

Von den polnischen Teilungsgebieten erlebte im März 1848 nur das preußische Großherzogtum Posen eine nationalrevolutionäre Erhebung. Österreich befriedigte die Polen in Galizien vorläufig durch einige Konzessionen, während die russische Militärregierung jede revolutionäre Regung in Kongreßpolen im Keim erstickte. Am 20. März, als in Berlin die polnischen Häftlinge freigelassen wurden, bildete sich in Posen ein polnisches Nationalkomitee, in dem sowohl radikale Demokraten als auch Vertreter einer gemäßigten Politik saßen. Eine nach Berlin entsandte Delegation erwirkte schon am 24. März die Zusage der »nationalen«, das hieß einer polnischen Reorganisation des Großherzogtums mit polnischen Beamten und Streitkräften, die sich rasch im östlichen Teil der Provinz unter der Führung von LUDWIG MIEROSLAWSKI zu formieren begannen. Der Hintergrund für diese schnelle Konzession war der kurzlebige Versuch des neuen Außenministers Arnim-Suckow, Preußen durch eine entschiedene Abkehr von Rußland und Österreich an die Spitze der deutschen Nationalbewegung zu bringen. Als Gegenleistung einer Tolerierung seiner Italienpolitik sollte Frankreich Preußen bei einer Wiederherstellung Polens auch gegen den Willen Rußlands aktiv unterstützen und der Eingliederung Schleswigs in Deutschland zustimmen. Von England wurde Neutralität erwartet. Ein entsprechendes Bündnisangebot an Frankreich vom 31. März wurde jedoch schon am 4. April von Lamartine ausgeschlagen, und zwar aus Furcht vor dem Radikalismus im eigenen Land und vor einer kriegerischen Verwicklung. Es wurde von mindestens ebenso großer Bedeutung für das Scheitern des Planes Arnims, dessen außenpolitische Realisierungschance ohnehin durch die Einbeziehung Schleswigs gering war, daß er nicht die Unterstützung des Königs besaß und die heftige Reaktion des deutschen Bevölkerungsteiles im Großherzogtum Posen auf das Reorganisationsversprechen an die Polen unterschätzt hatte. Nach einer kurzen Phase deutsch-polnischer Verbrüderung kam es Anfang April zu starken Spannungen zwischen den Polen, den Deutschen und preußischen Truppen, die, nachdem eine Vermittlung durch den in die Provinz entsandten General Wilhelm von Willisen gescheitert war, in einen bewaffneten Kampf des Militärs gegen die unter sich zerstrittenen Einheiten der polnischen Nationalbewegung mündeten. Er endete, angesichts der militärischen Übermacht der Preußen, mit der Kapitulation der Polen am 9. Mai. Schon vorher hatte die preußische Regierung damit begonnen, das Versprechen der Reorganisation, das in den Augen der Polen der Anfang einer Wiederherstellung ihres Staates in den Grenzen von 1772 sein sollte, zu entwerten. Sie teilte das Großherzogtum in ein zu reorganisierendes Gebiet, das polnisch besiedelt war, und einen in den Deutschen Bund einzugliedernden Teil auf, der neben der deutschbesiedelten Westregion und der strategisch wichtigen Stadt Posen auch dazwischenliegende Landstriche umfaßte, die überwiegend von Polen bewohnt waren. Aus ihm wurden zwölf Abgeordnete nach Frankfurt gewählt, die zunächst nur den Status von Gästen erhielten. Anfang Juni verschob Preußen die Demarkationslinie zwischen den beiden Teilen noch einmal ein Stück ostwärts.

Zu einem außenpolitisch weit gefährlicheren Konflikt entwickelte sich noch vor der Eröffnung der Frankfurter Nationalversammlung der Streit um die Zukunft des Herzogtums Schleswig. Die provisorische Landesregierung der Herzogtümer bemühte sich mit Erfolg um die Zulassung Schleswigs zu den Wahlen nach Frankfurt und erreichte ihre Anerkennung

Posen und die polnische Frage

Die Polenpolitik Preußens im Frühjahr 1848

Deutsch-polnischer Konflikt in Polen

Die schleswig-holsteinische Frage

durch den Bundestag, was einer De-facto-Aufnahme Schleswigs in den Bund gleichkam. Gleichzeitig wandte sie sich an Preußen mit der Bitte, das Recht der männlichen Erbfolge in Schleswig und Holstein anzuerkennen und die Herzogtümer gegen die dänischen Truppen zu verteidigen, die in Ausführung des Einverleibungsgesetzes vom 21. März in Schleswig einrückten. Auf Anraten Arnims beschloß Friedrich Wilhelm IV. die militärische Intervention, die vom Bundestag als Abwehrmaßnahme zum Schutze Holsteins gebilligt wurde. Am 10. April begannen preußische Truppen unter General VON WRANGEL mit der gewaltsamen Räumung Schleswigs von dänischem Militär. Indem der Bundestag die Aktion durch die Entsendung von Einheiten des zehnten Bundesarmeekorps aus norddeutschen Kleinstaaten unterstützte, war aus dem dänisch-preußischen Konflikt ein Krieg des Bundes gegen Dänemark geworden, in dem sich Preußen unversehens in die Rolle des Vorkämpfers der Nationalbewegung gedrängt sah. Denn er war alles andere als ein Kabinettskrieg, sondern eine nationale Auseinandersetzung, hinter der auf der einen Seite das dänische Bürgertum, auf der anderen Seite die deutsche Einheitsbewegung von der Linken bis zum rechten Zentrum und darüber hinaus standen. Als Wrangel Ende Mai im Zuge englisch-preußischer Vermittlungsversuche die Truppen nicht nur aus Jütland, wohin sie Anfang des Monats als Antwort auf die dänische Blockade Preußens und der deutschen Ostseeküsten vorgedrungen waren, sondern auch aus Nordschleswig zurückzog, protestierte die öffentliche Meinung Deutschlands leidenschaftlich gegen dieses Nachgeben. Auf Antrag des Verfassungshistorikers Georg Waitz vom Casino erklärte die Nationalversammlung am 9. Juni die schleswig-holsteinische Frage zur Sache der Nation und bestritt damit Preußen das Recht, allein über sie zu entscheiden. Fixiert auf die Durchsetzung des mit nationalen Argumenten begründeten Landesrechts Schleswigs, obwohl doch im Norden des Herzogtums eine dänische Minderheit wohnte, übersah die Nationalversammlung geflissentlich, daß der Streit inzwischen die europäischen Mächte auf den Plan gerufen hatte und sich damit der Kontrolle durch die unmittelbar Beteiligten zu entziehen drohte. Um dem Zaren, der die Sache des ihm verwandten dänischen Königs zu der seinen machte und Berlin durch die Drohung mit einem militärischen Eingreifen zum Rückzug zu zwingen suchte, nicht das Feld zu überlassen, schaltete sich die englische Regierung, unterstützt von einer prodänischen öffentlichen Meinung, vermittelnd ein. Palmerston war an der Erhaltung des Friedens und an der Verhinderung eines russischen Vordringens bis in den Sund, den »Bosporus des Nordens«, interessiert. Er begnügte sich deshalb nicht mit einem Protest gegen das nach seiner Auffassung ungerechtfertigte Vorrücken der preußischen Truppen nach Jütland, sondern legte einen Vermittlungsplan vor, der den Anschluß Nordschleswigs mit seiner dänischen Minderheit an Dänemark auf der einen, die Anerkennung des Erbrechts der Augustenburger für Holstein und Restschleswig und ihre Eingliederung in den Deutschen Bund nach Eintreten des Erbfalls auf der anderen Seite vorsah. Es kennzeichnet die ausweglose Überspannung der Positionen, daß der britische Vorschlag, obwohl er auf das Prinzip der Nationalität Rücksicht nahm, weder von dänischer Seite noch von der provisorischen Landesregierung und der deutschen Öffentlichkeit akzeptiert wurde. Preußen geriet indessen immer stärker unter den doppelten Druck des Zaren und Großbritanniens, so daß es seit Juni 1848, zunächst auf eigene Verantwortung, in Waffenstillstandsverhandlungen mit Dänemark eintrat. Seit Juli besaß es auch eine Vollmacht der Zentralgewalt. Sie enthielt aber eine Reihe von Bedingungen, die Dänemark kaum erfüllen konnte. Der von dem General Gustav von Below ausgehandelte Waffenstillstand von Malmö vom 26. August 1848 nahm auf sie keine Rücksicht und gab durch die Zustimmung zum

Rückzug der Truppen aus beiden Herzogtümern sowie zur Ablösung der provisorischen Landesregierung, deren Gesetze und Verordnungen aufgehoben werden sollten, durch eine gemischte Regierungsbehörde die Ansprüche der deutschen Seite weitgehend preis.

Der Waffenstillstand von Malmö schuf nicht nur einen neuen innerdeutschen Konflikt zwischen Preußen und der von der Öffentlichkeit gestützten Nationalversammlung. Er lieferte darüber hinaus den Anlaß zur ersten Feuerprobe des parlamentarischen Systems in Frankfurt. Formal endete sie zwar mit einer Bestätigung des Mehrheitsprinzips als Basis der Regierungstätigkeit. In der zur Debatte stehenden Frage brachte sie aber überdeutlich die Diskrepanz zwischen den nationalen Zielen des Parlaments und den zu ihrer Durchsetzung verfügbaren Machtmitteln zum Vorschein. Wohl erkannte das Reichsministerium Leiningen diese Zwangslage, das heißt die Abhängigkeit Frankfurts von Preußen in der dänischen und der deutschen Frage, rechtzeitig, so daß es der Nationalversammlung zähneknirschend die Zustimmung zu dem Waffenstillstand nahelegte. Doch setzte sich das Parlament in einer großen Debatte, in der sich besonders DAHLMANN zum Sprecher der verletzten Ehre der Nation machte, mit den Stimmen der Linken darüber hinweg, indem es am 5. September die Sistierung des Vertrages mit knapper Mehrheit beschloß. Nachdem das auf diese Weise in die Minderheit geratene Kabinett zurückgetreten war, versuchte Dahlmann, vom Reichsverweser nach parlamentarischer Regel dazu beauftragt, die Bildung einer mehrheitsfähigen Regierung. Er scheiterte an dem Dissens zwischen der Linken und dem Zentrum in der Verfassungsfrage. Ein Ausweg aus der parlamentarischen Krise wurde nur dadurch gefunden, daß das geschäftsführende Ministerium Leiningen die Nationalversammlung noch einmal zur Annahme des Waffenstillstandes aufforderte, nachdem Dänemark in der Frage der Zusammensetzung der neuen Regierungsbehörde eine Konzession gemacht hatte. Aufgrund eines Positionswechsels eines Teils des Zentrums stimmte die Paulskirche am 16. September dem Vertrag endgültig zu. Damit war auch die Mehrheit für die alte Regierung wiederhergestellt, an deren Spitze für den ausscheidenden Fürsten Leiningen der Österreicher ANTON VON SCHMERLING trat. Das Ansehen der Nationalversammlung hatte durch diese Vorgänge gelitten, im Innern bei der Linken, die ihr die Preisgabe des nationalen Prinzips verübelte, nach außen in Frankreich und England, deren Sorge vor den nationalen Ansprüchen der deutschen Revolution wuchs. Sie wurden darin durch die Agitation bestärkt, mit der die bürgerliche Nationalbewegung den Aufbau einer Kriegsflotte als Grundlage einer deutschen Seemacht forderte. Diese Aufgabe wurde von der Zentralgewalt seit Juni 1848 unter dem Eindruck der dänischen Blockade in Angriff genommen, allerdings letztlich ohne durchschlagenden Erfolg. Das Schicksal Schleswigs und Holsteins blieb auch nach Inkrafttreten des Waffenstillstandes von Malmö ein ungelöstes Problem.

Waren sich die Linke und das Zentrum der Paulskirche in der Verteidigung der deutschen Interessen im Norden vorübergehend einig, so trat in anderen Debatten ein grundsätzlicher Dissens in der nationalen Frage zwischen den beiden parlamentarischen Gruppierungen zutage. Für die Linke war das Prinzip der Nationalität ein subjektives Grundrecht und das Eintreten für es Bestandteil des allgemeinen Freiheitskampfes. Danach durfte es nach der Verwirklichung der Freiheit keine Nationalitätenprobleme mehr geben, vor allem dann, wenn in übernationalen Staaten ein Minderheitenschutz existierte. Ein solcher wurde von der Nationalversammlung schon am 31. Mai auf Antrag des steiermärkischen Abgeordneten Titus Mareck mit dem Ziel der Gewinnung der im Bund lebenden Slawen und Italiener beschlossen. Für das Zentrum und die Rechte bezog dagegen das Nationalprinzip seine Legitimation aus der Verbindung mit dem historischen Recht, das entweder mit dem auf Verträge zurückgehenden faktischen Besitzstand oder mit der Geschichte des eigenen Volkes oder Staates identifiziert wurde. Die prinzipielle Unterordnung der Nationalität unter die Freiheit und die Humanität durch die Linke lag schon dem Antrag ARNOLD RUGES auf Einberufung eines europäischen Völkerkongresses zugrunde, von dem er unter anderem die Wiederherstellung von Frieden und Freiheit in Italien und Polen erwartete. Die ideologische Stoßrichtung zeigte sich darin, daß Ruge, obwohl er eine allgemeine Entwaffnung forderte, ähnlich wie Marx und Engels in der »Neuen Rheinischen Zeitung«, vor dem endgültigen Sieg der Völkerfreiheit mit einem letzten Revolutionskrieg gegen das reaktionäre Rußland rechnete. Sein Vorstoß wurde am 22. Juli von der Mehrheit mit realpolitischen Argumenten als illusionär und zugleich gefährlich für den europäischen Frieden und die Stellung Deutschlands zurückgewiesen.

Die Debatte über Posen 24. bis 27. Juli 1848

Die Debatte über Ruges Antrag war nur das Vorspiel der großen Redeschlacht, in der sich die Nationalversammlung vom 24. bis 27. Juli 1848 mit der offenen Frage der nationalen Reorganisation Posens befaßte. Ihr lag wiederum ein Antrag der Linken zugrunde, wonach das Parlament die Zugehörigkeit der Provinz Posen zu Deutschland verneinen, ihre Abgeordneten ausschließen und damit die Weichen für die schon im Vorparlament geforderte Wiederherstellung des polnischen Staates stellen sollte. Mit einem großen Aufwand an juristischen, historischen und machtpolitischen Argumenten wurde leidenschaftlich um Gerechtigkeit gegenüber der polnischen Nation und um Bestätigung der geschichtlichen Leistungen gerungen, die den Deutschen im Osten zu Buche schlugen. Gerade weil eine eindeutige Lösung der Frage auf der Grundlage des Nationalitätsprinzips wegen des Fehlens einer exakten Grenzlinie zwischen den deutschen und polnischen Siedlungsgebieten unmöglich war, wurde die Diskussion rasch zu einer grundsätzlichen Auseinandersetzung mit den Kategorien der Hegelschen Geschichtsphilosophie. WILHELM JORDAN nannte in seiner berühmt-berüchtigten Polenrede, die seine Trennung von der linken Fraktion des »Deutschen Hofes« einleitete, die Teilung Polens vom »weltgeschichtlichen Standpunkt« aus ein notwendiges Ereignis und die Übermacht der Deutschen über die Slawen eine »naturhistorische Tatsache« und goß die ätzende Lauge seines Spottes über den »kosmopolitischen Idealismus« der Polenschwärmer aus, an dessen Stelle er einen »gesunden Volksegoismus« forderte. Im Gegenzug berief sich Ruge in seiner Verteidigung der Polen auf das »welthistorische Recht der Völker und ihres Geistes«, das durch die Revolution von 1848 erst geschaffen worden sei und die freien Nationen der Deutschen, Engländer und Franzosen dazu verpflichte, die unterjochten Völker der Polen und Italiener friedlich oder notfalls mit Gewalt zu betreiben. In der Abstimmung am 27. Juli lehnte die Nationalversammlung den nur von einigen katholischen Abgeordneten unterstützten Antrag der Linken mit großer Mehrheit ab. Man beschloß die Eingliederung des durch die preußische Demarkationslinie vom 4. Juni als deutsch bezeichneten Teiles der Provinz einschließlich der Stadt Posen in den deutschen Bundesstaat, vorbehaltlich einer genauen Grenzziehung nach einer von der Zentralgewalt vorzunehmenden Erhebung über die Wohngebiete beider Volksgruppen. Damit war auch innenpolitisch, ganz abgesehen von der Haltung Rußlands und Österreichs, die Entscheidung gegen die Restitution Polens gefallen. Der von der Zentralgewalt nach Posen entsandte Reichskommissar veränderte im Einvernehmen mit Preußen noch einmal die Demarkationslinie zuungunsten der Polen. Tatsächlich war das Gesetz des Handelns an die preußische Regierung zurückgegangen, die unter Abkehr vom Prinzip des Nationalen die Wiederherstellung des Status quo ante ansteuerte. Im Jahre 1851 erklärte sie schließlich die Aufnahme der Provinzen Ost- und Westpreußen und eines Teiles der Provinz Posen in den Bund für nichtig. Für das bis dahin von Sympathien von seiten des bürgerlichen Liberalismus und von vagen Hoffnungen der Polen bestimmte Verhältnis zwischen den beiden Völkern bedeutete die Erfahrung von 1848 eine Ernüchterung. In Posen und Westpreußen entstanden scharf voneinander getrennte nationale Lager.

Der Zusammenstoß des von missionarischem Eifer beflügelten demokratischen Nationalgefühls der Linken mit der historischen Realität wiederholte sich wenige Wochen später, als die Nationalversammlung den Wunsch der italienischen Abgeordneten aus Welschtirol beriet, die Bezirke Trient und Rovereto unbeschadet ihrer Zugehörigkeit zu Österreich aus dem Deutschen Bund zu entlassen und ihnen eine von Deutschtirol unabhängige Autonomie zu gewähren. Der von der Linken unterstützte Separationsantrag wurde unter Berufung der deutschen Abgeordneten aus Tirol auf die Reichsgeschichte abgelehnt. Ruges in diesem Zusammenhang geäußerter Wunsch, daß die Italiener in ihrem Kampf gegen Österreich siegen mögen, wurde mit lautstarken Protesten als »ein halber Verrat an der Nation« (Gagern) beantwortet. Überhaupt blieb in der Nationalversammlung, solange die kleindeutsche Lösung der Verfassungsfrage noch nicht aktuell war, die Zugehörigkeit der österreichischen Erbländer sowie Böhmens und Mährens zum deutschen Nationalstaat kaum umstritten. Das zeigte sich in ihrer Haltung zur tschechischen Nationalbewegung und noch in der ersten Lesung der Österreich betreffenden Paragraphen des Verfassungsentwurfes in der zweiten Oktoberhälfte. Nachdem man zunächst in der böhmischen Frage unter dem mäßigenden Einfluß deutschböhmischer und -mährischer Abgeordneter mehr auf die werbende Kraft einer künftigen Reichsverfassung als auf Drohungen oder gar Zwangsmaßnahmen gegen die Tschechen vertraut hatte, trat nach der eindeutigen Absage des Prager Slawenkongresses an die Paulskirche und ihre Beschlüsse vom 2. Juni ein deutlicher Meinungsumschwung ein. Abgeordnete aller Fraktionen sahen darin einen Anschlag auf die Integrität Deutschlands, und das Parlament konnte nach dem Bekanntwerden des Prager Pfingstaufstandes nur mit Mühe von einem Beschluß der militärischen Intervention zugunsten der »deutschen Sache in Böhmen« (so Karl Vogt vom Deutschen Hof) abgehalten werden.

Die welschtiroler Frage

In Böhmen selbst verschärfte sich im Laufe des Sommers 1848 der Gegensatz zwischen den Tschechen, die unter dem Einfluß Palackys an der Einheit der Länder der Wenzelskrone als Bestandteil der österreichischen Monarchie festhielten, und Löhners »Verein der Deutschen aus Böhmen, Mähren und Schlesien«. In einer Serie von »Verbrüderungsfesten« mit Bewohnern aus dem angrenzenden Sachsen und Preußen bekundeten sie ihre Zugehörigkeit zur deutschen Nation. Sie wurden darin von dem im Sommer 1848 unter Leitung des liberalen Leipziger Historikers Heinrich Wuttke gegründeten »Verein zur Wahrung der deutschen Interessen an den östlichen Grenzen« tatkräftig unterstützt. Die Entscheidung über die Zugehörigkeit der österreichischen Länder des Deutschen Bundes zum neuen Deutschland, die die Nationalversammlung am 28. Oktober bei nur rund 80 Gegenstimmen fällte, wurde von einem breiten Konsens über die »welthistorische Mission« des deutschen Volkes (so *August Reichensperger*) in Mitteleuropa und im Donauraum getragen. Weitreichende Visionen eines mitteleuropäischen Staatenbundes sowie künftiger politischer, kultureller und wirtschaftlicher Dominanz des neuen Reiches in diesen Teilen des Kontinents wurden von Abgeordneten der Rechten mehr machtpolitisch-hegemonial, von Vertretern der Linken eher kulturpolitisch-humanitär begründet. Der Widerspruch zwischen dem Ziel des deutschen Nationalstaates und solchen übergreifenden Plänen wurde kaum bemerkt. So stemmte sich auch die Mehrheit

Die böhmische Frage

<td>Die Niederlande und das Herzogtum Limburg</td>

der Paulskirche einschließlich der Linken energisch gegen die von der niederländischen Regierung mit Unterstützung Englands und Frankreichs betriebene Herauslösung des Herzogtums Limburg aus dem deutschen Bundesgebiet. Unterstützt von den beiden Abgeordneten aus dem Herzogtum, die von Deutschland zunächst eine angemessene Berücksichtigung der Interessen ihrer Heimat erwarteten, erklärte die Nationalversammlung am 19. Juli ohne Rücksicht auf die problematische Zwitterstellung des Gebietes, dessen Gliederung in mehrere Dialektregionen unterschiedliche Interpretationen zuließ, die Limburger Frage zu einer innerdeutschen Angelegenheit. Auch hier konnte Frankfurt auf die Dauer seinen Standpunkt nicht durchsetzen und begnügte sich im November mit einem papiernen Protest gegen die Durchführung der neuen niederländischen Verfassung vom 14. Oktober in dem Herzogtum.

4. Zwischen Radikalisierung und Gegenrevolution

Schwache Stellung der liberalen »Mitte«

Aus der Märzrevolution waren mit den neuen Regierungen und Parlamenten in den Einzelstaaten und mit der Nationalversammlung und der Zentralgewalt in Frankfurt Institutionen hervorgegangen, von denen das Bürgertum die Konstituierung des nationalen Verfassungsstaates und die Durchsetzung der liberalen Staats- und Gesellschaftsordnung auf dem Wege der geordneten Verfassungs- und Gesetzgebung erwartete. Man vertraute darauf, das Ziel durch eine Vereinbarung mit den zum Nachgeben gezwungenen alten Gewalten zu erreichen, die sich noch auf die Loyalität der Mehrheit des Volkes stützen konnten. Dieser Zuversicht stand die durch Erfahrung gespeiste und von Interessen bestimmte Abneigung der Liberalen gegen die von der äußersten Linken geforderte Fortsetzung der Revolution zur Seite, mit der das Erreichte gefährdet und die bürgerliche Ordnung erschüttert zu werden drohten. Der Spielraum für eine solche liberale »Politik der Mitte« *(Thomas Nipperdey)* wurde im Laufe des Sommers und Herbstes 1848 auf doppelte Weise eingeengt: auf der einen Seite durch die Versuche der außerparlamentarischen Linken, über direkte Aktionen bis hin zu einer zweiten Revolution die radikale oder soziale Demokratie zu erkämpfen, auf der anderen Seite durch die Konsolidierung der gegenrevolutionären Kräfte, die sich anschickten, über die gewaltsame Wiederherstellung von Ruhe und Ordnung die alten Machtpositionen zurückzuerobern. Beide Vorgänge waren nicht so miteinander verknüpft, daß die Gegenrevolution nur die Antwort auf die Aktionen der Linken war; jede Seite besaß ihr eigenes Programm. Indem aber dem bürgerlichen Liberalismus als der provisorischen Regierungspartei eigene Machtmittel fehlten, um die friedliche Verwirklichung seiner Ziele sicherzustellen, wurde er gezwungen, zur Eindämmung des drohenden Bürgerkrieges auf das ungeliebte Machtpotential des alten Staates zurückzugreifen. Der wiederholte Einsatz von Militär förderte die für eine Gegenrevolution günstige Polarisierung der Kräfte, womit auch die Chancen für einen politischen Kompromiß schwanden. Zeitlich in den Rhythmus des europäischen Revolutionsgeschehens verflochten, verlagerte sich der Prozeß der Eskalation von Aktion und Reaktion schrittweise aus der Mitte Deutschlands in die alten Zentren der Macht, nach Wien und Berlin; er zeigte auf diese Weise den beginnenden Autoritätsschwund Frankfurts und die Regeneration der in den Einzelstaaten verankerten alten Gewalten an.

Eine erste Serie lokaler und regionaler Konflikte kündigte in den Ländern der europäischen Revolution schon im Juni/Juli 1848 die Gefahr des Umschlagens des revolutionären Prozesses in sein Gegenteil an. Die Anlässe waren verschieden; gemeinsam war die Beteiligung von

Militär an ihrer Austragung. In Prag endete der am 1. Juni eröffnete Slawenkongreß, der vorwiegend von Vertretern aus den Ländern der Habsburger Monarchie beschickt und durch das Auftreten Michael Bakunins zu einer ersten Demonstration des Panslawismus wurde, vorzeitig in einem Aufstand kleinbürgerlich-demokratischer Kreise unter Führung der Studenten, die nach Wiener Vorbild die böhmische Innenpolitik gegenüber der großbürgerlich-adeligen Gruppe um Palacky und den Grafen Thun auf Linkskurs bringen wollten. Die Unterdrückung der Erhebung durch die Truppen des Militärbefehlshabers Fürst Windischgrätz (12.–16. Juni) war nicht nur für Österreich, sondern auch für Deutschland der erste Sieg der Gegenrevolution. Gleichzeitig mit den Prager Ereignissen entluden sich in Berlin die schon seit Mitte Mai schwelenden Spannungen zwischen beschäftigungslosen Arbeitern, die die Beteiligung an der Volksbewaffnung forderten, der Bürgerwehr und den Behörden am 14. Juni in dem Sturm eines unorganisierten Volkshaufens auf das königliche Zeughaus, um sich der dort lagernden Waffen zu bemächtigen. Nach anfänglichem Rückzug der Bürgerwehr und der Militärwache endete die Aktion, die selbst von der parlamentarischen Linken verurteilt wurde, mit der Entwaffnung der Arbeiter. Bei dem König und seiner konservativen Umgebung rief der Zeughaussturm den Wunsch nach Rückführung der im März aus der Hauptstadt entfernten Truppen hervor. Als das Ministerium Camphausen am 25. Juni durch das Kabinett Auerswald–Hansemann ersetzt worden war, stellten Leopold und Ludwig von Gerlach für den Fall des erhofften Scheiterns dieser Regierung und der Auflösung der Nationalversammlung schon personelle Überlegungen für ein Kabinett der Gegenrevolution an. Die Unzufriedenheit konservativer Militärkreise mit der bürgerlichen Revolution und ihrer Forderung der Volksbewaffnung fand Ende Juli 1848 in dem Zusammenstoß zwischen einer Militäreinheit und der um die Rechte der Bürgerwehr demonstrierenden Bevölkerung der Festung Schweidnitz einen blutigen Ausdruck. Der Zwischenfall wurde von der Linken in der Berliner Nationalversammlung zum Anlaß genommen, um die Regierung aufzufordern (Antrag Stein vom 9. August), das Offizierskorps auf den »konstitutionellen Rechtszustand« zu verpflichten und notfalls »reaktionäre« Beamte und Offiziere zu entlassen. Der Konflikt um diesen Antrag, der vom Parlament mit großer Mehrheit angenommen, dagegen vom König und der Regierung als Eingriff in die Rechte der Exekutive abgelehnt wurde, führte am 8. September zum Rücktritt des Kabinetts Auerswald–Hansemann.

Die Signalwirkung der Vorgänge von Prag und Berlin als erste Anzeichen der Gegenrevolution wurde durch ihr Zusammenfallen mit dem Pariser Juniaufstand und den militärischen Erfolgen Österreichs in Oberitalien noch verstärkt. Die Erhebung des Pariser Proletariats gegen die Regierung, die die Antwort auf die drohende Schließung der Nationalwerkstätten war, wurde in einem erbitterten und verlustreichen Kampf (24.–27. Juni) von Einheiten der Armee und der Nationalgarde unter der Leitung des Kriegsministers Cavaignac unterdrückt. Während Zar Nikolaus I. den Minister zu seinem Sieg beglückwünschte, sah Marx in den Ereignissen von Prag, Berlin und Paris den Beweis für die Revolutionsmüdigkeit der Bourgeoisie und den Beginn der Konterrevolution. Tatsächlich verband sich in Kreisen des liberalen Bürgertums die Genugtuung über die Niederlage der sozialen Revolution nur selten noch mit dem Umbehagen über den wachsenden Einfluß des Militärs. In Österreich gewannen der Hof und die Regierung durch den Erfolg Windischgrätz' in Prag und durch den Sieg der Truppen Radetzkys über die Armee Karl Alberts von Savoyen (Custozza 22.–25. Juli) einen Teil ihres innen- und außenpolitischen Handlungsspielraumes zurück, um den Kampf um die Wiederherstellung der kaiserlichen Autorität in Wien und Ungarn und um die Stellung der

Monarchie in Deutschland aufzunehmen. Am 12. August kehrte der kaiserliche Hof, vom mehrheitlich loyalen Reichstag dazu aufgefordert, nach Wien zurück.

Der Frankfurter Septemberaufstand

Die Entscheidung über den Sieg der Gegenrevolution war damit aber noch nicht gefallen. Im September 1848 nahm die Radikalisierung der Linken eine für die liberale Politik des Zentrums bedrohliche Dimension an. Durch den Versuch einer erneuten Revolutionierung Westdeutschlands von Frankfurt aus wurde die Zentralgewalt zur Gegenwehr gezwungen und in die Rolle des Hüters von Gesetz und Ordnung an die Seite der alten Gewalten gedrängt. Ausgangspunkt der Bewegung war die Empörung über die Preisgabe Schleswigs und Holsteins im Waffenstillstand von Malmö. Sie äußerte sich schon in der ersten Septemberhälfte in Protestdemonstrationen im Rheinland, in Mitteldeutschland und Mecklenburg, wo sie sich zum Teil mit sozialen Unruhen der Arbeiter und Bauern verbanden. Das Signal zum Aufstand in Frankfurt gab die Annahme des Waffenstillstandes durch die Nationalversammlung am 16. September. Nachdem die Anführer der demokratischen Klubs und Arbeitervereine aus Frankfurt und benachbarten Orten die Abgeordneten der Linken vergeblich aufgefordert hatten, das Parlament aus Protest zu verlassen, erklärte eine über tausendköpfige Versammlung die Befürworter des Waffenstillstandes zu Volksverrätern. Auf Ersuchen des Reichsinnenministers Schmerling forderte der Senat in der Nacht zum 18. September österreichische und preußische Einheiten der Bundesfestung Mainz an. Sie wurden von hessischen Truppen verstärkt, um den Schutz der Paulskirche zu übernehmen. Der vergebliche Versuch einer Menschenmenge, das Parlament gewaltsam zu besetzen, weitete sich am 18. September schlagartig zu einem heftigen, die ganze Stadt einbeziehenden Kampf zwischen den Aufständischen, die von vielen, über das fremde Militär erbitterten Bürgern unterstützt wurden, und den Truppen aus, die bis zum Abend den Widerstand brachen, allerdings um den Preis von über 80 Todesopfern.

Der Abgeordnetenmord v. 18. September 1848

Verhängnisvoll für das Verhältnis zwischen der Linken und der liberalen Mitte wurde die Ermordung der beiden konservativen Abgeordneten Fürst FELIX LICHNOWSKY und HANS VON AUERSWALD durch eine Gruppe von Aufständischen. Der »Frankfurter Abgeordnetenmord« erinnerte viele an den Terror von 1793/94 und verstärkte die Neigung des Bürgertums zur Anlehnung an die konservativen Mächte. Der Reichsverweser verhängte noch am 18. September den Belagerungszustand über Frankfurt, verbot alle politischen Vereine und beließ gegen den Willen der parlamentarischen Linken das Militär in der Stadt. In denselben Tagen beantworteten die preußischen Behörden der Rheinprovinz eine Serie von Volksversammlungen im Köln–Düsseldorfer Raum, an deren Organisation die Redakteure der »Neuen Rheinischen Zeitung« mit Marx und Engels sowie der junge FERDINAND LASSALLE beteiligt waren, mit der vorübergehenden Verhängung des Belagerungszustandes. Auch hier wurde das Vorgehen der Behörden gegen die revolutionäre Bewegung, in deren Verlauf das nationale Kampfobjekt Schleswig und Holstein durch die Forderung der »demokratisch-sozialen-roten Republik« überlagert wurde, von vielen Bürgern mit Erleichterung begrüßt.

Neuer Revolutionsversuch in Baden

In Baden gab die Nachricht von dem Frankfurter Putsch den Anstoß für einen neuerlichen Versuch, die »soziale Republik« auf revolutionärem Wege zu erzwingen. Das Land war nach dem mißglückten Aprilaufstand nicht zur Ruhe gekommen. Die Gerichtsverfahren gegen die verhafteten Aufständischen, die Weigerung der Nationalversammlung, den in Thiengen gewählten Abgott des Volkes, Friedrich Hecker, zum Parlament zuzulassen, und neue Finanzgesetze hatten die revolutionäre Glut am Glimmen gehalten. Dies war nicht zuletzt das Werk der Flüchtlinge, die den Südwesten von der Schweiz und vom Elsaß aus mit

Flugschriften und Flugblättern überschwemmten, in denen die Unzufriedenheit geschürt, die baldige Revolution und die Sprengung der Nationalversammlung angekündigt und die Konstituierung der Vereinigten Staaten in Deutschland mit 23 Republiken gefordert wurden. Vergeblich suchten die badische Regierung und die Zentralgewalt die Schweizer Behörden zu veranlassen, dem Treiben der Flüchtlinge durch die Auflösung und Entwaffnung der Freischaren und durch die Entfernung ihrer Anführer aus den grenznahen Kantonen ein Ende zu machen. Das Ansinnen wurde von der Tagsatzung mit dem Hinweis auf das Recht der Asylgewährung und auf die Ungefährlichkeit der Emigranten zurückgewiesen. War dies angesichts der Waffenübungen der Freischärler und der offenen Agitation für die Revolution wenig überzeugend, so verhinderten die Rivalitäten unter den Vereinen, Komitees und Freischaren der deutschen Republikaner zweifellos eine wirksame Koordinierung ihrer politischen Pläne. So wiederholte sich das Schicksal des Aprilaufstandes, als Gustav Struve am 21. September (in der irrigen Annahme eines Erfolges der Frankfurter Erhebung) mit einer Handvoll Gesinnungsgenossen die Schweizer Grenze bei Basel überschritt und in Lörrach im Namen der provisorischen Regierung die deutsche Republik proklamierte. Ein sozialrevolutionäres Programm mit der Formel »Wohlstand, Bildung, Freiheit für alle« sollte die Bevölkerung gewinnen; die Besteuerung reicher Kaufleute und Juden zur Finanzierung der Revolution schien der Beginn eines allgemeinen Angriffs auf das Eigentum zu sein. Nach anfänglichen Erfolgen des Unternehmens, das sich angesichts der Untätigkeit der Kommunal- und unteren Staatsbehörden und des Zuzuges weiterer Freischärler aus der Schweiz rasch auf das badische Oberland ausdehnte, wurden die Revolutionäre, die sich in dem Städtchen Staufen verschanzten, in kurzer Zeit von badischen Militäreinheiten unter dem General Hoffmann besiegt, Struve auf der Flucht verhaftet. Damit war die Erhebung gescheitert. *Militärische Unterdrückung des Putsches*

Für die Frankfurter Nationalversammlung und die Zentralgewalt bedeuteten der Verlauf und das Ergebnis der Septemberkrise eine Schwächung ihrer politischen Legitimation und Handlungsfähigkeit. Wieder einmal hatte man, mangels einer eigenen Exekutive, auf das Machtpotential der Einzelstaaten zurückgreifen müssen, um den Angriff einer sozialen Revolution abzuwehren. Die Institution der Reichskommissare, die in die Unruhegebiete entsandt wurden, erwies sich als wenig wirkungsvoll. Die Kluft zwischen der Linken, die man für die Fortsetzung der Revolution verantwortlich machte, und der liberalen Mitte vertiefte sich. Die im Namen der Volksfreiheit vorgetragenen Angriffe der Sozialrevolutionäre auf Ordnung, Eigentum und Autorität jeder Art diskreditierten in den Augen der staatsloyalen Bürger die Sache der Demokratie selbst. Die Bereitschaft der einzelstaatlichen Gewalten, der Fürsten, der Bürokratie und des Militärs, das nationale Reformwerk aus den Händen der Nationalversammlung anzunehmen, ließ nach. Die Kräfte der Reaktion erhielten Auftrieb. Sie besaßen in den traditionellen Vormächten Deutschlands, in Österreich und Preußen, wo sie allerdings auch am offensten herausgefordert wurden, ihre stärksten Stützpunkte und gingen im Oktober zum Gegenangriff über. *Schwächung der Zentralgewalt*

In keiner Stadt Mitteleuropas trafen die politischen, ideologischen, sozialen und nationalen Kräfte des Revolutionsjahres so unvermittelt hart aufeinander wie in Wien, dem Zentrum des österreichischen Vielvölkerstaates mit dem Hof, der Regierung und den Zentralbehörden, mit einer großen Garnison und der bürgerlichen Nationalgarde, mit dem polyglotten Reichstag und den vielfältigen Organisationen der kleinbürgerlichen Demokratie, der Studenten und der Arbeiter und mit der Masse der städtischen Unterschichten, deren Unzufriedenheit im Zeichen der Teuerung und Verarmung wuchs. Das Gegeneinander dieser Interessen verdichtete *Wien im Herbst 1848* sich seit dem Spätsommer 1848 stufenweise zu einer explosiven Situation, deren Entladung in einem gewaltsamen Konflikt nur eine Frage der Zeit war. Jedenfalls wurde die österreichische Hauptstadt im Sommer zum Mekka demokratischer und sozialistischer Agitatoren aus Innerdeutschland, die den Boden für eine Entscheidung der deutschen Revolution von hier aus vorzubereiten suchten. Friedrich Hecker und Julius Fröbel sprachen in den Klubs; Johannes Ronge propagierte in großen Versammlungen den Deutschkatholizismus als die neue Religion, und Marx bemühte sich bei einem Besuch Ende August/Anfang September vergeblich, die radikalen Demokraten für den Klassenkampf zu gewinnen. Gleichwohl nahmen auch innerhalb der linken Volksfront die Spannungen zu.

Hans Kudlich und die Bauernbefreiung in Österreich

Eine für den Verlauf der Wiener Oktoberrevolution wichtige Entscheidung fiel schon im August im österreichischen Reichstag. Sie wurde durch den Antrag des jungen deutschböhmischen Abgeordneten HANS KUDLICH vom 26. Juli eingeleitet, die Untertänigkeitsverhältnisse der Bauern mit allen daran hängenden Rechten und Pflichten aufzuheben. Damit war die für die Bevölkerungsmehrheit des überwiegend agrarischen Kaiserstaates wichtige Frage der Grundentlastung, auf die sich auch die meisten Petitionen an den Reichstag bezogen, auf die Tagesordnung gesetzt. Nach zähen Auseinandersetzungen über die Entschädigungsfrage, die mit einem Kompromiß endeten, beseitigte ein am 31. August vom Reichstag verabschiedetes und am 7. September vom Kaiser sanktioniertes Gesetz die Feudalordnung. Es war die erste und zugleich letzte revolutionäre Tat des Reichstages. Die Art ihres Zustandekommens und ihre kurzfristige Auswirkung bedeuteten aber eine herbe Enttäuschung für die Linken. Indem das Kabinett in der Entschädigungsfrage die Interessen der Berechtigten vertrat und dem Reichstag dadurch, daß es den Beschluß durch den Kaiser zum Gesetz erheben ließ, die ausschließliche Gesetzgebungskompetenz absprach, trat es der Forderung der Linken nach der Parlamentssouveränität entgegen. Wichtiger war, daß sich die Hoffnung auf ein »Bündnis zwischen dem städtischen Freiheitsgeist und der ländlichen Volkskraft« *(Veit Valentin)* nicht erfüllte. Nachdem ihre wichtigste Forderung erfüllt war, versagte die Landbevölkerung den Wiener Revolutionären im Oktober die Unterstützung.

Radikalisierung und soziale Konflikte in Wien

Während die Linke sich im Reichstag in die Minderheit gedrängt und die Errungenschaften der Revolution bedroht sah, wurde die Aktionsgemeinschaft der radikalen Gruppierungen der Hauptstadt im Laufe der Monate August und September durch verschiedene Vorfälle einer Belastungsprobe ausgesetzt. Seit dem Frühsommer hatte die Regierung vergeblich versucht, der Arbeitslosigkeit und Teuerung in Wien durch die Organisation von Notstandsarbeiten zu steuern. Wegen der hohen Kosten dieser Maßnahmen setzte das Kabinett am 19. August, unmittelbar vor dem Auszahlungstermin, den Tagelohn für Frauen und Halbwüchsige um fünf Kreuzer herab und provozierte damit spontane Demonstrationen von Arbeitern und Frauen. Sie wurden von der Sicherheitswache und der Nationalgarde blutig unterdrückt. 18 Tote und fast 300 Verletzte waren das Resultat. Darüber hinaus nutzte das Ministerium den Anlaß, um gegen die Nebenregierung des Sicherheitsausschusses vorzugehen, der sich am 25. August auflöste. Die Akademische Legion verhielt sich auffallend neutral. Erste Spannungen in der Volksfront von bürgerlichen Demokraten, der akademischen Intelligenz und der Arbeiter wurden sichtbar. Eine Verschärfung der Situation trat Mitte September ein, als die Regierung die Forderung auf Unterstützung der Arbeitslosen und kleinen Gewerbetreibenden von der Aufrechterhaltung von Ruhe und Ordnung abhängig machte. Neue Zusammenstöße folgten, an denen neben der Nationalgarde zum ersten Mal wieder reguläre Truppen beteiligt waren. Der Versuch der Linken, den Reichstag durch eine Permanenzerklärung nach dem Vorbild des französischen Konvents zur Exekutive zu machen, scheiterte an der von Innenminister Bach organisierten Ablehnung durch die Mitte und die Rechte. Während sich patriotische Kreise unter dem Eindruck der August- und Septemberunruhen im Monarchisch-Konstitutionellen Verein eine Organisation des schwarzgelben Widerstandes gegen die schwarzrotgoldene »Anarchie« schufen, die in zwei Tagen 6000 Mitglieder gewann, gründete Tausenau Ende September ein Zentralkomitee der radikalen Vereine, in dem der Entscheidungskampf vorbereitet wurde.

Auslösendes Moment der Wiener Oktoberrevolution wurde jedoch, ähnlich wie dies schon am Beginn der Märzrevolution der Fall gewesen war, die ungarische Frage. Im Königreich Ungarn hatte nämlich, wie überall in Europa, die mit dem Sieg der Revolution verbundene Demokratisierung eine Verschärfung der Spannungen unter den Nationalitäten hervorgebracht, hier zwischen dem Hauptvolk der Magyaren und den serbischen, kroatischen, rumänischen, deutschen und slowakischen Minderheiten. Solange die kaiserliche Regierung auf die militärische Unterstützung durch Ungarn im Krieg gegen Savoyen angewiesen war, konnte sie diese Konstellation nicht nutzen. Das änderte sich nach dem Sieg Radetzkys bei Custozza. Anfang September widerrief der Kaiser seine Konzessionen an die Ungarn. Gleichzeitig ging der Führer der kroatischen Nationalbewegung, der Banus (Statthalter) JOSEPH VON JELLACIĆ, mit seinen Truppen zum Angriff auf Ungarn über. Der Pester Reichstag ersuchte das Wiener Parlament durch eine Delegation um Unterstützung seiner Sache und machte damit den Konflikt zu einer innerösterreichischen Angelegenheit. Während der Reichstag in Wien das Verlangen der Ungarn mit den Stimmen der Tschechen ablehnte, stellte sich die außerparlamentarische Linke auf ihre Seite. Als die Regierung, durch einen revolutionären Verteidigungsausschuß unter Führung Kossuths und die Ermordung des nach Pest entsandten Kommissars dazu provoziert, die Entsendung österreichischer Truppen zur Unterstützung von Jellacić nach Ungarn anordnete, kam es am 6. Oktober zur Katastrophe. Aus der Meuterei eines Grenadierbataillons entwickelte sich rasch ein blutiger Straßenkampf zwischen loyalen Einheiten und den Aufständischen, die von den demokratischen Vereinen, der Akademischen Legion und den Arbeitern unterstützt wurden. Die Erstürmung des Kriegsministeriums, dessen Chef General Latour gelyncht wurde, die Bewaffnung der Revolutionäre aus den Beständen der hauptstädtischen Arsenale, die Flucht des Kaisers und der Regierung nach Olmütz, die Einsetzung eines von Mitgliedern des Zentralkomitees der radikalen Vereine beherrschten Sicherheitsausschusses durch den in Wien zurückgebliebenen Rumpfreichstag, die Umwandlung der bürgerlichen Nationalgarde und Miliz in eine demokratisch organisierte Mobilgarde und die Organisation der Verteidigung der Stadt unter dem Bürgerwehrführer Cäsar Wenzel Messenhauser und dem polnischen General Joseph Bem — dies waren die Stationen des Versuchs der Linken, den österreichischen Kaiserstaat von der Hauptstadt aus zu revolutionieren. Sein Scheitern war die wichtigste Etappe auf dem Weg zum Sieg der Gegenrevolution in Mitteleuropa. Ohne die erhoffte Hilfe von außerhalb zu bekommen, wurde Wien von den Regierungstruppen des Fürsten Windischgrätz nach einem Bombardement erobert und die Revolution, die nur von einem Teil der Bevölkerung unterstützt wurde, in vier Tagen blutig niedergeworfen (28.–31. Oktober 1848). Eine Serie von Verhaftungen und Hinrichtungen der Rädelsführer folgte nach. Schon vorher hatten kaiserliche Manifeste die Gültigkeit der vom Reichstag gefaßten Beschlüsse anerkannt und die Vollendung des Verfassungswerkes angeordnet, wozu das Parlament nach Kremsier in Mähren verlegt wurde. Von größter Tragweite wurde die Regierungsumbildung vom 1./21. November 1848. An

Die Wiener Oktoberrevolution

Die ungarische Frage als Auslöser

Militärische Unterdrückung der Revolution (28. bis 31. Oktober 1848)

Die Regierung Schwarzenberg die Spitze des Kabinetts trat mit dem Fürsten FELIX SCHWARZENBERG ein entschiedener Gegner des demokratischen, nationalen und großdeutschen Gedankens. Er machte die Wiederherstellung der Vormachtstellung eines zentral geführten österreichischen Kaiserstaates zum Programm seiner Politik in Mitteleuropa. Äußeres Zeichen des Systemwechsels war die Erhebung des 18jährigen Erzherzogs FRANZ JOSEPH am 2. Dezember 1848 zum österreichischen Kaiser. In deutlicher Absage an die Nationalbewegungen in der Monarchie bekannte er sich in der Proklamation, mit der er seine fast 70jährige Regierungszeit einleitete, zur Einheit des Kaiserstaates.

Franz Joseph österreichischer Kaiser 2. Dezember 1848

Vergebliche Intervention Frankfurts Der Nationalversammlung und der provisorischen Zentralgewalt in Frankfurt konnten die Vorgänge in Wien und den zum Bund gehörenden Teilen der habsburgischen Monarchie nicht gleichgültig sein. Das Ergebnis ihrer zwiespältigen Reaktionen ließ für die noch ausstehende Lösung der deutschen Frage wenig Gutes erwarten. Da die Mehrheit der Paulskirche es ablehnte, eindeutig zugunsten der Wiener Revolution und der Ungarn zu votieren, schickten die Fraktionen der Linken als Zeichen der Solidarität eine vierköpfige Delegation mit Julius Fröbel und Robert Blum in die österreichische Hauptstadt. Gleichzeitig entsandte das Reichsministerium Schmerling zwei Kommissare mit der Anweisung an die österreichische Regierung, sie in ihren Bemühungen, den Bürgerkrieg zu beenden, zu unterstützen. Während dieses Ansinnen als Einmischung in innerösterreichische Angelegenheiten zurückgewiesen wurde, wurden in Wien Fröbel und Blum von einem Standgericht zum Tode verurteilt, Blum am 9. November hingerichtet und Fröbel begnadigt. Die Erschießung Blums, der dadurch zu einem politischen Märtyrer wurde, vereinte zwar die Frankfurter Nationalversammlung in einem empörten Protest gegen die Verletzung der Immunität eines ihrer Abgeordneten. Zusammen mit dem Mißerfolg der Reichskommissare dokumentierte sie aber, daß die österreichische Regierung nicht mehr gesonnen war, die Autorität Frankfurts anzuerkennen.

Ermordung Robert Blums (9. November)

Die Gegenrevolution in Preußen Der gewaltsam herbeigeführte Bruch mit der Revolution war in Österreich ein Akt der Notwehr gegenüber dem drohenden Abfall Ungarns und dem Radikalismus Wiens. Auch in Preußen entschied sich der Sieg der Gegenrevolution, der in seiner letzten Phase durch das Wiener Beispiel beschleunigt wurde, in der Hauptstadt. Er war hier das Ergebnis eines echten Verfassungskonfliktes zwischen dem Parlament und dem König mit seiner konservativen Umgebung. Das lag einerseits an der Entschiedenheit, mit der die Berliner Nationalversammlung mit ihrer nach links verschobenen Mehrheit im Herbst 1848 auf die Umwandlung Preußens in einen demokratischen Verfassungsstaat auf parlamentarischer Grundlage und damit auf die Schwächung der Stellung des Königs, der Regierung und der Armee im Staate hinarbeitete, andererseits an der wachsenden Entschlossenheit Friedrich Wilhelms IV., der Kamarilla und der altpreußischen Militärkreise, eine solche Zerstörung der traditionellen Grundlagen der preußischen Monarchie um keinen Preis hinzunehmen. Die sich im Oktober zu blutigen Exzessen steigernden Spannungen zwischen den Arbeitern Berlins und der Bürgerwehr lieferten nur die Begleitmusik zu dem Verfassungskonflikt, der in den Bruch zwischen Krone und Parlament mündete. Auch die Unterstützung der Nationalversammlung durch die außerparlamentarische Linke in der Provinz und die Vermittlungsversuche Frankfurts konnten den Sieg der Gegenrevolution in Preußen nicht aufhalten.

Nach der Eröffnung der Nationalversammlung im Mai 1848 war ihr von der Regierung Camphausen der Entwurf einer Verfassung vorgelegt worden, der weitgehend dem Muster der belgischen Konstitution von 1831, mit Korrekturen zugunsten der Stellung der Krone, nachgebildet war. Er wurde im Sommer von einer Kommission unter dem Vorsitz Waldecks gründlich im liberal-demokratischen Sinne umgearbeitet. Die sogenannte »Charte Waldeck« erweiterte den Katalog der Grundrechte, ergänzte die Landwehr durch eine milizartige »Volkswehr«, deren Stellung gegenüber dem stehenden Heer gestärkt wurde, sah die entschädigungslose Aufhebung der gutsherrlichen Rechte vor und ersetzte das absolute Veto des Königs gegenüber der Legislative durch ein suspensives Einspruchsrecht. Auf dem Hintergrund dieser Kampfansage an das alte System gewann der Streit zwischen dem Parlament und der Regierung Hansemann in der Offiziersfrage (vgl. oben S. 247), der am 8. September zu ihrem Rücktritt führte, besondere Bedeutung. Wenn der König trotzdem mit dem Ministerium des Generals ERNST VON PFUEL ein Kabinett berief, das durch den Anti-Reaktions-Erlaß vom 23. September den Ausgleich mit der Nationalversammlung suchte, so geschah dies nur, weil die personelle Alternative eines Konfliktministeriums noch nicht zur Verfügung stand. Am 11. September schrieb Friedrich Wilhelm IV. unter Rückgriff auf einen »Regierungsplan« Ludwig von Gerlachs sein »Kampfprogramm« nieder. Es sah schon die Verlegung und Vertagung der Nationalversammlung, die Zurücknahme der Steuer- und Agrargesetze Hansemanns und die Oktroyierung einer Verfassung auf ständischer Grundlage vor. Die Ernennung Wrangels zum Oberbefehlshaber in den Marken (13. September) signalisierte den kommenden Umschwung.

Mit dem Beginn der Plenarberatungen der »Charte Waldeck«, die schon vorher vom König gegenüber Pfuel als unannehmbar bezeichnet worden war, zeichnete sich im Oktober 1848 eine Verhärtung der Fronten ab, zumal die Linke zusätzliche Modifikationen im demokratischen Sinne durchsetzte. Mit dem Beschluß, in der Präambel die Worte »Von Gottes Gnaden« zu streichen, traf das Parlament das monarchische Selbstverständnis des Königs. Die Abschaffung des Adels sowie das Verbot aller Orden, Auszeichnungen und Titel, die kein Amt bezeichneten, beseitigten Symbole der aristokratischen und bürokratischen Ordnung der Monarchie. Zusammen mit anderen Entscheidungen, wie der schon im August beschlossenen Abschaffung der Todesstrafe außer im Krieg und im Belagerungszustand, einem Habeas-Corpus-Gesetz vom 24. September, das den Rechtsschutz gegenüber Polizei und Justiz erweiterte, und der entschädigungslosen Aufhebung der gutsherrlichen Jagdrechte auf fremdem Boden, griff die Nationalversammlung in die überkommene Rechts- und Gesellschaftsstruktur Preußens ein und bestärkte damit den König und seine Umgebung in dem Entschluß, der Entmachtung der Krone und ihrer politischen und militärischen Stützen nicht tatenlos zuzuschauen. Dieser Absicht kamen die Unruhen entgegen, von denen im Oktober die Beratungen der Berliner Nationalversammlung begleitet wurden, zumal sie die Spaltung zwischen der radikalen Linken und dem liberalen Bürgertum offenbarten. Sie entzündeten sich an dem von dem Parlament am 13. Oktober verabschiedeten Bürgerwehrgesetz. Es erkannte in Distanzierung von der »Straßendemokratie« *(Veit Valentin)* die Bürgerwehr gegenüber den informellen Legionen, Korps und fliegenden Verbänden der radikalen Demokratie, der Handwerker, Studenten und Arbeiter, die sich im Jahre 1848 gebildet hatten, als einzige gesellschaftliche Wehrorganisation an. Demonstrationen gegen die Auflösung der radikalen Verbände und eine Spaltung der Bürgerwehr selbst, die damit als Ordnungsfaktor auszufallen drohte, waren die Folge. Sie wurden seit dem 16. Oktober durch schwere Ausschreitungen überlagert, mit denen Berliner Arbeiter gegen den Einsatz von Maschinen und gegen Massenkündigungen protestierten. Örtliche Zusammenstöße, bei denen sich Mitglieder der aufgelösten Sonderkorps der Handwerksgesellen, Studenten und Künstler den Arbeitern anschlossen, mündeten in eine blutige Konfrontation zwischen Arbeitern und der Bürger-

Marginalien:
Die »Charte Waldeck«
Das Ministerium Pfuel
Der Konflikt zwischen Krone und Parlament
Soziale Unruhen in Berlin (16. Oktober 1848)

wehr. Das Leichenbegängnis der Arbeiter für ihre Toten wurde am 20. Oktober zu einer Demonstration der Radikalen gegen die liberale Mitte und den Konservativismus, die in der Nationalversammlung die Linke für die Unruhen verantwortlich machte. Der Zweite Demokratenkongreß und das radikale Gegenparlament erhöhten Ende Oktober die allgemeine Unruhe, auch wenn die Mehrheit der Nationalversammlung entgegen dem Antrag Waldecks, Preußen solle militärisch zugunsten der Wiener Revolution intervenieren, aus politischen Gründen nur eine unverfängliche Aufforderung an Frankfurt richtete. Das Ministerium Pfuel, das praktisch vom Tage seiner Einsetzung an auf Abruf regiert hatte, nahm am 28. Oktober den Abschied. Die Berufung des Grafen FRIEDRICH WILHELM VON BRANDENBURG zum Ministerpräsidenten, die dem Parlament am 2. November mitgeteilt wurde, war so gut wie ausschließlich das Werk der Kamarilla und wurde von der Nationalversammlung als Auftakt der offenen Gegenrevolution angesehen. Vergeblich suchte eine Delegation von Abgeordneten aller Fraktionen, den König zur Einsetzung einer Mehrheitsregierung zu veranlassen. Als Friedrich Wilhelm IV. die Antwort verweigerte, quittierte dies Johann Jacoby mit dem Satz: »Das ist das Unglück der Könige, daß sie die Wahrheit nicht hören wollen!«

Die »Kamarilla« und das Ministerium Brandenburg

Nicht die Vereinbarung einer Verfassung mit dem Parlament, sondern ihr einseitiger Oktroi gegen den Willen der Nationalversammlung und damit die Wiederherstellung der Prärogative der Krone gegenüber der Revolution war der Auftrag des neuen Kampfkabinetts, dessen wichtigstes Mitglied der Innenminister Otto von Manteuffel wurde, ein in der preußischen Bürokratie großgewordener Junker. Am 9. November gab der Ministerpräsident die vom König nach Wiener Muster verfügte Verlegung der Nationalversammlung in das altmärkische Städtchen Brandenburg und ihre Vertagung auf den 27. November bekannt. Die Maßnahme, die die Regierung mit dem Schutz des Parlaments vor radikalen Pressionen begründete, wurde von der Nationalversammlung als rechtswidrig abgelehnt und von der Mehrheit mit dem Versuch des passiven Widerstandes gegen ihre Durchführung beantwortet. Die Abgeordneten wichen vor den Truppen Wrangels, der nach der Verhängung des Belagerungszustandes mit der Vollziehung des Vertagungsdekrets beauftragt worden war, in andere Versammlungslokale aus, um schließlich am 15. November, unmittelbar vor der endgültigen Auflösung, zur allgemeinen Verweigerung der Steuerzahlung aufzufordern. Dieser Akt des offenen Widerstandes fand zwar in den nächsten Tagen ein positives Echo in den meisten Provinzen des preußischen Staates, vor allem im Rheinland, in Westfalen und Schlesien, wo die Organisationen der demokratischen Linken und die Arbeitervereine eine lebhafte Verweigerungskampagne entfesselten, der sich zum Teil auch Einheiten der zu ihrer Bekämpfung mobilisierten Landwehr anschlossen. Zu einer übergreifenden revolutionären Bewegung schlossen sich aber die einzelnen Aktionen nirgends zusammen. Und auch das am 27. November in Brandenburg zusammentretende Rumpfparlament erwies sich infolge der Parteigegensätze als handlungsunfähig. Am 5. Dezember verfügte der König die Auflösung der Nationalversammlung und erließ gleichzeitig aus eigener Machtvollkommenheit eine Verfassung für den preußischen Staat. Da ihm das Recht zu diesen Maßnahmen nicht zustand, liefen sie auf einen Staatsstreich hinaus.

Vertagung und Verlegung des Parlaments (9. November)

Vergeblicher Widerstand der Nationalversammlung

Die oktroyierte preußische Verfassung vom 5. Dezember 1848

Die oktroyierte preußische Verfassung vom 5. Dezember 1848 hielt sich zur Bestürzung der Kamarilla und zum Ärger mancher Liberaler überraschend nahe an die »Charte Waldeck«, wenn auch die meisten Korrekturen, die das Parlament im Oktober im demokratischen Sinne angebracht hatte, wieder entfielen. Die Garantie verschiedener Grundrechte war beseitigt und der Einfluß der Kammern auf die Außenpolitik beschnitten. Besonders die Beibehaltung des allgemeinen und gleichen Wahlrechts wurde von liberaler und konservativer Seite kritisiert. In Wirklichkeit war der Oktroi dieser Verfassung ein politischer Schachzug, um Zeit zu gewinnen. Hinter ihm stand von Anfang an der Wille zur Revision, die den neu zu wählenden Kammern als erste Aufgabe zugewiesen wurde. Außerdem enthielt die Konstitution in den Paragraphen 105 und 108 Ausnahmebestimmungen, die es der Regierung im Konfliktfall ermöglichten, ohne Mitwirkung der Volksvertretung Steuern und Abgaben weiter zu erheben sowie Verordnungen mit Gesetzeskraft zu erlassen. So bot die preußische Verfassung trotz ihres rechtswidrigen Zustandekommens durch einen Staatsstreich einerseits Voraussetzungen für die Entfaltung eines konstitutionellen Lebens, andererseits Ansätze künftiger Auseinandersetzungen.

Noch mehr als die Wiener Oktoberrevolution berührte der preußische Konflikt zwischen Krone und Volksvertretung die Interessen der Frankfurter Nationalversammlung und des Reichsministeriums. Sein Ausgang mußte Rückwirkungen auf das Problem der künftigen Gestaltung der Reichsgewalt haben, dessen Lösung im Spätherbst in das Zentrum der verfassungspolitischen Überlegungen rückte. Vor allem die Anhänger eines preußischen Erbkaisertums in den Fraktionen des Zentrums und in der Regierung gerieten durch die Entwicklung in Berlin in ein Dilemma. Sie teilten zwar den Rechtsstandpunkt der Berliner Nationalversammlung, waren aber für ihre deutsche Politik auf die Zustimmung des Königs und der preußischen Regierung angewiesen, deren Bruch mit der Nationalversammlung auf der linken Seite der Paulskirche keine Gegenliebe fand. Aus dieser Konstellation erwuchsen mehrere Versuche, vermittelnd in die preußische Krise einzugreifen, indem man den König durch das Angebot der Kaiserkrone zu einem partiellen Einlenken in dem Verfassungskonflikt zu veranlassen suchte. Daß man das Ziel trotz weitgehender Zugeständnisse an den König und die Regierung nicht erreichte, machte erneut – analog zu den negativen Resultaten der Intervention in Österreich, aber mit schwerwiegenderen Folgen – die begrenzte, nur auf Überredung beruhende Macht Frankfurts sichtbar. Weder die Mission des Unterstaatssekretärs Friedrich Daniel Bassermann (10. bis 14. November), der den König durch den Hinweis auf die Übertragung der Kaiserwürde für einen Kompromiß zu gewinnen suchte, noch die Entscheidungen der Paulskirche und des Reichsverwesers, in denen der Steuerverweigerungsbeschluß des Berliner Parlaments für nichtig erklärt, zugleich die Ersetzung des Kabinetts Brandenburg durch eine volkstümliche Regierung verlangt wurden, mit deren Ausführung man zwei Reichskommissare beauftragte (18. November), noch schließlich die Entsendung des Präsidenten der Frankfurter Nationalversammlung, Heinrich von Gagern, als Vermittler nach Berlin (23. November) hatten den gewünschten Erfolg. Abgesehen vom hartnäckigen Festhalten an dem Verfassungsoktroi brachte Friedrich Wilhelm IV. in seinen Unterredungen mit Bassermann und Gagern schon jetzt alle jene Vorbehalte gegen die Übertragung der Kaiserwürde vor, seine Pietät gegenüber dem Hause Habsburg und seine Solidarität mit den übrigen Fürsten Deutschlands, die einige Monate später die erbkaiserlich-preußische Lösung der deutschen Frage zunichte machten. Daß Gagern und seine Freunde diesen Plan nicht schon zu diesem Zeitpunkt aufgaben, beruhte auf ihrer Hoffnung, daß der König schließlich doch die Identität des preußischen Staatsinteresses und seines deutschen Berufs einsehen werde.

Vergebliche Vermittlungsversuche Frankfurts in Berlin (November 1849)

5. Reichsverfassung und deutsche Frage in der Paulskirche

Schwierigkeiten des Verfassungsauftrags der Frankfurter Nationalversammlung

Es war die zentrale Aufgabe der Frankfurter Nationalversammlung, mit einer Verfassung für das neue deutsche Reich den nationalen Staat zu schaffen. Fielen beide Aufträge in der Theorie mehr oder weniger zusammen, so stieß ihre Verwirklichung auf große Schwierigkeiten. Nicht die geringste war die Verknüpfung der Lösung der Sachprobleme mit dem Zeitfaktor. Der verfassungspolitische Spielraum, wie er zu Beginn der Debatten im Mai 1848 bestand, wurde durch den raschen Wechsel der politischen Gesamtlage während des Revolutionsjahres eingeengt. Auch hat sich die Nationalversammlung selbst mit der Einsetzung der faktisch an die Parlamentsmehrheit gebundenen provisorischen Zentralgewalt in die Tagespolitik eingeschaltet. Die hier zu treffenden Entscheidungen kosteten Zeit und verzögerten wiederum die Verfassungsberatungen. Sie eliminierten Alternativen für politische Kompromisse, sei es zwischen den Fraktionen des Parlaments, sei es zwischen diesem und den Einzelstaaten, und verminderten dadurch die Chance für die Erfüllung des Verfassungsauftrages. Gewiß war unmittelbar nach der Märzrevolution die schnelle Erholung der gegenrevolutionären Kräfte in Österreich und Preußen und damit dieser Staaten als Machtfaktoren nicht vorherzusehen. Tatsächlich hat der Beschluß der Paulskirche, die Beratung und Verabschiedung der Grundrechte, die fast ein halbes Jahr beanspruchten, vorzuziehen, die Entscheidung über die schwerwiegenden verfassungsorganisatorischen Fragen auf die Zeit nach dem Sieg der Gegenrevolution in Wien und Berlin verschoben. Die beanspruchte Verfassungsgewalt des Nationalparlaments konnte nun nicht mehr gegenüber diesen Staaten durchgesetzt werden, und auch eine Vereinbarung der Verfassung mit ihnen war wenig wahrscheinlich geworden. So mußten diejenigen Kräfte in der Paulskirche, die das Problem doch noch durch eine Verständigung mit Preußen zu lösen suchten, in der Schlußphase der Beratungen zu dem fragwürdigen Mittel wechselnder Bündnisse und Zusagen greifen, wobei die ideologischen Fronten der Parteien durch regionale und konfessionelle Gruppierungen überlagert wurden. Der Versuch scheiterte an der Ablehnung der Kaiserwürde durch Friedrich Wilhelm IV. Es gehört zur Tragik der deutschen Revolution von 1848, daß damit das große Verfassungswerk der Paulskirche, das angesichts der Vielschichtigkeit der Aufgabe doch in erstaunlich kurzer Frist zustande kam, politisch ins Leere fiel. Sein Stellenwert im Revolutionsgeschehen bestand weniger in seinem Inhalt als in der solidarisierenden Wirkung, die es im Frühsommer 1849 in der Kampagne um seine Durchsetzung auf die Parteien des Zentrums und der Linken ausübte. Darüber hinaus gewann es historische Bedeutung, indem es einen Fundus durchdachter Lösungen zur Verwirklichung der deutschen Nationaleinheit bereitstellte, auf den später mehrmals, wenn auch selektiv und damit nicht unbedingt im Sinne seiner Urheber, zurückgegriffen worden ist.

Der Verfassungsentwurf des Siebzehnerausschusses

Noch vor der Eröffnung der Nationalversammlung hatte der vom Bundestag eingesetzte Siebzehnerausschuß einen Verfassungsentwurf erstellt, der nach dem Willen der liberalen Märzminister um Gagern dem Parlament zur Beschlußfassung vorgelegt werden sollte (vgl. oben S. 218). In ihm hatte sich aufgrund des beherrschenden Einflusses von Dahlmann das bundesstaatliche Konzept einer durch Parlamentswahl zu schaffenden Erbmonarchie gegen eine demokratische Minderheit durchgesetzt. Es sah eine aus Ober- und Unterhaus bestehende Volksvertretung, ein verantwortliches Ministerium, Grundrechte sowie starke Kompetenzen für die Zentralgewalt bei Anerkennung der relativen Eigenständigkeit der Gliedstaaten vor. Trotz des Versuchs, den deutschen Verhältnissen und dem Verfassungsprogramm des Bürgertums durch die Kombination monarchischer, parlamentarischer und föderativer Elemente Rechnung zu tragen und trotz des Ausklammerns der heiklen Frage der Kandidatur für das Amt des Erbkaisers verfiel der Entwurf noch im April und Mai der fast einhelligen Ablehnung durch die größeren Einzelstaaten einschließlich Österreichs und Preußens. Er wurde der Nationalversammlung gar nicht erst vorgelegt, zumal auch die sich bildenden Fraktionen nicht glücklich über ihn waren. Der Rechten und einem Teil des Zentrums war er zu unitarisch, während sich die linke Mitte und die Linke an der monarchischen Spitze stießen. Mit dem Scheitern des Projekts und der Entscheidung der Paulskirche für die Ausarbeitung einer eigenen Vorlage mußte die Hoffnung auf eine schnelle Erledigung der Verfassungsfrage begraben werden. Erst in einer späteren Phase der Beratungen griff man auf die Vorschläge der Siebzehn zurück, die auf diese Weise in die schließlich verabschiedete Verfassung eingingen.

Zur Ausarbeitung der Verfassung setzte das Parlament am 24. Mai einen dreißigköpfigen Ausschuß ein, der in seiner Zusammensetzung, da es noch keine Fraktionen gab, nicht den späteren Kräfteverhältnissen entsprach. Er wies ein Übergewicht des rechten Zentrums auf, das mit 17 Abgeordneten die Mehrheit hatte. Die bedeutendsten Mitglieder aus dieser Gruppe waren neben dem Vorsitzenden Bassermann die Juristen Dahlmann und Georg Beseler sowie die Historiker Georg Waitz und Johann Gustav Droysen, letzterer als Protokollführer. Zum linken Zentrum gehörten die beiden süddeutschen Juristen Karl Mittermaier und Robert Mohl, während von der Linken der Breslauer Heinrich Simon, Robert Blum und der Herausgeber der Stenographischen Berichte des Parlaments, Franz Wigard, dem Ausschuß angehörten. Obwohl er auf die Zusammenarbeit mit anderen Fachausschüssen angewiesen war, so vor allem mit dem Volkswirtschaftlichen Ausschuß, in dem unter dem Vorsitz des Österreichers Carl Freiherr von Bruck Volkswirtschaftler und Kaufleute mit einer deutlichen Verschiebung zur linken Mitte hin führend waren, so hat er von den von dort kommenden Vorschlägen keinen ausgiebigen Gebrauch gemacht. Das war ein Zeichen für die Priorität, die man in der Tradition der Verfassungskämpfe des Vormärz der Klärung rechtlicher und politischer Grundfragen einräumte. Der zum Teil bitteren Erfahrung des vormärzlichen Gegensatzes von Obrigkeitsstaat und bürgerlicher Gesellschaft entsprang wohl auch der Beschluß des Ausschusses, seine Arbeit mit dem Entwurf der Grundrechte zu beginnen und einen Katalog konkreter Formulierungen zu erstellen, durch den die Rechte und Freiheiten des einzelnen vor staatlicher Willkür geschützt werden sollten. Damit wurde einer Diskussion von schwer abzuschätzender Dauer im Plenum der Paulskirche das Tor geöffnet, zumal der Ausschuß gegen den Willen der Linken zwei Lesungen der aus 12 Artikeln mit 48 Paragraphen bestehenden Vorlagen durchsetzte. Sie wurden am 3. Juli eröffnet und endeten nach zum Teil langatmiger Behandlung der einzelnen Paragraphen und nach mehrfacher Unterbrechung infolge der Beanspruchung des Parlaments durch die Tagespolitik mit der Verabschiedung des Grundrechtsteils der Reichsverfassung am 20. Dezember 1848.

<small>Der Verfassungsausschuß der Paulskirche</small>

In ihrer verfassungsmäßigen Festschreibung und nach ihrem Inhalt waren die Grundrechte des deutschen Volkes eine Rezeption der westlichen, besonders in den Vereinigten Staaten von Amerika und in Frankreich entwickelten Tradition des Rechtsstaates. Sie gingen über die Grundrechtsverbürgungen in den Landesverfassungen hinaus und waren klassischer Ausdruck der Rechtsauffassung des bürgerlichen Liberalismus; dies auch deshalb, weil ihr Hauptgewicht auf der Sicherung der individuellen Freiheitsrechte und des Eigentums lag, während soziale Grundrechte, abgesehen von der Garantie des unentgeltlichen Unterrichts für Un-

<small>Die Grundrechte</small>

bemittelte, nicht aufgenommen wurden. Gleichwohl war der Konsens bei der Verabschiedung der meisten Grundrechte in der Paulskirche ungewöhnlich breit. Er umfaßte in vielen Fällen das Spektrum der Fraktionen von der Linken bis weit in die Rechte hinein. Weitgehend unumstritten waren das Reichsbürgerrecht für alle Deutschen, das, angesichts der Unklarheit über die endgültigen Grenzen des Reiches, dessen Bewohner einschließlich derjenigen nichtdeutscher Nationalität erhalten sollten, die Aufhebung aller Standesvorrechte – eine völlige Abschaffung des Adels wurde abgelehnt –, die Gleichheit vor dem Gesetz, die Sicherung der Person vor willkürlicher Verhaftung, die Abschaffung der Todesstrafe, die Vereins- und Versammlungsfreiheit, die Meinungs-, Lehr-, Forschungs- und Pressefreiheit, die allgemeine Religionsfreiheit, die auch die Gleichstellung der Juden im bürgerlichen Leben bedeutete, der Schutz und die Freiheit des Eigentums, womit die Aufhebung der noch bestehenden Feudalbindungen einschließlich der Patrimonialgerichtsbarkeit, der Zehnten, Grundlasten und Jagdgerechtigkeiten auf fremdem Boden verbunden wurde.

Niederlassungs- und Gewerbefreiheit

Größere Debatten lösten die Vorschläge des Verfassungsausschusses über die im Rahmen des Bürgerrechts behandelten Fragen der Niederlassungs- und Gewerbefreiheit sowie über das Verhältnis von Staat und Kirche aus. In dem Streit über die Freizügigkeit und die Gewerbefreiheit ging es angesichts der Erfahrungen, die man im Vormärz mit dem Pauperismus gemacht hatte, darum, inwieweit die Länder und Gemeinden die Niederlassung an Bedingungen knüpfen und Einschränkungen der Gewerbefreiheit festsetzen konnten. Entsprechende Vorschläge einer starken Minderheit des Volkswirtschaftlichen Ausschusses konnten sich auf viele Petitionen aus den übervölkerten Regionen des Südwestens und Mitteldeutschlands stützen, in denen die Aufhebung der Gewerbefreiheit gefordert wurde. Bei der Verabschiedung setzten sich aber die liberalen Anhänger der Freizügigkeit und der Gewerbefreiheit nach preußischem Muster weitgehend durch. Immerhin wurde die Ausarbeitung eines Heimatgesetzes und einer Gewerbeordnung durch die Reichsgewalt vorgesehen.

Das Verhältnis von Staat und Kirche

In den Auseinandersetzungen über das Verhältnis des Staates zu den Religionsgemeinschaften gingen die Fronten quer durch die Fraktionen, zum Teil auch durch die Konfessionsgruppen hindurch, wenn auch die kirchentreuen Katholiken, vor allem in der zweiten Lesung der Grundrechte, als ein verhältnismäßig geschlossener Block im Sinne einer vorübergehenden Fraktionsbildung hervortraten. Große Einmütigkeit, abgesehen von einigen, in der landeskirchlichen Tradition stehenden Protestanten, bestand in der Ablehnung des staatskirchlichen Systems und, wenn auch nicht im gleichen Maße, in der Bejahung der Gleichstellung neuer Religionsgemeinschaften und Sekten mit den bisher vom Staate anerkannten und unterstützten Kirchen. Vor allem für die Katholiken war die Befreiung ihrer Kirche von staatlicher Bevormundung ein Ziel, für das man zu Konzessionen bereit war. Diese Position wurde mit der Formel von der Freiheit, Selbständigkeit und Unabhängigkeit der Kirche vom Staat bei fortdauernder Aufrechterhaltung ihrer Zusammenarbeit umschrieben; die völlige Trennung beider wurde abgelehnt. Anträge und Vorschläge von radikalen Religions- und Kirchengegnern, die auf eine Reduzierung des religiösen Einflusses in Staat und Gesellschaft oder auf Eingriffe in die innere Struktur der Kirchen im Sinne ihrer Demokratisierung hinausliefen, fanden keine Mehrheit. Das Ergebnis der Beratungen war ein Kompromiß. Unterstützt durch eine gut organisierte Petitionsbewegung gelang es der Katholischen Vereinigung, in der zweiten Lesung der Grundrechte einige Korrekturen zu ihren Gunsten durchzubringen, so die Begrenzung der Staatshoheit über die Kirchen auf die »allgemeinen Gesetze« und die Streichung des ursprünglich vorgesehenen Verbots des Jesuitenordens. Als bittere Niederlage empfanden es die Katholiken, daß die geistliche Schulaufsicht (bis auf diejenige über den Religionsunterricht) zugunsten des Staates aufgehoben wurde. Immerhin wurde die Gründung von Privatschulen zugelassen.

Zu dem Grundrechtsteil gehörten auch Vorschriften über die Unabhängigkeit der Rechtspflege, die Trennung der Justiz von der Verwaltung, die Öffentlichkeit und Mündlichkeit der Verfahren und, in Fortbildung des Artikels 13 der Bundesakte, Bestimmungen über die Landesverfassungen, mit denen das parlamentarisch-konstitutionelle System festgeschrieben wurde. Auf diese Weise gingen die Grundrechte über das Maß von Einheitlichkeit, das notwendig aus der Verbindung der Prinzipien der individuellen Gleichheit und Freiheit resultierte, ein gutes Stück hinaus. Das vor der Verabschiedung der Reichsverfassung verkündete Gesetz über die Grundrechte vom 27. Dezember 1848 wurde denn auch von einigen Ländern als Eingriff in ihre Autonomie angesehen. Obwohl seine rechtliche Geltung nicht von der Zustimmung der Länder abhing, bemühte sich das Reichsministerium um die landesrechtliche Publikation. Sie wurde von Österreich, Preußen, Bayern und Hannover verweigert, während fast alle anderen Länder die Grundrechte durch ihre Publikation oder auf andere Weise anerkannten. Das Gesetz über die Grundrechte wurde durch Bundesbeschluß vom 23. August 1851 wieder aufgehoben.

Erst seit Ende Oktober 1848 beschäftigte sich das Plenum der Nationalversammlung mit den Teilen der Reichsverfassung, in denen es nicht mehr um die Festlegung von Individualrechten ging, sondern um die Verteilung von Macht auf die am politischen Prozeß beteiligten Gruppen und an die Organe des zu schaffenden Reiches sowie um die Entscheidung über die miteinander verzahnten Fragen der Stellung Österreichs im oder zum Reich und des Trägers der Reichszentralgewalt, die man bis dahin dilatorisch behandelt hatte. Der zeitliche Rahmen, in dem man diese Probleme zu lösen hatte – er stand im Zeichen des Wiederaufstiegs der österreichischen und preußischen Autokratie –, noch mehr ihre politische Reichweite und sachliche Verknüpfung machten es unausweichlich, daß das Ringen um die endgültige Gestalt der Reichsverfassung nicht allein, wie es die Nationalversammlung am Beginn ihrer Tätigkeit festgelegt hatte, in den Ausschüssen und Fraktionen und auf der Tribüne des Parlaments stattfand, sondern darüber hinaus eine lebhafte Aktivität hinter den Kulissen der Paulskirche auslöste. An ihr beteiligten sich neben der provisorischen Zentralgewalt mit dem Reichsverweser und dem im Parlament verwurzelten Reichsministerium die Bevollmächtigten der Länder in Frankfurt, die Kabinette in Wien, Berlin und anderen Hauptstädten und selbst die Fürsten und ihre höfischen Berater. So waren die fünf Monate von Ende Oktober 1848, als die Nationalversammlung die Beratung der Abschnitte »Das Reich« und »Die Reichsgewalt« begann, bis Ende März 1849, als sie in scheinbarer Souveränität die Verfassung des Reiches verabschiedete und den preußischen König Friedrich Wilhelm IV. zu seinem erblichen Kaiser wählte, von einem raschen Wechsel politischer Konstellationen und einer großen Zahl von Aktionen auf den verschiedenen Ebenen des politischen Geschehens angefüllt, die in ihrer Interdependenz den Höhepunkt der Bemühungen um eine friedliche oder zumindest gewaltfreie Lösung der deutschen Verfassungsfrage markierten. Zwischen beiden Daten fanden zweimalige Verschiebungen der Parteifronten und damit der Mehrheitsverhältnisse sowie ein parlamentarischer Regierungswechsel von Schmerling zu Gagern statt, Konsultationen der Länder durch die Zentralgewalt nach der ersten Lesung der Verfassung, die Verhärtung der österreichischen Deutschlandpolitik unter Schwarzenberg bis zum Staatsstreich vom Anfang März auf der einen, höchst widersprüchliche Verlautbarungen der preußischen Führungsspitze zur deutschen Frage auf der anderen Seite, wie überhaupt eine Fülle diplomatischer Kontakte zwischen den beteiligten Regierungen, ohne daß es zu einer Klärung der strittigen Probleme kam, die es der Paulskirche ermöglicht hätte, eine auch für die Länder zustimmungsfähige Version der Reichsverfassung vorzulegen. Daß die Chance ihrer Durchsetzung de facto, wenn auch nicht de jure von der Entscheidung eines einzigen Mannes, des preußischen Königs, über die Annahme oder Ablehnung der Kaiserkrone und von den Bedingungen abhing, an die Preußen in diesem Falle die Zustimmung zur »kleindeutschen« Lösung knüpfen mochte, signalisierte die Veränderung des Kräftefeldes in Deutschland seit dem Sieg der Märzrevolution.

Kontroversen über die innere Verfassungsstruktur

Am wenigsten schien zunächst die Regelung der inneren Verfassungsstruktur des Reiches von der Alternative »kleindeutsch« oder »großdeutsch« abzuhängen. Soweit sie kontrovers war, schlugen deshalb bei ihrer Erörterung die ideologischen Positionen der Parlamentsparteien deutlich durch. Es entspricht dem Übergewicht des rechten Zentrums (Casino) im Verfassungsausschuß, daß man hier von vornherein einen Bundesstaat anvisierte, der das notwendige Maß an Einheit mit der Anerkennung der dynastischen Rechte und der Gewohnheiten der, wie man sagte, »Volksstämme« in den Einzelstaaten verband. Als Vorbild griff man auf die Verfassung der Vereinigten Staaten von Amerika zurück, wobei man sich der unterschiedlichen Bedingungen hinsichtlich der Größenunterschiede und der monarchischen Verfaßtheit der Einzelstaaten bewußt blieb. Es hat auch nicht an Vorschlägen gefehlt, die von Unitariern der Linken ebenso wie von Abgeordneten des Zentrums ausgingen, die Staatsstruktur Deutschlands durch eine neue Mediatisierung wenigstens der Kleinstaaten zu vereinfachen. Sie zielten vor allem auf den zersplitterten thüringischen Raum ab und fanden zeitweilig die Unterstützung des Reichsministeriums Leiningen. Da sich vor allem Preußen schützend vor die von der Mediatisierung bedrohten Fürsten stellte, ging das Parlament schließlich am 5. Dezember über die entsprechenden Anträge zur Tagesordnung über. In veränderter Form tauchten sie zu Jahresende vorübergehend in den österreichischen Vorschlägen an Preußen zu einer Machtteilung in Deutschland auf, ohne auf Gegenliebe zu stoßen.

Die Frage der Reichsgewalt

Erkannten somit alle Fraktionen der Paulskirche, die äußerste Linke nur widerstrebend, die Existenz der Einzelstaaten mit ihren Monarchen als zu respektierende Größen an und bestand auch relative Einigkeit über den Umfang der Reichsgewalt – mit der Vertretung nach außen, der Militärgewalt unter Einschränkungen, der Wahrung des inneren Friedens, wichtigen Bereichen der Legislative, der obersten Gerichtsbarkeit und der Oberaufsicht über das Verkehrswesen, das Post- und Telegraphenwesen, mit der Verfügung über die Zölle und einen Teil der Steuern und mit einer entsprechenden Finanzverwaltung –, so kamen die unterschiedlichen Standpunkte der Fraktionen vor allem in den Erörterungen über die Konstituierung, die Form und die Funktionen der Organe der Reichsgewalt zum Tragen. Gegen Versuche der Linken, für den Reichstag das Einkammersystem durchzusetzen, beschloß die Mehrheit der Nationalversammlung die Bildung von zwei Häusern, des föderativen Staatenhauses und des unitarisch-demokratischen Volkshauses. Der Wille der Mehrheit, mit Ausnahme der Rechten, auch das Staatenhaus als echte Vertretung der Bevölkerung der Einzelstaaten und nicht nur wie die Bundesversammlung als Gremium instruktionsgebundener Regierungsbevollmächtigter zu konstituieren, schlug sich in der Entscheidung nieder, die Hälfte der Mitglieder durch die einzelstaatlichen Volksvertretungen ernennen zu lassen. Daß das Staatenhaus völlig gleichberechtigt an der Legislative beteiligt wurde und sein Votum

nicht durch das Volkshaus aufgehoben werden konnte, wurde wiederum gegen Anträge der Linken, die ein nur suspensives Veto der Länderkammer vorsahen, beschlossen. Der auf Anregung der Rechten vom Verfassungsausschuß vorgeschlagene »Reichsrat«, ein beratendes Gremium aus Vertretern der Regierungen, wurde in erster Lesung angenommen, in der zweiten wieder gestrichen. Beide Abstimmungen fielen knapp aus. Die unitarische Korrektur durch das zweite Votum war eines der Resultate der Annäherung zwischen dem erbkaiserlichen Zentrum und der Linken in der Schlußphase der Verhandlungen.

Eine ähnliche Verschiebung zugunsten der Vorstellungen der Linken, die nach einem Inkrafttreten der Verfassung von ungleich größerer politischer Tragweite gewesen wäre, erfuhren die Bestimmungen über das Wahlrecht für die Bildung des Volkshauses. Es entsprach der schon im Vormärz bestehenden Vorstellung der liberalen Mehrheit des Verfassungsausschusses, daß, um mit Dahlmann zu sprechen, der bürgerliche Mittelstand den »Kern der Bevölkerung« und den »Schwerpunkt des Staates« bilde; es spiegelt aber auch die inzwischen größer gewordene Angst vor dem politischen und gesellschaftlichen Potential der klein- und unterbürgerlichen Schichten wider, wenn der Verfassungsausschuß mit knapper Mehrheit seiner zum rechten Zentrum und zur Rechten gehörenden Mitglieder dem Parlament einen Vorschlag unterbreitete, der hinter das Wahlrecht vom April 1848, nach welchem es selbst gebildet worden war, und auch hinter die Ergebnisse der inzwischen durchgeführten Wahlrechtsreformen in vielen Einzelstaaten zurückfiel. Er legte zwar das von der Linken geforderte direkte Wahlverfahren fest, aber um den Preis der Einführung der öffentlichen Wahl und der mit Hilfe einer eng definierten Selbständigkeitsklausel erzielten Beschränkung des Wahlrechts, wodurch unter anderem die Handwerksgesellen, die Fabrikarbeiter, das Gesinde und die Tagelöhner, dazu die Empfänger von Armenunterstützung und der Kreis der durch Gerichtsurteil um die bürgerlichen Ehrenrechte Gekommenen, ausgeschlossen worden wäre. Nach einer Berechnung des Statistikers Dieterici hätten auf diese Weise in Preußen rund die Hälfte aller Bürger das Wahlrecht eingebüßt, die im Frühjahr 1848 die Abgeordneten zur Frankfurter und Berliner Nationalversammlung gewählt hatten. Eine solche Beschränkung des Wahlrechts und des Wahlverfahrens besaß von Anfang an keine Aussicht auf Annahme im Plenum, wenngleich zunächst nur die Linke die allgemeine, geheime und direkte Wahl forderte, während die verschiedenen Gruppierungen des linken Zentrums und auch ein Teil des Casinos Alternativvorschläge entwickelten, die auf eine weniger einschneidende Eindämmung der numerischen Überlegenheit der unterbürgerlichen Bevölkerung hinausliefen. Die entscheidenden Debatten über das Reichswahlgesetz fanden aber zu einem Zeitpunkt, in der zweiten Februarhälfte und Anfang März 1849, statt, zu dem sich das Werben der neuen Gruppierungen der »Großdeutschen« und »Erbkaiserlichen« (»Kleindeutschen«) um die Gunst der Linken auswirkte. Schon am Ende der ersten Lesung des Gesetzes (20. Februar) lehnte das Parlament mit einer ungewöhnlich hohen Mehrheit (422:21) den Wahlrechtsvorschlag des Verfassungsausschusses, anschließend auch die verschiedenen Kompromißanträge ab und beschloß das allgemeine und gleiche Wahlrecht mit nur geringfügigen Einschränkungen. Auch der Versuch der rechten Seite des Parlaments, die Folgen der Niederlage durch die Festlegung auf das öffentliche und indirekte Verfahren abzufangen, hatte keinen Erfolg. Die Mehrheit votierte für die geheime und direkte Wahl und nahm das Gesetz als Ganzes am 2. März 1849 an, mit den Stimmen einer Anzahl großdeutscher Abgeordneter aus dem Casino und der Rechten wohl in der Hoffnung, dem preußischen König durch ein möglichst demokratisches Wahlrecht die Annahme der ihm zugedachten Kaiser-

Das Wahlrecht

Das Reichswahlgesetz v. 2. März 1849

krone zu verleihen. Andere Abgeordnete des rechten Zentrums stimmten in der Erwartung einer späteren Revision dem Wahlgesetz zu, das in seiner verabschiedeten Fassung ein klarer Erfolg der linken Seite der Nationalversammlung war.

Das Ringen um die Kompetenzen des Reichsoberhauptes

Dieselbe Konstellation wirkte sich zugunsten der Linken in einem dritten Punkt aus, dessen Verknüpfung mit der Oberhausfrage noch enger war, nämlich in der Entscheidung über die Kompetenz der Exekutive gegenüber der Volksvertretung in strittigen Fragen. Hier verlangten die Liberalen und Konservativen, teils im Interesse einer Stärkung der Reichsgewalt insgesamt, teils aus Rücksicht auf die Tradition der Monarchie, für das Reichsoberhaupt ein absolutes Veto gegenüber parlamentarischen Beschlüssen. Diese Forderung war, zumindest von seiten der Liberalen, nicht als Einspruch gegen die parlamentarische Regierungsweise gedacht, die allerdings in der Verfassung nicht ausdrücklich verankert wurde. Gerade weil man, wie viele Äußerungen in den Debatten der Paulskirche, aber auch der mehrfache parlamentarische Regierungswechsel des Jahres 1848 erkennen ließen, dieses Prinzip anzuerkennen gewillt war, hielt man an dem absoluten Veto fest, besonders Dahlmann als Berichterstatter des Ausschusses mit ausgesprochen machtpolitischen Argumenten. Für das linke Zentrum und die Linke bedeutete dagegen die Beschränkung des Reichsoberhauptes auf ein nur suspensives Veto die verfassungsmäßige Sanktionierung und Garantie der seit der Märzrevolution »tatsächlich« bestehenden »Herrschaft der gewählten Repräsentanten«. Daß das absolute Veto, wie es vom Verfassungsausschuß vorgeschlagen worden war, schon in der ersten Lesung, am 14. Dezember, zugunsten eines suspensiven Einspruchsrechts verworfen wurde, als taktische Gesichtspunkte wie bei der Verabschiedung des Wahlgesetzes noch keine große Rolle spielten, zeigt deutlich, daß die Tendenz zur Stärkung des künftigen Zentralparlaments bis hin zur Anerkennung der Volkssouveränität nicht nur das Resultat kurzfristiger Kompromisse war, sondern von einem breiten Konsens des in der Nationalversammlung vertretenen politischen Bürgertums getragen wurde. Daß die Vorentscheidung vom 14. Dezember, deren Tragweite für die spätere Haltung des preußischen Königs zur Reichsverfassung erheblich war, in der zweiten Lesung bestätigt werden würde, konnten allerdings die Anhänger des absoluten Vetos zu diesem Zeitpunkt nicht vorhersehen.

Die Stellung Österreichs

Ausgangspunkt der Beratungen über die Stellung Österreichs zum neuen Reich war der Entwurf des Verfassungsausschusses für die Paragraphen 1 bis 3. Das Reich sollte aus dem Gebiet des Deutschen Bundes bestehen; der Status Schleswigs wurde offengelassen. Zugleich wurde als Konsequenz aus der bundesstaatlichen Lösung festgelegt, daß kein Teil des Reiches mit nichtdeutschen Ländern zu einem Staat vereinigt sein dürfe und daß das Verhältnis solcher Länder zueinander im Falle eines gemeinsamen Oberhauptes auf der Grundlage der Personalunion zu regeln sei. Dies bedeutete, daß der österreichische Gesamtstaat in seine bundeszugehörigen Länder (mit Böhmen und Mähren) und die außerhalb des Bundes liegenden Länder aufzugliedern war. Obwohl allen Beteiligten das Dilemma, in das Österreich durch diesen Vorschlag geriet, bewußt war, nahm ihn das Parlament am 27. Oktober, also noch vor der Eroberung Wiens durch Windischgrätz, ohne Änderung an – viele Abgeordnete in der Erkenntnis, daß das schwierige Problem damit nicht erledigt sei. In der Aussprache, die der Abstimmung vorausging, tauchten schon die Alternativen zu dieser »großdeutschen« Lösung der nationalen Frage auf: sowohl das Ausscheiden Österreichs aus dem deutschen Bundesstaat – die »kleindeutsche« Lösung – als auch die Aufnahme des gesamtösterreichischen Gebietes in einen deutschen Staatenbund. Heinrich von Gagern, damals noch Präsident des Parlaments, formulierte zum ersten Male öffentlich seine Konzeption eines engeren und

»großdeutsch« – »kleindeutsch«

weiteren Bundes, ohne die von ihm und anderen Abgeordneten des rechten Zentrums gewünschte Führung des engeren Bundesstaates durch Preußen zu erwähnen. Jedenfalls war man sich noch darin einig, daß Österreich in einer Verbindung mit dem übrigen Deutschland bleiben müsse.

Die Hoffnung, dies auf dem Wege der bundesstaatlichen Lösung im Sinne des Verfassungsentwurfes zu erreichen, wurde schnell zunichte. Am 27. November verkündete Fürst Schwarzenberg in seinem Kremsier Programm »Österreichs Fortbestand in staatlicher Einheit« als deutsches und europäisches Bedürfnis. Obwohl er die künftigen Beziehungen zwischen Österreich und Deutschland offenließ, war die Absage an den Gedanken der Personalunion eindeutig. Inzwischen begann sich auch die Spaltung der rechten Seite der Paulskirche in zwei neue »Parteien« abzuzeichnen. Auf der einen Seite stand die »großdeutsche« Gruppe mit dem Ministerpräsidenten Schmerling, die auch um den Preis einer Revision der Paragraphen 2 und 3 die deutschösterreichischen Länder für das Reich erhalten wollten, auf der anderen Seite die Anhänger der Idee des engeren und weiteren Bundes. Sie arbeiteten auf das für Schmerling und seine Freunde unannehmbare preußische Erbkaisertum für den engeren deutschen Bundesstaat hin. Obgleich erste Sondierungen in diese Richtung bei Friedrich Wilhelm IV. Anfang November ein eher negatives Ergebnis gebracht hatten (vgl. oben S. 255), widersetzte sich diese Gruppe nachdrücklich dem Vorschlag Schmerlings, Gagern in das Kabinett aufzunehmen und Verhandlungen mit Österreich über seine Verbindung mit Deutschland zu führen. So trat Schmerling zusammen mit seinem österreichischen Landsmann Joseph von Würth am 15. Dezember aus dem Reichsministerium aus. Gagern wurde vom Reichsverweser, der als österreichischer Erzherzog in eine prekäre Lage geriet, zum neuen Ministerpräsidenten ernannt. Am 18. Dezember legte er dem Parlament sein Programm vor. Es enthielt – in Übereinstimmung mit dem ursprünglichen Plan Schmerlings – die Bitte um Ermächtigung der Zentralgewalt, diplomatische Verhandlungen mit Österreich über seine Stellung zum deutschen Bundesstaat aufzunehmen. Statt einfacher Zustimmung setzte die Nationalversammlung einen Ausschuß zur Prüfung des Vorschlages ein, in dem Abgeordnete der Linken und des linken Zentrums die Mehrheit hatten. Damit war klar, daß die beiden neuen Gruppierungen, die erbkaiserliche Partei um Gagern ebenso wie die Großdeutschen, für die Durchsetzung ihres Programms oder zumindest für die Verhinderung der Pläne der jeweiligen Gegenpartei auf Bundesgenossen auf der linken Seite des Hauses oder außerhalb des Parlaments angewiesen waren.

Während Gagern vor der Entscheidung der Nationalversammlung über seine Vorschläge die Hände gebunden waren, ging die Gegenseite zur Offensive über. Es kam seit Ende 1848 zu einer kurzfristigen Koalition zwischen dem Großdeutschen Schmerling und dem Großösterreicher Schwarzenberg. Am 28. Dezember verband Schwarzenberg in einem Schreiben an Schmerling, der zum österreichischen Bevollmächtigten in Frankfurt ernannt wurde, die Ablehnung des Planes eines Doppelbundes mit dem Anspruch Österreichs, als »deutsche Bundesmacht« an der Entscheidung über die Verfassung mitzuwirken. Schon vorher hatte er Kontakt zum preußischen König gesucht, der sich aber als unsicherer Partner erwies. Schlug Friedrich Wilhelm IV. in einer Denkschrift vom 4. Januar, die ohne Absprache mit dem Kabinett Brandenburg zustande gekommen war, den Plan eines erneuerten deutschen Kaisertums des Hauses Österreich mit Preußen als Reichsfeldherren vor, so vollzog er unter dem Druck seines Ministeriums zwei Wochen später einen radikalen Kurswechsel. In einem Rundschreiben an ihre Missionen vom 23. Januar 1849 übernahm die preußische Regierung nun

Das Kremsier Programm v. 27. November 1848

Die Idee des engeren und weiteren Bundes

Das Ministerium Gagern

Unklare Haltung Preußens

die Idee des engeren und weiteren Bundes und bot zugleich für den engeren Bund die preußische Führung an. Das bedeutete den Abbruch der Verhandlungen mit Österreich, das nunmehr auf die ablehnende Haltung der Mittelstaaten, vor allem Bayerns, Sachsens und Hannovers, gegenüber den Plänen Gagerns setzte.

Zu diesem Zeitpunkt hatte sich die Situation in Frankfurt erneut verändert. Gagern hatte am 13. Januar ein begrenztes Mandat der Nationalversammlung für die Verfolgung seines Planes erhalten, allerdings nur durch eine knappe Mehrheit, die er der Zustimmung eines Teiles des linken Zentrums und der Fraktion Westendhall verdankte. Kein einziger Österreicher hatte ihm die Stimme gegeben. Zugleich geriet die Nationalversammlung in ihrer ersten Debatte über die Oberhauptfrage in eine Sackgasse. Keine der möglichen Lösungen — weder die von der Linken gewünschte Einsetzung eines auf Zeit gewählten Oberhauptes, noch ein Direktorium, das immer wieder von bayerischer Seite, auch auf diplomatischem Wege, im Sinne der Triasidee favorisiert wurde, noch das Erbkaisertum — fanden in den Abstimmungen vom 19./23. Januar 1849 eine ausreichende Mehrheit. So sah die Reichsverfassung nach dem Abschluß der ersten Lesung (26. Januar) zwar einen »Kaiser der Deutschen« vor, ohne aber anzugeben, wie er zu seinem Amt kommen werde. Unter dem Eindruck dieser Vorgänge konsolidierte sich seit Anfang Februar die Umgruppierung der rechten Seite des Parlaments in die vorwiegend süddeutsch-österreichisch-katholischen »Großdeutschen« und die norddeutsch-protestantischen »Kleindeutschen« (Erbkaiserlichen). Es begann ihr Werben um die Unterstützung der Linken, deren Mehrheit einerseits großdeutsch und antipreußisch, andererseits republikanisch und zentralistisch dachte. Während sich die Großdeutschen, zu denen auch der liberale Welcker stieß, im Pariser Hof trafen, gründeten die Erbkaiserlichen am 17. Februar ihre Fraktion im Weidenbusch. In der zweiten Lesung der Verfassung mußte sich zeigen, welche der beiden Parteien den Wettlauf um die Gunst der Linken gewann.

Groß- und kleindeutsche Fraktionsbildung (Februar 1849)

Der Anstoß zur Entscheidung kam allerdings wiederum von außen. Gagern hatte nach der Beendigung der ersten Lesung die Länderregierungen um Stellungnahmen gebeten, unbeschadet des Anspruchs der Nationalversammlung auf Alleinentscheidung über die Verfassung. Während Österreich und die vier mittelstaatlichen Königreiche den Entwurf ablehnten, Österreich nicht nur der Sache nach, sondern unter ausdrücklichem Festhalten am Vereinbarungsprinzip, stimmten Preußen und fast alle übrigen Regierungen im Grundsatz zu. Entscheidend für die Niederlage der großdeutschen Partei in Frankfurt wurde jedoch der österreichische Staatsstreich vom 4./7. März 1849. Die gleichzeitig mit der Auflösung des Reichstages von Kremsier oktroyierte Verfassung vom 4. März legte die staatsrechtliche Einheit der deutschen und nichtdeutschen Teile der österreichischen Gesamtmonarchie fest. In einer Note an die Reichszentralgewalt vom 9. März forderte Schwarzenberg die Aufnahme des österreichischen Gesamtstaates in den neu zu schaffenden deutschen Staatenbund, eine direktorial organisierte Zentralgewalt und ein aus Delegierten der einzelstaatlichen Parlamente zusammengesetzes Staatenhaus, in dem Österreich entsprechend seiner Bevölkerungszahl die Mehrheit der Sitze erhalten sollte.

Der österreichische Staatsstreich v. 4./7. März 1849

Schwarzenbergs Plan des 70-Millionen-Reiches

Der Vorschlag des 70-Millionen-Reiches, mit dem Schwarzenberg das neue Machtbewußtsein der österreichischen Monarchie demonstrierte, sprengte die Koalition zwischen den konservativen und liberal-demokratischen Anhängern des großdeutschen Gedankens mit dem Resultat des dramatischen Wechsels Welckers auf die Seite der Erbkaiserlichen (12. März). Er veranlaßte auch Schmerling, der sich bloßgestellt sah, zur Distanzierung von seiner Regierung. Das bedeutete aber noch nicht den Sieg der kleindeutschen Partei. Dieser mußte erst durch einen prekären Kompromiß mit einem Teil der Linken erkauft werden. Eine von dem Breslauer HEINRICH SIMON geführte Gruppe von 15 Abgeordneten der Linken ließ sich für das preußische Erbkaisertum gewinnen, nachdem sich 114 Abgeordnete des Zentrums verpflichtet hatten, das suspensive Veto des Kaisers und das demokratische Wahlgesetz in der zweiten Lesung nicht mehr anzufechten; weitere 86 von ihnen, unter ihnen Gagern, versprachen, sich nicht an Versuchen einer inhaltlichen Änderung der Verfassung nach ihrer zweiten Lesung zu beteiligen. Es ist angesichts der zu erwartenden Widerstände Preußens gegen die umstrittenen Verfassungsteile fraglich, ob sich die Unterzeichner der zweiten Zusage an sie gebunden fühlten. Jedenfalls wurde das Erbkaisertum aufgrund des »Simon-Gagern-Paktes« am 27. März 1849 mit 267 gegen 263 Stimmen angenommen und einen Tag darauf Friedrich Wilhelm IV. mit 290 Stimmen bei 248 Enthaltungen zum Kaiser gewählt. Damit hatte die Nationalversammlung formal ihren Anspruch auf alleinige Verfassungsgebung aufrechterhalten. Politisch stand aber das Ergebnis unter einer doppelten Belastung. Zum einen negierte die Verfassung, indem sie in den Paragraphen 1 bis 3 an dem großdeutschen Bundesstaat festhielt, ohne Rücksicht auf die Machtverhältnisse die österreichische Weigerung, diese Lösung anzuerkennen. Zum anderen engte sie durch die Festschreibung der zentralistischen und demokratischen Elemente den Spielraum für Verhandlungen mit den Ländern und mit dem preußischen König ein. Die Aussichten für ihre Hinnahme durch die größeren Einzelstaaten waren dadurch nicht besser geworden.

Der »Simon-Gagern-Pakt«

Kaiserwahl Friedrich Wilhelms IV. (27. März 1849)

Nach der Kaiserwahl verlagerte sich der Schauplatz des Geschehens in die preußische Hauptstadt, in die sich Ende März eine Delegation der Nationalversammlung mit ihrem Präsidenten EDUARD SIMSON an der Spitze begab, um FRIEDRICH WILHELM IV. die Kaiserkrone offiziell anzutragen. Wie während des ganzen Revolutionsjahres, so sah sich der König auch jetzt wieder dem Einfluß divergierender Ansichten und Kräfte ausgesetzt. Während die altpreußisch-legitimistische Kamarilla und die »Kreuzzeitung« die Reichsverfassung und die Kaiserkrone als revolutionäre Usurpation schroff ablehnten und von ihrer Annahme den Untergang Preußens mit seinen eigenständigen Traditionen in Deutschland befürchteten, votierten die beiden preußischen Kammern, die im Januar aufgrund der Dezemberverfassung gewählt worden waren, Anfang April für die Annahme, die erste Kammer unter der Bedingung der Zustimmung durch die Einzelstaaten. Zu den Befürwortern zählten hier auch Konservative. Für eine bedingte Annahme sprach sich eine dritte großpreußisch-staatskonservative Gruppe aus, zu der neben dem Thronfolger Prinz Wilhelm und seiner Gemahlin Augusta die Mehrheit der amtierenden Minister und eine Reihe liberal-konservativer Abgeordneter in Frankfurt und Berlin, wie zum Beispiel der Freiherr Georg von Vincke, gehörten. Man strebte die preußische Hegemonie in Deutschland an und schlug dem König vor, als Voraussetzungen für eine Annahme auf der Zustimmung der übrigen Fürsten zu bestehen, die Ersetzung des suspensiven durch das absolute Veto und die Beseitigung des gleichen Wahlrechts zu fordern, also gerade derjenigen Bestimmungen, deren unbedingte Beibehaltung der Inhalt des »Simon-Gagern-Paktes« gewesen war. Tatsächlich bemühten sich liberale und konservative Persönlichkeiten, unter ihnen besonders Ludolf Camphausen als preußischer Bevollmächtigter, in Frankfurt um eine Vermittlung in dieser Richtung. Die Ablehnung der Kaiserkrone durch den König, zuerst mündlich gegenüber der Delegation in verklausulierter Form am 3. April, endgültig in einer Note Brandenburgs an das Reichsministerium vom 28. April 1849, war aber nicht die Resultante der von außen kommenden Einflüsse. Diese Entscheidung beruhte, nach allen Äußerungen Friedrich Wilhelms, auf seiner ungebrochenen

Die Kaiserdeputation in Berlin

Absage Friedrich Wilhelms IV. 3./28. April 1849

Loyalität gegenüber der Kaisertradition der Habsburger und auf seiner Überzeugung von der Unvereinbarkeit des Gottesgnadentums mit einer aus dem Parlament hervorgegangenen Kaiserwürde. Sie war für ihn, wie er an Ernst Moritz Arndt schrieb, das »eiserne Halsband der Knechtschaft«, durch das er der Revolution leibeigen gemacht werden sollte. Mit dieser Entscheidung war die Politik der erbkaiserlichen Mehrheit der Frankfurter Nationalversammlung und des Ministeriums Gagern gescheitert. Daran änderte auch eine Kollektivnote vom 14. April nichts, mit der 28 deutsche Regierungen die Reichsverfassung anerkannten. Es fehlten neben Österreich und Preußen die Königreiche Bayern, Württemberg, Hannover und Sachsen. König Wilhelm von Württemberg wurde nachträglich unter dem Druck der öffentlichen Meinung in seinem Land zur Anerkennung gezwungen (24. April). Versuche Gagerns und Camphausens, trotz allem eine Verständigung zwischen Preußen und Frankfurt zustande zu bringen, schlugen Anfang Mai 1849 endgültig fehl.

Anerkennung der Reichsverfassung durch 28 Staaten (14. April 1849)

Die oft gestellte Frage, ob einem auf der Grundlage der Frankfurter Reichsverfassung gebildeten kleindeutschen Bundesstaat unter preußischer Führung im Jahre 1849 die außenpolitischen Verwicklungen erspart geblieben wären, die zwei Jahrzehnte später der Bismarckschen Reichsgründung vorausgingen, läßt sich nicht eindeutig beantworten. Sicher ist, daß ein solcher Bundesstaat nicht nur eine Kriegserklärung an Österreich bedeutet hätte, sondern auch auf den entschiedenen Widerstand Rußlands gestoßen wäre. Die französische Haltung gegenüber der deutschen Nationalbewegung war seit dem Sommer 1848 merklich abgekühlt. Ein Indiz der möglichen außenpolitischen Gefahren einer deutschen Einigung war der Verlauf der Kämpfe um Schleswig und Holstein, die Anfang April 1849 nach dem Scheitern der Friedensverhandlungen mit Dänemark erneut ausbrachen. Wiederum engagierte sich Preußen militärisch auf der Seite der Herzogtümer und zunächst noch im Auftrag der Frankfurter Zentralgewalt. Wiederum mußte es – nach anfänglichen Erfolgen – vor dem diplomatischen Druck der Großmächte England, Rußland und Frankreich zurückweichen und am 10. Juli 1849 in einen zweiten Waffenstillstand einwilligen, um schließlich im Berliner Frieden vom 2. Juli 1850, den es auch im Namen des Deutschen Bundes schloß, die Herzogtümer preiszugeben. Nach langen Auseinandersetzungen erkannten die Großmächte im ersten und zweiten Londoner Protokoll vom 4. Juni 1850 und 8. Mai 1852 die Integrität des dänischen Gesamtstaates mit Schleswig und Holstein an, ohne die Erbfrage endgültig regeln zu können.

Zweiter Waffenstillstand mit Dänemark (10. Juli 1849)

6. Die Reichsverfassungskampagne und das Ende der Nationalversammlung

Nach der Ablehnung der Kaiserwürde durch König Friedrich Wilhelm IV. geriet die Frankfurter Nationalversammlung in eine fast ausweglose Situation. Die Reichsverfassung war nach der von der Paulskirche vertretenen Auffassung ein Akt der souveränen Nation und bedurfte nicht der Zustimmung der Einzelstaaten. Mit ihrer Verkündung durch den Parlamentspräsidenten Eduard Simson am 28. März 1849 beanspruchte sie Rechtskraft. Für die Durchsetzung dieses Anspruchs standen aber, nachdem Österreich, Preußen und die meisten Mittelstaaten die Anerkennung verweigerten, nur zwei Wege offen, deren Erfolgsaussichten von vornherein gering waren. Beide wurden eingeschlagen und mündeten in ein Fiasko, welches das Ende der bürgerlichen Revolution bedeutete. Zum einen versuchte die Nationalversammlung, die Verfassung, gestützt auf ihre moralische Autorität und die Anerkennung durch 29 Klein- und Mittelstaaten, durch einen Appell an das deutsche Volk zur

Geltung zu bringen. Zum anderen erhoben die außerparlamentarischen Kräfte der Linken, die bis dahin eher in Opposition zur Mehrheit der Paulskirche gestanden hatten, die Durchsetzung der Verfassung auf revolutionärem Wege zu ihrem Programm. So war der Bürgerkrieg um die Reichsverfassung im Mai 1849 der verzweifelte Versuch, das nationale Ziel der Revolution durch die Verbindung mit den vorhandenen sozialrevolutionären Energien im Kampf gegen die partikularen Gewalten doch noch zu erzwingen. Trotz der Unterstützung durch eine breite Volksbewegung scheiterte er an der mangelnden Koordinierung der Aktionen in und zwischen den regionalen Schwerpunkten der Erhebung, die kein politisches Zentrum besaß, an der Furcht vieler Bürger vor der »roten« Revolution und dem entschlossenen Widerstand der Gegenrevolution, der sich Preußen mit seiner Armee bereitwillig zur Verfügung stellte.

Nach der mündlichen Ablehnung der Kaiserkrone durch den preußischen König am 3. April hatte sich das Ministerium Gagern noch in der Hoffnung gewiegt, Preußen könne durch die Fürsten der Einzelstaaten und durch Verhandlungen mit der Zentralgewalt doch dazu gebracht werden, sich an die Spitze eines engeren Bundesstaates auf der Basis der Reichsverfassung zu stellen. Tatsächlich gab es in Berlin Kräfte, die einer solchen Politik zuzuneigen schienen: die Prinzessin Preußen, einzelne Minister des Kabinetts Brandenburg und vor allem Ludolf Camphausen, der preußische Bevollmächtigte in Frankfurt. Seine Vermittlungspläne sahen die Zustimmung der Fürsten zu einer Übernahme des Amtes des Reichsoberhauptes durch den preußischen König ohne den Kaisertitel sowie eine mit der Frankfurter Nationalversammlung zu vereinbarende Verfassungsrevision vor. Beide Voraussetzungen erwiesen sich als illusorisch. Indem die Nationalversammlung am 11. April einen aus Abgeordneten der Erbkaiserlichen und der gemäßigten Linken gebildeten Ausschuß einsetzte, der Maßnahmen zur Durchführung der Reichsverfassung vorbereiten sollte, und zugleich erklärte, daß man an der verabschiedeten Fassung festhalte, schob sie einer Revision den Riegel vor. Die bedingungslose Anerkennung der Reichsverfassung durch die Regierungen von 28 (mit Württemberg 29) Staaten bestärkte sie in dieser Haltung. Damit war auch der Vorschlag erledigt, auf der Ebene von Bevollmächtigten weiter zu verhandeln. Gagern gab die Hoffnung auf eine preußische Lösung noch nicht auf. Ende April wurde Bassermann noch einmal als Bevollmächtigter der Zentralgewalt nach Berlin geschickt. Er sollte die preußische Regierung offiziell zur Anerkennung des unveränderten Verfassungswerkes auffordern – die gleiche Aufforderung erging an Bayern, Sachsen und Hannover –, insgeheim aber Verhandlungen mit dem Ziel der Übernahme der Zentralgewalt durch den König und einer anschließenden Verfassungsrevision durch die Nationalversammlung führen. Gleichzeitig begann man auf die Abdankung des Reichsverwesers hinzuarbeiten, der nicht mehr bereit war, den Kurs des Ministeriums zu decken. Beide Versuche schlugen jedoch fehl. Durch die endgültige Absage des preußischen Königs am 28. April und den Beginn der Reichsverfassungskampagne geriet das Reichskabinett in eine schwierige Lage. Die Nationalversammlung forderte am 4. Mai die Regierungen, Parlamente und Gemeinden der Einzelstaaten und »das gesamte deutsche Volk« auf, die Reichsverfassung »zur Anerkennung und Geltung zu bringen«. Die Wahlen zum Volkshaus sollten am 15. Juli stattfinden. Als Gagern am 8. Mai ein Programm entwickelte, nach welchem der Kampf um die Reichsverfassung von der Zentralgewalt unterstützt werden sollte, sofern er mit gesetzlichen Mitteln geführt werde, versagte ihm Erzherzog Johann die Zustimmung. Am 10. Mai trat das Ministerium zurück. Gleichzeitig forderte die Nationalversammlung mit der Mehrheit der Linken und des linken Zentrums die Zentralgewalt auf,

Vermittlungsversuche zwischen Frankfurt und Berlin

Rücktritt Gagerns 10. Mai 1849

gegen die preußische Intervention in Sachsen einzuschreiten und alle Bestrebungen des deutschen Volkes zur Durchsetzung der Verfassung in Schutz zu nehmen.

Schrittweise Auflösung der Nationalversammlung

Damit war die Koalition, die die Verabschiedung der Reichsverfassung und die Kaiserwahl möglich gemacht hatte, endgültig gesprengt. Die Folge war die schrittweise Auflösung des Parlaments, aus dem schon vorher die meisten österreichischen Abgeordneten ausgeschieden waren, und die Verselbständigung der Zentralgewalt. Ein wichtiger Schritt auf diesem Wege war die einseitige Bildung des großdeutsch-konservativen Ministeriums Grävell-Detmold durch den Reichsverweser. Sie war ein Affront gegenüber der von der Linken gestellten Parlamentsmehrheit und die Abkehr von dem bisher respektierten Prinzip der parlamentarischen Regierung. Das wurde vollends deutlich, als die Regierung der Nationalversammlung am 17. Mai erklärte, daß der Vollzug der Reichsverfassung außerhalb der Zuständigkeiten der Zentralgewalt liege, deren Aufgabe es vielmehr sei, allen gewaltsamen Versuchen hierzu entgegenzutreten.

Weder ein Mißtrauensvotum der Nationalversammlung gegen das Ministerium noch der Versuch der Linken, Erzherzog Johann zum Rücktritt zu veranlassen, hatten Erfolg. Der Reichsverweser stellte sich auf den Standpunkt, daß er sein Amt nicht nur der Nationalversammlung, sondern auch der Übertragung durch die Regierungen verdanke, in deren Hände er es allenfalls zurücklegen werde. Fast gleichzeitig mit diesen Vorgängen erklärte Preußen (14. Mai), dann seinem Beispiel folgend Sachsen und Hannover, die Mandate der Abgeordneten der Paulskirche für erloschen. Noch im Laufe des Mai traten viele Abgeordnete, zumeist Mitglieder des Zentrums und der Rechten, darunter Georg Beseler, Dahlmann, Droysen, Heinrich und Max von Gagern, Mathy, Simson, Waitz und Welcker, aus dem Parlament aus, in dem auf diese Weise die Linke die Mehrheit erhielt. Um sich der Auflösung durch die in der Bundesfestung Mainz stationierten Truppen Österreichs und Preußens zu entziehen, beschloß die dezimierte Nationalversammlung am 30. Mai mit 71 gegen 64 Stimmen ihre Verlegung in die württembergische Hauptstadt Stuttgart.

Verlegung des Rumpfparlaments nach Stuttgart 30. Mai 1849

Die Reichsverfassungskampagne

Der Autoritätsverlust der Nationalversammlung und die Machtlosigkeit der Zentralgewalt traten nirgends klarer zutage als in den Maiwochen des Jahres 1849, als gleichzeitig mit den papiernen Beschlüssen des Parlaments und den verzweifelten, im Endeffekt folgenlosen Aktionen der Zentralgewalt, aber weitgehend unberührt von ihnen, der revolutionäre Kampf um die Durchsetzung der Reichsverfassung in weiten Teilen Mitteldeutschlands und des Südwestens ausgefochten wurde. Er war schon am Monatsende, mit Ausnahme des pfälzischen und badischen Aufstandes, zugunsten der Gegenrevolution entschieden. Träger des außerparlamentarischen Kampfes um die Verfassung war zunächst der »Zentralmärzverein« (vgl. oben S. 232) mit den angeschlossenen regionalen und lokalen Organisationen der demokratischen Mitte und Linken. Hatte der Verein, an dessen Spitze Abgeordnete der Frankfurter Linken standen, bis Ende März das Verfassungsprogramm der Erbkaiserlichen strikt abgelehnt, so proklamierte er nach der Annahme der Reichsverfassung in seiner überwiegenden Mehrheit den Kampf um ihre Durchführung mit allen gesetzlichen Mitteln. Massendemonstrationen in allen Teilen Deutschlands sowie eine Flut von Adressen, mit denen die Nationalversammlung seit Mitte April überschüttet wurde, waren sein Werk. Noch auf einer Generalversammlung der Märzvereine am 6. Mai fanden Anträge auf eine aktive Unterstützung der Revolution in Sachsen und der Pfalz keine Mehrheit. Gleichwohl schlossen sich viele Mitglieder des Vereins der Mairevolution an, als die Aussicht auf eine friedliche Durchsetzung der Reichsverfassung dahinschwand, wie überhaupt der Übergang von der legalen

Agitation für die Verfassung zum aktiven Kampf und zum gewaltsamen Widerstand gegen die Obrigkeiten je nach den besonderen Gegebenheiten in den Städten, Regionen und Staaten fließend war.

Den ersten – und einzigen – Erfolg hatte die Reichsverfassungskampagne in Württemberg zu verzeichnen. Hier zwang eine Koalition der Linken im Parlament mit den demokratischen und liberalen Volks- und Vaterlandsvereinen im Land den widerstrebenden König am 25. April zur Anerkennung der Verfassung. Das gelang aber nur, weil sich das Märzministerium Römer mit einer Rücktrittsdrohung auf die Seite der Verfassungsanhänger stellte. In Preußen gaben die Auflösung der zweiten Kammer, die Verhängung des Belagerungszustandes und die Einberufung der Landwehr Anfang Mai den Anstoß für eine landesweite Protestbewegung. Während die Märzvereine sowie Städtetage in Königsberg und Köln die Forderung auf Anerkennung der Reichsverfassung als verbindliches Grundgesetz für Deutschland mit einer Rechtsverwahrung gegen die Einberufung der Landwehr verknüpften, kam es zu regelrechten Meutereien der Landwehrsoldaten und zu Unruhen in Breslau und in zahlreichen Städten des niederrheinischen und des bergisch-märkischen Industriegebietes, wo sich vielfach Arbeiter und die Unterschichten unter Führung von Intellektuellen mit den Meuterern solidarisierten. In Prüm (Eifel) und in Siegburg, hier unter der Führung des Bonner Professors Gottfried Kinkel und des Kölner Kommunisten Fritz Anneke, suchte man die Zeughäuser der Landwehr zu besetzen. Schon hier, aber noch mehr in den Städten Elberfeld und Iserlohn, stellte sich heraus, daß das Bürgertum zu einem bewaffneten Aufstand nicht bereit war. Friedrich Engels, der sich der Landwehrmeuterei in seiner Heimatstadt angeschlossen hatte, wurde von den bürgerlichen Anhängern der Verfassungskampagne aus der Stadt entfernt. Die Bürgerwehr konnte die Landwehrrevolte unterdrücken, bevor preußisches Militär die Stadt besetzte. Dagegen bedurfte es in Iserlohn des Einsatzes von Linientruppen, um den Aufstand niederzuschlagen (17. Mai). Er kostete über 100 Tote. Viele der an der Erhebung beteiligten Demokraten und Kommunisten setzten sich, sofern sie nicht verhaftet wurden, nach Süden ab, um sich den Aufständischen in der Pfalz und Baden anzuschließen. Die »Neue Rheinische Zeitung«, die in dem Kampf um die Reichsverfassung den Anfang eines Bürgerkrieges um die »eine und unteilbare deutsche Republik« gesehen hatte, wurde am 11. Mai verboten, Marx aus Preußen ausgewiesen.

Im Königreich Sachsen, wo seit den Landtagswahlen vom Dezember 1848 die Demokraten die Mehrheit in der zweiten Kammer besaßen und im Februar 1849 die Regierung von der Pfordten gestürzt hatten, weil sie für eine Vereinbarung der Reichsverfassung mit den Einzelstaaten eintrat, fehlte es zunächst an einer gemeinsamen Linie der Linken in der Reichsverfassungskampagne. Erst nachdem die Regierung Held, nicht zuletzt unter dem Einfluß des neuen Außenministers Graf Beust, die Reichsverfassung abgelehnt und den Landtag am 30. April aufgelöst hatte, verbanden sich die liberalen und demokratischen Kräfte des Landes im Kampf um die Verfassung. Das Verbot einer Parade der Kommunalgarde Dresdens und das Bekanntwerden eines Ersuchen Beusts an die preußische Regierung um militärische Hilfe gaben am 3. Mai das Signal zum Aufstand. Er wurde zunächst von einem Sicherheitsausschuß unter der Führung gemäßigter Demokraten organisiert und seit dem 4. Mai von einer provisorischen Regierung unter dem Bautzener Advokaten Samuel Erdmann Tzschirner von der Hauptstadt in das Land getragen. Doch blieb die sächsische Mairevolution wegen der ablehnenden Haltung des Bürgertums, sieht man von Unruhen in einigen Gewerbestädten des Vogtlandes und des Erzgebirges ab, fast ganz auf Dresden beschränkt. Sie basierte hier auf der Unterstützung durch die Arbeiter und Handwerker und eines Teils der hauptstädtischen Intelligenz, darunter des Architekten Gottfried Semper und des Kapellmeisters Richard Wagner, während die Bürgergarde abseits stand. Stephan Born und Michael Bakunin beteiligten sich aktiv an den Kämpfen. Nach der Flucht des Königs und dem Ablauf eines Waffenstillstandes (4./5. Mai), der von den Aufständischen zur Errichtung von Barrikaden genutzt wurde, eroberten preußische Truppen in einem viertägigen verlustreichen Straßen- und Häuserkampf die Stadt. Während den meisten Anführern, einschließlich den Mitgliedern der provisorischen Regierung, die Flucht gelang, wurden im ganzen Land Tausende von Anhängern der Erhebung verhaftet. Allein in Dresden wurde gegen 860 Personen, darunter die Hälfte Arbeiter, die förmliche Untersuchung eröffnet. Der von dem neuen konservativen Ministerium Zschinsky über Dresden und Umgebung verhängte Kriegszustand blieb bis Juni 1850 in Kraft.

Militärische Niederschlagung des Dresdener Aufstandes

Im Königreich Bayern ließ der Kampf um die Reichsverfassung erneut den politischen Regionalismus mit dem Gegensatz zwischen Altbayern (ohne München) und der Oberpfalz auf der einen sowie den neubayerischen Provinzen Oberschwaben, Franken und der Pfalz auf der anderen Seite offenbar werden. Schon in den Landtagswahlen Ende November/Anfang Dezember errangen die Demokraten zusammen mit dem linken Zentrum dank ihrer Erfolge in der Pfalz und in Franken die absolute Mehrheit. Sie forderte im Frühjahr 1849 von der Regierung, in die im April der bisherige sächsische Außenminister Ludwig von der Pfordten berufen wurde, die bedingungslose Anerkennung der Reichsverfassung und der Frankfurter Grundrechte. Noch vor dem entsprechenden Beschluß vom 21. Mai war die Reichsverfassungskampagne in Gang gekommen. Eine Adresse der Münchener Märzvereine erhielt in kurzer Zeit über 12000 Unterschriften. In der ersten Maihälfte fanden auf dem Judenbühel bei Nürnberg und bei Kitzingen Massendemonstrationen statt, auf denen die Regierung zum Rücktritt und der König zur Annahme der Reichsverfassung aufgefordert und diesem Verlangen mit der Drohung der Loslösung Frankens von Bayern Nachdruck verliehen wurde. Radikale Bauernvereine und Arbeitervereine in Nürnberg sowie die Erlanger Studenten bereiteten sich auf einen Bürgerkrieg vor. Er kam nicht über vereinzelte Aktionen hinaus, nachdem die Regierung ein Militärlager bei Nürnberg errichtet hatte.

Bayern

Ein regelrechter Aufstand fand dagegen in der bayerischen Pfalz statt, dem neben Baden bedeutendsten Zentrum der radikalen Kräfte Deutschlands. Hier mündete das ohnehin gespannte Verhältnis zur Regierung in die offene Separation vom Hauptland. Am 2. Mai wählte in Kaiserslautern eine Versammlung von Vertretern der pfälzischen Volks- und Vaterlandsvereine einen zehnköpfigen provisorischen Landesverteidigungsausschuß, der den Vollzug der Reichsverfassung durch das Volk gegen die als verfassungsbrüchig erklärte Regierung in die Hand nahm. Schnell wurde aus der Aktion eine revolutionäre Erhebung, die vom linken Flügel (Donnersberg) der Nationalversammlung und von außerparlamentarischen Gruppen gesteuert wurde, die aus allen Teilen Mitteleuropas herbeiströmten, um von hier aus die Revolutionierung des deutschen Südwestens mit dem Ziel einer aus der Pfalz, Baden, Hessen-Darmstadt und Nassau bestehenden Republik einzuleiten. Der Verteidigungsausschuß begann sofort damit, die Provinz in seine Gewalt zu bringen, was ihm auch angesichts der Hilflosigkeit der Behörden bis auf die Festungen Landau und Germersheim gelang. Durch eine Zwangsbesteuerung wohlhabender Bürger und durch Waffenkäufe begann er sich auf eine gewaltsame Auseinandersetzung vorzubereiten. Nachdem der von der Frankfurter Zentralgewalt als Reichskommissar in die Pfalz entsandte Abgeordnete Eisenstuck die pfälzische

Der pfälzische Aufstand

Bewegung, anstatt sie auftragsgemäß in gesetzliche Bahnen zurückzulenken, de facto anerkannt hatte, wurde am 17. Mai eine provisorische Regierung gebildet, die sich sofort unter Anerkennung der Reichsverfassung von Bayern lossagte. Die in die Regierung gewählten Abgeordneten Friedrich Schüler und Kolb aus der Pfalz traten ihr Amt nicht an. So gewannen die nichtpfälzischen Mitglieder rasch die Führung, darunter neben Flüchtlingen aus Österreich (Fenner von Fenneberg, Kudlich) und polnischen Emigranten, die in dem General Snayde den unfähigen Kommandanten der Revolutionstruppen stellten, radikale Freischärler und Flüchtlinge aus Rheinhessen (Ludwig Bamberger und Franz Zitz) und der Rheinprovinz (Anneke, Willich, d'Ester und Friedrich Engels). Sie bemühten sich um die Koordinierung der Erhebung mit der badischen Revolution und versuchten vergeblich, die Unterstützung Gleichgesinnter oder gar der Regierung in Frankreich zu gewinnen. Diesen ehrgeizigen Plänen entsprachen die Realitäten im Lande selbst nur wenig. Desorganisation und Kompetenzstreitigkeiten, mangelnde Bewaffnung und Unfähigkeit der militärischen Führer, nicht zuletzt aber die Abneigung der pfälzischen Landbevölkerung, sich aktiv am Kampf zu beteiligen, waren die Gründe dafür, daß die Anfang Juni einrückenden preußischen Truppen den Aufstand in wenigen Tagen niederschlagen konnten, sehr zum Mißfallen der bayerischen Regierung, die dieses Vorgehen mangels eigener Machtmittel widerwillig durch ein nachträgliches Hilfeersuchen an Preußen guthieß. Nach blutigen Gefechten bei Kirchheimbolanden, im Pfälzer Wald und vor Ludwigshafen flohen die Reste der Aufständischen über den Rhein nach Baden. Die pfälzische Erhebung war gescheitert. In Rheinhessen, besonders in Mainz und Worms, hatten preußische und hessische Truppen schon vorher die Ordnung wiederhergestellt. Die Prozesse gegen die Rädelsführer in der Pfalz zogen sich bis zum Jahre 1851 hin.

<small>Provisorische Regierung der Pfalz (17. Mai 1849)</small>

<small>Militärische Intervention Preußens</small>

Die preußische Intervention in der Pfalz war nur eine Nebenaktion im Rahmen der Niederwerfung der viel gefährlicheren badischen Revolution, die am meisten von allen Aufständen im Mai 1849 über die Durchsetzung der Reichsverfassung hinauszielte. Sie knüpfte an das republikanisch-sozialrevolutionäre Programm der Erhebungen vom April und September 1848 an. Forderte die linke Kammermehrheit zunächst von der Regierung über die Anerkennung der Reichsverfassung hinaus den sofortigen Vollzug in der Form der Vereidigung des stehenden Heeres, der Bürgerwehren und aller Bürger auf sie (10. Mai), so ging man in Beschlüssen des Landesausschusses der badischen Volksvereine (12. Mai) und einer von ihm nach Offenburg einberufenen Volksversammlung (13. Mai) weit darüber hinaus. Die Proklamation des Widerstandsrechtes des deutschen Volkes gegenüber den Fürsten, die die Reichsverfassung nicht anerkannten, wurde mit dem Katalog demokratischer und sozialer Forderungen verbunden, der den früheren Aktionsprogrammen der badischen Radikalen unter Hecker und Struve entnommen war (vgl. oben S. 210f.).

<small>Die badische Revolution</small>

Der letzte Anstoß zur badischen Revolution ging von einer Meuterei des Militärs in verschiedenen Garnisonen des Landes aus. Zentrum war die Festung Rastatt. Hier führte die Weigerung, die politischen Gefangenen aus den früheren Aufständen freizulassen, zum bewaffneten Widerstand gegen die Offiziere. Erschreckt über die Revolte, der sich am 13. Mai die Karlsruher Garnison anschloß, floh der Großherzog, bald von der Regierung gefolgt, zunächst ins Elsaß, dann in die Bundesfestung Mainz. Eine vom Landesausschuß der Volksvereine eingesetzte Exekutivkommission – seit 1. Juni provisorische Regierung – mit dem Mannheimer Rechtsanwalt LORENZ BRENTANO an der Spitze übernahm die Staatsgewalt, der sich die Verwaltung widerstandslos beugte. Ein erster Erfolg war die Durchführung von Wahlen zu einer konstituierenden Landesversammlung am 3. Juni. Sie bestand nach Wahl-

<small>Provisorische Regierung Badens (1. Juli 1849)</small>

enthaltung der Liberalen und Konservativen fast ganz aus Demokraten und Republikanern, brachte aber während ihrer kurzen Dauer bis zum 23. Juni nichts Konstruktives zustande, zumal zwischen den gemäßigten Mitgliedern des Landesausschusses um Brentano und der extremen Linken um Struve und dem Sozialrevolutionär AMAND GOEGG keine Einigkeit über die künftige Verfassung des Landes – parlamentarische Monarchie oder »sozialdemokratische Republik« – herrschte. Ohnehin war es die vordringliche Aufgabe der provisorischen Regierung, das Land auf den Kampf mit der Gegenrevolution vorzubereiten. Noch einmal strömte in Baden eine buntgewürfelte Menge politischer Flüchtlinge aus allen Ländern Mitteleuropas zusammen, besonders aus Sachsen, der preußischen Rheinprovinz und der Pfalz sowie aus dem schweizerischen und französischen Exil, um zusammen mit den regulären Truppen unter gewählten Offizieren und mit der Volkswehr die Sache der Revolution zu verteidigen. Den Oberbefehl übernahm der Pole Ludwig von Mieroslawski. Nachdem der Versuch gescheitert war, die Revolution in die Nachbarländer zu tragen – Ansätze dazu in Württemberg verliefen im Sande, nachdem die zweite Kammer in Stuttgart am 31. Mai den Antrag der Linken auf militärische Unterstützung Badens abgelehnt hatte –, stellte man sich auf die Abwehr der doppelten Intervention von Truppen Preußens und der Reichsgewalt ein. Diese brauchten denn auch einige Wochen, um den Widerstand zu brechen. Zwar wurde die Revolutionsarmee Mieroslawskis schon am 21. Juni bei Waghäusel zwischen Mannheim und Karlsruhe geschlagen. Doch dauerte es bis zum 12. Juli, bis auch das badische Oberland von den zerstreuten Einheiten der Aufständischen gesäubert war, und die rund 6000 Revolutions-

Belagerung der Festung Rastatt

kämpfer, die sich in die Festung Rastatt zurückgezogen hatten, ergaben sich erst am 23. Juli auf Gnade und Ungnade der Belagerungsarmee unter dem Prinzen Wilhelm von Preußen. Eine Serie willkürlicher Todesurteile der Stand- und Kriegsgerichte, die zum Teil sofort vollstreckt wurden, leiteten die Wiederherstellung von Ruhe und Ordnung unter preußischer Vormundschaft ein, auf die die Bevölkerung mit einer Welle der Auswanderung antwortete.

Das Ende des Rumpfparlaments

Schon vor der Niederschlagung der badischen Erhebung hatte auch das Stuttgarter Nachspiel der deutschen Nationalversammlung ein Ende gefunden. Der Beschluß zu ihrer Verlegung in die württembergische Hauptstadt war in der Hoffnung gefaßt worden, daß man sich mit Unterstützung des größten Mittelstaates, der die Reichsverfassung anerkannt hatte, an die Spitze eines verfassungstreuen »Dritten Deutschlands« stellen könne. Die Bedingungen für die erfolgreiche Durchführung einer solchen Politik waren jedoch nicht gegeben. Das Rumpfparlament von etwas mehr als 100 Abgeordneten, das am 6. Juni unter dem Präsidenten WILHELM LÖWE (Calbe) in Stuttgart zusammentrat, war wenig geeignet, die Führung in einem revolutionären Kampf nicht nur gegen Österreich, Preußen und den größeren Mittelstaaten, sondern auch gegen den weiterhin in Frankfurt amtierenden Reichsverweser mit dem Reichsministerium Grävell aufzunehmen. Indem man durch die Einsetzung einer fünfköpfigen Reichsregentschaft, die zugleich Reichsoberhaupt und Reichsregierung sein sollte, den »Rechtsboden« der Reichsverfassung selbst verließ, verschaffte man der württembergischen Regierung Römer, die die Verlegung nur widerwillig toleriert hatte und unter den Druck einer preußischen Interventionsdrohung geriet, die Gelegenheit, sich dem Anspruch der Nationalversammlung und der Reichsregentschaft zu entziehen. Dabei konnte sie sich auf die Kammer, in der die Linke unter Römers Gegenspieler Adolf Schoder in der Minderheit war, und auf das Militär stützen, das die Unterstellung unter die Regentschaft ablehnte. Schon am 14. Juni erklärte Römer vor der Kammer, daß seine Regierung keine deutsche Zentralgewalt mehr anerkenne, weder die in Frankfurt noch die in Stuttgart, und als das Rumpfparlament am

16. Juni mit einem Gesetz über die Bildung der Volkswehr das Aufgebot aller Waffenfähigen vom 18. bis zum 50. Lebensjahr beschloß, antwortete das Ministerium mit der Aufforderung an den Präsidenten Löwe, die Versammlung aus Württemberg wegzuverlegen, widrigenfalls sie gewaltsam vertrieben werde. So wurde am Nachmittag des 18. Juni ein von Ludwig Uhland inszenierter Zug der Abgeordneten zu dem inzwischen abgesperrten Sitzungslokal durch den Einsatz einer militärischen Einheit aufgelöst. Die Wirksamkeit des ersten deutschen Nationalparlaments war zu Ende.

7. Die preußische Union und die Wiederherstellung des Deutschen Bundes

Mit der Unterdrückung der Reichsverfassungskampagne war die Revolution beendet, zugleich aber die Frage nach der staatlichen Ordnung Mitteleuropas neu gestellt. Die Initiative zu ihrer Lösung ging auf Preußen und Österreich über und schlug sofort in den machtpolitischen Kampf um die Vorherrschaft in Deutschland um. Er wurde mit dem klassischen Instrumentarium der Kabinettspolitik, der Diplomatie, des Werbens um die Staaten des Dritten Deutschlands und des militärischen Drucks geführt. Zwar griff Preußen mit dem Projekt eines kleindeutschen Bundesstaates unter seiner Führung, der mit Österreich zu einer Union zusammentreten sollte, auf das Postulat der deutschen Einigung zurück. Die nationale Reform wurde aber aus der Verbindung mit den liberal-demokratischen Forderungen des Revolutionsjahres gelöst und in den Dienst der dynastisch-konservativen Deutschlandpolitik gestellt. Die Hoffnung, auf diese Weise die Unterstützung der revolutionsmüden Klein- und Mittelstaaten gegenüber dem österreichischen Rivalen zu gewinnen, erwies sich als trügerisch. Ihre Furcht vor einer preußischen Hegemonie, während Österreich die Rückkehr zum Bundesrecht propagierte, und das Interesse der europäischen Mächte, vor allem Rußlands, an der Wiederherstellung des *Status quo ante* waren die Gründe für das Scheitern der Unionspolitik, die auch in Berlin nur halbherzig unterstützt wurde. So endete das konservative Nachspiel der Revolution mit einem vorläufigen Sieg Österreichs und der Restitution des Deutschen Bundes. In ihm trat aber jetzt an die Stelle der informellen Kooperation der beiden deutschen Vormächte, die sein Funktionieren im Vormärz garantiert hatte, ihr politischer Dualismus, der die Existenz des Bundes zunehmend bedrohte.

Der preußisch-österreichische Dualismus

Hauptinitiator des preußischen Unionsplanes, der nach ersten diplomatischen Sondierungen im April 1849 in einer Denkschrift vom 9. Mai genauer umrissen und Österreich mitgeteilt wurde, war der aus Frankfurt nach Berlin zurückgekehrte General JOSEPH MARIA VON RADOWITZ. Ohne zunächst ein formelles Staatsamt zu erhalten, wurde er im Frühjahr 1849, zum Mißvergnügen der altkonservativen Kamarilla, der wichtigste außenpolitische Berater Friedrich Wilhelms IV. Radowitz wollte den kleindeutschen Bundesstaat auf eine zwischen den dynastischen Gewalten und einer Volksvertretung zu vereinbarenden Verfassung gründen, aus der die demokratischen Elemente durch das absolute Veto des Bundesoberhauptes und durch die Beschränkung des Wahlrechts eliminiert werden sollten. Er schlug zu diesem Zweck Verhandlungen auf Regierungsebene vor und griff damit auf seinen Bundesreformplan vom Vorabend der Revolution zurück (vgl. oben S. 218), den er mit den Zielen der kleindeutschen Partei der Frankfurter Nationalversammlung verband. Schwarzenberg lehnte den Plan, der eine Neuauflage des Gagernschen engeren und weiteren Bundes war, schon am 16. Mai ab, ohne die Tür zu Verhandlungen über die deutsche Frage zuzuschlagen. Dagegen gelang

Radowitz und der preußische Unionsplan

Dreikönigsbündnis
16. Mai 1849

es Radowitz, die im unmittelbaren Einflußbereich Preußens liegenden Königreiche Sachsen und Hannover für seine Politik zu gewinnen. Im Dreikönigsbündnis vom 26. Mai 1849 einigte man sich darauf, die Errichtung eines deutschen Bundesstaates ohne Österreich anzustreben, dessen Oberleitung bis zur Verabschiedung einer Verfassung bei Preußen liegen sollte. Eine Vereinbarung vom 28. Mai hielt an dem Doppelbund und der Übernahme der im monarchischen und föderativen Sinne revidierten Reichsverfassung fest; ein nach dem Klassenwahlrecht zu bildender Reichstag sollte in Erfurt die Verfassung verabschieden.

Die deutschen
Einzelstaaten
und die Union

In der Öffentlichkeit fand die »Union«, wie der projektierte Bundesstaat bald genannt wurde, nur bei den bisherigen Erbkaiserlichen ein positives Echo. Sie legten sich Ende Juni auf einer Versammlung in Gotha auf die Unterstützung des Planes fest, während die demokratische Linke und die Sozialisten ihn als Bündnis der Reaktion mit den besitzenden Schichten ablehnten. Sein Schicksal hing aber weniger von den Parteien ab, deren nationale Wirkungsmöglichkeit nach dem Sieg der Gegenrevolution und dem Ende der Nationalversammlung auf ein Minimum reduziert war, dafür um so mehr von der Haltung der Einzelstaaten, zumal Sachsen und Hannover ihre definitive Zustimmung an den Vorbehalt geknüpft hatten, daß alle deutschen Staaten außer Österreich dem engeren Bund beitreten würden. Unter ihnen nahm Bayern eine Schlüsselposition ein. Der großdeutsch-partikularistisch eingestellte Außenminister von der Pfordten sah in der Einbeziehung Österreichs in einen deutschen Staatenbund und in der Zurückdrängung des preußischen Einflusses auf Norddeutschland die Voraussetzung für eine selbständige Stellung seines Staates im Süden. Nach vergeblichen Versuchen einer Vermittlung zwischen Preußen und Österreich lehnte er am 12. Juli den Anschluß Bayerns an die Union ab; Württemberg wich einer klaren Entscheidung zunächst aus.

Angesichts dieser Entwicklung bedeutete es nicht viel, daß die meisten der übrigen deutschen Staaten im Laufe des Jahres 1849 der Union beitraten. Als der Verwaltungsrat der Union Anfang Oktober auf preußischen Vorschlag hin anregte, die Reichstagswahl für den Januar 1850 auszuschreiben, schieden die Vertreter Sachsens und Hannovers unter Protest aus. Damit war die Aussicht auf eine Verwirklichung des Unionsplanes im ursprünglich vorgesehenen Umfang erheblich gesunken, während sich die Chance Schwarzenbergs verbesserte, die Mittelstaaten auf seine Seite ziehen zu können. Indem sich der österreichische Ministerpräsident Ende September 1849 mit Preußen auf eine befristete Übernahme der Zentralgewalt in Deutschland anstelle des Reichsverwesers verständigte und damit die Möglichkeit einer österreichisch-preußischen Herrschaftsteilung offenhielt, besaß er ein Druckmittel gegenüber den Mittelstaaten. So schlossen Sachsen, Hannover, Bayern und Württemberg am 27. Februar 1850 mit Zustimmung Schwarzenbergs ein Bündnis, das mit der Forderung der Einbeziehung Gesamtösterreichs mit allen nichtdeutschen Ländern der Monarchie in den zu schließenden Bund die Absage an den deutschen Nationalstaat bedeutete. Man einigte sich auf einen Verfassungsentwurf, der ein siebenköpfiges Direktorium sowie ein Nationalparlament aus je 100 Abgeordneten aus Österreich, Preußen und den übrigen Staaten vorsah und damit einen Kompromiß zwischen den Vorstellungen Schwarzenbergs und den Triasplänen von der Pfordtens darstellte.

Das Erfurter
Unionsparlament
März/April 1850

Trotz dieser ungünstigen Entwicklung hielt Radowitz, gegen wachsenden Widerstand der Kamarilla und eines Teiles des preußischen Staatsministeriums, die einen Ausgleich mit Österreich befürworteten, an der Durchführung des Unionsprojektes fest. Am 20. März 1850 trat in Erfurt das Unionsparlament zusammen. Es bestand aus dem Volkshaus, dessen 222 Abgeordnete in den meisten deutschen Staaten außer Österreich und den vier Königreichen nach dem Dreiklassenwahlrecht gewählt worden waren, und einem Staatenhaus. Da die Linke zur Wahlenthaltung aufgerufen hatte, gab es im Parlament nur zwei große Parteien, die konservative Rechte und die liberalen Gothaer; letztere besaßen die Mehrheit. Wie sehr sich die Fronten gegenüber der Frankfurter Nationalversammlung verschoben hatten, zeigte sich in den Beratungen der Unionsverfassung. Ihre Verabschiedung war die einzige Aufgabe des Erfurter Parlaments. Die Liberalen, deren Kern von Mitgliedern des Frankfurter Casinos mit Bassermann, Beckerath, Heinrich von Gagern, Mathy und Mevissen gebildet wurde, traten für eine en bloc-Annahme des auf der Frankfurter Reichsverfassung basierenden Entwurfs ein und waren allenfalls für eine Stärkung der Position Preußens in der Reichsregierung zu gewinnen. Dagegen lehnten sie eine Beschneidung der Kompetenzen des Parlaments, besonders des Budgetrechts, und des Reichsgerichts, die von den Konservativen als unvereinbar mit dem monarchischen Prinzip bezeichnet wurden, strikt ab. Die Rechte, deren Hauptsprecher – neben Bismarck, Ludwig von Gerlach und Otto von Manteuffel – Friedrich Julius Stahl war, verwarf den Verfassungsentwurf als Ausfluß der Revolution und des nationalen Prinzips. Er berücksichtige außerdem zu wenig die Rolle Preußens als europäische Macht.

Die von der liberalen Mehrheit nach einigen Änderungen verabschiedete Verfassung – das Parlament wurde am 29. April vertagt, ohne später noch einmal zusammenzutreten – wurde den in der Union zusammengeschlossenen Regierungen zur Stellungnahme vorgelegt. Das geschah auf dem Anfang Mai in Berlin zusammentretenden Kongreß der Fürsten und Oberhäupter der Freien Städte der Union. Nur 12 der 26 vertretenen Staaten waren bereit, dem preußischen Antrag auf vorbehaltlose Anerkennung der Erfurter Verfassung zu folgen. Man vereinbarte die provisorische Fortsetzung der Union mit Preußen als vorläufigen Vorstand sowie Verhandlungen über die strittigen Punkte der Verfassung.

Die Unionsverfassung

Inzwischen war Schwarzenberg, gestützt auf die vier Königreiche, zum Angriff auf die preußische Deutschlandpolitik übergegangen. Er nahm den Ablauf des österreichisch-preußischen Interims über die Ausübung der Bundesexekutive zum Anlaß, um die Restitution der Bundesversammlung in die Wege zu leiten, verweigerte aber den Unionsstaaten das Recht, auf dem zu diesem Zweck für den 10. Mai nach Frankfurt einberufenen Kongreß als eine Einheit unter preußischer Führung aufzutreten, so daß sie nicht erschienen. So standen sich im Sommer 1850 die beiden Staatengruppen mehr oder weniger unversöhnlich gegenüber. Ein Vermittlungsvorschlag Schwarzenbergs, der auf einen preußisch-österreichischen Interessenausgleich in einem mitteleuropäischen Siebzig-Millionen-Bund mit einer gemeinsamen Zollunion hinauslief, fand keine Gegenliebe. Die Krise spitzte sich dramatisch zu, nachdem die österreichische Regierung trotz einer Rechtsverwahrung Preußens die deutschen Staaten zur Teilnahme an der Wiedereröffnung des Bundestages aufgefordert hatte. Sie fand am 2. September 1850 ohne Vertreter der Unionsregierungen unter dem Vorsitz des österreichischen Präsidialgesandten Graf Thun statt. Der von Radowitz als illegale Versammlung angesehene Rumpfbundestag nahm für sich das Recht der Exekutive in Anspruch; nicht nur daß er in Holstein zugunsten der Wiederherstellung der dänischen Landeshoheit intervenierte, er beantwortete darüber hinaus ein Hilfeersuchen des formell der Union angehörenden Kurfürsten von Hessen in seinem Streit mit den Ständen und Gerichten des Landes mit der Ankündigung der Bundesexekutive zu seinen Gunsten. In beiden Fällen waren preußische Interessen tangiert. Mit dem Bregenzer Bündnis vom 12. Oktober, in dem sich Österreich, Bayern und Württemberg zur Geltendmachung des Bundesrechts verpflichteten, dem Einmarsch österreichischer und bayerischer Truppen in Kurhessen, wodurch die preußischen Etappenlinien zum Rheinland bedroht wurden, und der Mobilmachung der preußischen Armee schien der Konflikt in eine direkte militärische Konfrontation zu münden.

Zuspitzung des preußisch-österreichischen Konfliktes

Inzwischen hatten aber auf höchster Ebene Gespräche mit dem Ziel einer Verständigung begonnen, in denen Rußland, das die preußische Unionspolitik entschieden ablehnte, die Rolle des informellen Vermittlers spielte, während in Preußen Radowitz den altkonservativen Kräften, die einen Konflikt mit Österreich vermeiden wollten, weichen mußte. Er trat zurück, nachdem der Ministerpräsident Graf Brandenburg Ende Oktober in Warschau die Unionspolitik preisgegeben hatte. Die Entschärfung des aktuellen Konfliktes kam aber erst

Die Olmützer Punktation v. 29. November 1850

zustande, nachdem Schwarzenberg Preußen ultimativ zum Rückzug seiner Truppen aus Kurhessen aufgefordert hatte. Der Vertrag von Olmütz, den Schwarzenberg und der preußische Vertreter OTTO VON MANTEUFFEL am 29. November 1850 unterzeichneten, kam äußerlich einer Kapitulation Preußens gleich. Als solche wurde er in der Öffentlichkeit und in der nationalen Geschichtsschreibung des 19. Jahrhunderts gewertet. Tatsächlich mußte Preußen seinen Widerstand gegenüber der Bundesintervention in Holstein und Kurhessen aufgeben und in die de facto einseitige Demobilmachung seiner Truppen einwilligen. Aber auch Schwarzenberg hatte nicht alle Ziele seiner Politik durchgesetzt. Er erreichte weder die Anerkennung des reaktivierten Bundestages oder der Position Österreichs als deutsche Vormacht noch die Zustimmung Preußens zum Eintritt der habsburgischen Gesamtmonarchie in den Deutschen Bund. Die Vereinbarung, die Bundesreform auf »freien«, das heißt außerhalb des Bundesrechts stehenden Ministerkonferenzen zu beraten, an denen alle deutschen Regierungen teilnehmen sollten, bedeutete die nachträgliche Anerkennung des preußischen Widerspruchs gegen die einseitige Restitution des Bundestages; sie rief bei den verbündeten Königreichen, die darin einen Verrat am Bundesrecht erblickten, Verbitterung hervor. Dem Verzicht Preußens auf eine nationale Politik und Österreichs auf die Errichtung des 70-Millionen-Bundes entsprach denn auch das magere Ergebnis der Dresdener Ministerkonferenzen vom 3. Dezember 1850 bis zum 15. Mai 1851. Statt auf eine Bundesreform konnte man sich nur auf die Wiederherstellung des Bundes in seiner alten Form verständigen. Damit war der zwei Jahre zuvor aufgebrochene Gegensatz zwischen den deutschen Vormächten nicht beseitigt, seine Austragung nur vertagt.

Beginn der Reaktionsära

Österreich

Blieb die Bundespolitik fortan mit der Hypothek der ungelösten nationalen Fragen belastet, so konnten in den Einzelstaaten manche Reformen des Jahres 1848/49 in die Reaktionsära hinübergerettet werden. Das gilt nicht für Österreich, das nach der Niederwerfung der ungarischen Revolution mit Hilfe russischer Truppen (August 1849) zum System des Absolutismus zurückkehrte. Zwar hatte sich der Reichstag von Kremsier (vgl. oben S. 251) Anfang März auf einen Verfassungsentwurf geeinigt, der einen Ausgleich zwischen der deutschen Forderung eines konstitutionellen Zentralstaates, den föderativen Traditionen der Kronländer und den Ansprüchen der Nationalitäten gebracht hätte. Doch wurde der Reichstag wenige Tage danach, am 7. März, unter Einsatz von Militär aufgelöst und statt dessen einseitig eine von dem Innenminister Graf Stadion entworfene Verfassung verkündet. Sie erklärte den österreichischen Gesamtstaat zu einer konstitutionellen Monarchie, in der die Autorität und Macht des Kaisers gegenüber dem Reichstag durch das absolute Veto, das Notverordnungsrecht, das Recht zur Verhängung des Belagerungszustandes und zur Auflösung des Parlaments gewahrt und der Vorrang der Reichsgewalt gegenüber dem Landesrecht gesichert war. Selbst diese oktroyierte Verfassung blieb nur auf dem Papier stehen. Weder wurden die Landtagswahlen durchgeführt noch der Reichstag einberufen, ganz zu schweigen davon, daß nach dem Sieg der Gegenrevolution in weiten Teilen der Monarchie die Militärdiktatur oder der Belagerungszustand herrschten. So bedeutete der Widerruf der Verfassung durch ein Patent vom 31. Dezember 1851, der einem Staatsstreich gleichkam, de facto nur die Bestätigung des bestehenden Zustandes.

Preußen

Im Unterschied zu Österreich blieb Preußen nach der Revolution ein Verfassungsstaat. Die oktroyierte Verfassung vom 5. Dezember 1848 sah eine Revision vor. Dahinter stand nicht nur die Absicht, die demokratischen Bestimmungen aus ihr zu entfernen, sondern auch der Wille des Königs, durch die gesetzliche Beteiligung der Volksvertretung an der Revision den

Übergang zum Konstitutionalismus zu vollziehen. Die Revision kam zunächst infolge der Auflösung der Kammer am 27. April 1849 nicht zustande. Um sich eine günstigere Ausgangsbasis für die Vereinbarung zu verschaffen, oktroyierte die Regierung am 30. Mai durch eine Notverordnung das Dreiklassenwahlrecht für die Zweite Kammer. Das war ein Akt, der nicht durch die Verfassung gedeckt war. Ihm lag die Konzeption zugrunde, einerseits alle Schichten der Bevölkerung an den Wahlen zu beteiligen, andererseits die Stimmen nach den Steueraufkommen zu gewichten, um die politischen Konsequenzen des demokratischen Wahlrechts zu umgehen. Bei der Ausarbeitung des neuen Wahlrechts hatte man auf das Klassenwahlrecht der rheinischen Gemeindeordnung von 1845 zurückgegriffen, ohne es sklavisch zu kopieren. Im Unterschied zu ihm dekretierte das preußische Dreiklassenwahlrecht von 1849, das bis 1918 in Kraft blieb, die allgemeine, indirekte und öffentliche Wahl. Es teilte die Urwähler nach ihrer direkten Steuerleistung in drei Klassen auf, wobei die wenigen Höchstbesteuerten (1849: 4,7% der Wahlberechtigten) ebenso viele Wahlmänner wählten, wie jeweils die Steuerzahler der mittleren (12,6%) und der unteren Klasse (82,7%). Das Wahlrecht kam, indem es die individuelle Leistung für den Staat zum Maßstab der Stimmgewichtung machte und zugleich den politischen Einfluß der unterbürgerlichen Schichten möglichst gering hielt, den gesellschaftspolitischen Vorstellungen der liberalen Bourgeoisie und ihrer im Revolutionsjahr gewachsenen Furcht vor der »roten« Gefahr entgegen. Zusammen mit dem aus der Zusammenarbeit rheinischer Juristen mit altpreußischen Bürokraten hervorgegangenen Strafrecht von 1851, das in der Verbindung formaler Rechtsgleichheit sowie des öffentlichen und mündlichen Verfahrens mit der Sicherung der bürgerlichen Eigentumsordnung wichtige Forderungen der liberalen Theorie verwirklichte, war es eine Voraussetzung für das Zustandekommen des bürgerlich-konservativen Kompromisses, der die Grundlage der preußischen Verfassungswirklichkeit in der Epoche der Reichsgründung darstellte. Tatsächlich wurde in den Beratungen der Zweiten Kammer über die Verfassungsrevision im Herbst 1849 das Dreiklassenwahlrecht nicht mehr ernsthaft in Frage gestellt. Im übrigen verstärkte die revidierte Verfassung vom 31. Januar 1850 die Stellung des Monarchen als obersten Träger der Regierung und Verwaltung des Staates sowie als Inhaber der militärischen Kommandogewalt. Sie beteiligte ihn durch das absolute Veto an der Legislative, sicherte ihm das Recht zum Erlaß von Notverordnungen und zur Verhängung des Belagerungszustandes, stellte die Regierung unabhängig von der Kammermehrheit und blieb in der umstrittenen Frage des Budgetrechtes der Kammern hinter den Erwartungen der Liberalen zurück. Sie war im wesentlichen eine Kopie des süddeutschen Konstitutionalismus des Vormärz.

Auch in den Staaten des Dritten Deutschlands kehrte man mit Ausnahme Bayerns, wo von der Pfordten eine Reihe liberaler Reformgesetze trotz des wachsenden Einflusses der konservativ-katholischen Partei durchsetzen konnte, zu den Verfassungen des Vormärz zurück. Bundesrechtlich sanktioniert wurde dieser Vorgang durch einen Bundesbeschluß vom 23. August 1851, der in Analogie zu den Bundesgesetzen von 1819 und 1832 die Landesregierungen aufforderte, die seit 1848 geschaffenen staatlichen Einrichtungen und Gesetze auf ihre Übereinstimmung mit den Bundesgrundgesetzen zu prüfen. Teils im Gefolge dieses Beschlusses, teils schon früher unter dem Eindruck von Konflikten mit den nach demokratischem Wahlrecht gewählten Kammern, sahen sich die meisten Regierungen veranlaßt, die Verfassungen zu revidieren und die Wahlgesetze zu ändern. Das geschah mit Hilfe von Notverordnungen oder auch durch offenen Staatsstreich. Für das Großherzogtum Baden bedeutete die Rückkehr zur Verfassung von 1818 die Voraussetzung für eine Gesetzgebung im liberal-

Das Dreiklassenwahlrecht (30. Mai 1849)

Die revidierte Verfassung v. 31. Januar 1850

Die Mittel- und Kleinstaaten

konservativen Sinne. In Württemberg hob König Wilhelm – nach heftigen Auseinandersetzungen mit der von der radikal-demokratischen Volkspartei beherrschten Landesversammlung – im November 1850 das Wahlgesetz von 1849 auf und ordnete Neuwahlen auf der Grundlage der Verfassung von 1819 an. In Hessen-Darmstadt richtete der Großherzog die Erste Kammer wieder ein und oktroyierte für die Zweite Kammer ein indirektes Zensuswahlrecht. In Mecklenburg-Schwerin wurde 1850 die feudalständische Verfassung wiederhergestellt, und in Sachsen setzte der König, nachdem er im Mai 1850 die Kammern aufgelöst und die Verfassungsgesetze von 1848 aufgehoben hatte, die Verfassung von 1831 wieder in Kraft. Ähnliche Maßnahmen erfolgten in den Kleinstaaten und Freien Städten des Bundes. Immerhin beruhte das politische Leben in so gut wie allen Staaten des Deutschen Bundes mit der bedeutenden Ausnahme Österreichs nach der Revolution auf einer konstitutionellen Basis. Es waren denn auch nicht sosehr die Verfassungskämpfe zwischen Regierungen und Kammern, auch wenn aus diesen die Vertreter der demokratischen Linken ausgeschlossen waren, die den Jahren des Nachmärz den Stempel der Reaktion aufdrückten, sondern die Welle von repressiven Maßnahmen auf der polizeilichen, bürokratischen und gerichtlichen Ebene, die zusammen mit der Einrichtung eines dichten Agenten- und Spitzelnetzes und der Vorherrschaft der kirchlichen Orthodoxie vor allem in Preußen, aber auch in einigen anderen Staaten das politisch-geistige Klima vergifteten. Sie trugen dazu bei, daß sich ein Teil des Bürgertums, das zu den aktiven Trägern der Revolution von 1848/49 gehört hatte, resigniert von der Politik abwandte und die Befriedigung seiner Bedürfnisse in der von staatlichen Eingriffen noch weitgehend freien Sphäre einer prosperierenden Wirtschaft suchte. Die Ansätze zu einer eigenständigen Arbeiterbewegung wurden nach dem Scheitern der Revolution weitgehend verschüttet. Noch größer, im Vergleich zu den Jahren nach 1830, und in den meisten Fällen endgültig war der Verlust an politischer Substanz, den das deutsche Volk nach dem Ende der Revolution durch die Emigration von Tausenden erlitt, die sich vor allem wegen ihrer Teilnahme an der Reichsverfassungskampagne der gerichtlichen Verfolgung entzogen oder nach Verbüßung der Strafe Deutschland verließen. Das Hauptaufnahmeland waren die Vereinigten Staaten von Amerika. Daneben wurden England und Frankreich als Exil gewählt. Nur wenige, wie Ludwig Bamberger und Julius Fröbel, kehrten später unter Anerkennung der veränderten Verhältnisse nach Deutschland zurück. Andere, wie Marx und Engels, arbeiteten auch im Exil für die Durchsetzung ihrer politischen Ziele auf nationaler oder internationaler Ebene, während die meisten für immer in dem Gastland Fuß faßten und dort, wie der Lebensgang von Karl Schurz in Nordamerika zeigt, zu politischem oder gesellschaftlichem Einfluß gelangen konnten.

8. Die gescheiterte Revolution

Die deutsche Revolution von 1848/49 erscheint je nach der historischen Perspektive, unter der sie beurteilt wird, in unterschiedlichen Zusammenhängen stehend. Als eine mächtige Welle in der revolutionären Flut, die fast den ganzen europäischen Kontinent bis an die Westgrenzen des Zarenreiches überschwemmte, steht sie am Ende einer mit der amerikanischen Erhebung von 1776 beginnenden Kette von Revolutionen. In ihnen suchte das neue Bürgertum, das in jeweils wechselnder Stärke von den Massen des vierten Standes unterstützt wurde, die politische und gesellschaftliche Ordnung zu seinen Gunsten umzugestalten. Noch mehr als

Amerika lieferte die Französische Revolution von 1789 dafür die Ziele und das Muster. Ihre politischen Ideale – Freiheit, Gleichheit und nationale Einheit – blieben bis zur Mitte des 19. Jahrhunderts das Programm der bürgerlichen Emanzipationsbewegung, die aus den Fesseln des monarchischen Obrigkeitsstaates und einer ständischen Sozialordnung herausstrebte. Allerdings hatte die Erfahrung, daß eine Revolution scheinbar naturgesetzlich in den politischen Terror und die soziale Anarchie mündete und mit einer imperialistischen Diktatur endete, dazu beigetragen, daß die Führungsgruppen des liberalen Bürgertums das Programm von 1789 eher auf dem Wege von Reformen zu verwirklichen suchten, die von einer legalen Opposition erzwungen werden sollten, als mit dem Mittel einer Revolution. Die Furcht vor einem Umschlagen der politischen in eine soziale Revolution hatte seit 1830 deutlich zugenommen. So ist es ein Kennzeichen der »bürgerlichen« Revolution, daß sie nicht planmäßig herbeigeführt wurde. Zwar war auch an ihrem Vorabend das Bewußtsein verbreitet, daß die Diskrepanz zwischen politischer Stagnation und sozialem Wandel auf die Dauer ohne eine Korrektur des herrschenden Systems und ohne die Entmachtung der es tragenden Gruppen nicht aufzulösen war. Der Wille zum gewaltsamen Umsturz bestand aber nur bei einer Minderheit. Das gilt nicht zuletzt für Deutschland, wo eine politisch wirksame Überlieferung des übergesetzlichen Widerstandes fehlte und keine im eigenen Land gesammelte revolutionäre Erfahrung zur Verfügung stand. So war der im Februar 1848 von Paris ausgehende revolutionäre Impuls nicht das Werk von Verschwörern, sondern der Funke, der den in den Staaten des Deutschen Reiches angesammelten gesellschaftspolitischen Zündstoff zur Entladung brachte. Der in der Märzrevolution fast überall – außer in Preußen – relativ unblutig erzielte Systemwechsel wurde aber von den unversehens an die Macht gekommenen liberalen Politikern als willkommener Ausgangspunkt akzeptiert, von dem aus ihr nationales und konstitutionelles Programm auf möglichst gewaltlose Weise in einer beschleunigten Evolution verwirklicht werden konnte. So sah das »tolle Jahr«, wie 1848 später etwas abschätzig genannt wurde, den vergeblichen Versuch der bürgerlichen Gesellschaft Deutschlands, in einer großen Anstrengung den nationalen Bundesstaat auf der Grundlage einer parlamentarischen Verfassung zu errichten, die in der politischen Tradition des Westens stand. Dieser Versuch war trotz aller Vorbehalte seiner führenden Akteure gegenüber direkter Gewalt und gesellschaftlicher Umwälzung eine echte Revolution. Sie war dies in ihrer über die Anfangserfolge in den Einzelstaaten sofort hinausführenden nationalen Dimension und Zielsetzung, in dem sich steigernden Antagonismus radikaler und gegenrevolutionärer Aktionen, in dem Anteil sozialrevolutionärer Motive und Unterströmungen an ihrem Verlauf und schließlich in ihrem durch blutige Kämpfe besiegelten Scheitern, das das vorläufige Ende einer bürgerlichen Revolutionsbereitschaft in Deutschland bedeutete.

Die deutsche Revolution war auf doppelte Weise in den gesamteuropäischen Zusammenhang eingebunden. Aus dem revolutionären Erleben erwuchs die Vorstellung einer Solidarität der Völker, die sich aus dem gemeinsamen Anspruch auf Freiheit und Gleichheit und auf Teilhabe an der politischen Gewalt ergab. Der Idealismus des »Völkerfrühlings« von 1848 stieß jedoch bald auf die von der Revolution keineswegs beseitigten Einzelinteressen der europäischen Staaten. Ihr Streben nach Selbstbehauptung innerhalb des tradierten Mächtesystems erschwerte eine überstaatliche oder übernationale Blockbildung im ideologischen Sinne und führte damit zu einer nationalen oder staatlichen Aufsplitterung des revolutionären Prozesses. Die direkte Einwirkung außerdeutscher Staaten auf den inneren Ablauf des Revolutionsgeschehens in Mitteleuropa war geringer, als vielfach angenommen wird. Ohne Be-

Der gesamteuropäische Zusammenhang

deutung war sie aber nicht. Das revolutionäre Postulat der Errichtung des Nationalstaates, das an verschiedenen Stellen unter Berufung auf die Geschichte über die ohnehin schwer zu ermittelnden Grenzen des deutschen Volksgebietes hinauszielte, traf dort auf ähnliche Forderungen anderer Nationen, auf historische Rechte der Nachbarstaaten oder gar, wie im Falle des österreichischen Kaisertums, auf ein übernationales Prinzip. Die Rückwirkung der Konflikte, die sich aus der Konkurrenz zwischen dem freiheitlichen, dem nationalen und dem staatlichen Prinzip ergaben, auf den Gesamtverlauf der Revolution in Mitteleuropa ist nicht zu übersehen, ganz zu schweigen von der Beteiligung Rußlands an der gewaltsamen Unterdrückung der Revolution in der östlichen Hälfte des österreichischen Kaiserstaates und an der Errichtung des nachrevolutionären Systems der Reaktion im Deutschen Bund.

Eigenart der deutschen Revolution

Damit ist schon angedeutet, worin sich die deutsche Revolution von 1848 insgesamt, in ihren Voraussetzungen, im Verlauf und dem Scheitern, von den Erhebungen in den anderen europäischen Ländern unterscheidet. Die Vielfalt der politischen und sozialen Probleme, deren gleichzeitige Lösung von den Siegern der Märzrevolution gegen den Widerstand der Repräsentanten des alten Systems in Angriff genommen werden mußte, und, damit zusammenhängend, die parallelen oder gegenläufigen Aktionen auf den verschiedenen Ebenen und Schauplätzen des Geschehens verknoteten sich im Revolutionsjahr zu einem Wirkungszusammenhang, der die Absichten der Akteure weit überstieg. Neben das Zusammentreffen der nationalen und konstitutionellen Problematik auf gesamtdeutscher Ebene und neben die Nationalitätenfragen innerhalb des Deutschen Bundes und an seinen Grenzen trat von Anfang an die Spannung einer sich mühsam konstituierenden Zentralgewalt zu den bestehenden Einzelstaaten. Sie wurde außerdem von dem Dualismus der beiden deutschen Vormächte Preußen und Österreich überlagert. Damit nicht genug: Es schlugen im Schatten der noch nicht völlig überwundenen Wirtschaftskrise und der ökonomischen Störungen durch das Revolutionsgeschehen die innergesellschaftlichen Spannungen in vielfältiger Weise auf die politischen Auseinandersetzungen durch. Und es ergaben sich aus den Regionalismen der Agrar- und Gewerbestrukturen und der Konfessionsverteilung neue, zusätzliche Fronten im Ringen um die binnen- und außenwirtschaftliche Verfassung Deutschlands und um das Verhältnis von Staat und Kirche. So war die Massierung ungelöster Probleme, die zu den Voraussetzungen für die rasche Ausbreitung der Revolution über das staatlich gegliederte Gesamtgebiet des Deutschen Bundes gehört hatte, zweifellos auch einer der Gründe für ihr Mißlingen.

Ursachen ihres Scheiterns

Die vieldiskutierte Frage nach den Ursachen für das Scheitern der Revolution wird angesichts der Erfahrung von Irrwegen und Katastrophen der deutschen Geschichte und des Bedarfs an verpflichtenden Traditionen bis zur Gegenwart von der doppelten Suche nach den Versäumnissen oder Fehlern der Akteure und damit nach ihrer historischen Verantwortung oder nach dem politisch-moralischen Erinnerungswert der Erhebung von 1848/49 *(Gustav Heinemann)* überlagert. Sie läßt, abgesehen von dem allgemeinen Hinweis auf den Zusammenfall der nationalen, der konstitutionellen und der sozialen Problematik, nur Teilantworten zu, die sich auf einzelne Aspekte oder Faktorenbündel beziehen. Ihre Gewichtung in einem differenzierten Gesamturteil bleibt umstritten. Auch wenn keine der europäischen Revolutionen des Jahres 1848 Erfolg hatte, können spezifische Gründe für das Mißlingen der deutschen Revolution genannt werden. Von Bedeutung war zweifellos die Stärke der »Gegenkräfte« — sei es die im März 1848 keineswegs entmachteten Potenzen der Dynastien, der Bürokratie, des Militärs und des Adels mit den in der Bevölkerung lebendigen partikularisti-

Die »Gegenkräfte«

schen Traditionen, sei es die europäischen Mächte mit ihren Vorbehalten gegenüber der Gründung eines starken Nationalstaates in der Mitte des Kontinents. Dabei bleibt offen, worauf die revolutionshemmenden oder gegenrevolutionären Impulse beruhten, etwa auf der Entspannung der wirtschaftlichen Lage im Sommer und Herbst 1848, wodurch revolutionärer Konfliktstoff abgebaut wurde, auf der Überspannung nationaler und außenpolitischer Forderungen, die das Mißtrauen Europas weckten, auf der Neigung der Bourgeoisie, die politische Revolution frühzeitig in die Bahn der Reformen zu lenken und die zweite, »soziale« Revolution mit Hilfe der alten Gewalten zu verhindern. Solche Hinweise lenken die Aufmerksamkeit von den eher äußeren Ursachen auf die »inneren« Gründe für den Mißerfolg, genauer: auf die ideologischen und sozialen Bruchlinien im Gefüge der »bürgerlichen Revolution« selbst. Dabei hat die früher oft geäußerte Kritik an der Weltfremdheit der »doktrinären Professoren« der Paulskirche (*Karl Marx*), an dem »theoretischen Eigensinn« der Liberalen (*Hermann Baumgarten*), dem »Wahnsinn« und der »Utopie« der Radikalen (*Heinrich von Treitschke* und *Friedrich Meinecke*), eine Kritik, die ihre Plausibilität aus dem Erfolg der »realpolitischen« Lösung der deutschen Frage in den Jahren 1866/71 bezog, eine deutliche Relativierung erfahren. Das gilt auch für die auf die nationale Politik der Paulskirche bezogene These von der »Revolution der Intellektuellen« (*Lewis Bernstein Namier*), wenngleich die Frage nach der Bedeutung der Spannung zwischen Theorie und Praxis, zwischen Anspruch und Verwirklichung, damit nicht hinreichend beantwortet ist. Aber auch sie weist auf das Selbstverständnis und die objektive Lage der Träger der Revolution zurück, besonders auf das »hamlethafte«, zwischen emphatischem Revolutionsglauben und Revolutionspessimismus angesiedelten Verhalten des Bürgertums (*Thomas Nipperdey*), das nicht mehr eine Einheit in dem Sinne war, wie es die liberale Theorie des Vormärz postuliert hatte. Ein wichtiger, für das negative Gesamtergebnis vielleicht zentraler Vorgang war die im Vormärz latente, unmittelbar nach der Märzrevolution manifest werdende Spaltung der bürgerlichen Opposition in die liberale »Mitte« und die demokratische »Linke«. Daß die Liberalen, deren soziales Substrat neben Beamten, einigen Adeligen und der akademischen Intelligenz vor allem großbürgerliche Kaufleute und Industrielle umfaßte, ihr Ziel des nationalen Verfassungsstaates unter Respektierung der bestehenden monarchischen Ordnung und bürgerlichen Gesellschaft durchzusetzen suchten, war nicht nur Ausdruck ihrer reformistischen Ideologie, sondern entsprach auch ihrer Interessenlage. Daß eine liberale Politik der »Mitte«, die den Kampf nach zwei Seiten führen mußte, trotz ihrer Verpflichtung auf die freiheitlichen und nationalen Ziele der bürgerlichen Bewegung an revolutionärem Schwung einbüßte, um schließlich in die Resignation oder die begrenzte Kooperation mit den partikularen Gewalten zu flüchten, hat den Verlauf der Revolution entscheidend beeinflußt. Dabei hat die Furcht vor der sicherlich überschätzten »roten« Gefahr mindestens eine so große Rolle gespielt wie das Fehlen institutioneller Macht, das den Liberalismus angesichts jener Furcht auf den bestehenden Staat als Bewahrer der bürgerlichen Ordnung verwies. Ob statt dessen ein entschlossenes Zusammengehen der Liberalen mit der demokratischen Linken im März/April oder noch einmal im Herbst 1848 den entscheidenden Durchbruch gebracht hätte, läßt sich abgesehen davon, daß dies auch die Kompromißbereitschaft auf der Seite des Radikalismus erfordert hätte, nicht eindeutig beantworten. Wer wie marxistische Historiker in der Option des liberalen Bürgertums zuerst für die Reform auf der Grundlage der Märzerrungenschaften, dann für die bürgerliche und staatliche Ordnung einen »Verrat« am »Volk« oder an der historischen »Aufgabe« der Revolution sieht, der nimmt für sich das Wissen über den Gesamtverlauf und das Ziel der Weltgeschichte in Anspruch, ganz

Die politische Spaltung des Bürgertums

Furcht vor der »roten« Gefahr

Marxistische Kritik

zu schweigen davon, daß er nachträglich die paradoxe Forderung an das Bürgertum richtet, mit der revolutionären Durchsetzung des kapitalistischen Systems auf liberal-demokratischer Grundlage die Voraussetzung für die sozialistische Revolution und damit für den eigenen Untergang selbst zu schaffen.

Unabhängig von der geschichtsphilosophischen Verurteilung der bürgerlichen Revolutionäre wider Willen ist es wissenschaftlich erlaubt, den Ursachenkomplex für das Scheitern der Revolution von 1848 durch eine vorsichtige Diskussion von Alternativen zum tatsächlichen Gang der Ereignisse weiter aufzuhellen, sofern damit nicht unerfüllte Wünsche nachträglich legitimiert, sondern die Grenzen von Handlungsspielräumen ausgemessen und damit Realisierungschancen bestimmt werden. Zu solchen Alternativen gehört gewiß auch eine Koalition zwischen Liberalismus und Demokratie, zumal sie im (erfolglosen) Kampf um die Durchsetzung des Schutzzolls praktiziert worden war und im Frühjahr 1849 im Pakt Simon–Gagern die Verabschiedung der Reichsverfassung ermöglicht hatte. Das Resultat der beiden Aktionen war nicht ermutigend. Ob gar das Bündnis mit der außerparlamentarischen Linken, den »Volksmassen«, deren Aktionen aus marxistischer Sicht die eigentlichen Höhepunkte der Revolution waren, zur Verwirklichung der politischen Ziele des Bürgertums geführt hätte, wird selbst in der Geschichtsschreibung der Deutschen Demokratischen Republik bezweifelt. Nicht weniger unrealistisch ist aber die entgegengesetzte These (*Frank Eyck*), daß sich die Märzbewegung mit der Liberalisierung der einzelstaatlichen Verfassungen und Regierungen und einigen Korrekturen an der politischen Organisation des Deutschen Bundes hätte begnügen sollen. Sie unterschätzt nachträglich das in jeder Revolution wirkende Moment des Utopischen und überschätzt damit die Fähigkeit ihrer Träger zur Einsicht in das Erreichbare. Auf der Ebene der nationalen Organisation Deutschlands oder Mitteleuropas ist die großdeutsch-föderative oder gar großösterreichische Alternative zur erbkaiserlich-kleindeutschen Lösung durch die Ereignisse zwischen dem Frühjahr 1849 und der Restitution des Deutschen Bundes im Jahre 1851 widerlegt worden, zumal in dieser Zeit schon nicht mehr mit dem Widerstand des demokratischen Unitarismus zu rechnen war. Daß schließlich im nachhinein erkannt wird, wie der Zeitfaktor angesichts der Pluralität der Aktionszentren und Handlungsebenen dazu beigetragen hat, den Prozeß der Revolution aufzulösen und damit zu lähmen, weist auf die überindividuelle Dimension der Ursachen für ihr Scheitern hin. Davon wird aber die große Bedeutung einzelner Entscheidungen wie des »kühnen Griffes« Gagerns oder die Ablehnung der Kaiserkrone durch Friedrich Wilhelm IV. nicht berührt.

Wirkungsgeschichtlich ist die Revolution von 1848/49 ein politisches Schlüsselereignis der deutschen Geschichte des 19. Jahrhunderts. Sie ist darin nur mit der staatlichen Umgestaltung Mitteleuropas zwischen 1803 und 1815 und mit der Reichsgründung von 1866–1871 zu vergleichen. Der Anstoß zur Auflösung des Alten Reiches war von Napoleon I., dem imperialen Erben der Französischen Revolution, ausgegangen. Seine im Zusammenwirken mit den deutschen Fürsten erzwungene territoriale Neuordnung Deutschlands war nach dem Sturz des Korsen von den europäischen Staatsmännern des Wiener Kongresses in ihren Grundzügen bestätigt worden. Die Errichtung des deutschen Nationalstaates von Preußen aus ein halbes Jahrhundert später war das Ergebnis der Staatskunst Bismarcks in ihrer Verbindung von Diplomatie, begrenzter Kriegführung und Benutzung nationaler Energien. Als solche stellte sie in den Augen vieler Zeitgenossen die realpolitische Alternative zum Werk der Frankfurter Nationalversammlung dar, eine »Revolution von oben«, deren Erfolg nicht zuletzt auf dem vorläufigen Ausklammern oder der Umgehung wichtiger gesellschaftspolitischer Fragen beruhte. Zwischen beiden Vorgängen liegt der Versuch des liberalen Bürgertums von 1848, auf einen Schlag die nationale Frage und das Verfassungsproblem im freiheitlichen Sinne auf möglichst breiter gesellschaftlicher Grundlage zu lösen. Das Scheitern dieses Versuches hing sicherlich auch mit der Widerstandskraft des 1806–1815 konsolidierten Systems der monarchischen Verwaltungsstaaten und ihrer Träger zusammen, das denn auch wenig verändert in das Bismarckreich einging. Die unmittelbare Wirkung der Revolution von 1848 im positiven Sinne war somit gering. Immerhin hat sie das politisch gescheiterte Bürgertum für die Revolution von oben disponiert, soweit diese die ökonomische Entfaltung im nationalen Rahmen garantierte und einzelne – politische und rechtsstaatliche – Elemente der Reichsverfassung von 1849 in den preußisch-deutschen Nationalstaat übernahm. Als eine eigenständige politische Tradition wurde das Erbe der bürgerlichen Revolution erst wieder gegen Ende des Jahrhunderts von Bedeutung, als die politischen und gesellschaftlichen Verwerfungen im Gefüge des neudeutschen Kaiserreiches deutlicher als in seinen Anfängen zutage traten. Diese Fernwirkung einer Tradition der deutschen Geschichte, die in der Weimarer Republik und nach dem Ende der Hitler-Diktatur eine weitere Aufwertung erfuhr, darf aber nicht darüber hinwegtäuschen, daß der Ort der deutschen Revolution von 1848 aus realhistorischer Sicht eher am Ende des vorangehenden Zeitalters als am Beginn einer neuen Epoche zu suchen ist.

Fernwirkung der Revolution als Tradition

VI. QUELLEN UND LITERATUR

Vorbemerkung

Das Verzeichnis von Quellen und Sekundärliteratur zur deutschen Geschichte von 1815 bis 1851 enthält die Titel ohne wertenden Kommentar und bietet aus Raumgründen nur eine Auswahl. Das gilt vor allem für die älteren Publikationen, die bequem in den einschlägigen Bibliographien ermittelt werden können. Aufgenommen sind zunächst selbständige Veröffentlichungen. Dabei wurde versucht, die Gesamtdarstellungen übergreifender Art, für einzelne Zeitabschnitte, Staaten oder Regionen, nach Möglichkeit vollständig zu erfassen, darüber hinaus wichtige Monographien sachbezogener oder biographischer Thematik. Entsprechend der Verlagerung der Forschungsdiskussion in wissenschaftliche Zeitschriften wurden außerdem in begrenzter Zahl wichtige Aufsätze verzeichnet, deren Ergebnisse noch nicht in Gesamtdarstellungen und Monographien eingegangen sind, die jedoch dem Bearbeiter von Nutzen waren. Aufsätze aus Sammelwerken, die ohnehin verzeichnet sind, wurden nur in Ausnahmefällen gesondert aufgeführt. Veröffentlichungen, die nach ihrem Inhalt zeitübergreifend sind, sind in der Regel in dem ersten, allgemeinen Teil der Bibliographie zu finden und nur gelegentlich der Literatur zu einzelnen Kapiteln des Handbuches zugeschlagen worden. Es ist deshalb sinnvoll, vor der Auswertung der Verzeichnisse zu den einzelnen Kapiteln den allgemeinen Teil zu Rate zu ziehen. Im übrigen erwies es sich als zweckmäßig, an die Spitze des Quellen- und Literaturverzeichnisses zur Geschichte der Revolution von 1848/49 ebenfalls einen allgemeinen Teil zu stellen. Als herausragendes »Ereignis« hat die Revolution eine weitgespannte Literatur sui generis hervorgebracht. Das Ausmaß der Selektion, das allein für diesen Teil des Verzeichnisses erforderlich war, ist daraus zu ersehen, daß die Bibliographie in der 1932 erschienenen »Geschichte der deutschen Revolution 1848–49« von *Veit Valentin* schon 1528 Titel enthält.

Verwendete Abkürzungen

GWU Geschichte in Wissenschaft und Unterricht
HJb Historisches Jahrbuch
HZ Historische Zeitschrift
NPL Neue Politische Literatur
NWB Neue Wissenschaftliche Bibliothek
VSWG Vierteljahrsschrift für Sozial- und Wirtschaftsgeschichte
ZfG Zeitschrift für Geschichtswissenschaft

Bibliographische Hilfsmittel

Dahlmann-Waitz, Quellenkunde der deutschen Geschichte. Bibliographie der Quellen und der Literatur zur deutschen Geschichte. Leipzig ⁹1931–1932. Stuttgart ¹⁰1969ff. – *W. Baumgart,* Bücherverzeichnis zur deutschen Geschichte. Hilfsmittel, Handbücher, Quellen (= Deutsche Geschichte. Ereignisse und Probleme, Bd. 14). Berlin ²1973. – *Jahresberichte für Deutsche Geschichte.* Hrsg. v. A. Brackmann u. F. Hartung. 1 (1925) bis 15/16 (1939/40). Leipzig 1927–1942 (1941–1948 nicht erschienen). Neue Folge. Hrsg. v. Institut für Geschichte an der Deutschen Akademie der Wissenschaften Berlin. Bde. 1–26. Berlin (Ost) 1949–1974. – Die Deutsche Geschichtswissenschaft im Zweiten Weltkrieg. Bibliographie des historischen Schrifttums deutscher Autoren 1939–1945. Hrsg. v. *W. Holtzmann* u. *G. Ritter.* Marburg 1951. – *D. Dowe,* Bibliographie zur Geschichte der deutschen Arbeiterbewegung, sozialistischen und kommunistischen Bewegung von den Anfängen bis 1863 unter Berücksichtigung der politischen, wirtschaftlichen und sozialen Rahmenbedingungen. Bonn, Bad Godesberg 1976. – *W. Bußmann,* 1815–1848 (Literaturbericht). In: GWU 19, 1968. – *Ders.,* Beiträge zur preußischen Geschichte (Literaturbericht). In: GWU 23, 1972. – *Ders.,* 1789–1870 (Literaturbericht). In: GWU 26, 1975. – *Ders.,* 1789–1870 (Literaturbericht). In GWU 28, 1977. – *W. Köllmann,* Sozial- und Wirtschaftsgeschichte (Literaturbericht). In: GWU 27, 1976. – *E. Angermann,* Der deutsche »Vormärz« (Literaturbericht). In: NPL 13, 1968.

Quellen zur allgemeinen Geschichte und zur Verfassungsgeschichte

Deutsche Geschichtsquellen des 19. und 20. Jahrhunderts. Hrsg. v. der Historischen Kommission bei der Bayerischen Akademie der Wissenschaften. 52 Bde. Stuttgart, Berlin, Leipzig 1919–1976 (Nachdruck Bde. 1–36: Osnabrück 1966–1967). – *G. F. v. Martens* (Hrsg.), Nouveau Recueil des traités, d'alliances, de paix, de trèves, de neutralités, de commerce, de limites etc. 1808–1839. 16 Bde. Göttingen 1817–1842; Nouveau Recueil général de traités, de conventions et autres transactions remarquables... Serie I: 1720–1874. 20 Bde. Göttingen 1843–1876. – *F. W. Ghillany* (Hrsg.), Diplomatisches Handbuch. Sammlung der wichtigsten europäischen Friedensschlüsse, Congressacten und sonstigen Staatsurkunden vom westphälischen Frieden bis auf die neueste Zeit. 3 Bde. Noerdlingen 1855–1868. – *E. Kertes* (Hrsg.), Documents in the Political History of the European Continent (1815–1939). London 1968. – *J. L. Klüber* (Hrsg.), Übersicht der diplomatischen Verhandlungen des Wiener Congresses überhaupt, und insonderheit über wichtige Angelegenheiten des teutschen Bundes. Abt. 1–3. Frankfurt/Main 1816 (Nachdruck Osnabrück 1966). – *Ders.* (Hrsg.), Akten des Wiener Kongresses in den Jahren 1814 und 1815. 9 Bde. Erlangen 1815–1835 (Nachdruck Osnabrück 1966). – *A. Chroust* (Hrsg.), Gesandschaftsberichte aus München (1814–1848). 15 Bde. München 1933–1951. – *J. A. v. Rantzau,* Europäische Quellen zur schleswig-holsteinischen Geschichte im 19. Jahrhundert. Bd. 1: Akten aus dem Wiener Haus-, Hof- und Staatsarchiv 1818–1852. Breslau 1934. – *Protokolle der deutschen Bundesversammlung.* Frankfurt/Main 1816ff. – *J. L. Klüber* (Hrsg.), Öffentliches Recht des Teutschen Bundes und der Bundesstaaten. Frankfurt/Main ⁴1840. – *E. R. Huber* (Hrsg.), Dokumente zur deutschen Verfassungsgeschichte. Bd. I: 1803–1850. Stuttgart 1961. – *H. Fenske* (Hrsg.), Vormärz und Revolution (1840–1849) (= Quellen zum politischen Denken der Deutschen im 19. und 20. Jahrhundert, Bd. IV). Darmstadt 1976. – *J. Hansen* (Hrsg.), Rheinische Briefe und Akten zur Geschichte der politischen Bewegung (1830–1850). Bd. I. Essen 1919; Bd. II, 1. Bonn 1942; Bd. II, 2. April–Dezember 1848. Bearb. v. *H. Boberach* (= Publikationen der Gesellschaft für Rheinische Geschichtskunde, Bd. 36). Köln, Bonn 1976. – *F. Rühl* (Hrsg.), Briefe und Aktenstücke zur Geschichte Friedrich Wilhelm III.; vorzugsweise aus dem Nachlaß von F. A. v. Stagemann. 3 Bde. Leipzig 1899–1902. – *W. Mommsen* (Hrsg.), Deutsche Parteiprogramme (1809–1957). München ²1964.

Darstellungen zur Geschichte des 19. Jahrhunderts (Europa und die Welt)

R. Elze u. *K. Repgen* (Hrsg.), Studienbuch Geschichte. Stuttgart 1974. – *W. Goetz u. a.,* Liberalismus und Nationalismus (1848–1890) (= Propyläen Weltgeschichte, Bd. 8). Berlin 1930. – *W. Mommsen,* Geschichte des Abendlandes von der französischen Revolution bis zur Gegenwart (1789–1945). München 1951. – *G. Mann u. a.,* Das 19. Jahrhundert (= Propyläen Weltgeschichte, Bd. 8). Frankfurt/Main, Berlin 1960 (Nachdruck 1976). – *F. Valjavec* (Hrsg.), Das 19. Jahrhundert (= Historia Mundi, Bd. 10). München 1961. – *H. Herzfeld,* Die moderne

Welt 1789–1945. 2 Bde. Braunschweig ⁶1969–1970. – *L. Bergeron, F. Furet* u. *R. Koselleck*, Das Zeitalter der europäischen Revolution (1780–1848) (= Fischer Weltgeschichte, Bd. 26). Frankfurt/Main 1969. – *Ch. Morazé*, Das Gesicht des 19. Jahrhunderts. Köln 1959. – *W. Näf*, Die Epochen der neueren Geschichte. Bd. 2. Aarau ²1960 (Nachdruck 1970). – *P. Renouvin*, Histoire des Relations Internationales. Bd. V.: Le XIXe Siècle. De 1815 à 1871. Paris 1954. – *J. Droz, L. Genet* u. *J. Vidalenc*, L'Époque Contemporaine. Bd. I.: Restaurations et Révolutions (1815–1871) (= Clio, Bd. 9,1). Paris ²1963. – *G. G. Gervinus*, Geschichte des neunzehnten Jahrhunderts seit den Wiener Verträgen. 8 Bde. Leipzig 1855–1866. – *A. Stern*, Geschichte Europas seit den Verträgen von 1815 bis zum Frankfurter Frieden von 1871. 10 Bde. Berlin, Stuttgart 1899–1924; Bde. 1–4: Berlin, Stuttgart ²1913–1921. – *B. Croce*, Geschichte Europas im neunzehnten Jahrhundert. Stuttgart ²1950. – *A. J. Grant* u. *H. W. Temperley*, Europe in the 19th and 20th Century. London ⁶1952. – *E. Schnerb*, Le XIXe Siècle. L'Apogée de L'Expansion Européenne (1814–1914). (= Histoire Génerale des Civilisation, Bd. 6). Paris ²1957. – *J. B. Duroselle*, L'Europe de 1815 à nos Jours (= Nouvelle Clio, Bd. 38). Paris ²1967. – *Th. Schieder*, Europa im Zeitalter der Nationalstaaten und europäischen Weltpolitik bis zum Ersten Weltkrieg (= Handbuch der europäischen Geschichte, Bd. 6). Stuttgart 1968. – *G. A. Craig*, Geschichte Europas im 19. und 20. Jahrhundert. Bd. I: 1815–1914. München 1974. – *F. Ponteil*, L'Éveil des Nationalités et le Mouvement Libéral (1815–1848) (= Peuples et Civilisations, Bd. 15). Paris ²1968. – *E. Weis*, Der Durchbruch des Bürgertums (1776–1847) (= Propyläen Geschichte Europas, Bd. 4). Berlin 1978. – *Th. Schieder*, Staatensystem als Vormacht der Welt (1848–1918) (= Propyläen Geschichte Europas, Bd. 5). Berlin 1977. – *Ch. Breunig*, The Age of Revolution and Reaction (1789–1850). London 1971. – *F. L. Ford*, Europe 1780–1830. London 1970. – *C. W. Crawley* (Hrsg.), War and Peace in an Age of Upheavel (1793–1830) (= The New Cambridge Modern History, Bd. 9). Cambridge 1965. – *W. L. Langer*, Political and Social Upheaval 1832 to 1852 (= The Rise of Modern Europe, Bd. 14). New York, Evanston, London 1969. – *J. P. T. Bury* (Hrsg.), The Zenith of European Power (1830–1870) (= The New Cambridge Modern History, Bd. 10). Cambridge 1960. – *H. Hearder*, Europe in the Nineteenth Century (1830–1880). London 1966. – *P. N. Stearns*, The European Experience since 1815. New York, Chicago, San Francisco 1972. – *M. Beloff, P. Renouvin, F. Schnabel* u. *F. Valesecchi*, L'Europe du XIXe et du XXe Siècle. Problèmes et Interprétation Historiques. 2 Bde. Paris 1959. – *M. S. Anderson*, The Ascendancy of Europe. Aspects of European History (1815–1914). London 1972. – *Th. Schieder*, Der Nationalstaat in Europa als historisches Phänomen. Köln 1964. – *R. Poidevin* u. *J. Bariéty*, Les Relations Franco–Allemandes (1815–1975). Paris 1977. – *E. N. Anderson* u. *P. R. Anderson*, Political Institutions and Social Change in Continental Europe in the 19th Century. Berkely, Los Angeles 1967. – *Ch. Tilly, L. Tilly* u. *R. Tilly*, The Rebellious Century. London 1975.

Darstellungen zur deutschen Geschichte und zur Geschichte der Gliedstaaten des Deutschen Bundes

H. v. Treitschke, Deutsche Geschichte im 19. Jahrhundert. 5 Bde. Leipzig 1879–1894. – *H. v. Sybel*, Die Begründung des Deutschen Reiches durch Wilhelm I. 7 Bde. München, Leipzig 1889–1894. – *E. Brandenburg*, Die Reichsgründung. Bd. 1. Leipzig 1916. – *E. Marcks*, Der Aufstieg des Reiches. Deutsche Geschichte von 1807–1871/78. 2 Bde. Stuttgart, Berlin 1936. – *H. v. Srbik*, Deutsche Einheit. Idee und Wirklichkeit vom Heiligen Reich bis Königgrätz. 4 Bde. München 1935–1942. – *F. Schnabel*, Deutsche Geschichte im 19. Jahrhundert. Bde. 1–4. 2.–5. Auflage. Freiburg 1949–1959. – *G. Mann*, Deutsche Geschichte des 19. und 20. Jahrhunderts. Frankfurt/Main 1964. – *H. Holborn*, Deutsche Geschichte in der Neuzeit. Bd. 2: 1790–1871. München, Wien 1970. – *B. Gebhardt*, Handbuch der deutschen Geschichte. Hrsg. v. *H. Grundmann*. Bd. 3: Von der Französischen Revolution bis zum Ersten Weltkrieg. Bearb. v. *K. E. Born, M. Braubach, Th. Schieder* u. *W. Treue*. Stuttgart ⁹1970. – *P. Rassow* (Hrsg.), Deutsche Geschichte im Überblick. 3. Auflage, hrsg. v. *Th. Schieffer*. Stuttgart 1973. – *E. Zechlin*, Die deutsche Einheitsbewegung (= Deutsche Geschichte. Ereignisse und Probleme, Bd. 3,1). Frankfurt/Main, Berlin ²1973. – *Th. S. Hamerow*, Restauration, Revolution, Reaction. Economics and Politics in Germany (1815–1871). Princeton 1958. – *A. Ramm*, Germany 1789–1919. A Political History. London 1967. – *J. Droz*, La Formation de L'Unité Allemande (1789–1871). Paris 1971. – *K. Obermann*, Deutschland von 1815–1849 (= Lehrbuch der deutschen Geschichte, Bd. 6). Berlin (Ost) ⁴1976. – *E. Engelberg*, Deutschland von 1849 bis 1871 (= Lehrbuch der deutschen Geschichte, Bd. 7). Berlin (Ost) ³1972. – *F. Meinecke*, Weltbürgertum und Nationalstaat (1909). Hrsg. v. *H. Herzfeld* (= Werke, Bd. 5). München 1962. – *G. W. Sante* (Hrsg.), Geschichte der deutschen Länder (»Territorien-Ploetz«). Bd. 2: Die deutschen Länder vom Wiener Kongreß bis zur Gegenwart.

Würzburg 1971. – *E. R. Huber*, Deutsche Verfassungsgeschichte seit 1789. Bd. 1: Reform und Restauration. Stuttgart ²1967; Bd. 2: Der Kampf um Einheit und Freiheit (1830 bis 1850). Stuttgart ²1968. – *F. Hartung*, Deutsche Verfassungsgeschichte vom 15. Jahrhundert bis zur Gegenwart. Stuttgart ⁹1969. – *W. Conze* (Hrsg.), Beiträge zur deutschen und belgischen Verfassungsgeschichte im 19. Jahrhundert. Stuttgart 1967. – *G. Ritter*, Staatskunst und Kriegshandwerk. Das Problem des »Militarismus« in Deutschland. Bd. 1. München 1954. – *M. Messerschmidt*, Militärgeschichte im 19. Jahrhundert (1814–1890). Die politische Geschichte der preußisch-deutschen Armee (= Handbuch der Militärgeschichte, Bd. 5,4). München 1975. – *R. Koselleck*, Preußen zwischen Reform und Revolution. Allgemeines Landrecht, Verwaltung und soziale Bewegung von 1791 bis 1848. Stuttgart ²1975. – *M. Doeberl*, Entwicklungsgeschichte Bayerns. Bde. 2 u. 3. München 1912–1931. – *M. Spindler* (Hrsg.), Handbuch der bayrischen Geschichte. Bd. 4 (1 u. 2): Das neue Bayern 1800–1970. München 1974–1975. – *F. Petri* u. *G. Droege* (Hrsg.), Rheinische Geschichte. Bd. 2: Neuzeit. Düsseldorf 1976. – *K.-G. Faber*, Die Rheinlande zwischen Restauration und Revolution. Probleme rheinischer Geschichte von 1814 bis 1848 im Spiegel der zeitgenössischen Publizistik. Wiesbaden 1966. – *W. Schulte*, Volk und Staat. Westfalen im Vormärz und in der Revolution 1848/49. Münster 1954. – *K. Bosl* (Hrsg.), Handbuch der Geschichte der böhmischen Länder. Bd. II: Die böhmischen Länder von der Hochblüte der Ständeherrschaft bis zum Erwachen eines modernen Nationalbewußtseins. Stuttgart 1974; Bd. III: Die böhmischen Länder im Habsburger Reich. 1848–1919. Stuttgart 1968. – *E. Zöllner*, Geschichte Österreichs von den Anfängen bis zur Gegenwart. München ⁵1974. – *R. A. Kann*, A History of the Habsburg Empire (1526–1918). New York 1974. – *F. Walter*, Österreichische Verfassungs- und Verwaltungsgeschichte von 1500 bis 1955. Hrsg. v. *A. Wandruszka*. Wien 1972. – *E. C. Hellbling*, Österreichische Verfassungs- und Verwaltungsgeschichte. Wien 1956. – *W. Treue*, Wirtschaftsgeschichte der Neuzeit. Das Zeitalter der technisch-industriellen Revolution (1700–1966). Stuttgart ²1966. – *W. Sombart*, Die deutsche Volkswirtschaft im 19. Jahrhundert. Berlin ⁶1923. – *H. Aubin* u. *W. Zorn* (Hrsg.), Handbuch der deutschen Wirtschafts- und Sozialgeschichte. Bd. 2. Stuttgart 1976. – *H. Mottek*, Wirtschaftsgeschichte Deutschlands. Ein Grundriß. Bd. 2: Von der Zeit der Französischen Revolution bis zur Zeit der Bismarckschen Reichsgründung. Berlin (Ost) 1964. – *K. Bosl* u. *E. Weis*, Die Gesellschaft in Deutschland. Bd. I: Von der fränkischen Zeit bis 1848. München 1976. – *W. H. Bruford*, Deutsche Kultur der Goethezeit (= Handbuch der Kulturgeschichte, 1. Abt., Bd. 8). Frankfurt/Main 1965. – *K. Buchheim*, Deutsche Kultur zwischen 1830 und 1870 (= Handbuch der Kulturgeschichte, 1. Abt., Bd. 9). Frankfurt/Main 1966. – *H. Heffter*, Die deutsche Selbstverwaltung im 19. Jahrhundert. Stuttgart 1950. – *K. Koszyk*, Deutsche Presse im 19. Jahrhundert. Berlin 1966. – *W. Conze* (Hrsg.), Staat und Gesellschaft im deutschen Vormärz (1815–1848) (= Industrielle Welt, Bd. 1). Stuttgart ²1970. – *Th. Schieder*, Staat und Gesellschaft im Wandel unserer Zeit. Studien zur Geschichte des 19. und 20. Jahrhunderts. München, Wien ²1970. – *E. R. Huber*, Nationalstaat und Verfassungsstaat. Studien zur Geschichte der modenen Staatsidee. Stuttgart 1965. – *H. Bleiber* (Hrsg.), Bourgeoisie und bürgerliche Umwälzung in Deutschland (1789–1871). Karl Obermann zum 70. Geburtstag gewidmet (= Akademie der Wissenschaften der DDR. Schriften des Zentralinstituts für Geschichte, Bd. 50). Berlin (Ost) 1977. – *K. E. Born* (Hrsg.), Moderne deutsche Wirtschaftsgeschichte (= Neue Wissenschaftliche Bibliothek, Bd. 12). Köln, Berlin 1966. – *H.-U. Wehler* (Hrsg.), Moderne deutsche Sozialgeschichte (= Neue Wissenschaftliche Bibliothek, Bd. 10). Köln, Berlin ³1970. – *E.-W. Böckenförde* (Hrsg.), Moderne deutsche Verfassungsgeschichte (= Neue Wissenschaftliche Bibliothek, Bd. 51). Köln 1972. – *E. R. Huber*, Heer und Staat. Hamburg ²1943. – *R. Höhn*, Verfassungskampf und Heereseid. Der Kampf des Bürgertums um das Heer (1815 bis 1850). Leipzig 1938.

Biographische Nachschlagewerke und Quellen, Biographien (Auswahl)

Allgemeine Deutsche Biographie (ADB). Hrsg. durch die historische Commission bei der Königlichen Akademie der Wissenschaften. Bde. 1–56. Leipzig 1875–1912 (Nachdruck Berlin 1967 ff.). – *Neue Deutsche Biographie (NDB).* Hrsg. v. der historischen Kommission bei der Bayerischen Akademie der Wissenschaften. Bd. 1–10. Berlin 1953–1974. – Biographisches Wörterbuch zur deutschen Geschichte. Hrsg. v. *K. Bosl, G. Franz* u. *H. H. Hofmann*. München ²1974. – *C. v. Wurzbach*, Biographisches Lexikon des Kaisertums Österreich (1750 bis 1850). Bde. 1–60, Reg.-Bd. zu den Nachträgen. Wien 1856–1923 (Teilnachdruck New York 1966). – *Österreichisches Biographisches Lexikon 1815–1950.* Hrsg. v. der Österreichischen Akademie der Wissenschaften. Bde. 1–4. Graz, Köln 1957–1972. – *Meyers Großes Personenlexikon.* Hrsg. u. bearb. v. den Fachredaktionen des Bibliographischen Instituts. Mannheim, Zürich 1968. – Fischers Biographisches Lexikon zur Weltgeschichte. Hrsg.

v. H. Herzfeld. Frankfurt/Main 1970. − *H. Gollwitzer,* Carl von Abel und seine Politik (1837−1847). München 1944. − *H. Meissner* (Hrsg.), Ernst Moritz Arndt's sämmtliche Werke. 6 Bde. Leipzig 1892−1894. − *A. Dühr* (Hrsg.), Ernst Moritz Arndt. Briefe. 3 Bde. Darmstadt 1972−1975. − *S. Zucker,* L. Bamberger, German Liberal Politician and Social Critic (1823 to 1899). Pittsburgh 1975. − *S. Schmidt,* Robert Blum. Vom Leipziger Liberalen zum Märtyrer der deutschen Demokratie. Weimar 1971. − *E. Newman,* Restoration Radical. Robert Blum and Challenge of German Democracy (1807−48). Boston 1974. − *J. Rippmann* u. *P. Rippmann* (Hrsg.), Ludwig Börne. Sämtliche Schriften. 5 Bde. Düsseldorf 1964−1968. − *J. Ulrich,* Generalfeldmarschall von Boyen. Berlin 1936. − *M. Schwann,* Ludolf Camphausen (= Veröffentlichungen des Archivs für Rheinisch-Westfälische Wirtschaftsgeschichte, Bde. III−V). 3 Bde. Essen 1915. − *H. Tümmler* (Hrsg.), Briefwechsel des Herzogs und Großherzogs Carl August von Weimar. Bd. 3: Von der Rheinbundzeit bis zum Ende der Regierung 1808−1828 (= Deutsche Geschichtsquellen des 19. u. 20. Jahrhunderts, Bd. 39). Göttingen 1973. − *M. Fehling* u. *H. Schiller* (Hrsg.), Briefe an (Johann Friedrich) Cotta. 3 Bde. Stuttgart, Berlin 1925−1934. − *A. Springer,* Friedrich Christoph Dahlmann. 2 Bde. Leipzig 1870−1872. − *R. Hübner* (Hrsg.), Johann Gustav Droysen. Briefwechsel. 2 Bde. Stuttgart 1929. − *G. Mayer,* Friedrich Engels. 2 Bde. Den Haag 1934 (Nachdruck Köln 1971). − *W. O. Henderson,* The Life of Friedrich Engels. 2 Bde. London 1976. − *L. v. Ranke* (Hrsg.), Aus dem Briefwechsel Friedrich Wilhelm IV. mit Bunsen. Leipzig 1873. − *E. Lewalter,* Friedrich Wilhelm IV. Das Schicksal eines Geistes. Berlin 1938. − *L. Dehio,* Friedrich Wilhelm IV. von Preußen. München, Berlin 1961. − *R. Koch,* Demokratie und Staat bei Julius Fröbel (1805−1893). Liberales Denken zwischen Naturrecht und Sozialdarwinismus (= Veröffentlichungen des Instituts für Europäische Geschichte, Bd. 84). Wiesbaden 1968. − *H. Rößler,* Zwischen Restauration und Reaktion. Ein Lebensbild des Reichsfreiherrn Hans Christoph von Gagern (1776−1852). Göttingen 1958. − *P. Wentzcke,* Heinrich von Gagern. Vorkämpfer für deutsche Einheit und Volksvertretung (= Persönlichkeit und Geschichte, Bd. 4). Göttingen 1957. − *P. Wentzcke* u. *W. Klötzer* (Bearb.), Deutscher Liberalismus im Vormärz. Heinrich von Gagern. Briefe und Reden (1815−1848). Göttingen, Berlin, Frankfurt/Main 1959. − *H. v. Gagern,* Das Leben des Generals Friedrich von Gagern. 3 Bde. Leipzig, Heidelberg 1856−1857. − *L. v. Pastor,* Leben des Freiherrn Maximilian von Gagern (1810−1889). Kempten 1912. − *F. v. Gentz,* Tagebücher. 4 Bde. Leipzig 1873−1874. − *C. v. Klinkowström* (Hrsg.), Aus der alten Registratur der Staatskanzelei. Briefe politischen Inhalts von und an Friedrich von Gentz aus den Jahren 1789−1827. Wien 1870. − *F. C. Wittichen* (Hrsg.), Briefe von und an Friedrich von Gentz. 3 Bde. München, Berlin 1909−1913. − *W. Weick* (Hrsg.), Friedrich von Gentz. Ausgewählte Schriften. 5 Bde. Stuttgart, Berlin 1836−1838. − *G. Mann,* Friedrich von Gentz. Zürich, Wien 1947. − *J. Baxa,* Friedrich von Gentz. Wien 1965. − Denkwürdigkeiten aus dem Leben Leopold von Gerlachs. Nach seinen Aufzeichnungen hrsg. v. seiner Tochter. 2 Bde. Berlin 1891−1892. − *J. v. Gerlach* (Hrsg.), Ernst Ludwig von Gerlach. Aufzeichnungen aus seinem Leben und Wirken. Berlin 1903. − *H. Diwald* (Hrsg.), Von der Revolution zum Norddeutschen Bund. Politik und Ideengut der preußischen Hochkonservativen (1848−1866). Aus dem Nachlaß von Ernst Ludwig von Gerlach. 2 Teile (= Deutsche Geschichtsquellen des 19. und 20. Jahrhunderts, Bd. 46). Göttingen 1970. − *K. Lutze,* Georg Gottfried Gervinus. Seine politische Ideenwelt bis zur »Einleitung in die Geschichte des 19. Jahrhunderts«. (Diss.) Berlin 1956. − *K. Griewank* (Hrsg.), Gneisenau, ein Leben in Briefen. Leipzig 1939. − *W. Schellberg* (Hrsg.), Joseph Görres. Gesammelte Schriften. Bde. 1−13, 15, 16. Köln 1926ff. − *A. Bergengrün,* David Hansemann. Berlin 1901. − *B. Poll* (Hrsg.), David Hansemann. Zur Erinnerung an einen Politiker und Unternehmer. Aachen 1964. − *L. v. Ranke,* Denkwürdigkeiten des Staatskanzlers Fürsten von Hardenberg. 4 Bde. Berlin 1877. − *H. Branig,* Briefwechsel des Fürsten Karl August von Hardenberg mit dem Fürsten Wilhelm Ludwig von Sayn-Wittgenstein (= Veröffentlichungen aus den Archiven preußischer Kulturbesitz, Bd. 9). Köln, Berlin 1972. − *H. Hausherr,* Hardenberg. Eine politische Biographie. Hrsg. v. *K. E. Born.* Teil I. Köln, Graz 1963. − *P. G. Thielen,* Karl August Hardenberg (1750−1822). Eine Biographie. Köln, Berlin 1967. − *W. Köllmann,* Friedrich Harkort. Bd. 1: 1793−1838 (= Beiträge zur Geschichte des Parlamentarismus und der politischen Parteien, Bd. 27). Düsseldorf 1964. − *H. H. Houben* (Hrsg.), Gespräche mit Heine. Potsdam ²1948. − *M. Werner* (Hrsg.), Begegnungen mit Heine. Berichte der Zeitgenossen. 2 Bde. Hamburg 1973. − *H. Lademacher,* Moses Hess. Ausgewählte Schriften. Köln 1962. − *E. Silberner* (Hrsg.), Moses Hess. Briefwechsel. s'Gravenhage 1959. − *Ders.,* Moses Hess. Geschichte seines Lebens. Leiden 1966. − *H. Beck,* Alexander von Humboldt. 2 Bde. Wiesbaden 1959−1961. − *W. v. Humboldt,* Gesammelte Schriften. Hrsg. v. der Königlich Preußischen Akademie der Wissenschaften. Bde. 1−17. Berlin 1903−1936. − *A. Flitner* u. *K. Giel* (Hrsg.), Wilhelm von Humboldt. Werke. 5 Bde. Darmstadt, Stuttgart 1960ff. − *G. Gebhardt,* Wilhelm von Humboldt als Staatsmann. 2 Bde. Stuttgart 1899. − *S. Kaehler,* Wilhelm von Humboldt und der Staat. Göttingen ²1963. − *E. Kessel,* Wilhelm von Humboldt. Idee und Wirklichkeit. Stuttgart 1967. − *E. Silberner,* Johann Jacoby. Politiker und Mensch. Bonn-Bad Godesberg 1977. − *F. Prinz,* Hans Kudlich (1823−1917). Versuch einer historisch-politischen Biographie (= Veröffentlichungen des Collegium Carolinum,

Bd. 11). München 1962. – *E. Beckerath* u. *K. Goeser* (Hrsg.), Friedrich List. Schriften, Reden, Briefe. Bde. 1–10. Berlin 1927–1935. – *F. Bülow,* Friedrich List. Göttingen 1959. – *F. Lenz,* Friedrich List. Der Mann und das Werk. München 1936 (Nachdruck Aalen 1970). – *P. Gehring,* Friedrich List. Tübingen 1964. – *E. C. Corti,* Ludwig I. von Bayern. München ⁶1960. – *Marx-Engels-Gesamtausgabe (MEGA).* Hrsg. v. Marx-Engels-Institut in Moskau. 1. Abt. Bde. 1–7. Moskau 1927–1935. – *K. Marx* u. *F. Engels,* Werke (MEW). Hrsg. v. Institut für Marxismus-Leninismus beim Zentralkommittee der SED. Bde. 1–38. Berlin 1957ff. – *H. Monz,* Karl Marx. Grundlagen der Entwicklung zu Leben und Werk. Trier 1973. – *D. McLellan,* Karl Marx. His Life and Thought. London, New York 1973. – *A. Cornu,* Karl Marx und Friedrich Engels. Leben und Werk. 3 Bde. Berlin 1954ff. – *J. Seigel,* Marx's Fate. The Shape of Life. Princeton 1978. – *G. Freytag,* Karl Mathy. Geschichte seines Lebens. Leipzig ²1872. – *K. Dickopf,* Georg Ludwig von Maurer (1790–1872). Eine Biographie. Kallmünz 1960. – *Adalbert,* Prinz von Bayern, Max I. Joseph von Bayern. Pfalzgraf, Kurfürst und König. München 1957. – *K. W. Fürst v. Metternich,* Aus Metternichs nachgelassenen Papieren. Hrsg. v. dem Sohne des Staatskanzlers Fürsten Richard Metternich-Winneburg. Geordnet u. zusammengestellt v. *A. v. Klinkowström.* 8 Bde. Wien 1880–1884. – *H. v. Srbik,* Metternich, der Staatsmann und Mensch. 3 Bde. Bd. 1 u. 2 München ²1957; Bd. 3 München 1957. – *J. Hansen,* Gustav von Mevissen. Ein rheinisches Lebensbild (1815–1899). 2 Bde. Berlin 1906. – *E. Angermann,* Robert von Mohl (1799–1875). Leben und Werk eines altliberalen Staatsgelehrten (= Politica, Bd. 8). Neuwied 1962. – Denkwürdigkeiten des bayerischen Staatsministers Maximilian J(oseph). Grafen von Montgelas (1799–1817). Im Auszug aus dem französischen Original übersetzt v. M. Freiherrn von Freyberg-Eisenberg u. hrsg. v. *L. Grafen von Montgelas.* Stuttgart 1887. – *H. v. Petersdorff,* Friedrich von Motz. 2 Bde. Berlin 1913. – *L. Klemmer,* Aloys v. Rechberg als Bayrischer Politiker (1766–1849) (= Miscellanea Bavarica Monacensis, Bd. 60). München 1975. – *E. Heller,* Mitteleuropas Vorkämpfer Fürst Felix Schwarzenberg. Wien 1933. – *R. Kiszling,* Fürst Felix Schwarzenberg. Der politische Lehrmeister Kaiser Franz Josephs. Graz, Köln 1962. – *G. H. Pertz* (Hrsg.), Denkschriften des Ministers vom Stein über Deutsche Verfassungen. Berlin 1848. – *Freiherr vom Stein,* Briefe und amtliche Schriften. Bearb. v. *E. Botzenhart* (†), neu hrsg. v. *W. Hubatsch.* 10 Bde. Stuttgart 1957–1974. – *K. v. Raumer,* Die Autobiographie des Freiherrn vom Stein. Münster 1954. – *G. Ritter,* Stein, eine politische Biographie. Stuttgart ³1958. – *W. Gembruch,* Freiherr vom Stein im Zeitalter der Restauration (= Schriften der wissenschaftlichen Gesellschaft an der Johann Wolfgang Goethe-Universität Frankfurt am Main. Geisteswissenschaftliche Reihe, Bd. 2). Wiesbaden 1960. – *H. Ulmann* (Hrsg.), Denkwürdigkeiten aus dem Dienstleben des hessen-darmstädtischen Staatsministers *Karl Wilhelm Heinrich Freiherr du Thil* (1803–1848) (= Deutsche Geschichtsquellen des 19. Jahrhunderts, Bd. 3). Stuttgart, Berlin 1921. – *S. Bahne,* Die Freiherrn Ludwig und Georg von Vincke im Vormärz. Dortmund 1975. – *W. Seidel-Höppner,* Wilhelm Weitling – der erste deutsche Theoretiker und Agitator des Kommunismus. Berlin (Ost) 1961. – *A. Winter,* Karl Philipp Fürst von Wrede als Berater des Königs Max Joseph und des Kronprinzen Ludwig von Bayern (1813–1825) (= Miscellanea Bavarica Monacensis, Bd. 7). München 1968. – *F. Dobmann,* Georg Friedrich Freiherr von Zentner als bayerischer Staatsmann in den Jahren 1799–1821 (Münchener historische Studien, Abteilung bayerische Geschichte, Bd. 6). Kallmünz 1962.

Zur Abgrenzung der Epoche (I)

E. Troeltsch, Neunzehntes Jahrhundert. In: *Ders.,* Gesammelte Schriften. Bd. 4. Tübingen 1913. – *R. Nürnberger,* Die Geschichte des 19. Jahrhunderts als Thema unserer Gegenwart. In: Mitteilungen der Max-Planck-Gesellschaft 1, 1958. – *H. Freyer,* Die weltgeschichtliche Bedeutung des 19. Jahrhunderts. Kiel 1951. – *E. Sauer,* Das Problem des deutschen Nationalstaates (1962). Erweitert in: *H.-U. Wehler* (Hrsg.), Moderne deutsche Sozialgeschichte. Köln, Berlin ³1970.

Der äußere staatliche Rahmen:
Europa und das System des Deutschen Bundes (II, 1)

K. Griewank, Der Wiener Kongreß und die europäische Restauration 1814/15. Leipzig ³1963. – *Ch. K. Webster,* The Congress of Vienna (1814–1815). London ²1934 (Nachdruck London 1950). – *W. Baumgart,* Vom europäischen Konzert zum Völkerbund. Darmstadt 1974. – *Ch. K. Webster,* The Foreign Policy of Castlereagh (1812–1822). London ²1934. – *H. Kissinger,* Großmachtdiplomatie. Von der Staatskunst Castlereaghs und Metternichs. Düsseldorf 1962. — *C. Holbrand,* The Concert of Europe: A Study in German and International Theory 1815—1914. London 1970. — *W. Näf,* Zur Geschichte der Heiligen Allianz. Bern 1928. — *W. Schwarz,* Die Heilige Allianz. Tragik eines europäischen Friedensbundes. Stuttgart 1935. — *J. H. Pirenne,* La Sainte Alliance (1815—1848). 2 Bde. Neuchâtel 1946—1949. — *M. Bourquin,* Histoire de la Sainte Alliance. Genf 1954. — *H. Schaeder,* Autokratie und Heilige Allianz. Darmstadt 1963 (Nachdruck von: Die dritte Koalition und die Heilige Allianz, 1934). — *G. de Bertier de Sauvigny,* La Sainte Alliance. Paris 1972. — *G. de Bertier de Sauvigny,* Metternich et la France après le Congrès de Vienne. 3 Bde. Paris 1968—1971. — *P. Schroeder,* Metternich's Diplomacy at its Zenith 1820—23. Austin 1962. — *I. C. Nichols, Jr.,* The European Pentarchy and the Congress of Verona (1822). The Hague 1971. — *H. Gollwitzer,* Europabild und Europagedanke. Beiträge zur deutschen Geistesgeschichte des 18. und 19. Jahrhunderts. München ²1964. — *Ders.,* Geschichte des weltpolitischen Denkens. Bd. 1: Vom Zeitalter der Entdeckungen bis zum Beginn des Imperialismus. Göttingen 1972. — *B. M. Linker,* Die diplomatischen Beziehungen zwischen Bayern und England in den Jahren 1804—1818. (Diss.) München 1971. — *R. Spencer,* Thoughts on the German Confederation 1815—1866. In: The Canadian Historical Association. Report Ottawa 1962. — *W. Mager,* Das Problem der landständischen Verfassungen auf dem Wiener Kongreß 1814/15. In: HZ 217, 1973. — *B. Wunder,* Landstände und Rechtsstaat. Zur Entstehung und Verwirklichung des Art. 13 DBA. In: Zeitschrift für historische Forschung 5, 1978. — *R. Darmstadt,* Der Deutsche Bund in der zeitgenössischen Publizistik. Bern, Frankfurt/Main 1971. — *A. Sahrmann,* Pfalz oder Salzburg? Geschichte des territorialen Ausgleichs zwischen Bayern und Österreich von 1813—1819. München 1921.

Die innere Staatsstruktur im vorkonstitutionellen Deutschland (II, 2)

F.-L. Knemeyer, Regierungs- und Verwaltungsreformen in Deutschland zu Beginn des 19. Jahrhunderts. Köln, Berlin 1970. — *O. Brunner,* Vom Gottesgnadentum zum monarchischen Prinzip. Der Weg der europäischen Monarchie seit dem Hohen Mittelalter (1954). In: *H. H. Hofmann* (Hrsg.), Die Entstehung des modernen souveränen Staates. Köln, Berlin 1967. — *H. Gollwitzer,* Die politische Landschaft in der deutschen Geschichte des 19./20. Jahrhunderts. In: Zeitschrift für bayerische Landesgeschichte 27, 1964. — *F. Walter* (Bearb.), Die Geschichte der österreichischen Zentralverwaltung 1780 bis 1848. Teil 2: Die Zeit Franz II. (I.) und Ferdinand I. (1792—1848) (= Die österreichische Zentralverwaltung, II. Abt., 1. Bd., 2. Halbbd.). Wien 1956. — *A. G. Haas,* Metternich. Reorganization and Nationality (1813—1818). Wiesbaden 1963. — *J. Marx,* Die österreichische Zensur im Vormärz. München 1959. — *E. Klein,* Von der Reform zur Restauration. Finanzpolitik und Reformgesetzgebung des preußischen Staatskanzlers Karl-August von Hardenberg. Berlin 1965. — *H. Schneider,* Der preußische Staatsrat 1817—1918. Tübingen 1952. — *H. H. Hofmann,* Adelige Herrschaft und souveräner Staat. Studien über Staat und Gesellschaft in Franken und Bayern im 18. und 19. Jahrhundert. München 1962. — *F. Seibt,* Die bayerische »Reichshistoriographie« und die Ideologie des deutschen Nationalstaates (1806—1918). In: Zeitschrift für bayerische Landesgeschichte 28, 1965. — *W. Quint,* Souveränitätsbegriff und Souveränitätspolitik in Bayern. Von der Mitte des 17. Jahrhunderts bis zur ersten Hälfte des 19. Jahrhunderts. Berlin 1971. — *W. Schlaich,* Der bayerische Staatsrat. Beiträge zu seiner Entwicklung von 1808/09 bis 1918. In: Zeitschrift für bayerische Landesgeschichte 28, 1965. — *H. Haan,* Bayern und die Pfalz. Eine historische Falluntersuchung zum Problem der Gebietsintegration. Teil 1: 1972 (Ungedruckte Regensburger Habil.-Schrift). — *E. Hölzle,* Württemberg im Zeitalter Napoleons und der deutschen Erhebung. Stuttgart, Berlin 1937. — *N. v. Preradovich,* Die Führungsschichten in Österreich und Preußen während des 19. Jahrhunderts (1804—1918) (= Veröffentlichungen des Instituts für Europäische Geschichte Mainz, Bd. 11). Wiesbaden 1957. — *B. Wunder,* Die Entstehung des modernen Staates und des Berufsbeamtentums in Deutschland im frühen 19. Jahrhundert. In: Leviathan 4, 1974. — *Ders.,* Privilegierung und Disziplinierung. Die Entstehung des Berufsbeamtentums in Bayern und Württemberg (1780—1825) (= Studien zur modernen Geschichte, Bd. 21). München 1977. — *W. Bleeck,* Von der Kameralausbildung zum Juristenprivileg. Studium, Prüfung und Ausbildung der höheren Beamten im 18. und 19. Jahrhundert. Berlin 1972. — *E. Kehr,* Zur Genesis der preußischen Bürokratie und des Rechtsstaates. Ein Beitrag zum Diktaturproblem (1932). In: *H.-U. Wehler* (Hrsg.), Moderne deutsche Sozialgeschichte. Köln, Berlin ³1970. — *K.-G. Faber,* Verwaltungs- und Justizbeamte auf dem linken Rheinufer während der französischen Herrschaft. In: Aus Geschichte und Landeskunde. Forschungen und Darstellungen. Franz Steinbach zum 65. Geburtstag gewidmet von seinen Freunden und Schülern. Hrsg. v. *M. Braubach, F. Petri* u. *L. Weisgerber.* Bonn 1960. — *W. Schärl,* Die Zusammensetzung der bayerischen Beamtenschaft von 1806—1919. München 1955. — *H. Gollwitzer,* Die Standesherren. Die politische und gesellschaftliche Stellung der

Mediatisierten (1815–1918). Ein Beitrag zur deutschen Sozialgeschichte. Göttingen ²1964. – *R. Schier*, Standesherren. Zur Auflösung der Adelsherrschaft in Deutschland (1815–1918). Heidelberg 1978. – *H. Weber*, Die Fürsten von Hohenlohe im Vormärz. Politische und soziale Verhaltensweisen württembergischer Standesherren in der ersten Hälfte des 19. Jahrhunderts (= Forschungen aus Württemberg-Franken, Bd. 11). Schwäbisch-Hall 1977. – *R. Weitz*, Der niederrheinische und westfälische Adel im ersten preußischen Verfassungskampf 1815–1823/24. Die verfassungs- und gesellschaftspolitischen Vorstellungen des Adelskreises um den Freiherrn vom Stein. (Diss.) Bonn 1970.

Die wirtschaftliche und gesellschaftliche Lage um 1815 (II, 3)

F. Lütge (Hrsg.), Die wirtschaftliche Situation in Deutschland und Österreich um die Wende vom 18. und 19. Jahrhundert. Stuttgart 1964. – *Ders.*, Geschichte der deutschen Agrarverfassung vom frühen Mittelalter bis zum 19. Jahrhundert. Stuttgart 1963. – *W. Abel*, Geschichte der deutschen Landwirtschaft vom frühen Mittelalter bis zum 19. Jahrhundert. Stuttgart 1962. – *G. F. Knapp*, Die Bauernbefreiung und der Ursprung der Landarbeiter in den älteren Teilen Preußens. 2 Teile. Leipzig 1887. – *A. Meitzen*, Der Boden und die landwirtschaftlichen Verhältnisse des Preußischen Staates (nach dem Gebietsumfang vor 1866). 8 Bde. Berlin 1868–1908. – *G. Ipsen*, Die preußische Bauernbefreiung als Landesausbau. In: Zeitschrift für Agrargeschichte und Agrarsoziologie 2, 1954. – *H. W. Fink von Finkenstein*, Die Entwicklung der Landwirtschaft in Preußen und Deutschland (1800–1930). Würzburg 1960. – *D. Saalfeld*, Bauernwirtschaft und Gutsbetrieb in vorindustrieller Zeit. Stuttgart 1966. – *W. Zorn* u. *H. Hahn* (Hrsg.), Historische Wirtschaftskarte der Rheinlande um 1820. Bonn 1973. – *W. Fischer*, Handwerksrecht und Handwerkswirtschaft um 1800. Studien zur Sozial- und Wirtschaftsverfassung vor der industriellen Revolution. Berlin 1955. – *Ders.*, Unternehmerschaft, Selbstverwaltung und Staat. Die Handelskammern in der deutschen Wirtschafts- und Staatsverfassung des 19. Jahrhunderts. Berlin 1964. – *F. Facius*, Wirtschaft und Staat. Die Entwicklung der staatlichen Wirtschaftsverwaltung in Deutschland vom 17. Jahrhundert bis 1945. Boppard 1959. – *W. Fischer*, Der Staat und die Anfänge der Industrialisierung in Baden 1800 bis 1850. Bd. 1: Die staatliche Gewerbepolitik. Berlin 1962. – *W. Treue*, Wirtschaftszustände und die Wirtschaftspolitik in Preußen 1815 bis 1820 (= VSWG, Beiheft 31). Stuttgart, Berlin 1937. – *I. Mieck*, Preußische Gewerbepolitik in Berlin 1806–1844. Berlin 1965. – *K. Borchardt*, Zur Frage des Kapitalmangels in der ersten Hälfte des 19. Jahrhunderts (1961). In: *W. Fischer* u. a. (Hrsg.), Industrielle Revolution. Wirtschaftliche Aspekte. Köln, Berlin 1972. – *W. Fischer*, Wirtschaft und Gesellschaft im Zeitalter der Industrialisierung. Aufsätze – Studien – Vorträge (= Kritische Studien zur Geschichtswisssenschaft, Bd. 1). Göttingen 1972. – *E. Keyser*, Deutsche Bevölkerungsgeschichte. Leipzig ³1943. – *W. Köllmann*, Bevölkerung in der industriellen Revolution. Studien zur Bevölkerungsgeschichte Deutschlands (= Kritische Studien zur Geschichtswissenschaft, Bd. 12). Göttingen 1974. – *K.-H. Blaschke*, Bevölkerungsgeschichte Sachsens vor der industriellen Revolution. Weimar 1967. – *R. Engelsing*, Zur Sozialgeschichte deutscher Mittel- und Unterschichten. Göttingen 1973. – *W. Conze* (Hrsg.), Sozialgeschichte der Familie in der Neuzeit Europas (= Industrielle Welt, Bd. 21). Stuttgart 1976. – *E. Shorter*, Die Geburt der modernen Familie. Hamburg 1977. – *H. J. Teuteberg* u. *G. Wiegelmann*, Der Wandel der Nahrungsgewohnheiten unter dem Einfluß der Industrialisierung. Göttingen 1972. – *H. H. Gerth*, Bürgerliche Intelligenz um 1800. Zur Soziologie des deutschen Frühliberalismus. Göttingen 1976. – *E. Sterling*, Die Anfänge des politischen Antisemitismus in Deutschland (1815–1850). Frankfurt/Main 1970. – *J. Toury*, Der Eintritt der Juden ins deutsche Bürgertum. Tel Aviv 1972. – *R. Rürup*, Emanzipation und Antisemitismus. Studien zur »Judenfrage« der bürgerlichen Gesellschaft. Göttingen 1975. – *H. Eichschütz* und *A. Paucker* (Hrsg.), Das Judentum in der deutschen Umwelt (1800–1850). Studien zur Frühgeschichte der Emanzipation. Tübingen 1977. – *J. Toury*, Politische Geschichte der Juden in Deutschland 1847–1871. Zwischen Revolution, Reaktion und Emanzipation. Düsseldorf 1977. – *W. Conze*, Vom »Pöbel« zum »Proletariat«. Sozialgeschichtliche Voraussetzungen für den Sozialismus in Deutschland. In: VSWG 41, 1954. – *A. Kraus*, Die Unterschichten Hamburgs in der ersten Hälfte des 19. Jahrhunderts. Entstehung, Struktur, Lebensverhältnisse. Stuttgart 1965. – *J. Kuczynski*, Die Geschichte der Lage der Arbeiter unter dem Kapitalismus. Teil 1, I: Die Geschichte der Lage der Arbeiter in Deutschland von 1789 bis zur Gegenwart; Bd. 8: Hardenbergs Umfrage über die Lage der Kinder in den Fabriken und andere Dokumente aus der Frühgeschichte der Lage der Arbeiter; Bd. 9: Feudale und halbfeudale Literatur aus den Jahren 1840–47 zur Lage der Arbeiter. Eine Chrestomathie. Berlin (Ost) 1960. – *E. Schraepler* (Hrsg.), Quellen zur Geschichte der sozialen Frage in Deutschland. 2 Bde. Göttingen, Berlin, Frankfurt/Main ²1964. – *W. Pöls* (Hrsg.), Deutsche Sozialgeschichte. Dokumente und Skizzen. Bd. 1: 1815–1870. München ²1976. – *H. Pöniske*, *W. Treue* u. *K.-H. Manegold* (Hrsg.), Quellen für Geschichte der industriellen

Revolution (= Quellensammlung z. Kulturgeschichte, Bd. 17). Göttingen 1966. – *W. Abel*, Agrarkrisen und Agrarkonjunktur in Mitteleuropa vom 13. bis zum 19. Jahrhundert. Göttingen ²1966. – *Ders.*, Massenarmut und Hungerkrisen im vorindustriellen Europa. Versuch einer Synopsis. Hamburg, Berlin 1974. – *M. Walker*, Germany and the Emigration. Cambridge, Mass. 1964.

Politische und gesellschaftliche Theorien und ihre Träger um 1815 (II, 4)

O. Brunner, W. Conze u. *R. Koselleck* (Hrsg.), Geschichtliche Grundbegriffe. Historisches Lexikon zur politisch-sozialen Sprache in Deutschland. Bd. 1ff. Stuttgart 1972ff. – *F. Valjavec*, Die Entstehung der politischen Strömungen in Deutschland (1770–1815). München 1951. – *H. Lübbe*, Politische Philosophie in Deutschland. Studien zu ihrer Geschichte. Basel, Stuttgart 1963. – *W. Conze*, Nation und Gesellschaft. Zwei Grundbegriffe der revolutionären Epoche. In: HZ 198, 1964. – *Th. Schieder*, Das Problem der Revolution im 19. Jahrhundert. In: *Ders.*, Staat und Gesellschaft im Wandel unserer Zeit. Darmstadt ²1970. – *W. Mommsen*, Stein, Ranke, Bismarck. Ein Beitrag zur politischen und sozialen Bewegung des 19. Jahrhunderts. München 1954. – *A. Gurwitsch*, Das Revolutionsproblem in der deutschen staatswissenschaftlichen Literatur insbesondere des 19. Jahrhunderts. Berlin 1935. – *K. Griewank*, Der neuzeitliche Revolutionsbegriff. Entstehung und Entwicklung. Weimar 1955. – *K.-G. Faber*, Görres, Weitzel und die Revolution (1819). In: HZ 194, 1962. – *J. Habermas*, Strukturwandel der Öffentlichkeit. Neuwied ²1965. – *F. Schneider*, Pressefreiheit und politische Öffentlichkeit. Studien zur politischen Geschichte Deutschlands bis 1848. Neuwied 1966. – *H. Brandt*, Landständische Repräsentation im deutschen Vormärz. Politisches Denken im Einflußfeld des monarchischen Prinzips. Neuwied 1968. – *H. Boldt*, Zwischen Patrimonialismus und Parlamentarismus. Zur Entwicklung vorparlamentarischer Theorie in der deutschen Staatslehre des Vormärz. In: *G. A. Ritter* (Hrsg.), Gesellschaft, Parlament und Regierung. Zur Geschichte des Parlamentarismus in Deutschland. Düsseldorf 1974. – *Ders.*, Deutsche Staatslehre im Vormärz. Düsseldorf 1975. – *U. Scheuner*, Volkssouveränität und Theorie der parlamentarischen Vertretung. Zur Theorie der Volksvertretung in Deutschland 1815–1848. In: *K. Bosl* (Hrsg.), Der moderne Parlamentarismus und seine Grundlagen in der ständischen Repräsentation. Berlin 1977. – *K. Epstein*, Die Ursprünge des Konservatismus in Deutschland. Der Ausgangspunkt: Die Herausforderung durch die Französische Revolution (1770–1806). Berlin 1973. – *J. Droz*, Le Romantisme Allemand et l'Etat. Résistance et Collaboration dans l'Allemagne Napoléonienne. Paris 1966. – *A. Baxa*, Einführung in die romantische Staatswissenschaft. Jena ²1931. – *C. Schmitt*, Politische Romantik. Berlin ³1968. – *H. J. Schoeps* (Hrsg.), Aus den Jahren preußischer Not und Erneuerung. Tagebücher und Briefe der Gebrüder Gerlach und ihres Kreises (1805–1820). Berlin 1963. – *Ders.*, Neue Quellen zur Geschichte Preußens im 19. Jahrhundert. Berlin 1968. – *F. C. Sell*, Die Tragödie des deutschen Liberalismus. Stuttgart 1953. – *L. Krieger*, The German Idea of Freedom. History of a Political Tradition. Boston 1957. – *L. Gall* (Hrsg.), Liberalismus (= Neue Wissenschaftliche Bibliothek, Bd. 85). Köln 1976. – *Ders.*, Liberalismus und »bürgerliche Gesellschaft«. Zu Charakter und Entwicklung der liberalen Bewegung in Deutschland. In: HZ 220, 1975. – *K.-G. Faber*, Strukturprobleme des deutschen Liberalismus im 19. Jahrhundert. In: Der Staat 14, 1975. – *R. Koch*, »Industriesystem« oder »bürgerliche Gesellschaft«. Der frühe deutsche Liberalismus und das Laissez-faire-Prinzip. In: GWU 10, 1978. – *L. Gall*, Benjamin Constant, seine politische Ideenwelt und der deutsche Vormärz. Wiesbaden 1963. – *C. v. Rotteck* u. *C. Welcker* (Hrsg.), Staatslexikon oder Encyklopädie der Staatswissenschaften. 15 Bde. u. 4 Suppl.-Bde. Altona 1834–1847. – *H. Zehntner*, Das Staatslexikon von Rotteck und Welcker. Jena 1929. – *W. Treue*, Adam Smith in Deutschland. Zum Problem des politischen Professors zwischen 1776 und 1810. In: Deutschland und Europa. Historische Studien zur Völker- und Staatenordnung des Abendlandes. Festschrift für Hans Rothfels. Hrsg. v. *W. Conze*. Düsseldorf 1951. – *L. Gall*, Das Problem der parlamentarischen Opposition im deutschen Frühliberalismus. In: Politische Ideologien und nationalstaatliche Ordnung. Studien zur Geschichte des 19. und 20. Jahrhunderts. Festschrift für Theodor Schieder zu seinem 60. Geburtstag. Hrsg. v. *K. Kluxen* u. *W. J. Mommsen*. München, Wien 1968. – *M.-E. Vopelius*, Die altliberalen Ökonomen und die Reformzeit. Stuttgart 1968. – *G. Küntzel* (Hrsg.), P. A. Pfizer. Briefwechsel zweier Deutschen. Ziel und Aufgaben des Deutschen Liberalismus (1831/32). Berlin 1911 (Nachdruck 1968). – *J. Droz*, Le Libéralism Rhénan. Paris 1940. – *Th. Wilhelm*, Die englische Verfassung und der vormärzliche Liberalismus. Stuttgart 1928. – *J. J. Sheehan*, Partei, Volk, and Staat: Some Reflections on the Relationship between Liberal Thought and Action in Vormärz. In: *H. U. Wehler* (Hrsg.), Sozialgeschichte Heute. Festschrift für Hans Rosenberg zum 70. Geburtstag. Göttingen 1974. – *Ders.*, Liberalism and Society in Germany, 1815–1848. In: Journal of Modern History 45, 1973. – *Ders.*, Liberalism and the City in Nineteenth

Century Germany. In: Past and Present 51, 1971. – *Ders.*, German Liberalism in the Nineteenth Century. Chicago, London 1978. – *G. W. Hegel*, Vorlesungen über Rechtsphilosophie (1818–1831). Hrsg. v. *K.-H. Ilting*. 4 Bde. Stuttgart 1973 ff. (mit der wichtigen Einleitung des Herausgebers). – *J. Ritter*, Hegel und die Französische Revolution. Köln, Opladen 1957. – *Z. A. Pelczynski* (Hrsg.), Hegel's Political Philosophy, Problems and Perspectives. Cambridge 1971. – *R. K. Hočevar*, Hegel und der preußische Staat. Ein Kommentar zur Rechtsphilosophie von 1821. München 1973. – *P. Joachimson*, Vom deutschen Volk zum deutschen Staat. Eine Geschichte des deutschen Nationalbewußtseins. Göttingen ³1956. – *W. v. Groote*, Die Entstehung des Nationalbewußtseins in Nordwestdeutschland (1790–1830). Göttingen 1956. – *K.-G. Faber*, Rheinisches Geistesleben zwischen Restauration und Romantik. In: Rheinische Vierteljahrsblätter 21, 1956. – *G. Kaiser*, Pietismus und Patriotismus im literarischen Deutschland. Ein Beitrag zum Problem der Säkularisation. Frankfurt ²1973.

Religiosität und Kirche, Bildung und Erziehung (II, 5)

E. R. Huber u. *W. Huber* (Hrsg.), Staat und Kirche im 19. und 20. Jahrhundert. Dokumente zur Geschichte des deutschen Staatskirchenrechts. Bd. 1. Berlin 1973. – *G. Franz*, Kulturkampf. Staat und Kirche in Mitteleuropa von der Säkularisation bis zum Abschluß des preußischen Kulturkampfes. München 1954. – *H. Maier*, Revolution und Kirche. Studien zur Frühgeschichte der christlichen Demokratie (1789–1850). Freiburg 1959. – *A. Kuhn*, Der Herrschaftsanspruch der Gesellschaft und die Kirche. In: HZ 201, 1965. – *A. Rauscher* (Hrsg.), Deutscher Katholizismus und Revolution im frühen 19. Jahrhundert. München, Paderborn, Wien 1975. – *R. Morsey*, Wirtschaftliche und soziale Auswirkungen der Säkularisation in Deutschland. In: Dauer und Wandel der Geschichte. Aspekte europäischer Vergangenheit. Festgabe für Kurt von Raumer zum 15. Dezember 1965. Hrsg. v. *R. Vierhaus* u. *M. Botzenhart*. Münster 1966. – *H. Brück*, Die oberrheinische Kirchenprovinz von ihrer Gründung bis zur Gegenwart mit besonderer Berücksichtigung des Verhältnisses von Kirche und Staatsgewalt. Mainz 1868. – *F. W. Kantzenbach*, Johann Michael Sailer und der ökumenische Gedanke. Nürnberg 1955. – *L. Lenhart*, Die Erste Mainzer Theologenschule des 19. Jahrhunderts (1805–1830). In: Jahrbuch für das Bistum Mainz 6 u. 7, 1951–1957. – *Chr. Weber*, Aufklärung und Orthodoxie am Mittelrhein (1820–1850). München, Paderborn, Wien 1973. – *W. Lipgens*, Ferdinand August Graf Spiegel und das Verhältnis von Kirche und Staat (1789–1835). 2 Teile. Münster 1965. – *F. M. Phaier*, Religion und das gewöhnliche Volk in Bayern in der Zeit von 1750–1850. München 1970. – *R. M. Bigler*, The Politics of German Protestantism. The Rise of the Protestant Church Elite in Prussia (1815–1848). Berkeley, Los Angeles, London 1972. – *F. Fischer*, Der deutsche Protestantismus und die Politik im 19. Jahrhundert. In: HZ 171, 1951. – *M. Schmidt*, Christentum und Kirche im frühen 19. Jahrhundert. In: *H. Herzfeld* (Hrsg.), Berlin und die Provinz Brandenburg im 19. und 20. Jahrhundert. Berlin 1968. – *A. Kuhn*, Die Kirchen im Ringen mit dem Sozialismus (1803–1848). München, Salzburg 1965. – *E. Förster*, Die Entstehung der preußischen Landeskirche unter der Regierung König Friedrich Wilhelm III. 2 Bde. Tübingen 1905–1907. – *W. Göbell*, Die Rheinisch-Westfälische Kirchenordnung. 2 Bde. Duisburg 1948–1954. – *J. Müller*, Die Vorgeschichte der Pfälzischen Union. Witten 1967. – *G. E. Jensen*, Official Reform in Vormärz Prussia: The Ecclesiastical Dimension. In: Central European History VII, 1974. – *L. Winkler*, Martin Luther als Bürger und Patriot. Das Reformationsjubiläum von 1817 und der politische Protestantismus des Wartburgfestes. Lübeck, Hamburg 1969. – *H. Lehmann*, Pietismus und weltliche Ordnung in Württemberg vom 17. bis zum 20. Jahrhundert. Stuttgart 1969. – *F. W. Kantzenbach*, Die Erweckungsbewegung. Studien zur Geschichte ihrer Entstehung und ersten Ausbreitung in Deutschland. Neuendettelsau 1957. – *W. O. Shanahan*, Der deutsche Protestantismus vor der sozialen Frage (1815–1871). München 1962. – *W. Roeßler*, Die Entstehung des modernen Erziehungswesens in Deutschland. Stuttgart 1961. – *K. Hartmann*, *F. Nyssen* u. *H. Waldeyer* (Hrsg.), Schule und Staat im 18. und 19. Jahrhundert. Zur Sozialgeschichte der Schule in Deutschland. Frankfurt 1974. – *H. Holborn*, Der deutsche Idealismus in sozialgeschichtlicher Beleuchtung (1952). In: *H. U. Wehler* (Hrsg.), Moderne deutsche Sozialgeschichte. Köln, Berlin ³1970. – *G. Giese*, Quellen zur deutschen Schulgeschichte seit 1800. Göttingen 1961. – *L. Schweim* (Hrsg.), Schulreform in Preußen (1809–1819). Weinheim 1966. – *E. Spranger*, Zur Geschichte der deutschen Volksschule. Heidelberg 1949 (Nachdruck 1971). – *Th. Nipperdey*, Volksschule und Revolution im Vormärz. In: Politische Ideologien und nationalstaatliche Ordnung. Studien zur Geschichte des 19. und 20. Jahrhunderts. Festschrift für Theodor Schieder zu seinem 60. Geburtstag. Hrsg. v. *K. Kluxen* u. *W. J. Mommsen*. München, Wien 1968. – *K. Jeismann* (Hrsg.), Friedrich Harkort. Schriften und Reden zu Volksschule und Volksbildung. Paderborn 1969. – *J. Neukum*, Schule und Politik. Politische Geschichte der bayerischen Volksschule

(1818—1848). München 1969. — *E. N. Anderson*, The Prussian Volksschule in the Nineteenth Century. In: *G. A. Ritter* (Hrsg.), Entstehung und Wandel der modernen Gesellschaft. Festschrift für Hans Rosenberg. Berlin 1970. — *W. Fischer*, Der Volksschullehrer. Zur Sozialgeschichte eines Berufsstandes. In: Soziale Welt 12, 1961. — *W. K. Blessing*, Allgemeine Volksbildung und politische Indoktrination im bayerischen Vormärz. Das Leitbild des Volksschullehrers als mentales Herrschaftsinstrument. In: Zeitschrift für bayerische Landesgeschichte 37, 1974. — *R. Stadelmann* u. *W. Fischer*, Die Bildungswelt des deutschen Handwerkers um 1800. Berlin 1955. — *K. E. Jeismann*, Das preußische Gymnasium in Staat und Gesellschaft. Die Entstehung des Gymnasiums als Schule des Staates und der Gebildeten (1787—1817). Stuttgart 1974. — *A. Flitner*, Die politische Erziehung in Deutschland. Geschichte und Probleme (1750—1880). Tübingen 1957. — *W. Zorn*, Hochschule und höhere Schule in der deutschen Sozialgeschichte. In: Spiegel der Geschichte. Festschrift für Max Braubach zum 10. April 1964. Hrsg. v. *K. Repgen* u. *S. Skalweit*. Münster 1964. — *F. Paulsen*, Geschichte des gelehrten Unterrichts auf den deutschen Schulen und Universitäten vom Ausgang des Mittelalters bis zur Gegenwart. Bd. 2. Berlin, Leipzig ³1921 (Nachdruck 1960). — *L. O'Boyle*, Klassische Bildung und soziale Struktur in Deutschland zwischen 1800 und 1848. In: HZ 207, 1968. — *K. U. Preuß*, Bildung und Bürokratie. Sozialhistorische Bedingungen in der ersten Hälfte des 19. Jahrhunderts. In: Der Staat 14, 1975. — *R. Meyer*, Das Berechtigungswesen in seiner Bedeutung für Schule und Gesellschaft im 19. Jahrhundert. In: Zeitschrift für die gesamte Staatswissenschaft 124, 1968. — *P. Lundgreen*, Schulbildung und Frühindustrialisierung in Berlin/Preußen. In: *O. Büsch* (Hrsg.), Untersuchungen zur Geschichte der frühen Industrialisierung vornehmlich im Wirtschaftsraum Berlin/Brandenburg. Berlin 1971. — *Ders.*, Techniker in Preußen während der frühen Industrialisierung. Ausbildung und Berufsfeld einer entstehenden sozialen Gruppe. Berlin 1975. — *R. Pfisterer*, Der Polytechnische Verein und sein Wirken im vorindustriellen Bayern (1815—1830). München 1973. — *F. Neukamm*, Wirtschaft und Schule in Württemberg von 1700 bis 1836. Heidelberg 1956. — *H. Schelsky*, Einsamkeit und Freiheit. Idee und Gestalt der deutschen Universität und ihrer Reformen. Düsseldorf ²1971. — *H. Dickerhoff* (Bearb.), Dokumente zur Studiengesetzgebung in Bayern in der ersten Hälfte des 19. Jahrhunderts. Berlin 1975. — 150-Jahrfeier der Rheinischen Friedrich-Wilhelm-Universität zu Bonn (1818—1968). Bericht und Ansprachen. Hrsg. v. *W. Schneemelcher*. Bonn 1968. — *K. Düwell*, Konstitution, Maschine und Schule. Zur preußischen Hochschulpolitik im Rheinland vor der Reichsgründung. In: Politische Ideologien und nationalstaatliche Ordnung. Studien zur Geschichte des 19. und 20. Jahrhunderts. Festschrift für Theodor Schieder zu seinem 60. Geburtstag. Hrsg. v. *K. Kluxen* u. *W. J. Mommsen*. München, Wien 1968. — *A. Busch*, Die Geschichte des Privatdozenten. Eine soziologische Studie zur großbetrieblichen Entwicklung der deutschen Universitäten. Stuttgart 1959. — *F. Eulenburg*, Die Frequenz der deutschen Universitäten von ihrer Gründung bis zur Gegenwart. Leipzig 1904. — *H. Mitgau*, Soziale Herkunft der deutschen Studenten bis 1900. In: *H. Rössler* u. *G. Franz* (Hrsg.), Universität und Gelehrtenstand (1400—1800). Limburg 1970. — *K. H. Manegold*, Universität, Technische Hochschule und Industrie. Berlin 1970. — *F. R. Pfetsch*, Zur Entwicklung der Wissenschaftspolitik in Deutschland (1750—1914). Berlin 1974. — *F. Balser*, Die Anfänge der Erwachsenenbildung in Deutschland in der ersten Hälfte des 19. Jahrhunderts. Stuttgart 1959. — *J. Kirchner*, Das deutsche Zeitschriftenwesen, seine Geschichte und seine Probleme. 2 Bde. Wiesbaden 1958—1962. — *H. Hiller*, Zur Sozialgeschichte von Buch und Buchhandel. Bonn 1966. — *I. Rarisch*, Industrialisierung und Literatur. Buchproduktion, Verlagswesen und Buchhandel in Deutschland im 19. Jahrhundert in ihrem statistischen Zusammenhang. Berlin 1976. — *U. Haltern*, Politische Bildung und bürgerlicher Liberalismus. Zur Rolle des Konversationslexikons in Deutschland. In: HZ 223, 1976.

Die Anfänge des Deutschen Bundes und die Unterdrückung der Einheitsbewegung (III, 1)

C. v. Kaltenborn, Geschichte der deutschen Bundesverhältnisse und Einheitsbestrebungen unter Berücksichtigung der Entwicklung der Landesverfassungen 1806 bis 1856. 2 Bde. Berlin 1857. — *L. F. Ilse*, Geschichte der deutschen Bundesversammlung, insbesondere ihres Verhaltens zu den deutschen Nationalinteressen. 3 Bde. Marburg 1861—1862. — *H. Haupt* u. *P. Wentzcke* (Hrsg.), Quellen und Darstellungen zur Geschichte der Burschenschaft und der deutschen Einheitsbewegung. 17 Bde. Heidelberg 1910—1940. — *P. Wentzcke, W. Klötzer, K. Stephenson* u. *A. Scharf* (Hrsg.), Darstellungen und Quellen zur Geschichte der deutschen Einheitsbewegung im 19. und 20. Jahrhundert. 10 Bde. Heidelberg 1957—1978. — *P. Wentzcke* u. *G. Heer*, Geschichte der Deutschen Burschenschaft. 3 Bde. Heidelberg 1919—1929. — *K. Griewank*, Die politische Bedeutung der Burschenschaft in den ersten Jahrzehnten ihres Bestehens. In: Wissenschaftliche Zeitschrift der Friedrich-Schiller-Universität Jena 2, 1952/53. —

E. G. Eyck, The political theories and activities of the German academic youth between 1815 and 1819. In: Journal of Modern History 27, 1955. – *W. Schröder*, Burschenturner im Kampf um Einheit und Freiheit. Berlin 1967. – *R. R. Lutze*, The German Revolutionary Student Movement (1819–1833). In: Central European History 4, 1971. – *K. H. Jarausch*, The Sources of German Unrest 1815–1848. In: *L. Stone* (Hrsg.), The University in Society. Teil II. Princeton 1974. – *K. A. v. Müller*, Karl Ludwig Sand. München ²1925. – *H. Haupt*, Karl Follen und die Gießener Schwarzen. Beiträge zur Geschichte der politischen Geheimbünde und der Verfassungsentwicklung der alten Burschenschaft in den Jahren 1815–1819. Gießen 1907. – *G. Steiger*, Ideale und Irrtümer eines deutschen Studentenlebens. Das »Selbstbekenntnis« des Studenten Anton Haupt aus Wismar über seine Jenaer Burschenschafterzeit (1817–1819). Jena 1966. – *H. Kühn*, Das Wartburgfest am 18. Oktober 1817. Zeitgenössische Darstellungen, archivalische Akten und Urkunden. Weimar 1913. – *H. Tümmler*, Wartburg, Weimar und Wien. Der Staat Carl Augusts in der Auseinandersetzung mit den Folgen des Studentenfestes von 1817. In: HZ 215, 1972. – *G. Steiger*, Aufbruch, Urburschenschaft und Wartburgfest. Leipzig, Jena, Berlin 1967. – *E. Büssem*, Die Karlsbader Beschlüsse von 1819. Die endgültige Stabilisierung der restaurativen Politik im Deutschen Bund nach dem Wiener Kongreß von 1814/15. Hildesheim 1974. – *U. Giese*, Studie zur Geschichte der Pressegesetzgebung, der Zensur und des Zeitungswesens im frühen Vormärz. In: Börsenblatt für den deutschen Buchhandel 20, 1964. – *L. F. Ilse*, Geschichte der politischen Untersuchungen, welche durch die neben der Bundesversammlung errichteten Commissionen ... geführt sind. Frankfurt/Main 1860. – *H. O. Meisner*, Die Lehre vom monarchischen Prinzip im Zeitalter der Restauration und des Deutschen Bundes. Breslau 1913.

Staatliche Gruppenbildung im Deutschen Bund: Die deutsche Trias und die Entstehung des Zollvereins (III, 2)

C. Albrecht, Die Triaspolitik des Freiherrn Karl August von Wangenheim. Stuttgart 1914. – *K. O. v. Aretin*, Die deutsche Politik Bayerns in der Zeit der staatlichen Entwicklung des Deutschen Bundes (1814–1820). (Diss.) München 1952. – *G. S. Werner*, Bavaria in the German Federation 1820–48. London 1977. – *E. Wienhöfer*, Das Militärwesen des Deutschen Bundes und das Ringen zwischen Österreich und Preußen um die Vorherrschaft in Deutschland (1815–1866). Osnabrück 1973. – *H. Seier*, Der Oberbefehl im Bundesheer. Zur Entstehung der deutschen Bundeskriegsverfassung 1817–1822. In: Militärgeschichtliche Mitteilungen 21, 1977. – *W. Keul*, Die Bundesmilitärkommission (1819–1866) als politisches Gremium. Ein Beitrag zur Geschichte des Deutschen Bundes. Frankfurt, Bern 1977. – *W. v. Eisenhardt-Rothe* u. *A. Rittaler* (Hrsg.), Vorgeschichte u. Begründung des Deutschen Zollvereins (1815–1834). Akten der Staaten des Deutschen Bundes u. der europäischen Mächte. 3 Bde. Berlin 1934. – *W. O. Henderson*, The Zollverein. London ²1959. – *T. Onishi*, Zolltarifpolitik Preußens bis zur Gründung des Deutschen Zollvereins. Göttingen 1973. – *H. Berding*, Die Entstehung des Deutschen Zollvereins als Problem historischer Forschung. In: *H. Berding* u. *K. Düwell* (Hrsg.), Vom Staat des Ancien Régime zum modernen Parteienstaat. Festschrift für Theodor Schieder. München, Wien 1978.

Der deutsche Frühkonstitutionalismus bis 1830 (III, 3)

Th. Ellwein, Das Erbe der Monarchie in der deutschen Staatskrise. München 1954. – *L. Gall*, Das Problem der parlamentarischen Opposition im deutschen Frühliberalismus. In: Politische Ideologien und nationalstaatliche Ordnung. Studien zur Geschichte des 19. und 20. Jahrhunderts. Festschrift für Theodor Schieder zu seinem 60. Geburtstag. Hrsg. v. *K. Kluxen* u. *W. J. Mommsen*. München, Wien 1968. – *G. Engelbert*, Der Konstitutionalismus in den deutschen Kleinstaaten. In: *E. W. Böckenförde* (Hrsg.), Probleme des Konstitutionalismus im 19. Jahrhundert. Berlin 1975. – *F. Strathmann*, Altständischer Einfluß auf die deutschen Territorialverfassungen der Jahre 1814–1819. Ein Beitrag zum Problem der Kontinuität in der deutschen Verfassungsgeschichte. (Diss.) Mainz 1955. – *E. Angermann*, Der deutsche Frühkonstitutionalismus und das amerikanische Vorbild. In: HZ 219, 1974. – *K. H. Friauf*, Der Staatshaushaltsplan im Spannungsfeld zwischen Parlament und Regierung. Bd. 1: Verfassungsgeschichtliche Untersuchungen über den Haushaltsplan im deutschen Frühkonstitutionalismus mit einer kritischen Übersicht über die Entwicklung der budgetrechtlichen Dogmatik in Deutschland. Bad Homburg 1968. – *H. Obenaus*, Finanzkrise und Verfassungsgebung. Zu den sozialen Bedingungen des frühen deutschen Konstitutionalismus. In: *G. A. Ritter* (Hrsg.), Gesellschaft, Parlament und Regierung. Zur Geschichte des Parlamentarismus in Deutschland. Düsseldorf 1974. – *W. v. Rimscha*, Die Grundrechte im süddeutschen Konstitutionalismus. Zur Entstehung und Bedeutung der Grundrechtsartikel in den ersten Verfassungsurkunden von Bayern, Baden und Württemberg. Köln 1973. – *H. Kramer*, Fraktionsbindungen in den deutschen Volksvertretungen (1819–1848). Berlin 1968. – *R. Koch*, Ständische Repräsentation oder liberale Repräsentativverfassung? Die Constitutions-Ergänzungs-Acte der freien Stadt Frankfurt als historischer Kompromiß. In: Zeitschrift für historische Forschung 5, 1978. – *W. Marner*, Die Verfassung des Herzogtums Nassau von 1814. Ihre Entstehung und Entwicklung. (Diss.) Mainz 1953. – *K. O. v. Aretin*, Bayerns Weg zum souveränen Staat. Landstände und konstitutionelle Monarchie (1714–1818). München 1976. – *E. Weis*, Zur Entstehungsgeschichte der bayerischen Verfassung von 1818. Die Debatte in der Verfassungskommission von 1814/15. In: Zeitschrift für bayerische Landesgeschichte 39, 1976. – *E. Franz*, Bayerische Verfassungskämpfe 1818–1848. München 1926. – *H. Ostadal*, Die Kammer der Reichsräte in Bayern von 1819–1848. München 1968. – *W. Andreas*, Geschichte der badischen Verwaltungsorganisation und Verfassung in den Jahren 1802–1818. Bd. 1. Leipzig 1913. – *F. Schnabel*, Ludwig von Liebenstein. Ein Geschichtsbild aus den Anfängen des süddeutschen Verfassungslebens. Karlsruhe 1927. – *Ders.*, Geschichte der Ministerverantwortlichkeit in Baden. Karlsruhe 1922. – *L. Gall*, Der Liberalismus als regierende Partei. Das Großherzogtum Baden zwischen Restauration und Reichsgründung. Wiesbaden 1968. – *L. E. Lee*, Liberal Constitutionalism as Administrative Reform: The Baden Constitution of 1818. In: Central European History VIII, 1975. – *A. Reinhart*, Volk und Abgeordnetenkammer in Baden zur Zeit des Frühliberalismus (1818–1831). (Diss.) Göttingen 1956. – *W. v. Hippel*, Friedrich Landolin Karl von Blittersdorf (1792–1861). Ein Beitrag zur badischen Landtags- und Bundespolitik im Vormärz. Stuttgart 1967. – *A. List*, Der Kampf um's gute alte Recht (1815–1819) nach seiner ideen- und parteigeschichtlichen Seite. Tübingen 1912. – *W. Grube*, Der Stuttgarter Landtag (1457–1957). Stuttgart 1957. – *B. Wunder*, Die Landtagswahlen von 1815 und 1819 in Württemberg. Landständische Repräsentation und Interessenvertretung. In: Festschrift für Gerd Wunder (= Württembergisch Franken, Bd. 58). Schwäbischhall 1974. – *I. Spangenberg*, Hessen-Darmstadt und der Deutsche Bund (1815–1848). Darmstadt 1969. – *S. Büttner*, Die Anfänge des Parlamentarismus in Hessen-Darmstadt und das du Thilsche System. Darmstadt 1969. – *M. Walker*, German Home Towns. Community, State and General Estate (1648–1871). Ithaca, London 1971. – *F. Dereser*, Der Landrat der Pfalz im Vormärz. (Diss.) Mainz 1954. – *M. Treml*, Bayerns Pressepolitik zwischen Verfassungstreue und Bundespflicht (1815–37). Ein Beitrag zum bayrischen Souveränitätsverständnis und Konstitutionalismus im Vormärz (= Beiträge zu einer historischen Strukturanalyse Bayerns im Industriezeitalter, Bd. 16). Berlin 1977.

Das Scheitern der gesamtpreußischen Verfassungspolitik (III, 4)

W. M. Simon, The Failure of the Prussian Reform Movement (1807–1819). Ithaca, New York 1955. – *H. Branig*, Die oberste Staatsverwaltung in Preußen zur Zeit des Todes von Hardenberg. In: Jahrbuch für die Geschichte Mittel- und Ostdeutschlands 13/15, 1965. – *E. Klein*, Funktion und Bedeutung des preußischen Staatsministeriums. In: Jahrbuch für die Geschichte Mittel- und Ostdeutschlands 9/10, 1961. – *P. Haake*, Der preußische Verfassungskampf vor hundert Jahren. München, Berlin 1921. – *J. Heyderhoff* (Hrsg.), Benzenberg, der Rheinländer und Preuße (1815–1823). Politische Briefe aus den Anfängen der preußischen Verfassungsfrage. Bonn 1928. – *Ders.*, Johann Friedrich Benzenberg, der erste rheinische Liberale. Düsseldorf 1909. – *G. Croon*, Der Rheinische Provinziallandtag bis zum Jahre 1874. Düsseldorf 1918. – *A. Hartlieb v. Wallthor*, Die landschaftliche Selbstverwaltung Westfalens in ihrer Entwicklung seit dem 18. Jahrhundert. Bd. 1. Münster 1965. – *A. Schreiber*, Ein Stein'sches Papier Wilhelm von Humboldts. In: Annalen des Historischen Vereins für den Niederrhein 157, 1955. – *H. Boberach*, Wahlrechtsfragen im Vormärz. Die Wahlrechtsanschauung im Rheinland 1815–1849 und die Entstehung des Dreiklassenwahlrechts. Düsseldorf 1959. – *K.-G. Faber*, Die kommunale Selbstverwaltung in der Rheinprovinz im 19. Jahrhundert. In: Rheinische Vierteljahrsblätter 30, 1965. – *E. Landsberg* (Bearb.), Die Gutachten der Rheinischen Immediat-Justiz-Kommission und der Kampf um die rheinische Rechts- und Gerichtsverfassung 1814 bis 1819. Bonn 1914. – *J. Wolffram* u. *A. Klein* (Hrsg.), Recht und Rechtspflege in den Rheinlanden. Köln 1969. – *K.-G. Faber*, Recht und Verfassung. Die politische Funktion des rheinischen Rechts im 19. Jahrhundert. Köln 1970. – *R. Schütz*, Preußen und die Rheinlande. Studien zur preußischen Integrationspolitik im Vormärz. Wiesbaden 1979. – *W. Schubert*, Das französische Recht in Deutschland zu Beginn der Restaurationszeit (1814–1820). In: Zeitschrift für Rechtsgeschichte, GA 94, 1977. – *E. Fehrenbach*, Zur sozialen Problematik des rheinischen Rechts im Vormärz. In: *H. Berding* u. *K. Düwell* (Hrsg.), Vom Staat des Ancien Régime zum modernen Parteienstaat. Festschrift für Theodor Schieder. München, Wien 1978.

Die halkyonischen Tage (III, 5)

F. Sengle, Biedermeierzeit. Deutsche Literatur im Spannungsfeld zwischen Restauration und Revolution (1815 bis 1848). 2 Bde. Stuttgart 1971–1972. – *W. Barth* u. *M. Kerig-Korn,* Die Philhellenenzeit. Von der Mitte des 18. Jahrhunderts bis zur Ermordung Kapodistrias' am 9. Oktober 1831. München 1960. – *J. Irmscher,* Der Philhellenismus in Preußen als Forschungsanliegen (= Sammelberichte der Deutschen Akademie der Wissenschaften zu Berlin. Klasse für Sprachen, Literatur und Kunst, 7, 1966). Berlin 1966. – *Ch. M. Woodhouse,* The Philhellenes. London 1969. – *W. Saint Clair,* The Greece might be still free. The Philhellenes in the War of Independence. London 1972. – *H. v. Srbik,* Geist und Geschichte vom deutschen Humanismus bis zur Gegenwart. Bd. 1. München 1950. – *F. Meinecke,* Die Entstehung des Historismus (1936). Hrsg. u. eingel. v. *C. Hinrichs* (= Werke, Bd. 3). Stuttgart 1959. – *H. Boockmann u.a.,* Geschichtswissenschaft und Vereinswesen im 19. Jahrhundert. Beiträge zur Geschichte der historischen Forschung in Deutschland (= Veröffentlichungen des Max-Planck-Instituts für Geschichte, Bd. 1). Göttingen 1972. – *G. G. Iggers,* Deutsche Geschichtswissenschaft. Eine Kritik der traditionellen Geschichtsauffassung von Herder bis zur Gegenwart. München 1971. – *D. Gerhard* u. *W. Norwin* (Hrsg.), Die Briefe Barthold Georg Niebuhrs. 2 Bde. Berlin 1926–1929 (mit einer Würdigung des Lebens Niebuhrs von *D. Gerhard* in Bd. 1). – *S. Rytkönen,* Barthold Georg Niebuhr als Politiker und Historiker. Zeitgeschehen und Zeitgeist in den geschichtlichen Beurteilungen von B. G. Niebuhr. Helsinki 1968. – *L. v. Ranke,* Sämtliche Werke. 54 Bde. Leipzig 1867–1890. – *E. Simon,* Ranke und Hegel. München, Berlin 1928. – *E. Schulin,* Rankes erstes Buch. In: HZ 203, 1966. – *R. Vierhaus,* Ranke und die soziale Welt. Münster 1957. – *C. Hinrichs,* Ranke und die Geschichtstheologie der Goethezeit (= Göttinger Bausteine zur Geschichtswissenschaft, Bd. 9). Göttingen, Frankfurt/Main, Berlin 1954. – *H. U. Kantorowicz,* Volksgeist und historische Rechtsschule. In: HZ 108, 1912. – *E. Rothacker,* Savigny, Grimm, Ranke. Eine Frage nach dem Zusammenhang der historischen Schule. In: HZ 128, 1923. – *P. Moisy,* Les Séjours en France de Sulpice, Boisserée (1820–1825). Contribution à l'Étude des Relation Intellectuelles Franco-Allemandes. Paris 1956. – *S. Lechner,* Gelehrte Kritik und Restauration. Metternichs Wissenschafts- und Pressepolitik und die Wiener »Jahrbücher für Literatur« (1818–1849). Tübingen 1977. – *Th. Nipperdey,* Nationalidee und Nationaldenkmal in Deutschland im 19. Jahrhundert. In: HZ 206, 1968. – *H. Sedlmayr,* Verlust der Mitte. Die bildende Kunst des 19. und 20. Jahrhunderts als Symbol der Zeit. Salzburg 1948.

Auswirkungen der Julirevolution (IV, 1)

D. H. Pinkney, The French Revolution of 1830. Princeton 1972. – *E. de Guichen,* La Révolution de Juillet et l'Europe 1830. Paris 1917. – *R. Poidevin* u. *H.-O. Sieburg,* Aspects des Relations Franco-Allemandes 1830–1848. Deutsch-französische Beziehungen 1830–1848. Actes du Colloque d'Otzenhausen 3.–5. Octobre 1977 (= Centre de Recherches Relations Internationales de L'Université de Metz, Bd. 9). Metz 1978. – *W. v. Franqué,* Luxemburg, die belgische Revolution und die Mächte. Bonn 1933. – *J. Chr. Boogman,* Nederland en de Duitse Bond 1815–1851. (Diss.) Groningen 1955. – *J. A. Betley,* Belgium and Poland in International Relations 1830/31. s'Gravenhage 1960. – *H. v. d. Dunk,* Der deutsche Vormärz und Belgien (= Veröffentlichungen des Instituts für Europa-Geschichte, Bd. 41). Wiesbaden 1966. – *H. Lademacher,* Die belgische Neutralität als Problem der europäischen Politik. Bonn 1971. – *K. Hoffmann,* Preußen und die Julimonarchie (1830–1834). Berlin 1936. – *V. Eichstädt,* Die deutsche Publizistik von 1830. Ein Beitrag zur Entwicklung der konstitutionellen und nationalen Tendenzen. Berlin 1933. – *H. Jablonowski,* Die preußische Polenpolitik von 1815–1914. In: *I. Jablonowski* u. *F. Kaiser* (Hrsg.), Rußland, Polen und Deutschland. Gesammelte Aufsätze, Köln, Wien 1972. – *P. Boehning,* Die nationalpolnische Bewegung in Westpreußen (1815–1871). Ein Beitrag zum Integrationsprozeß der polnischen Nation (= Marburger Ostforschungen, Bd. 33). Marburg 1973. – *R. F. Leslie,* Polish Politics and the Revolution of November 1830. London 1956. – *M. Wawrykowa,* Revolutionäre Demokraten in Deutschland und Polen (1815–1848). Ein Beitrag zur Geschichte des Vormärz. Braunschweig 1974. – *A. Gerecke,* Das deutsche Echo auf die polnische Erhebung 1830. Wiesbaden 1964. – *H. J. Seepel,* Das Polenbild der Deutschen. Vom Anfang des 19. Jahrhunderts bis zum Ende der Revolution von 1848. (Diss.) Kiel 1968. – *E. Kolb,* Polenbild und Polenfreundschaft der deutschen Frühliberalen. Zu Motivation und Funktion außenpolitischer Parteinahme im Vormärz. In: Saeculum 26, 1975. – *G. Seide,* Regierungspolitik und öffentliche Meinung im Kaisertum Österreich anläßlich der polnischen Novemberrevolution (1830–1831) (= Veröffentlichungen des Osteuropa-Instituts, Bd. 38). Wiesbaden 1971. – *O. Böse,* Karl II., Herzog von Braunschweig und Lüneburg. Ein Beitrag zur Metternichforschung. Mannheim 1956. – Briefe *J. C. B. Stüves*. 2 Bde. Hrsg. v. *W. Vogel*. Göttingen 1959–1960. – *W. Real*, Der hannoversche Verfassungskonflikt im Jahre 1837 und das deutsche Bundesrecht. In: HJb 83, 1964. – *W. Schoof*, Der Protest der Göttinger Sieben. In: GWU 13, 1962. – *P. Reinhardt*, Die sächsischen Unruhen der Jahre 1830–1831 und Sachsens Übergang zum Verfassungsstaat. Halle 1916. – *G. Schmidt*, Die Staatsreform in Sachsen in der ersten Hälfte des 19. Jahrhunderts. Weimar 1966. – *M. Bullik*, Staat und Gesellschaft im hessischen Vormärz. Wahlrecht, Wahlen und öffentliche Meinung in Kurhessen von 1830–1848 (= Neue Wirtschaftsgeschichte, Bd. 7). Köln, Wien 1972. – *P. Krüger*, »Hochverräterische Unternehmungen« in Studentenschaft und Bürgertum des Vormärz in Oberhessen (bis 1838). In: Mitteilungen des Oberhessischen Geschichtsvereins NF 49/50, 1965. – *G. Büchner* und *F. L. Weidig*, Der Hessische Landbote 1834. Neudruck beider Ausgaben mit einem Nachwort von *E. G. Franz*. Marburg 1973. – *H. Brandt*, Gesellschaft, Parlament und Regierung in Württemberg 1830–1840. In: *G. A. Ritter* (Hrsg.), Gesellschaft, Parlament und Regierung. Zur Geschichte des Parlamentarismus in Deutschland. Düsseldorf 1974. – *R. Tilly*, Popular Disorders in Nineteenth Century Germany. A Preliminary Survey. In: Journal of Social History 4, 1970/71. – *R. Tilly* u. *G. Hohorst*, Sozialer Protest in Deutschland im 19. Jahrhundert. In: *K. Jarausch* (Hrsg.), Quantifizierung in der Geschichtswissenschaft. Düsseldorf 1976. – *H. Volkmann*, Kategorien des sozialen Protests im Vormärz. In: Geschichte und Gesellschaft 3, 1977. – *V. Valentin*, Das Hambacher Nationalfest. Berlin 1932. – *K. Baumann* (Hrsg.), Das Hambacher Fest, 27. Mai 1831. Speyer 1957. – *F. Trautz*, Das Hambacher Fest und der südwestdeutsche Frühliberalismus. In: Heidelberger Jahrbuch 2, 1958. – Hambacher Gespräche 1962. (Mitarb. *K. Baumann* u. a.). (= Geschichtliche Landeskunde. Veröffentlichungen des Instituts für geschichtliche Landeskunde an der Universität Mainz. Hrsg. v. *J. Bärmann*, *A. Gerlich* u. *L. Petry*. Bd. 1). Wiesbaden 1964. – *G. H. Schneider*, Der Preß- oder Vaterlandsverein 1832/33. Ein Beitrag zur Geschichte des Frankfurter Attentats. Berlin 1897. – *B. Loewenstein*, Les Débuts et les Problèmes du Mouvement Démocratique en Allemagne. Le Radicalisme Palatin de 1832. In: Historica IV, 1962. – *E. Süß*, Die Pfälzer im »Schwarzen Buch«. Ein personengeschichtlicher Beitrag zur Geschichte des Hambacher Festes, des frühen pfälzischen und deutschen Liberalismus. Heidelberg 1956. – *W. Schieder*, Der rheinpfälzische Liberalismus von 1832 als politische Protestbewegung. In: *H. Berding* u. *K. Düwell* (Hrsg.), Vom Staat des Ancien Régime zum modernen Parteienstaat. Festschrift für Theodor Schieder. München, Wien 1968. – *J. Grandjonc*, La Presse de l'Émigration Allemande en France (1795–1848) et en Europe (1830–1848). In: Archiv für Sozialgeschichte X, 1970. – *W. Kowalski*, Vorgeschichte und Entstehung des Bundes der Gerechten. Berlin (Ost) 1962. – *H. G. Keller*, Das »Junge Europa« 1834–1836. Eine Studie zur Vorgeschichte der Völkerbundsidee und des nationalen Gedankens. Zürich, Leipzig 1938. – *H. Bleiber*, Die Unruhen in Wien im August 1830. In: ZfG 22, 1974. – *H. Volkmann*, Wirtschaftlicher Strukturwandel und sozialer Konflikt in der Frühindustrialisierung. Eine Fallstudie zum Aachener Aufruhr von 1830. In: *P. Chr. Ludz* (Hrsg.), Soziologie und Sozialgeschichte. Aspekte und Probleme (= Sonderheft 16 der Kölner Zeitschrift für Soziologie und Sozialpsychologie). Opladen 1973. – *H. Schroers*, Die Kölner Wirren (1837). Studien zu ihrer Geschichte. Berlin, Bonn 1927. – *F. Keinemann*, Das Kölner Ereignis. Sein Widerhall in der Rheinprovinz und in Westfalen. 2 Bde. Münster 1974. – *R. Lill*, Die Beilegung der Kölner Wirren (1840–1842). Düsseldorf 1962. – *W. Schieder*, Kirche und Revolution. Sozialgeschichtliche Aspekte der Trierer Wallfahrt von 1844. In: Archiv für Sozialgeschichte XIV, 1974.

Nationalismus im Vormärz (IV, 2)

G. L. Mosse, The Nationalization of the Masses. Political Symbolism and Mass Movements in Germany from Napoleonic Wars through the Third Reich. New York 1975. – *O. Dann*, Nationalismus und sozialer Wandel in Deutschland 1806–1850. In: Ders. (Hrsg.), Nationalismus und sozialer Wandel. Hamburg 1978. – *W. Zorn*, Sozialgeschichtliche Probleme der nationalen Bewegung in Deutschland. In: *P. Burian* und *Th. Schieder* (Hrsg.), Sozialstruktur und Organisation europäischer Nationalbewegungen. München, Wien 1971. – *D. Roghé*, Die Französische Deutschland-Politik während der ersten zehn Jahre der Julimonarchie (1830–1840). (Diss.) Würzburg 1971. – *A. Oswińska*, La Politique de la France envers l'Allemagne à l'Époque de la Monarchie de Juillet 1830–1848. Polska Akademia Nauk-Oddzial w Krakowie. Prace Komisjii Nauk Hostorycznych 33. Warschau, Krakau 1974. – *E. de Guichen*, La Crise d'Orient de 1839 à 1841 et l'Europe. Paris 1921. – *Ch. Webster*, Palmerston, Metternich and the European System. London 1934. – Ders., The Foreign Policy of Palmerston 1830–1841. 2 Bde. London 1951. – *H. Gollwitzer*, Ideologische Blockbildung als Bestandteil internationaler Politik im 19. Jahrhundert. In: HZ 201, 1956. – *H. O. Sieburg*, Deutschland und Frankreich in der Geschichtsschreibung des 19. Jahrhunderts. Bd. 1. Wiesbaden 1954. – *R. Voß*, Der deutsche Vormärz in der französischen »öffentlichen Mei-

nung«. Die Verfassungskämpfe in Norddeutschland und das französische Deutschlandbild (1837–1847). Frankfurt/Main, Bern 1977. – *R. Buchner*, Der Durchbruch des modernen Nationalismus in Deutschland. In: Festgabe dargebracht Harold Steinacker zur Vollendung des 80. Lebensjahres, 26. Mai 1955. Red. v. *H. Rößler*. München 1956. – *I. Veit-Brause*, Die deutsch-französische Krise von 1840. Studien zur deutschen Einheitsbewegung. (Diss.) Köln 1967. – *W. Deetjen*, Sie sollen ihn nicht haben! Tatsachen und Stimmen aus dem Jahre 1840. Weimar 1920. – *Der Kölner Dom*. Festschrift zur Siebenhundertjahrfeier 1248–1948. Hrsg. v. Zentral-Dombau-Verein. Köln 1948. – *L. Kerssen*, Das Interesse am Mittelalter im deutschen Nationaldenkmal (= Arbeiten zur Frühmittelalterforschung, Bd. 8). Berlin, New York 1975. – *R. H. Thomas*, Liberalism, Nationalism and the German Intellectuals (1822–1847). An Analysis of the Academic and Scientific Conferences of the Period. Cambridge 1951. – *W. Carr*, Schleswig-Holstein 1816–1848. A Study in National Conflict. Manchester 1963. – *O. Brandt*, Geschichte Schleswig-Holsteins. Kiel ⁶1966.

Ideologische Spannungen und politische Parteiungen im Vormärz (IV, 3)

L. Geiger, Das Junge Deutschland. Berlin o.J. – *A. Estermann* (Hrsg.), Politische Avantgarde 1830–1840. Eine Dokumentation zum »Jungen Deutschland«. 2 Bde. Frankfurt/Main 1972. – *E. Volkmann* (Hrsg.), Um Einheit und Freiheit. 1815–1848. (Vom Wiener Kongreß bis zur Märzrevolution) (= Deutsche Literatur. Reihe Politische Dichtung, Bd. 3). Leipzig 1936. – *W. Grab* und *U. Friesel* (Hrsg.), Noch ist Deutschland nicht verloren. Eine historisch-politische Analyse unterdrückter Lyrik von der Französischen Revolution bis zur Reichsgründung. München 1970. – *A. M. Keim*, 11 mal politischer Karneval. Weltgeschichte aus der Bütt. Geschichte der demokratischen Narrentradition vom Rhein. Frankfurt/Main, Hamburg 1969. – *K. Glossy*, Literarische Geheimberichte aus dem Vormärz. In: Jahrbuch der Grillparzer-Gesellschaft. Bde. 21–23. Wien 1912. – *H. Adler* (Hrsg.), Literarische Geheimberichte. 2 Bde. Köln 1977. – *G. G. Gervinus*, Geschichte der poetischen National-Literatur der Deutschen. 5 Bde. Leipzig 1835–1842. – *L. Bergsträsser*, Geschichte der politischen Parteien in Deutschland. 11. Auflage hrsg. v. *W. Mommsen*. München 1965. – *D. Fricke* (Hrsg.), Die bürgerlichen Parteien in Deutschland. 2 Bde. Berlin (Ost) 1968–1970. – *Th. Nipperdey*, Die Organisation der deutschen Parteien vor 1918 (= Beiträge zur Geschichte des Parlamentarismus und der politischen Parteien, Bd. 18). Düsseldorf 1961. – *Ders.*, Über einige Grundzüge der deutschen Parteigeschichte. In: Festschrift für Hans Carl Nipperdey zum 60. Geburtstag, 21. Januar 1955. Hrsg. v. *R. Dietz, A. Hueck* u. *R. Reinhardt*. München ²1965. – *M. Köhler*, Die Lehre vom Widerstandsrecht in der deutschen Staatsrechtstheorie der ersten Hälfte des 19. Jahrhunderts. Berlin 1973. – *W. Scheel*, Das »Berliner Politische Wochenblatt« und die politische und soziale Revolution in Frankreich und England. Göttingen 1964. – *H.-J. Schoeps*, Das andere Preußen. Konservative Gestalten und Probleme im Zeitalter Friedrich Wilhelms IV. Berlin ³1964. – *K. Bachem*, Vorgeschichte, Geschichte und Politik der deutschen Zentrumspartei (1815 bis 1914). Bd. 1. Köln 1914 (Nachdruck Aalen 1967). – *H. Raab*, Zur Geschichte und Bedeutung des Schlagwortes »ultramontan« im 18. und frühen 19. Jahrhundert. In: HJb 81, 1962. – *K. Buchheim*, Ultramontanismus und Demokratie. Der Weg der deutschen Katholiken im 19. Jahrhundert. München 1969. – *Cl. Bauer*, Der deutsche Katholizismus und die bürgerliche Gesellschaft. In: Deutscher Katholizismus – Entwicklungslinien und Profile. Frankfurt/Main 1964. – *E. Ritter*, Die christlich-soziale Bewegung Deutschlands im 19. Jahrhundert und der Volksverein. Köln 1954. – *E. Hanisch*, Konservatives und revolutionäres Denken. Deutsche Sozialkatholiken und Sozialisten im 19. Jahrhundert. Wien, Salzburg 1974. – *W. S. Kircher*, Adel, Kirche und Politik in Württemberg 1830–1851. Kirchliche Bewegung, katholische Standesherrn und Demokratie. (Diss.) Tübingen 1973. – *V. Cramer*, Die katholische Bewegung im Vormärz und im Revolutionsjahr 1848/49. In: *L. Lenhart* (Hrsg.), Idee, Gestalt und Gestalter des ersten deutschen Katholikentages in Mainz 1848. Mainz 1948. – *F. Rhein*, Zehn Jahre »Historisch-politische Blätter« 1838–1848. Ein Beitrag zur Vorgeschichte des Zentrums. (Diss.) Bonn 1916. – *R. Pesch*, Die kirchlich-politische Presse der Katholiken in der Rheinprovinz vor 1848. Mainz 1966. – *W. Bußmann*, Zur Geschichte des deutschen Liberalismus im 19. Jahrhundert. In: HZ 186, 1958. – *J. Köster*, Der rheinische Frühliberalismus und die soziale Frage (= Historische Studien, Heft 342). Berlin 1938. – *L. Bergsträsser*, Die Heidelberger »Deutsche Zeitung« und ihre Mitarbeiter. In: Historische Vierteljahrsschrift 31, 1937. – *H. Asmus*, Die »Deutsche Zeitung« und die preußische Verfassungsfrage. Zur parteipolitischen Formierung der liberalen Bourgeoisie am Vorabend der bürgerlich-demokratischen Revolution von 1848/49. In: Wissenschaftliche Zeitschrift der Pädagogischen Hochschule Magdeburg 5/6, 1972. – *G. Franz*, Liberalismus. Die deutschliberale Bewegung in der habsburgischen Monarchie. München 1956. – *E. Winter*, Frühliberalismus in der Donaumonarchie (1790–1868). Berlin (Ost) 1968.

– *S. Schmidt*, Der Hallgartenkreis 1839–47. Zur Genese des bürgerlichen Parteiwesens im deutschen Vormärz. In: Wissenschaftliche Zeitschrift der Friedrich-Schiller-Universität Jena. Gesellschafts- und sprachwissenschaftliche Reihe 2, 1964. – *K. Griewank*, Vulgärer Radikalismus und die demokratische Bewegung in Berlin 1842–1848. In: Forschungen zur brandenburgisch-preußischen Geschichte 36, 1924. – *G. Mayer*, Radikalismus, Sozialismus und bürgerliche Demokratie. Hrsg. u. mit einem Nachwort versehen v. *H.-U. Wehler*. Frankfurt/Main 1969. – *H. Rosenberg*, Politische Denkströmungen im Vormärz. Göttingen 1972. – *P. Wende*, Radikalismus im Vormärz. Untersuchungen zur politischen Theorie der frühen deutschen Demokratie. Wiesbaden 1975. – *H. Hirsch*, Denker und Kämpfer. Frankfurt/Main 1955. – *Ders.*, Freiheitsliebende Rheinländer. Neue Beiträge zur deutschen Sozialgeschichte. Düsseldorf, Wien 1977. – *G. Hildebrandt*, Programm und Bewegung des süddeutschen Liberalismus nach 1830. In: Jahrbuch für Geschichte 9, 1973. – *K. Löwith*, Von Hegel zu Nietzsche. Der revolutionäre Bruch im Denken des 19. Jahrhunderts. Marx und Kierkegaard. Stuttgart ²1950. – *H. Stuke*, Philosophie der Tat. Studien zur »Verwirklichung der Philosophie« bei den Junghegelianern und den Wahren Sozialisten (= Industrielle Welt, Bd. 3). Stuttgart 1963. – *E. Barnikol*, Bruno Bauer: Studien und Materialien. Assen 1972. – *Z. Rosen*, Bruno Bauer and Karl Marx. The Influence of Bruno Bauer on Marx's Thought. The Hague 1977. – *D. Hertz-Eichenrode*, Der Junghegelianer Bruno Bauer im Vormärz. Berlin 1959. – *W. J. Brazill*, The Young Hegelians. New Heaven 1970. – *D. McLellan*, The Young Hegelians and Karl Marx. London 1966. – *W. Klutentreter*, Die Rheinische Zeitung von 1842/43 in der politischen und geistigen Bewegung des Vormärz. Teil 1.2. Dortmund 1966–1967. – *G. Kolbe*, Demokratische Opposition in religiösem Gewande. Zur Geschichte der deutschkatholischen Bewegung in Sachsen am Vorabend der Revolution von 1848/49. In: ZfG 20, 1972. – *C. M. Holden*, A Decade of Dissent in Germany. A Historical Study of the Society of Protestant Friends and the German-Catholic-Church 1840–1848. (Diss.) Yale 1954. – *F. W. Graf*, Die Politisierung des religiösen Bewußtseins. Die bürgerlichen Religionsparteien im deutschen Vormärz. Das Beispiel des Deutschkatholizismus (= Neuzeit im Aufbau, Darstellungen und Dokumente, Bd. 5). Stuttgart 1978. – *J. Brederlow*, »Lichtfreunde« und »Freie Gemeinden«. Religiöser Protest und Freiheitsbewegung im Vormärz und der Revolution von 1848/49. München, Wien 1976. – *W. Hofmann*, Ideengeschichte der sozialen Bewegung des 19. und 20. Jahrhunderts. Berlin ⁴1971. – *J. Droz*, Geschichte des Sozialismus. 3 Bde. Berlin 1974–1975. – *L. Puppki*, Sozialpolitik und soziale Anschauungen frühindustrieller Unternehmer in Rheinland/Westfalen. Köln 1966. – *H. Grebing*, Geschichte der deutschen Arbeiterbewegung. München 1970. – *W. Schieder*, Anfänge der deutschen Arbeiterbewegung. Die Auslandsvereine im Jahrzehnt der Julirevolution nach 1830 (= Industrielle Welt, Bd. 3). Stuttgart 1963. – *W. Kowalski* (Hrsg.), Vom kleinbürgerlichen Demokratismus zum Kommunismus. Zeitschriften aus der Frühzeit der deutschen Arbeiterbewegung 1834–1847. In: Archivalische Forschungen zur Geschichte der deutschen Arbeiterbewegung 5.1. Berlin (Ost) 1967. – *E. Schraepler*, Handwerkerbünde und Arbeitervereine 1830–1853. Die politische Tätigkeit deutscher Sozialisten von Wilhelm Weitling bis Karl Marx. Berlin 1972. – *O. Büsch* u. *H. Herzfeld* (Hrsg.), Die frühsozialistischen Bünde in der Geschichte der deutschen Arbeiterbewegung. Vom »Bund der Gerechten« zum »Bund der Kommunisten« 1836–1847. Berlin 1975. – *D. Dowe*, Aktion und Organisation. Arbeiterbewegung, sozialistische und kommunistische Bewegung in der preußischen Rheinprovinz 1820–1852 (= Schriftenreihe der Friedrich-Ebert-Stiftung, Bd. 78). Hannover 1970. – *H. Stein*, Karl Marx und der rheinische Pauperismus im Vormärz. Eine Studie zur Sozialpolitik der Rheinischen Zeitung von 1842–1843. In: Jahrbuch des Kölner Geschichtsvereins 14, 1932. – *S. Avineri*, The Social and Political Thought of Karl Marx. Cambridge 1968. – *H. Förder*, Marx und Engels am Vorabend der Revolution. Berlin (Ost) 1960. – *B. Andréas*, Le Manifeste Communiste de Marx et Engels. Histoire et Bibliographie 1848–1918. Paris 1963. – *P. Böhning*, Die nationalpolnische Bewegung in Westpreußen 1815–1871. Ein Beitrag zum Integrationsprozeß der polnischen Nation (= Marburger Ostforschungen, Bd. 33). Marburg 1973. – *D. Blasius* und *E. Pankoke*, Lorenz von Stein. Geschichts- und Gesellschaftswissenschaftliche Perspektiven (= Erträge der Forschung, Bd. 69). Darmstadt 1977. – *R. Schnur* (Hrsg.), Staat und Gesellschaft. Studien über Lorenz von Stein. Berlin 1978.

Politische Kämpfe 1840 – 1848 (IV, 4)

J. Kocka, Preußischer Staat und Modernisierung im Vormärz. Marxistisch-leninistische Interpretationen und ihre Probleme. In: *H.-U. Wehler* (Hrsg.), Sozialgeschichte Heute. Festschrift für Hans Rosenberg zum 70. Geburtstag. Göttingen 1974. – *H. Rothfels*, Theodor von Schön, Friedrich Wilhelm IV. und die Revolution von 1848 (= Schriftenreihe der Königsberger Gelehrten Gesellschaft. Geisteswissenschaftliche Klasse, Jg. 13, H. 2). Halle 1937.

– *J. R. Gillis*, The Prussian Bureaucracy in Crisis (1840–1850). Origin of an Administrative Ethos. Stanford, Calif. 1971. – *F. Keinemann*, Preußen auf dem Wege zur Revolution. Die Provinziallandtags- und Verfassungspolitik Friedrich Wilhelms IV. von der Thronbesteigung bis zum Erlaß des Patents vom 3. Februar 1847. Hamm 1975. – *E. Bleich* (Hrsg.), Der erste Vereinigte Landtag in Berlin 1847. Berlin 1847. – *E. Bonjour*, Die Gründung des Schweizerischen Bundesstaates. Basel 1948. – *H. Raupach*, Der tschechische Frühnationalismus. Ein Beitrag zur Gesellschafts- und Ideengeschichte des Vormärz in Böhmen. Essen 1939. – *A. Regele*, Die Einverleibung des Freistaates Krakau 1846. (Diss.) Wien 1951. – *A. Gill*, Die polnische Revolution 1846. Zwischen nationalem Befreiungskampf des Landadels und antifeudaler Bauernerhebung. München, Wien 1974.

Wirtschaft und Gesellschaft an der Schwelle zur Industriellen Revolution (IV, 5)

P. Marschalck, Deutsche Überseewanderung im 19. Jahrhundert. Stuttgart 1973. – *G. Moltmann* (Hrsg.), Deutsche Amerikaauswanderung im 19. Jahrhundert. Sozialgeschichtliche Beiträge (= Amerikastudien, Bd. 44). Stuttgart 1976. – *H. Haushofer*, Die deutsche Landwirtschaft im technischen Zeitalter (= Deutsche Agrargeschichte, Bd. V). Stuttgart 1963. – *E. Klein*, Geschichte der deutschen Landwirtschaft im Industriezeitalter. Wiesbaden 1973. – *R. Gross*, Die bürgerliche Agrarreform in Sachsen in der ersten Hälfte des 19. Jahrhunderts. Weimar 1968. – *U. P. Ritter*, Die Rolle des Staates in den Frühstadien der Industrialisierung. Die preußische Industrieförderung in der ersten Hälfte des 19. Jahrhunderts (= Volkswirtschaftliche Schriften, Heft 60). Berlin 1961. – *W. Fischer* (Hrsg.), Wirtschafts- und sozialgeschichtliche Probleme der frühen Industrialisierung. Berlin 1968. – *F.-W. Henning*, Wirtschafts- und Sozialgeschichte. Bd. 2: Die Industrialisierung in Deutschland 1800 bis 1914. Paderborn ²1973. – *R. Braun u. a.* (Hrsg.), Industrielle Revolution (= Neue Wissenschaftliche Bibliothek, Bd. 50). Köln 1972. – *K. Borchardt*, Die Industrielle Revolution in Deutschland. München 1972. – *W. O. Henderson*, The State and the Industrial Revolution in Prussia 1740–1870. Liverpool 1958. – *Ders.*, The Rise of German Industrial Power 1834–1914. London 1975. – *W. G. Hoffmann*, Das Wachstum der deutschen Wirtschaft seit der Mitte des 19. Jahrhunderts. Berlin, Heidelberg, New York 1965. – *O. Büsch*, Industrialisierung und Gewerbe im Raum Berlin/Brandenburg (1800–1850). Berlin 1971. – *Ders.* (Hrsg.), Untersuchungen zur Geschichte der frühen Industrialisierung, vornehmlich im Wirtschaftsraum Berlin/Brandenburg. Berlin 1971. – *W. O. Henderson*, The State and the Industrial Revolution in Prussia (1740–1870). Liverpool 1958. – *K. Assmann* u. *G. Stavenhagen*, Handwerkereinkommen am Vorabend der industriellen Revolution. Materialien aus dem Raum Braunschweig-Wolfenbüttel (= Göttinger Handwerkswirtschaftliche Studien, Bd. 15). Göttingen 1969. – *J. Bergmann*, Das Berliner Handwerk in den Frühphasen der Industrialisierung (= Einzelveröffentlichungen der Historischen Kommission zu Berlin, Bd. 11). Berlin 1973. – *H. Kaelble*, Berliner Unternehmer während der frühen Industrialisierung. Herkunft, sozialer Status und politischer Einfluß. Berlin 1972. – *R. Tilly*, Financial Institutions and Industrialization in the Rhineland (1815–1870). Madison, Wisc. 1966. – *F. Zunkel*, Der Rheinisch-Westfälische Unternehmer 1834–1879. Ein Beitrag zur Geschichte des deutschen Bürgertums im 19. Jahrhundert (= Dortmunder Schriftenreihe zur Sozialforschung, Bd. 19). Köln, Opladen 1962. – *M. Schumacher*, Auslandsreisen deutscher Unternehmer 1750–1851 unter besonderer Berücksichtigung von Rheinland und Westfalen (= Schriftenreihe zur Rheinisch-Westfälischen Wirtschaftsgeschichte, Bd. 17). Köln 1968. – *Hundert Jahre deutsche Eisenbahn*. Jubiläumsschrift zum hundertjährigen Bestehen der deutschen Eisenbahnen. Berlin 1935. – *R. Fremdling*, Eisenbahnen und deutsches Wirtschaftswachstum 1840–1879 (= Untersuchungen zur Wirtschafts-, Sozial- und Technikgeschichte, Bd. 2). Dortmund 1973. – *H. Wagenblass*, Der Eisenbahnbau und das Wachstum der deutschen Eisen- und Maschinenbauindustrie 1835–1860. Stuttgart 1973. – *D. Eichholtz*, Junker und Bourgeoisie in der preußischen Eisenbahngeschichte vor 1848. Berlin (Ost) 1962. – *Ders.*, Bewegungen unter preußischen Eisenbahnbauarbeitern im Vormärz. In: Beiträge zur deutschen Wirtschafts- und Sozialgeschichte des 18. und 19. Jahrhunderts. Berlin (Ost) 1962. – *W. Wortmann*, Eisenbahnbauarbeiter im Vormärz. Sozialgeschichtliche Untersuchungen der Bauarbeiter der Köln–Mindener Eisenbahn in Minden-Ravensberg 1844–1847 (= Neue Wirtschaftsgeschichte, Bd. 6). Köln, Wien 1972. – *M. Erdmann*, Die verfassungspolitische Funktion der Wirtschaftsverbände in Deutschland 1815–1871. Berlin 1968. – *H.-J. Henning*, Sozialgeschichtliche Entwicklungen in Deutschland von 1815–1860. Paderborn 1977. – *F. Seidel*, Die soziale Frage in der deutschen Geschichte. Mit besonderer Berücksichtigung des ehemaligen Fürstentums Waldeck-Pyrmont. Ein lehrgeschichtlicher Überblick. Wiesbaden 1964. – *F. D. Marquardt*, »Pauperismus« in Germany during the »Vormärz«. In: Central European History 2, 1969. – *C. Jantke* und *D. Hilger* (Hrsg.), Die Eigentumslosen. Der deutsche

Pauperismus und die Emanzipationskrise in Darstellungen und Deutungen der zeitgenössischen Literatur. Freiburg, München 1965. – *W. Köllmann*, Sozialgeschichte Barmens im 19. Jahrhundert. Tübingen 1960. – *J. Kuczynski*, Geschichte der Kinderarbeit in Deutschland. Bd. 1. Berlin (Ost) 1958. – *L. O'Boyle*, The Problem of Excess of Educated Men in Western Europe, 1800–1850. In: Journal of Modern History 42, 1970. – *D. Blasius*, Bürgerliche Gesellschaft und Kriminalität. Zur Sozialgeschichte Preußens im Vormärz (= Kritische Studien zur Geschichtswissenschaft, Bd. 22). Göttingen 1976. – *A. Lüdtke*, Praxis und Funktion staatlicher Repression: Preußen 1815–1850. In: Geschichte und Gesellschaft 3, 1977. – *J. Droz* u. *P. Ayçoberry*, Structures Sociales et Courants Idéologiques dans l'Allemagne Prérévolutionnaire 1835–1847. In: Annali 6, 1963. – *H. Bleiber*, Zwischen Reform und Revolution. Lage und Kämpfe der schlesischen Bauern und Landarbeiter im Vormärz 1840–1847. Berlin (Ost) 1966. – *J. Marx*, Die wirtschaftlichen Ursachen der Revolution von 1848 in Österreich (= Veröffentlichungen der Kommission für Neuere Geschichte Österreichs, Bd. 51). Graz/Köln 1965. – *K. Birker*, Die deutschen Arbeiterbildungsvereine von 1840–1870 (= Einzelveröffentlichungen der Historischen Kommission zu Berlin, Bd. 10). Berlin 1973. – *F. Müller*, Korporation und Assoziation. Eine Problemgeschichte der Vereinigungsfreiheit im deutschen Vormärz. (= Schriftenreihe zum Öffentlichen Recht, Bd. 21). Berlin 1965. – *J. Bergmann*, Ökonomische Voraussetzungen der Revolution von 1848. Zur Krise von 1845 bis 1848 in Deutschland. In: Geschichte und Gesellschaft. Sonderheft 2: 200 Jahre amerikanische Revolution und moderne Revolutionsforschung. Göttingen 1976.

Die Revolution von 1848/49 (V)

Quellen

Verhandlungen des deutschen Parlaments. Officielle Ausgabe. Hrsg. v. *F. Jucho*. Frankfurt/Main 1948. – Stenographischer Bericht über die Verhandlungen der deutschen konstituierenden Nationalversammlung zu Frankfurt am Main. Hrsg. auf Beschluß der Nationalversammlung durch die Redaktions-Kommission und in deren Auftrag v. *F. Wigard*. 9 Bde. Frankfurt/Main 1848–1849. – Verhandlungen der deutschen verfassunggebenden Reichsversammlung zu Frankfurt am Main. Hrsg. auf Beschluß der Nationalversammlung durch die Redaktionskommission und in deren Auftrag von *K. D. Haßler*. 6 Bde. Frankfurt/Main 1848–1849. – *Biographische Umrisse der deutschen konstituirenden Nationalversammlung*. 4 Bde. Frankfurt/Main 1848. – *J. G. Droysen* (Hrsg.), Die Verhandlungen des Verfassungsausschusses der deutschen Nationalversammlung. 1. Teil. Leipzig 1849. – *K. Jürgens*, Zur Geschichte des deutschen Verfassungswerkes 1848–49. 3 Bde. Braunschweig 1850 u. Hannover 1857. – *L. Bergsträsser* (Hrsg.), Die Verfassung des Deutschen Reiches vom Jahre 1849. Mit Vorentwürfen, Gegenvorschlägen und Modifikationen bis zum Erfurter Parlament. Bonn 1913. – *R. Hübner* (Hrsg.), Aktenstücke und Aufzeichnungen zur Geschichte der Frankfurter Nationalversammlung aus dem Nachlaß von Johann Gustav Droysen (= Deutsche Geschichtsquellen des 19. Jahrhunderts, Bd. 14). Stuttgart 1924. – *Verhandlungen des österreichischen Reichstages* nach der stenographischen Aufnahme. 5 Bde. Wien 1848–1849. – *A. Springer* (Hrsg.), Protokolle des Verfassungsausschusses im Österreichischen Reichstage 1848/49. Leipzig 1885. – *E. Bleich* (Hrsg.), Verhandlungen des zum 2. April zusammenberufenen Vereinigten Landtags. Berlin 1848. – *Ders.* (Hrsg.), Verhandlungen der Versammlung zur Vereinbarung der preußischen Staatsverfassung. 5 Bde. Berlin 1848–1849. – *Stenographische Berichte* über die Verhandlungen der zur Vereinbarung der preußischen Staatsverfassung berufenen Versammlung. 3 Bde. Berlin 1848. – *Verhandlungen der konstituierenden Versammlung für Preußen*. Bd. 1–8. Berlin 1848. Bd. 9. Leipzig 1849. – *Stenographischer Bericht* über die Verhandlungen des Deutschen Parlaments zu Erfurt. Staatenhaus 1 Bd. Volkshaus 1 Bd. Erfurt 1850. – *J. G. Eisenmann*, Die Parteyen der teutschen Reichsversammlung. Erlangen 1848. – *L. Bergsträsser* (Hrsg.), Das Frankfurter Parlament in Briefen und Tagebüchern. Frankfurt/Main 1929. – *F. Walter* (Hrsg.), Die österreichische Zentralverwaltung. III. Abteilung: Von der Märzrevolution 1848 bis zur Dezemberverfassung 1867. Bd. 1: Die Geschichte der Ministerien Kolowrat, Ficquelmont, Pillersdorf, Wessenberg-Doblhoff und Schwarzenberg. Teil 2: Akten. Wien 1964. – *H. Kretzschmar* u. *H. Schlechte* (Hrsg.), Französische und sächsische Gesandtschaftsberichte aus Dresden und Paris 1848/49. Berlin 1956. – *H. Kretzschmar* (Hrsg.), Lebenserinnerungen des Königs Johann von Sachsen (= Deutsche Geschichtsquellen des 19. und 20. Jahrhunderts, Bd. 42). Göttingen 1958. – *E. Brandenburg* (Hrsg.), König Friedrich Wilhelms IV. Briefwechsel mit Ludolf Camphausen. Berlin 1906. – *K. Haenchen* (Hrsg.), Revolutionsbriefe 1848. Ungedrucktes aus dem Nachlaß König Friedrich Wilhelms IV. von Preußen. Leipzig 1930. – *F. D. Bassermann*, Denkwürdigkeiten von F. D. Bassermann (1811–1855). Frankfurt/Main 1926. – *S. Born*, Erinnerungen eines Achtundvierzigers. Leipzig ³1898. – *J. Schultze*

(Hrsg.), Max Duncker. Politischer Briefwechsel aus seinem Nachlaß (= Deutsche Geschichtsquellen des 19. Jahrhunderts, Bd. 12). Stuttgart 1923. – *W. Möring* (Hrsg.), Joseph von Radowitz. Nachgelassene Briefe und Aufzeichnungen zur Geschichte der Jahre 1848–1853 (= Deutsche Geschichtsquellen des 19. Jahrhunderts, Bd. 11). Stuttgart 1922. – *P. Wentzcke* (Hrsg.), Kritische Bibliographie der Flugschriften zur deutschen Verfassungsfrage 1848–1851. Halle 1911. – *K. Obermann* (Hrsg.), Flugblätter der Revolution. Eine Flugblattsammlung zur Geschichte der Revolution 1848/49 in Deutschland. Berlin (Ost) 1970. – *P. Goldammer* (Hrsg.), 1848. Augenzeugen der Revolution. Briefe, Tagebücher, Reden, Berichte. Berlin (Ost) 1973. – *W. Klötzer* (Bearb.), Clotilde Koch-Gontard an ihre Freunde. Briefe und Erinnerungen aus der Zeit der deutschen Einheitsbewegung (1843–1869). Frankfurt/Main 1969. – *Die Gegenwart.* Eine enzyklopädische Darstellung der neuesten Zeitgeschichte für alle Stände. 12 Bde. Leipzig 1848 bis 1856.

Zur Historiographie

H. Otto, Wandlung, Problemstellung und Urteilsbildung der deutschen Geschichtsschreibung über 1848. (Diss.) Marburg 1953. – *M. Neumüller*, Liberalismus und Revolution. Das Problem der Revolution in der deutschen liberalen Geschichtsschreibung des 19. Jahrhunderts. Düsseldorf 1973. – *F. Baumgart*, Die verdrängte Revolution. Darstellung und Bewertung der Revolution von 1848 in der deutschen Geschichtsschreibung vor dem Ersten Weltkrieg (= Bochumer Historische Studien, Bd. 14). Düsseldorf 1976. – *A. Dorpalen*, Die Revolution von 1848 in der Geschichtsschreibung der DDR. In: HZ 210, 1970. – *G. Wollstein*, 1848 – Streit um das Erbe. In: NPL 20, 1975 u. 21, 1976 (Literaturbericht).

Gesamtdarstellungen und biographische Nachschlagewerke

F. Fetjo (Hrsg.), Les Printemps des Peuples. 1848 dans le Monde. 2 Bde. Paris 1948. – *P. Robertson*, Revolution of 1848. A Social History. New York 1952. – *J. Sigmann*, 1848. The Romantic and Democratic Revolutions in Europe. London 1973. – *W. Zimmermann*, Die deutsche Revolution. Karlsruhe 1848. – *B. Bauer*, Die bürgerliche Revolution in Deutschland seit dem Anfang der deutsch-katholischen Bewegung bis zur Gegenwart. Berlin 1849. – *L. Häusser*, Denkwürdigkeiten zur Geschichte der Badischen Revolution. Heidelberg 1851. – *H. Blum*, Die deutsche Revolution 1848–49. Florenz 1897. – *W. Blos*, Die deutsche Revolution. Geschichte der deutschen Bewegung von 1848 und 1849. Stuttgart o. J. [1916] (Nachdr. 1978). – *V. Valentin*, Geschichte der deutschen Revolution 1848–49. 2 Bde. Berlin 1930–31 (Nachdruck Köln 1971). – *P. Wentzcke*, 1848. Die unvollendete deutsche Revolution. München 1938. – *W. Keil* (Hrsg.), Deutschland 1848–1948. Beiträge zur historisch-politischen Würdigung der Volkserhebung von 1848/49. Stuttgart 1948. – *H. Meyer*, Studien zur Geschichte der deutschen Revolution. Darmstadt 1949. – *W. Mommsen*, Größe und Versagen des deutschen Bürgertums. Ein Beitrag zur politischen Bewegung des 19. Jahrhunderts, insbesondere zur Revolution von 1848/1849. München ²1964. – *R. Stadelmann*, Soziale und politische Geschichte der Revolution von 1848. München 1948 (Nachdruck 1962). – *J. Droz*, Les Révolutions Allemandes de 1848 (D'après un manuscrit et des notes de *Ernest Tonnelat*) (= Publications de la Faculté des Lettres de l'Université de Clermont, II.6). Paris 1957. – *O. Vossler*, Die Revolution von 1848 in Deutschland. Frankfurt/Main ²1967. – *Die bürgerlich-demokratische Revolution von 1848/49 in Deutschland.* Studien zu ihrer Geschichte und Wirkung. 2 Bde. (= Jahrbuch für Geschichte, Bde. 7 u. 8). Berlin (Ost) 1972. – *A. Wolff*, Berliner Revolutions-Chronik. Darstellung der Berliner Bewegungen im Jahre 1848 nach politischen, sozialen und literarischen Beziehungen. Berlin 1851–1854 (Nachdr. Vaduz 1979). – *W. Klötzer, R. Moldenhauer* u. *D. Rebentisch* (Hrsg.), Ideen und Strukturen der deutschen Revolution 1848. Frankfurt/Main 1974. – *W. Schmidt u. a.* (Bearb.), Illustrierte Geschichte der deutschen Revolution 1848/49. Berlin (Ost) ²1975. – *A. Springer*, Geschichte Österreichs seit dem Wiener Frieden 1809. 2. Teil: Die österreichische Revolution. Leipzig 1865. – *J. A. Helfert*, Geschichte der österreichischen Revolution. 2 Bde. Freiburg 1907–1909. – *A. Novotny*, 1848. Österreichs Ringen um Freiheit und Völkerfrieden vor hundert Jahren. Graz, Wien 1948. – *R. Kiszling*, Die Revolution im Kaisertum Österreich 1848–49. 2 Bde. Wien 1948. – *R. Rath*, The Viennese Revolution of 1848. Austin 1967. – *F. Prinz*, Prag und Wien 1848. Probleme der nationalen und sozialen Revolution im Spiegel der Wiener Ministerratsprotokolle (= Veröffentlichungen des Collegium Carolinum, Bd. 21). München 1968. – *S. Z. Pech*, The Czech Revolution of 1848. Chapel Hill, North Carolina 1969. – *V. Valentin*, Frankfurt am Main und die Revolution von 1848/49. Stuttgart 1908. – *L. Zimmer-*

mann, Die Einheits- und Freiheitsbewegung und die Revolution von 1848 in Franken (= Veröffentlichungen der Gesellschaft für fränkische Geschichte. 9. Reihe, Bd. 9). Würzburg 1951. – *D. Nickel*, Die Revolution 1848/49 in Augsburg und Bayrisch-Schwaben (= Schwäbische Geschichtsquellen und Forschungen, Bd. 8). Erlangen, Nürnberg 1965. – *D. Bavendamm*, Von der Revolution zur Reform. Die Verfassungspolitik des hamburgischen Senats 1849/50 (= Schriften zur Verfassungsgeschichte, Bd. 10). Berlin 1969. – *R. Weber*, Die Revolution in Sachsen 1848/49. Entwicklung und Analyse ihrer Triebkräfte. Berlin (Ost) 1970. – *W. Biebusch*, Revolution und Staatsstreich. Verfassungskämpfe in Bremen von 1848 bis 1854. Bremen 1973. – *B. Mann*, Die Württemberger und die deutsche Nationalversammlung 1848/49. Düsseldorf 1976. – *K. Repgen*, Märzbewegung und Maiwahlen des Revolutionsjahres 1848 im Rheinland (= Bonner Historische Forschungen, Bd. 4). Bonn 1955. – *G. Franz*, Die agrarische Bewegung im Jahre 1848. In: Hessisches Jahrbuch für Landesgeschichte 9, 1959. – *W. Klötzer*, Abgeordnete und Beobachter. Kurzbiographien und Literaturnachweis. In: *P. Wentzcke* (Hrsg.), Ideale und Irrtümer des ersten deutschen Parlaments (1848–1849). Heidelberg 1959. – *M. Schwarz*, MdR, Biographisches Handbuch der Reichstage. Hannover 1965. – *Männer der Revolution von 1848*. Hrsg. v. Arbeitskreis Vorgeschichte und Geschichte der Revolution von 1848/49. (= Deutsche Akademie der Wissenschaften zu Berlin. Schriften des Zentralinstituts für Geschichte. Reihe I, Bd. 33). Berlin (Ost) 1970.

Die Parlamente

M. Botzenhart, Deutscher Parlamentarismus in der Revolutionszeit (1848–1850). Düsseldorf 1977. – *R. Moldenhauer*, Aktenbestand, Geschäftsverfahren und Geschäftsgang der »Deutschen Verfassungsgebenden Nationalversammlung« 1848–1849. In: Archivalische Zeitschrift 65, 1969. – *R. Haym*, Die deutsche Nationalversammlung, ein Rechenschaftsbericht. 3 Abt. Berlin 1848–1850. – *H. Laube*, Das erste deutsche Parlament. 3 Bde. Leipzig 1909. – *P. Wentzcke* (Hrsg.), Ideale und Irrtümer des ersten deutschen Parlaments (1848–1849). Heidelberg 1959. – *F. Eyck*, Deutschlands große Hoffnung. Die Frankfurter Nationalversammlung 1848–1849. München 1973. – *G. Schilfert*, Sieg und Niederlage des demokratischen Wahlrechts in der deutschen Revolution 1848/49. Berlin 1952. – *W. Gagel*, Die Wahlrechtsfrage in der Geschichte der deutschen liberalen Parteien (1848–1918) (= Beiträge zur Geschichte des Parlamentarismus und der politischen Parteien, Bd. 12). Düsseldorf 1958. – *H. Bleiber*, Die Haltung der Parteien gegenüber der Landbevölkerung in der Wahlbewegung im Frühjahr 1848 in Schlesien. In: Jahrbuch für Geschichte 7, 1972. – *H. Ibler*, Die Wahlen zur Frankfurter Nationalversammlung in Österreich 1848. In: Mitteilungen des Instituts für Österreichische Geschichte 48, 1934. – *P. Burian*, Die Nationalitäten in »Cisleithanien« und das Wahlrecht der Märzrevolution 1848/49. Zur Problematik des Parlamentarismus im alten Österreich (= Veröffentlichungen der Arbeitsgemeinschaft Ost, Bd. 2). Graz 1962. – *R. Rosdolsky*, Die Bauernabgeordneten im konstituierenden österreichischen Reichstag 1848–1849. Wien 1976. – *W. Siemann*, Die Frankfurter Nationalversammlung 1848/49 zwischen demokratischem Liberalismus und konservativer Reform. Die Bedeutung der Juristendominanz in den Verfassungsverhandlungen des Paulskirchenparlaments (= Europäische Hochschulschriften III, Bd. 56). Bern, Frankfurt/Main 1976. – *G. Ziebura*, Anfänge des deutschen Parlamentarismus. Geschäftsverfahren und Entscheidungsprozeß in der ersten deutschen Nationalversammlung 1848/1849. In: Faktoren der politischen Entscheidung. Festgabe für Ernst Fraenkel. Berlin 1963. – *M. Doeberl*, Bayern und die deutsche Frage in der Epoche des Frankfurter Parlaments. München 1922. – *H. A. Strauß*, Staat, Bürger, Mensch. Die Debatten der deutschen Nationalversammlung 1848/49 über die Grundrechte (= Berner Untersuchungen zur Allgemeinen Geschichte, 15). Aarau 1947. – *K.-G. Schirrmeister*, Menschenrechte in den Petitionen an die Deutsche Nationalversammlung 1848/49. (Diss.) Mainz 1970. – *H. Scholler*, Die Grundrechtsdiskussion in der Paulskirche. Eine Dokumentation. Darmstadt 1973. – *E. Bammel*, Der Pakt Simon–Gagern und der Abschluß der Paulskirchenverfassung. In: Aus Geschichte und Politik. Festschrift Ludwig Bergstraesser. Hrsg. im Auftrag der Kommission für Geschichte des Parlamentarismus und der politischen Parteien v. *A. Hermann*. Düsseldorf 1954. – *Ch. Klessmann*, Zur Sozialgeschichte der Reichsverfassungskampagne von 1849. In: HZ 218, 1974. – *B. Mann*, Das Ende der deutschen Nationalversammlung im Jahre 1849. In: HZ 214, 1972. – *G. Grünthal*, Die Konstitutionalisierung Preußens. Ein Beitrag zur preußischen Verfassungs- und Parlamentsgeschichte. Karlsruhe 1975. – *Ders.*, Das preußische Dreiklassenwahlrecht. Ein Beitrag zur Genesis und Funktion des Wahlrechtsoktrois vom Mai 1849. In: HZ 226, 1978.

Parteien und Interessengruppen (V, 2)

W. Tormin, Geschichte der deutschen Parteien seit 1848. Stuttgart, Berlin, Köln, Mainz ²1967. – *W. Boldt,* Die Anfänge des deutschen Parteiwesens. Fraktionen, politische Vereine und Parteien in der Revolution 1848. Darstellung und Dokumentation. Paderborn 1971. – *H. Gebhardt,* Revolution und liberale Bewegung. Die nationale Organisation der konstitutionellen Partei in Deutschland 1848/49. Bremen 1974. – *W. Hock,* Liberales Denken im Zeitalter der Paulskirche. Droysen und die Frankfurter Mitte (= Neue Münstersche Beiträge zur Geschichtsforschung, Bd. 2). Münster 1957. – *G. Hildebrandt,* Parlamentsopposition auf Linkskurs. Die kleinbürgerlich-demokratische Fraktion Donnersberg in der Frankfurter Nationalversammlung 1848/49 (= Akademie der Wissenschaften der DDR. Schriften des Zentralinstituts für Geschichte, Bd. 41). Berlin 1975. – *W. Boldt,* Die württembergischen Volksvereine von 1848 bis 1852 (= Veröffentlichung der Kommission für geschichtliche Landeskunde in Baden-Württemberg. Reihe B, Bd. 59). Stuttgart 1970. – *J. Paschen,* Demokratische Vereine und preußischer Staat. Entwicklung und Unterdrückung der demokratischen Bewegung während der Revolution von 1848/49 (= Studien zur modernen Geschichte, Bd. 22). München 1977. – *D. Langewiesche,* Liberalismus und Demokratie in Württemberg zwischen Revolution und Reichsgründung (= Beiträge zur Geschichte des Parlamentarismus und der politischen Parteien, Bd. 52). Düsseldorf 1974. – *F. Schnabel,* Der Zusammenschluß des politischen Katholizismus in Deutschland im Jahre 1848. Heidelberg 1910. – *L. Lenhart* (Hrsg.), Idee, Gestalt und Gestalter des ersten deutschen Katholikentages in Mainz 1848. Mainz 1949. – *K. Repgen,* Klerus und Politik 1848. In: Aus Geschichte und Landeskunde. Forschungen und Darstellungen. Franz Steinbach zum 65. Geburtstag gewidmet von seinen Freunden und Schülern. Hrsg. v. *M. Braubach, F. Petri* u. *L. Weisgerber.* Bonn 1960. – *R. Lill,* Die ersten deutschen Bischofskonferenzen. Freiburg 1964. – *P. Meinhold,* Frankfurt und Wittenberg – Paulskirche und Schloßkirche. Die politische und kirchliche Bedeutung des Jahres 1848. In: Saeculum 24, 1973. – *M. Quark,* Die erste deutsche Arbeiterbewegung 1848/49. Leipzig 1924 (Neudruck Glashütten 1970). – *K. Obermann,* Die deutschen Arbeiter in der Revolution von 1848. Berlin (Ost) ²1953. – *G. Becker,* Karl Marx und Friedrich Engels in Köln 1848–1849. Zur Geschichte des Kölner Arbeitervereins. Berlin (Ost) 1963. – *J. Strey* u. *G. Winkler,* Marx und Engels 1848/49. Die Politik und Taktik der »Neuen Rheinischen Zeitung« während der bürgerlich-demokratischen Revolution in Deutschland. Berlin (Ost) 1972. – *F. Balser,* Sozial-Demokratie 1848/49–1863. Die erste deutsche Arbeiterorganisation »Allgemeine Arbeiterverbrüderung« nach der Revolution. 2 Bde. (= Industrielle Welt, Bd. 2). Stuttgart 1962. – *P. H. Noyes,* Organization and Revolution. Working-Class Association in the German Revolutions of 1848–1849. Princeton 1966. – *W. Conze* u. *D. Groh,* Die Arbeiterbewegung in der nationalen Bewegung. Die deutsche Sozialdemokratie vor, während und nach der Reichsgründung. Stuttgart 1966. – *O. J. Hammen,* Die roten 1848er. Karl Marx und Friedrich Engels. Frankfurt/Main 1972. – *K. Obermann,* Demokratie und Nation vor und in der Revolution von 1848–1849. In: Beiträge zum nationalen Geschichtsbild der deutschen Arbeiterklasse. Sonderheft der ZfG 10, 1962. – *H.-J. Rupieper,* Die Sozialstruktur der Trägerschichten der Revolution von 1848/49 am Beispiel Sachsens. In: *H. Kaelble u.a.* (Hrsg.), Probleme der Modernisierung. Sozialhistorische Studien zum 18. und 19. Jahrhundert. Opladen 1978. – *W. Schneider,* Wirtschafts- und Sozialpolitik im Frankfurter Parlament 1848/49. Frankfurt/Main 1923. – *H. Best,* Handelspolitische Interessenkonflikte im frühindustriellen Deutschland (= Kritische Studien zur Geschichtswissenschaft, Bd. 37). Göttingen 1979. – *K. Griewank,* Deutsche Studenten und Universitäten in der Revolution von 1848. Weimar 1949. – *M. Braubach,* Bonner Professoren und Studenten in den Revolutionsjahren 1848/49 (= Wissenschaftliche Abhandlungen der Arbeitsgemeinschaft für Forschung des Landes Nordrhein-Westfalen, Bd. 38). Köln 1967. – *W. König,* Universitätsreform in Bayern in den Revolutionsjahren 1848/49 (= Zeitschrift für bayerische Landesgeschichte Beihefte, Bd. 8). München 1977.

Das neue Deutschland in Europa (V, 3)

A. J. P. Taylor, The Struggle for Mastery in Europe (1848–1918). Oxford 1954. – *W. E. Mosse,* The European Powers and the German Question (1848–1871). London 1958. – *L. C. Jennings,* France and Europe in 1848. A Study of French Foreign Affairs in Time of Crisis. Oxford 1973. – *E. Marcks,* Die europäischen Mächte in der 48er Revolution. In: HZ 142, 1930. – *E. Meier,* Die außenpolitischen Ideen der Achtundvierziger (= Historische Studien, Bd. 337). Berlin 1938. – *K. Obermann,* Die internationale Solidarität in der Revolution von 1848/49. In: ZfG 13, 1965. – *A. Scharff,* Die europäischen Großmächte und die deutsche Revolution. Deutsche Einheit und europäische Ordnung 1848–1851. Leipzig 1942. – *R. Buchner,* Die deutsch-französische Tragödie 1848–1864.

Politische Beziehungen und psychologisches Verhältnis. Würzburg 1965. − *J. Chastein*, Jules Bastide et l'Unité Allemande en 1848. In: Revue Historiquè 252, 1974. − *E. G. Franz*, Das Amerikabild der deutschen Revolution 1848/49. Zum Problem der Übertragung gewachsener Verfassungsformen (= Beihefte zum Jahrbuch für Amerikastudien, 2. Heft). Heidelberg 1958. − *G. Moltmann*, Atlantische Blockpolitik im 19. Jahrhundert. Die Vereinigten Staaten und der deutsche Liberalismus während der Revolution 1848/49. Düsseldorf 1973. − *A. Rapp* (Hrsg.), Großdeutsch−Kleindeutsch. Stimmen aus der Zeit von 1815 bis 1914. München 1922. − *G. Wollstein*, Das »Großdeutschland« der Paulskirche. Nationale Ziele in der bürgerlichen Revolution 1848/49. Düsseldorf 1977. − *K. Obermann*, Die ungarische Revolution von 1848/49 und die demokratische Bewegung in Deutschland. Budapest 1971. − *H. Hjelholt*, Sønderjylland unter Trearskrigen. Et bitrag til dets politiske historie. 2 Teile. Kopenhagen 1959−1960. − *G. Gillesen*, Lord Palmerston und die Einigung Deutschlands. Die englische Politik von der Paulskirche bis zu den Dresdner Konferenzen (1848−1851) (= Historische Studien, 384). Lübeck, Hamburg 1961. − *V. Weimar*, Der Waffenstillstand von Malmö (= Quellen und Forschungen zur Geschichte Schleswig-Holsteins, Bd. 40). Neumünster 1959. − *H. Hjelholt*, British Mediation in the Danish-German Conflict 1848−1850. 2 Teile. Kopenhagen 1965−1966. − *K. A. P. Sandiford*, Great Britain and the Schleswig-Holstein Question 1848−1864. A Study in Diplomacy, Politics and Public Opinion. Buffalo 1975. − *W. Hallgarten*, Studien über die Polenfreundschaft in der Periode der Märzrevolution. München 1928. − *W. Kothe*, Deutsche Bewegung und preußische Politik im Posener Land. In: Deutsche Wissenschaftliche Zeitschrift für Polen 21, 1931. − *R. A. Kann*, Das Nationalitätenproblem der Habsburgermonarchie. Bd. 1: Das Reich und die Völker. Graz, Köln ²1964. − *E. K. Sieber*, Ludwig von Löhner. Ein Vorkämpfer des Deutschtums in Böhmen, Mähren und Schlesien im Jahre 1848/49 (= Veröffentlichungen des Collegium Carolinum, 18). München 1965. − *H. Rothfels*, Das erste Scheitern des Nationalstaates in Ostmitteleuropa 1848/49. In: *Ders.*, Zeitgeschichtliche Betrachtungen. Göttingen ²1959.

Die preußische Union und die Wiederherstellung des Deutschen Bundes (V, 7)

F. Meinecke, Radowitz und die deutsche Revolution. Berlin 1913. − *E. Franz*, Ludwig Freiherr von der Pfordten (= Schriftenreihe zur bayerischen Landesgeschichte, Bd. 29). München 1938. − *M. Doeberl*, Bayern und das preußische Unionsprojekt. München 1926. − *W. Mößle*, Bayern auf den Dresdner Konferenzen 1850/51. Politische, staatsrechtliche und ideologische Aspekte einer gescheiterten Verfassungsrevision. Berlin 1972. − *H. J. Schoeps*, Von Olmütz nach Dresden 1850/51. Ein Beitrag zur Geschichte der Reformen am Deutschen Bund. Köln, Berlin 1972. − *P. Burian*, Die Olmützer Punktation von 1850 und die deutsche Frage. In: GWU 25, 1974. − *H. Rumpler*, Die deutsche Politik des Freiherrn von Beust 1848 bis 1850. Zur Problematik mittelstaatlicher Reformpolitik im Zeitalter der Paulskirche (= Veröffentlichungen der Kommission für Neuere Geschichte Österreichs, Bd. 57). Wien, Köln, Graz 1972.

Die gescheiterte Revolution (V, 8)

L. B. Namier, 1848. The Revolution of the Intellectuells. In: Proceedings of the British Academy 1944. London o. J. − *F. Meinecke*, Die deutsche Katastrophe. Betrachtungen und Erinnerungen. Berlin 1948 (Nachdruck in *F. Meinecke*, Werke. Bd. 8. Stuttgart 1961). − *K. Griewank*, Ursachen und Folgen des Scheiterns der Revolution von 1848. In: HZ 170, 1950. − *H. Rothfels*, 1848. Betrachtungen im Abstand von hundert Jahren. Darmstadt 1972 (zuerst englisch 1948). − *T. S. Hamerow*, History and the German Revolution of 1848. In: American Historical Review 60, 1954/55. − *Ders.*, 1848. In: *L. Krieger* u. *F. Stern* (Hrsg.), The Responsibility of Power. Historical Essays in Honor of Hajo Holborn. London, Melbourne 1968. − *A. Dorpalen*, Die Revolution von 1848. In: *Th. Schieder* (Hrsg.), Revolution und Gesellschaft. Freiburg, Basel ²1973. − *M. Stürmer*, 1848 in der deutschen Geschichte. In: *H.-U. Wehler* (Hrsg.), Sozialgeschichte Heute. Festschrift für Hans Rosenberg zum 70. Geburtstag. Göttingen 1974. − *A. E. Zucker* (Hrsg.), The Forty-Eighters. Political refugees of the German revolution of 1848. New York 1950. − *E. W. Dobert*, Deutsche Demokraten in Amerika. Die Achtundvierziger und ihre Schriften. Göttingen 1958.

REGISTER

Bei den weltlichen und geistlichen Fürsten sind neben den Regierungszeiten im allgemeinen auch die Lebensdaten angegeben; sonst bezeichnen die Zahlen in Klammern die Lebensdaten. Namen in kursiv bezeichnen Historiker, die als solche zitiert werden.

Verwendete Abkürzungen

B.	— Bischof	Grhgt.	— Großherzogtum
Eb.	— Erzbischof	Hs.	— Haus
Ebt.	— Erzbistum	Hg.	— Herzog
Ehg.	— Erzherzog	Hgt.	— Herzogtum
Fm.	— Feldmarschall	Kf.	— Kurfürst
Frhr.	— Freiherr	Kft.	— Kurfürstentum
Fst.	— Fürst	Kg.	— König
Ftm.	— Fürstentum	Ks.	— Kaiser
Gfscht.	— Grafschaft	Zs.	— Zeitschrift
Grhg.	— Großherzog		

Aachen 70, 202, 206
Aachen, Kongreß (1818) 14 f., 17, 19, 87
Abel, Karl v. (1788—1859), bayer. Staatsmann 154, 188
Abgeordnetenmord, Frankfurter (1848) 248
Adel (Junker, Ritter) 29, 31 f., 34 f., 40—43, 46—48, 57 f., 60, 107 f., 110, 115, 118 f., 122, 142, 144, 171, 195 f., 210, 226, 229, 253, 258
Adolphus Frederick Hg. v. Cambridge, Vizekönig v. Hannover (1774—1850) 142
Adressenbewegung, rheinische (1817/18) 119 f.
Ägypten 159
Agrarkrisen 52 f., 143, 145, 157, 193 f., 196—198, 205 f.
Agrarverfassung 38—43, 171, 193
Agrikulturchemie 197
Akademische Legion Wien (1848) 213, 250 f.
Aktiengesellschaften 177, 202, 204
Albert, brit. Prinzgemahl aus dem Hause Sachsen-Koburg (1819 bis 1861) 238 f.
Albrecht, Wilhelm (1800—1876), Jurist 143
Alexander I. Pawlowitsch, Ks. von Rußland (1801—1825, geb. 1777) 15 f., 18 f., 27, 139
Algerien 158
Allgemeiner deutscher Verein zum Schutze der Vaterländischen Arbeit 237
Allgemeines Landrecht für die Preußischen Staaten 26, 29 f., 42, 64, 70, 126, 154
Alliance solidaire 15 f.
Allianz, Heilige (1815) 14—17, 20, 86, 95, 116, 139
Almendingen, Ludwig Harscher v. (1766—1827), nass. Jurist u. Publizist 34
Altenstein, Karl Frhr. v. Stein zum (1770—1840), preuß. Minister

65, 117—119, 125, 129, 153, 177, 183, 205
Altertumswissenschaften 132
Ancillon, Friedrich (v.) (1767—1837), preuß. Staatsmann 56, 60, 86, 117 f., 150, 169
Andrian-Werburg, Viktor Frhr. v. (1813—1858), österr. Politiker 240
Anerbenrecht 39 f.
Anhalt 101, 202
Anhalt-Dessau, Hgt. 99, 209, 230
Anhalt-Köthen, Hgt. 33, 99, 230
Anneke, Fritz (1818—1870), Kommunist 269, 271
Antisemitismus 50, 210
Anton Klemens Theodor, Kg. von Sachsen (1827—1836, geb. 1755) 141
Antwerpen 139, 202
Arbeiter (Proletariat) 49, 51, 152, 179 f., 193, 203, 212, 216, 233 f., 247—250, 252—254, 261, 269 f.
Arbeiterbewegung 152, 167, 178—181, 204, 213, 232—234, 278
Arbeiterbildung 172, 207, 233
Arbeiterschutz 172, 215
Arbeiterverbrüderung 234
Arbeitszeit 171 f., 205
Aretin, Christoph Frhr. v. (1772—1824), Publizist 93
Aretin, Johann Adam Frhr. v. (1769—1822), bayer. Bundestagsgesandter 94 f., 97
Armansperg, Ludwig Gf. (1787—1853), bayer. Minister 97, 111
Armenpflege, kirchliche 71, 74
Arndt, Ernst Moritz (1769—1860), politischer Schriftsteller und Dichter 23, 30, 66 f., 74, 84, 87—90, 138, 157 f., 160, 183, 266
Arnim, Achim v. (1781—1831), Dichter 60, 132
Arnim-Suckow, Alexander Heinrich Frhr. v. (1798—1861), preuß. Gesandter in Brüssel 139

Arnim, Bettina v. (1785—1859), Dichterin 59
Arnim-Boitzenburg, Adolf Heinrich Gf. (1803—1868), liberal. preuß. Politiker 217
Arnim-Suckow, Heinrich Alexander Frhr. v. (1798—1861), preuß. Staatsmann 217, 241 f.
Arnoldi, Ernst (1778—1841), Kaufmann u. Industrieller 79
Auersperg, Anton Alexander Gf. (1806—1876), österr. Dichter, Pseudonym: Grün, Anastasius 168
Auerswald, Hans Jakob v. (1757—1823), preuß. Politiker u. konserv. Abgeordneter in der Nationalversammlung 248
Auerswald, Rudolf v. (1795—1866), preuß. Minister 230, 247
Augsburg 100, 199, 201
Augsburger Hof (Fraktion der Nationalversammlung) 227
Augusta von Sachsen-Weimar (1811—1890), Prinzessin von Preußen, Gemahlin Wilhelm I. 217, 265
Ausnahmegesetzgebung (Notverordnungsrecht) 142, 144, 255, 277
Austrägalordnung 83
Australien 194
Auswanderung (auch politische Emigration) 53 f., 151 f., 160, 174, 179—181, 194, 271 f., 278
Autenrieth, Johann (1772—1835), Medizinprofessor 52
»Autonomen«, rhein. ritterbürtige Genossenschaft 47

Baader, Franz v. (1765—1841), Sozialphilosoph 16 f., 59, 172
Baader, Joseph v. (1763—1835), Ingenieur 202
Bach, Alexander (1813—1893), österr. Justiz- und Innen-

minister, Wiener Revolutionär von 1848 212 f., 231, 251
Baden, Grhgt. 19, 33, 37, 39, 41, 45 f., 50, 53 f., 69, 73 f., 77, 88, 97 f., 100, 102, 104 f., 107—111, 126, 145, 147, 149, 174, 176, 189, 198 f., 203 f., 208, 210, 219—225, 232, 235, 237, 239, 248, 269 f., 272, 277
Badenweiler 149
Baillet de Latour, Theodor Gf. (1780—1848), österr. Kriegsminister 251
Bakunin, Michael (1814—1876), russ. Anarchist 247, 270
Bamberg, Ebt. 69
Bamberger, Ludwig (1823—1899), rheinhess. Demokrat 168, 232, 271, 278
Barmen 51, 74
Bartels, Adolf (1862—1945), belg. Journalist 139
Bassermann, Friedrich Daniel (1811—1855), Verleger u. liberaler Politiker 174 f., 218, 255, 257, 267, 274
Bastide, Jules (1800—1879), franz. Außenminister 239
Bauer, Bruno (1809—1882), ev. Theologe 177, 183
Bauern 39—43, 51 f., 142, 149, 157, 194—196, 209, 229, 248, 250, 270
Bauernbefreiung (Grundentlastung) 29, 39—43, 142 f., 147, 191, 195 f., 212, 231, 250, 253, 258
Bauernfeld, Eduard v. (1802—1890), österr. Dichter u. Schriftsteller 168, 212
Baukunst (Architektur) 133
Baumann, Kurt 64
Baumgarten, Hermann 281
Bayern, Kft., seit 1806 Kgt. 19, 30—32, 35, 37—39, 41, 45 f., 50, 69, 71, 76—79, 88, 90 f., 94 f., 97 f., 102—104, 107—109, 111, 113 f., 142, 148, 155, 188 f., 193,

203, 205, 209, 211, 219 f., 223 f., 230, 232, 235, 259, 264, 266 f., 270 f., 274 f., 277
Becker, Johann Philipp (1809–1886), radikaler Politiker u. Publizist 221
Becker, Nikolaus (1809–1845), Gerichtsschreiber, Autor des »Rheinliedes« 160
Beckerath, Hermann v. (1801–1870), rhein. Kaufmann u. Bankier 174, 215, 274
Befreiungskriege (1813–1815) 13, 19, 29, 66–68, 85, 116, 127, 160
Behr, Wilhelm Joseph (1775–1851), liberaler Schriftsteller u. Bürgermeister von Würzburg 63
Bekk, Johann Baptist (1797–1855), badischer Innenminister 189
Belgien (auch österreich. Niederlande) 13, 20, 137–139, 196–198, 201, 203
Belle Vue (bei Konstanz) 181
Below, Gustav v. (1791–1852), preuß. General 242
Bem, Joseph (1794–1850), polnischer General 251
Benzenberg, Johann Friedrich (1777–1846), Physiker u. Publizist 63, 65, 119, 121
Berends, Julius (geb. 1817), Abgeordneter in der preuß. Nationalversammlung (1848) 230
Berg, Grhgt. 35, 40, 44, 50, 118
Bergisches Land 73, 204
Bergbau 44, 200
Berlin 43, 46, 51, 57, 60, 65, 77, 79, 80, 85, 87, 89, 97, 100, 119 f., 129 f., 132, 135, 153 f., 157, 165, 168 f., 174, 176, 180, 183, 185, 187, 192 f., 201–203, 206, 216 f., 224 f., 229 f., 232–234, 238, 240 f. 246 f., 252 f., 255 f., 259, 265, 267, 273, 275
Berliner Frieden (2.7.1850) 266
Bern 165
Bernadotte, Jean Baptiste Jules (1763–1844), frz. Marschall (1804) u. als Karl XIV. Johann Kg. von Schweden (1818–1844) 13
Bernstorff, Christian Gf. (1769–1835), 1818 Min. d. Auswärtigen von Preußen 88, 169
Berstett, Wilhelm Frhr. v. (1769–1837), bad. Minister 90 f., 110, 147
Bertram, Johann Baptist (1776–1841), Kunstsammler 133
Beseler, Georg (1809–1888), Jurist u. liberaler Politiker 174, 257, 268
Beseler, Wilhelm Hartwig (1806–1884), Advokat 163, 209
Bethmann-Hollweg, Moritz August v. (1795–1877), preuß. Jurist u. Politiker 235
Beuggen / Baden 74
Beust, Friedrich Ferdinand Gf. (1809–1886), sächsischer Außenminister 269
Beuth, Peter Christian (1781–1853), preuß. Staatsbeamter 78 f.

Bevölkerung 45 f., 192–194
Beyme, Karl Friedrich (v.) (1765–1838), preuß. Politiker 79, 117 f., 121
Biedermann, Karl (1812–1901), Schriftsteller u. Staatswissenschaftler 173, 210, 225
Biedermeier 127, 138
Bielefeld 181
Bildungsbürgertum (Intelligenz) 48 f., 56, 121, 127, 142, 151, 167, 177 f., 191, 226
Bildungswesen (Bildungsreformen) 75–80, 176, 183
Birkenfeld, Ftm. 19
Bischofskonferenz (1848) 235
Bismarck, Otto Gf. (Fst.) (1815–1898), preuß. Ministerpräsident (1862–1890), dt. Reichskanzler (1871–1890) 169, 187, 217, 275, 282
Bistümer (Erzbistümer, Landesbistümer) 69 f.
Blittersdorf, Friedrich Landolin Karl Frhr. v. (1792–1861), bad. Bundestagsgesandter u. Minister 110, 189
Blum, Robert (1804–1848), republik. Politiker 174, 176, 178, 210, 221, 225, 252, 257
Blumhardt, Christian Gottlieb (1779–1838), evang. Pfarrer 74
Boberach, Heinz 124
Bodelschwingh-Vehneede, Ernst v. (1794–1854), preuß. Minister 183
Böckenförde, Ernst-Wolfgang 112
Boeckh, August (1785–1867), Philologe 128, 132, 135
Boeckh, Christian Friedrich v. (1777–1855), bad. Finanzminister 189
Böhmen 21, 41, 54, 191, 198 f., 206, 213 f., 222, 225 f., 245, 262
Boisserée (1786–1851) u. Sulpiz (1783–1854), Kölner Gemäldesammler, Kunstgelehrte 132 f.
Bonald, Louis de (1754–1840), frz. Staatstheoretiker 57
Bonn 64, 74, 79, 89, 130, 154, 172, 174, 183
Bopp, Franz (1791–1867), Sprachforscher 134
Börne, Ludwig (1786–1837), Journalist 152, 159 f., 228 f.
Born, Stephan (1824–1898), Sozialist, Schriftsetzer 233 f., 270
Borsig, August (1804–1854), Industrieller 201, 216
Boyen, Hermann v. (1771–1848), preuß. Kriegsminister 117, 121, 183
Brandenburg, Kft. 27, 119, 186 f., 201
Brandenburg, Stadt 254
Brandenburg, Erich 10
Brandenburg, Friedrich Wilhelm Gf. (1792–1850), preuß. General u. Ministerpräsident 254 f., 263, 265, 267, 275
Brauer, Friedrich (1754–1813), bad. Geheimrat 33
Braunschweig, Hgt. 32, 100 f., 141, 196, 201, 203, 223
Braunschweig, Stadt 141

Bregenz (Bündnis 12.10.1850) 273
Bremen, Freie Stadt 32 f., 43, 74, 100, 180, 194, 204, 210 f., 224, 230
Brentano, Clemens (1778–1842), Dichter 71, 131 f.
Brentano, Lorenz (1813–1881), Rechtsanwalt 271 f.
Breslau 70, 79, 85, 88, 183, 193, 199, 215, 225, 233, 269
Brewer, Johann Paul (1783–1840), Physikprofessor 119
Brockhaus, Verlag 81
Bruck, Carl Ludwig Frhr. v. (1798–1860), österr. Staatsmann 257
Brüggemann, Karl Heinrich (1810–1887), Publizist, Burschenschafter 149, 157
Brüssel 139 f., 180 f.
Buchner, Rudolf 158
Budgetrecht 109, 142, 144, 148, 169, 277
Budweis 202
Bücherverbrennung 85 f.
Büchner, Georg (1813–1837), Dichter 151
Bürgerkönigtum 137
Bürgerrecht (Heimatrecht) 114, 258
Bürgertum 35, 48 f., 61–66, 108, 123, 142, 173, 181 f., 226, 247, 277
Bürgerwehr (-garde) 140–142, 144, 152 f., 212 f., 247, 249–254, 269
Bürokratie (Beamten) 34 f., 49, 61 f., 107 f., 121, 123, 125, 172, 182, 229 f., 277
Bund der Geächteten (1834) 152
Bund der Gerechten (1838) 152, 180
Bund der Kommunisten (1847) 180 f., 215, 233
Bund, engerer und weiterer 262–264, 273
Bundesakte (1815) 18, 21–23, 36 f., 68 f., 83, 86, 91, 101, 110, 149
Bundesbeschlüsse (1832–1834) 145, 149–151, 176, 277
Bundesexekutive 22, 90, 92, 275
Bundesfestungen 95, 160, 226, 248, 268, 271 f.
Bundesgericht 23, 83, 89
Bundeskriegsverfassung (Reichs-) 95, 159 f., 228 f.
Bundestag (-versammlung) 21 f., 48, 53, 82–84, 87–91, 94–98, 110, 137, 144, 147, 163, 165, 167, 218–221, 228 f., 242, 275 f.
Bundestagsprotokolle 23, 147
Bundesverfassung (1815) 18, 21–24, 147, 150, 218
Bunsen, Frhr. Josias v. (1791–1860), preuß. Diplomat 153, 240
Buol-Schauenstein, Karl Ferdinand Gf. (1797–1865), österr. Präsidialgesandter in der Bundesversammlung 82
Burke, Edmund (1729–1797), brit. Politiker u. Publizist 57 f.
Burschenschaft, deutsche 84–90, 150, 157
Buss, Franz Joseph (1803–1878), Kirchenrechtler 172, 235

Byron, George Lord (1788–1824), engl. Dichter 128

Café Milani (Fraktion der Nationalversammlung) 227
Camphausen, Ludolf (1803–1890), rhein. Bankier, preuß. Politiker 174, 177, 186, 202, 215, 218, 230, 247, 252, 265–267
Cappenberg, westfäl. Gut 27
Carbonaria 87, 152
Casino (Fraktion der Nationalversammlung) 227, 230, 260 f., 274
Castlereagh, Henry Robert Stewart, Marquis von Londonderry (1769–1822), brit. Außenminister (1807–1809, 1812–1822), 14–17, 67
Cavaignac, Jacques-Marie (1773–1855), franz. Kriegsminister 247
Charte constitutionelle (1814) 103
Charte Waldeck (1848) 253 f.
Chaumont Vertrag (1814) 14 f.
Chemnitz 204
Christian VIII., Kg. v. Dänemark (1839–1848, geb. 1786) 162–164, 209, 242
Christian August, Hg. von Augustenburg (1798–1869) 162 f.
Colmar, Johann Ludwig (1760–1818), seit 1802 B. v. Mainz 71
Consalvi, Ercole (1757–1824), päpstl. Diplomat 68 f.
Constant, Benjamin (1767–1830), franz. Schriftsteller u. Politiker 63, 119
Conze, Werner 51
Cotta, Johann Friedrich (1764–1832), Verleger 63, 100, 111, 128, 201
Croce, Benedetto 9
Custozza 247, 251
Czartoryski, Adam (1770–1861), poln. Fst. 139
Czerski, Johannes (1813–1893), Schneidemühler Kaplan 178

Dahlmann, Friedrich Christoph (1785–1860), Historiker u. Politiker 48, 56, 65, 142 f., 161, 163, 174, 183, 243, 256 f., 261 f., 268
Dalberg, Karl Theodor (1744–1817), Eb., Fürstprimas des Rheinbundes (1806–1815), Grhg. von Frankfurt (1810–1813) 68 f.
Dänemark, Kgt. 13, 47, 105, 161 f., 238, 242 f., 266
Daniels, Heinrich Gottfried Wilhelm (1754–1827), rhein. Jurist 126
Danzig 41
Darmstadt 97, 146, 151, 181
Deák, Franz v. (1803–1876), ungarischer Politiker 191
Demagogenverfolgung 28, 87, 90, 121

Demokratenkongresse (1848) 232, 254
Deutsche Gesellschaften (1814) 66
»Deutsche Staatsanzeigen«, Zs. hrsg. von A. Müller 58
Deutscher Bund 7, 14—24, 30, 34, 38f., 45, 67f., 70, 82—84, 87, 90—97, 99, 101f., 105, 109f., 116, 136—138, 140, 143, 147, 150, 156f., 161, 163, 181f., 193f., 207—209, 220—222, 237f., 241f., 245, 262, 266, 273, 276, 278, 280, 282
Deutscher Handels- und Gewerbeverein (1819) 97
Deutscher Hof (Fraktion der Nationalversammlung) 227, 244
Deutscher Verein für Handelsfreiheit 237
Deutscher Volksverein (1832) 151 f.
Deutscher Zollverein 97, 100, 138f., 175, 181, 183, 198f., 201
Deutsches Kaiserreich (von 1871) 14
»Deutsch-französische Jahrbücher« (1844), Zs. hrsg. v. K. Marx u. A. Ruge 177
Deutschkatholizismus 155, 170, 178, 189, 250
De Wette, Wilhelm Martin Leberecht (1780—1849), ev. Theologe 85, 89
Diepenbrock, Melchior Frhr. v. (1798—1853) kath. Bischof 71
Diesterweg, Adolf (1790—1866), Pädagoge 184
Dieterici, Karl Friedrich Wilhelm (1790—1859), preuß. Statistiker 261
Dietz, Hermann Joseph, Koblenzer Kaufmann u. kathol. Politiker 71
Diplomatie 17, 20, 150
Disraeli Benjamin (1804—1881), brit. Staatsmann u. konservativer Abgeordneter im brit. Unterhaus 238
Doblhoff-Dier, Anton Frhr. v. (1800—1872), österr. Politiker 191
Döllinger, Ignaz (1799—1890), Kirchenrechtler 171, 235
Dönhoff, August Hermann Gf. (1797—1874), preuß. Bundestagsabgeordneter 219
Domänenfrage 33, 83f., 143, 146, 210
Dombaufest, Kölner (1842) 161
Donau 202, 204
Donauraum 245
Donelson, Andrew J. (1799—1871), Gesandter der Vereinigten Staaten in Berlin 240
Donnersberg (Fraktion der Nationalversammlung) 227, 270
Dortmund 202
Dreikönigsbündnis (1849) 274
Dresden 141f., 218f., 233, 269f., 276
Drittes Deutschland (Trias) 22, 31, 33, 45, 82f., 92—98, 147, 208, 212, 227, 264, 272f., 277
Droste-Hülshoff, Annette v. (1797—1848), Dichterin 168
Droste-Vischering, Clemens August Frhr. v. (1773—1845), Eb. v. Köln (seit 1835) 154 f.
Droysen, Johann Gustav (1808—1884), Historiker 163, 174, 257, 268
Dualismus, preußisch-österreichischer 92f., 273
Dunin, Martin v. (1774—1842), Eb. v. Gnesen-Posen (1831—1842) 154 f.
Düren 200
Düsseldorf 119, 173, 202
Duvernay, Heinrich Gustav (1802—1883), liberaler württemb. Politiker 211

Eberhard, Bernhard (1795—1860), kurhess. Staatsmann u. Hanauer Oberbürgermeister 211
Echtermeyer, Ernst Theodor (1805—1844), Publizist 177
Ehegesetzgebung 46, 171, 193
Eichhorn, Johann Albrecht Friedrich (1779—1856), preuß. Kultusminister 98, 169, 178
Eichhorn, Karl Friedrich (1781—1854), Germanist 131
Eigentumskriminalität 205
Eifel 39, 44, 52, 200
Eigenbrodt, Karl Christian (1769—1839), hess. Finanzbeamter 106
Einkammersystem 144, 260
Einkommensteuer 176, 211
Einsiedel, Detlef v. (1773—1861), sächs. Staatsmann u. Industrieller 32, 141
Eisenach 33, 235 f.
Eisenbahnen 139, 174, 185, 187, 193, 200—203, 210
Eisenindustrie (Metallgewerbe) 44, 200 f.
Eisenstuck, Jakob Bernhard (1805—1871), Abgeordneter der fortschrittlichen Linken in der Nationalversammlung 276
Elbe 45, 99
Elberfeld 180, 202, 269
Elbing 41, 186
Elementarschulen 75f., 156
Elsaß 13, 21, 54, 149, 197, 248
Emil, Prinz von Hessen u. bei Rhein (1790—1856) 36, 146
Emkendorf, Schloß 48
Empirismus 127, 134 f.
Engels, Friedrich (1820—1895), Industrieller u. sozialistischer Theoretiker 11, 161, 180, 233, 244, 248, 269, 271, 278
England (auch Großbritannien) 14f., 18f., 45f., 57, 61, 105, 137f., 142f., 150—152, 158f., 171, 179, 193f., 196, 198, 200—204, 238—243, 246, 266, 278
Engelsing, Rolf 80
Entnapoleonisierung 35
Erbkaisertum 227f., 255, 260, 263—265
Erfurt 99, 274
Erlangen 85
Ermland 70
Ernst August, Kg. v. Hannover (1837—1851, geb. 1771) 132, 143
Erzgebirge 141, 269
Eschenheimer Gasse (Frankfurt) 22, 150
Eschweiler bei Aachen 200
Essen 124
d'Ester, Karl (1811—1859), Kölner Arzt u. Kommunist 181, 271
Europa 13—17, 20, 38, 60, 116, 128, 136f., 140, 158f., 237—239, 281
Evangelische Kirche 72—74, 235
»Evangelische Kirchenzeitung« 178
Ewald, G. Heinrich (1803—1875), Orientalist 143
Eyck, Franz 282

Fachhochschulen (technische Hochschulen) 80
Failly, Andre-Louis-Gustave de (1817, gest. nach 1862), Schriftsteller 161
Falck, Nicolaus (1784—1850), Jurist u. schleswig-holsteinischer Politiker 162
Falk, Johannes (1768—1826), Schriftsteller u. Pädagoge 74
Fenner von Fenneberg, Daniel Frhr. v. (1820—1863), österr. Offizier u. Revolutionär 271
Ferdinand I. Ks. v. Österreich (1835—1848, geb. 1793, gest. 1875) 153, 190, 212—214, 231, 250 f.
Feuerbach, Anselm v. (1775—1833), Jurist 31, 102
Feuerbach, Ludwig (1804—1872), Philosoph 177
Fichte, Johann Gottlieb (1762—1814), Philosoph 66, 84, 90
Fickler, Joseph (1808—1865), badischer radikaler Redakteur u. Politiker 221
Ficquelmont, Karl Ludwig Gf. (1777—1857), österr. Ministerpräsident (1848) 230
Finanzedikt, preußisches (1810) 114 f.
Fischhof, Adolf (1816—1893), Wiener Arzt, Nationalitätenpolitiker 212, 231
Fliedner, Theodor (1800—1864), ev. Theologe 74
Flor, Christian (1792—1875), Linguist 162
Flottenpolitik 240, 243
Flottwell, Eduard Heinrich (v.) (1786—1865), preuß. Oberpräsident 140, 183
Follen, Karl (1795—1840), Theologe u. Jurist, radikaler Burschenschafter 85 f.
Fraktionen, politische 169 f., 173 f., 176, 226—228, 230 f.
Franken 45, 47, 93, 108, 149, 194, 210, 225, 270
Frankfurt (am Main) 22, 33, 43, 51, 57, 70, 83, 94, 97f., 100f., 147, 149—151, 156f., 210f., 218 bis 220, 224—226, 229f., 232, 236 bis 241, 243, 246, 248, 252, 272, 275
Frankfurt, Grhgt. 35
Frankfurter Konferenzen (1818) 69
Frankfurter Wachensturm (1833) 150
Frankfurter Territorialrezeß (1819) 19
Frankreich 8, 13, 15f., 18f., 21, 34, 45f., 55, 57, 61, 66f., 94, 98, 100, 138f., 150—152, 154, 157 bis 159, 190, 193, 201, 208f., 239f., 241, 243, 246, 257, 266, 271, 278
Franz I. röm. Ks. (1792—1806), Ks. v. Österreich-Ungarn (1804—1835, geb. 1768) 16, 25, 89, 97, 137, 153, 190
Franz Joseph, Ks. von Österreich u. Kg. von Ungarn (1848—1916, geb. 1830) 213, 252
Frantz, Constantin 27
Frauenarbeit 193, 204
Frauenemanzipation 166, 236
Freiburg i. Br. 69, 85, 107, 147, 150
Freiburg, Kanton 190
Freie Städte 13, 21, 24, 32
Freiligrath, Ferdinand (1810—1876), Dichter 167
Freischaren 249, 271
Friedrich VI., Kg. v. Dänemark, Hg. v. Holstein (1808—1839, geb. 1768) 18
Friedrich VII. Kg. v. Dänemark (1848—1863, geb. 1808) 162, 164
Friedrich I., Kg. v. Württemberg (1806—1816, geb. 1754) 32, 105
Friedrich II. Kg. v. Preußen (1740—1786, geb. 1712) 27, 135
Friedrich, Prinz v. Augustenburg (1829—1880) 209
Friedrich August II., Kg. v. Sachsen (1836—1854, geb. 1797) 141, 278
Friedrich August V., Kf. v. Sachsen (seit 1768), Kg. v. Sachsen (1806—1827, geb. 1750) 32
Friedrich Wilhelm I., Kf. v. Hessen (1831—1866, geb. 1802, gest. 1875) 144, 275
Friedrich Wilhelm III., Kg. v. Preußen (1797—1840, geb. 1770) 16, 28f., 72f., 88, 115f., 119 bis 122, 125f., 153, 184
Friedrich Wilhelm IV., König von Preußen (1840—1861, geb. 1795) 36, 60, 117, 120, 128, 132, 135, 153, 155, 160f., 165, 168f., 173, 182—187, 203, 206, 208, 215 bis 220, 228, 234, 238, 241f., 247, 252—256, 259—263, 265—267, 273, 276, 282
Friedrichsburg 194
Fries, Jakob Friedrich (1773—1843), Philosoph 85f., 89
Friese, Karl Ferdinand (1769—1837), preuß. Beamter 117, 122 f.
Fritsch, Carl Wilhelm Frhr. v. (1769—1851), sachsen-weimar. Minister 88
Fröbel, Julius (1805—1893), Politiker u. Publizist 165, 176, 232, 250, 252, 278
Fünfmächtebund (Pentarchie 1818) 14, 15, 16, 20, 137
Fünfzigerausschuß (1848) 221, 225
Fürsten (Monarchen) 36
Fürth 202
Fulda 70, 143

Gagern, Friedrich Ludwig Balduin Frhr. v. (1794–1848), Politiker u. General 221
Gagern, Hans Christoph Ernst Frhr. v. (1766–1852), nass. Staatsmann u. politischer Schriftsteller 23, 34, 53, 106
Gagern, Max Joseph Ludwig Frhr. v. (1810–1889), Politiker 219, 268
Gagern, Wilhelm Heinrich August Frhr. v. (1799–1880), dt. Staatsmann 85, 112, 146 f., 161, 165, 174 f., 190, 211, 218–221, 226, 228, 239, 245, 255 f., 259, 262 bis 268, 273 f., 282
Gaibach 149
Galizien 26, 153, 192, 202, 214, 241
Gall, Ludwig (1791–1863), sozialist. Schriftsteller 52 f.
Geib, Ferdinand (gest. 1834), Advokat u. politischer Schriftsteller 148
Geilenkirchen bei Aachen 160
Geissel, Johannes (1796–1864), B. v. Speyer, Kölner Eb. (seit 1846) 71, 155, 230, 235
Gemeindeordnungen 113, 124, 173
Gendarmerieedikt, preußisches (1812) 115
Gentz, Friedrich v. (1764–1832), Publizist u. Politiker 17, 20, 26, 57–59, 91, 168
Geographie 135
Georg IV., Kg. v. Großbritannien (1820–1830, geb. 1762), Kg. v. Hannover 16
Georgii, Eberhard Friedrich (1757–1830), württ. Politiker 105
Gerichtsverfahren 109, 126
Gerlach, Ernst Ludwig v. (1786–1877), konservativer Politiker 60, 168, 184, 234, 247, 253
Gerlach, Leopold v. (1790–1861), preuß. General 60, 168, 184, 234, 247, 275
Germanistentag (1846) 163
Germersheim (Festung) 270
Gervinus, Georg Gottfried (1805–1871), Historiker, Abgeordneter der Frankfurter Nationalversammlung 9, 81, 143, 163, 168, 174, 219
Gesandtschaftsrecht 18, 240
Geschichtsschreibung (-wissenschaft) 8–11, 93, 128, 130 f., 134, 163, 168, 276, 281 f.
Geschworenengerichte 109, 186, 209, 217
Gesetzgebung (Gesetzesinitiative) 108 f., 120, 142
Gewerbe 43 f., 199–202
Gewerbefreiheit 29, 45, 258
Gewerbeschulen (Handwerkerschulen) 78 f.
Gewerkschaften 234
Gießen 85 f., 151
Gleichgewicht, europäisches 14, 15, 158 f.
Gneisenau, Neithardt Gf. (1760–1831), preuß. FM 29 f., 90, 139
Goegg, Amand (1820–1897), badischer Sozialrevolutionär 272

Görres, Joseph (v.) (1776–1848), Publizist u. Historiker 52 f., 56, 58 f., 67, 71, 87, 90, 119–121, 125, 132, 154 f., 170 f., 188
Goethe, Johann Wolfgang (v.) (1749–1832), Dichter 133, 166
Göttingen 142 f., 210
Göttinger Sieben (1837) 132, 143, 157
Goldmark, Josef (geb. 1818, gest. in Amerika), Wiener Arzt 212
Gollwitzer, Heinz 37
Gotha 79, 274
Gottschalk, Andreas (1815–1849), Kölner Armenarzt u. Kommunist 181, 215, 233
Gräwell, Ludwig Wilhelm Friedrich (1819–1878), Berliner Arzt u. Reichsministerpräsident (1849) 268, 272
Graz 80
Gregor XVI., Papst (1831–1846, geb. 1765) 154
Griechenland 128
Grillparzer, Franz (1791–1872), österr. Dichter 140, 168
Grimm, Jakob Ludwig Carl (1785–1863), Germanist 132, 138, 143, 163, 183
Grimm, Wilhelm Carl (1786–1859), Germanist 132, 143, 163, 183
Großdeutsch-Kleindeutsch 227 f., 260–265
Grolman, Karl Ludwig Wilhelm (v.) (1775–1829) hess. Minister 106, 112
Großzimmern 194
Grün, Anastasius, Pseudonym für Anton Alexander Gf. Auersperg 168
Grün, Karl (1817–1887) sozialist. Publizist 180
Grundherrschaft 39–41, 195 f.
Grundrechte (Menschenrechte) 103, 107, 120, 142, 144, 217, 254, 257–259
Gruner, Justus (1777–1820), Staatsbeamter 66
Guizot, Guillaume (1787–1874), franz. Staatsmann u. Historiker 159
Gutenberg, Johannes (zw. 1394/99 – 1468), Erfinder der Buchdruckerkunst 234
Gutsherrschaft 40–43, 195 f.
Gutzkow, Karl (1811–1878), Romancier u. Publizist 161, 166 f.
Haan, Heiner 104
Gymnasien 30, 77 f.

Habeas-Corpus-Gesetz 253, 258
Häffelin, Kasimir Joh. Baptist Frhr. v. (1737–1827), bayer. Gesandter am Vatikan 69
Halle 85, 177
Haller, Karl Ludwig v. (1768–1854), Historiker u. Publizist 59 f., 85, 107, 118, 169
Hallgarten/Rheingau 174
»Hallische Jahrbücher für deutsche Wissenschaft und Kunst« (1838, seit 1841:

»Deutsche Jahrbücher«) 177
Hambacher Fest 94, 148 f., 150
Hamburg, Freie Stadt 32 f., 46, 51, 173, 194, 204 f., 211, 224, 233
Hanau 143 f., 210
Handel (Handelspolitik) 22, 43, 96–101, 202, 236 f., 240
Handelsvertrag, preußisch-süddeutscher (1829) 100
Handwerk (Handwerker, Handwerkeraufstände) 43, 45, 140 f., 151–153, 171, 179, 194, 199, 201 f., 204, 209, 226, 229, 233 f., 253, 261, 270
Hannover, Kgt. 13, 18, 30–32, 47, 70, 87 f., 99–101, 141–143, 188, 194, 196, 201 f., 211, 223, 225, 230, 259, 264, 266–268, 274
Hannover, Stadt 39
Hansemann, David J. Ludwig (1790–1864), Kaufmann u. Politiker 126, 138 f., 153, 173 bis 175, 187, 202, 206, 218, 230, 247, 252
Hardenberg, Karl August Fst. (1750–1822), preuß. Außenminister (1807, 1814–1818), Staatskanzler (1810–1822) 17, 18, 25, 27–29, 42, 47, 50, 56–58, 87 f., 90, 114, 115, 117–123, 128
Harkort, Friedrich Wilhelm (1793–1880), Industrieller 126, 153, 200, 202, 215
Hassenpflug, Hans Daniel Ludwig Friedrich (1794–1862) Jurist u. hess. Minister 144 f.
Häusser, Ludwig (1818–1867), Historiker 174
Havlíček, Karl (1821–1856), tschech. Publizist 192
Haxthausen, Werner Moritz Maria Gf. (1780–1842), Verwaltungsjurist, Sammler neugriech. Volkslieder 59
Hebel, Johann Peter (1760–1826), Dichter 73
Hecker, Friedrich Karl Franz (1811–1881), badischer republikanischer Politiker 174, 176, 210 f., 219, 221, 240, 248, 250, 271
Heeren, Arnold Ludwig Hermann (1760–1842), Historiker 19
Heerwesen 29 f., 109 f., 144, 148, 176, 211, 217, 253
Hegel, Georg Wilhelm Friedrich (1770–1831), Philosoph 28, 35, 51, 54 f., 58, 65, 105, 129, 132, 169, 177, 179 f., 183
Hegelianer (Alt-, Jung-, Links-) 129, 177, 180, 183
Hegewisch, Franz Herrmann (1783–1865), Mediziner u. pol. Publizist 85
Heidelberg 19, 65, 79, 85, 133, 149, 174, 209, 234
Heidelberger Versammlung (1848) 219
Heine, Heinrich (1797–1856), Dichter 152, 160 f., 177
Heinemann, Gustav 280
Held, Gustav Friedrich (1804–1857), Jurist, sächs. Minister (1849) 269

Hengstenberg, Ernst Wilhelm (1802–1869), ev. Theologe 178
Heppenheim a. d. Bergstraße (lib. Programm 1847) 175, 219
Herber, Johann Georg (1763–1833), nass. Geheimer Rat 146
Herder, Johann Gottfried (1744–1803), Theologe u. Philosoph 58, 66, 191
Hergenhahn, August (1804–1874), nass. Advokat u. Politiker 175, 211
Herisau 165
Hermannsdenkmal/Teutoburger Wald 161
Hermes, Georg (1775–1831), kath. Theologe 154
Herwegh, Georg (1817–1875), Schriftsteller 161, 165, 167, 221
Hess, Moses (1812–1875), jüd. Sozialist 180
Hessen 21, 152, 193
Hessen-Darmstadt, Grhgt. 19, 33, 37 f., 41, 61, 70, 97–99, 102 f., 106–109, 111, 114, 143, 146, 174, 194, 208, 211, 220, 223, 225, 270, 278
Hessen-Homburg, Ldgft. 19
Heuss, Theodor 149
Heyderhoff, Julius 119
Hinterpommern 27, 45
Historismus 127, 129 f., 134
Hitler-Diktatur 283
Hochberg, Hs. 19, 102, 147
Hoesch, Eberhard (1790–1852), Industrieller 200
Hövel, Friedrich Frhr. v. (1766–1826), westfälischer Adeliger u. Beamter 119 f.
Hofbauer, Clemens Maria (1751–1820), Redemptorist 70
Hoffmann, bad. General 249
Hoffmann, Ernst Emil (1785–1847), Kaufmann u. hess. Politiker 146
Hoffmann, Karl (1770–1829), gräfl.-solmsscher Justizrat 66
»Hoffmannscher Bund« (1814) 66, 90
Hoffmann v. Fallersleben, August Heinrich (1798–1874), Dichter 160, 167, 183
Hohenheim/Stuttgart 79, 192
Hohenloher Land 39, 45
Hohenzollern-Hechingen 101
Holborn, Hajo 133
Holstein, Hgt. 161 f., 209, 241 bis 243, 248, 266, 275 f.
Hornthal, Franz Ludwig v. (gest. 1833), liberaler Schriftsteller u. Abgeordneter im bayer. Landtag, Bürgermeister von Bamberg 63, 109, 113
Huber, Ernst Rudolf 24, 34, 87, 102, 112, 117, 121, 138, 164, 224
Huber, Victor Aimée (1800–1869), Sprach- u. Literaturwissenschaftler 169
Hugo, Victor (1802–1885), franz. Dichter 158
Humboldt, Alexander v. (1769–1859), Naturforscher u. Geograph 133–135
Humboldt, Wilhelm v.

(1767–1835), Gelehrter u. preuß. Staatsmann 18, 23, 30, 48, 50, 68, 72, 79, 87, 117, 120–123, 133 f.
Hungerkrawalle (1847) 189, 206
Hunkjar Skelessi (Stadt am Bosporus), Vertrag (1833) 158
Hunsrück 39, 44, 52

Ibell, Karl v. (1780–1834), nass. Regierungsdirektor 87, 101
Idealismus 127, 129, 131, 134, 244
Ideologie 54 f.
Idstein 79
Illuminaten 87
Immediatjustizkommission, rheinische (1817) 126
Immerwährender Reichstag (1663 ff.) 22
Indien 158
Ingolstadt–Landshut, Universität 71, 79
Industrialisierung 43 f., 152, 172, 189, 193, 198–202
Industrie- und Handelskammern 45
Industrielle Revolution 38, 198
Innere Mission 235
Innsbruck 231
Inn- und Hausruckviertel, Gegend in Österreich 19
Intervention 16–18, 137
Investition (Kapital) 44
Ipsen, Gunther 43
Irland 193
Iserlohn 269
Italien 13, 19, 239, 244, 247
Itzstein, Johann Adam v. (1775–1855), bad. Beamter u. Politiker 63, 111, 147, 173–175, 189, 219

Jacoby, Johann (1805–1877), Arzt u. Publizist 173, 176, 185 f., 254
Jahn, Friedrich Ludwig (1778–1852), Turnvater 66, 84 f., 87, 183
Jakobinismus 64, 86, 170
Jarcke, Karl Ernst (1801–1852), Strafrechtler u. Journalist 168, 170
Jaup, Karl (1781–1860), Jurist, hess. Minister 63
Jellačić, Joseph Gf. (1801–1859), österr. General u. Banus v. Kroatien 251
Jena 33, 85 f., 89, 236
Jesuitenorden 190, 258
Johann, Kg. v. Sachsen (1854–1873, geb. 1801) 141, 178
Johann, österr. Ehg. (1782–1859), Reichsverweser (1848–1849) 213, 228 f., 231, 248, 255, 259, 263, 267 f., 272
Johannisberg, Schloß im Rheingau 146
Jordan, Silvester (1792–1861), kurhessischer Jurist u. Politiker 63, 144, 147
Jordan, Wilhelm (1819–1904), Dichter 244
Joseph II., Alleinregent Österreich-Ungarns (1780–1790), röm. dt. Kaiser (1765–1790, geb. 1741) 24–26, 35, 42, 195
Josephinismus 25
Juch, Carl, protest. Pfarrer u. radikaler Politiker in St. Wendel 149
Juden 22, 50, 142, 173, 249, 258
Jülich 118
Jütland 242
Juli-Monarchie 137, 151, 159, 166
Juli-Revolution (1830) 136 f., 162, 168
Junges Deutschland 152, 166 f.
Junges Europa 152, 166
Juridisch-Politischer Leseverein (1842) 191
Juristen (Richter, Advokaten) 126, 142, 172, 226, 230, 277
Jus Publicum Europaeum 16
Juste-Milieu 137, 148, 151, 159

Kaehler, Siegfried 134
Kärnten 198
Kaiserfrage (-tum) 219, 255, 262
Kaiserreich (neudeutsches) 283
Kaiserslautern 270
Kaiserwahl (1849) 265
Kamarilla 184, 234, 252–254, 265, 273 f.
Kammern, erste und zweite 107 f., 141 f.
Kamptz, Karl v. (1769–1849), preuß. Justizminister 86, 117, 153, 183
Kant, Immanuel (1724–1804), Philosoph 27, 55, 62, 131, 154
Karl X., Kg. v. Frankreich (1824–1830, geb. 1757, gest. 1836), 137
Karl, Grhg. v. Baden (1811–1818, geb. 1786) 33, 105
Karl II., Hg. v. Braunschweig (1815–1830, geb. 1804, gest. 1873) 84, 92, 141
Karl, Hg. v. Mecklenburg-Strelitz (1794–1816, geb. 1741) 36
Karl Albert v. Savoyen (1798–1849), ab 1831 Kg. v. Sardinien 247
Karl August, Grhg. v. Sachsen-Weimar (1775–1828, geb. 1757) 33, 56, 85 f., 88, 90
Karl Friedrich, Markgf. (1738–1803), Grhg. v. Baden (1806–1811, geb. 1728) 19, 33, 40
Karlsbader Beschlüsse (1819) 65 f., 83, 88–91, 105, 113, 121, 149, 156
Karlsruhe 80, 160, 171, 173, 209, 271
Karneval, politischer 167 f.
Kassel 33, 143 f.
Katharina, Kgin. von Württemberg (1788–1819) 77
Katholikentag, deutscher (1848) 235
Katholische Kirche 68–72, 153–155, 258 f.
Katholischer Klub (Fraktion der Nationalversammlung) 228
Katholizismus, politischer 59, 138 f., 154 f., 170–172, 189, 224, 235, 258 f.
Ketteler, Wilhelm Emmanuel Frhr. v. (1811–1877), B. v. Mainz (seit 1850), Sozialpolitiker 235
Kiel 85, 163
Kinderarbeit 171, 193, 204 f.
Kinkel, Gottfried (1815–1882), Schriftsteller 269
Kircheisen, Friedrich Leopold (v.) (1749–1825), preuß. Justizminister 117, 126
Kirchheimbolanden 271
Kissinger, Henry 14
Kitzingen 270
Klassizismus 127, 133
Klein, Ernst 117
Kleinbürgertum 49, 140, 149, 172, 175, 229
Kleist-Retzow, Hans Hugo v. (1814–1892), Landarzt, konserv. Abgeordneter im Preuß. Vereinigten Landtag (1847) 170, 235
Klerus 226, 230, 235
Kleve 27, 118 f.
Klewitz, Wilhelm Anton v. (1760–1838), preuß. Finanzminister 118
Klüber, Johann Ludwig (1762–1837), Jurist 107
Knapp, Georg Friedrich 42
Koblenz 71, 119
Köln 43, 46, 59, 70, 74, 119, 139, 161, 177, 180 f., 193, 202, 204 bis 206, 215, 233, 269
»Kölner Wirren« (Kirchenstreit) 136, 139, 153–155, 161, 168, 170 f.
König, Friedrich (1775–1833), Erfinder der Schnellpressen 201
Königsberg 41, 42, 85, 184, 186 f., 203, 225, 269
Königshütte, schles. Hüttenwerk 44
Kolb, Georg Friedrich (1808–1884), Publizist 63, 271
Kolberg, Festung 154
Kolowrat, Gf. Franz Anton (1778–1861), österr. Hofkanzler 153, 190, 213
Kolping, Adolf (1813–1865), kath. Theologe u. Gründer der Kathol. Gesellenvereine 172
Kommunismus 179–181, 269
Konfessionalismus 72, 74 f., 153–155
Konkordate 69, 104
Konservativismus 20, 56–59, 129, 168–170, 225, 234 f.
Konstantin Pawlowitsch, Großfürst v. Rußland (1779–1831), Generalstatthalter u. Vizekönig v. Polen (1822) 139
Konstanz 69, 70, 165, 221
Konstitutionalismus 24, 33, 63, 91 f., 101–114, 136, 144, 162, 164, 169, 172 f., 175, 188, 277
Konstitutionelle Monarchie 101, 107, 112, 144, 174, 222
Kontinentalsperre 38, 43
Konversationslexika 81
Kopenhagen 162
Koselleck, Reinhart 24, 116
Kossuth, Ludwig (1802–1894), ungarischer Politiker 191, 212 f., 251
Kotzebue, August v. (1761–1819), Schriftsteller 55, 85 f.
Krain 21, 26
Krakau 192
Kremsier 251, 264, 276
Krieger, Leonhard 62
Krüdener, Baronin Juliane v. (1764–1824), balt. Schriftstellerin 16, 53
Krug, Wilhelm Traugott (1770–1842), Philosoph 23, 61, 128
Krupp, Friedrich (1787–1826), Industrieller 200
Kudlich, Hans (1823–1917), deutsch-böhm. Abgeordneter im österr. Reichstag 250, 271
Kulm 70
Kunstsammlungen (Malerei) 132 f.
Kunth, Gottlob Johann Christian (1757–1829), Erzieher 78
Kurhessen, Kft. 13, 32, 70, 99, 100, 141–146, 149, 188 f., 194, 196, 210 f., 224 f., 275
Kußmaul, Adolf (1822–1902), Arzt 127

Laibach, Konferenz (1821) 17
Lamartine, Alphonse de (1790–1869), franz. Schriftsteller u. Politiker 158, 160, 239, 241
Lamennais, Hugues-Félicité-Robert Abbé de (1782–1854), franz. Geistlicher 139, 171
Landarbeiter 42 f., 52
Landau 13, 95, 150, 270
Landsberg (Fraktion der Nationalversammlung) 227
Landsmannschaften, studentische 84 f.
Landstände (Landtage, Ständekammern) 26, 31, 33, 37, 49, 101, 191, 212
Landsturm 30
Landwirtschaft 38–43, 196–198
Langenau, Friedr. Karl Gustav Frhr. v. (1782–1840), General, Präsident der Bundesmilitärkommission 95
Langenbielau, schles. Bezirk 206
Lassalle, Ferdinand (1825–1864), Sozialist 248
Lassaulx, Ernst v. (1805–1861), Philosoph 171
Lateinamerika 194
Laube, Heinrich Rudolf Constanz (1806–1884), Dichter, Theaterdirektor, Publizist 166 f.
Lausitz 119, 141
Lega italica 18
Legitimitätsprinzip 14, 60, 137
Lehrerbildung 76 f., 184
Lehrerversammlungen (1848) 235 f.
Lehrervereine 77
Lehmann, Orla, Jurist, dänischer Politiker 162
Lehrbach, Philipp Gf., hess. Diplomat 219
Leibeigenschaft (Erbuntertänigkeit) 39–42
Leiningen, Karl Fst. (1804–1856), Ministerpräsident des Reichskabinetts (1848)

37, 228 f., 238, 243, 260
Leipzig 43, 85, 140–142, 157, 176–178, 202, 210, 233 f.
Lelewel, Joachim (1786–1861), poln. Historiker 139
Lenau, Nikolaus (1802–1850), Dichter 140
Lennig, Adam Franz (1803–1866), Mainzer Domherr u. Politiker 235
Leo, Heinrich (1799–1878), Historiker 60, 131
Leopold I., Kg. der Belgier (1831–1865, geb. 1790) 138
Leopold, Grhg. v. Baden (1830–1852, geb. 1790) 147, 150, 189, 221, 271
Lerchenfeld, Max Emmanuel Frhr. v. (1778–1843), bayer. Staatsmann 69, 89 f., 97
Lerminier, Jean-Louis Eugène (1803–1857), franz. Schriftsteller 158
Lesegesellschaften 80 f., 156
Lesegewohnheiten 80
Lewald, Fanny (1811–1889), Schriftstellerin 166
Liberalismus 48, 61–66, 109–113, 126, 140, 146–148, 167, 172 bis 175, 177, 188–191, 210 f., 218 bis 222, 224, 232, 253
Lichnowsky, Felix Fst. (1814–1848), konserv. Abgeordneter in der Nationalversammlung 248
Lichtenberg-St. Wendel Ftm. 19, 149
Lichtfreunde 178
Liebenstein, Ludwig v. (1781–1824), bad. Beamter 110
Liebermann, Franz Leopold (1759–1844), kath. Theologe 71
Liebig, Justus (v.) 1803–1873), Chemiker 197
Liedertafeln 156
Limburg, Hgt. 70, 138, 246
Lindenau, Bernhard August v. (1779–1854), sächs. Staatsmann 141
Lindner, Friedrich Ludwig (1772–1845), Mediziner u. Publizist 94
Linz 202
Lippe-Detmold, Ftm. 33, 51
Lips, Michael Alexander (1779–1838), Nationalökonom 23
List, Friedrich (1789–1846), Nationalökonom 53, 63, 94, 97, 111, 202
Literatur (Dichtung, Lyrik), politische 165–168
Liverpool, Robert Bunks Jenkinson Earl of (1770–1828), brit. Staatsmann 16
Loë, Max Frhr. v. (1801–1850), Wortführer der kathol. Adeligen im rhein. Provinziallandtag 171
Löhne 205, 250
Löhner, Ludwig v. (1812–1852), dt.-böhmischer Politiker 214, 245
Löning, Karl, nassauischer Apotheker 87
Lörrach 249

Löwe (-Calbe), Wilhelm (1814–1886), Arzt u. Mitglied des Frankfurter Parlaments 1848/49 272
Lohnstreiks 233 f.
Lombardei 214, 231
London 138, 142, 152, 158 f., 179 f.
London, Vertrag (1840) 159
Londoner Protokolle (4.6.1850 u. 8.5.1852) 266
Lornsen, Uwe Jens (1793–1838), Landvogt, schleswig-holstein. Politiker 162
Lothringen 13
Louis-Philippe, Hg. v. Orléans, franz. Kg. (1830–1848, geb. 1773, gest. 1850) 137, 159
Lübeck, Freie Stadt 32 f., 211, 230
Luden, Heinrich (1780–1847), Historiker 23, 56, 85, 191
Ludwig I. Kg. v. Bayern (1825–1848, geb. 1786, gest. 1868) 31, 36, 71, 90, 103 f., 111, 128, 133, 148 f., 155, 160, 188, 209 f., 211, 219, 270
Ludwig I., Grhg. v. Hessen-Darmstadt (1806–1830, geb. 1753), 106
Ludwig II., Grhg. v. Hessen-Darmstadt (1830–1848, geb. 1777) 146, 189
Ludwig, Erzhg. v. Österreich (1784–1864) 213
Ludwigshafen 271
Lüning, Otto (1818–1868), Sozialist u. Arzt aus Dortmund, Hrsg. d. »Westph. Dampfboots« 181
Lützower Freikorps 84 f., 128
Luther, Martin (1483–1546), Reformator 85
Luxemburg, Grhgt. 95, 138
Luzern, Kanton 190

Maaßen, Karl Georg (1769–1834), preuß. Staatsrat 96
Maastricht 138
Mähren 21, 41, 214, 225 f., 245, 262
Märzforderungen 175, 209
Märzministerien 209, 211
Magdeburg, Stadt 202
Magdeburg, preuß. Provinz 27
Mailand 214
Mainlinie 112
Mainlust (Fraktion der Nationalversammlung) 228
Mainz 19, 59, 66, 70 f., 89, 95, 149, 160, 167 f., 204, 209 f., 224, 226, 234 f., 248, 268, 271
Maistre, Joseph Marie de (1753–1821), franz. Staatspolitiker 57
Malchus, Carl August Gf. (1770–1840), westf., später württemb. Minister 36
Mallinckrodt, Arnold (1768–1825), westf. Zeitungsredakteur 119
Malmö 242 f., 248
Manchester 180
Mann, Golo 7, 11

Mannheim 19, 147, 149, 176, 207, 209 f.
Manteuffel, Otto Frhr. v. (1805–1882), preuß. Innenminister 254, 275 f.
Marburg 143 f., 151, 174, 210
Marcks, Erich 10
Marek, Titus (1819–1851), steiermärkischer Abgeordneter in der Nationalversammlung 243
Mark, Gfschft. in Westfalen 27, 42, 44, 57, 73, 80, 118, 200
Marschall von Bieberstein, Ernst Franz Ludwig Frhr. v. (1770–1834), nassau. Minister 34, 61, 90 f., 101, 146
Marx, Karl (1818–1883), sozialistischer Theoretiker 11, 54, 129, 166, 177 f., 180 f., 192, 198, 233 f., 244, 247 f., 250, 269, 278, 281
Maschinenstürmereien 152, 206, 210
Mathy, Karl (1807–1868), bad. Politiker 63, 174 f., 268, 274
Maucler, Paul Friedrich Frhr. v. (1783–1859), württ. Minister 189
Mauguin, François (1785–1854), republikan. Abgeordneter in der franz. Deputiertenkammer 160
Maurer, Georg Ludwig Ritter von (1790–1872), bayer. Minister 188
Maximilian I. Joseph, Kg. v. Bayern (1806–1825, geb. 1756) 32, 97, 103
Maximilian II. Joseph, Kg. v. Bayern (1848–1864, geb. 1811) 209, 211
Mazzini, Giuseppe (1805–1872), ital. Politiker 152
Mecklenburg 41, 47, 54, 88, 208, 248
Mecklenburg-Schwerin, Grhgt. 33 f., 101, 211, 278
Mecklenburg-Strelitz, Grhgt. 24, 33, 101, 211
Mediatisierung 20, 23, 32, 34, 260
Meerengen (Dardanellen/Bosporus) 158
Mehmed Ali, Vizekönig v. Ägypten (1769–1849) 158 f.
Meinecke, Friedrich 10, 28, 66, 281
Meisenheim 19
Menzel, Wolfgang (1798–1873), Redakteur 167
Merckel, Friedrich Theodor v. (1775–1846), preuß. Oberpräsident 29, 117
Messenhauser, Cäsar Wenzel (1812–1848), Bürgerwehrführer in Wien 251
Metternich, Clemens Lothar Wenzel Fst. (1773–1859), österr. Außenminister (1809) u. Staatskanzler (1821–1848) 7, 10, 14 bis 28, 50, 56 f., 60–62, 67, 72 f., 82 bis 84, 86–89, 91 f., 95, 97 f., 100, 110, 116, 121, 128, 133, 141, 144, 146, 150, 153, 155, 158 f., 164, 168, 182, 186, 190–192, 208, 213 f.
Metternichsches System 14, 17, 20 f., 26, 60, 110, 188, 190, 208, 212

Meutereien 269, 271
Mevissen, Gustav (v.) (1815–1899), Kaufmann u. Politiker 174, 177, 274
Meyendorff, Baron Peter v. (1796–1863), russischer Gesandter in Berlin 238
Mieroslawski, Ludwik v. (1814–1878), galizischer ruthen. Nationalist 192, 241, 272
Milde, Karl August (1805–1861), Textilfabrikant, preuß. Handelsminister 199
Milizsystem 109
Minden 118, 154, 202
Minderheitenschutz 162, 243
Ministerverantwortlichkeit 91, 109, 120, 142, 144, 146, 169, 217
Mirbach, Joh. Wilhelm Gf. (1842–1882), rhein. Adeliger 47, 119 f.
Mischehenfrage 153–155
Mission Gagern 219 f.
Mitteldeutscher Handelsverein (1828) 100, 143
Mitteleuropa 24, 61, 130, 137 f., 245, 273, 279 f.
Mittelstand 48 f., 173, 175, 226, 261
Mittermaier, Karl Anton (1787–1867), Jurist u. liberaler Politiker 63, 173, 257
Möglin (Mittelmark) 196
Möhler, Johann Adam (1796–1838), Kirchenhistoriker 71
Mörike, Eduard (1804–1875), Dichter 168
Möser, Justus (1720–1794), Historiker 47
Mohl, Robert (v.) (1799–1875), Jurist 63, 165, 173, 257
Moldau 202
Moltmann, Günter 240
Monarchisches Prinzip 36, 92, 103, 106–109, 144, 169, 275
Montalembert, Charles Gf. (1810–1870), Vertreter des politischen Katholizismus 171
Montecuccoli, Albert Gf. (1802–1852), österr. Politiker 191, 213
Montez, Lola (1818–1861), Tänzerin, Geliebte Ludwigs I. 188
Montgelas, Maximilian Joseph, Gf. (1759–1838), bayer. Ministerpräsident (1799–1817) 25, 31 f., 35, 69, 76, 103 f.
Monumenta Germaniae Historica (1819) 130
Moser, Friedrich Karl Frhr. v. (1723–1798), politischer Schriftsteller 93
Motz, Friedrich Christian v. (1775–1830), preuß. Finanzminister 99
Moy de Sons, Karl Ernst Frhr. (1799–1867), Staatsrechtler 171
Mülheim a. d. Ruhr 124, 201
Müller, Adam (1779–1829), Staats- u. Gesellschaftstheoretiker 26, 54, 56–59, 70, 99
Müller, Wilhelm (1794–1827), philhellenist. Dichter 128
München 59, 70 f., 79, 80, 90, 97 f., 100, 108, 128 f., 133, 148, 154, 171 f., 193, 202, 207, 210, 270
München-Freising, Ebt. 69
Münchengrätz, Vereinbarung (1833) 137
Münster 70, 154
Münster, Ernst Gf. Frhr. v. Grothaus (1766–1839), hannov. Staatsmann 142

Münsterland 71, 193
Mundt, Theodor (1808–1861), Schriftsteller 166 f.
Murhard, Friedrich (1779–1835), Jurist u. liberal. Schriftsteller 63, 93

Nahe, Fluß 66
Namier, Lewis Bernstein 281
Napoleon I. Bonaparte (1769–1821), Erster Konsul (1799), Ks. der Franzosen (1804–1815) 7, 13, 15, 24, 26, 31 f., 44 f., 55, 66 f., 103, 113, 160, 282
Napoleon III. Bonaparte, Prinz Louis (1808–1873), Präsident (1848) u. Ks. der Franzosen (1852–1870) 239 f.
Nassau, Hgt. 33 f., 45, 54, 61, 70, 73, 75, 79, 88, 100 f., 146 f., 194, 200, 210 f., 219, 223–225, 230, 232, 270
Nationalbewegungen 20, 24, 48, 66 f., 84–87, 93, 136, 149, 155–164, 239–242
Nationalgüter 40 f.
Nationalitätenfragen 38, 125, 139 f., 161–164, 185, 191 f., 213 f., 220, 222, 225 f., 240–246, 251 f., 276
Nationalversammlung (Frankfurter, Nationalparlament, -repräsentation) 147 f., 173, 209, 215 f., 218–221, 225–229, 232, 238 f., 242–246, 248 f., 252, 255–268, 270, 272–275
Naturforscher 156
Naturphilosophie 129, 134
Naturrecht, rationales 128, 226
Naturwissenschaften 134 f.
Nauwerck, Karl Ludwig (1810–1891), Privatdozent in Berlin, radikaler Politiker u. Mitglied der Frankfurter Nationalversammlung 183
Nazarener 133
Nebenius, Karl Friedrich (1785–1857), bad. Staatsmann und Volkswirtschaftler 80, 97, 105, 189
Neckar, Fluß 66
Neu-Braunfels 194
Neuhumanismus 77–79, 127
Neumünster 163
Neuwied 44
New York 194
Niebuhr, Barthold Georg (1776–1831), Historiker u. Diplomat 64, 70, 130, 133
Niederlande, Kgt. (auch Holland) 13, 15, 20, 138, 171, 238, 246
Niederösterreich 198 f.
Niedersachsen 39, 143
Nikolaus I. Pawlowitsch, Ks. v. Rußland (1825–1855, geb. 1796) 137, 139, 158, 182, 186, 238, 242, 247
Nipperdey, Thomas 246, 281
Nordamerika 53 f., 103, 194, 278 f.
Norwegen 13
Novalis (Friedrich Leopold v. Hardenberg) (1772–1801), Dichter 66

Nürnberg 77, 202, 270

Oberpfalz 270
Oberpräsidenten, preußische 29, 117, 125
Oberrheinische Kirchenprovinz 69 f.
Oberschlesien 44
Oberschwaben 45, 270
O'Connel, Daniel (1775–1847), irischer Freiheitskämpfer 171
Odenwald 39, 210
Oder 204
Öffentliche Meinung 56 f.
Öffentlichkeit 102, 126, 182, 222 f., 243
Offenburg 271
Offenburger Programm (1817) 176, 210, 219
Oken, Lorenz (1779–1851), Naturforscher u. Philosoph 56, 85, 89, 156
Oldenburg, Grhgt. 19, 32, 194, 211, 230
Olmütz 251, 276
Organische Artikel (1802) 70
Orientkrise 158 f.
Ostelbien 42, 46, 76, 123
Österreich-Ungarn (auch »habsburg. Kaiserstaat«) 14 f., 18–26, 35, 37 f., 41 f., 45 f., 50, 61 f., 67, 78, 80, 82–84, 87 f., 91–100, 102, 105, 116, 133, 137 f., 149, 153, 155, 158 f., 168, 175, 190, 192, 195, 198–200, 202, 205, 208, 212–215, 220, 222–225, 229, 238 f., 241, 244 f., 247, 249 f., 252, 255, 257, 259, 262–264, 266, 268, 272–276, 278, 280
Ostpreußen 21, 27, 62, 70, 117, 123, 184, 187, 193, 215, 220, 244
Öttingen-Wallerstein, Ludwig Fst. (1791–1870), bayer. Minister 37, 188
Otto, Luise (1826–1900), Schriftstellerin 166
Otto I. v. Wittelsbach, Kg. v. Griechenland (1832–1862, geb. 1815, gest. 1867) 128 f.
Overberg, Bernhard (1754–1826), kath. Theologe u. Pädagoge 71

Paderborn 70, 118
Palacký, František (1798–1876), tschech. Historiker 191, 225, 231, 245, 247
Palmerston, Lord Henry John Temple (1784–1865), brit. Staatsmann 158 f., 190, 239, 242
Panslawismus 247
Pappers, Gerhard, Aachener Buchhändler, Mitglied des Bundes der Geächteten 152
Paris 15, 17, 98, 133 f., 137, 140, 145, 148, 151 f., 161, 166, 177, 180, 208, 233, 247, 279
Pariser Frieden, Erster (1814) 14, 83, 95
Pariser Frieden, Zweiter (1815) 13, 15, 19, 95
Pariser Hof (Fraktion der Nationalversammlung) 227, 264
Parlamentarismus 112, 165, 172 f., 189, 228, 230 f., 243, 259, 268
Parteien, politische 107, 136, 151, 164 f., 168–181, 224 f., 227, 231–235, 263, 274
Partikularismus 20, 30, 34, 112, 136
Paulsen, Paul Detlef Christian (1798–1854), Kieler Rechtshistoriker 162
Paulus, Heinrich Gottlob (1761–1851), rational. Theologe 63, 73
Pauperismus 50 f., 171, 173, 179, 206
Periodizität 108, 187
Perthes, Friedrich Christoph (1772–1843), Buchhändler u. Verleger 81
Pest 251
Pestalozzi, Johann Heinrich (1746–1827), Pädagoge 75, 77
Peterswaldau, schles. Bezirk 206
Petersburg 16, 158
Petitionen (Adressen) 83, 106, 119 f., 162, 185, 190, 212, 215, 235, 237, 258, 268
Petitionsrecht 91, 108 f.
Peucker, Eduard v. (1791–1876), Reichskriegsminister (1848) 229
Pfalz, bayerische 19, 31, 37, 54, 64, 73, 75, 104, 106, 108, 113 f., 126, 145 f., 148, 150, 188, 224 f., 232, 268–271
Pfizer, Paul (1801–1867), Publizist u. Politiker 63, 145–147, 189, 211
Pfordten, Ludwig Frhr. v. der (1811–1880), Rechtsprofessor u. Politiker 211, 269 f., 274, 277
Pfuel, Ernst v. (1779–1866), preuß. General u. Minister 253 f.
Philhellenismus 128 f., 157
Phillips, Georg (1804–1872), Journalist 170 f.
Philosophie 65 f., 129, 165, 169, 177–180, 244
Piemont-Sardinien, Kgt. (Savoyen) 13, 214, 251
Pietismus (Erweckungsbewegung) 16, 53, 60, 67, 73 f., 169
Pillersdorf, Franz Frhr. v. (1786–1862), österr. Minister 213 f., 231
Pilat, Josef Anton (1782–1865), Privatsekretär Metternichs 26
Pius VII., Papst (1800–1823, geb. 1740) 17, 69
Piusvereine für religiöse Freiheit (1848) 224, 235
Platen, August Gf. (1796–1835), Dichter 140
Polen (Kongreß-) 13, 54, 137–140, 171, 192, 241, 244
Polenfreundschaft 140, 157
Polignac, Jules Armand Fst. (1780–1847), franz. Minister 137
Pommern 117, 186 f.
Portugal 18, 137
Posen 27, 42, 70, 117, 123–125, 139, 183, 220, 222, 241, 244 f.
Potsdam 202
Prag 153, 191, 213 f., 247
Preßburg 212

Pressefreiheit 22, 89, 109, 120, 147, 185, 189, 209, 211, 215, 217, 258
Preßgesetz, badisches (1832) 147, 150, 189
Preußen, Kgt. 14 f., 18–30, 35, 37 f., 41–47, 52, 60 f., 65–68, 70, 72, 74 f., 77 f., 82–84, 86–88, 90–100, 102, 105, 112, 114–118, 120, 123–125, 129, 132, 136–142, 149, 152–154, 157–159, 161, 168–170, 173, 176 f., 182, 185–187, 193–196, 199 f., 202 f., 205, 207 f., 215–220, 222 f., 225, 229 f., 233 f., 238 f., 241–245, 249, 252–254, 256 f., 259–269, 271–280, 282
Prittwitz, Karl Ludwig v. (1790–1871), preuß. General 216
Professoren 79, 84, 88 f., 150, 156, 172, 183, 226, 236
Progreßbewegung (studentische) 236
Protest, politischer, sozialer 140–151, 178 f.
Provinziallandtage (-stände) 28, 115, 118–123, 126 f., 153, 162, 164, 171, 184–187
Prüm (Eifel) 269
Prutz, Robert Eduard (1816–1872), Schriftsteller u. Literaturhistoriker 161
Publizistik (Presse, Flugblätter, Flugschriften) 56 f., 80 f., 89–91, 102, 109, 121, 126, 145, 147–149, 152, 154, 160–162, 165–169, 171, 173, 177 f., 206
Pufendorf, Samuel Frhr. v. (1632–1694), Prof. des Natur- u. Völkerrechts 23
Püttmann, Hermann (1811–1894), rhein. Literat u. Sozialist 180, 206

Quadrupelallianz (1815) 14 f., 17, 19; (1834) 137
Quinet, Edgar (1803–1875), franz. Publizist 157–159

Radetzky, Joseph Gf. (1766–1858), österr. Militärbefehlshaber 191, 247, 251
Radikalismus, politischer (demokratischer) 148, 150–152, 167, 172, 175–178, 210 f., 219–222, 224, 232, 248–251, 253 f.
Radowitz, Joseph Maria Frhr. v. (1797–1853), preuß. General u. Außenminister 60, 160, 168, 184, 218, 273–275
Radziwill, Anton Heinrich Fst. (1775–1833), preuß. Stadthalter in Posen 125, 140
Raeß, Andreas (1794–1887), B. v. Straßburg 71
Raiffeisen, Friedrich Wilhelm (1818–1888), Kommunalbeamter 197
Ranke, Leopold (v.) (1795–1886), Historiker

20, 124, 127f., 130f., 133, 135, 168f.
Rantzau-Ascheberg, Christian Gf. v. (1772–1812) 41
Rasselstein b. Neuwied, Hütte 44
Rastatt, Festung 160, 271
Rationalismus, theologischer 70, 73, 171
Raumer, Friedrich v. (1781–1873), Historiker u. Abgeordneter des Casinos 240
Raumer, Kurt v. 31, 135
Raveaux, Franz (1810–1851), Kölner Karnevalspräsident, Abgeordneter der Nationalversammlung 168
Ravensberg 27, 118
Realismus 127, 135
Realschulen (Bürgerschulen) 78 f.
Realteilung 39, 193, 195
Rebmann, Andreas Georg Friedrich (1768–1824), ehem. jakobin. Publizist, Richter 35
Rechberg, Alois Franz Gf. (1766–1849), bayer. Außenminister 69, 90, 95, 98, 111
Recht, französisches (Code Napoléon) 31, 33–35, 64, 85, 122, 126f., 148, 185f., 190
Recht, gutes altes 103, 105
Rechtsschule, historische 128, 131f., 226
Recke, Adalbert Gf. v. der (1791–1878), Stifter von Armeninstituten 74
Reformationsjubiläum (1817) 73, 75, 85
Regionalismus 34, 37f., 101, 108, 125–127, 148, 168, 225, 237, 270
Rehberg, August Wilhelm (1757–1836), hannov. Staatsmann u. Schriftsteller 65
Rehdiger, Karl Niklas v. (1765–1826), preuß. Beamter 117
Reich, Hl. Röm. Reich Deutscher Nation, auch: Altes Reich 14, 19–21, 23, 30, 34, 67, 101, 170, 282
Reichenbach, Eduard Gf. (1812–1869), schles. Demokrat 176
Reichenbach, Emilie Gfin., Geliebte Wilhelm II. Kurfürst v. Hessen 143
Reichenbach, Oskar Gf. (1815–1893), radikaler Politiker u. Mitglied des Frankfurter Parlaments 176
Reichensperger, August (1808–1895), Jurist 161, 171, 245
Reichensprenger, Peter Franz (1810–1892) 171 f.
Reichsfinanzen 229
Reichsgründung (1866–1871) 21, 282
Reichsidee 20, 58 f., 93, 161, 170
Reichskommissare 244, 249, 252, 255, 270 f.
Reichskreise 93
Reichsministerium 228 f., 243, 255, 259, 263, 267 f.
Reichsregentschaft 272
Reichsverfassung (1849) 256–273

Reichsverfassungskampagne 266–273
Reichsverweser 228 f., 248, 255, 259, 263, 267, 272
Reigersberg, Heinr. Alois Gf. v. (1770–1865), bayer. Minister 104
Reimer, Georg (1804–1885), Buchhändler 87
Reinhard, Karl Friedrich (1761–1837), franz. Gesandter 98
Reitzenstein, Sigmund Karl Frhr. v. (1766–1847), bad. Minister 33, 104, 147
Rekatholizierung 70–72
Religionsfreiheit 258
Repräsentation 29, 31, 91, 103, 107, 115–121, 162, 184
Restauration, europäische (1814/15) 13, 14, 15, 17, 20
Restauration, staatliche 32 f.
Restaurationsideologie 59 f., 118
Reuß, Ftm. 101
Reventlow, Adelsgeschlecht 48
Reventlow-Preetz, Friedrich Gf. (1797–1874), Führer der schlesw. Ritterschaft 209
Revolutionsfurcht 55 f.
Rheda 181
Rheinbund (1806) 24, 31, 34, 36, 93, 101f., 104f., 110
Rheinhessen 19, 33, 54, 64, 73, 75, 106, 113f., 126, 145 f., 190, 224 f., 232, 271
Rheinische Institutionen 64, 104, 106, 109, 116, 171
»Rheinischer Merkur« 56, 58, 120
Rheinland, auch preuß. Rheinprovinz 27, 35, 37, 39, 44–47, 53 f., 64, 66 f., 70, 72, 74, 93, 117, 119, 122–124, 126 f., 133, 136, 138 f., 154, 158–161, 167, 171, 173f., 178, 182 f., 187, 193, 197 f., 200–202, 204, 210, 215, 220, 224 f., 232 f., 235, 237, 248, 254, 275
Rheinromantik, politische 66 f., 160 f.
Rheinschiffahrtsakte (1831) 45
Rheinufer, linkes 19, 21, 35, 38, 40 f., 43–45, 50, 55, 63 f., 66 f., 76, 109, 125
Richelieu, Armand-Emmanuel-Sophie Septimanie du Plessis, Duc de (1766–1822), franz. Staatsmann 15
Ried, Vertrag (1813) 19
Rieger, Franz Ladislaus Frhr. v. (1818–1903), tschech. Abgeordneter im Wiener Reichstag 1848 231
Riesser, Gabriel (1806–1863), Advokat, Politiker u. Schriftsteller 173
Ringseis, Johann Nepomuk (1785–1880), Mediziner 71
Rintel, Carl Gustav Nikolaus (1809–1854), Publizist 171
Ripen, Freiheitsbrief (1460) 163
Risorgimento 191
Ritter, Gerhard 28
Ritter, Karl (1779–1859), Geograph 135
Rochau, August Ludwig v. (1810–1873), Publizist 160

Rochow, Gustav Adolf Rochus v. (1792–1847), preuß. Innenminister 153, 183 f.
Rödelheim, Ort bei Frankfurt am Main 66
Römer, Christof Gottlob Heinrich Friedrich v. (1794–1864), württemb. Politiker 173, 175, 189, 211, 269, 272
Rönne, Friedrich Ludwig v. (1797–1864), preuß. Diplomat u. Politiker 240
Rohmer, Friedrich (1814–1856), schwäb. Schriftsteller 165
Rom 69 f., 130, 155, 178
Romantik 127, 132 f., 160, 165
Romantik, politische 16, 57–60, 118, 170
Romberg, Christian Friedrich Gisbert Frhr. v. (1773–1859), westfäl. Adeliger 119 f.
Ronge, Johannes (1813–1887), Breslauer Kaplan 178, 250
Rosenkranz, Johann Karl Friedrich (1805–1879), Philosoph 165
Rostock, Erbvergleich (1755) 33
Rostock, Universität 211
Rother, Christian (v.) (1778–1849), preuß. Beamter 117
Rothschild, Bankhaus 202
Rotteck, Karl (v.) (1775–1840), Historiker u. Politiker 62–64, 81, 94, 102, 107, 147, 149 f., 158, 165, 173, 175
Rottenburg 70
Rotterdam 204
Rovereto 225, 245
Rudhart, Ignaz v. (1790–1838), bayerischer Politiker 63, 111
Ruge, Arnold (1802–1880), Schriftsteller 161, 165, 177, 180, 232, 244 f.
Ruhrbergbau 200
Ruhrgebiet 44, 202
Ruhrort 204
Rumigny, Gf., französischer Gesandter in München 98
Rumpfparlament, Stuttgarter 272 f.
Rußland 13, 15, 18, 53, 96, 129, 137–139, 158 f., 171, 215, 238 f., 241, 244, 266, 273, 275, 280

Saarbrücken 13
Saarland 13, 44, 200
Sachsen, Kgt. 21, 27, 30–32, 39, 43, 45–47, 49, 54, 77, 88, 100, 141f., 176, 178, 188, 193 f., 196, 198–201, 204, 210 f., 220, 223–225, 232 f., 237, 245, 264, 266–269, 274, 278
Sachsen, preuß. Provinz 99, 119, 123 f., 178, 193, 200
Sachsen-Coburg-Gotha, Hgt. 19, 100
Sachsen-Hildburghausen, Hgt. 100 f.
Sachsen-Meiningen, Hgt. 101
Sachsen-Weimar, Grhgt. 86, 101, 211
Sack, Johann-August (1764–1831), preuß. Oberregierungspräsident in Pommern 117
Säkularisation 20, 32, 34

Sängerfeste 156, 163
Sailer, Johann Michael (1751–1832), kath. Theologe u. Pädagoge 71
Salm-Reifferscheid-Dyck, Joseph Fst. v. (1773–1861), rhein. Politiker 153
Salzburg 19, 26
Samwer, Karl Fridrich Lucian (1819–1882), schleswig-holst. Advokat 163
Sand, Karl Ludwig (1795–1820), Theologiestudent 55, 86 f.
Savigny, Karl Friedrich v. (1779–1861), Rechtshistoriker 124, 128, 131 f., 169, 183
Savoye, Joseph (1802–1869), Zweibrücker Advokat u. Politiker 148, 239 f.
Sayn-Wittgenstein, Wilhelm Ludwig Fst. (1770–1851), preuß. Polizei- u. Hausminister 37, 61, 86, 88, 117 f., 184
Schapper, Karl (1813–1870), Burschenschafter u. Sozialist 152
Scharnhorst, Gerhard Joh. David v. (1756–1813), preuß. General 29
Scharnweber, Christian Friedrich (1770–1822), preuß. Beamter 117
Schaumburg-Lippe, Ftm. 101
Scheidegg (bei Kandern im Schwarzwald) 221
Schelling, Friedrich Wilhelm Joseph (v.) (1775–1854), Philosoph 129, 169, 183
Schenk, Eduard v. (1788–1841), bayer. Innenminister (1828–1831) 71, 111, 148
Schieder, Theodor 30, 56
Schiefergebirge, Rheinisches 45
Schiffahrt 44 f., 99, 139, 174, 203 f.
Schinkel, Karl Friedrich (1781–1841), preuß. Baurat 133
Schlegel, Friedrich (v.) (1772–1829), Kultur- u. Kunstphilosoph, Literarhistoriker u. -kritiker 20, 26, 54, 56–58, 66 f., 70, 134
Schleiermacher, Friedrich (1768–1834), ev. Theologe 66, 72 f., 85, 87, 90
Schlesien 27, 41, 43 f., 54, 62, 70, 117, 171, 178, 187, 194, 198, 200 f., 203, 206, 214 f., 225, 232, 235, 254
Schleswig 21, 161–163, 209, 220, 241, 248, 262, 266
Schleswig-Holstein 40–42, 47 f., 162 f., 223–225, 238 f., 242 f.
Schlosser, Christian Friedrich (1782–1826), Mitarbeiter Steins 47, 56, 119
Schmalkalden 210
Schmalz, Theodor Anton Heinrich (1760–1831), Jurist u. Kameralist, preuß. Geheimer Rat 86, 117
Schmerling, Anton Ritter v. (1805–1893), Reichsinnenminister, liberaler österr. Landtagsabgeordneter 191, 228, 243, 248, 252, 259, 263 f.
Schmitz-Grollenburg, Philipp Moritz Frhr. v. (1765–1849), württembergischer Gesandter 97

Schnabel, Franz 10 f., 54, 74, 127, 129, 132, 135, 171
Schneckenburger, Max (1819–1849), Dichter 160
Schoder, Adolf (1817–1852), württemb. Politiker 272
Schoeler, Friedrich Karl, Notar in Elberfeld 119
Schön, Heinrich Theodor v. (1793–1856), preuß. Oberpräsident 29, 117, 125, 184
Schopenhauer, Johanna (1766–1838), Schriftstellerin 8
Schott, Christian Albert (1782–1861), Rechtsanwalt, liberaler Abgeordneter im württembergischen Landtag 189
Schuchardt, Johann (1782–1854), Barmer Fabrikat 205
Schuckmann, Kaspar Friedrich v. (1755–1834), preuß. Innenminister 61, 117 f.
Schücking, Levin (1814–1883), Dichter 168
Schüler, Friedrich (1791–1873), pfälz. Advokat 148, 271
Schulaufsicht, geistliche 259
Schulen, höhere 77–79, 88, 156, 235 f.
Schulz-Bodmer, Wilhelm (1797–1860), Darmstädter Publizist 148
Schulze, Johannes (1786–1869), Pädagoge 79
Schurz, Karl (1829–1906), dt. u. amerikan. Politiker 278
Schuster, Theodor, Göttinger Jurist u. radikaler Politiker 152
Schwaben 94, 108, 168
Schwarzburg-Rudolstadt, Ftm. 101
Schwarzburg-Sonderhausen, Ftm. 99
Schwarzenberg, Felix Fst. (1800–1852), österr. Ministerpräsident u. Außenminister (1848–1852) 252, 259, 263 f., 273 f., 275 f.
Schwarzwald 210
Schwarz-Rot-Gold 84, 217 f.
Schweden, Kgt. 13, 18
Schweidnitz (Festung) 247
Schweiz 13, 16, 19, 54, 137 f., 151 f., 165, 176, 179, 248 f.
Schweiz, Sonderbundkrieg (1847/48) 190
Schwerz, Johann Nepomuk (1759–1844), Agrarwissenschaftler 196 f.
Schwyz, Kanton 190
Sedlnitzky, Josef Gf. (1778–1855), österr. Polizeiminister (1817–1848) 26
Selbstverwaltung 109 f., 122–124, 142, 147, 212
Semper, Gottfried (1803–1879), Architekt 270
Senfft-Pilsach, Ernst Frhr. v. (1795–1882), preuß. Staatsmann 184
Sengle, Friedrich 127
Sethe, Christoph Wilhelm Heinrich (1767–1855), Jurist 126
Siebenpfeiffer, Philipp Jakob (1789–1845), polit. Schriftsteller 148 f., 150

Siebzehnerausschuß 218 f., 256 f.
Siegburg 269
Simon, Heinrich (1805–1860), Breslauer Stadtgerichtsrat 173, 176, 186, 257, 265, 282
Simon-Gagern-Pakt (1849) 265
Simrock, Karl (1802–1876), Bonner Dichter 160
Simson, Eduard (1810–1899), Jurist u. liberaler Politiker 265 f., 268
Slawenkongreß, Prager (1848) 245, 247
Smidt, Johann (1773–1857), Bremer Politiker 33
Smith, Adam (1723–1790), brit. Moralphilosoph u. Volkswirtschaftler 27, 58, 61
Snell, Ludwig (1785–1854), Pfarrer 85
Snell, Wilhelm (1789–1851), Jurist, Bruder von Ludwig Snell 85
Solms, Standesherrschaft 101
Solms-Laubach, Friedrich Reichsgraf v. (1769–1822), preuß. Oberpräsident 29, 37, 117
Sonderschulen 77
Sophie Friederike Dorothea, Erzhgin. von Österreich (1805–1872) 213
Spanien 13, 18, 137
Sozialismus 179–181
Spee, Franz Joseph Anton Reichsgf. v. (1781–1839) 47
Spiegel, Ferdinand August v., Eb. v. Köln (1824–1835, geb. 1764), 70, 153 f.
Spittler, Christian Friedrich (1782–1867), Missionsinspektor 74
Spittler, Ludwig Thimotheus Frhr. v. (1752–1810), Göttinger Historiker 93
Sprachwissenschaften (Philologien) 132, 134, 163
Srbik, Heinrich v. 9 f., 14, 26, 60
Staatenhaus 260
Staatskirchenpolitik 31, 61, 69–73, 155, 169, 170, 189, 258
Staatskonservativismus 60 f., 110, 131
Staatskredit (Staatsschulden) 102, 218
Staatslexikon 62 f.
Staatsrat, preußischer (1817) 118, 121, 184
Staatsschuldengesetz, preußisches (1820) 121, 184–186
Staatssouveränität 107
Staatsstreichpläne (1819/20) 110 f.
Stadion, Franz Gf. (1806–1853), österr. Statthalter des Königreiches Galizien 192, 214, 276
Stadion, Johann Philipp Gf. (1763–1824), österr. Staatsmann 25
Städteordnung, preußische (1808) 29, 113, 123 f.
Städteordnung, revidierte (1831) 123 f.
Städteordnung, sächsische (1832) 142
Staegemann, Friedr. August (1763–1840), Mitarbeiter Hardenbergs 117

Staël, Alma Louise Germaine Baronin v. (1766–1817), franz. Schriftstellerin 157
Stahl, Friedrich Julius (1802–1861), Staatswissenschaftler 169, 183 f., 275
Standesherren (Mediatisierte) 36 f., 47, 101, 105, 107, 110, 122, 142–144, 146, 195, 210
Staufen 249
Steiermark 198
Stein, Friedrich Karl Frhr. vom und zum (1757–1831), preuß. Staatsmann 23, 25–29, 36, 42, 47 f., 65 f., 70, 90, 98, 101, 105, 114, 119 f., 123, 125, 128, 130, 164, 183, 186
Stein, Lorenz (v.) (1815–1890), Staatsrechtslehrer u. Nationalökonom 181, 247
Steinbeis, Ferdinand (1807–1893), württemb. Beamter u. Geschäftsführer des Allgemeinen Deutschen Vereins zum Schutze der vaterländischen Arbeit 237
Stettin 202, 225
Steuerbewilligung 108, 144
Steuerstreik (-verweigerung) 106, 146, 245
Steuerüberbürdung 125 f., 148, 153
Steuerverein (1834/36) 100
Stifter, Adalbert (1805–1868), österr. Dichter 168
Stinnes, Matthias (1790–1845), Unternehmer 201
Stolberg-Wernigerode, Anton Gf. (1785–1854), preuß. Hausminister 184
Stourdza, Gf. (1788–1854), russ. Staatsrat 87
Strafrecht 31, 185 f., 277
Straßburg 71, 94
Straßenbau 44, 203
Strauss, David Friedrich (1808–1874), ev. Theologe 177
Struve, Gustav v. (1805–1870), republikan. Politiker 176, 210, 219–221, 225, 249, 271 f.
Stüve, Carl Bertram (1798–1872), hann. Staatsmann 142 f., 161, 211
Studenten 80, 84–88, 148–150, 156, 210, 212, 236, 247, 249, 253, 270
Stuttgart 93 f., 97, 100, 111, 133, 157, 171, 173, 189, 206, 209, 268, 272
St. Wendel, Ort 19
Sund 242
Süvern, Johann Wilhelm (1775–1829), Pädagoge 76, 78
Sybel, Heinrich v. 10, 174
Syrien 158 f.
Sznayde, Franz (1790–1850), poln. Emigrant u. Oberbefehlshaber der pfälz. Aufstandsarmee (1849) 271

Tausenau, Karl (geb. um 1808, gest. 1873), Wortführer im Wiener »demokrat. Klub« 213, 251
Taylor, Zachary (1784–1850), amerikanischer Präsident 240

Tegernsee, Erklärung des bayer. Königs (1821) 69
Teplitz, Punktation (1819) 88, 91, 121
Texas 194
Textilindustrie (-gewerbe) 43 f., 52, 199 f., 204, 206
Thadden-Trieglaff, Adolf v. (1796–1882), pommer. Junker 169
Thaer, Albrecht (1752–1828), Agrarwissenschaftler 196 f.
Theologenschule, Mainzer 59, 71
Thibaut, Anton Friedrich Justus (1772–1840), Rechtslehrer 131
Thiengen 248
Thiers, Adolphe (1797–1877), franz. Staatsmann u. Historiker 158 f.
Thiersch, Friedrich Wilhelm (1784–1860), Philologe u. Pädagoge 78 f., 128 f.
Thil, Karl Wilhelm Heinrich Frhr. du Bos du (1777–1859), hess. Minister 61, 112 f., 146, 186, 211
Thon-Dittmer, Gottlieb Frhr. v., bayer. Innenminister 211
Thorwaldsen, Bertel (1768–1844), dän. Bildhauer, Schöpfer des Joh.-Gutenberg-Denkmals 167
Thünen, Johann Heinrich v. (1783–1850), Agrarwissenschaftler 196 f.
Thürheim, Karl Friedrich Gf. (1763–1832), bayer. Minister 111
Thüringen 21, 27, 39, 44, 54, 62, 152, 210, 260
Thun-Hohenstein, Josef Matthias Gf. (1794–1868), böhm. Politiker 191
Thun-Hohenstein, Leo Gf. (1811–1888), böhm. Politiker 191, 214, 247, 275
Thurn und Taxis, Fst.en v. 22
Tirol 21, 245
Todesstraße 253, 258
Transkaukasien 53
Treitschke, Heinrich v. 9–11, 28, 83, 100, 112, 127, 281
Trentino 21
Triaspolitik s. Drittes Deutschland
Trient 225, 245
Trier 119
Trierer Wallfahrt (1844) 155, 171, 178
Troeltsch, Ernst 11
Troppau, Kongreß v. (1820) 17
Tübingen 70 f., 79, 85, 97
Türkei (Osman. Reich) 158 f.
Tugendbund 87
Tulla, Johann Gottfried (1770–1828), bad. Baudirektor 204
Turnbewegung 66
Tzschirner, Samuel Erdmann (1812–1870), Advokat u. sächs. Politiker 269

Uhland, Ludwig (1787–1862), Dichter u. Germanist 63, 105, 111, 146, 168, 189, 273
Uhlich, Leberecht (1799–1872), sächs. Pfarrer 178

Ulm, Festung 160, 206
Ultramontanismus 71, 155, 170
Ungarn 153, 191, 212–214, 231, 247, 251 f.
Unionen, protestantische 72 f.
Universitäten 30, 64, 74, 79 f., 84–89, 151, 153, 183, 236
Unterschichten (Pöbel) 49–52, 151, 157, 179, 193, 196, 216, 249 f.
Unterwalden, Kanton 190
Uri, Kanton 190
Urlaubsverweigerung 111, 144, 146, 148, 188–190

Valentin, Veit 10 f., 182, 190, 250, 253
Varnhagen von Ense, Karl August (1785–1858), Diplomat u. Schriftsteller 183
Vaterlandsverein zur Unterstützung der freien Presse (1832) 148 f., 152, 157
Venedey, Jakob (1805–1871), Kölner Publizist u. Politiker 152, 160
Venedig 214, 231
Verdun, Vertrag (843), 163
Verein für das Wohl der arbeitenden Klassen (1844) 206 f.
Vereinigte Ausschüsse (1842 u. 1847/48) 185, 216
Vereinigte Staaten 194, 203, 240, 257, 260, 278
Vereinigter Landtag (1847/48) 186–187, 203, 215 f., 218, 223, 229 f.
Vereinswesen 130, 150, 156, 164, 172, 197, 207, 211, 215, 224 f., 258
Verfassungen, landständische 22, 91 f., 101, 110, 259
Verfassungsausschuß (1848) 257, 260–262
Verfassungsversprechen, preußisches (1815) 29, 115–118, 153, 184 f.
Verkehr 22, 44 f.
Verona, Kongreß v. (1822) 17
Veto, absolutes / suspensives 261 f., 265, 273, 277
Viktoria, Kgin. v. Großbritannien (1837–1901, geb. 1819) 143, 229, 238
Vincke, Georg Frhr. v. (1811–1875), liberaler Politiker 186 f., 265
Vincke, Ludwig Friedrich Frhr. v. (1774–1844), preuß. Oberpräsident 29, 64, 117, 125
Vogt, Karl (1817–1895), Zoologe u. demokrat. Politiker 245
Vogt, Niklas (1756–1836), Historiker 19, 93
Vogtland 141, 269
Volksbewaffnung 209 f., 213, 215, 247
Volkssouveränität 175, 219, 222
Volkswirtschaftlicher Ausschuß (1848) 237, 257 f.
Vorparlament (1848) 219–221
Vorpommern 27, 119
Voß, Otto Karl Friedrich v. (1755–1823), preuß. Staatsmann

unter Friedrich Wilhelm II. u. Friedrich Wilhelm III. 168

Waghäusel 272
Wagner, Richard (1813–1883), Komponist 270
Wahlen (Wahlverfahren, Wahlbeeinflussung, Wahlkampf) 108 f., 111, 145, 147, 188 f., 190, 223–226, 229, 231, 241, 261, 267, 269–272, 274, 277 f.
Wahlrecht 108, 122, 124, 142, 144, 146 f., 172 f., 185, 212, 215, 220, 223 f., 230 f., 255, 261 f., 265, 273 f., 277 f.
Waitz, Georg (1813–1886), Historiker 174, 242, 257, 268
Waldeck, Franz Benedikt (1802–1870), Führer der Linken in der Nationalversammlung 230, 253 f.
Wallis, Kanton 190
Wangenheim, Karl August Frhr. (1773–1850), württ. Bundestagsgesandter, Triaspolitiker 69, 91, 93, 96 f., 105
Warschau 275
Wartburgfest (1817) 85 f.; (1848) 236
Washington 240
Weber, Wilhelm Eduard (1804–1891), Physiker 143
Weberaufstand (1844) 206
Weerth, Georg (1822–1856), Dichter 167
Weidenbusch (Fraktion der Nationalversammlung) 228, 264
Weidig, Friedrich Ludwig (1791–1837), Butzbacher Pfarrer, revolutionärer Schriftsteller 151
Weimar 33, 74
Weimarer Republik 10, 283
Weinheim 147
Weis, Nikolaus (1796–1870), B. v. Speyer 71
Weishaar, Jakob Friedrich (1775–1834), Advokat 111
Weitling, Wilhelm (1808–1871), sozialistischer Schriftsteller 152, 179
Weitzel, Johannes (1774–1837), Publizist 55 f., 63
Welcker, Friedrich Gottlieb (1784–1868), Prof. f. Altphilologie 88
Welcker, Karl Theodor (1790–1869), Jurist u. liberaler Politiker 48, 63, 81, 85, 88, 94, 147, 150 f., 158, 161, 165, 173–175, 211, 220, 264, 268
Wellesley, Henry Richard Charles, first Earl Cowley (1804–1884), englischer Diplomat 239
Wellington, Arthur Wellesley Hg. v. (1796–1852), engl. Premierminister u. Fm. 137
Weser 45, 202, 204
Wessenberg, Heinrich Frhr. v. (1774–1860), kath. Theologe u. B. v. Konstanz 68–70
Wessenberg, Johann Philipp Frhr. v. (1773–1858), österr. Staatsmann 231

Westendhall (Fraktion der Nationalversammlung) 227, 264
Westfälischer Frieden (1648) 19
Westfalen 32, 35, 47, 49, 117, 119, 123–125, 168, 171, 186 f., 193 f., 198, 200, 202, 210, 215, 224 f., 233, 235, 254
Westphalen, Kgt. 35, 40
Westpreußen 27, 125, 215, 220, 244 f.
Wetter a. d. Ruhr 200
Wettin, Hs. 39
Wetzlar 124
Wichern, Johann Heinrich (1808–1881), evang. Theologe 74, 235
Wied, Standesherrschaft 101
Wiedenbrück 181
Wieland, Ludwig (1777–1819), Schriftsteller 55
Wien 18 f., 46, 70, 80, 96 f., 153, 198, 202, 204, 206, 208, 212–215, 218, 230 f., 246–252, 256, 259
Wienbarg, Ludolf (1802–1872), Schriftsteller 166 f.
Wiener Konferenzen (1819/20), 91 f., 94, 97; (1834) 150 f.
Wiener Kongreß (1814/15) 7, 13 f., 17, 20 f., 23, 34, 44, 50, 68, 72, 82 f., 94, 96, 103, 105, 282
Wiener Schlußakte (1820) 21 f., 83, 92, 106, 110, 116, 125, 144, 149
Wiener Schlußprotokoll (1834) 151
Wiesbaden 210
Wigard, Franz (1807–1885), Arzt u. Mitglied des Frankfurter Parlaments 257
Wilhelm, Hg. v. Braunschweig (1830–1884, geb. 1806) 141
Wilhelm I. Kf. v. Hessen (1803–1821, geb. 1743) 33, 83 f.
Wilhelm II. Kf. v. Hessen (1821–1847, geb. 1777) 143 f.
Wilhelm IV. Kg. v. Großbritannien u. Hannover (1830–1837, geb. 1765) 142 f.
Wilhelm I. Kg. der Niederlande (1815–1840, geb. 1772, gest. 1843) 18, 138
Wilhelm I. Prinz, später Kg. v. Preußen (1861–1888, geb. 1797), Deutscher Kaiser (1871–1888) 127, 184, 186, 216 f., 230, 265, 269, 272
Wilhelm I., Kg. v. Württemberg (1816–1864, geb. 1781) 90, 94, 96 f., 105, 128, 146, 266, 278
Wilhelmsbad 149
Willich, August v., preuß. Offizier u. Revolutionär 271
Willisen, Karl Wilhelm v. (1790–1879), preuß. General 241
Windischgrätz, Alfred Fst. zu (1787–1862), österr. FM 247, 251, 262
Winkelblech, Karl Georg (1810–1865), Marburger Professor 234
Winter, Ludwig Georg (1778–1839), bad. Minister 110, 147, 189
Winterthur 165
Wintzingerode, Heinrich Karl Friedrich Levin Gf.

(1778–1856), württ. Staatsmann 105
Wirth, Johann Georg August (1798–1848), bayer. Journalist u. demokrat. Politiker 94, 148–150, 157, 160, 176
Wirtschaft 38–45, 192–201
Wirtschaftsbürgertum 48 f., 108, 121, 173 f., 226
Wirtschaftsliberalismus 28 f., 43, 58 f., 61 f., 173 f., 180
Wislicenus, Gustav Adolf (1803–1875), evang. Pfarrer 178
Wittenberg 235
Wolf, Friedrich August (1759–1824), klass. Philologe u. Pädagoge 132
Wolff, Wilhelm (1809–1864), Breslauer Lehramtskandidat 206
Worms 149, 271
Wrangel, Friedrich Gf. (1784–1877), preuß. FM 242, 253 f.
Wrede, Karl Philipp, Fst. (1767–1838), bayer. FM 31, 35, 90, 104, 149
Würth, Joseph v. (1817–1855), österr. Jurist, Mitglied des Frankfurter Parlaments 263
Württemberg, Hgt., seit 1806 Kgt. 30–32, 37, 41, 45 f., 49, 53 f., 62 f., 70, 73 f., 77, 79, 88, 90 f., 94, 97 f., 102 f., 105, 107–109, 111, 114, 145 f., 171, 189, 193, 198, 203, 208, 210 f., 219 f., 223–225, 232, 235, 237, 266 f., 269, 272–275, 278
Württemberger Hof (Fraktion der Nationalversammlung) 227
Würzburg 163 f., 201, 235
Wuppertal 44
Wuttke, Heinrich (1818–1876), Historiker u. Mitglied des Frankfurter Parlaments 245
Wydenbrugk, Wilhelm Eberhard Oskar v. (1815–1898), sachsenweimar. Advokat u. Politiker 211

Zachariä, Heinrich Albert (1806–1875), Staatsrechtler 173
Zeil, Erbgf. Konstantin Waldburg (1807–1862) 171
Zeller, Christian Heinrich (1779–1860), evang. Pädagoge 132
Zelter, Karl Friedrich (1758–1832), Musiker 156
Zensur 26, 89, 147 f., 150 f., 165 f., 178, 218
Zentner, Georg Friedrich Frhr. v. (1752–1835), Jurist u. bayer. Staatsminister 35, 90, 104, 111
Zentralbehörde für politische Untersuchungen (1833) 150
Zentral-Dombauverein (1841) 161
Zentralgewalt, deutsche (provisorische) 219, 228 f., 239 f., 248 f., 252, 256, 259, 274
Zentralmärzverein (Märzvereine) 232, 268–270
Zentraluntersuchungskommission (1819) 89 f., 95
Zentralverwaltung für die eroberten Gebiete (1814) 27

Zerboni di Sposetti, Joseph (1760–1831), preußischer Oberpräsident in Posen 117, 125

Zitz, Franz (1803–1877), Präsident des Mainzer Karnevalvereins, republik. Abgeordneter in der Paulskirche 168, 211, 221, 271

Zollgesetz, preußisches (1818) 96–98

Zollvertrag, hessisch-preußischer (1828) 99 f., 143

Zollvorvertrag, süddeutscher (1820) 97 f.

Zschinsky, Ferdinand, sächs. Justizminister 270

Zug, Kanton 190

Zürich 165

Zumbach, Karl Adolf, Kölner Gerichtsrat u. Publizist 119

Zweibrücken 148

Zweikammersystem 103, 105, 107, 119, 141, 230, 260

Ich danke meinen Mitarbeitern *R. Hillebrand, W.-G. Hollmann, B. Pöpping, R. Steinacker, B. Walter* für die Hilfe bei der Erstellung des Registers und bei der Korrektur.